装备科技译著出版基金

先进飞机飞行性能

Advance Aircraft Flight Performance

[意] Antonio Filippone（安东尼奥·菲力普斯）著

郁新华　张　琳　林　宇　译
王朋飞　郁一帆
胡　峪　郁新华　审校

国防工业出版社

·北京·

内 容 简 介

本书讨论了飞机的飞行性能，侧重于商业飞机，但也涉及高性能军用飞机的例子。飞行性能整体框架属于一个多学科的工程分析，完全由飞行仿真支持，从多个方面对软件进行验证。本书涵盖的主题有：部件几何配置、部件空气动力学与气动导数的测定、重量工程、推进系统（燃气涡轮发动机和螺旋桨）、飞机配平、飞行包线、任务分析、航迹优化、飞机噪声、噪声传播及环境特性分析。本书的最大特色是分析和探讨了飞机的环保性能，重点涉及飞机噪声和二氧化碳排放等议题。

Antonio Filippone 博士的研究领域主要包括计算和实验空气动力学、飞行力学、能量转换系统、推进系统、旋转机械（直升机旋翼、螺旋桨、风力发电机）、系统工程及设计和优化。他已经发表了 80 余篇技术论文，为 10 本书提供了章节，出版了 2 本书，其中包括《固定翼与旋翼飞机飞行性能》（2006 年）。

著作权合同登记　图字：军－2016－049 号

图书在版编目（CIP）数据

先进飞机飞行性能/（意）安东尼奥·菲力普利
(Antonio Filippone)著；郁新华等译. —北京：国防工业出版社，2022.3
书名原文：Advance Aircraft Flight Performance
ISBN 978－7－118－12292－3

Ⅰ.①先⋯　Ⅱ.①安⋯②郁⋯　Ⅲ.①飞行品质
Ⅳ.①V212.13

中国版本图书馆 CIP 数据核字（2021）第 221983 号

　　This is a translation of the following title published by Cambridge University Press：Advance Aircraft Flight Performance　ISBN 9781107024007

　　© Antonio Filippone, etc. 2012

　　This translation for the People's Republic of China (excluding Hong Kong. Macau and Taiwan) is published by arrangement with the Press Syndicate of the University of Cambridge. Cambridge. United Kingdom.

　　© Cambridge University Press and National Defense Industry Press 2021

　　This translation is authorized for sale in the People's Republic of China(excluding Hong Kong. Macau and Taiwan) only. Unauthorized export of this translation is a violation of the Copyright Act. No part of this publication may be reproduced or distributed by any means or stored in a data base or retrieval system, without the prior written permission of Cambridge University Press and National Defense Defense Industry Press.

※

国防工业出版社出版发行

（北京市海淀区紫竹院南路 23 号　邮政编码 100044）
北京龙世杰印刷有限公司印刷
新华书店经销

*

开本 710×1000　1/16　印张 37　字数 708 千字
2022 年 3 月第 1 版第 1 次印刷　印数 1—2000 册　定价 198.00 元

（本书如有印装错误，我社负责调换）

国防书店：(010)88540777　　书店传真：(010)88540776
发行业务：(010)88540717　　发行传真：(010)88540762

译者序

本书是关于飞机飞行性能最新出版的一本专著,是英国剑桥大学出版社近年来出版的航空系列丛书之一。原著者 Filippone 教授经常给科研院校、企事业单位以及政府部门的高级工程师讲授飞行性能;曾调研了国内许多飞机设计、飞行试验的研究人员,对飞行性能有着深刻的认识。原著者在 2006 年出版过 *Flight Performance of Fixed and Rotary Wing Aircraft*(《固定翼与旋翼飞机飞行性能》)一书,随着时间的推移,飞机不断更新换代,飞机性能也需作相应的增加。原有的飞机性能的相关知识需要发展与补充,以满足科研院校和工业企业日益增长的需求,本书是较早飞行性能教科书(2006 年)的续集,也是原著者著书的主要目的。

与其他书籍相比,归纳了本书具有的显著特征如下:

(1)起点更高。从适航认证的角度来合理安排本书章节。

(2)概念更丰富。增加热力学性能、环保性能,涉及飞机噪声、飞机排放,丰富了飞行性能内容。

(3)准确度更高。基于多学科工程领域的数值模拟优化,获得更准确的飞行性能。

(4)内容更充实。不仅提供对细节问题的分析,如受污染跑道上的起飞性能、结冰对气动特性的影响,而且考虑了一些特殊情况,如下击暴流中的飞行以及单台发动机失效状态下的起飞与复飞。

(5)参考性更强。提供了许多实用的计算方法及真实案例的研究分析。

(6)采用系统工程方法。利用系统工程学的方法对飞机性能进行综合分析及优化。

本书将适航认证的理念贯穿飞机性能分析的全过程,具有系统性、先进性和实用性等方面的特点。原著者书中综合了多年的分析研究经验,注重理论联系实际,理论分析和方法的讲解是循序渐进、逐步深入的。本书内容丰富,取材适当,所论述的内容对我国飞机发展有很大的推动力,也有利于提升我国在飞机领域的整体研究能力。

本书循序渐进地向读者介绍了先进飞机性能的相关概念,引入了该领域的核心问题、关键技术和解决方案。书中不但介绍了多种理论和方法,还介绍了实际应用案例,具有较高的理论指导性和工程应用性。

随着国内大飞机、无人机和战斗机等飞机的迅猛发展,该方面的研究书籍具有广阔市场,可供从事飞行器设计、试验、噪声、飞行环境等相关领域的研究生、科研人员以及工程技术人员参考阅读。本书分为20章,张琳负责第1章、第2章、第7章、第8章、第9章;郁新华负责第3章、第4章、第5章、第6章;王朋飞负责第10章、第11章、第12章、第13章;林宇负责第15章、第16章、第17章、第18章;郁一帆负责第14章、第19章、第20章以及附录部分。

由于译者水平有限,译文中难免存在一些不当之处,敬请广大读者批评指正。

译者

2019年7月

前言

本书是2006年出版的《固定翼与旋翼飞机飞行性能》的续集。书中汇集了我近年来对飞行性能更深层次的认识，并且几乎完全脱离了传统意义上的大学时期和研究生时期课程中讲解的解析解的形式。在过去的几年里，我给企业单位、政府部门以及科研院校的高级工程师讲授飞行性能。使我受益匪浅，于是认真总结了这些新的知识，撰写于本书中。

近年来，工程领域的数值计算方法不断增加，但飞行性能没有明显的变化。解析解的形式一直保留着，工程师们可以很快得到答案。现代飞机是由系统、软件和航空电子管理的复杂工程机器。原始方法仍然被广泛使用，然后应用于飞机设计，并产生无法评估的、可疑精度的结果。令人担忧的是，这些方法还被应用到大多数"概念设计"以及"多学科优化"方法中去。切身体会一下，你为航空运营商、飞机和发动机制造商、国家或国际航空局、空中交通管制组织机构提供了预测飞行的工具。凭什么他们应该信任你的性能软件？预测洲际航班的燃油偏低会带来什么样的风险？

当我们还在担心概念设计时，世界已经不断向前发展了。飞机不断强调改进与升级，这正是我想强调的。同时，飞机的环保问题也非常突出。因此，本书的一部分致力于环境方面的飞行知识。我的关注已经从原先的噪声转向发动机排放。随着飞机运离感受者，噪声会消失，尽管有些人不太认同不关心噪声。但是，在未来几代，天空将留下废气。特别是飞机排放的尾迹提醒我们，航空对天空有着明显的影响。飞机级别、阶梯式巡航和下降的灵活性不足，以及在拥挤的空域中使用持有模式，都是今后需要解决的问题。

这本书涵盖了多个学科的相当先进的知识，包括飞机噪声，环境性能，机身推进一体化，热结构性能和飞行力学。我意识到我所承担的任务的勇气，但我相信这项工作符合航空业和学术界的期望。

我已经编写了完整的飞行代码，一个部分特定的代码（FLIGHT）是用于模拟运输飞机的性能和任务分析，其中包含了本书大量的跨学科方面知识。目前，该程序有16万行代码。还有一部分代码是本书讨论的螺旋桨代码，并集成到FLIGHT程序中去，就像超声速飞行性能代码（SFLIGHT）一样。几个程序流程图可以帮助理解计算机程序、数值模型、系统分析和飞行性能。以下资料可以提供给读者：

计算机代码FLIGHT(演示版)

计算机代码 Prop/FLIGHT(演示版)

计算机代码 SFLIGHT(演示版)

所有的图表和数据

　　Z. Mohammed – Kassim 博士是我的长期合作伙伴,致力于飞机噪声以及大量程序代码的调试。我的博士生 Nicholas Bojdo 认真校对本书的一些章节。我要感谢我的编辑 Peter Gordon,他自始至终对我的工作保持高度的热情。Aptara 公司的 Peggy Rote 对本书的编辑和制作工作进行了有效的管理。

　　最后,我要感谢我的妻子苏珊,耐心陪伴我昼夜伏案工作。我十分感谢我的大学和学院允许我短暂休假,以确保我有足够的精力编写我的著作,感谢他们给予我的机会!

目 录

第 1 章　绪论 ·· 1
　　1.1　飞行性能参数 ·· 2
　　1.2　飞行优化 ·· 3
　　1.3　适航认证 ·· 4
　　1.4　升级需求 ·· 5
　　1.5　军机要求 ·· 6
　　1.6　综合性能评估 ·· 8
　　1.7　本书涉及的内容范围 ·· 9
　　1.8　本书章节的综合安排 ··· 12
　　参考文献 ·· 13
第 2 章　飞机模型 ··· 15
　　2.1　概述 ·· 15
　　2.2　运输机模型 ·· 15
　　2.3　线框定义 ·· 19
　　2.4　机翼截面 ·· 22
　　2.5　浸湿面积 ·· 24
　　2.6　飞机体积 ·· 31
　　2.7　平均气动弦长 ··· 33
　　2.8　几何模型验证 ··· 36
　　2.9　参考系 ··· 38
　　小结 ··· 41
　　参考文献 ·· 41
第 3 章　重量和平衡性能 ··· 42
　　3.1　概述 ·· 42
　　3.2　尺寸问题 ·· 42
　　3.3　设计和运营重量 ·· 45
　　3.4　重量管理 ·· 47
　　3.5　确定运营限制 ··· 49
　　3.6　重心范围 ·· 50

  3.7 操作力矩 ··· 57
  3.8 机翼油箱的使用 ··· 58
  3.9 质量和结构特性 ··· 60
  小结 ··· 71
  参考文献 ··· 71

第 4 章 气动性能 ··· 73
  4.1 概述 ··· 73
  4.2 飞机升力 ··· 73
  4.3 飞机阻力 ··· 80
  4.4 跨声速翼型 ··· 99
  4.5 飞机在跨声速和超声速时的阻力 ··························· 103
  4.6 抖振边界 ··· 106
  4.7 气动导数 ··· 107
  4.8 水上飞机在水中的船身阻力 ································· 108
  4.9 涡流尾迹 ··· 109
  小结 ··· 111
  参考文献 ··· 111

第 5 章 发动机性能 ··· 115
  5.1 概述 ··· 115
  5.2 燃气轮机发动机 ··· 115
  5.3 推力和额定功率 ··· 117
  5.4 涡轮风扇发动机模型 ······································· 120
  5.5 涡轮螺旋桨发动机 ··· 131
  5.6 带加力燃烧的涡轮喷气发动机 ······························· 133
  5.7 发动机通用性能 ··· 135
  5.8 辅助动力装置 ··· 136
  小结 ··· 139
  参考文献 ··· 139

第 6 章 螺旋桨性能 ··· 140
  6.1 概述 ··· 140
  6.2 螺旋桨定义 ··· 140
  6.3 推进模型 ··· 145
  6.4 飞行力学集成 ··· 155
  6.5 螺旋桨装机影响 ··· 160
  小结 ··· 162

参考文献 ··· 162

第7章 飞机配平 ·· 164
7.1 概述 ·· 164
7.2 巡航状态的纵向配平 ······························ 164
7.3 非对称推力情况的飞机控制 ····················· 170
小结 ··· 176
参考文献 ··· 176

第8章 飞行包线 ·· 178
8.1 概述 ·· 178
8.2 大气 ·· 178
8.3 使用速度 ··· 185
8.4 设计速度 ··· 189
8.5 最佳平飞速度 ····································· 190
8.6 升限性能 ··· 192
8.7 飞行包线 ··· 194
8.8 超声速飞行 ·· 198
小结 ··· 202
参考文献 ··· 202

第9章 起飞性能 ·· 204
9.1 概述 ·· 204
9.2 起飞性能 ··· 204
9.3 起飞方程:喷气式飞机 ···························· 208
9.4 起飞方程 ··· 212
9.5 起飞过程单发失效 ································ 218
9.6 螺旋桨飞机起飞 ··································· 223
9.7 最小操纵速度 ····································· 226
9.8 飞机制动概念 ····································· 229
9.9 受污染跑道上的起飞性能 ······················· 230
9.10 起飞阶段的封闭解 ······························ 235
9.11 地面操纵 ··· 240
小结 ··· 243
参考文献 ··· 244

第10章 爬升性能 ······································ 246
10.1 概述 ··· 246
10.2 简介 ··· 246

10.3 解析封闭解 ·247
10.4 商业飞机的爬升 ·250
10.5 商业螺旋桨飞机的爬升 ·259
10.6 能量法 ·262
10.7 能量法的最小值问题 ·269
小结 ·274
参考文献 ·274

第 11 章 下降与着陆性能 276

11.1 概述 ·276
11.2 航路下降 ·276
11.3 最后进场 ·279
11.4 连续下降进场 ·283
11.5 陡降 ·285
11.6 无动力下降 ·287
11.7 等待程序 ·291
11.8 着陆性能 ·292
11.9 复飞性能 ·299
小结 ·300
参考文献 ·301

第 12 章 巡航性能 302

12.1 概述 ·302
12.2 简介 ·302
12.3 点性能 ·303
12.4 SAR(比航程)的数值解 ·306
12.5 航程公式 ·314
12.6 喷气式飞机的亚声速巡航 ·315
12.7 螺旋桨飞机的航程 ·319
12.8 巡航高度的选择 ·320
12.9 巡航性能恶化 ·323
12.10 成本指数与经济马赫数 ·324
12.11 飞机重心位置对巡航性能的影响 ·325
12.12 超声速巡航 ·327
小结 ·329
参考文献 ·329

第 13 章　机动性能 ········· 331
13.1　概述 ········· 331
13.2　简介 ········· 331
13.3　动力转弯 ········· 331
13.4　无动力转弯 ········· 339
13.5　机动包线：$V-n$ 图 ········· 341
13.6　滚转性能 ········· 345
13.7　拉升机动 ········· 350
13.8　下击暴流中的飞行 ········· 351
小结 ········· 357
参考文献 ········· 357

第 14 章　热结构性能 ········· 360
14.1　概述 ········· 360
14.2　寒冷天气飞行 ········· 360
14.3　航空燃油 ········· 365
14.4　飞行中的燃油温度 ········· 368
14.5　燃油温度模型 ········· 369
14.6　轮胎加热模型 ········· 376
14.7　喷气冲击波 ········· 384
小结 ········· 385
参考文献 ········· 386

第 15 章　任务分析 ········· 388
15.1　概述 ········· 388
15.2　任务剖面 ········· 388
15.3　航程 – 载荷图 ········· 391
15.4　任务分析 ········· 397
15.5　给定航程和载荷的任务燃油 ········· 400
15.6　储备燃油 ········· 403
15.7　受 MLW 限制的起飞重量 ········· 406
15.8　任务情况 ········· 407
15.9　直接运营成本 ········· 412
15.10　案例分析：机型与航程选择 ········· 417
15.11　案例分析：B777 – 300 的比航程燃油规划 ········· 419
15.12　案例研究：水上飞机的有效载荷 – 航程分析 ········· 425
15.13　飞机性能风险分析 ········· 428

小结 ·· 430
参考文献 ·· 431

第 16 章　飞机噪声:噪声源 ·· 433
16.1　概述 ·· 433
16.2　介绍 ·· 433
16.3　声音和噪声的定义 ·· 434
16.4　飞机噪声模型 ·· 438
16.5　推进噪声 ·· 440
16.6　APU 噪声 ··· 469
16.7　机体噪声 ·· 470
16.8　螺旋桨噪声 ··· 478
小结 ·· 484
参考文献 ·· 484

第 17 章　飞机噪声:传播 ·· 488
17.1　概述 ·· 488
17.2　机体噪声场 ··· 488
17.3　噪声的大气吸收 ·· 490
17.4　地面反射 ·· 493
17.5　风和温度梯度影响 ·· 497
小结 ·· 503
参考文献 ·· 503

第 18 章　飞机噪声:飞行轨迹 ·· 506
18.1　概述 ·· 506
18.2　飞机噪声审定 ·· 506
18.3　噪声减轻程序 ·· 513
18.4　飞行力学集成 ·· 517
18.5　噪声敏感性分析 ·· 519
18.6　案例研究:喷气飞机的噪声轨迹 ···································· 520
18.7　案例研究:螺旋桨飞机的噪声轨迹 ································ 523
18.8　噪声性能的进一步参数化分析 ······································ 525
18.9　飞机噪声模型验证 ·· 528
18.10　噪声足迹 ··· 531
18.11　多架飞机运动噪声 ··· 535
小结 ·· 538
参考文献 ·· 538

第19章　环境性能 ……………………………………………………………………… 540
　19.1　概述 …………………………………………………………………………… 540
　19.2　飞机凝结尾迹 ………………………………………………………………… 540
　19.3　废气排放的辐射强迫 ………………………………………………………… 550
　19.4　着陆和起飞排放 ……………………………………………………………… 551
　19.5　案例研究：二氧化碳排放 …………………………………………………… 554
　19.6　完美飞行 ……………………………………………………………………… 556
　19.7　排放交易 ……………………………………………………………………… 560
　19.8　排放的其他影响 ……………………………………………………………… 560
　小结 …………………………………………………………………………………… 561
　参考文献 ……………………………………………………………………………… 561
第20章　结束语 …………………………………………………………………………… 564
附录 A ……………………………………………………………………………………… 566
附录 B ……………………………………………………………………………………… 573
附录 C ……………………………………………………………………………………… 575

第1章 绪论

商业航空已经发展成为现代运输系统的支柱。20世纪60年代以来商业航空旅行的需求呈指数增长,航空服务业进一步扩张。即使在最糟糕的经济衰退阶段,航空运输也呈现短暂的扩张。全球经济已经依赖于航空运输,天气和外部因素造成的任何不便都会引起混乱。追溯到2000年商业航空的规模,全球已有3514万个商业航班,累计飞行18140000h[1]。在一些国家,航空运输占所有货物运输的1/4。据估计,世界各地有约50000个机场[2],商用飞机每天飞行约18000架次。发展迅速的地区建设了大型机场,现代机场可具有一个城市的规模:伦敦的希思罗机场约$12km^2$,在如此大的空间里可以将1800架空客A380首尾相接停放。飞机所需的技术支持是庞大的,涉及工程、物流、综合运输系统、安全系统、能源和人力。然而,一切的核心是飞机本身,可以理解为飞行系统:这即是本书的主题。对于空中交通管制、排队模型、堆栈模式、物流、供应链等各种外部因素,本书会有浅显的说明。需要特别指出,本书包括飞机飞行性能的分析、仿真和评估,其中涉及空气动力学、重量性能、飞行力学、飞机噪声和环境排放。先进飞机飞行性能分析至少包括以下工程内容:

(1)验证飞机达到其设计指标。
(2)高效使用现有飞机或机队。
(3)新飞机选型。
(4)修改和升级飞行包线。
(5)升级和扩展任务剖面。
(6)飞机和发动机的认证。
(7)环境分析,包括在地面和空中的排放。
(8)飞机噪声排放。
(9)使用或未使用优化方法设计新型飞机。

请注意,在上述内容中,只有最后一条涉及一种全新飞机的设计,通常被称为"概念设计"。航空的安全性高于一切,因此,健康监控、恶劣天气事件和人为因素成为安全使用飞机和维护安全记录的重要组成部分。

飞机性能的评估方法可以基于理论分析和飞行测试。飞行测试需要使用精确的测量设备,其中包括导航设备等。

飞行性能测试包括设备的校准和地面静态测试,需要在所有关键条件下进行测试、数据采集、数据分析、仿真模型校准、认证图表和飞行手册图表的确定。

性能分析采用的飞行数据来自飞行测试或飞行数据记录仪。通常商用航空公司给出飞机的使用飞行性能，以便与制造商提供的数据及其他飞机性能相比。现代飞机的复杂性和外部因素的多变性导致飞行性能发生变化，并与技术指标不相符合。大多数制造商有自己的飞行性能规范，以此来调整飞机的飞行性能。

性能预测是任何飞机设计和使用的基础。需要由一系列的输入数据来计算基本的飞机性能，包括重量范围、航程以及动力大小的估算。在这种情况下，参数的估计和设计通常使用近似值。制造商称其制造的飞机与竞争对手的×型飞机相比，直接使用成本降低了20%（包括降低了30%的燃油消耗）。我们如何才能得知实际情况？我们是购买此飞机，还是购买竞争对手的×型飞机？我们需要在飞行测试中花费1000h，然后再决定吗？在飞机性能领域，并没有可用于验证的实验室试验。

1.1 飞行性能参数

大多数飞机飞行参数由飞行数据记录器（FDR）存储，通常称为黑匣子。现在飞行数据记录器记录的数据类型是标准化的，包含对事故调查、系统监控、飞行轨迹分析和发动机性能分析的所有有用参数。截至2002年8月，（美国）国家运输安全委员会（NTSB）要求运输类飞机的FDR至少记录88架次的飞行参数[3]。记录的数据包括飞机各轴的速度和加速度、控制面位置、发动机状态（温度，压力，燃油流量，转速）、计算机故障、自动驾驶仪控制、结冰、空中交通预警和防撞系统等。大型直升机要求至少包括26个不同的飞行记录和状态参数，附加的30个参数尽管并不要求，但还是建议进行记录。

基于固态存储器的现代FDR，可以记录数百个参数，长达24h。FDR可以承受数百g的过载，超过1000℃的温度，且在6000m的深海仍然可以正常工作，在大约30天内发出定位信标。如果坠入海洋，也可以使用卫星将其定位。

2009年6月1日消失在巴西海岸的空客A330的FDR是最难搜寻的FDR之一。之后近两年时间搜寻了10000km^{2}的海底，其FDR最终在4000m深海被完整发现。

国际法规规定，质量超过27000kg的商用飞机需要FDR监测其飞行数据。在实际中，需要分析飞行参数，特别是在发生非常规的情况下。（大角度下降、硬着陆、晴空紊流飞行等）。分析中至少包含以下两方面内容：①保证安全；②了解飞机是否有效运行。

许多性能指标不是简单地用单一的数值而是用图表来表示。一些性能数据可以从制造商那里获得；一些数据可以通过适当的分析推断出来；一些数据由于保密并未提供；还有一些数据因为没有提供飞机的飞行条件而难以给出。保密的数据一般包括：气动阻力特性、稳定性、剩余功率图和发动机性能。不能提供的其他数据包括：①有效载荷不与其对应的航程同时提供；②实现该航程的飞行高度；③军用拦截机的作战半径，实际中此半径可能位于敌人的火力攻击范围内。

大多数飞机都有最大起飞重量（MTOW）和使用空重（OEW）。由于 MTOW 和 OEW 之间的差异是任务燃油，因此这些数据不足以计算最大装载。在竞争中重量优势将转化为明显的效益优势。在激烈的市场竞争中，重量优势是选择和使用飞机的最重要因素。若将制造商的性能数据和图表在公开领域发布会引发制造商的不满。客户和竞争对手通过查看性能数据和图表可以选择最具竞争力的飞机，并发现竞争对手的技术缺陷。

飞机的驾驶员关心制造商提供的性能参数是否与实际性能相匹配。因此，性能预测方法的准确性至关重要。飞行机组操作手册（FCOM）中的性能数据由于各种原因并不总是十分准确：①FCOM 数据通常从有限的飞行测试数据中推断出来；②实际飞行条件与 FCOM 中飞行条件不尽相同；③机身和推进系统的老化可能导致飞机的性能与新飞机明显不同。同类型的飞机可能有不同的 FCOM，因为每个航空公司可能都有自己的版本。

1.2　飞行优化

飞行优化是所有现代飞机设计和使用的核心。从使用的角度来看，商用航空受燃油价格的驱使，燃油消耗最低对使用是非常重要的。性能优化需要用到最优控制理论上的一些概念，而通常情况下，航空工程师对这一领域并不是非常熟悉。在过去 30 年中，这些最优条件越来越受到环境问题的挑战，包括噪声排放、机场附近的空气质量、全球气候变化和可持续性等。

计算机求解飞行性能在当今已是常规工作，并已达到相当复杂的程度，其中包括飞行力学、空气动力学、结构动力学、飞行系统控制和微分博弈理论之间的耦合。

主要有两种类型的优化：设计阶段飞机的性能优化和给定飞机的使用性能优化。针对第一种情况，可以通过研究飞机不同的可选构型来提高一个或多个性能参数。这一流程与飞机设计的主题更加贴近。接下来我们将会考虑一些使用上的优化问题。在这个方面有一些非常好的参考资料，如 Bryson 和 Ho 的关于最优控制[4]的经典教材以及 Ashley[5]关于飞行力学问题的一些著作。现在已经有程序可以规划出最佳航迹，在遵守航空公司规定的前提下，尽量减少直接运营成本（DOC）。优化程序中包含以下类型的输入数据：天气状况、航线、气动特性、飞机性能以及飞行具体信息（有效载荷，燃油成本）等。优化程序输出最佳巡航高度、最佳爬升和下降点、最佳巡航速度和飞行路径所对应的燃油消耗量。

飞行控制系统是飞机系统的关键组成部分，并已达到相当复杂的程度，配备有许多机载电脑和大量的软件。最好的飞机亦不能在没有嵌入软件的情况下飞行，因为嵌入软件可以满足最严格的要求。根据公认的标准（如 NASA[6]），对于载人飞机，其控制软件必须具有最高水平的质量保证，定义为 A 级。此类飞机的软件故障可能会导致生命损失或灾难性事故。B 级软件专为无人飞行器而设计，如无人机，火箭和卫星。任何软件故障可能会导致飞行器全部或部分损失，但不会导致生命损失（部分任务故障）。

图 1.1 给出了湾流 G550 特有的四屏幕视图飞行控制面板。照片中底部中心的显示器可以快速地进行性能计算，由飞行员快速输入基本参数即可得出起飞速度等参数。

图 1.1　湾流 G550 驾驶员座舱配备 Honeywell DU – 1310 可视化显示器

1.3　适航认证

适航证是授权操作使用飞机的证书。指定的限制条件包括飞机重量、起飞和着陆要求、维护记录、服务记录和遵守安全规定等条件。

适航证可以证明飞机符合规定类型的要求并且能够飞行安全。只要飞机满足规定类型（商用、通勤和公用等）的要求，能够安全运行并符合所有的适航规定，就可以获得适航认证。飞机可能会因为许多原因而取消适航证，使得飞机淘汰，其中原因可能是条款升级和国际组织批准的新规定，而不仅仅是飞机操作的不安全性。

通常需要的其他文件包括型号合格证、适航限制、航班日志、维护证书等文件。适航限制包含有关键部件和系统的飞行小时数、使用年数或周期数的具体数据，这些数据可以用作飞行模拟中的限制条件。

型号合格证包含各种技术数据、限制条件、注意事项以及参考的技术手册（操作手册、维护手册等）。飞机、螺旋桨、发动机等均可以颁发型号合格证。这些证书由不同国家和国际航空组织颁发。型号合格证可以长达数页，需要包含适航类型、发动机类型、发动机限制、燃油限制、速度限制、重心范围、最大认证重量、辅助动力装置、设备、座位容量和全天候能力等①。

适航证和型号合格证由美国的联邦航空管理局（FAA）、欧洲的欧洲航空安全局（EASA）、英国的民航局（CAA）和其他国家的国际机构颁发。适航认证是一个复杂的技术问题，超出了本书的范围。需要注意的是，不同机构颁发的证书可能包含不同类型的信息。因此，获取不同的证书是有用的，特别是在挖掘发动机性能数据时。

1.4 升级需求

大多数的飞机性能仅关注设计性能的优化和飞机尺寸调整，而似乎不关注飞机的使用性能，忽视了每天有超过18000架商用飞机在世界各地飞行。企业试图追回投资资本，飞机可能在未来20年内飞行同一航线。

每年有多少架飞机保持原有的设计状态？大多数飞机有可能升级改造以适应不断变化的市场和技术进步。多年来配备的技术已经与初次设计时有很大的不同。一架飞机的使用时间约为20~25年，同一系列飞机的寿命可能超过50年。一个飞机项目可以包含多个版本、衍生型号、设计改进、重量配置、动力系统、航电设备和系统等。

一个航空工程师的毕生精力可能都会投入到一款飞机的研发当中。在航空早期，新飞机可能会在几个月内由工厂推出。1936年，德国飞机设计师Kurt Tank[7]设计的福克沃尔夫"秃鹰"Fw-190，从概念设计到首飞只用了一年的时间。首飞（1938年）为远程载客飞行，由柏林飞往纽约，中途没有停留。后来此飞机被用作侦察和轰炸。到20世纪60年代，商用飞机的设计和测试需要数千人力/年。波音B747-100，在1969年首飞[8-9]，需要五架飞机15000h的风洞测试和约1500h的飞行测试[1]。

波音B747-400主要的空气动力学改进为使用一个带有翼稍小翼的细长机翼以减小阻力。通过使用新的铝合金材料，可以在机翼上实现约2270kg的减重。

---

① 例如：欧洲航空安全局，空客A380，型号合格证数据单。TCDSA.110,2009.02.04签发。

B747-400ER 的起飞重量增加到 412770kg，这使得飞机可以多飞行约 410n mile（约 760km），或者多搭载 6800kg 有效载荷，航程可达 14200kg（约 7660n mile）。B747-800 飞机较大，重量可达到约 443000kg，在未来几年内会继续使用飞行。

第一架洛克希德 C-130A "大力神" 运输机在 1956 年交付美国军方。此飞机的设计早在几年前已经开始。到 20 世纪 60 年代初，设计了 VSTOL 改型[10]。从那时起，此飞机已经进行了至少 60 种不同的改型。与早期的 C-130E 型相比，C-130J 型可以算得上一架全新的飞机。其最大速度增加了 21%，爬升时间减少了 50%，巡航高度增加了 40%，航程增加了 40%，其配备的 Rolls-Royce AE-2100DE 发动机使推力增加了 29%，燃油效率增加了 15%。新发动机和新螺旋桨的使用，使得 C-130J 型可以在 14min 内爬升至 9100m。

空气动力学、发动机、结构等方面的技术进步可以应用于现有的飞机型号，以提高其性能。随着重量的增加，需要使用更高效率的动力装置，可以通过优化来改善空气动力学特性，可以通过拉伸机身容纳更多有效载荷并可增加附加油箱。在空客 A380 首次出厂后的几年内，新的起落架制动装置设计即可节省一名乘客的重量。与此同时，机翼的升级改造质量节省了约 350kg。

1.5 军机要求

航空工程伊始，军用航空就一直是国家安全的重要方面，也是许多技术创新的源泉。战斗机从第一次世界大战的侦察机演变成现代复合型的战机。据冯·卡曼[11]记录，战争期间战斗机飞过欧洲战场，窥探敌方，敌方飞机发现并采取阻止行动，而后飞行员开始用机枪射击敌机。

从利用飞机侦察发展到进行空中打击只用了很短的时间。第一次记录的空袭是 1911—1912 年意大利空军在北非土耳其战争期间，意大利军方派出战机（"Taube" "Deperdussin" "Bleriot"）进行侦察，而后开始攻击地面的敌军。1911 年 11 月 1 日，空军计划投掷 4 枚手榴弹，每枚质量约 1.5kg。Giulio Gavotti 中尉驾驶 Taube 飞机进行空袭①，击发手榴弹需要用到两只手，但是操纵不稳定的飞机也需要占用一只手，他最后只能用牙咬着拉开手榴弹引信，然后抛出。虽然炸弹没有杀伤任何人（爆炸能量被沙漠所吸收），但是此消息是令人震惊的。"海牙公约"（1899 年）禁止从气球中抛射弹药和爆炸物。但意大利人认为，该公约不适用于有动力飞机②，因此，预示着战争新时代的开始。

---

① 一些消息来源称，1911 年 10 月 24 日第一次使用手榴弹并投放的沙漠中。
② 1899 年 7 月 29 日签署的 "海牙公约" 于 1900 年 9 月 4 日生效。其中第四章中描述，从 1900 年开始，对于气球或其他类似性质的新方式使用空中爆炸物进行五年的使用约束限制。

朱利奥·杜赫(Giulio Douhet)将军最先将无差别轰炸、地毯式轰炸和战略轰炸加以区分(1912年)。1914年,德国人使用齐柏林(Zeppelin)飞艇对伦敦进行无差别轰炸(第一次城市轰炸)。"海牙公约"同样也不适用于这种情况。作为回应,新成立的英国皇家空军(RAF)通过船只把飞机运送到战场附近,然后利用这些飞机实现了第一次空中打击地面目标(库克斯港突袭)。

英国的 H. G. Wells 在1907年出版了一本科幻小说《空中战争》,书中飞艇队袭击并轰炸了纽约市,这曾经引发了人们对于空中轰炸的不安。美国人对此并没有怎么关注,然而几年之后,科幻小说变成现实并导致无数人失去生命。

继1911年北非行动之后,军事侦察的范围迅速扩大:现在可以从空中侦查并提供空中拍摄,使用更加详尽的信息更新并改进地图。在第一次世界大战初期,侦察机有两个座位,一个是飞行员的,另一个是观察员的,若没有观察员,飞行员将难以返回基地。观察员的装备包括地图、手枪、手表、双筒望远镜、单向无线电系统和救生衣等。通常,飞机装载量约为400kg,其中包括飞行员、观察员及其各种装备的重量。这些重量之和的允许值约为180kg,那么剩余的燃油和弹药重量之和约220kg。燃油流约为32kg/h,若不携带武器,一架飞机的航时约为6.5h。在优化条件下,平均速度为100~120km/h(约50~60kt),行动半径为350km(约190n mile)。

1915年战争初期,在德军服役的荷兰人 Anton Fokker[12],发明了一种装置安装在单座单翼机上,可通过螺旋桨转动控制机枪的同步射击(射击协调器)。有了这个装置,飞行员可以同时操纵飞机并投入战斗。在偶然情况下射击协调器可能会发生故障,曾经夺走了像 Max Immelmann 这样优秀飞行员的生命。

在世界大战结束之际,欧洲各国拥有数以千计的飞机。据估计,当时飞机的总产量在4年内突破了75000架,其中英国产量接近32000架。值得注意的是,此时距飞机的发明仅过去了15年。

军用飞机的发展历史,意味着在过去100多年中航空技术的发展。介绍军用飞机诞生的相关书籍有 Driver[13](英国航空)和 Opolycke[14](法国航空)。Stevens[15]和 Weyl[16]中介绍了更多的历史细节。Jackson[17]中发表了至今所有空战事件的记录年表。

如今战斗机的使用要求中包含以下内容:多用途的任务需求、复杂的飞行包线、多种布局(在飞行中改变飞机布局)、超声速飞行、作战能力、投放多种武器、机动性及全天候的使用需求。飞机已发展为相当复杂并且成本巨大的平台系统。现在的历史潮流需要另一种革命性的武器系统——未来军用无人机。然而,这个过程需要几十年的时间。与此同时,产能过剩,成本过高等问题会使军机难以出售、使用和升级。

军机可包含多种任务情况[18]。典型的任务是基本飞行、攻击、作战、搜索、密切支援、运输、空中加油和侦察等。对于每种任务情况,都有对应的起飞重量、任务燃油、有效载荷、航程、最大爬升率和使用升限。如今可以使用先进的微分对策理论和人工智能来研究飞机面对威胁时的作战效能和战术机动性[19]。

1.6 综合性能评估

本节中的性能评估仅限于有公开文献说明的计算机模型[20]。空客和波音都有自己的飞行性能程序，他们利用一些基本原理和大量的飞行数据对飞机进行建模。这些飞行性能程序并没有在公开场合发布。他们的某些版本可以提供给航空公司，以便其进行性能分析和制订飞行计划。

计算机飞行规划可追溯到20世纪60年代末。在认识到穿越北大西洋的航线优化可以节省大量燃油的前提下，Simpson等人进行最先尝试[21]，此时需要考虑大气的实际状态（特定的风和温度）。分析中需要飞机的一些基本性能数据，如爬升和下滑规划、巡航高度、燃油消耗和其他参数。到目前为止，气候优化航线问题依然存在[22]。

基于Roskam的书籍[23]，Roskam开发了先进飞机分析（AAA）软件。软件模块可用于飞机设计中从重量调整、气动特性估算到操纵性和稳定性分析。该技术领域的另一个软件是ACSYNT，其起源可以追溯到20世纪70年代。近年来，ACSYNT软件得到了很大发展，适用于飞机的概念设计。此软件将多学科进行整合，其中包括性能、设计、成本、噪声和工程工艺[24-25]。在20世纪80年代开发了FLOPS飞行优化系统，以便在初步设计中提供详细的飞机性能[26]。

DATCOM软件[27]可用于计算亚声速和超声速下的飞行器静稳定性、高升力特性、气动导数和配平条件等。该软件已被广泛应用于高性能飞机的初步设计阶段，进行静态和动态特性的快速估计。该软件遵循的计算方法是足够准确的[28]。

EuroControl开发的BADA模型用于空中交通管理的综合性能仿真。BADA采用集中质量近似，使用重心处的总能量模型和基本性能模型用来预测飞机轨迹[29-30]。其主要应用是预测场站区域飞行轨迹和目前情况下的交通管理和增长预测。BADA使用的基本方程是重心处的常微分方程和总能量方程（即动能、势能和发动机做功之间的平衡）。此外，该模型采用飞机基本参数中的使用限制条件（来自飞行手册或其他参考文献）进行积分。

在不使用统计数据库的前提下，可以使用总能量的概念[31]来预测运输机的燃油消耗。FAA已经在20世纪80年代使用这种方法，这种方法可以为空中交通管制提供更好的自主飞行计划。该方法使用基本的能量平衡、飞机的总重量和飞行剖面，而不需要飞机的细节参数。

ESDU[32]提供了一套计算固定翼飞机性能的软件，其中包括飞行性能、机场性能和任务性能（运输机的全程耗油量和军用飞机的作战半径）。该程序包含几个衍生工具,是以数据模块的形式发布的,其中一些在本书中进行了简要讨论和引用。

综合性能计划的行业标准是 PIANO[33]。其中包括初步设计选择,飞机模型的大型数据库和详细的任务性能分析模块。综合性能计划中进行了广泛的性能计算,其结果与制造商提供的性能数据匹配良好,但具体技术细节并未公开。

1.7 本书涉及的内容范围

本书中主要介绍飞机的使用性能,并考虑到技术更新(飞机和发动机升级)以及环境影响。飞机使用性能依赖于概念设计、机场使用条件等信息。

我们提出了相对较先进的跨学科研究。目标是解决诸如最佳巡航高度,最佳巡航马赫数以及最佳爬升和下降等问题。我们讨论的商用飞机由高涵道比涡扇发动机或涡轮螺旋桨发动机提供动力,讨论的高性能飞机可以进行超声速飞行(主要用于军事用途)。这些研究可以映射到综合计算机程序的计算框架中,此程序需要完成以下任务:

(1) 航迹优化和航迹规划。
(2) 任务分析和起降性能。
(3) 环境排放和燃油消耗。
(4) 飞机发动机一体化。
(5) 热物理和结构动力学。
(6) 飞机噪声轨迹。
(7) 机场附近的噪声影响。
(8) 系统分析。
(9) 性能数据验证。
(10) 竞争分析。
(11) 权衡和参数研究。

计算程序的流程图如图 1.2 所示。图中给出了性能计算框架中关键的子模型,以及工程分析中主要的项目和子项目。以下各章将讨论这些内容。

超声速高性能飞机的流程图与图 1.2 相似。但是性能计算中没有考虑噪声和排放,更多的是考虑其气动特性,其中包含跨声速模型、超声速模型和外挂模型。热结构模型仅限于超高声速下的气动热力学加热。此类飞机并不需要建立螺旋桨模型。

螺旋桨飞机性能计算流程图如图 1.3 所示。此模型可以整合到涡轮螺旋桨飞机的流程图中。最优设计依赖于飞机的气动特性和几何特性,但不属于常规性能计算的范畴。

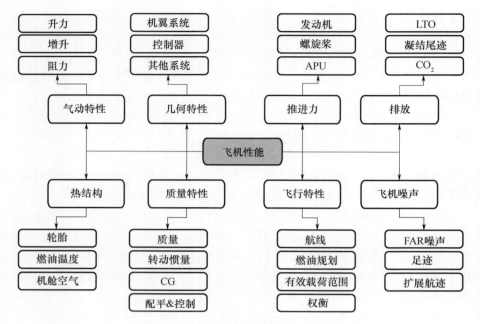

图 1.2 飞行性能计算程序流程图

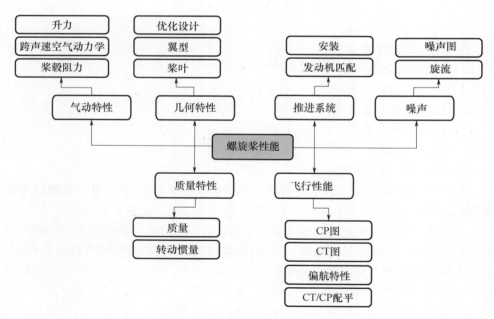

图 1.3 螺旋桨飞机性能计算流程图

本书涉及的主要内容如下：

(1) 根据制造商提供的信息，给出飞机的准确模型。该模型中包含的有效信息，即面积、体积、尺寸和相互位置关系(第 2 章)。

(2) 制定质量、转动惯量、飞机重心的准确模型，以及每个子系统质量的位置关系(第 3 章)。

(3) 给出空气动力学特性，包括所有飞行条件下的气动系数和气动导数(第 4 章)。

(4) 建立高涵道比涡轮风扇发动机、低涵道比涡轮喷气发动机和涡轮螺旋桨发动机的准确模型。此模型可以在全飞行包线范围内提供至少 20 种不同的发动机参数(第 5 章)。

(5) 基于螺旋桨几何信息，以及可在全飞行包线范围内模拟轴向和航向流动条件的气动模型，建立精确的螺旋桨模型(第 6 章)。

(6) 建立纵向和横航向稳定性的静稳定模型，包括确定最佳重心位置和建立飞机力和力矩平衡的控制需求(第 7 章)。本章不涉及飞行动力学中的不稳定响应和短时间内的周期运动。

前面介绍的所有子模型可以整合到飞行力学的框架中，用来模拟商用飞机的所有飞行条件以及超声速飞机的部分飞行条件。第 8 章中涉及飞行包线，大气模型和超声速飞行的飞行性能。地面的使用条件在第 9 章中作单独的介绍，其中重点是起飞条件；第 10 章介绍爬升至初始巡航高度；第 11 章介绍下降和最终进场着陆；第 12 章介绍优化和次优化巡航程序。第 13 章中涉及有动力和无动力条件以及无风和下击暴流条件下，水平和垂直平面内的转弯和其他机动。

第 14 章介绍了一些特殊的问题，其中涉及热结构性能。所讨论的内容包括飞行过程中结冰、燃油温度模拟、起降时的轮胎发热和受力，以及喷流和喷流扩散。

第 15 章中建立商用任务的模拟模型。我们可以进行燃油规划、最佳飞行轨迹规划、有效载荷范围分析等研究。本章还涉及飞机性能的风险分析。

本书最后给出了环境特性。具体包括：

(1) 建立推进系统(包括发动机、螺旋桨和辅助动力装置[APU])和机体(包括起落架)详尽的噪声源子模型(第 16 章)。

(2) 建立噪声干扰、传播、地面效应和其他壁面效应的子模型(第 17 章)。

(3) 将噪声模型映射到噪声飞行力学框架中，以此来预测标准飞行轨迹或任意飞行轨迹下的地面噪声特性(第 18 章)。

(4) 最后，给出预测商用飞机主要环境排放的方法，包括二氧化碳排放、降落和起飞(LTO)的排放、凝结尾迹规避策略和最优飞行(第 19 章)。

大多数的计算步骤已在书中介绍，其中一部分需要花费精力编写成计算机程序。

1.8 本书章节的综合安排

固定翼飞机的多学科飞行代码验证并不是一个成熟完善的学科,事实上这一学科甚至尚未真正建立起来。与已在旋翼飞机工程实践当中获得广泛应用的综合动力学代码相比,这两者之间的差距相当明显。飞机的配置、空气动力学、推进系统、飞行力学和飞机噪声等方面都有其最低验证要求。这些主要模块如图 1.4 所示。在更深层次上,我们可能对热结构性能的各个方面感兴趣,如图 1.2 所示。

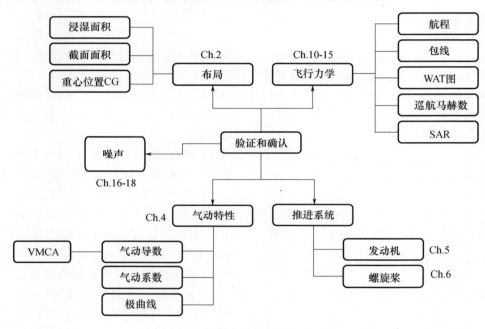

图 1.4 飞行性能的验证流程图

在布局模块中,我们通过分析横截面积 2.5.6 节、质量分布和重心位置 3.9.2 节给出飞机的几何形状、浸湿面积 2.5 节及舵面配置等。

在空气动力学模块中,我们验证气动系数、型阻、极曲线、跨声速效应和气动导数的准确性。为了验证这些参数,我们需要进行一些间接的测试,如空中操纵速度的计算 7.3 节。

在推进系统模块中,我们给出一些基本参数,包括燃油流、涡轮机和燃烧室温度、额定推力和额定功率等。如果为螺旋桨发动机,则必须对单独螺旋桨、螺旋桨和发动机分别进行测试(第 6 章)。

在飞行力学模块中,我们需要给出飞机的性能,并将其与 FCOM 中公布的官方数据、型号合格证和其他文件进行比较。需要验证有效载荷范围图 15.3 节,马赫数—高度的飞行包线 8.7 节,起飞性能的重量 – 高度 – 温度图,最佳巡航马赫数 12.4 节和最佳巡航高度 12.8 节和航程。

最后,在飞机噪声模块中,需要进行一系列不同级别的测试:部件级的噪声源测试;整体级的噪声源测试;以及飞机运行所产生的噪声传播、散射、反射、大气效应和其他影响(第 16 ~ 18 章)。

参考文献

[1] The Boeing Corporation,2004.
[2] CIA Factbook. Continuously updated(www. cia. gov).
[3] NTSB. *Flight Recorder Handbook for Aviation Accident Investigation*,Office of Research & Engineering,Washington DC,Dec. 2002.
[4] Bryson AE and Ho YC. *Applied Optimal Control*. Blaisdell,NY,1969.
[5] Ashley H. *Engineering Analysis of Flight Vehicles*. Addison – Wesley,Reading,MA,1974.
[6] NASA. Software assurance standard. NASA Technical Standard STD – 8739. 8,July 2004.
[7] Wagner W. *The History of German Aviation:Kurt Tank,Focke Wulf's Designer and Chief Pilot*. Schiffer Publ. Ltd,1999.
[8] Sutter JF and Anderson CH. The Boeing model 747. *J. Aircraft*,4(5):452 – 456,Sept. 1967.
[9] Lynn Olason M. Performance and economic design of the 747 family of airplanes. *J. Aircraft*,6(6):520 – 524,1969.
[10] Danby T,Garrand WC,Ryle DM,and Sullivan LJ. V/STOL development of the C – 130 Hercules. *J. Aircraft*,1(5):242 – 252,1964.
[11] von Kármán T. *The Wind and Beyond:Theodore von Kármán Pioneer in Aviation and Pathfinder in Space*. Little Brown & Co. ,Boston,1967.
[12] Dierikx M. *Fokker:A Transatlantic Biography*. Airlife Publishing Ltd,Shrewsbury,UK,1997. Chapter 2.
[13] Driver H. *The Birth of Military A viation:Britain 1903 – 1914*. The Royal Histor – ical Society,1997. ISBN 0 86193 234 X.
[14] Opolycke LE. *French Aeroplanes Before the Great War*. Schiffer Publishing Ltd,Agden,PA,1999.
[15] Stevens JH. *The Shape of the Aeroplane*. Hutchinson & Co. Ltd,London,1953.
[16] Weyl AR. *Fokker:The Creative Years*. Putnam & Sons,London,1965(reprint 1987).
[17] Jackson R. *The Guinness Book of Air Warfare*. Guinness,1993.
[18] Gallagher GL,Higgins LB,Khinoo LA,and Pierce PW. *Naval Test Pilot School Flight Test Manual – Fixed Wing Performance*,volume USNTPS – FTM – No. 108. U. S. Navy Pilot School,Sept. 1992.
[19] Isaacs R. *Differential Games:A Mathematical Theory with Applications to Warfare,Pursuit,Control and Optimisation*. John Wiley & Sons,1965.
[20] Filippone A. Comprehensive analysis of transport aircraft flight performance. *Progress Aero Sciences*,44(3):185 – 197,April 2008.
[21] Simpson L,Bashioum DL,and Carr EE. Automated flight planning over the North Atlantic. *J. Aircraft*,2(4):

337-346,1965.
[22] Irvine E, Hoskins B, Shine K, Lunnon R, and Froemming C. Characterizing North Atlantic weather patterns for climate-optimal aircraft routing. *Meteorological Applications*, 2012. DOI:10.1002/metl291.
[23] Roskam J. Design for minimum fuselage drag. *J. Aircraft*, 13(8):639-640, 1976.
[24] Jayaram S and Myklebust A. ACSYNT - A standards-based system for parametric computer aided conceptual design of aircraft. AIAA Paper 92-1268, Jan. 1992.
[25] Rivera F and Jayaram S. An object-oriented method for the definition of mission profiles for aircraft design. AIAA Paper 1994-867, Reno, NV, Jan. 1994.
[26] McCullers LA. Aircraft configuration optimization including optimized flight profiles. In *Experiences in Multidisciplinary Analysis and Optimization*, NASA CP-2327, pages 394-412. Jan 1984.
[27] Williams JE and Vukelich SP. The USAF stability and control digital DAT-COM. Technical Report AFFDL-TR-79-3032, Vol. I, Air Force Flight Directorate Laboratory, April 1979.
[28] Sooy TJ and Schmidt RZ. Aerodynmic predictions, comparisons and validations using missile DATCOM(97) and Aeroprediction(AP98). *J. Spacecraft & Rockets*, 42(2):257-265, 2005.
[29] Nuic A. *User Manual for the Base of Aircraft Data (BADA) - Revision 3.6*. Eurocontrol Experimental Centre, Bretigny-sur-Orge, France, July 2004. Note 10/04.
[30] Nuic A, Chantal P, Iagaru MG, Gallo E, Navarro FA, and Querejeta C. Advanced aircraft performance modeling for ATM: Enhancements to the BADA model. In *Proceedings of the 24th Digital Avionics Systems Conference*, Washington, DC, 30 Oct. to 3 Nov. 2005.
[31] Collins BP. Estimation of aircraft fuel consumption. *J. Aircraft*, 19(11):969-975, Nov. 1982.
[32] ESDU. *Aircraft Performance Program. Part 1: Introduction to the Computer Programs for Aircraft Performance Evaluation*. 00031. ESDU International, London, Nov. 2006.
[33] Simos D. PIANO: A tool for preliminary design, competitor evaluation, performance analysis. In *ICAO Committee on Aviation Environmental Protection Working Group 2 Meeting*, Rome, Italy, May 2006.

第 2 章 飞机模型

2.1 概述

在本章中,给出了确定现代运输机几何外形的方法(2.2 节)以及控制点和几何线框的概念(2.3 节)。在此基础上可以来确定线性尺寸、重心位置、参考面积和体积。这里给出的方法也适用于任何其他类型的飞机,其中相对复杂的曲面我们使用随机的方法(2.3.1 节)。2.4 节中给出升力面的几何形状。2.5 节给出浸湿面积的计算方法,2.6 节给出飞机体积和机翼油箱体积,2.7 节给出平均气动弦长的计算方法。2.8 节给出几个确定飞机几何模型的实例。最后,2.9 节定义了飞机的参考系。

关键概念:运输机,几何尺寸定义,浸湿面积,飞机体积,油箱,平均气动弦长,参考系。

2.2 运输机模型

飞机几何尺寸是计算空气动力学特性、燃油和有效载荷、重心位置、操纵性与稳定性的基础。建立准确的飞机模型需要一系列的步骤,其中包括选择参考系、确定关键子系统、使用装配流程来确定飞机部件之间的几何关系。可以选择不同的参考系来定义几何关系和飞行使用条件。在本章中需要计算参考面积、参考长度和参考位置。

飞机的部件组成如图 2.1 所示,包括机身及其子系统、机翼及其子系统、尾翼及其子系统、起落架及其子系统、推进系统及辅助单元、起落架组及轮胎,定义并构建了近 24 个不同的组件。这些子系统可以映射到流程图 2.2 中。飞机分为 5 大系统,每个系统可以分解为几个主要的子系统,如图 2.2 所示。

为了对飞机进行足够准确的描述,必须考虑每个组件。每个组件都有对应的一张身份卡片、一组控制参数和一组操纵控制参数的规律。通过读取卡片的信息和算法可以建立飞机的模型,如图 2.3 所示。该模型是状态参数 $x = \{x_1, x_2, \cdots, x_n\}$ 的函数,其中一些为时变参数。状态参数分为不同的类别:

(1) 几何尺寸:控制点,形状参数,安装角。
(2) 装配:子系统和完整模型。

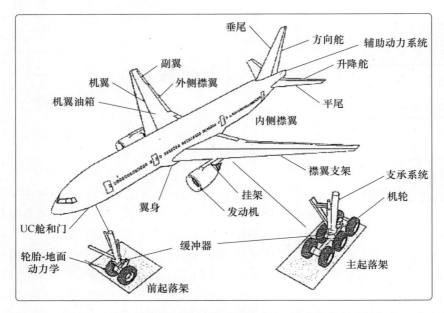

图 2.1 由 CAD 模型展示飞机的部件组成,摘自参考文献[1]

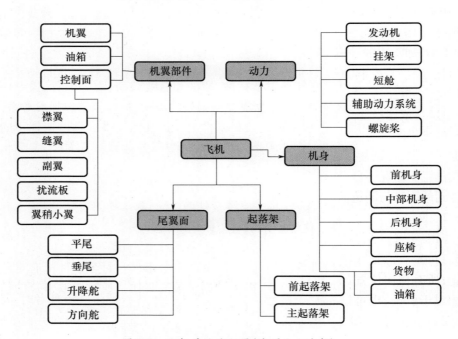

图 2.2 飞机系统流程图(由图 2.1 映射)

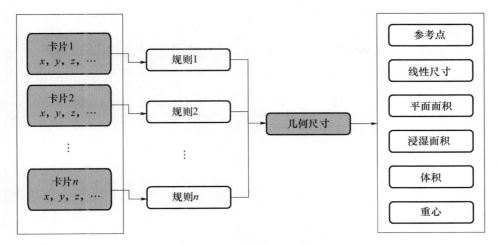

图 2.3　几何模型构建规则

（3）系统：动力装置，燃油系统，APU，起落架。

1. 控制点

整个建模过程都基于控制点的数据库。每个卡片对应一个组件和一组视图（俯视图、侧视图和正视图）。例如，在这个模型中，有对应于机翼俯视图、机翼侧视图和机翼正视图的卡片。使用这种方法通过计算机辅助设计（CAD）（如 DXF 和 IGES），可以进一步来确定几何构型。本书附录 A.0.1 几何模型中给出了一个控制点文件的实例。使用 CAD 模型，有利于实例的列举（图 2.1）。

显然，依靠制造商公开的少量数据（如机翼面积和机翼翼展）是不够的。许多公开的飞机图纸是欠准确性的，仅供参考。进一步的核实则需要验证提取所有的数据。例如，可以使用参考机身长度或整个飞机长度作为参考距离得到控制点的纵向位置。据此，可以连接两个点，得到一个指定的距离（如机头到发动机面），有时得到的距离与制造商的指定值是不匹配的。

2. 参考系

需要定义一个参考系来计算每个组件的位置。这个参考系也可用于计算质量分布、重心位置和转动惯量（第 3 章）。所有纵向位置（x）相对于机身头部来计算；所有横向位置（y）相对于飞机的垂直对称面来计算；所有垂直位置（z）可以相对于机头，也可以相对于地面来计算。垂直位置选择地面作为参考时，飞机在地面上时可能会存在小的低头构型。参考系的中心坐标为 $O=\{0,0,0\}$，O' 为机头点。

制造商提供的数据通常包括一些关键尺寸的范围。因此，可以得到空机重量和飞机最大起飞重量的参考。对于最大起飞重量,可以参考飞机的重心位置来论证其他参考量。

由飞机的俯视图可以看出(图 2.4),每个可见子系统均由一组点来定义。侧视图和正视图亦是如此,如图 2.5 和图 2.6 所示。通过放大关注的组件可以提高精准度。随着组件变小,误差会增大,因此我们将关注的位置放大。

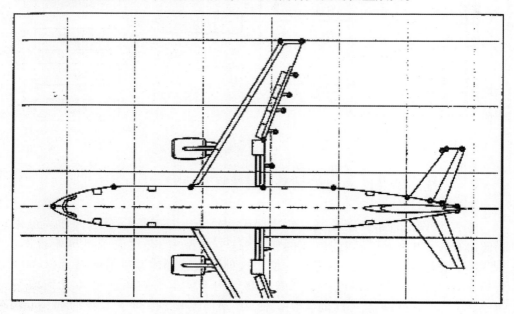

图 2.4 俯视图中飞机几何特性构建(展示选择的控制点)

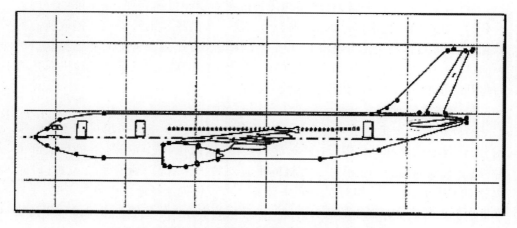

图 2.5 侧视图中飞机几何特性构建(展示选择的控制点)

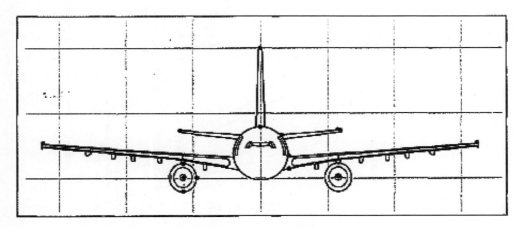

图 2.6　前视图中飞机几何特性构建(展示选择的控制点)

2.3　线框定义

每个飞机组件的线框定义都可通过如图 2.3 所示的规则来完成。通过使用这些规则来建立平面形状和其他几何外形。

1. 机翼平面形状

机翼的俯视图是通过一组控制点来定义的,使用这些控制点来建立平面形状、标称展长、根弦、尖弦、翼弦分布和后掠角。机翼的前视图用于建立上反角和翼尖距离地面的标称高度。由于短舱和挂架的存在,从侧视图未能得到机翼的其他参数。

机翼厚度和扭转分布在图中不能得到,这些参数由粗略的估计值表示。对于厚度分布,我们可以参考已知类似飞机的统计数据。对于扭转分布,我们可以使用空气动力学分析来获得产生最小诱导阻力的最佳平面几何形状(第 4 章)。

图 2.7 给出了波音 B737 - 900W(带翼稍小翼)机翼的线框。图中虚线表示翼稍小翼在水平面上的近似投影。翼展的定义最好"包含翼稍小翼",即机翼的最外点包含在标称构型中。有负载的机翼会向下弯曲(在地面上)或向上弯曲(在飞行中),因此实际翼展变化取决于机翼载荷。

2. 机翼面积

下面介绍的方法用来定义机翼面积,但是机翼面积的定义并没有统一的规定。定义方法有:①外露机翼面积加上机身处长度等于机翼根弦的机身截面面积;②梯形面积加上外露整流罩面积和遮挡整流罩面积;③外露机翼面积,加上由前缘和后

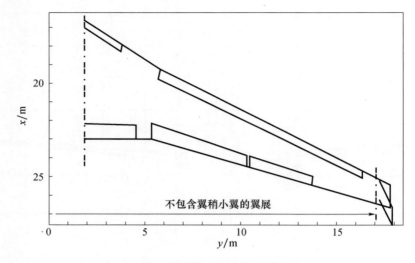

图2.7 波音B737-900W机翼线框

缘线延伸穿过机身中心线的面积;④外露机翼面积,对应其实际的翼展和尖弦长度。需要注意,在选择这些方法时并没有限制与约束。当得到机翼参考面积后,所有的空气动力学参数均参考此面积。在这里我们只使用第一种方法来定义机翼面积。

当机翼安装翼梢小翼时,并没有单独对翼展进行定义。例如,在最大燃油负载时,波音B747-400的机翼包含翼梢小翼的翼展比标称值长约0.5m。因此,需要定义唯一的"翼展",通过测量线框图是无法得到的。机翼面积可通过2.3.1节介绍的方法计算得到,并可通过下面公式进行上反效应的修正,即

$$A = \frac{A_{xy}}{\cos\varphi} \tag{2.1}$$

式中:φ 为上反角,A_{xy} 为机翼平面在水平面上的投影面积。

3. 尾翼面

可以通过与机翼相同的方法来确定尾翼面(水平尾翼和垂直尾翼)。

图2.8(a)给出了波音B737-900垂直尾翼的线框,包括方向舵。实线为全构型线框;虚线为简化的线框,具有有限的控制点。浸湿面积和重心均由全构型进行计算。前缘和后缘后掠角,弦长和平均气动弦长均由简化线框进行计算。

图2.8(b)给出了波音B737-900的水平尾翼的线框,包括升降舵。与垂直尾翼的线框一样,一些角的导圆会使一些关键参数(尖弦、前缘后掠角、平均气动弦长)的定义变得困难。在这种情况下,前缘后掠角由控制点1和控制点2来计算,后缘后掠角由控制点3和控制点4来计算。

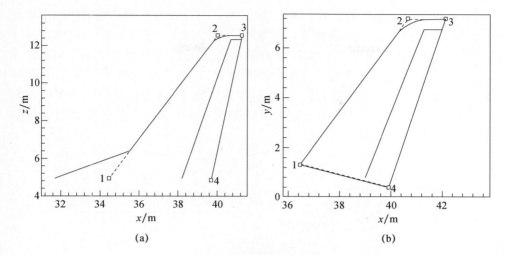

图 2.8 波音 B737-900 尾翼
(a)垂尾;(b)平尾。

2.3.1 参考面积的随机方法

用模型来确定参考面积,参考点位置(前缘、重心等),当量直径和形状因子。如果表面形状是梯形,可直接计算其几何形状;如果有 5 个或 6 个控制点,则需要指出这些点表示的含义;如果几何形状是由许多点来定义,则用随机方法来计算参考面积。具体思路及计算步骤如下:

(1) 选择 n 个点的 x,y 来定义平面形状。
(2) 对于选择点的 x,y,当 $x_1 = x_n$,$y_1 = y_n$ 时定义封闭曲线。
(3) 计算边界框 $[dx, dy]$ 和边界框面积 A_{bbox}。
(4) 在边界框内生成随机点 x_r, y_r。
(5) 检查随机点 x_r, y_r 在曲线内或在曲线外。
(6) 更新曲线内点的计数器 k_i。
(7) 在 k 个点后,当前面积 A_k 定义为

$$A_k = \frac{k_i}{k} A_{bbox} \tag{2.2}$$

(8) 使用以下标准来检查收敛,即

$$\frac{A_k - A_{k-1}}{A_{k-1}} < \epsilon \tag{2.3}$$

式中:ϵ 是面积相对变化的公差,典型值为 $\epsilon = 10^{-4}$。

(9) 如果不满足收敛条件,则继续从第(4)步开始计算。

重心由内部点坐标的平均值来计算。此方法在计算机身头部面积,非圆形机身的横截面积以及机翼截面面积时非常有效。同样,它对于更复杂的机翼形状(在前缘和后缘包含整流),也同样有效。数值模型的典型计算结果如图 2.9 所示。但这个例子中的机翼只有 5 个点来定义,因此上面的计算步骤不能在此情况下使用。随机方法中需要上千个点,程序才能最终收敛,从而得到在指定公差范围内的参考面积。该计算方法的关键是在算法中确定点落在轮廓内还是轮廓外。

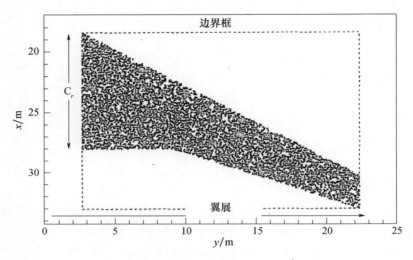

图 2.9 机翼面积的随机计算方法

2.4 机翼截面

现代运输机机翼截面的几何形状很难确定。但是在大多数情况下,这些机翼截面均是超临界翼型。如果沿翼展方向的厚度分布 t/c 已知,那么可以建立足够准确的模型进行特性计算。所选超临界翼型的几何特性概述如表 2.1 所列。翼型 "SC" 是 NASA 的第二代翼型[2]。其周长和截面面积如图 2.10 所示。汇总数据的线性拟合如下:

$$\begin{aligned} A_c &= 4.128 \cdot 10^{-3} + 6.452 \cdot 10^{-1}(t/c) \\ p_c &= 1.971 + 0.659(t/c) \end{aligned} \tag{2.4}$$

式中: A_c 和 p_c 分别为单位弦长的截面面积和周长。需要注意的是,这两个方程仅适用于表 2.1 所列出的厚度范围。

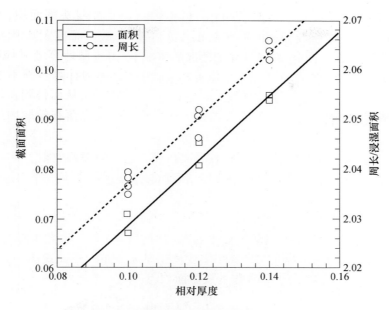

图 2.10 一些 NACA 超临界翼型的几何特性

表 2.1 所选超临界翼型的截面面积

翼型	t/c	截面面积	周长	说明
SC(2)-010	0.10	0.071047	2.03498	对称
SC(2)-012	0.12	0.085258	2.04624	对称
SC(2)-410	0.10	0.067538	2.03661	—
SC(2)-414	0.14	0.094633	2.06187	—
SC(2)-610	0.10	0.067510	2.03819	—
SC(2)-612	0.12	0.080860	2.05056	—
SC(2)-614	0.14	0.093931	2.06373	—
SC(2)-710	0.10	0.067424	2.03937	—
SC(2)-712	0.12	0.080638	2.05171	—
SC(2)-714	0.14	0.093730	2.06561	—
SC-1094-R8	0.094	0.066044	—	旋翼机翼型
SC-1095	0.095	0.065683	—	旋翼机翼型

由于表 2.1 中为参考单位弦长的截面特性,所以必须将其重新缩放到实际的弦长中,有

$$A_c = A_{c1} c^2 \tag{2.5}$$

式中：A_{c1}为单位弦长机翼截面的截面面积。分析表明，截面面积计算中的主要参数是机翼厚度分布。因此，在没有详细数据的情况下，可以使用式(2.4)来进行几何特性计算。对称机翼截面用于水平尾翼和垂直尾翼的厚度建模。

2.5 浸湿面积

在空气动力学和性能计算中需要使用飞机及其组件的浸湿面积。对于飞机的起飞或着陆构型，我们需要考虑到增升控制面和起落架这些主要组件。

2.5.1 升力面

所有升力面的浸湿面积计算需要平面图(如前所述)和一些附加信息，包含平均机翼厚度、上反角或下反角。计算中需要使用厚度分布t/c(如式(2.4))以及沿翼展方向的弦长分布$c(y)$。半翼展的浸湿面积为

$$A_{\text{wet}} = \int_0^{b/2} p_c(y) \, \mathrm{d}y \tag{2.6}$$

式中：$p_c(y)$是沿翼展方向位置y处的周长。

机翼沿展向条状离散化后，可得到方程的数值解。然后按上反或下反效应修正面积(式(2.1))。

2.5.2 机身

方便起见，将机身分为3部分：前机身(机头)、中机身和后机身(机尾)，如图2.5所示。中机身为圆柱形。计算机身浸湿面积需要考虑翼身连接处。机身的浸湿面积按如下计算：

$$A_{\text{wet}} = A_{\text{wet}_{\text{nose}}} + A_{\text{wet}_{\text{centre}}} + A_{\text{wet}_{\text{tail}}} + A_{\text{wet}_{\text{blend}}} - A_{\text{wet}_{\text{wb}}} \tag{2.7}$$

下面分别分析式(2.7)中的各贡献量。

1. 前机身

前机身由通过机头点的两组控制点来定义，分别为垂直对称平面上的一组控制点和水平平面上的一组控制点。通过控制点可以插值给定纵向位置x处的机身高度$\mathrm{d}z$和机身宽度$\mathrm{d}y$。机身的截面形状可以近似为两个半椭圆(顶部半部分和底部半部分)，如图2.11所示。计算中需要找到椭圆的中心，垂直的半轴$b1$和$b2$，其中$b1 + b2 = \mathrm{d}z$。如果截面形状不是圆形，则可以沿着纵向轴线重新调整最大截面。

然而，除非机身截面形状是圆形，否则上述插值方法并不十分准确。事实上，可能前机身与中机身的截面面积分布是不连续的，此问题将在2.5.6节中进一步讨论。

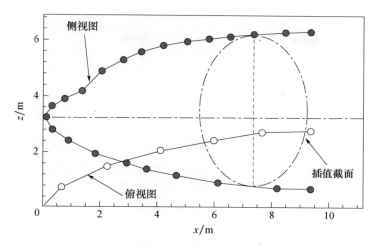

图 2.11 空客 A300-600 前机身控制点的建立

2. 半解析法

有一种计算浸湿面积的简单方法,并不需要进行数值积分。垂直平面的截面形状与前面章节介绍的 Sears-Haack 的机身近似相同。由空气动力学理论得知,此机身在给定体积和长度的情况下波阻最小。机身两头尖,因此需要比较长度为 l_{nose} 的前机身和长度为 $l = 2l_{nose}$ 的 Sears-Haack 机身。前段 Sears-Haack 机身的浸湿面积为

$$A_{wet} = 0.715\pi l_{nose} d \tag{2.8}$$

我们假设实际的浸湿面积为

$$A_{wet_{nose}} \simeq 0.72\pi l_{nose} d \tag{2.9}$$

使用数值方法得到图 2.11 的空客 A300-600 的浸湿面积为 $A = 123.5 m^2$,同时使用 Sears-Haack 公式和式(2.9),得到浸湿面积 $A = 119.1 m^2$。

对于波音 B747-400,使用 Sears-Haack 公式是不准确的,如图 2.12 所示。由机头点 O' 使用两个 Sears-Haack 机身,底部机身的长细比为 $l/d = 0.392$,顶部机身的长细比为 $l/d = 0.543$。

3. 后机身

后机身(机尾)的建立使用与前机身相同的原理。在这种情况下,并没有明确的吃水线。后机身同样可以使用控制点进行插值,得到机身的局部宽度和高度,如图 2.13 所示。有时后机身的截面不可以近似为椭圆形状。例如,如果飞机有一个尾部货舱门,尾部锥面的形状在底部可能是水平的。因此,需要由平面图提取更多的信息来建立合适的截面形状,以构成后机身的线框。

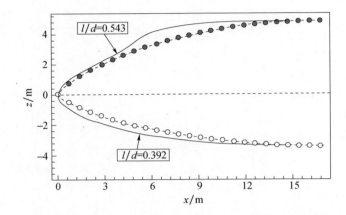

图 2.12 空客 B747-400 的前机身,轮廓近似使用两个 Sears-Haack 机身

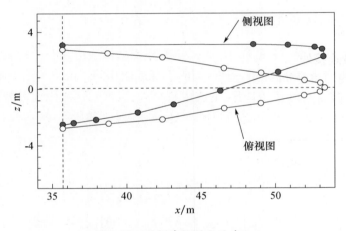

图 2.13 后机身控制点的建立

4. 中机身

在大多数情况下,中机身截面为圆柱形。因此,浸湿面积按照下式计算:

$$A_{\text{wet}_{\text{centre}}} = \pi l_{\text{centre}} \bar{d} \tag{2.10}$$

式中:$\bar{d}$ 为平均直径。若要得到完整的几何外形、周长、截面面积和当量直径,则需要已知附加的控制点。在一般情况下,可以采用平均直径,其量值 $\bar{d}$ = 高度/宽度。实际表明,在波音 B747-400 中使用平均直径进行计算,周长的误差小于 0.4%。在机头后方 5.50m 处的双层截面,其周长为 19.54m,使用平均直径进行计算,其周长为 19.60m。

5. 翼身融合

翼身融合中主要的难点在于机身-机翼连接处的计算。我们需要从平面图中选择足够的控制点来定义插值函数。对于小型飞机,连接处由翼根的机翼截面来定义。对于空客 A320-200 这样的飞机,连接处可以由平面图和数值插值计算得到。连接处封闭的面积需要映射到机身的中心部位,其形状为圆柱形。对于许多飞机,翼盒穿过下机身(B747 和 A380),需要复杂的三维整流。

在机身截面和最大截面之间定义了一些融合函数。l_p 为截面周长,$l_{p\max}$ 为最大截面周长。如果 l_{wb} 为翼身连接处的纵向延伸,在此长度内的周长函数定义为

$$p(x) = (l_{p\max} - l_p)\sin\left(\frac{\pi x}{l_{wb}}\right) \tag{2.11}$$

式中:坐标 x 由融合面的最前方的位置开始计算。正弦函数为任意函数,但在此非常适用。由翼身融合造成附加的浸湿面积由积分的数值解计算可得

$$A_{\text{wet}_{\text{blend}}} = (l_{p\max} - l_p)\int_0^{l_{wb}} \sin\left(\frac{\pi x}{l_{wb}}\right)\mathrm{d}x \tag{2.12}$$

对于 B747,需要进一步在中心前和中心后分割截面,并得到这两个截面的融合函数。

6. 翼身连接处

最后,我们需要扣除翼身连接对机身浸湿面积的影响,如图 2.14 所示。通过扣除翼根的截面面积得到一阶近似,有 $A_{\text{wet}_{wb}} = A_{c_{\text{root}}}$。为了得到更准确的结果,我们需要将翼根映射到机身上,通过使用控制点的信息进行数值求解。

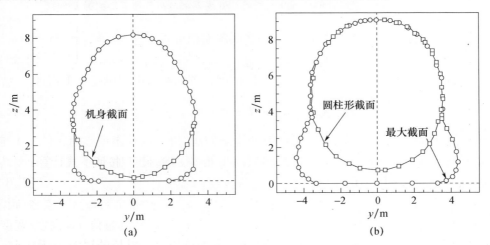

图 2.14 大型飞机的翼身连接处(等比例)
(a)B747-400;(b)A380-861。

2.5.3 短舱和挂架

发动机使用短舱和挂架安装在飞机上。挂架是短舱和机翼之间的结构连接。短舱的前端直径、最大直径、后端直径和短舱长度可以从平面图或制造商的数据中得出。利用这些数据,可以计算出旋转体的近似表面面积。Torenbeek[3]给出了更准确的计算公式,计算中需要约10个几何参数。由于发动机的浸湿面积可能会超过5%,因此需要更高的精准度。计算方法是从三维图中使用一组控制点,如图2.15所示,这些数据由Airbus①中得到。

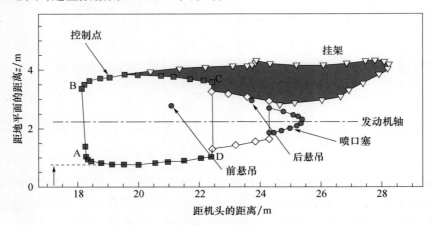

图2.15 空客A300-600飞机的CF6发动机与短舱的装配控制点

如果将短舱近似为一个旋转体,那么浸湿面积可表示为

$$A_{wet_{nac}} = \pi A_{wet_{side}} - A_{inlet} - A_{outlet} \tag{2.13}$$

通常情况如果短舱不是一个旋转体,由侧视图的浸湿面积可定义平均直径为

$$\bar{d} = \frac{A_{wet_{side}}}{l_{nac}} \tag{2.14}$$

因此式(2.13)中的第一项是挂架的浸湿面积,由其侧视图浸湿面积的2.1倍来近似计算得到 $\pi \bar{d} l_{nac}$。进气口和出气口的面积由各自的直径计算,直径可由图2.15中的A-B和C-D得到。

2.5.4 翼梢小翼

传统的翼梢小翼安装在翼尖指向上方。在某些情况下,可能会有下翼梢小翼。其基本参数包括距基准的高度、基准弦长、尖弦长和倾斜角。可由简单的几何公式

---

① Airbus:1990年法国布拉尼亚克机场规划中A300-600飞机的特性。

来计算其参考面积和浸湿面积。值得注意的一个细节是倾斜的翼稍小翼增加了机翼的翼展。对于存在翼稍小翼的情况，可以定义两个翼展。到翼稍小翼根部的标称翼展和"包含翼稍小翼"的有效翼展，也就是要达到翼稍小翼的尖部。翼面载荷造成翼稍小翼的上部向外侧倾斜时增加了有效翼展。图 2.16 给出了空客和波音飞机的翼稍小翼侧视图，图中显示翼稍小翼几何外形的控制点。对于波音 B737，我们同样需要翼稍小翼正视图中几何外形的控制点。

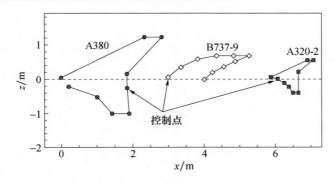

图 2.16 翼稍小翼侧视图（等比例）

如今，翼稍小翼作为一种改进技术的发展（波音 B737 - 300，B737 - 900，B757 - 500，B767 - 300ER）。现代发展趋向于融合翼稍小翼（Gulfstream Ⅱ；波音 B787），这些可以在 CAD 中很好地建模。制造商称，翼稍小翼所带来气动特性的改善，可以将巡航时的燃油消耗降低多达 5%。

2.5.5 襟翼、缝翼和其他控制面

当飞机起飞和着陆时，需要襟翼、缝翼和其他控制面的几何形状、平面面积和浸湿面积。这些控制面的准确形状不能由平面图直接得到，因为所展示的飞机平面图其控制面是收起状态的。然而，由平面图可以计算每个控制面（内侧和外侧襟翼、缝翼、副翼、扰流板、升降舵）的长度，其余几何参数，需要做出假设或从图片中提取相关信息。例如，除非克鲁格缝翼为展开状态，否则无法得到其弦长。同样，除非有着陆或起飞状态飞机的数码照片，否则亦无法得到襟翼的弦长。

1. 襟翼支架

襟翼支架包含操作襟翼的机械连接。图 2.5 中侧边的 5 个襟翼支架，尽管它们的形状相似，但是尺寸不尽相同。每个襟翼支架的浸湿面积由侧视图的投影面积乘以最大截面面积处的周长而计算得到。如果缺少某些几何参数，则需要进一步的近似。例如，如果不能得到侧视图的形状，则假设每个支架的浸湿面

积为

$$A_{\text{rack}} \simeq \frac{2}{3} p l_{\text{rack}} \qquad (2.15)$$

式中:p 为最大截面面积处的周长,l_{rack} 为总长。襟翼支架顶部和机翼底部之间的连接需要从总浸湿面积中扣除。

2.5.6 模型验证截面面积

插值是否正确取决于截面面积的分布。如上所述,只能得到最大的截面面积,机身头部和尾部的截面形状近似为椭圆形。这种近似造成机身的截面面积分布是不连续的。为了避免其不准确性,机头和机尾的截面面积需要迭代调整。如果 A_{cs} 是机头末端的截面面积,A_{cs_0} 为机身截面面积,则要引入的修正量为

$$A_{cs} = A_{cs_0} k_1 \qquad (2.16)$$

式中:k_1 为两个面积比。调配函数可用来衡量机头和机尾的截面面积。调配函数的目的是由水平和垂直平面的线框数据(如图 2.13 所示的数据)形成截面面积的平缓变化。

图 2.17 所示为空客 A300 - 600 机身和其他主要部件的截面面积。机身面积分布是连续的,具体参见图 2.17(a)。所有截面面积的总和如图 2.17(b)所示。在收敛条件下,前机身和后机身的浸湿面积是准确的。

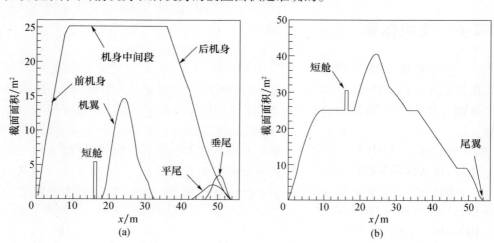

图 2.17 空客 A300 - 600 机身和各部件
(a)截面面积分布;(b)累计面积分布。

对于波音 B747 - 400 飞机模型进行类似分析。由于双层结构的前机身外形,

其双层结构在机身后方混合为单层结构,这使得该机型具有更复杂的机身形状,如图 2.18 所示。

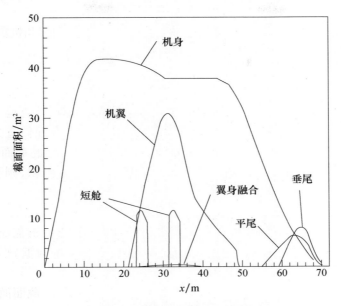

图 2.18 波音 B747-400 截面面积分布

2.6 飞机体积

由于使用原因(货物和燃油能力)或用于估计超声速波阻,此时需要计算飞机的体积或其他一些系统的体积。货舱的体积通常可从制造商处获得,不需要特殊处理。我们使用部件法计算飞机的总体积为

$$\nu = \nu_{\text{fuse}} + \nu_{\text{wing}} + \nu_{\text{ht}} + \nu_{\text{vt}} + \nu_{\text{eng}} + \cdots \quad (2.17)$$

在式(2.17)中未列出的部件则认为是较小的贡献量。机身分为头部、中部和尾部,在前面章节已经介绍了浸湿面积的计算(2.5 节)。

圆柱体,立方体和四面体的体积均可以通过标准公式计算。复杂几何体的体积估算较为困难,如机翼和翼身融合处的整流带。对于这些情况,不可避免地会使用 CAD。机翼的体积为

$$\nu = 2\int_i^{b/2} A_c \mathrm{d}y \quad (2.18)$$

式中:A_c 为机翼的截面面积。一些商用飞机体积的估算结果如表 2.2 所列。

表 2.2 不同飞机的体积分解 (m³)

分解项	A300-600	B777-300	A380-861	B747-400
机身头部	129.3	179.3	400.6	468.0
机身中部	669.8	1347.4	1440.2	1167.0
机身尾部	185.4	329.2	608.1	455.3
翼身融合	0.0	55.6	296.6	54.3
机身	984.6	1911.6	2745.5	2144.5
机翼	99.6	237.2	715.7	337.0
水平尾翼	11.4	27.3	90.3	43.6
垂直尾翼	22.6	29.2	75.5	55.4
短舱	39.3	74.9	134.0	45.7
总和	1157.5	2280.1	3759.1	2826.2

2.6.1 实例分析：飞机在水中是漂浮还是下沉？

一架商用飞机"安全"降落在平静的水面上[①]，没有任何结构损坏，起落架为收起状态，它会在水中漂浮还是会下沉？

首先提出的问题是：飞机是否是不透水的。如果是这种情况，那么答案是在一段时间内是漂浮状态。如果考虑飞机平均密度为 $\bar{\rho}/V$，体积数据取自表 2.2，那么得到 $\bar{\rho} \approx 70 \sim 130 \text{kg/m}^3$。因此，由浮力定律得：这架飞机会漂浮在水面。更准确地说，如果发动机被水淹没，则会向水下拖动飞机，因此发动机/短舱的体积不应考虑在内。因为飞机并不是完全不透水的，所以必须保证在最短的漂浮时间内从机翼上方的舱门撤离飞机。

1. 飞机缩放

考虑按比例缩小或放大飞机。如果简单地按照比例调整飞机的尺寸，则体积可计算如下：

$$\left(\frac{v}{v}\right)_{\text{ref}} = \exp\left[a_1 \log\left(\frac{b}{b}\right)_{\text{ref}} + b_1\right] \tag{2.19}$$

对于空客 A380，参数 $a_1 = 2.9975, b_1 = -3.8389$。

[①] 水中降落定义为"水上迫降"。

2.6.2 机翼油箱

基于所布置油箱的可用体积,来进行飞机的理论燃油容量的计算。最常见的油箱布置在机翼内。根据飞机的不同,亦可布置中央油箱(机身内)和尾翼油箱(水平尾翼内)。通常在机翼前缘和后缘处会布置两根主梁,因此机翼油箱几何尺寸的计算需要考虑梁的位置,同时需要考虑油箱的展向长度。最重要的几何参数分别是 x_{spar1}(前缘处梁的位置,位置为弦长的百分比)、x_{spar2}(后缘处梁的位置,位置为弦长的百分比)、s_t(蒙皮厚度)、b_{wt}(机翼油箱展向长度)。利用这些信息和相关展向位置的机翼截面形状,可以建立机翼油箱几何形状的模拟模型。使用以下函数可以计算机翼油箱的数值模型:

$$v_{\text{tank}} = f(x_{\text{spar1}}, x_{\text{spar2}}, b_{wt}, s_t, 机翼截面形状) \tag{2.20}$$

图 2.19 给出波音 B777-300 机翼油箱的实例。每侧油箱的可用体积估计为 63.37m^3,由此给出理论油箱容量为 126720l(约 101375kg)。在 3.8 节和 14.4 节中将进一步讨论机翼油箱,将会给出数值模型来模拟机翼油箱的燃油温度。

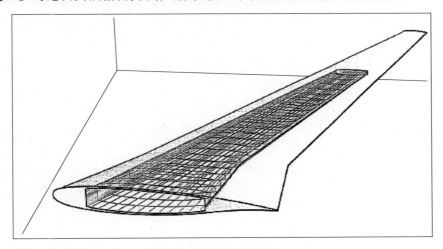

图 2.19 构建机翼油箱

2.7 平均气动弦长

在空气动力学和稳定性分析中通常使用机翼弦长的定义,指的是平均气动弦长(MAC 或 $\bar{\bar{c}}$)。其量值为弦长平方的平均分布为

$$\text{MAC} = \bar{\bar{c}} = \frac{2}{A}\int_0^{b/2} c^2 \mathrm{d}y \tag{2.21}$$

这个定义来源于给定非扭转机翼截面的片条理论。由俯仰力矩方程,片条的零升俯仰力矩为

$$C_{m0}(y) = \frac{\mathrm{d}M_0}{qc^2\mathrm{d}y} \quad (2.22)$$

式中:$\mathrm{d}M_0$ 为机翼片条的俯仰力矩,q 为动压。由式(2.22)积分得

$$M_0 = \int_{-b/2}^{b/2} C_{m_0} qc^2 \mathrm{d}y \quad (2.23)$$

接下来,假设沿翼展方向的零升俯仰力矩没有变化,可写为

$$M_0 = 2C_{M_0} q \int_0^{b/2} c^2 \mathrm{d}y = C_{M_0} qc\overline{\overline{A}} \quad (2.24)$$

由式(2.24)可以得到式(2.21)中定义的参考弦长。对于简单的梯形机翼,其根梢比为 λ,翼展为 b,根弦长为 c_r,机翼总面积为 A,则 MAC 为

$$\overline{\overline{c}} = \frac{2}{3} c_r \left(\frac{1 + \lambda + \lambda^2}{1 + \lambda} \right) \quad (2.25)$$

重心位置通常参考 MAC 的百分比形式给出。在机翼设计时给出 MAC 的位置和尺寸。已知 MAC 的位置和尺寸,即可以知道 MAC 处距离前缘 1/4 的点位置。相对于机头的重心位置为 x_{cg},此数据转换到 MAC 的百分比为

$$\%\overline{\overline{c}} = 100 \left(\frac{x_{cg} - x_{le_{MAC}}}{\overline{\overline{c}}} \right) \quad (2.26)$$

式中:$x_{le_{MAC}}$ 为 MAC 处前缘相对于机头的位置。变换公式可以计算重心位置,有

$$x_{cg} = x_{le_{MAC}} + \left(\frac{\%\overline{\overline{c}} \cdot \overline{\overline{c}}}{100} \right) \quad (2.27)$$

在图 2.20 中,机翼 1 和机翼 2 模型,其翼根均位于翼身连接处。机翼 1 为空客 A320 – 200 机翼投影到水平面上的线框图;机翼 2 在后缘翼根和翼稍处以直线连接,表示为一个"等效"梯形机翼。需要注意的是,2 个模型平均气动弦长的差别。

如果将机翼外形进一步外延到飞机的对称面($y = 0$),可以得到另外 2 个机翼模型:机翼 3 表示真实的机翼,延伸通过翼盒;机翼 4 的后缘为直线。同样需要注意这 2 个模型之间平均气动弦长的差别。需要注意的是,机翼 3 的 MAC 位于机翼的转折点处,该情况仅是个例。

MAC 计算的结果如表 2.3 所列,可将计算结果与制造商提供的数据进行比较。对于这架飞机,相比而言空客给出的"参考弦长"与机翼 3 模型的较接近,它们之间的差别归因于技术图纸的插值误差。总之,对于 MAC 的计算,考虑机翼平面通过翼盒延伸到飞机对称面。

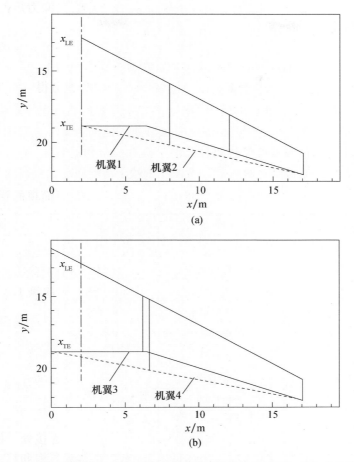

图 2.20 机翼 MAC 的 4 种不同计算方法(参考空客 A320-200 的机翼)

表 2.3 空客 A320-200 的 MAC 计算(计算的比例相同)

机翼	MAC	y(MAC)	x_{LE}(MAC)	说明
1	2.578	12.015	18.070	—
2	4.309	7.975	15.891	—
3	3.938	6.182	14.923	当前选择
4	5.009	6.629	15.164	—
空客	4.120	—	16.310	参考弦长

2.8 几何模型验证

针对一个具有详细模型的实例进行几何模型验证。使用 F4 翼身融合体模型是由 DLR 创建,已经经过不少风洞试验的验证[4]。创建了一个有限元模型用于 CFD 验证,同时用于验证我们的模型[5]。空气动力学特性将在第 4 章中进行讨论。此几何模型是翼身融合体,不包括短舱、挂架和尾翼面。表 2.4 是面积和尺寸参数的总结。其中计算值与参考值相差较大的是机翼面积和展弦比,它们都是相对于机翼参考面积的。准确的计算机翼参考面积依赖于清晰地定义机翼的平面形状。

表 2.4 F4 模型的几何参数分析

项目	计算值	参考值	误差/%
机身长度	1.1920	1.1920	0.0
机身直径	0.1484	0.1484	0.0
机身宽度	0.1484	0.1484	0.0
机头长度	0.2513	0.2600	3.3
机尾长度	0.5516	0.5600	1.5
截面面积	0.4663	0.4663	0.0
上掠角	12.4217	无	—
面积(外露)	0.1397	无	—
面积(参考)	0.1772	0.1454	21.8
面积(角点)	0.1789	无	—
机翼翼展	1.1754	1.1754	0.0
尖弦	0.0606	0.0606	0.0
根弦	0.2401	0.2401	0.0
尖削比	0.2526	0.2526	0.0
展弦比	8.7948	9.35	5.9
MAC	0.1261	0.1412	0.8
后掠 LE	27.3233	27.10	0.8
后掠 QC	23.1920	25.00	0.7
上反角	4.8000	4.8	0.0
平均 t/c	0.1258	无	—

2.8.1 实例分析:运输机的浸湿面积

使用浸湿面积方法来计算一些飞机模型的浸湿面积。浸湿面积的分解量如表 2.5 所列。其分解量分别以绝对值量和占总浸湿面积百分比量两种形式给出。机身分为前机身、中机身、后机身和翼身融合处。在所有实例中,浸湿面积最重要的分解量为机翼和中机身。实例中一些控制面的浸湿面积是近似的。

表 2.5 各飞机浸湿面积分解量(计算值)

项目	A300-600 A/m^2	%	B777-300 A/m^2	%	B747-400 A/m^2	%	A380-861 A/m^2	%
机身	772.4	50.85	1255.8	55.3	1325.8	46.49	1496.5	37.70
头部	123.5	8.13	156.3	6.64	332.8	11.67	286.5	7.22
中部	459.6	30.25	815.5	34.62	609.6	21.37	700.1	17.66
尾部	189.2	12.47	265.1	11.23	356.9	12.52	403.9	10.17
[翼身融合]	—	—	18.8	0.80	26.5	0.93	105.0	2.65
机翼	417.1	27.46	726.3	30.83	909.8	31.90	1477.8	37.23
翼尖	1.2	—	0.43	0.02	—	—	—	—
翼稍小翼	—	—	—	—	14.6	0.51	10.0	0.25
水平尾翼	110.0	7.22	175.6	7.45	227.7	7.98	352.6	8.88
垂直尾翼	94.5	6.22	35.9	1.52	160.0	5.61	237.8	5.99
短舱	109.7	5.42	111.1	4.72	117.2	4.11	236.2	5.95
挂架	22.6	1.49	32.0	1.36	74.0	2.60	114.8	2.89
襟翼支架	19.4	1.27	18.8	0.80	22.8	0.80	44.2	1.11
总和	约1519	约100.0	约2356	约100.0	约2852	约100.0	约3970	约100.0
机翼/总面积	—	17.0	—	18.6	—	20.0	—	22.2
浸湿/机翼面积	5.882	—	5.367	—	5.000	—	4.505	—
所有襟翼*	56.6	4.6	97.9	4.2	190.7	6.7	204.5	5.2
所有缝翼*	41.0	2.8	79.9	3.4	110.0	3.9	137.2	3.5
所有扰流板*	9.6	0.6	23.8	1.0	68.1	2.4	230.1	5.8
所有升降舵	17.4	1.1	21.9	0.9	29.7	1.0	49.4	1.2
方向舵	24.6	1.6	33.4	1.4	32.6	1.1	69.7	1.8

注:*表示数据为近似值,%为各部分占总浸湿面积的百分比。

图 2.21 给出一些运输机浸湿面积随制造商提供空机重量(MEW)的变化分布结果。图中实线是最小二乘法拟合的数据。在这种情况下,线性拟合是一种较好的近似。基于八架飞机的数据,曲线拟合的方程如下:

$$A_{\text{wet}}[m^2] = 2.14 \cdot 10^2 + 1.414W \quad (2.28)$$

式中:W 表示 MEW,单位为 t。

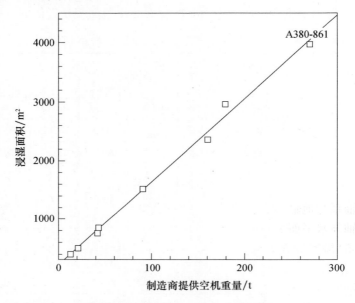

图 2.21 浸湿面积随空机重量(制造商提供)的变化分布

2.9 参考系

定义 3 个参考系:地轴系、机体轴系和风轴系。当有特殊需求时(如研究机翼空气动力学特性时),需要定义局部参考系。飞机在与地面固连的笛卡儿坐标系(地球坐标系)内运动,这里认为地面是一个平面。事实上,大多数的性能计算均为相对较短的飞行时间和相对较低的飞行高度。地球的曲率和旋转对惯性导航系统是非常重要的,需要考虑到地球旋转的科里奥利效应(加速度)。在大气飞行力学中科氏加速度低于 $10^{-3}g$。重力场的特征是重力加速度,其标准值为 $g = 9.807\text{m/s}^2$。地轴系的 x 轴指向北,z 轴垂直于地面并指向下方,y 轴指向东,符合右手定则。

有许多方法可以定义飞机的参考系。基于飞机的对称面可以定义机体轴系,坐标原点位于飞机的重心 CG 处。重心的位置是已知参数(参见第 3 章)。参考系的三维视图如图 2.22 所示。纵向坐标轴 x 指向前进的速度方向(风轴),竖轴 z 为垂直方向(沿着重力加速度 g 的方向),y 轴按照 x 和 z 轴方向符合右手定则。y 轴的正方向指向飞机右翼。

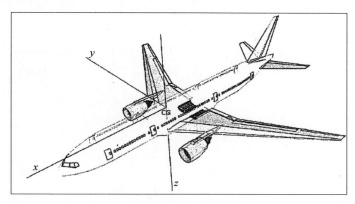

图 2.22 飞机的机体参考系

机体轴系与地轴系之间的相互关系可用 3 个姿态角来表示。俯仰角 θ 为机体纵向坐标轴与水平面之间的夹角(抬头为正)。航向角 ψ 为飞机速度方向与正北之间的夹角(顺时针方向为正)。滚转角 ϕ 为飞机沿翼展方向 y_b 轴与水平面之间的夹角(右滚为正)。

通常情况下飞机上不会出现侧向力,而且需要避免侧向力的出现。侧向力的产生主要是由于大气效应(横向阵风),不对称推力和重心位置偏离对称线(如由于两侧机翼油箱燃油消耗的差别)。侧向力的出现会导致侧滑的飞行状态。侧滑角是纵向坐标轴与真实空速向量之间的夹角。

速度轴系(风轴系)可以表明飞行航迹相对于地轴系的方向。在轨迹上的任何给定点,飞机都有航迹方位角和航迹倾斜角。航迹方位角是在水平面内的飞行速度方向和南北轴之间的夹角①。航迹倾斜角是飞行速度方向与水平面间的夹角。如果 V 是地速,V_w 是风速,则空速可表示为

$$V_a = V + V_w \tag{2.29}$$

参考系之间的转换是通过旋转矩阵来实现的。在飞行力学公式的推导中,正确的旋转顺序非常重要。这些方程的完整推导过程,读者可以参见 Yechout[6] 等。

2.9.1 角度关系

给出不同参考系之间角度的相互关系,如图 2.23 所示。首先定义俯仰角 θ。

---

① 必须指定北向:可以是磁北向,也可以是地理北向。

俯仰角 θ、迎角 α 和航迹倾斜角 γ 之间的关系如下：

$$\theta = \alpha + \gamma \tag{2.30}$$

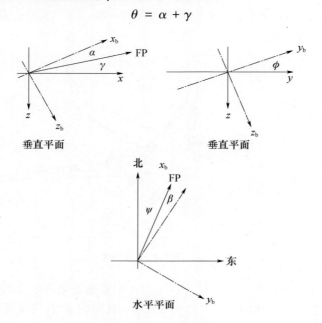

图 2.23 参考系之间的角度关系

接下来定义航向角 ψ。航向角 ψ、航迹方位角 ξ 和侧滑角 β 之间的关系如下：

$$\psi = \xi - \beta \tag{2.31}$$

如果没有侧滑，航向角和航迹方位角的角度是相同的。最后，定义滚转角 ϕ，滚转角 ϕ 为沿翼展方向机体轴在水平面上的倾斜角。在平飞过程中滚转角即为飞机滚转姿态。

2.9.2 飞机状态定义

总结飞行性能计算中所有的参数，以此来描述飞机状态。飞机状态由以下向量给出：

$$\boldsymbol{\Psi} = \{W, \boldsymbol{X}, \boldsymbol{V}, \boldsymbol{U}, \boldsymbol{\Phi}, \boldsymbol{\Omega}, \alpha, \beta; \eta, \theta, \xi; I_{SF}, LG\} \tag{2.32}$$

式(2.32)中各符号的具体含义如下：

(1) W 为飞机重量。

(2) $\boldsymbol{X} = \{x, y, z\}$ 表示地轴系中重心 CG 的位置坐标。通常我们认为重力位势高度 $h = z$。

(3) $\boldsymbol{V} = \{u, v, w\}$ 表示速度向量。在大多数情况下，我们使用二维轨迹，假设 $v = 0$。因此，我们认为 $V_g \equiv u$ 和 $v_c \equiv w$ 分别为地速和爬升率。

(4) U 表示空速,在水平飞行的无风条件下, $U = V_g$。

(5) $\boldsymbol{\Phi} = \{\phi, \vartheta, \psi\}$ 表示地轴系中飞机的姿态角向量,它们分别为滚转角、俯仰角和航向角。如果我们研究二维轨迹,则可以忽略航向角。

(6) $\boldsymbol{\Omega} = \{\dot{\phi}, \dot{\vartheta}, \dot{\beta}\}$ 为角速度向量。在大多数情况下,我们研究准定常轨迹时,此向量设置为零,并在状态方程中除去此向量。

(7) α, β 分别表示迎角和侧滑角。

(8) η(升降舵偏角), θ(方向舵偏角), ξ(副翼偏角)为飞行控制系统中的控制量。

(9) I_{SF} 表示增升系统的状态,可以表示为一组襟翼和缝翼的偏转角度。

(10) LG 为起落架的状态:收起或放下。

对于完整的仿真,我们需要加入发动机状态(第 5 章)和大气状态。

小结

通过研究公开技术文献,给出了运输机几何外形的构建方法。此方法基于 3 个视图的控制点来建立飞机几何外形。基于所建立完整的几何外形即可以详细描述距离、位置、平面面积、浸湿面积、体积等参数。事实上并非所有的几何参数均十分准确,除非将附加信息添加到数据库中,否则在考虑控制面的细节时,会与预期不相符合。由于缺少制造商提供的一手资料,使用这种方法对于飞机性能评估来说已足够准确。本章中给出了一些飞机翼身模型的计算实例,同时确定并建立了大约 20 个不同的子系统,其几何参数信息将在后续章节中使用。

参考文献

[1] Filippone A. Theoretical framework for the simulation of transport aircraft flight. *J. Aircraft*, 47(5):1679 – 1696, 2010.

[2] Harris CD. NASA supercritical airfoils: A matrix of family – related airfoils. Technical Report TP – 2969, NASA, March 1990.

[3] Torenbeek E. *Synthesis of Subsonic Airplane Design*. Kluwer Academic Publ., 1985.

[4] AGARD. A selection of experimental test cases for the validation of CFD codes. Technical Report AR – 303, Volume II, AGARD Advisory Group, Aug. 1994.

[5] Filippone A. Comprehensive analysis of transport aircraft flight performance. *Progress Aero Sciences*, 44(3): 185 – 197, April 2008.

[6] Yechout TR, Morris SL, Bossert DE, and Hallgren WF. *Introduction to Aircraft Flight Mechanics: Performance, Static Stability, Dynamic Stability and Classical Feedback Control*. AIAA, 2003.

第3章 重量和平衡性能

3.1 概述

飞机重量比其他任何参数更能影响飞机的性能。重量从航空的最早时期就已经引起关注(3.2节)。因此,将本章重点放在重量分析及其相关方面,如设计和运营重量(3.3节);重量管理问题(3.4节);运营限制(3.5节);重心范围(3.6节);加载和审定问题,操作力矩和相应误差(3.7节);机翼油箱的使用(3.8节);最后,质量属性,包括确定 CG 和空机惯量矩(3.9节)。

关键概念:飞机尺寸,设计重量,运行重量,质量分布,重心包线,惯性矩,燃油箱。

3.2 尺寸问题

在第一次世界大战开始时,在英国,人们认为飞机的极限重量不能超过 2000lb(约 800kg)。当时的飞机工程师忽略了 Igor Sikorsky 在 1913—1914 年间设计、制造并飞行了一架称为 Ily'a Murometz(或 S-27)的四引擎飞机,其带载荷后的重量为 5400kg,总装机功率约为 400hp(约 300kW)。这架飞机在不舒适的机舱乘坐了多达 16 名的乘客[1-2]。

在这个项目之前,人们普遍认为,多引擎飞机将无法飞行。主要关注的问题是如何在一个发动机失效情况下控制飞机,这是极有可能发生的。用 Ily'a Murometz 飞机,Sikorsky 证明:①即使两台发动机关闭,多引擎飞机也可以安全地飞行;②飞机为了运输乘客和军事行动可以设计得更大。1914 年 6 月 30 日,Sikorsky 和 3 名机组成员从圣彼得堡到基辅进行了创纪录的往返飞行,飞行距离总计 2600km(约 1400n mile),耗时 26h。

受第一次世界大战末期德国制造巨型飞机(该飞机配有 260hp(约 195kW)发动机,飞机重达 15.5t)的影响,Baumann[3] 在 1920 年写下了一份报告。

Cleveland[4] 预计飞机重量为 200 万 lb(800t)和采用核动力。Lockheed 公司多年来一直坚持核动力装置,Lange[5] 在 1976 年提出了 900 公吨级的飞机概念,包括 275MW 的核动力装置。相比之下,波音公司的设计部门提出了展向加载飞机概念[6]——一架从未迈出设计办公室的1270t飞机(项目759)。

参考文献[7]提供了关于大型飞机候选构型和经济可行性的详细回顾。Cleveland 的分析包含了飞机尺寸历史增长的讨论,并引出了平方-立方定律。这个论点是:如果技术没有改善,基于载荷与重量成比例,飞机结构载荷随尺寸呈线性增加的事实,飞机尺寸将会停止增长。载荷与重量 w 成比例;重量与线性尺寸 l^3 成正比;梁的横截面与尺寸 l^2 成正比。因此,可以近似为载荷/横截面与 l 成正比。在某种程度上,载荷的增加达到了结构材料的极限,并且梁可能在其自身重量的影响下压毁。

如果放大机翼的同时,保持机翼载荷和结构应力恒定,其重量增长大约为 $W^{[1.4]}$。但是,当关注部件细节时,它们不会按相同的因素进行放大。Cleveland 表示,飞机的总重和有效载荷增加 1 倍,机翼重量将增加 2.69 倍,机身重量将增加 1.84 倍,电气系统重量增长 1.40 倍。

图 3.1 给出了飞机最大起飞重量(MTOW)和相应机翼翼展 b 的变化趋势。研究表明,根据下面的指数曲线,起飞总重量比机翼翼展增加得快。

$$W = b^{2.417} \tag{3.1}$$

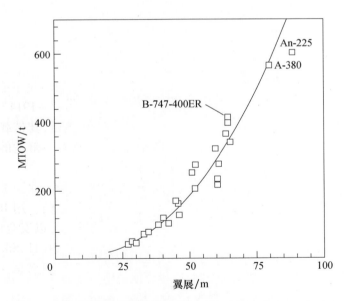

图 3.1 大型商用飞机翼展与 MTOW 的关系;An-225 为设计点

重量以[N]形式给出,翼展以[m]形式给出。从生产力的角度来看,最重要的因素不是飞机的绝对重量和大小,而是有效载荷。从历史来看,载荷比例已经从 10% 增加到现代飞机的 30% 以上。这个比例也随着毛重的增加而增加。载荷的增加是商业需求以及庞大的设备与机器运输所促使的。表 3.1 总结了目前服役的大型货机的重量－载荷数据，X 为最大载荷下的最大航程。

表 3.1 大型飞机的载荷数据；X 是最大载荷下的航程

飞机	MTOW	PAY/MTOW	Xkm	备注
Airbus A380F	560.0	0.268	无	—
Airbus A－400M,Grizzly	142.0	0.260	—	—
Antonov AN－225,Mrya	600.0	0.370	4500	设计
Boeing C－17,Globemaster	264.5	0.288	4700	—
Boeing B747－400F	396.8	0.284	8240	—
Boeing B747－400ER F	412.8	0.290	9200	—
Boeing B747－800 F	442.3	0.303	8130	—
Lockheed C－5B,Galaxy	381.0	0.311	5526	—
Lockheed C－130J,Hercules	79.4	0.245	5400	—
Satie A300－600,Beluga	155.0	0.305	1666	—

货物是在名为货盘的标准容器中运输。通过传送装置与地面车辆进行快速装载和卸载货盘。货盘装载使得货舱中的可用空间合理化。合适的货物性能参数是：

$$E = \frac{PAY}{MTOW} X \tag{3.2}$$

此参数表示相对于 MTOW，在给定的距离可以运输多少有效载荷。它强调这样一个事实，一定的有效载荷可以运输更长或更短的距离。该参数已经用于多架的飞机估计，如图 3.2 所示。

一架新型大型飞机的设计经常遇到不同性质的外部约束。例如，空客 A380 在翼展、总长度和总高度等方面受到限制，以尽可能地适应现有的基础设施。即使如此，在地面基础设施方面也需要大量投资，例如增加跑道的宽度、登机口容量、地面操纵和撤离程序。关于后一点，20 世纪 70 年代初波音 B747 的出现了引起装卸技术的变革。那时，下甲板太大而不能手动装载，因此引入了新的货盘尺寸（或单位装载装置[ULD]）。

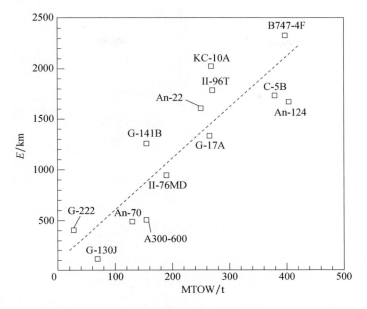

图 3.2 几种运输机的载荷因子

3.3 设计和运营重量

飞机重量有几个定义,这是运行和审定所必需的。Staton 等人[8]给出了飞机重量的综合阐述(包括历史趋势)。这里给出了几个最重要的定义。

(1) 制造商空机重量(MEW)是飞机交付给运营商时的飞机重量。这种重量包括不可拆卸项,即所有项是制造商构型的整体组成部分。同一机队的飞机之间也可能存在重量差异,将在 3.4 节进一步讨论。

(2) 运营空机重量(OEW)是 MEW 加上一些额外携带的可移除物品。由于运营原因及不可避免因素,如润滑油和不可用燃油(死油)。死油是指在临界飞行条件下无法泵入发动机的燃油,这些死油是航空当局规定的。运营物品包括餐饮和娱乐设备、飞行和导航手册、救生衣、乘客夹带装置和应急设备。

(3) 最大零油重量(MZFW)是指仅装载货物时的飞机最大重量。在飞行时,机翼燃料箱在翼根产生了弯曲力矩,部分抵消了机翼升力产生的应力。当油箱是空的且飞机重载时,存在翼根弯矩超过设计极限的风险。翼根载荷如图 3.3 所示,A 点和 B 点。如果飞机携带的燃油仅剩中央油箱,则剩余燃油重量会对机翼弯矩产生贡献。因此,建议首先使用中央油箱的燃油,然后使用机翼油箱。基于同样的原因,机翼油箱优先装油(在 3.5.1 节中进一步讨论)。

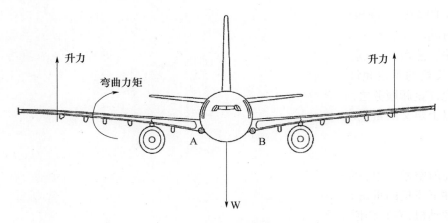

图 3.3 机翼翼根载荷

(4)最大起飞重量(MTOW)是核定的最大升空重量,这时前起落架与地面无接触。MTOW 可以通过有效载荷和燃油的组合叠加达到(在 15.2 节阐述)。

(5)最大停机重量(MRW)是飞机"准备起飞"的重量,这时舱门关闭,飞机系统启动,飞机开始滑行。最大停机重量和最大起飞重量之间的差值就是飞机在离开候机大楼和升空之间燃烧的燃油量。这种差异只适用于大飞机,因为它会影响滑跑性能。例如,波音 B747 - 400 的 MRW = 398255kg,MTOW = 396800kg。从飞机开始滑行到起飞点燃烧的燃油为 1455kg(约 1750L)。在 9.10 节进一步分析滑行燃油。

(6)最大结构承载重量(MSP)是飞机允许携带的重量。OEW + MSP < MTOW,且应该 = MZFW。有效载荷可以是乘客及其行李、散装货物、军事装备和其他硬件设施。对客运飞机而言从未达到 MSP 值。一般来说,需要区分 MSP、可用体积(空间受限的有效载荷,如货盘数量)或容量(由于座位限制)之间的差别。

(7)最大松刹车重量(MBRW)是飞机在起飞点开始起飞滚转时的最大重量。经常出现的较低的 MBRW 值被称为松刹车总重(BRGW)。一些性能图表以常值 BRGW 绘制。

(8)最大滑行重量(MTW)是经审定的飞机在跑道上的滑行重量,并考虑了起落架上载荷和飞机 CG 范围。

(9)最大着陆重量(MLW)是飞机在跑道上着陆点的重量。它受起落架载荷限制、下沉速度限制(着陆冲击)以及有时道面强度限制的约束。国际民航组织[9]规定了道面允许的载荷。

MTOW 和 MLW 之间的差异随飞机尺寸而增加。例如,波音 B777 - 200 - IGW 的 MTOW 为 286800kg,MLW 为 208600kg,两者存在 78200kg 的差异,相当于

MTOW 的 27%。在极端情况下(如起落架或发动机故障),可以排放燃油以进行计划外着陆。在波音 B777 燃油可通过每个副翼的喷嘴阀喷射。军机更经常采取这种做法。然而,飞机重量高于 MLW 时,也有可能进行紧急着陆。事实上,在这种情况下,飞机的审定允许在 MLW 以上一定的范围内降落①。在这种的情况下,飞机在被允许重新服务之前,必须进行检查。

以上定义的重量之间的相互关系如下:

$$MRW \geqslant MTW \geqslant MBRW \geqslant MTOW \geqslant MLW \tag{3.3}$$

$$OEW + MSP + MFW > MTOW \tag{3.4}$$

在航空术语中,还有一些其他重量定义。例如,总重量(AUW)通常是指在巡航条件下飞机的重量。当然,还有各种飞机部件的重量,如发动机和发动机安装。对于发动机,有时会说干重,是指没有润滑油和一些辅助系统的发动机重量。

"飞行机组操作手册"(FCOM)会对主要的重量限制进行说明。全程跟踪运营重量和控制 CG 位置是飞机的重量和平衡手册(WBM)的一部分。该手册由制造商编制,并向操作员提供所有的飞机装载和控制 CG 位置的说明。其他重要文件包括:

(1) 交付重量报告,确立 OEW、MEW 及相应的 CG 位置。

(2) 重量检查单,包含了每个物品、位置及单位重量的一个清单(物品、重量、力臂和力矩)。

存在其他运营重量限制,如平衡场长、越障高度、噪声传播和发动机可用功率的最大重量。许多飞机设计教科书给出了估计结构空重的方法,如 Roskam[10]、Torenbeek[11]、Raymer[12]、Staton[8] 和许多专业刊物[13]。许多飞机重量分解的对比参见 Beltramo[14] 出版物。

大多数商业航空公司将货运(货物)作为其商业模式的一部分。一些主要航空公司在客运和货运收入之间均衡分配。通过 ULD 的标准化,这样一个重要的商业资源已经有据可查。所有 ULD 都有公认的国际代码②。对于每个设备,涉及的信息包括形状、尺寸、体积和最大重量。装载可以手动或半自动,并有特定的装载规则,包括重量限制、位置、捆绑、物品移动的影响等。

3.4 重量管理

在使用寿命期间,几乎所有飞机的结构重量随着时间的推移而增长,尽管会有例外。飞机重量会因为下面一些原因而增加,如新的性能规范、动力装置改装设

---

① 燃油丢弃相应制度参见 FAR/JAR § 25.1001。

② IATA ULD 技术手册。

计、结构设计余量的利用、座椅重新安排以及不少设计缺陷的修改,经过几年飞行服务就会出现上述情况。一个经常被忽视地引起重量增加的原因是,飞机内的灰尘和污垢的聚集,以及湿度的影响[①](这增加了飞机携带的水)。

保持重量及平衡日志,以便对飞机所有的修改进行检查。制造商还提供了显示基本重量和 CG 位置的图表。商用飞机的装载根据提供的技术说明来完成。航空公司航班管理人员对乘客和行李进行基本计算。有一些模型能够为飞机的重量和平衡(乘客、行李和燃油的函数)提供快速解决方案。

燃油消耗必须遵守特殊的优先权,以维持不同飞行状态下飞机上的力平衡。必须先使用内侧油箱内的燃油。最佳分配可以减少对飞机配平的要求,从而降低与其关联的阻力,最大限度地提高飞机的盈利能力。

1. 飞机称重

在称重之前,飞机必须清空所有的燃料。需要 3 个基本步骤:①除油;②物品清单;③称重。第 1 步是排出燃油箱中的所有燃油,将飞机机头抬高,使其俯仰姿态为零。在飞机的 WBM 中有具体的排油程序。当燃油液位读数为零时,所有可泵送的燃油都已经排出,但仍有无法泵送的燃油,使用排水管可以消除额外的油量。该操作后的剩余燃油是不可排出燃油。第 2 步是编制所有机载物品和设备的清单。该列表将与制造商的安装设备清单进行比较,以确定 MEW 和 OEW。第 3 步,在精确测量俯仰姿态后,通常在封闭的机库中进行称重。称重是将每个轮组放置在单独的磅秤上来完成。重量范围为 $2000\text{kg} < W < 20000\text{kg}$ 时,磅秤的精度必须为 $\pm 20\text{kg}$[②];或重量范围 $W > 20000\text{kg}$ 时,精度为 $\pm 0.1\%$。

表 3.2 标准乘客重量(四舍五入到整数/kg)

	夏天	冬天
成人	86	88
平均成年男人	91	93
平均成年女人	81	83
孩子(2~13 岁)	37	39

2. 货物装载

必须使用标准的集装箱。这些集装箱具有明确的尺寸、体积、空重和 CG。集装箱必须在装载之前称重以便生成装载表。装载散装货物会导致结构和地板上的局部应力。最大分布载荷(kg/m^2 或其他单位)的值由制造商提供。

---

① 空客 A380 的载水量为 1700L(标准)或 2500L(可选)。后一个值对应约 25 名乘客及其行李的质量。
② JAR – OPS 1.605

3. 乘客和员工装载

飞机的平衡是通过尽可能准确地计算装载重量的分布达到的。装载的人员有飞行机组、客舱机组和乘客。对于每一类，根据机舱和座椅布局可以知道力臂。特别是，每排座椅分配一个力臂(假定乘客重量作用在座椅的中心)。

重量管理中的乘客重量已经被标准化①。这些重量如表3.2所列。乘客的行李必须在办理登机手续时称重，以更好地估计起飞重量。

3.5 确定运营限制

当新飞机由制造商交付时，会被精确地称重，以便确定制造商的空机重量和CG的相应位置。原则上，每架飞机是独一无二的，所以将会有一个单独的MEW值和相应的CG值。例如，空客A320-200至少有15个不同的重量版本，MRW在66400~77900kg之间变化②。目前的规则允许从一组飞机(一个机队)来确定MEW。这个操作，由操作员完成，其决定同一重量级机队的干运营重量(DOW)[15]。这个决定取决于重量限制在机队DOW附近±0.5% MLW内。在数学上，有

$$DOW_{min} = DOW - 5 \cdot 10^{-3} MLW, DOW_{max} = DOW + 5 \cdot 10^{-3} MLW \quad (3.5)$$

如果

$$DOW_{min} \leq DOW \leq DOW_{max} \quad (3.6)$$

则飞机属于同一个机队的组成部分。

在飞机的寿命期，DOW会改变。然而，航空法规规定，与装载、平衡和配平有关的所有目的，飞机DOW变化均包含在MLW的0.5%以内。例如，空客A320-200的审定 MLW = 64500kg，DOW = 39400kg，DOW 变化量则为0.005MLW 或322.5kg。因此，飞机的重量可以在39077.5kg 和39332.5kg 之间变化。因此，空客A320 的15个重量配置不可能属于同一个机队。

重心的变化也是类似的需要考虑因素，允许在飞机给定值上下0.5% MAC(或参考弦)附近变化。对应的量称为干运行重心(DOCG)。对于 A320 飞机，参考弦为4.194m，允许 CG 移动 ±0.021m；如果变化量较大，则装载和配平说明就会失效。

针对起落架放下、高升力面收起以及水箱中存放饮用水的状态，需要给出 DOW 和 DOCG 值。

首先进行这项分析的操作者认识到，通过控制饮用水和餐饮(满足机上乘客人数的要求)的使用可以节省可观的重量[15]。

---

① JAR-OPS 1.620(g)附录1。
② 空客:A320飞机特性。修订版,2010年9月25日,空中客车公司客户服务部,法国布拉涅克。

运营重量和 CG 的确定,受重量贡献及其位置(乘客、货物、燃油和运营物品)的不确定性的影响。把物品位置引起的力矩误差称为 E,而物品的重量是准确知道的。这个误差可以写为

$$E = M_{\text{real}} - M^* \tag{3.7}$$

或

$$E = W(x_{\text{real}} - x^*) \tag{3.8}$$

式中:x 为力臂,星号表示"假设"的位置。接下来,假设重量具有 ΔW 的不准确度,因此 $W_{\text{real}} = W^* \pm \Delta W$。这种不准确性会在重量和 CG 位置产生误差 E_w。可能发生以下情况:

(1) 如果 ΔW 位于 CG 的前方,则 $+\Delta W$ 使 CG 向前移动,$-\Delta W$ 使 CG 向后移动。

(2) 如果 ΔW 位于 CG 的后部,则 $+\Delta W$ 使 CG 向后移动,$-\Delta W$ 使 CG 向前移动。

这些结果都不应使得 CG 的移动超出审定限制。

3.6 重心范围

CG 必须包含在纵向、横向规定的范围内,以确保飞机完全可控,飞行是安全的。本节讨论 CG 的纵向移动及其对重量和载荷的依赖性。因此,我们必须确定飞机的 CG 范围。需要几个定义:

(1) 术语"飞行中"表示除起飞和着陆之外的其他任何飞行状态。

(2) 术语"后部"表示尾部或朝向机尾。

(3) 术语"复飞"表示结束最后的进场,当阻止飞机着陆时会发生。在这种情况下,推力迅速增加,飞机强迫抬头。抬头动作由升降舵提供。随着 CG 向后移动,升降舵力矩增加。有可能存在一些 CG 位置,升降舵不能提供必要的恢复力矩。11.8 节进一步分析了复飞。

(4) 术语"α 安全保护"表示迎角约束,降低飞机失速的风险。

CG 的移动量是用 CG 位置占 MAC 百分比的指标来表示。指标 I 可定义为

$$I = W(x_{CG\%} - x_{CG\%}^*)\frac{\text{MAC}}{c} + k \tag{3.9}$$

式中:$x_{CG\%}$ 为实际 CG 位置的 MAC 百分数,$x_{CG\%}^*$ 为以参考 CG 位置的 MAC 百分数,c 和 k 为两个常数因子,使得指标 I 保持在合理的值内。当 $x_{CG\%} = x_{CG\%}^*$ 时,指标 I 与重量无关,$I = k$。在所有其他情况下,指标 I 与重量、MAC 成正比。因此,在 I 与 W 关系图上,每个 CG 位置由直线表示。如果 CG 位于参考 CG 位置之前,直线为负斜率;如果 CG 位于参考 CG 位置之后,直线为正斜率。CG 等值线由式(3.9)计算。

在 I 与 W 关系图上可以绘制出所有飞行条件下飞机的运营限制和零燃油限制。通常这些限制表达了飞行性能和飞机装载之间的妥协。

3.6.1 再加油时 CG 变化

飞机再加油按照制造商规定的程序进行。再加油是在没有乘客的情况下进行,除非有特别的理由需要这样做(乘客已经在飞机上)。加油操作受到严格监管,以避免发生意外[①]。

再加油会导致飞机 CG 的移动,有时称为燃油向量,其示例如图 3.4 所示。在该图中,段 1 指的是内油箱 1~4 再加油 3000kg,段 2 对应于外油箱每个再加油 4500kg,段 3 对应于内油箱 2 和油箱 3 加更多的油,直到达到 18200kg(总燃油现在为 81200kg)。在段 4 中,内油箱 2 和油箱 3 每个加油 25700kg,中间油箱被加油到 17000kg,配平油箱被加入 2400kg。此时,总燃油负荷达 116200kg。在第 5 段中,中间油箱装至 40000kg,配平油箱达到 5900kg(总燃料负荷 142700kg)。对于 A340 – 500,后中间油箱装满至 14956kg(6 段)。对于这两种飞机,燃油向量(段 7)的最后一段对应于所有油箱满油。燃油向量与燃油密度相关,从而取决于燃油温度。CG 位置的最大差异发生在满油载时。注意,所指出的次序与其他大型飞机相同,必须

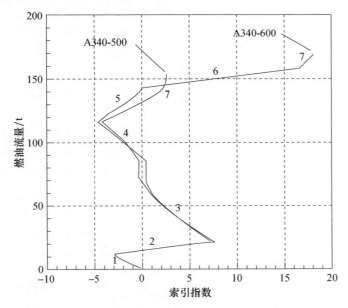

图 3.4 空中客车 A340 – 500 和 A340 – 600(从 FCOM 改装)加油期间的 CG 变化

---

① 相关规定为 JAR – OPS 1.305 和 F A R 121.750(飞机人员疏散)。

由燃油计算机控制。在图3.4中,当油箱为空时,指表从零开始。CG的变化必须包含在审定限制内。

3.6.2 飞行中CG变化

飞行中CG移动有3个原因:①燃油燃烧;②飞机构型的变化;③乘客运动。货物移动不应当发生。

1. 燃油影响

由于从油箱抽油的复杂顺序,CG会发生变化;如果CG变化不受控制会导致油耗的增加(因为飞行阻力的增加),在最坏的情况下,飞行控制变得困难。由于现代飞机的复杂性,CG变化只能由航空电子系统(由硬件、软件构成的飞行控制系统FCS)来控制。FCS计算CG位置并将其与目标值进行比较。由目标CG值和0.5%MAC来定义控制范围。FCS控制燃油的传输,以便将CG保持在控制范围内。维持CG位置的细节操作取决于具体的飞机。空客A340的目标CG如图3.5所示。图3.6显示了由于飞行中的燃油消耗而导致CG变化的示例。

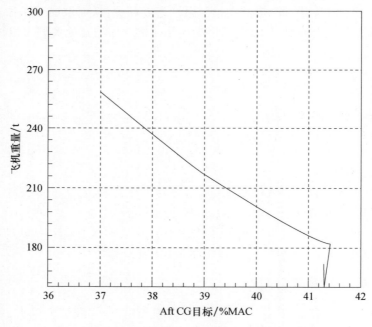

图3.5 空客A340-300的目标CG(缘自FCOM)

2. 构型影响

这种影响来自于起落架的放下与收回、增升装置的打开与收回、供应水的移动以及人员在客舱里的运动。后两个因素是随机的;因此,CG的估计必须含有

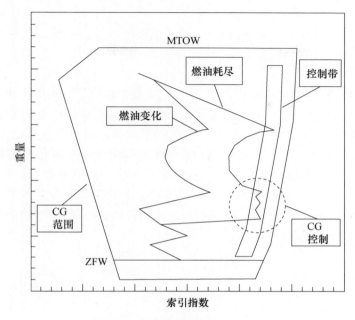

图 3.6 燃油消耗时 CG 的变化

一定的安全裕度。襟翼展开使 CG 位置向后移动，缝翼的打开会使 CG 位置向前移动。起落架地收起使得 CG 位置向前移动。着陆时，饮用水将少于起飞时的量（其中一些可能被丢弃），其中有一部分在废水箱中；后者的贡献不能被忽略，因为在大型飞机上，可以增加数百千克的运行重量（对于空客 A330，饮用水容量是 350kg）。

3. 乘客运动

这属于正常情况，在长途飞行中，乘客离开座位，客舱乘务员在通道前后服务。飞机平衡状态是在乘客、客舱乘务员坐在他们的位置上、手推车处于存放时的状态。制造商和运营商已经考虑到各种运动情节，包括乘客走到厕所并返回，乘客从后排走到前排，手推车移动等等。这将在 3.6 节进一步分析。

3.6.3 CG 位置的设计限制

设计 CG 范围和加载与飞行中的 CG 管理，需要考虑到若干需求，包括法规。该问题的关键影响如下：

（1）起飞。CG 前限由前起落架强度、起飞抬前轮要求、机动能力和增升装置的展开来决定。CG 后限由主起落架强度、前轮地面附着力、起飞抬前轮（尾部撞击）以及水平和机动飞行的稳定性决定。其中一些影响在第 9 章进一步讨论。

（2）着陆。着陆 CG 前限位置与起飞时的相同，着陆后限 CG 位置要么与起飞时的相同,要么就在更靠后一点的位置。

(3) 飞行中。CG 前限受燃油消耗、升降舵效率以及一些包括配平水平安定面的失速等气动要求的约束;后限要求保证在稳态飞行、机动、复飞和 α 保护的稳定性。

起飞时 CG 限制的例子如图 3.7 所示,这里我们指出了约束的主要要素。刻度的顶端是最大结构起飞重量,后限是被主起落架(MLG)结构完整性所约束,前限是被前起落架(NLG)所约束。在较低的重量下,后限被标记为操纵品质,这个术语是指飞机抬前轮和拉起、展开增升系统和常规飞行稳定性。前限是性能要求和飞机装载之间的妥协。图形左上方有一个灰色区域,CG 不大可能放置在这个区域中。通常在性能和载荷之间的妥协时,往往是倾向于前者而非后者。当飞机重量位于下限,CG 后限被标记为前起落架的附着;如果飞机装载不正确,将趋于向后倾斜在主起落架上,导致尾部撞击。

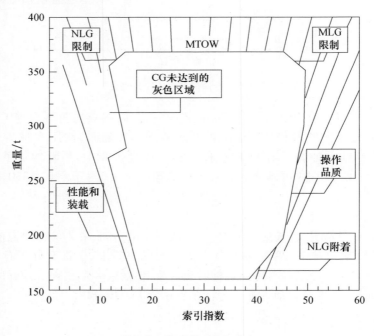

图 3.7 起飞构型 CG 约束

图 3.8 显示了着陆构型 CG 的范围。CG 的后限和前限与起飞情况相似,但飞机的重量大大降低,MLW 远低于 MTOW。

所有运行 CG 限制如图 3.9 所示。图中心的曲线如图 3.4 所示。实线表示各种飞行条件下起飞、飞行和着陆的 CG 范围。倾斜线表示恒定 CG 位置的轨迹。CG 前限在巡航时为 17% MAC,起飞和着陆时为 18% MAC;CG 后限在巡航时是

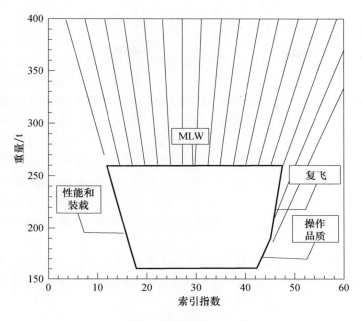

图 3.8 着陆构型 CG 约束

43%MAC,着陆时是 42%MAC。在低重量起飞时有更多的约束。

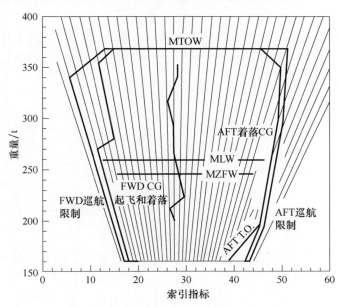

图 3.9 空中客车 A340-600 在各种飞行条件下的 CG 限制(摘自 FCOM)

3.6.4 零燃油 CG 界限的确定

计算零燃油时 CG 的界限是为确保从起飞到着陆所有飞行阶段飞机是可控的。计算力矩的参考轴是 MAC 的百分比(通常为 25%)。如果某物品位于参考轴的前面,会产生一个负的(机头向下)俯仰力矩;如果位于参考轴的后面,俯仰力矩将为正值(向上)。零油 CG 的位置可表示为

$$ZFCG = \frac{M_0 + M_{pax} + M_p}{ZFW} \tag{3.10}$$

式中:M_0 为空机的俯仰力矩,M_{pax} 为乘客引起的力矩,M_p 是有效载荷引起的力矩。起飞 CG 位置(TOCG)为

$$TOCG = \frac{M_0 + M_{pax} + M_p + M_f}{GTOW} \tag{3.11}$$

式中:M_f 是燃油引起的力矩。求解式(3.10)和式(3.11),需要确定每个作用项的精确位置,这些部件中一些是随机分布的。操作员可以通过计算货物的精确重量及其在飞机上的位置来改善平衡。

3.6.5 CG 位置对性能的影响

这种影响可以通过现实的例子来看。图 3.10 给出了采用 PW127M 发动机作为动力的 ATR72-500 飞机重量、构型(起落架收放、襟翼偏转)对失速速度的影响。重量固然是重要的,但是襟翼的偏转增加了阻力,对失速速度有很强的影响。

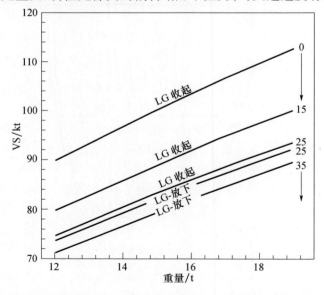

图 3.10 重量和构型对 ATR72-500 涡轮螺旋桨飞机失速速度的影响(摘自 FCOM)

CG 前移会增加低头力矩,这将要求水平安定面产生恢复俯仰力矩;CG 后移,反之亦然。我们得出结论,CG 越前移,失速速度越大。

3.7 操作力矩

零油重量(ZFW)、起飞重量(TOW)和 CG 的计算取决于:①装载对象(燃油、货物、乘客、服务物品等)的重量和 CG 位置;②在飞行过程中,由于装载对象的移动,CG 可能发生变化。

由于重量组分(如乘客重量分布)和/或其在飞机上位置的不确定性,计算就固有一些不确定性。如前所述,DOW 和 DOCG 的不确定性也需要考虑随机分析。

通过使用俯仰力矩,我们将实际飞机力矩与假定飞机力矩之间的差值定义为操作边界。一项物品位置的不确定性导致的力矩为

$$M_i = W_i(x_i \pm \Delta x_i) \tag{3.12}$$

式中:Δx_i 为重量为 W_i 的物品 i 力臂 x_i 存在的不确定变化量。误差力矩为

$$E_i = \pm W_i \Delta x_i \tag{3.13}$$

随物品重量和位置不确定性的增加而增加。由重量和位置引起的力矩不确定性为

$$M_i = (W_i \pm \Delta W_i)(x_i \pm \Delta x_i) \tag{3.14}$$

这可以扩展到

$$E_i = W_i \Delta x_i + x_i \Delta W_i + \Delta W_i \Delta x_i \tag{3.15}$$

最后一项是二阶的,就可以忽略。

1. 乘客分布不确定

飞机上乘客分布是 TOW 和 CG 位置不确定的主要原因之一。参考 CG 位置,每排座椅都有已知的力矩臂。如果座位位置非常清楚,那么可以在电子表格快速地完成平衡计算。实际上,计算是假设机舱部分平均力臂并考虑最坏情况。最坏的情况发生在平均力臂前方的所有座位都坐满了,平均力臂后面的所有座位都是空的。但是,这种情况不大可能发生。更实际的是,大多数运营商都有各种乘客座位分配程序。通常,窗口座位首先被填满,接下来填满过道的座位,最后填满中间座位(如果有的话)。根据具体的机舱布局,确定最坏情况下的不准确度。

考虑到乘客重量的不精确性,一般采用平均重量,按照公认的规定[①],如表 3.2。但事实上,乘客重量不准确性存在一个重量分布:

$$W_{pax} = \overline{W}_{pax} \pm \Delta W_{pax} \tag{3.16}$$

---

① 联邦航空咨询通告 AC 120-27D,2004 年 11 月。

假设乘客重量围绕平均值 $\overline{W}_{pax}$、标准偏差 σ 呈正态分布，并假设 $\Delta W_{pax} = 3\sigma$，用 $i = 1, \cdots, n$ 表示机舱序列数，W_{pax_i} 表示客舱 i 内乘客总重，有

$$W_{pax_i} = n_i \overline{W}_{pax} \pm \Delta W_{pax_i} \tag{3.17}$$

所有机舱的不准确是一样的，有

$$\Delta W_{pax} = \Big(\sum_i^n \Delta W_{pax_i}^2 \Big)^{1/2} = \sqrt{n(3\sigma)^2} = 3\sigma\sqrt{n} \tag{3.18}$$

3.8 机翼油箱的使用

油箱的使用是一个复杂的事情，这取决于具体的飞机。图 3.11 给出了机翼油箱的一个例子，即空客 A340-600 飞机。注意，内油箱有左右两个部分，其中右部分在图中被遮蔽。其他飞机的油箱可能有明显不同的布局。

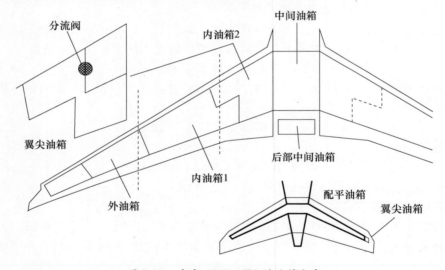

图 3.11　空客 A340-600 的油箱分布

表 3.3 总结了一些空客公司飞机燃油箱的容量。下面是空客 A340-600 燃油使用的一个例子。燃油仅通过内翼油箱供给发动机，因此，必须有来自其他油箱的供应系统。供应序列如下[①]：

（1）ACT 燃油（如果可用）被泵送到中间油箱。

（2）中间油箱的燃油（如果可用）被泵送到内油箱 1 和油箱 2，以保持满油箱，直到所有内油箱平衡。

---

① 资料来源：空客飞行运行支持部。

（3）当中间油箱的燃油低于1000kg时，后部中间油箱的燃油被泵送到中间油箱。

（4）将中间油箱的燃油泵送到内油箱，同时保持内油箱的油位在17200~18200kg之间，直到中间油箱为空。

（5）使用内油箱燃油直到每个油箱燃油低至4000kg。

（6）来自配平油箱的燃油被泵送到内油箱。

（7）每个内油箱燃油使用至剩余2000kg。

（8）外油箱的燃油被泵送到内油箱。

（9）内油箱燃油一直使用到空。

在用油顺序达到第8阶段（飞机巡航时，该阶段出现较晚）之前，不使用外油箱。整个过程由飞行计算机控制。

表3.3 一些空客飞机的燃油箱（ACT=副中间油箱，Jet-Al在25°时密度为0.804kg/l）

飞机/油箱	可用/kg	容积/l	备注
A319/A320-200			
外油箱	691	860	—
中间油箱	6476	8095	—
内油箱	5436	6795	—
ACT-1	2349	2936	可选
ACT-2	2349	2936	可选
燃油箱通气管	无	—	—
合计	18730	23412	无ACT
A330-200/300			
外油箱×2	2865	2303	—
中间油箱	32625	26231	—
内油箱×2	42000	33768	—
燃油箱通气管	无	—	—
配平油箱	4890	3932	—
合计	109185	135802	—
A340-200/300			
外油箱×2	2865	2303	—
中间油箱×2	33300	26773	—
内油箱	33578	26997	—

续表

飞机/油箱	可用/kg	容积/l	备注
ACT-1	5652	4544	—
ACT-2	5652	4544	—
燃油箱通气管	无	—	—
配平油箱	4890	3932	—
合计	111076	89305	无ACT
A340-600			
外油箱×2	4953	3982	—
中间油箱×2	43279	34796	—
内油箱(1 & 4)	19402	15599	—
内油箱(2 & 3)	27322	21967	—
后中间油箱	15600	12542	—
燃油箱通气管	无	—	—
配平油箱	6269	5040	—
合计	168503	135476	—

3.9 质量和结构特性

在飞机设计时,经常遇到结构质量分布的问题。由于CG位置和所产生的转动惯量对飞机性能至关重要,所以,我们需要估计这些质量部件在飞机上的分布。图3.12的流程图给出了建立飞机结构特性的过程。首先,需要构建两个独立的数据库:①质量部件;②每个部件重心的位置。利用这些数据库,我们可以计算出飞机的CG以及通过CG的主惯性矩。

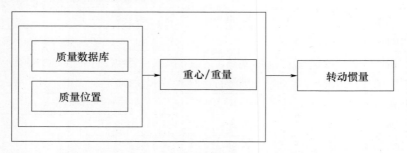

图3.12 基于结构质量及其位置,计算出CG和转动惯量的流程图

因此,我们按照 3 个步骤来确定相关的质量和结构特性:①质量分布;②重心;③转动惯量。

飞机部件的分解必须小心谨慎,考虑到什么数据可用,什么数据可以推断和什么必须舍弃。在这个框架下,运输飞机的关键部件如图 3.13 所示。注意到,系统(如液压、气压、空调、导航仪器、航空电子设备、电气系统、除冰系统、载荷操纵系统)的精确分布是未知的。因此,系统质量是制造商提供的空机质量和分配的部件之间差值,如图 3.13 所示的流程图。

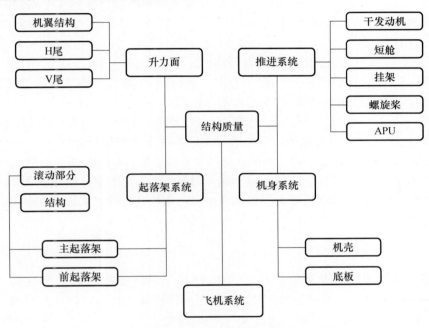

图 3.13 飞机质量分布流程图
(机身外壳进一步分为机头、机身中段和机尾)

3.9.1 质量分布

利用经验、统计和半解析等不同的方法,可以确定结构重量/质量的分布。这些方法都不完全令人满意,而且在缺少飞机确切数据的情况下,我们需要为此选择最合适的方法。Ardema 等人[16]提出了一种确定机身和机翼结构质量(或重量)的方法,并用飞机设计代码 ACSYNT 实现。其他各种方法如 Torenbeek[11]、Raymer[12]和 Roskam[10],都可以用于估计机翼以及其他部件的质量。在本书中,我们采取折中的方法,并利用第 2 章中的一些系统建模。

1. 机身质量

可以把机身分为 4 个部分:①机头;②中间部分;③机尾;④结构地板。首先计算出机身壳体(没有地板)的结构质量,为此我们使用 Torenbeek 公式[11]:

$$m_{\text{shell}} = 0.23 S_g^{1.2} \sqrt{V_D \frac{L_t}{\overline{d}}} \qquad (3.19)$$

式中: S_g 是壳体的浸湿面积(m^2),被定义为机身的浸湿面积,包括翼身相交部分、尾翼交叉部分和起落架舱。尾力臂 L_t(m)被定义为机翼的翼根弦线中点和水平尾翼的翼根弦线中点之间的距离, $\overline{d}$(m)是机身平均直径①。这些量可以用第 2 章提出的方法计算。

因子 V_D[kt]是设计俯冲速度,以等效空速定义(见 8.4 节)。V_D 的值依赖于参考高度。Torenbeek 没有定义考虑的高度。飞机有一个设计俯冲马赫数,其相应的俯冲速度需要设计俯冲高度,这个高度不易获得。

Torenbeek 还给出了自己的一些修正办法,涉及下面各种情况:如果发动机是涡轮风扇,则式(3.19)给出的质量再增加 8%;如果是涡轮轴,则增加 5%。如果飞机是货机,机身质量增加 10%,如果发动机安装在船尾,则增加 4%。

在本书中,机身壳体的质量是这样被估计的:机身壳体质量被分解为机头、中间以及机尾的质量,这些质量可以根据相对浸湿面积进行计算。因此,我们假设整个机身结构单位面积上的壳质量是均匀的。例如:

$$m_{\text{fuse\_nose}} = \left(\frac{A_{\text{wet\_nose}}}{A_{\text{wet\_fuse}}} \right) m_{\text{shell}} \qquad (3.20)$$

地板结构的质量是近似估计。例如,运输飞机的地板质量范围是 $\rho_f = 5 \sim 10 \text{kg/m}^2$,最大的值适用于重型飞机。地板面积可以从飞机布局图进行估算,对于单层飞机应该是直截了当的。因此,甲板的质量是

$$m_{\text{deck}} \simeq \rho_f A_{\text{deck}} \qquad (3.21)$$

2. 升力系统

升力系统包括机翼、水平尾翼和垂尾。每个系统的控制面被认为是相应系统的一部分,不会被分成单独的贡献。机翼结构质量是基于制造商的空重、以现有机翼的最小平方回归计算的, m_e(kg):

$$m_{\text{wing}} = -9.095 + 9.189 \cdot 10^{-2} m_e \qquad (3.22)$$

对于机身,Torenbeek 使用基于设计俯冲速度的方程式。如机翼总质量(kg)表示为

---

① 请注意,式(3.19)在量纲上不正确。如果俯冲速度单位为 kt,长度尺寸单位为 m,面积单位为 m^2,式(3.19)给出质量单位为 kg,系数为 0.23。如果各参数以英制单位表示,则必须使用不同的系数。类似的考虑也适用于式(3.23)。

$$m = \kappa A \left(6.2 \cdot 10^{-2} \frac{V_D A^{0.2}}{(\Lambda_{QC} - 2.5)^{1/2}} \right) \tag{3.23}$$

式中：A 是翼面的参考面积（m^2）；Λ_{QC} 是 1/4 弦线后掠角（°）；设计俯冲速度 V_D，（kt）；κ 是一个系数等于 1，除了可调水平安定面（在这种情况下，建议使用 $\kappa = 1.1$）。

3. 推进系统

推进系统由发动机、APU、短舱、挂架和螺旋桨（如果有的话）组成。发动机干重、APU、螺旋桨的质量可以从型号合格证的数据中获得。存在的主要问题是不了解短舱和挂架的结构质量。依靠统计数据可以采用：

$$W_{nac+pylon} \simeq 0.6 W_{eng} \tag{3.24}$$

4. 起落架质量

技术文献表明，起落架系统的平均重量约为 MTOW 的 4%。按照 Torenbeek 提出的方法，如果 $m = \text{MTOW}/g$ 是以千克表示的最大起飞质量，我们计算出前起落架重量：

$$m_{NLG} = A_1 + B_1 m^{3/4} + C_1 m + D_1 m^{3/2} \tag{3.25}$$

式中：

$$A_1 = 9.1, B_1 = 0.082, C_1 = 0.0, D_1 = 2.97 \cdot 10^{-6} \tag{3.26}$$

起落架质量是由机轮装置（轮胎、轮子和刹车）和其他质量（支柱、制动器、减震器、系统和控制）组成。轮胎的质量可以从轮胎规格推断或计算。机轮装置的总质量是可变的，但是对于前起落架，机轮装置的质量大约是轮胎质量的两倍。因此，其他质量可通过差值来直接计算。这种划分在确定转动惯量时很重要。在起落架组件中，制动器的贡献相对较高。虽然没有提供确切资料，但波音公司估计，根据飞机类型，在波音 737 上用碳制动器替代钢制刹车可节省 250~320kg。

主起落架质量以类似的方式计算。相应的半经验表达式见式(3.25)，其中的系数为

$$A_1 = 18.1, B_1 = 0.131, C_1 = 0.019, D_1 = 2.23 \cdot 10^{-5} \tag{3.27}$$

在这种情况下，机轮装置的质量约为轮胎质量的 3.0~3.1 倍。如果飞机有 2 个主起落架，该方法很简单，否则更复杂。如一些飞机有 3 个主起落架（空中客车 A340），有的飞机有 4 个主起落架（B747、A380）。并非所有的起落架系统都具有相同数量的机轮。在空客 A340 上，单个机身起落架有 2 个轴，而机翼的起落架则有 3 个轴。在这种情况下，根据轮子总数进行机轮装置的划分。如果 m_{LG} 是起落架的总质量，有

$$m_{MLG} = m_{LG} - m_{NLG} \tag{3.28}$$

主起落架的质量分布为

$$m_{MLG1}^* = m_{MLG} x_1, m_{MLG2}^* = m_{MLG} x_2 \tag{3.29}$$

$$x_1 \simeq \frac{(n_w n_{LG})_1}{(n_w n_{LG})_1 + (n_w n_{LG})_2}, x_2 \simeq \frac{(n_w n_{LG})_2}{(n_w n_{LG})_1 + (n_w n_{LG})_2} \tag{3.30}$$

式中:n_w 为轮子的数量。x_1、x_2 为无量纲系数。为了计算结构质量的贡献,起落架总重需要减去机轮装置的重量,而其与每个单元的轮数成正比。

5. 装饰物

装饰物的重量与座位数量成正比。如果 n_1 为经济席位的数量,n_2 为一等座位的数量,则

$$W_{\text{furn}} = n_1 w_1 + n_2 w_2 \tag{3.31}$$

式中:w_1 和 w_2 是平均制造值,并考虑了其他辅助系统,如顶部行李架、娱乐设施等。典型经济舱的座椅重量约为 20~30kg,但数据存在相当大的差异。对于一等座位来说,座椅重量至少是经济舱的座椅重量的两倍,如采用新的超薄座椅,重量大约降低一半。没有任何公布的资料能使这个估算更准确。每位乘客所携带物估计是座位质量的 1.5 倍。

装饰物重量是一家航空公司总的财务利润的一方面。事实上,在平均装饰物质量为 MEW 的 10% 的飞机上,装饰物重量减少 10% 将导致 OEW 减少 1%。例如,一架波音 B737-900 满载客并有 200kg 的货物,飞行 2000km(1079mile)的航程,OEW 每减少 1%,就可以节省大约 40kg 的燃料。

这里所用的方法并不总是那么准确,但可以预期在正确值附近几个百分点的变化。很显然,这些不准确性将会影响 CG 和转动惯量的确定。然而,通过使用部件法,如果有更多的可用数据,后续就可以改进。

3.9.2 重心

首先,需要建立一些参考点和参考轴。飞机的滚转轴线(纵向)通过飞机中心截面(圆柱形)的中心。俯仰轴线 y 沿着翼展指向右侧,偏航轴线 z 和 x,y 构成笛卡尔坐标系。这些轴的交点最初是不确定的,假设 $x=0$ 和 $y=0$ 对应于机头位置。相对于该坐标系,计算出每个飞机部件 x_i、y_i、z_i 的坐标。然后我们消除这个不确定,通过假设俯仰轴线穿过空机的 CG,重心根据结构部件的分布计算,有

$$x_{cg} = \frac{1}{m} \sum_i m_i x_i, y_{cg} = \frac{1}{m} \sum_i m_i y_i, z_{cg} = \frac{1}{m} \sum_i m_i z_i \tag{3.32}$$

式中:x_i、y_i、z_i 为组件的质心与机头参考零点之间的距离。为了验证使用的方法,我们应该将 x_{cg} 转换成百分比 MAC。如果该值落在飞机的 CG 范围内,结果令人满意。

3.9.3 转动惯量

相对于飞机主轴,确定出飞机转动惯量,这对于飞行力学计算相当重要。俯仰

转动惯量决定了飞机在起飞时的俯仰反应,这在起飞时非常重要。转动惯量的确定比质量部件的估计更为复杂,因为需要确定它们在飞机上的分布。

先从基础开始:集中质量为 m 的物体对某轴的转动惯量是 $I = md^2$,其中 d 为质心与轴之间的距离。转动惯量与质量成线性关系,因此任意多个质量的转动惯量可以进行叠加。

空机具有不同的转动惯量,这取决于其构型配置(如起落架收放)。该方法的准确性仅受可用信息量的限制。首先,如果空机的转动惯量已知,则可以通过加上燃油、有效载荷以及机上任何其他物品的贡献(假定位置已知)来估计装载后飞机的转动惯量。然而,主要的问题是空机的转动惯性。如果能够构建飞机的有限元模型,则通过合理的近似可以求解转动惯量。但是,除非读者得到商业数据,否则不可能做到。因此,提出了一种替代方法,以下是计算的关键步骤:

(1)计算出 CG 相对于飞机参考点的位置。
(2)计算每个部件的质心位置。
(3)估计每个部件的质量。
(4)根据下列公式计算主要转动惯量:

$$I_{xx} = \sum_i m_i(y_i^2 + z_i^2), I_{yy} = \sum_i m_i(x_i^2 + z_i^2), I_{zz} = \sum_i m_i(x_i^2 + y_i^2) \quad (3.33)$$

式中:x_i、y_i、z_i 为部件质心与重心 x_{cg}、y_{cg}、z_{cg} 之间的距离。除非另有说明,飞机相对于垂直平面 $x-z$ 是对称的(或 $y_{cg} = 0$)。为了方便,轴心位于机头(制造商可以使用另外的参考),相应的回转半径为

$$r_x = \left(\frac{I_{xx}}{m}\right)^{1/2}, r_y = \left(\frac{I_{yy}}{m}\right)^{1/2}, r_z = \left(\frac{I_{zz}}{m}\right)^{1/2} \quad (3.34)$$

有时以无量纲形式写为

$$\tilde{r}_x = \left(\frac{r_{xx}}{l}\right), \tilde{r}_y = \left(\frac{r_{yy}}{l}\right), \tilde{r}_z = \left(\frac{r_{zz}}{(b+l)/2}\right) \quad (3.35)$$

在下面的分析中,只考虑主要项,确定转动惯量的最大贡献量。

1. 固定部件

飞机固定部件有:

1)机身系统

这个部件分为机壳和结构地板(甲板)。机壳分为机头、中部和机尾。对于其中的某一部分,除了中心部分(在那里进行翼身融合),有足够的精度计算质心的位置(x_c, y_c, z_c)。

(1)机头和机尾。

这里可以使用各种近似值。然而,由于其他部件的不确定性(见下面的讨论),没有必要太精细。我们计算这些部分的质心位置,并将机头和机尾视为集中

质量。

(2)中段。

如果中间部分可以认为是圆柱形的,则使用以下等式来确定部件转动惯量:

$$I_{xx} = \frac{1}{12}m[3(r_1^2 + r_2^2) + l^2], I_{yy} = I_{zz} = \frac{1}{2}mr^2 \quad (3.36)$$

式中:r_1 为机壳的外径,r_2 为内径,l 为圆柱体的长度。外壳尺寸可以从机身的横截面推断出来。在没有数据的情况下,宽体飞机的外壳厚度假定为 0.1m。式(3.36)定义了圆柱体相对于其主轴的转动惯量。需要移动俯仰轴,将 I_{yy} 相对于飞机通过 CG 的俯仰轴。有

$$I_{yy} = I_{yy} + m\left(\frac{l}{2} - x_{cg}\right)^2 \quad (3.37)$$

(3)地板。

对于单层飞机,甲板具有已知的宽度 w_d 和面积 A_d。矩形板的等效长度为 $l_d = A_d/w_d$。该板相对于主轴的转动惯量为

$$I_{xx} = \frac{1}{12}ml_d^2, I_{yy} = \frac{1}{12}mw_d^2, I_{zz} = \frac{1}{12}m(l_d^2 + w_d^2) \quad (3.38)$$

在这种情况下,m 表示整个甲板的质量。与前一种情况一样,需要将这些计算转移到飞机的轴上。传递函数为

$$I_{yy} \Rightarrow I_{yy} + m\left(\frac{l_d}{2} - x_{cg}\right)^2 \qquad I_{xx} \Rightarrow I_{xx} + m(z_d - z_{cg})^2 \quad (3.39)$$

式中:z_d 为地板相对于机壳底部的高度。对两层机舱飞机而言,对这一问题的求解更为复杂。因为没有这样多的飞机可供计算参考,分析可以按两个单层计算的方式进行。

2)机翼系统

该系统采用集中质量建模。质量本身是用 3.9.1 节中讨论的方法来计算的。重心位置由计算机化的几何模型计算,所需的数据是$(m, x_c, y_c, z_c)_{wing}$。如果机翼质量均匀分布在平面形状上,则该近似值足够准确。

3)水平尾翼系统

像机翼一样处理,所需数据为$(m, x_c, y_c, z_c)_{ht}$。

4)垂直尾翼系统

像机翼一样处理,所需数据为$(m, x_c, y_c, z_c)_{vt}$。

5)发动机

发动机被处理为已知质量和尺寸的圆柱体,相关数据可以从型号审定文献中推断出。所需的数据是$(m, x_c, y_c, z_c)_{eng}$。实体圆柱体转动惯量为

$$I_{xx} = \frac{1}{8}md_{eng}^2, I_{yy} = I_{zz} = \frac{1}{12}m\left(\frac{3}{4}d_{eng}^2 + l_{eng}^2\right) \quad (3.40)$$

式中:d_eng为发动机的平均直径,l_eng为其总长度。这些力矩需要转换到飞机的主轴上。还要注意,I_{xx}为与发动机旋转质量的惯性成比例。

实心圆柱体和近似集中质量这两者的转动惯量存在1%的差异。

6) 推进系统

包括除发动机以外的所有推进部件质量的贡献。实际上,可以分成挂架(m_1)和短舱(m_2)。这些部件的质心可从几何模型中获得。质量分解是根据相对浸湿面积进行(因为没有其他量可用)。如果 m 表示挂架和短舱的总质量贡献,那么有

$$m_1 = m\left(\frac{A_\text{wet pyl}}{A_\text{wet ply} + A_\text{wet nac}}\right), m_2 = m\left(\frac{A_\text{wet nac}}{A_\text{wet ply} + A_\text{wet nac}}\right) \tag{3.41}$$

短舱+挂架组合的校正质心为

$$x = \frac{m_1 x_{c_\text{pyl}} + m_2 x_{c_\text{nac}}}{m}, z = \frac{m_1 z_{c_\text{pyl}} + m_2 z_{c_\text{nac}}}{m} \tag{3.42}$$

这导致 CG 相对于短舱质心的移动量为

$$x_\text{shift} = x - x_{C_\text{nac}}, z_\text{shift} = z - z c_\text{nac} \tag{3.43}$$

注意,对于传统的运输飞机,相对于发动机的 CG,移动量是向后和向上移动。

7) 螺旋桨

螺旋桨质量从型号审定文献中知道。螺旋桨位置位于发动机前面,每个螺旋桨被视为点质量,所需数据为$(m, x_c, y_c, z_c)_\text{prop}$。

8) 辅助动力系统

APU 数据可以从型号审定文献中得知。该部件通常位于尾锥中,位置准确性较高。虽然相对质量较小,但其俯仰力臂较大,所需数据为$(m, x_c, y_c, z_c)_\text{APU}$。

9) 装饰物

该项存在相当大的不确定性。首先,将装饰物分为乘客座椅和其他重量。从舱室结构可以知道乘客座位的位置,因此力臂是已知的。一个空中客车 A320-200 的例子如图 3.14 所示。然而,为了简化问题,假设座椅质量沿着地板是局部分布。可以使用式(3.38)求解转动惯量。就像之前一样,这些贡献需要转化到飞机的主轴上。

确定其他装饰物的转动惯量才是真正的棘手问题。可以假设装饰物也是均匀分布在地板上,但其垂直位置高于座椅本身。从图 3.14 可以看到两个厨房在机舱前后的位置[①],这些物品有大的力臂,并为 I_{xx} 做出贡献。

2. 可移动的质量部件

飞机的可动部件是起落架系统。虽然起落架质量相对于结构质量较小,但是

---

① 改编自空客 A320 飞机特性,修订版。2010 年 9 月。

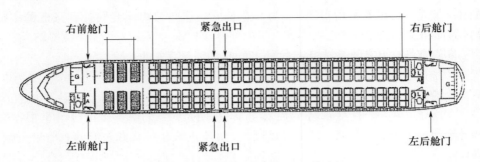

图3.14 空客A320-200(来自空客公司)的舱室布置

这些部件经常活动,并且可以相对于飞机的主轴产生非常大的转动惯量。还会使空机CG移动百分之几的MAC(取决于飞机)。

1) 前起落架

主要由2个部分组成:机轮装置和其他质量。前者的贡献是实心圆柱体,尺寸为轮子,圆心在垂直支柱底端;后者是放置在垂直支柱中心的集中质量。

2) 主起落架

这一贡献可以像前起落架那样处理。将机轮装置按轴的数量分解,来处理具有多个轴的单元。轴移动大约一个轮子直径。

当机轮装置的贡献用圆柱体近似计算时,重要的是确定正确的轴。当起落架展开和缩回时,这些轴大约旋转90°。因此,确定起落架折叠回收是纵向还是横向也是非常重要的。

操纵面是与机翼系统、尾翼面相关联。它们不单独分开计算,由于实际原因(未知数据太多),不可能划归到可移动部件中。任何其他的贡献(如系统、航空电子设备、液压、空调等)将归类到其他项目。估算的结构质量可能与制造商给的空机质量不一样。如果估算值低于标记值(通常是这种情况),则剩余质量一般与"系统"相关,而其位置未定。因此,假设这些残余质量是均匀分布在飞机上。

这里所讲方法的准确性取决于各组成部分的准确性。如果质量部件及其位置不准确,则计转动惯量就不可能有很高的精度。

3. 运营质量

当飞机装载燃油、货物和乘客时,转动惯量会更大。与以前的情况一样,需要准确估计这些载荷的位置。这些数据未知时,需要一些经验的猜测。例如,乘客被认为是均匀地沿着机舱分布(像座椅和其他装饰物一样处理对待),该贡献可以通过等式(3.38)计算,并转换到飞机主轴上。

4. 燃油油箱

燃油的贡献取决于哪些油箱装载了燃油。图3.11给出了空客A340机翼油箱。仔细研究空客 A340 – 600 表 3.3 中的数据,注意到大约有 90% 的燃油被分配给机翼油箱。在整个飞行管理系统中,配平油箱的尺寸和位置是至关重要的,因为相应的燃油在油箱之间泵送以进行配平。

作为参考,表 3.4 中给出了一些空客 A320 – 100/200 的质量组成。A318、A319 – 100 和 A320 – 100/200 的质量组成基本相同,但是力臂不同。

表 3.4　空客 A320 飞机的重量分解

飞机系统	质量/kg	推进系统	质量/kg
所有缝翼	290	进气道整流罩	138
内襟翼	228	风扇整流罩(平均)	40
外襟翼	244	推力反向器(平均)	202
所有扰流片	132	干发动机 CFM56	2778
翼尖 + 小翼	52	整个发动机	3501
机身系统		挂架	593
前登机门	98	起落架	
后登机门	98	前起系统	327
前货舱门	121	机轮 + 轮胎	35
后货舱门	121	主起系统	1010
尾锥体 + APU	460	机轮 + 轮胎	135
		刹车	69
V – 安定面		V – 安定面	
翼盒	365	翼盒	418
方向舵	88	升降舵	97
可动前缘	48	可动前缘	84

3.9.4　案例研究:转动惯量

按照上节介绍的方法,我们给出了多架运输机的空机 – 着陆 – 起落架放下构型的计算机版本。我们用 FLIGHT 代码计算了转动惯量和相应的回转半径(式(3.34))。在计算之前,我们以绝对坐标和平均气动弦长的百分比给出了重心的位置。这些结果总结在表 3.5 中。图 3.15 给出了估算的转动惯量随 MEW 变化的函数关系。

表 3.5 无燃料时的飞机质量特性(计算)

飞机	mass/kg	I_{xx}/kgm^2	I_{yy}/kgm^2	I_{zz}/kgm^2	r_x/m^2	r_y/m^2	r_z/m^2
ATP72-500	12.980	0.615·10^6	0.430·10^6	0.548·10^6	6.68	5.75	6.50
A300-600	91.303	0.149·10^8	0.964·10^7	0.139·10^8	12.78	10.28	12.34
A310-100	39.838	3.163·10^6	1.901·10^6	2.908·10^6	8.91	6.92	8.54
A320-200	42.256	0.368·10^7	0.236·10^7	0.335·10^7	9.33	7.48	8.90
A340-600	171.832	0.667·10^8	0.359·10^8	0.475·10^8	19.70	14.45	16.62
A380-861	271.746	0.138·10^9	0.608·10^8	0.948·10^8	22.52	14.96	18.68
B737-900w	43.026	0.558·10^7	0.412·10^7	0.449·10^7	11.39	9.79	10.21
B747-400	179.800	0.696·10^8	0.374·10^8	0.471·10^8	19.72	14.42	16.19
B777-300	161.355	0.612·10^8	0.469·10^8	0.525·10^8	19.48	17.04	18.04
Dash8-Q400	17.222	0.107·10^7	0.803·10^6	0.105·10^7	7.90	6.83	7.80
G550	21.074	0.164·10^7	0.684·10^6	0.887·10^6	8.83	5.70	6.49

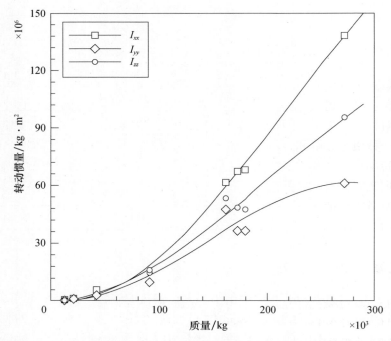

图 3.15 一些商用飞机的滚转、俯仰和偏航转动惯量(计算),空机,起飞配置

基于上述分析,提出了以下回归曲线:

$$I = a + bm + cm^2 + dm^3 \tag{3.44}$$

其中质量 m 单位为 kg,惯性力矩单位为 10^6 kg·m²。表 3.6 给出了该方程的系数。式(3.44)对 MEW > 10000kg 时是适用的。然而,如果质量 MEW > 90000kg(大型飞机),转动惯量随质量呈线性增长。相应的最小二乘法线性拟合方程为

$$I_{xx} = -49.597 + 0.681m, I_{yy} = -0.298 + 0.269m, I_{zz} = -26.11 + 0.441m \tag{3.45}$$

式中:空机质量 m 的单位 t,转动惯量则为 10^6 kg·m²。

表 3.5 还显示了计算的回转半径 r_x、r_y、r_z。翼展与质量的明确关系还不能确立。

表 3.6 式(3.44)的系数

	a	b	c	d
I_{xx}	3.2933	$-1.6829 \cdot 10^{-1}$	$4.1838 \cdot 10^{-3}$	$-6.4162 \cdot 10^{-6}$
I_{yy}	1.0628	$-7.2817 \cdot 10^{-2}$	$2.8159 \cdot 10^{-3}$	$-6.4169 \cdot 10^{-6}$
I_{zz}	$1.5154 \cdot 10^{-1}$	$-1.2659 \cdot 10^{-2}$	$2.4202 \cdot 10^{-3}$	$-4.0324 \cdot 10^{-6}$

小结

本章对飞机尺寸及其潜在增长进行了重要的讨论。展示了如何利用技术进步实现增长。飞机越大,货运效率越高;但还应考虑其他因素,如实际的有效载荷和要求的航程。定义了飞机的关键设计和运营重量,并解释了它们是如何计算的。发展了一种质量分解和计算 CG 的方法。最后,计算了一些现代运输机的转动惯量和回转半径。强调了估算 CG 位置的重要性,以及需要在地面(装载飞机时)和飞行中控制好 CG、确保其变化范围。CG 位置对大多数飞行条件是至关重要的,将在后面章节中讨论。

参考文献

[1] Finne KN. *Igor Sikorsky: The Russian Years*. Prentice Hall, 1988. ISBN 0874742749.
[2] Grant RG. *Flight: 100 Years of Aviation*. Dorling Kindersley Ltd, 2002.
[3] Baumann A. Progress made in the construction of giant airplanes in Germany during the war. Technical Report TN 29, NACA, 1920.
[4] Cleveland FA. Size effects in conventional aircraft design. *J. Aircraft*, 7(6): 483–512, Nov. 1970.
[5] Lange RH. Design concepts for future cargo aircraft. *J. Aircraft*, 13(6): 385–392, June 1976.

[6] Whitener PC. Distributed load aircraft concepts. *J. Aircraft*, 16(2):72 – 75, Feb. 1979.

[7] McMasters JH and Kroo I. Advanced configurations for very large transport airplanes. *Aircraft Design*, 1(4):217 – 242, 1998.

[8] Staton RN, editor. *Introduction to Aircraft Weight Engineering*. SAWE Inc., Los Angeles, 2003.

[9] Anon. Aerodrome design manual. Part 3. Pavements (Doc 9157P3), 2nd Edition, 1983 (reprinted 2003).

[10] Roskam J. *Airplane Design Part V: Component Weight Estimation*. Roskam Aviation & Engineering, 1985.

[11] Torenbeek E. *Synthesis of Subsonic Airplane Design*. Kluwer Academic Publ., 1985.

[12] Raymer D. *Aircraft Design: A Conceptual Approach*. AIAA Educational Series, 3rd edition, 1999.

[13] Udin SV and Anderson WJ. Wing mass formula for subsonic aircraft. *J. Aircraft*, 29(4):725 – 732, July 1992.

[14] Beltramo MN, Trapp DL, Kimoto BW, and Marsh DP. Parametric study of transport aircraft systems cost and weight. Technical Report CR 151970, NASA, April 1977.

[15] Galjaard ER. Real time related dry operating weight system. In *54th SAWE Annual Conference*, Paper 2278, Huntsville, AL, May 1995.

[16] Ardema MD, Chambers MC, and Patron AP. Analytical fuselage and wing weight estimation of transport aircraft. Technical Report TM – 110392, NASA, May 1996.

第4章 气动性能

4.1 概述

在本章中,将介绍基于部件的一阶方法,以确定飞机的空气动力特性。人们努力根据物理原理开发高精度的方法,这些方法不仅复杂而且增加计算机的运算量。通常的计算方法不可避免地降低了飞机的计算精度。实际飞机的气动数据是得到严密保护的。我们展示了这些低阶方法在物理原理与经验的妥协中,如何产生可接受精度的结果。

在4.2节中将介绍气动升力。气动阻力(4.3节)涉及面广,可分为几节,并介绍可用的方法。空气动力学阻力分析有许多单独的条目,包括可用于螺旋桨模型(第6章)的翼型跨声速模型(4.4节),翼身组合体和旋成体的跨声速和超声速阻力(4.5节)和抖震边界(4.6节),并简要讨论4.7节中的气动导数,将空气动力学分析扩展到4.8节中水上飞机阻力的估计,并分析简单的涡流尾迹和飞机分隔距离(4.9节)。

关键概念:飞机升力,飞机阻力,跨声速阻力增长,超声速阻力,旋成体,抖震边界,气动导数,水上飞机。

4.2 飞机升力

机翼升力特性的确定取决于可用的信息量。通常只有平面形状已知。对空气动力学的实际计算来说,翼型的扭转分布和弯度至关重要,这很可能也是未知数。可以尝试用下面的简化分析来解决这个问题。巡航构型下的升力系数可表示为

$$C_L = C_{L_\alpha} \bar{\alpha}_e + (C_{L_\alpha} \alpha)_{ht} \tag{4.1}$$

式中:$\bar{\alpha}_e$ 表示沿翼展方向上的平均有效迎角。式(4.1)表示了机翼和尾翼的分别贡献量。与机翼配备的机身几乎水平(零姿态),以避免乘客的不适。尾翼对升力的贡献非常小,但对纵向操纵是重要的(第7章)。在巡航条件下,忽略了水平安定面的升力贡献。对于运输机而言,巡航中的 C_L 值约为 0.4~0.6。

平均有效迎角 $\bar{\alpha}_e$ 来自3个方面贡献的总和:①名义平均安装角 α_o,即机翼相对于飞机纵轴线的角度(设计参数);②俯仰姿态 θ;③爬升率 γ,有

$$\overline{\alpha}_e = \overline{\alpha}_o + \theta - \gamma \qquad (4.2)$$

在巡航条件下,$\gamma = 0$。因此,升力系数可表示为

$$C_L = C_{L_\alpha}\overline{\alpha}_o + C_{L_\alpha}\theta = C_{Lo} + C_{L_\alpha}\theta \qquad (4.3)$$

与有弯度升力面的升力性能相比,机翼厚度的影响是二阶的。对于NACA 00××系列翼型,相对厚度每增加1%,升力线性增加的速率为7×10^3。因此,在机翼平面形状分析中,迎角重要得多。

4.2.1 机翼升力计算

使用升力面法来计算机翼载荷。在计算速度、灵活性和通用性方面,这是最好的方法,可灵活应用在描述的飞行条件上;在一般意义上,大多数的机翼参数可以被添加到模型中,包括翼尖小翼、操纵面和不相接的翼面(如机翼-尾翼组合)。该方法的局限性主要在于模型的线性空气动力学及忽略了黏性效应。

数值方法有很多,从理论的角度来看,它们都是一致的,尽管它们在计算机实现上有所不同。Katz和Plotkin[1]给这些方法有一个很好的总结。各种升力面计算程序是公开的。简而言之,升力面理论考虑到平面的实际形状、基本角度影响(上反角,迎角)、机翼的平均弯度和翼尖小翼。该模型足够强大,可以给出满足工程精度的结果,包括气动力系数、力矩以及气动力导数。升力和升力分布的计算与诱导阻力密切相关,将在4.3.1节中讨论。

将该方法应用于A300-600孤立的机翼和水平尾翼,其结果如图4.1所示。图中数据是升力系数沿翼展方向分布及乘积cC_l(局部弦长×局部升力系数)。

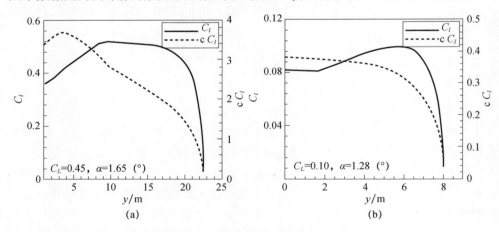

图4.1 空客A300-600的孤立机翼和水平安定面沿翼展方向上的升力分布
(a)机翼;(b)水平尾翼。

4.2.2 地面滑行的机翼升力

在地面滑行的初始阶段,由于两个重要因素的影响使得平均有效迎角 $\bar{\alpha}$ 发生变化:①飞机的俯仰姿态;②地面效应,使得平均有效迎角 $\bar{\alpha}$ 发生变化。参考前面的结果,俯仰姿态变化量级约为 1°,其精确值取决于飞机。在这种情况下,有效迎角由 4 个量贡献组成。除了式(4.2)中出现的项之外,还有地效影响量 $\Delta\alpha_g$,是一个显而易见的角度。因此,有

$$\alpha_e = \bar{\alpha}_o + \theta - \gamma + \Delta\alpha_g \tag{4.4}$$

图 4.2 显示了除地效外其他量的贡献。进一步分析,当飞机在地面上时,$\gamma = 0$。因此,姿态是两个量贡献的结果,一个是名义俯仰姿态,另一个是前起落架减震器的作用。当飞机获得速度时,前起落架减轻其正常负载;减震器松弛到其卸载位置,有助于降低机头向下的俯仰力矩。

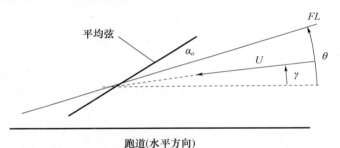

图 4.2　计算有效迎角,FL 是机身轴线

地面效应是一个更复杂的问题,因为它取决于机翼的配置、离地间隙以及 C_L 的值。在升力面法中,与地面相接近可以看成一个镜像边界条件,满足地面无穿透速度的限制。

图 4.3 显示了一些运输机机翼完整构型时的地面效应,其中控制面收起。模型中包含小翼。地面效应是 C_L 的线性函数。但是,一般结论是要达到指定的 C_L,平均迎角必须降低;换句话说,对于给定的迎角,机翼提供更高的 C_L。当飞机空中飞行时,这种差异消失了。

图 4.4 给出了 4 架运输机在固定 C_L 时的离地间隙的影响。从有限的分析中可以推断出地效对有效平均来流影响的经验表达为

$$\alpha_{\text{IGE}} = a_1[1 + \exp(a_2 C_L)] + a_3 \tag{4.5}$$

式中:a_1, a_2, a_3 为常数因子。针对给定的构型和 C_L,有效迎角的变化是离地间隙 z/b 的函数:

$$\Delta\alpha_g = \alpha_{\text{IGE}} - \alpha_{\text{OGE}} = f(z/b) \tag{4.6}$$

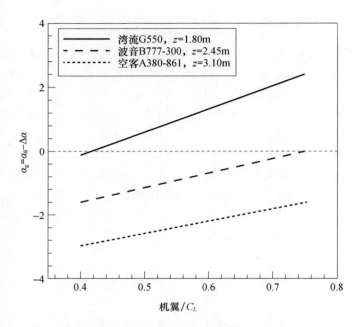

图 4.3 在地效影响(IGE)和无地效影响(OGE)之间,平均迎角的变化

式中平均 OGE 迎角取自式(4.2),平均迎角的变化 $\Delta\alpha_g$ 如图 4.3 所示。例如,如果机翼没有地面效应时 $C_{Lo}\simeq 0.5$,那么在地面上平均迎角的增加估计在 2.5°~4°。为了讨论,取 $\Delta\alpha_g\simeq 3°$,$C_{L\alpha}\simeq 4.45$,那么有 $\Delta C_L\simeq 0.233$ 或 $C_{Lg}\simeq 0.73$。这种升力系数相对适中,但不够高,无法确保飞机能起飞。

4.2.3 升力增量

术语"增量"是指这样的所有情况,即通过使用机翼后缘、前缘或者前后缘的适当控制面,来增加或减少零迎角升力。

1. 后缘襟翼

飞机有各种类型的襟翼,可以从独立升力面的数量(单缝、双缝和三缝)和机械构成(分裂式襟翼、福勒襟翼等)来进行确认。

此时不用深入到这样的细节,在起飞、爬升、最后进场、着陆和机动飞行过程中,飞机将至少使用部分控制面。大多数飞行操作手册都限制了在一定高度和空气速度下使用襟翼。制造商不会证明、测试或认证飞行包线上非常规点的襟翼操作。

本章考虑两种方法:①半经验方法,如 ESDU;②基于升力面理论的一阶空气动力学计算。每种方法都有其优点和缺点。

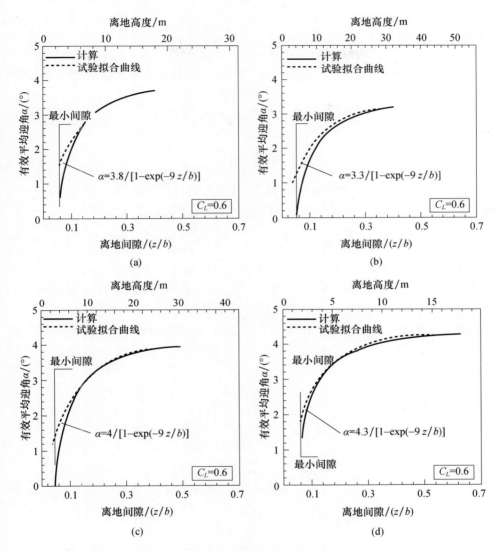

图 4.4 在固定 C_L 情况下，离地间隙对有效平均迎角的影响（计算）
(a) A300-600 机翼；(b) A380-861 机翼；(c) B777-300 机翼；(d) G550 机翼。

例如，ESDU 不基于物理原理，仅依赖于对已有的机翼性能的工程理解与插值。主要是计算机翼零迎角时偏转给定角度襟翼或缝翼时阻力的增加。襟翼的偏转导致机翼有效弦长（和机翼有效面积）的变化。然而，各项系数必须参考原始机翼面积。

用 ESDU 方法可以计算出攻角 α 为 0 时，由于后缘襟翼偏转 δ_f 度时，升力的增

量为

$$\Delta C_L = \left(\frac{c'}{c}\right)\Delta C'_L = \left(\frac{c'}{c}\right)C_{L\delta}\delta_f \tag{4.7}$$

式中:$\Delta C'_L$ 为基于有效弦长 c' 攻角 $\alpha = 0$ 处的升力系数的增量;$C_{L\delta}$ 为由于襟翼偏转 δ_f 时升力线斜率,$C_{L\delta}$ 可从 Glauert 薄翼理论计算:

$$C_{L\delta} = 2[\pi \cos^{-1} c_c + (1 - c_c^2)^{1/2}] \tag{4.8}$$

和

$$c_c = 2\left(\frac{c'}{c}\right) - 1 \tag{4.9}$$

对于三维机翼,由于襟翼有限的展长、几何布置以及翼尖效应,需要对公式进行一些修正。基于一些公开和未公开的数据,ESDU[2] 提供了实用的表达式:

$$\Delta C_L(\text{wing}) = k_f \Delta C_L J_{po}[1 - k_{to}]\left[\frac{C_{L\alpha}}{2\pi}\right](\Phi_o - \Phi_i) \tag{4.10}$$

式中:k_f 为襟翼类型因子;J_{po} 为无后掠机翼的简单襟翼的效率因子;k_{to} 为取决于机翼几何形状的修正因子;Φ_i 和 Φ_o 是部分展长因子,取决于襟翼在机翼内侧和外侧的位置以及机翼平面形状。式(4.10)的有效使用范围由 ESDU[2] 给出。

除了前缘缝翼之外,襟翼的利用也将增加升力到最高水平。如果采用扰流板,则升力降低到中等水平。前缘缝翼、后缘襟翼和嵌入式扰流板的组合效果如图 4.5 所示。

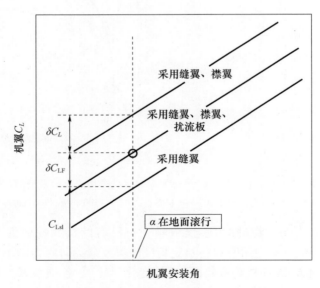

图 4.5 高升力装置和扰流板对机翼升力的影响

伴随着升力特性的急剧变化,扰流板的使用导致阻力大幅增加。地面滑行时计算扰流板特性的实际方法可从 ESDU[3] 获得。升力的经验性修正为

$$\Delta C_L = -(c_1 \Delta C_{L_{sf}} + c_2 \Delta C_{L_{flap}})_{OGE} \qquad (4.11)$$

由于采用与扰流板相同几何形状的分裂式襟翼,这里 C_L 的增量为 $\Delta C_{L_{sf}}$;$\Delta C_{L_{flap}}$ 为襟翼偏转(扰流器收回)时 C_L 的增量。式(4.11)中的参数 c_1 和 c_2 根据经验得出。式(4.11)右侧的气动系数是针对无地效时、飞机地面姿态的迎角计算得到。由于襟翼和扰流板的使用,C_L 的变化为

$$\Delta C_{L_r} = (\Delta C_{L_{flap}})_{IGE} + \Delta C_L \qquad (4.12)$$

这里,$\Delta C_{L_{flap}}$ 表示在地面效应中襟翼的使用导致 C_L 的变化。如果这些数据是未知的,建议使用以下等式:

$$(\Delta C_{L_{flap}})_{IGE} \simeq 1.15 (\Delta C_{L_{flap}})_{OGE} \qquad (4.13)$$

采用所有高升力系统与扰流板造成的地面净系数为

$$C_L = C_{L_{slat}} + \Delta C_{L_r} \qquad (4.14)$$

$C_{L_{slat}}$ 为有前缘缝翼机翼的升力系数,ΔC_{L_r} 取自式(4.12)。

图 4.6 显示空客 A320 缩比模型着陆和起飞构型中使用襟翼时的高升力曲线。将风洞数据[4]与计算的着陆数据进行比较,在较宽升力系数范围内,两者表现出可接受的一致性,尽管风洞数据在 $C_L > 1.9$ 时存在更强的非线性。

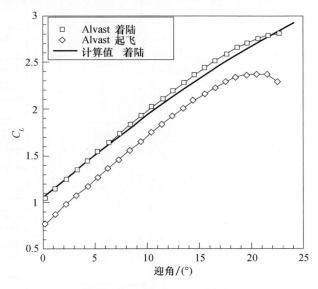

图 4.6 空中客车 A320 缩比模型的高升力特性(着陆和起飞)

4.2.4 最大升力系数

迄今为止,这里提出的模型不包括最大升力系数 $C_{L_{\max}}$ 的确定。$C_{L_{\max}}$ 的计算通常不可能用低阶方法,甚至复杂的空气动力学方法也无法提供可接受的答案,二维高雷诺数翼型例外。图 4.6 中 C_L 理论值不断增长,除非设置限制。这里可以参考半经验方法,如 ESDU[5] 的方法,这些方法将不在这里回顾。

4.3 飞机阻力

计算飞机阻力有两种方法,尽管这两种方法都是基于部件概念。这些部件是飞机的物理部件或者是给定系统[6]阻力的物理分量。

图 4.7 显示了飞机干净构型中阻力构成要素之间的逻辑关系。在图 4.8 中,给出了飞机在起飞、着陆和机动飞行时阻力构成要素的组合,其余要素是由于大气条件和跑道状态造成的。

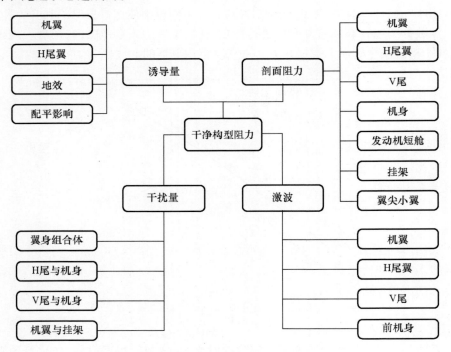

图 4.7 运输飞机干净构型的气动阻力模型

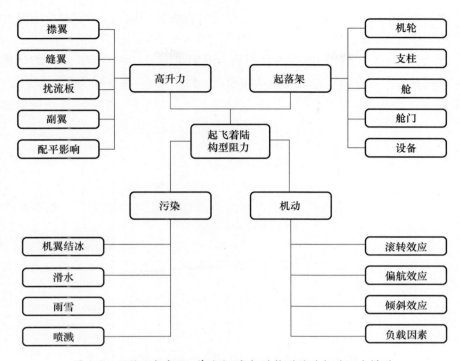

图 4.8 运输飞机起飞、着陆和/或机动构型时的气动阻力模型

4.3.1 升致阻力

即使在几何模型(第 2 章)约束下,前面提到的升力面方法也是计算升致阻力的一个比较好的选择。在 Treffz 平面,将下洗速度沿翼展方向进行积分。升力诱导因子 k 表示为

$$k = \frac{C_{Di}}{C_L^2} \tag{4.15}$$

式(4.15)显示了阻力方程是抛物线。该式包括扭转、上反和翼尖小翼的所有因素的影响。当计算方法不可用时,会使用一些解的近似值,而这些近似值来自低速空气动力学中已知的解析解。例如,常规机翼的升致阻力为

$$C_{Di} = \frac{1}{e} \frac{C_L^2}{\pi AR} \tag{4.16}$$

系数 e 起飞时的取值为 $e = 0.90$,巡航时为 $e = 0.95$。根据式(4.16),升致阻力系数 k 变为

$$k = \frac{1}{e} \frac{1}{\pi AR} \tag{4.17}$$

图 4.9 给出了 Douglas DC-10 飞机[7]的实验数据点与干净构型抛物线阻力模型之间的相关性,即

$$C_D = C_{D_o} + kC_L^2 \tag{4.18}$$

该式通过 C_D、C_L^2(黑点)之间的线性关系而得到证实;诱导阻力系数"几乎"为常数,除了较低的 C_D 值(白点)。

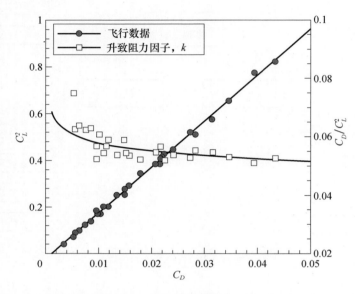

图 4.9 Douglas DC-10 飞机模型气动极曲线(改编自 Callaghan[7])

4.3.2 型阻

针对所有部件的阻力贡献求和,计算出飞机的型阻。对飞机的巡航构型有

$$C_{D_o} = C_{D_{\text{fuse}}} + C_{D_{\text{wing}}} + C_{D_{ht}} + C_{D_{vt}} + C_{D_{\text{ploy}}} + C_{D_{\text{nac}}} \tag{4.19}$$

在计算净推力中考虑了发动机的阻力,因此,它不被添加到式(4.19)中。如果飞机有起飞或着陆构型,那么需要增加操纵面和起落架的影响。尽管式(4.19)各项均有一些物理上的解释,但最终需要依赖某种形式的经验关系式。计算 C_{D_o} 关键方面是润湿面积及其部件分解(在第 2 章中得出)以及平均表面摩擦力。

大多数部件表面摩擦系数计算如下:

$$\bar{c}_f = \frac{1}{l} \int_0^l c_f(x) \, dx \tag{4.20}$$

式中: $\bar{c}_f$ 为由等效平板长度 l 计算出来的表面平均摩擦系数,该长度因部件不同而不同。基于参考长度 l 的雷诺数是 $Re_L = \rho Ul/\mu$。$\bar{c}_f$ 可以从依赖于 Re 的各种半经验

表达式计算出。对于不可压缩边界层，$\overline{c}_f(Re_L)$ 的半经验方程由 Prandtl – Schlichting、Shultz 和 Griinow、Karman – Schoenerr 等提供[8]。在给定的飞行雷诺数中，这些方程是一致的。

1. 机翼和尾翼面

机翼是最为深入设计的气动部件。同样，虽然尝试了解机翼截面的细节，但相关细节不容易获得。然而，可以采用通用中等厚度的超临界翼型，并将其应用于所有运输飞机。借助半经验方法：对于层流，采用 Eckert 参考温度法，如 White[9] 和 Nielsen[10] 所示；对于湍流，采用 van Driest II 理论[11-12]。计算方法是基于：①层流表面摩擦；②湍流表面摩擦；③层流 – 湍流转捩；④基于形状因素的校正。

1) 层流表面摩擦

首要考虑的是平板近似。如果定义了一个合适的等效平板，可以将流动看成是一定飞行高度下自由流马赫数 M_∞ 情况下的零梯度可压缩流。局部表面摩擦系数是基于 Blasius 边界层、附加因子 C^*（Chapman – Rubesin 常数）：

$$c_f = \frac{0.664}{Re_x^{1/2}}\sqrt{C^*} \tag{4.21}$$

Chapman – Rubesin 因子与参考温度 T^* 和外部温度 T_e（或边界层边缘的温度）之间的比值相关。在飞行高度上，温度可降低到空气温度。理论上讲，C^* 的值为

$$C^* = \left(\frac{T^*}{T_e}\right)^{1/2}\left(\frac{1+200T_e}{T^*/T_e + 200/T_e}\right) \tag{4.22}$$

和

$$\left(\frac{T^*}{T_e}\right) = 0.5 + 0.039M_\infty^2 + 0.5\left(\frac{T_w}{T_e}\right) \tag{4.23}$$

在等式(4.23)中，T_w 为壁温。在可压缩流中，由于气流和固壁之间存在热交换，壁面温度与外部温度不同。由于壁面与周围气流之间存在进一步的热交换，壁温可以不同于绝热温度 T_{aw}，后者从可压缩流关系式中得到：

$$\frac{T_{aw}}{T_e} = 1 + r\frac{\gamma-1}{2}M_\infty^2 \tag{4.24}$$

式中：$\gamma = Pr^{1/2}$ 为恢复因子，Pr 为普朗特数。式(4.24)可以重写，以显示 T_w/T_{aw} 的比值或其倒数，当壁温已知时，可以进行修正。事实上，将式(4.24)进行变化可以得到

$$\frac{T_{aw}}{T_e} = \frac{T_{aw}}{T_w}\frac{T_w}{T_e} \tag{4.25}$$

$$\frac{T_w}{T_e} = \frac{T_w}{T_{aw}}\left[1+r\frac{\gamma-1}{2}M_\infty^2\right] \tag{4.26}$$

为了计算平均表面摩擦系数（式(4.20)），必须估计层流区域的长度。最后，

Chapman – Rubesin 因子可以解释为湍流表面摩擦在可压缩流和不可压缩流的比率。计算步骤如下：

(1) 确定流向位置计算出 Re_x。

(2) 取 $T_{aw}/T_w = 1$，从式(4.26)中计算出 T_w/T_e。

(3) 从式(4.23)计算比值 T^*/T_e。

(4) 从式(4.22)计算 Chapman – Rubesin 因子 C^*。

(5) 从式(4.21)计算 c_f。

图 4.10 显示了作为马赫数函数的 Chapman – Rubesin 因子。飞行高度决定外界温度，仅在高马赫数时有一定的影响效果。

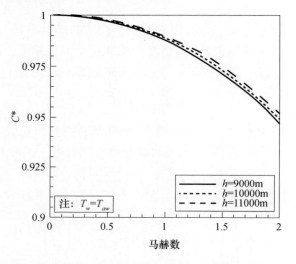

图 4.10　Chapman – Rubesin 因子随马赫数的变化函数

图 4.11 显示了湍流表面摩擦系数在可压缩和不可压缩时的比值随马赫数的变化。在这种情况下，飞行高度影响作用不大。

2) 湍流表面摩擦

湍流表面的摩擦力由 van Driest 理论计算，Hopkins 和 Inouye[13-14] 提供了应用案例中，可用于数值分析。简而言之，由 Kármán – Schoenerr 公式计算不可压缩的表面摩擦系数为

$$\frac{0.242}{\hat{c}_f} = \lg(\hat{Re}_x \hat{c}_f) \quad (4.27)$$

带符号^的说明不可压缩的情况。不可压缩与可压缩雷诺数之间的关系为

$$\hat{Re}_x = F_x Re_x \quad (4.28)$$

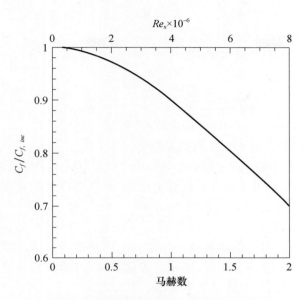

图4.11 作为马赫数函数的湍流表面摩擦

式(4.27)的 $\hat{c}_f$ 中是隐式的,需要通过迭代求解。例如,采用初始近似值进行 Newton-Raphson 迭代。式(4.27)的解与可压缩表面的摩擦有关,即

$$c_f = \frac{\hat{c}_f}{F_c} \tag{4.29}$$

式中:因子 F_c、F_x 是整个求解方法的关键; F_c 可表示为

$$F_c = \begin{cases} m/(\sin^{-1}\alpha + \sin^{-1}\beta)^2, & M_e > 0.1 \\ 0.25(1+\sqrt{\vartheta})^2, & M_e < 0.1 \end{cases} \tag{4.30}$$

ϑ 表示相对温度,有

$$\vartheta = \frac{T_w}{T_e}$$

$$m = r\left(1 + \frac{\gamma-1}{2}M_\infty^2\right)$$

$$\alpha = \frac{2A^2 - B}{(4A^2 + B^2)^{1/2}}, \beta = \frac{B}{(4A^2 + B^2)^{1/2}} \tag{4.31}$$

$$A = \left(\frac{m}{\vartheta}\right)^{1/2}, B = \frac{1 + m - \vartheta}{\vartheta} \tag{4.32}$$

雷诺因子 F_x 为动态黏度之间的比值,由

$$F_x = \frac{F_\mu}{F_c}, F_\mu = \frac{\mu_w}{\mu_e} \tag{4.33}$$

这些黏度用 Sutherland 定律(8.2.1 节)计算。总之,计算过程如下:

(1)确定流向位置并计算 Re_x。

(2)计算式(4.30)中的因子 F_c。

(3)计算式(4.33)中的因子 F_x。

(4)计算式(4.28)中的因子 $\hat{Re}_x$。

(5)使用 Newton – Raphson 方法求解式(4.27)。

(6)从式(4.29)计算可压缩摩擦系数 c_f。

该计算过程在给定流向位置 x 是有效的。积分机翼上的湍流部分就可以获得 c_f 平均值和湍流 C_{D_o}。为了使计算过程更准确,可以将机翼划分成很多流带,并在流向和翼展方向上进行积分。

3)层流 – 湍流转换

现在需要估计层流 – 湍流转捩点。这方面存在很多争议,实际上也是空气动力学中最复杂的问题之一。这里,还是考虑流过平板的流动,并使用 Blumer – van Driest 半经验关系式[13],它通过了实验数据的验证

$$Re_{\text{trans}}^{1/2} = 10^6 \frac{\sqrt{132500k_t + 1} - 1}{39.2k_t^2} \quad (4.34)$$

式中:k_t 为自由流的平均湍流度。对于 $k_t = 0.2\%$ 时,则发现 $Re_{\text{trans}} \simeq 0.165 \cdot 10^6$,这是一个相对比较高的湍流转捩雷诺数。

4)形状效应

用前面方法计算出的表面摩擦力,仅适用于无压力梯度的平板。为了重现那些梯度和边界层局部曲率的影响,习惯上用形状因子进行 c_f 校正。一个适用的表达式如下:

$$f_f = 1 + 2.7(t/c) + 100\ (t/c)^4 \quad (4.35)$$

例如,如果平均机翼厚度为 $t/c = 0.1$,则 $f_f \simeq 1.28$。计算其他升力面(水平和垂直尾翼)的阻力跟机翼相同。

5)机身阻力

机身表面的摩擦力和底部阻力对 C_{D_o} 有贡献。为方便起见,机身分为 3 个主要部分:前机身(或机头)、中间段和后机身(或尾部),见第 2 章。用于计算机头阻力的一阶方法是湍流头锥理论,由 van Driest 推导和 White[9]进行报道。该理论在零攻角下建立起平板阻力与头锥阻力之间的相互关系。这种相关性须满足相同的 Re_L,对于湍流

$$\frac{c_{f,\text{cone}}}{c_{f,\text{plate}}} \simeq 1.087 - 1.176 \quad (4.36)$$

取决于边界层的状态;近似度比较差。平板的长度等于机头的长度。如果流

动是层流,则表面摩擦系数之比为 $\sqrt{3}$。显然,这个值有些高,因为从式(4.36)计算的湍流 c_f 只比平板的参考值高出 9%~17%。

中间部分阻力至少有两种方法计算。首先,使用 White 半经验公式来表示一个非常长的圆柱体阻力:

$$C_D = 0.0015 + \left[0.30 + 0.015\left(\frac{l}{d}\right)^{0.4}\right]Re_l^{-1/3} \quad (4.37)$$

式(4.37)被认为计算精度在 9% 以内。第二个方法是使用 van Driest 理论(也应用到机翼阻力分析中)分析湍流表面摩擦。在这种情况下,雷诺数是对应于机头的值进行计算 $Re = \rho U l_{\text{nose}}/\mu$。使用相同的方法计算尾部的表面摩擦阻力,初始雷诺数 $Re = \rho U(l_{\text{nose}} + l_{\text{centre}})/\mu$。

6) 底部阻力

Hoerner 方程式给出了机身底部阻力的简单表达式[16]:

$$\Delta C_D = \frac{0.029}{\sqrt{c_f}}\sqrt{\frac{A_{\text{base}}}{A_{\text{wet}}}} \quad (4.38)$$

然而,该方程式缺乏精确性,需要用更详细的方法来考虑诸如上洗和气流攻角等影响。例如,ESDU[17]提供了关于上洗影响的技术细节,并基于后部机身的实际几何形状进行更精确的计算。上洗引起阻力的增量为

$$\Delta C_D = \left[G(\alpha,\beta_\mu,\epsilon) - G(\alpha,0,\epsilon)\right]\bar{c}_d\frac{A_p}{A_{\text{ref}}} \quad (4.39)$$

式中:α 为机身攻角;β_μ 为平均上洗角;ϵ 为由机翼向上弯曲的中间部分产生的下洗角;A_{ref} 为机身横截面面积;A_p 为机身向上弯曲部分的俯视图面积;$\bar{c}_d$ 为后机身的平均阻力系数(经验值)。函数 G 为

$$G(\alpha,\beta_\mu,\epsilon) = \frac{\sin(\alpha - \beta_\mu)\sin^2(\alpha - \beta_\mu - \epsilon)}{\cos\beta_\mu} \quad (4.40)$$

式中:G 为其参数的列表函数。

4.3.3 波阻

波阻是激波系(弱激波和强激波)以及激波引起飞机周围流动分离的结果。原则上,飞机所有的部件受到这些影响。然而,这里仅考虑升力面和前机身的单独贡献。飞行在更高的马赫数时,如高性能飞机,需要从翼身接合处进行额外的分析。

1. 升力面引起的波阻

从实际的角度来看,一个基本参数是发散马赫数,定义为

$$M_{dd} = \kappa_A - \kappa C_L - \frac{t}{c} \quad (4.41)$$

式中:变化量 κ_A 从 0.87(NACA 6 系列翼型)到大约 0.95(现代超临界翼型), κ 是对发散马赫数影响的另一个因素:

$$\frac{\mathrm{d}M_{dd}}{\mathrm{d}C_L} = -\kappa \tag{4.42}$$

超临界翼型的 κ 平均值为 $0.1 \sim 0.14$。分析低速翼型的实验数据,如 NACA0012 和 23012, $\kappa \simeq 0.2$。Malone 和 Mason[18]给出了类似的表达式:

$$M_{dd} = \frac{\kappa_A}{\cos\Lambda_{LE}} - \kappa\frac{C_L}{\cos^2\Lambda_{LE}} - \frac{t/c}{\cos^3\Lambda_{LE}} \tag{4.43}$$

因此,一旦固定机翼的后掠角,就可计算出飞行条件下 C_L 值,发散马赫数只是反映"技术水平"的一个函数。

波阻和临界马赫数之间存在这样一个关系式(Hilton[19]发现的):

$$C_D = 20(M - M_c)^4, M > M_c \tag{4.44}$$

M_c 和 M_{dd} 之间的关系可以从式(4.44)和式(4.43)计算。事实上,得出式(4.44)并回顾发散马赫数的定义

$$\left(\frac{\mathrm{d}C_D}{\mathrm{d}M}\right)_{Mdd} = 80(M_{dd} - M_c)^3 = 0.1 \tag{4.45}$$

$$M_c = M_{dd} - 0.108 \tag{4.46}$$

现在根据式(4.44)计算相应的阻力系数。注意, $M \leq M_c$ 时 $C_{D_w} = 0$。对尾翼和背鳍也要进行此计算。

2. 前机身

在一些商用飞机(2.5.2节)机身几何分析中,先期的例子已经表明前机身是一个很复杂的形状,很少与公认的几何图形相关联。因此,计算波阻应该需要更高阶的方法来求解流场。因为进行这些模拟需要一些计算尝试,所以更好的方法是,基于由高阶方法计算得来的数据库,给出快速估计所需系数的准则。文献[20]中给出了一个例子,可以参考它开展进一步细节研究。前机身阻力与几个有限的形状参数相关联,即长细比 l/d、无量纲机头半径 $2r/d$ 以及自由流马赫数。对于常规形状,前体的波阻小,一直到 $M_\infty \simeq 0.85$。

4.3.4 干扰阻力

干扰阻力是由于主要部件之间交接处的局部流动被中断,特别是在机身-机翼处、机身-尾翼处、机身-背鳍处以及机身-挂架处。为了控制分离,许多飞机具有微调部件,如后机身导流片、短舱上的分流器、翼刀、涡流发生器和翼身融合处。有些部件是次要的,并且在这里不易建模。然而,可以将问题降低到确定某些干扰因素,总的干扰阻力为

$$C_{D_{int}} = \sum_i C_{D_{int}}(i) \tag{4.47}$$

第4章 气动性能

这里的求和可以扩大到所有相关部件的干扰情况。需要明确一些关键干扰情况：矩形翼和机身壁面的交接处，后掠翼和机身壁面的交接处。一个最基本的情况是机翼与机身成90°相交。Hoerner[21]给出下面的表达式：

$$C_{D_{int1}} = [c_1(t/c)^3 + c_2]\frac{c^2}{A} \quad (4.48)$$

引入一些半经验校正公式，考虑到(1)机翼后掠的影响；(2)相交角度的影响(如相交角度不同于90°)；(3)机翼升力的影响。这些影响分别由以下等式给出：

$$C_{D_{int2}} = [c_3\Lambda^3 + c_4\Lambda]\frac{c^2}{A} \quad (4.49)$$

$$C_{D_{int3}} = [c_5\varphi^2 + c_6\varphi]\frac{c^2}{A} \quad (4.50)$$

$$C_{D_{int4}} = c_7 C_L^2 \frac{c^2}{A} \quad (4.51)$$

对于一个升力体与另一升力体相交成90°时，有

$$C_{D_{int5}} = [c_7(t/c)^4 + c_8(t/c)^2]\frac{c^2}{A} \quad (4.52)$$

通过实验数据的最佳拟合来确定系数c_i。其中有一些项可以忽略。例如，背鳍不产生升力，因此式(4.51)等于零。上反角φ的作用是减小干扰阻力。

提供的方程式是针对没有整流的情况而得出的，代表了最糟糕的情况。在交接处使用整流，可以减少干扰阻力至1/10左右。因此，在进行干扰阻力的最终计算之前，需要检查整流片是否可用。所有这些量均不取决于飞行条件(高度和马赫数)，因此它们基本上是常数值。关于干扰阻力的最新研究可以参考相关文件[22-25]，最终这些方法的精度评估，是以获得的其他组件的精度为背景。

4.3.5 控制面阻力

本节讨论的控制面是"平板"部件：扰流板、副翼、升降舵、方向舵。由于从几何模型中提取数据的有限性，襟翼也可以视为平板。这些部件的基本数据是展长、平均弦长、弦向和翼展位置以及偏转角度(每个部件有5个参数)。这里特别讨论一下由扰流板引起的空气动力学效应，它可以与襟翼、缝翼结合使用。

扰流板是安装在机翼上表面可展开的面板。扰流板主要用于在着陆时在地面上制动飞机。它们破坏了升力，并产生一个向下的力，增加了机轮的负重。负重提高了滚动阻力、促进了制动。由缝翼、襟翼和扰流板的组合给出阻力的影响。扰流板产生阻力增量为

$$\Delta C_D = \Delta C_{D_o} + \Delta C_{D_{out}} + \frac{1}{2}\left[K^2(\Delta C_{L_r})^2 + \frac{C_L^2}{\pi AR}\right] \quad (4.53)$$

式中：ΔC_{D_o}为由于机翼上采用的缝翼、襟翼受到扰流板偏转影响而导致的剖面阻力

的增加量;$\Delta C_{D_{out}}$ 为由于翼展上不受扰流板偏转影响的部分襟翼偏转引起剖面阻力的增加。式(4.53)中的最后一项为升力引起的阻力,该项表示升力系数改变引起的升致阻力。系数 K 为部分展长因子。ESDU[3]讨论了完整的计算过程、计算准确性以及局限性。

扰流板偏转超过 80° 相当于在壁面(机翼上表面)上安装与来流相垂直的平板。对于这种情况,一些阻力数据可以作为扰流板展弦比的函数。对于展长与弦长之比超过 3 的,法向力系数(基于扰流板的面积)基本上是恒定的,$C_N \simeq 1.2$。因此,一个扰流板对整体阻力的贡献为

$$C_D \simeq C_N \left(\frac{A_{\text{spoiler}}}{A} \right) \qquad (4.54)$$

对升力的贡献更难估计,因为扰流板有效地阻挡了机翼上表面的流动。在整个扰流板上,可以假设升力沿扰流板展向减小到零。因此,剩余升力为

$$C_L = C_{L_g} \left(\frac{b_{\text{spoiler}}}{b} \right) \qquad (4.55)$$

考虑完全收回襟翼来计算地效时的升力。与任何其他气动装置一样,扰流板在低速下不起作用。因此,在制动过程中,当速度降低到临界值以下时,扰流板就可以缩回。剩下的制动通过车轮制动完成。

在没有更准确的数据的情况下,由于襟翼偏转引起的阻力可以从下式估计[26]:

$$\Delta C_D \simeq k_{\text{flap}} \left(\frac{c_{\text{flap}}}{c} \right)^{1.38} \frac{A_{\text{flap}}}{A} \sin^2 \delta_f \qquad (4.56)$$

$k_{\text{flap}} = 1.7$,用于简单襟翼和分裂襟翼;$k_{\text{flap}} = 0.9$ 用于开缝襟翼。计算必须依赖于地效中合理的升力系数值,地效会贡献升力。

4.3.6 起落架阻力

起落架阻力计算是一个复杂的过程,有很大的不确定性,并且依赖于半经验方程。考虑到起落架是一个孤立的单元,可以将起落架分为各个可管理部件(见图 4.8)。

ESDU79015[27] 给出了关于这个问题最全面的信息,提供了各种推导和干扰因素。Roskam[28] 为小型飞机提供了有用的半经验关系式,基于早期在 NACA 的研究。然而,尽管经过多年的大量研究,仅有有限的数据可用于验证和确认;大部分研究集中于空气动力学噪声和结构优化。起落架部件的进一步分析在第 16 章。

本节讨论仅限于运输机的可收放起落架。每个单元由多个轮子、主垂直支柱、水平轴以及各种其他支柱组成,与来流(横向或纵向)相倾斜;轮子通常串联在一起,水平轴的数量取决于轮子的数量;由于各种不同的系统,因此伴随着一系列复

杂因素和表面粗糙性。整个装置必须收回到机身或机翼的舱内。因此,必须有一个适当形状的腔室和舱门。当舱门打开时,舱门大致与来流对齐,以便产生最小的空气阻力。在一些现代飞机中,舱门分成几个部分,其中一些是关闭的,以减小空腔的最小阻力。

对于布置在机翼下方的起落架而言,由于襟翼偏转和机翼厚度的影响,增加了额外复杂程度,这些对阻力的影响是非线性的。图 4.8 中右上角显示了确定阻力的系统方法。

在确定阻力系数的过程中,必须假设好参考量,这不可避免地取决于具体的子系统。

1. 机轮阻力

必须区分轮子是否旋转、轮子是布置在几个轴上。当有多个轴、机轮位于地面上方时,通过轴的线和来流之间有一个角度。这种布置如图 4.12 所示,这清楚地表明前轮面向来流,后轮部分被屏蔽。在实际上,前置轮的阻力较大。不旋转的多轮组合体阻力为

$$\left(\frac{D}{qA}\right)_{\text{bogie}} = \left(\frac{C_D}{C_{D_o}}\right) C_{D_o} \left(\frac{b_\mu d_w - mn}{A}\right) \quad (4.57)$$

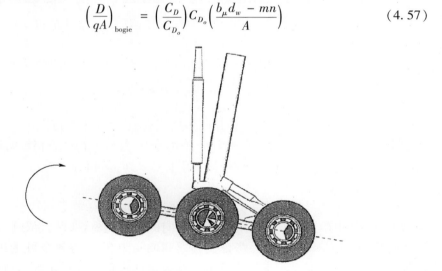

图 4.12 多轴起落架离开地面,轮子与来流不对齐

对于亚临界雷诺数($Re_c < 5 \cdot 10^5$),$C_{D_o} = 1.2$;超临界雷诺数时,$C_{D_o} = 0.65$。雷诺数是基于机轮直径和自由流速度计算的,其他参数定义如图 4.13 所示。参数 b_μ 始终是车轮组合的最大宽度。如果 $s = d_w/d_u$,则 $\dfrac{C_D}{C_{D_o}}$ 为

$$\frac{C_D}{C_{D_o}} = \begin{cases} 0.642 - 0.2660s + 0.0846s^2 - 0.0081s^3, 0.3 < s < 4.0, Re < Re_c \\ 0.912 - 0.4850s + 0.1390s^2 - 0.0111s^3, 0.3 < s < 5.0, Re > Re_c \end{cases}$$

(4.58)

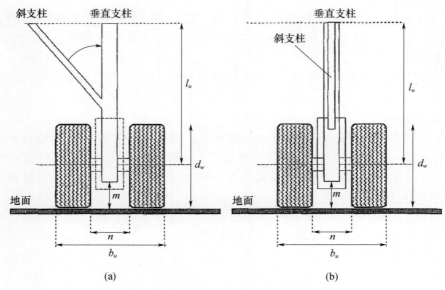

图 4.13 运输飞机的典型起落架

请注意,这些方程式是参考数据的多项式近似,仅在指定范围内有效。考虑到机轮附近地面的存在,式(4.57)乘以干涉因子 c,当车轮和平面接触时(即车轮在地面上),c 值为 2.5;当与平面的距离等于直径 d_w 时,c 值等于 1。

2. 起落架支柱

垂直柱的阻力计算可视为具有粗糙表面孤立圆柱体(考虑到管子、支架和其他机械细节)的计算。对于其他主支柱是侧向的情况(图 4.13),也是同样的计算。对于串联情况(图 4.12),必须考虑支柱之间的间距、直径比和支柱的细长比。在这种情况下雷诺数是基于支柱直径的。存在这样一个临界雷诺数,在临界雷诺数附近,阻力会"跳跃"。可以采用半经验分析方法[29]来计算各种布置的有限长度圆柱体的气动特性。

3. 起落架舱和舱门

起落架舱的尺寸可以从起落架的尺寸和收放机械推断出来。实际上,对于主起落架向侧面倾斜回收到机翼下面的舱室来说,舱室深度必须与宽度 b_u 同等量级以容纳机轮,宽度大约为 $d_w n_w/2$(n_w 为车轮数量),翼展方向的跨度必须与主支柱长度同等量级。

起落架舱内及其周围的气流流动是不稳定的；想找出稳定状态的平均特征是一件比较困难的事。起落架舱内的空气动力学由于支柱和其他机械部件的存在而变得复杂。在某些情况下，舱室被部分舱门遮住，这可能会导致共振现象和发出相当大的声响。考虑到这些注意事项，起落架舱的阻力写为

$$\frac{D}{qA} = C_{D_b}\left(\frac{b_u l_u}{A}\right) \tag{4.59}$$

式中：C_{D_b} 为在给定雷诺数和几何特性下的起落架舱的阻力系数。起落架舱阻力系数近似经验方程如下：

$$C_{D_b} \simeq \begin{cases} -0.0131 + 0.2363\left(\frac{d_w}{l_u}\right) - 0.4007\left(\frac{d_w}{l_u}\right)^2 + 0.1924\left(\frac{d_w}{l_u}\right)^3, b_u/d_w = 1.0 \\ 0.0192 + 0.0586\left(\frac{d_w}{l_u}\right) - 0.1360\left(\frac{d_w}{l_u}\right)^2 + 0.0738\left(\frac{d_w}{l_u}\right)^3, b_u/d_w = 2.0 \\ 0.0132 + 0.0537\left(\frac{d_w}{l_u}\right) - 0.1227\left(\frac{d_w}{l_u}\right)^2 + 0.0648\left(\frac{d_w}{l_u}\right)^3, b_u/d_w = 4.0 \end{cases} \tag{4.60}$$

式(4.60)仅在 $0.25 < d_w/l_u < 1$ 的范围内有效。如果 $d_w/d_u > 1$，则 $C_{Db} \simeq 0.015$。起落架舱门将被视为与来流平行（尽管并不总是如此）。这里，阻力实际上是一个形状阻力，可以用下面公式计算：

$$C_D = \frac{0.455}{\lg Re_l^{2.58}} \tag{4.61}$$

在这种情况下，雷诺数是基于支柱的长度 l_u。

计算起落架阻力的步骤：

(1) 确定起落架所需的基本几何数据。
(2) 用式(4.57)计算孤立机轮的阻力。
(3) 计算垂直支柱的阻力。
(4) 用式(4.59)计算起落架舱的阻力。
(5) 计算舱门的阻力。
(6) 统计所有阻力部件以得到非安装时起落架阻力。

4. 安装影响

机翼下起落架的安装阻力约为10%～15%。起飞和着陆时的襟翼偏转是另一个影响因素，大概是 0.6~0.7 的量级。起落架的总阻力是所有部件阻力的累加之和。ESDU 报告说，即使充分考虑到每个部件，该方法可能会产生比正确值低50%的结果。因此，结果的准确性必须用飞行数据进行评估。机翼厚度的影响包括在以下校正公式中，从 ESDU 数据表[27]外推：

$$f_1 = 1 + (2.15 - 2.90833 t_m + 1.91667 t_m^2 - 0.641 t_m^3 + 0.08333 t_m^4)(t/c) \tag{4.62}$$

式中:$t_m = 2l_{v-strut}/\text{MAC} - 0.02$ 为主垂直支柱的长度与平均气动弦长之间的比值;t/c 为机翼的平均厚度。对于襟翼上游的起落架,襟翼偏转的影响可用下式计算:

$$f_2 = [1 - (0.0186 - 0.018t + 0.0053t^2)E\delta_f]^2 \quad (4.63)$$

式中:

$$E = 3.65833c_m - 5.373c_m^2 + 2.91667c_m^3 \quad (4.64)$$

$c_m = c_{\text{flap}}/\text{MAC}$。可得

$$C_D = C_D f_1 f_2 \quad (4.65)$$

当起落架几何形状未知时,可以使用 Torenbeek 的半经验表达式(Torenbeek[30],附录 G):

$$\frac{D}{qA} = k_u \frac{m^{0.785}}{A} \quad (4.66)$$

式中:k_u 为取决于襟翼偏转量的因子;m 为飞机的质量。可以假设 k_u 随襟翼偏转角度 δ_f 呈线性变化。其对应的函数为

$$k_u = \left(0.28 - 0.13 \frac{\delta_f}{\delta_{f,\max}}\right) 10^{-3} \quad (4.67)$$

式中:δ_f 为襟翼偏转角度。式(4.66)和扩展 ESDU 方法的主要区别在于后者不依赖于飞机的重量。因此,比较这两种方法是必要的。以某运输飞机的主起落架为比较对象,对比结果如图 4.14 所示(以指示的重量为准),式(4.66)产生的 C_D 值在 ±13% 以内。

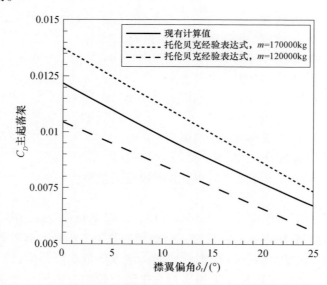

图 4.14 某运输飞机的主起落架 C_D(计算)

4.3.7 环境的影响

在起飞和降落阶段,环境对飞机阻力的影响至关重要。这些影响包括水阻,这通常指由于位移和水沫一起而导致的相应变化。位移阻力分量是当飞机在被积水、雪、泥泞或冰至少部分覆盖的地面上滚动时产生的阻力。一种实用的计算位移阻力方法由下面方程组成:

$$D = \frac{1}{2}\rho^* S_{type} C_D K U^2 \quad (4.68)$$

在式(4.68)中,S_{type} 为轮胎迎风面积;ρ^* 为污染物的密度(水、雪、冰等);$C_D \simeq 0.75$;K 为机轮系数,取值在 1.5~1.6 之间。当对整个飞机而言,可能采用 $0.75K$ 因子更为实用,加上其他阻力分量,以便获得对飞机在地面上滑行速度的整体影响。需要将系数修正用到机翼面积中去,因此位移阻力 C_D 被解释为

$$\Delta C_D = 0.75K \frac{S_{type}}{A} \quad (4.69)$$

Van Es[31] 提供了在雪覆盖的跑道上滚动时更为详细的计算方法,该方法把位移阻力分解为组分和颗粒密度的函数。

喷溅阻力是轮胎上的水沫撞击到飞机的下部(机身和机翼)而产生阻力。喷溅阻力估计为

$$C_{D_{spray}} \simeq 24 l C_{D_o} \quad (4.70)$$

式中:l 为水沫流撞击机身底部后面的机身长度,C_{D_o} 为机身的表面摩擦阻力。

滑水

滑水(或水漂)取决于飞机的速度和轮胎状况。滑水所需的临界速度估算如下:

$$V = 17.5 \left(\frac{p}{\rho_w}\right)^{1/2} \quad (4.71)$$

式中:p 为轮胎压力;ρ_w 为水(或其他污染物)的密度;p 和 ρ_w 为国际单位制。然而,在滑水期间会产生反方向的力:这是由于水移动所产生的阻力。相应的阻力系数可以从式(4.68)估计。第 9 章讨论了更详细的方法。

4.3.8 其他阻力分量

额外的阻力主要来自不期望的结果,如空气动力学恶化和不可避免的构型细节。在第一类中,包括对部件(特别是襟翼和货舱门)的错误操作、表面粗糙度、表面凹痕、密封损失和油漆剥落等;在第二类中,飞机装有探头、天线和设计间隙。这些杂散的部件可能会为总阻力添加几个指数。这些阻力总是难以估计,在初步分析时,完全可以忽略。制造商通常会提供诸如运行一年以上附加燃油消耗的数据

(为了计算平均油耗)来进行具体分析。例如,空中客车公司报道说,A300 在 2000n mile 的行程中燃烧了 90kg 额外的燃油,用于 15mm 的缝翼误操作。相应阻力的一阶估计如下:

$$\Delta D = \Delta T = \frac{\Delta m_f}{f_j} = \frac{1}{2}\rho A \Delta C_D U^2 \quad (4.72)$$

转换成

$$\Delta C_D = \frac{\Delta m_f}{f_j}\frac{1}{\rho A U^2} \simeq 0.06 \text{ 阻力框} \quad (4.73)$$

该值远远低于本章介绍的方法所能达到的准确度。式(4.73)显示了空气动力学和推进系统之间耦合计算的例子。因而,ΔC_D 的精度也取决于分析使用的耗油率的准确性。

4.3.9 案例研究:F4 风洞模型的空气动力学

2.8 节给出了这种构型的几何模型。该几何体仅仅是一个翼身组合体,广泛用于风洞测试[32-33],现用于验证本章空气动力学模型。图 4.15 给出了计算的气动极曲线与风洞数据的对比,图 4.15(b)给出了 C_D 随 C_L^2 变化的曲线。如果诱导阻力系数是恒定的(图 4.9),该曲线将是一条直线。风洞数据和计算结果都没有显示出这种情况。考虑到运用了一些简化方法和飞行力学其他部件模型的不准确性,空气动力学理论模型和风洞数据之间的相关性是完全可以接受的。此外,即使是复杂 CFD 计算模型也难免会提供失败的结果[34-36]。

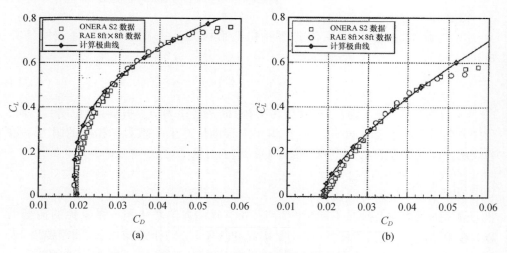

图 4.15 DLR F4 翼-身飞机模型的空气动力学分析

4.3.10 案例研究:运输机阻力分析

现在将该方法应用于巡航条件下典型飞机的阻力计算。可验证的例子很少,但 Hanke 和 Nordwall[37] 提供了波音 B747-100 一组有用的数据报告。该报告包括大多数气动导数和各参数的影响,其他飞机不容易找到类似的报告。

图 4.16 显示了本方法与 Hanke、Nordwall 内插数值之间的比较,给出了固定 C_L 下马赫数对 C_D 的影响。这架飞机的 MMO 是 0.85;因此,在更高速度下的计算就不具有实际意义。为了清楚起见,图中显示了典型的巡航马赫数。

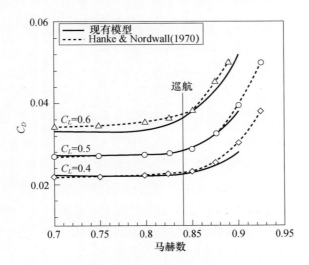

图 4.16 波音 B747-100 提供的马赫数对 C_D 的影响
(C_L 为常数)

4.3.11 案例研究:ATR72-500 阻力分析

下一个案例是涡轮螺旋桨飞机 ATR72-500。"参考"升力和阻力数据来自文献[38],后面将在 14.1 节进一步研究,主要讨论结冰对飞机的影响。这些参考数据中的阻力系数需要除以 10,这样做的目的是给出正确的飞机阻力数量级。因此,这些"原始"数据可以作为计算的某种参考,如图 4.17 所示。结果表明,对 C_L 的预测很好,C_D 的估算值偏小约 8%~10%。像许多其他情况一样,在没有充分了解"参考"数据性质的情况下,进行详细评估这些结果或试图"改进"这些数据,应该谨慎。

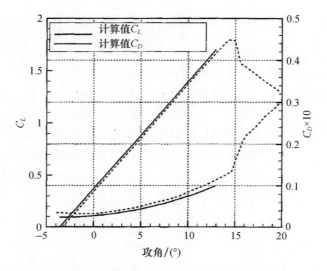

图 4.17　ATR72-500 升力系数、阻力系数,虚线是文献[38]数据

4.3.12　案例研究:空客 A380-861 阻力分析

图 4.18 显示了空客 A380-861 主要阻力分量随巡航高度的变化。

图 4.18(a)给出了阻力指数;图 4.18(b)给出了总阻力 C_D 和滑翔比。从这个分析可以看出,诱导阻力分量和波阻受高度的影响很大,而升力面的形状阻力几乎不变。滑翔比在一定高度达到最大值,然后降低。

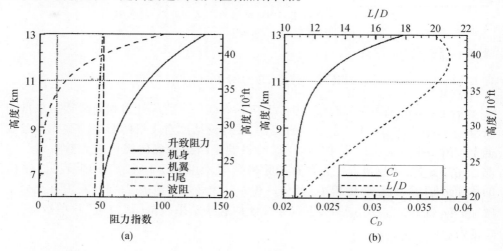

图 4.18　空中巴士 A380-861 在巡航条件下的阻力分析,$M=0.85$

敏感性分析

现在进行敏感性分析,以了解不准确的润湿面积估计对形状阻力的影响(2.4 节)。我们假设每个组件都有 2% 的不准确性(超出):机身、翼身、机翼、水平尾翼、垂直尾翼、短舱、挂架。飞行条件是固定的,在这个例子中,飞机质量 W 为 420t,以马赫数 0.80 飞行在 33000ft。表 4.1 中显示了每个润湿面积增加 2% 的阻力变化结果。换句话说,如果在每个湿润面积中引入 2% 的校正,则在指定的飞行条件下,ΔC_{Do} 变化小于 1 框;C_{Do} 为总的形状阻力系数。其结果取决于飞行高度。

表 4.1 空客 A380 - 861 的形状阻力灵敏度
($\Delta A_{wet} = 2\%$,所有阻力系数按阻力框给出)

构型	C_{Do}	ΔC_{Do}
名义	189.73	—
机身敏感性	190.55	0.82
机翼敏感性	190.69	0.96
H 型尾部敏感性	189.84	0.11
V 型尾部敏感性	190.07	0.34
短舱敏感性	189.98	0.25
挂架敏感性	189.95	0.22
机舱敏感性	189.89	0.16

4.4 跨声速翼型

高速转子(螺旋桨和风扇)的精确计算依赖于一定马赫数范围内的翼型数据。尽管有大量的低速空气动力学数据,还有与试验数据相吻合的复杂计算方法,但是跨声速影响难以解决[39]。在本节中,提出一种半经验方法来生成全马赫数范围内的翼型图表,这些图表用于螺旋桨模型(第 6 章)。

McCroskey[40] 和 Bousman[41](NACA 0012 翼型)提供了一些风洞测试方面的内容,包括数据的分析。两位作者调查了大约十几个实验数据库的准确性,并外推出一些关联曲线。两位作者得出了每个数据库有效性的结论。Yamauchi 和 Johnson[42] 分析了雷诺数对最小阻力系数和最大升力系数的影响。如果已知翼型吸力侧的分离点,就可以用 Beddoes[43] 的方法有效地外推出一定马赫数和攻角范围内翼型性能。首先,升力系数表示为

$$C_L = C_{L_0}(M) + C_{L_\alpha}(\alpha, M)\alpha \tag{4.74}$$

马赫数对零升攻角影响很小,可以假设 C_{L_0} 常数,否则适用的近似值为

$$C_{L_o} = C_{L_o}(M^*) + \frac{\Delta C_{L_o}}{\Delta M}(M - M^*) \tag{4.75}$$

$\Delta C_{L_o}/\Delta M \approx 0.04$。升力线斜率取决于迎角和马赫数。通过使用 Kármán – Tzien 二阶方程来完成升力线斜率的适当校正,有

$$C_{L_\alpha}(\alpha, M) = \frac{C_{L_\alpha}(\alpha, M^*)}{\beta_2} \tag{4.76}$$

$$\beta_1 = \sqrt{1 - M^2} \tag{4.77}$$

$$\beta_2 = \beta_1 + \frac{1}{2}\frac{M^2}{1 + \beta_1^2} \tag{4.78}$$

在马赫数低于 M_{dd} 情况下,相应的校正是有效的。如果攻角是固定的,则 C_L 值高于参考马赫数 M^* 下的值。如果 $M > M_{dd}$,则需要进行修改。事实上,阻力系数可以表示为

$$C_D(M) = C_D(\alpha, M^*) + \Delta C_D(M) \tag{4.79}$$

式(4.79)需要进行两次校正。首先,由于马赫数增加,需要考虑雷诺数效应。其次,需要马赫数校正,尤其围绕阻力发散点和超过发散点。

假设翼型极曲线是以马赫数 M^*(通常 $M^* = 0.2$)计算的,雷诺数效应根据马赫数的定义计算,即

$$Re_l = \frac{Ul}{\nu} = \frac{aMc}{\nu} \tag{4.80}$$

式中:c 为弦长;a 为声速。如果大气条件是固定的,那么有

$$Re(M) = Re^* + Re^*(M - M^*) \tag{4.81}$$

形状阻力系数与雷诺数变化成比例,有

$$C_D \propto \frac{1}{(\lg Re)^{2.548}} \tag{4.82}$$

因此,马赫数对形状阻力系数的影响变为

$$\frac{C_D}{C_D^*} = \frac{\lg Re^*}{\lg Re} \tag{4.83}$$

在低速情况下,一定迎角范围内,可以计算出合理精度的 C_D。需要注意的是不可能依据压力对阻力分量进行校正。可以认为压力分布随马赫数的增加没有明显的变化,跨声速情况除外。下一步是计算翼型的发散马赫数,可使用式(4.43)和 $\Lambda_{LE}=0$,κ_A 从 0.87(NACA 6 系列翼型)变化到 0.95(现代超临界翼型)来完成。在式(4.43)中使用的 C_L 必须是由式(4.76)和式(4.74)的组合获得的校正值(有效攻角是固定的)。阻力增加与临界马赫数之间的关系可以从式(4.46)计算。相应

的阻力系数由式(4.44)计算。所需的额外数据含有相对厚度 t/c、参考马赫数 M^* 和参考雷诺数 Re^*。因子 κ_A 为一个自由参数,但必须仔细选择,因为跨声速效应强烈依赖于它。如果 M_{dd} 在某 C_L 值处是已知的,问题也就迎刃而解。

McCroskey[40]从几项实验数据的分析,得出 NACA 0012 升力线斜率的最佳拟合曲线为

$$\beta_1 C_{L_\alpha} = 0.1025 + 0.00485 \lg\left(\frac{Re}{10^6}\right) \tag{4.84}$$

最大误差为 0.0029。式(4.84)使用了 Prandtl – Glauert 压缩性修正(式(4.77)),而不是 Kármán – Tzien 修正。这一理论的结果如图 4.19 所示,并与风洞数据[41]相比较,能够获得正确的雷诺数效应。计算是基于这样的"参考数据":$Re^* = 2 \cdot 10^6, M^* = 0.3, \alpha = 0°$ 和 $\kappa_A = 0.87$。

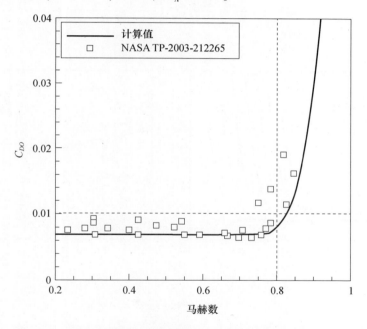

图 4.19 翼型 SC – 1095 跨声速阻力增加,并和风洞数据进行比较

可以验证 κ_A 因子选择是否正确。首先,需要找到最合适的风洞数据;接着计算出 M_{dd};最后通过求解式(4.43)得出 κ_A。在参考数据拟合方面有一些任意性,但拟合最好的是采用 3 次多项式,这里给出了 $M_{dd} = 0.818$。求解式(4.43)时采用 $\kappa_A \approx 0.91$,高于一般使用的值。

将该方法用到 10% 相对厚度的旋翼机翼型 SC – 1095 上,生成数据如图 4.20 所示。图 4.20(a)给出了马赫数对升力线斜率和 $C_{L_{max}}$ 的影响,图 4.20(b)给出了

马赫数 M 高达 0.80 时的极曲线,图 4.20(c)给出了对升力系数增加时马赫数的影响,图 4.20(d)给出了跨声速时俯仰力矩发散情况。

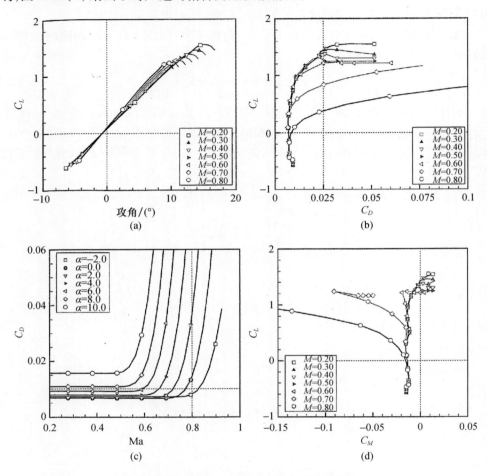

图 4.20　计算 SC-1095 的空气动力学特性

与风洞数据的比较表明:(1)雷诺数效应与风洞数据具有相同的准确度;(2)升力线斜率的计算在失速前可以达到工程精度;(3)可以在零攻角下精确计算出发散马赫数,对于零以外的攻角,不可能对该方法进行验证。

所提出的方法可以在较宽的攻角、雷诺数和马赫数上,提供出翼型空气动力学数据(C_L, C_{L_α}, C_D)。所需的数据包括翼型厚度、参考雷诺数、马赫数以及相应的气动特性。基于动量和叶素理论,外推跨声速时的翼型气动数据,可以正确估算出主旋翼参数,包括马赫数效应。

4.5 飞机在跨声速和超声速时的阻力

确定飞机在跨声速和超声速飞行时的阻力是相当复杂的,飞行马赫数范围宽、机翼系统复杂(即使没有外挂物)、高性能飞机迎角范围大、跨声速时的非线性现象等,所有这些都增添了问题的复杂性。

超声速空气动力学领域有一些经典的方法,这里不进行回顾。部件准则仍然是一个有用的方法,但干扰因素在高速下可能会有较强的影响;如果这些影响因素没有得到合适的解决,累加起来会产生不可以接受的结果。通常的空气动力学方法超出了本书的范围。对于跨声速阻力,有

$$C_D = C_{D_o} + \eta C_{L_\alpha}(\alpha - \alpha_o)^2 \tag{4.85}$$

其中所有的系数都是马赫数的函数。阻力系数的典型特征如图 4.21 所示,图中的数据以及式(4.85)都将用于快速计算跨声速机动性,包括单位剩余功率。

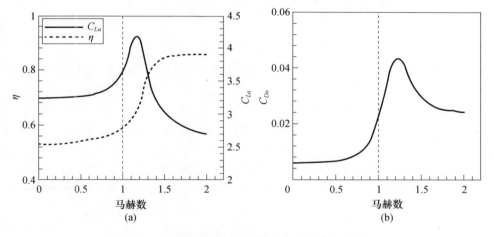

图 4.21 干净飞机构型的跨声速和超声速阻力特性

在超声速时,可以使用阻力分解的原则(需要谨慎)。在后面的例子中,需要计算几个流线型部件(机翼、尾翼)和非流线型部件(外挂和燃油箱)的阻力方法。

计算方法的选择取决于可用的信息量、计算机资源、软件开发的时间。高性能飞机的几何数据极少,可以采用与运输飞机相同的计算方法,如 ESDU[44]所述,适用于飞行性能的计算方法是给予相似规则的。

最后,图 4.22 给出最大升力系数(作为马赫数的函数)的典型特征,这将用于超声速喷气式飞机的高速机动计算。在 $1.1 < M < 1.3$ 段的凹坑变化会造成飞行性能有很强非线性。

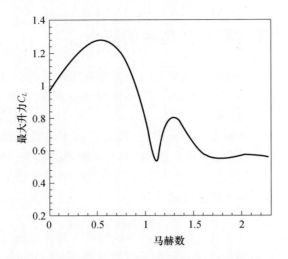

图 4.22 跨声速和超声速时飞机最大 C_L 的变化

4.5.1 旋成体的阻力

高速飞机上大多数外挂和设备舱都是具有尖锐前机身和各种后机身形状的旋成体,包括尾锥部和钝体。这里仅讨论在一个具有代表性的案例,即如图 4.23 所示的机身。这是一个旋成体,具有"最小波阻"(待确定)的前机身、中间圆柱体、一个尾锥部和一个钝基座。机身特征是横截面积 A(或直径为 d)和长度 l。前机身可以有多种形状,但是从低波阻的观点来看,最有利的是球形切拱头体、球形钝头抛物面和修型的椭圆体。机尾可以是圆锥形(图 4.23)或圆弧或抛物线。机身的主要特征是总长 l 和最大直径 d,前机身长细比 l/d,球形机头曲率半径 r(和鼻钝比 $2r/d$),机尾角度 β 和基座直径 d_b。前机身长度是固定的,机尾的长度可以从机尾角度 β 推出。圆柱体的长度是任意的,但长度必须至少是 $3d$,才能分别独立考虑各个部分。

现在的问题是在所有马赫数范围内(一直到超声速)确定气动阻力,如以前所述(见图 4.21)。ESDU 具有许多种实用的计算波阻和后体阻力的方法[20,45-47]。导弹 DATCOM[48]使用的计算方法可以估计出各种形状、攻角和马赫数下的阻力。高速空气动力学的分析方法仅限于完全发展的超声速流动和一些最佳形状,如 Von Kármán 尖拱形、Sears – Haack 体[49]。在整个跨声速的范围内,有一大堆实验研究覆盖了许多类似尖拱形的几何体[50-51]。一般来说,由于跨声速流的非线性特性和许多重要的因素影响(不只是雷诺数[52]),气动特性没有外推的可能性。现代分析将基于 CFD 计算,对给定的几何体计算出所有马赫数范围内的气动系数。即使在这种情况下,结果必须用实验数据来验证。

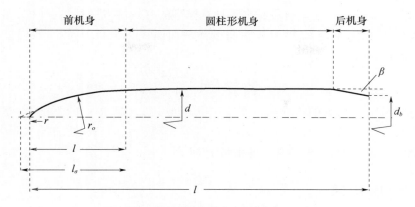

图 4.23 典型的低阻力旋成体

图 4.23 所示物体的阻力分量包括(1)前机身波阻 C_{Dw}；(2)表面摩擦阻力 C_{Do}；(3)尾锥部 $C_{D\beta}$；(4)底座阻力 C_{Db}。第二项的贡献远低于其他项；在首次分析中，可以忽略（或按照 4.3.2 节所示的方法计算）。因此，可以采用下面的阻力求和公式来建立阻力：

$$C_D \simeq C_{Dw} + C_{Db} + C_{D\beta} \tag{4.86}$$

案例分析　考虑这样一个几何体，前机身是球形钝头过渡到圆柱体的尖拱体，圆锥形的尾部，外加一个钝的基座。其主要特征是前机身长细比 $l/d = 2$、鼻钝比 $2r/d = 0.2$。我们采用 ESDU 的方法，它是基于用全势能方程或欧拉方程计算的具有代表性案例的数据。因此，就可以估计式(4.86)中的 3 个阻力贡献量。这些贡

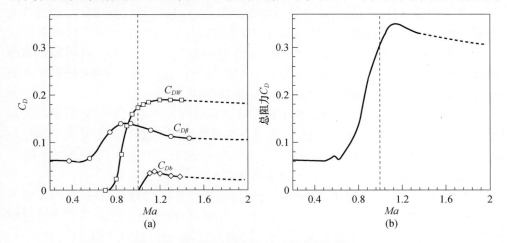

图 4.24　细长旋转体的阻力系数随马赫数的变化
(a)阻力各分量；(b)总阻力。

献量如图 4.24 所示,在马赫数超出了计算模型的有效性,进行数据外推,如虚线所示。请注意,阻力系数 C_D 为基于机身的横截面面积,$\pi d^2/4$。因此,根据机翼面积进行重新换算:

$$C_D \to C_D \left(\frac{\pi d^2/4}{A} \right) \tag{4.87}$$

例如,直径 $d = 0.51\text{m}$ 的机翼油箱安装在机翼面积 $A = 28.9\text{m}^2$ 的飞机上,缩放比例因子约为 0.01。这样的话,图 4.24(b)中在马赫数 $M = 1.18$ 处的最大阻力 $C_D \simeq 0.34$ 将被缩成为 C_D 约 0.0034,这相当于 34 阻力框。

4.6 抖振边界

抖振是由于气流分离引起的结构激振。激振由振幅、频率和频谱来表示。这种现象是由许多不同的因素引起的。例如,上游气流分离(尾翼位于机翼尾流中)和下游分离(机身上洗部分流动分离)。频谱的特征是宽频带能量范围,由于附着涡的脱落,偶尔也可能存在离散频率。抖振是对抖振激励的气动弹性响应。抖振的开始由振动测量确定,通常在飞行员座位[53]振动测量至少 $0.2g$。对于机翼,抖振激振参数为

$$\sqrt{\text{St}G(\text{St})} = \frac{2}{\sqrt{\pi}} \frac{m\ddot{z}}{qA} \sqrt{\zeta} \tag{4.88}$$

其中 St 为 Strouhal 数;$\ddot{z}$ 为翼尖的 RMS 加速度;ζ 为阻尼比,或者是气动弹性阻尼与临界阻尼的比。

对流动诱导分离及其对航空结构响应的影响已经进行了大量研究,大部分依赖于风洞实验和飞行测试,数值模拟研究较为滞后。

本节的讨论仅限于亚声速运输机。对于这种情况,通常认为飞机在巡航时必须能够执行至少 $1.3g$ 的机动动作以响应抖振;换句话说,当发生抖振时,对于任何给定的飞行高度和马赫数,必须留有 $0.3g$ 机动余量。

从性能的角度来看,机翼抖振的最佳标志是最大升力系数 $C_{L_{\max}}$ 随马赫数增加的变化。这里的变化可能相当惊人,这取决于机翼翼型、机翼平面形状和其他几何因素,这里没法概括描述。然而,存在这样一个马赫数,超过这个马赫数,升力是下降的(跨声速凹坑),最终在低超声速区域恢复。

运输飞机的典型抖振边界如图 4.25 所示,它代表了道格拉斯 DC9 – 80 系列飞机的性能。在非常低的马赫数下,可用的 C_L 具有相对较高的值(点 A),该点速度在 $1.2V_s$ 左右。在高亚声速情况下,可用的升力急剧下降,达到 B 点的马赫数时,几乎没有升力可用。大多数抖振曲线可以通过点 A 和 B 定义。

抖振速度和马赫数可以由抖振边界和机动方程定义的曲线交点给出:

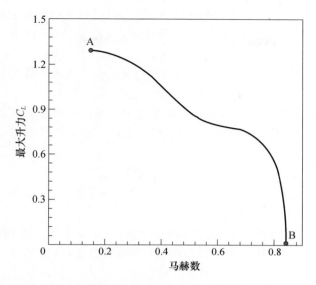

图 4.25 道格拉斯 DC9-80 系列飞机的抖振边界(摘自 FCOM)

$$V_B = aM_B = \sqrt{\frac{2nW}{\rho A C_{L_{\max-\text{buffet}}}}} \qquad (4.89)$$

对于固定的飞行重量和高度,$V_B = f(n, C_{L_{\max-\text{buffet}}})$。考虑到前面描述的机动余量,正常载荷因子 n 设置为 1.3。一般来说,存在两个交点,给出低和高的抖振速度。

4.7 气动导数

下面讨论现代运输飞机的主要控制面,因为它们可以用本书介绍的方法进行实际建模。假设机翼配备了副翼和扰流板,水平安定面配有升降舵,垂直安定面配有方向舵。在许多情况下,这些控制面可以分段为几个部分。例如,方向舵和升降舵可以分段成两个或多个部分,升降舵也可以具有小的偏转片。气动导数将用于飞机的稳态配平、稳定和控制。对于动态特性,读者可以参考专门的飞行动力学书籍,如 Stengel[54]。

如果 C_a 表示一般的气动系数,相对某一控制角 α 的初始值可以系列扩展,其线性关系近似为

$$C_a = C_{ao} + \left(\frac{\partial C_a}{\partial \alpha}\right)\alpha \qquad (4.90)$$

式中:C_{ao} 表示 C_a 在 $\alpha = \alpha_o$ 处的值。式(4.90)中的导数为气动导数,可用于分析状态参数 α 在其初始值附近的充分小扰动下的系统空气动力学响应。如果空气动力

学是线性的,那么式(4.90)切实有用;如果不是,可以对扰动程度加以限制。

对于简单的机翼,可以根据攻角 α、侧滑 β 定义扰动。气动系数有 6 个:3 个力系数和 3 个力矩系数。这些量可以是体轴系 $\{x_b, y_b, z_b\}$ 或风轴系 $\{x, y, z\}$。在后一种情况下,有力系数 C_D、C_Y、C_L 和力矩系数 C_m、C_n、C_l。气动导数为

$$\{C_D, C_Y, C_L, C_m, C_n, C_l\}_\alpha, \{C_D, C_Y, C_L, C_m, C_n, C_l\}_\beta \quad (4.91)$$

如果机翼有俯仰速率 p、滚转速率 q 或偏航速率 r 等动态运动,那么就有关于这些量的气动导数。如果机翼有副翼,副翼偏转 δ 引起气动系数的改变,对应的气动导数有

$$\{C_D, C_Y, C_L, C_m, C_n, C_l\}_\delta \quad (4.92)$$

因此,如果扩展到整架飞机,就需要处理大量的导数,可能会超过 100 个,其中有一些导数并不是那么有用。

只要空气动力学是线性的(升力面的合理假设是在中等迎角和低亚声速下),可以用升力面法计算导数。如果升力面是分开计算的,就需要确定一个参考面;对所有部件而言,参考面不同,气动系数必须缩放到同一参考面积上。

4.8 水上飞机在水中的船身阻力

阻力系数必须用机翼面积重新标定,因此也可计算比值 $D/q = C_D A$。

$$C_{D_{hull}} = C_{D_o} + C_{D_w} + k_w C_{L_{hull}}^2 \quad (4.93)$$

式中:C_{D_w} 为波浪阻力,K_w 为升致阻力系数,$C_{L_{hull}}$ 为浸入水中船体产生的升力。形状阻力系数由湿润面积计算,平均表面摩擦系数的估计值如 4.3.2 节所示。

1. 几何计算

考虑的湿润面积就是浸没面积 A_{wet}^*。浸入的浮筒体积 V_{float}^* 可以根据最大起飞重量 MTOW 用浮力定律计算出来。如果用 W 表示这个重量,那么:

$$V_{float}^* = \frac{W}{2g\rho_w} \quad (4.94)$$

浮筒的实际值必须大于这个值,至少有两个原因:(1)浮筒可以作为登机的台阶;(2)临时超重会使浮筒沉没。因此,可以假设浮动体的实际体积为 $V_{float} \simeq 1.5 V_{float}^*$(有些随意)。下面给出长度为 l 的浮筒的等效横截面面积 A_{eq} 和等效半径 r_{eq}:

$$A_{eq} = \frac{V_{float}}{l_{float}}, r_{eq} = \left(\frac{A_{eq}}{\pi}\right)^{1/2} \quad (4.95)$$

总湿润面积为 $A_{wet} \simeq 2\pi r_{eq} l_{float}$,浮筒沉浸部分的润湿面积为

$$A_{wet}^* \simeq \left(\frac{V_{float}^*}{\pi l_{float}}\right)^{1/2} l_{float} \quad (4.96)$$

2. 波浪阻力

计算船体的波阻通常是相当复杂的。在这种情况下,使用简单的基于窄船身阻力理论(Michell – Havelock)的表达式就足够了,积分形式如下①:

$$C_{D_w} = \frac{4}{\pi C_p^2} \int_{x_o}^{\infty} (1 - \cos x) e^{-ax^2} \frac{x^2}{\sqrt{x^2 - x_o^2}} dx \tag{4.97}$$

和

$$C_p = \frac{V}{A_{eq} l}, x_o = \frac{C_p}{Fr^2}, Fr = \frac{U}{\sqrt{gl}}, \alpha = \frac{2\delta}{l}\left(\frac{Fr}{C_p}\right)^2 \tag{4.98}$$

在这些方程中,参数"Fr"表示 Froude 数,V 为浸没的体积,l 为浸没船体的长度,A_{eq} 为等效(或最大)横截面积,而 δ 为最大横截面 A_{eq} 的质心深度。式(4.97)包含 3 个重要的项:(1)振荡因子 $1 - \cos x$;(2)阻尼因子 e^{-ax^2};(3)因子 $x^2/\sqrt{\ }$ 在 $x = x_o$ 处出现奇异。式(4.97)的积分具体地称为第二类非正常黎曼积分,积分会有一些困难。然而,式(4.97)的解表明,在临界速度之上,阻力均匀地减小。

在某些情况下,前缘波之间可能存在干涉流动,因为它们彼此相交,并移动到相对的浮筒上。这个问题类似于 Busemann 双翼飞机,如果设计合理(参见 Liepmann 和 Roshko[36]),浮筒之间的相互干扰(两个细长体之间产生的冲击)可导致总的波阻减小。浮筒的进一步分析见 15.12 节,详细阐述了浮筒对螺旋桨飞机任务范围的影响。

4.9 涡流尾迹

机翼产生升力的主要负作用是尾迹下洗和翼尖涡。下洗是飞机后方空气速度的垂直分量。翼尖涡由机翼的吸力和压力面之间的压力差产生,它们由一对反向旋转旋涡组成,其强度随机翼载荷增加而增加。

从低速空气动力学理论可以得到下洗的近似估计。根据机翼椭圆形载荷这个理想条件,得出平均标准化下洗或诱导迎角的表达式(另见 7.2 节):

$$\alpha_i = \frac{\overline{w}}{U} = \frac{2L}{\pi \rho b^2 U^2} \simeq \frac{2W}{\pi \rho b^2 U^2} \tag{4.99}$$

诱导迎角与局部环量有关。因此,在一般情况下,可以计算出局部诱导角和局部下洗。这是对空客 A380 – 861 计算出的下洗,利用了升力面方法计算出 C_L 两个值(图 4.26)。平均下洗 $\overline{w}$ 可以通过积分局部下洗 $w(y)$ 来计算。下洗的快速变化发生在翼尖,翼尖小翼可防止气流快速卷起。

决定下洗强度的关键参数是空速、总重量和飞行高度,见式(4.99)。如果下洗

---

① 此方程可使用其他表达式;请参见 Newman[55]。

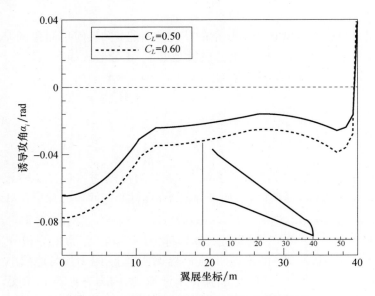

图 4.26　计算空中客车 A380 – 861 机翼的下洗

太强,可能会给后方跟飞的飞机或者在较低高度穿越航线的飞机造成危险。因此,根据表 4.2 中给出的数据,指出安全的距离。目前,只有 3 个重量类别:重型是指重量 $>136000kg$,中型是指重量 $7000kg<W<136000kg$,轻型是指 $W<7000kg$。空客 A380(超重)属于特殊类别。对于本表未列出的情况(主要涉及轻型飞机),可执行最小的雷达间隔。不同重量级别和间隔时间正在复审中,并可能在将来发生变化。已经很好地建立起涡流尾迹的科学依据[57-59],而且,涡流分析已经付出了相当大的努力,这似乎取决于几个大气参数,包括背景湍流、飞机引起的湍流、环境分层和风切变。漩涡尾流还与周围的环境相互作用,包括地面和水体。

要了解飞机背后尾涡的影响,可以考虑总重量为 380t 的空客 A380 在 220KTAS 的 3000ft 的爬升情况,其平均诱导角为 $\overline{w}/U \sim 0.025$,相当于 $\overline{w} \sim 3m/s$,或者垂直质量流量 $dm/dt = \dot{m} = \rho\,\overline{w}Ub \sim 31100kg/s$,即 $27000m^3/s$。如果后面的飞机以相同速度飞行,那么应该预期升力 C_L 系数损失 -0.1。

表 4.2　国际民航组织规定的飞机间距

飞行状态	领航飞机	跟随飞机	$X_{sep}/n-m$	t_{sep}/min
		重型飞机		2
起飞	重型飞机	中等飞机		2
	中等飞机	轻型飞机		2
		轻型飞机		3

续表

飞行状态	领航飞机	跟随飞机	$X_{sep}/n-m$	t_{sep}/min
着陆		重型飞机		2
	重型飞机	中等飞机		2
	中等飞机	轻型飞机		3
		轻型飞机		3
巡航		重型飞机	4	
	重型飞机	中等飞机	5	
		轻型飞机	6	
	中等飞机	轻型飞机	5	

小结

  针对传统飞机的构形,给出了用于预测气动力系数及其导数的综合方法。详细阐述了巡航状态下的升力,以及由襟翼、缝翼和其他装置引起升力增加的影响,总结出地面效应对有效迎角的影响。阻力分析有些复杂,它是基于部件方法计算的。建立了用于跨声速阻力增加的独立模型,该模型也适用于升力面和螺旋桨的桨叶。本章给出了一些算例验证,证明飞机气动性能模型的适用性。本章还给出一些相对简单的旋成体(用于外油箱和其他外挂阻力的估计)和水上飞机的计算模型。最后,从对尾随飞机造成危害的角度,详细阐述了旋涡尾流的作用。并解释飞机需要有最小间隔距离,来限制气动迎角的变化,这些变化可能会导致尾随飞机失速或失控。

参考文献

[1] Katz J and Plotkin A. *Low Speed Aerodynamics*. McGraw–Hill,1992.
[2] ESDU. *Wing Lift Coefficient Increment at Zero Angle of Attack due to Deployment of Plain Trailing–Edge Flaps at Low Speeds*. Data Item 97011. ESDU International,London,Nov. 2003.
[3] ESDU. *Lift and Drag due to Spoiler Operation in the Ground Run*. Data Item 76026. ESDU International,May 1977.
[4] Kiock R. The ALVAST model of DLR:. Technical Report IB 129 96/22,DLR,Lilienthal Platz,7,D–38018 Braunschweig,Germany,1996.
[5] ESDU. *Increments in Aerofoil Lift Coefficient at Zero Angle of Attack and in Maximum Lift Coefficient Due to Deployment of a Double–Slotted or Triple–Slotted Trading–Edge Flap,with or without a Leading–Edge High–*

Lift Device,at Low Speeds. Data Item 94031. ESDU International,London,Dec. 1994.

[6] ESDU. *Estimation of Airframe Drag by Summation of Components: Principles and Examples.* Data Item 97016. ESDU International,London,Dec. 1996.

[7] Callaghan JG. Aerodynamic prediction methods for aircraft at low speeds with mechanical high lift devices. In *Prediction Methods for Aircraft Aerodynamic Characteristics*,volume AGARD LS – 67,pages 2. 1 – 2. 52,May 1974.

[8] White F. *Viscous Fluid Flow.* McGraw – Hill,1974.

[9] White F. *Viscous Fluid Flow.* McGraw – Hill,1974. Chapter 7.

[10] Nielsen J. *Missile Aerodynamics.* McGraw – Hill,1960. Chapter 9.

[11] Van Driest ER. The problem of aerodynamic heating. *Aeronaut. Eng. Rev.* ,15:26 – 41,1956.

[12] Van Driest ER. On turbulent flow near a wall. *J. Aero. Sci*,23(11):1007 – 1011,1956.

[13] Hopkins EJ and Inouye M. An evaluation of theories for predicting turbulent skin friction and heat transfer on flat plates at supersonic and hypersonic Mach numbers. *AIAA J.* ,9(6):993 – 1003,June 1971.

[14] Hopkins EJ. Charts for predicting turbulent skin friction from the van Driest method II. Technical Report TN – D – 6945,NASA,Oct. 1972.

[15] Blumer CB and van Driest ER. Boundary layer transition – Freestream turbulence and pressure effects. *AIAA J.* ,1(6):1303 – 1306,1963.

[16] Hoerner SF. *Fluid Dynamic Drag.* Published by the Author,Bricktown,NJ,1965.

[17] ESDU. *Drag Increment due to Fuselage Upsweep.* Data Item 80006. ESDU International,London,Feb. 1988.

[18] Malone B and Mason WH. Multidisciplinary optimization in aircraft design using analytic technology models. *J. Aircraft*,32(2):431 – 437,March 1995.

[19] Hilton WF. *High Speed Aerodynamics.* Longmans & Co,London,1952.

[20] ESDU. *Forebodies of Fineness Ratio 1. 0,1. 5 and 2. 0,Having Low Values of Wave Drag Coefficient at Transonic Speeds.* Data Item 79004. ESDU International,London,June 1979.

[21] Hoerner SF. *Fluid Dynamic Drag.* Published by the Author,Bricktown,NJ,1965. Chapter 8.

[22] Tétrault PA,Schetz JA,and Grossman B. Numerical prediction of interference drag of strut – surface intersection in transonic flow. *AIAA J.* ,39(5):857 – 864,May 2001.

[23] Kubendran L,McMahon H,and Hubbard J. Interference drag in a simulated wing – fuselage junction. Technical Report CR – 3811,NASA,1984.

[24] Barber TJ. An investigation of wall – strut intersection losses. *J. Aircraft*,15(10):676 – 681,Oct. 1978.

[25] Sakellaridis A and Lazaridis A. Experimental study of interference drag for multi – element objects. *Exp. Thermal & Fluid Science*,26:313 – 317,2002.

[26] McCormick BW. *Aerodynamics,Aeronautics and Flight Mechanics.* John Wiley,2nd edition,1995.

[27] ESDU. *Undercarriage Drag Prediction Methods.* Data Item 79015. ESDU International,London,March 1987.

[28] Roskam J. *Airplane Design,Part VI,Chapter 4.* DARCorporation,2000(paperback edition).

[29] ESDU. *Mean forces,pressures and moments for circular cylindrical structures:finite – length cylinders in uniform flow.* Data Item 81017,Amend. A. ESDU International,London,May 1987.

[30] Torenbeek E. *Synthesis of Subsonic Airplane Design.* Kluwer Academic Publ. ,1985.

[31] van Es GH. Method for predicting the rolling resistance of aircraft tires in dry snow. *J. Aircraft*,36(4):762 – 768,Oct. 1999.

[32] Redeker G. DLR – F4 wing – body configuration. In *A Selection of Experimental Test Cases for the Validation of CFD Codes*,AGARD AR – 303,Volume II,pages B4 – B21. Aug. 1994.

[33] Redeker G,Mueller R,Ashill PR,Elsenaar A,and Schmitt V. Experiments on the DFVLR F4 wing body configu-

ration in several European wind tunnels. In *Aerodynamic Data Accuracy and Quality: Requirements and Capabilities in Wind Tunnel Testing*, volume AGARD CP – 429, July 1988.

[34] Langtry RB, Kuntz M, and Menter FR. Drag prediction of engine – airframe interference effects with CFX – 5. *J. Aircraft*, 42(6): 1523 – 1529, Nov. 2005.

[35] O. Brodersen and A. Stunner. Drag prediction of engine – airframe interference effects using unstructured Navier – Stokes calculations. In *19th Applied Aerodynamics Conference*, AIAA Paper 2001 – 2414. Anaheim, CA, June 2001.

[36] Wurtzler KE and Morton SA. Accurate drag prediction using Cobalt. *J. Aircraft*, 43(1): 10 – 16, 2006.

[37] Hanke CR and Nordwall DR. The simulation of a large jet transport aircraft. Vol. II: Modeling data. Technical Report D6 – 30643, N73 – 10027 Boeing Doc, Sept. 1970.

[38] Caldarelli G. ATR – 72 accident in Taiwan. In *SAE Aircraft & Engine Icing International Conference*, ICE 13, Sevilla, Spain, Oct. 2007.

[39] Filippone A. Rapid estimation of airfoil aerodynamics for helicopter rotor calculations. *J. Aircraft*, 45(4): 1468 – 1472, July 2008.

[40] McCroskey J. A critical assessment of wind tunnel results for the NACA 0012 airfoil. Technical Report TM – 100019, NASA, Oct. 1987.

[41] Bousman WG. Aerodynamic characteristics of SC1095 and SC1094 – R8 airfoils. Technical Report TP – 2003 – 212265, NASA, Dec. 2003.

[42] Yamauchi GK and Johnson W. Trends of Reynolds number effects on two – dimensional airfoil characteristics for helicopter rotor analyses. Technical Report TM – 84363, NASA, April 1983.

[43] Beddoes TS. Representation of airfoil behavior. *Vertica*, 7(2): 183 – 197, 1983.

[44] ESDU. *Similarity Rules for Application in Aircraft Performance Work*. Data item 97025. ESDU International, London, Sept. 2008.

[45] ESDU. *The Wave Drag Coefficient of Spherically Blunted Secant Ogive Forebodies of Fineness Ratio 1.0, 1.5 and 2.0 at Zero Incidence in Transonic Flow*. Data Item 89017. ESDU International, London, 1983.

[46] ESDU. *Pressure Drag and Lift Contributions for Blunted Forebodies of Fineness Ratio 2.0 for Transonic Flow* ($M_\infty \leqslant 1.4$). Data Item 89033. ESDU International, London, 1989.

[47] ESDU. *Subsonic and transonic base and boat – tail pressure drag of cylindrical bodies with circular – arc boat – tails*. Data Item 96012. ESDU International, London, 1996.

[48] Blake WB. Missile DATCOM: User's manual – 1997 Fortran 90 revision. Technical report, US Air Force Research Lab, Air Vehicles Directorate, Wright – Patterson Air Force Base, OH, 1998.

[49] Ashley H and Landahl M. *Aerodynamics of Wings and Bodies*. Addison – Wesley, 1965.

[50] Harris RV and Landrum EJ. Drag characteristics of a series of low – drag bodies of revolution at Mach numbers from 0.6 to 4.0. Technical Report TN – D – 3163, NASA, Dec. 1965.

[51] Wallskog HA and Hart RG. Investigation of the drag of blunt – noised bodies of revolution in free flight at Mach numbers 0.6 to 2.3. Technical Report RM L5314a, NACA, 1953.

[52] Bromm AF and Goodwind JM. Investigation at supersonic speeds of the variation with Reynolds number and Mach number of the total, base and skin – friction drag of seven boattail bodies of revolution designed for minimum wave drag. Technical Report TN 3708, NACA, 1956.

[53] ESDU. *An Introduction to Aircraft Buffet and Buffeting*. Data Item 87012. ESDU International, London, 1987.

[54] Stengel R. *Flight Dynamics*. Princeton Univ. Press, 2004.

[55] Newman JN. *Marine Hydrodynamics*. The MIT Press, 1977.

[56] Liepmann H and Roshko A. *Elements of Gas Dynamics*. J. Wiley & Sons, 1983.

[57] Rossow V. Lift – generated vortex wakes of subsonic transport aircraft. *Progr. Aerospace Sciences*, 35: 507 – 660, Aug. 1999.

[58] Gerz T, Holzapfel F, and Darracq D. Commercial aircraft wake vortices. *Progr. Aerospace Sciences*, 38: 181 – 208, 2002.

[59] Holzäpfel F. Probabilistic two – phase wake vortex decay and transport model. *J. Aircraft*, 40, Mar. 2003.

第5章 发动机性能

5.1 概述

本章介绍了3个主要的燃气涡轮发动机的基本特性:高涵道涡轮风扇、涡轴以及低涵道加力涡轮喷气发动机。涉及一般燃气轮机主要特性(5.2节)、推力和额定功率(5.3节)、涡轮风扇模型(5.4节)、涡轮螺旋桨发动机(5.5节)和低涵道比发动机模型(5.6节);并简要提及发动机通用性能(5.7节);最后讨论辅助动力装置的作用(5.8节)。一个重要方面是演示在缺乏可靠数据的情况下确定发动机设计点的策略。

关键概念:燃气轮机发动机,推力/功率额定值,发动机降额,涡轮风扇发动机,发动机设计点,发动机模拟,变形发动机,污染影响,涡轮螺旋桨发动机,涡轮喷气发动机,辅助动力装置。

5.2 燃气轮机发动机

"燃气轮机"指的是由压气机、燃烧室、涡轮及喷管组成的喷气发动机,也可指喷气推进发动机和轴功率发动机。燃气涡轮发动机主要类型有涡轮喷气发动机、涡轮风扇和涡轮螺旋桨发动机。汽轮机是发动机的核心。但是,还有其他必不可少的功能部件(如进气道、燃料管、燃料喷嘴、传感器、收集器和推力反向器)。

涡轮喷气发动机属于第一代燃气涡轮发动机,只包含一股气流,发动机工作经历多个空气-热力学阶段:①进气道的空气流经多级轴流压气机;②压缩空气传送到燃烧室中,在那里与燃油混合;③燃油在径向分布的燃烧室中燃烧;④燃气流入与压气机在同一轴上旋转的多级涡轮中;⑤废气作为高速热喷流通过喷管排出。进气道捕获空气流量,进气道还可以进行空气预压缩,这是由于气流在进气道中减速而进行绝热压缩。

位于燃烧室下游涡轮的主要功能是驱动压气机,压气机运转通常需要相当大量的功率,与质量流量密切相关的剩余热能、动能变成从喷管排出的高速、高噪声射流。

早先的涡轮喷气发动机采用离心式压气机,但随着发动机研究的深入,它们被更高效的轴流压气机所取代。随着推力需求的增加，压气机的结构变得更加复杂，有低压压气机和高压压气机这两个部分，每个部分含有若干转子定子。从燃烧室出来的燃气温度很高（约1000℃）。当压气机和涡轮用同一轴连接时，转速相同，这种联结称为"共轴"。

燃气轮机还可以增加额外的燃烧室（再热或加力燃烧室），在进行主要燃烧之后再喷射燃油燃烧以增加发动机推力。加力燃烧使用的是主燃烧室燃烧后的剩余空气。

具有这种能力的燃气轮机大部分时间内不需要打开加力燃烧室工作，因为推力的增加是以相当大的燃油消耗为代价的，仅用于一些军用喷气飞机上。

涡轮风扇发动机是涡轮喷气发动机的衍生品。在该发动机中，不参与燃烧的过量空气被导引到外部环形空间，而且绕过燃烧室。涵道比（BPR）指的是旁通空气流量与核心流量之间的比值。涵道比多年来一直在增加，从大约1.1增加到现代发动机的5以上。通用发动机 GE-90 的 BPR 是 8.4，普惠 GP-7000 系列发动机的 BPR 是 8。

与涡轮喷气发动机相比，另一个区别是在多级轴流压气机前面放置了一个大直径风扇。风扇的功能是增加入口的捕获面积，并引导空气支流通过发动机的环腔。风扇由发动机本身驱动，或者与压气机同轴，或者在单独的轴上（双转子压气机发动机）。涡轮风扇发动机的优点是发动机出口气流具有较低的速度和平均温度，会产生很低的噪声。

涡轮螺旋桨发动机是燃气轮机外加螺旋桨组成的航空发动机。推力由喷气发动机和螺旋桨共同提供，而实际上，大部分有用的推力由螺旋桨提供。由于燃气涡轮和螺旋桨之间转速的不同，这些发动机需要装有减速齿轮。燃气轮机转速约为10000转/min，而螺旋桨由于桨尖马赫数限制，转速小于发动机转速的1/3。

直升机上应用的喷气发动机是由涡轮螺旋桨发动机变化而来的，它由1个或2个燃气轮机、减速齿轮和转轴组成。由于直升机旋翼速度不超过300转/min，因此转速的降低幅度要高于涡轮螺旋桨发动机。

现代化发动机都带有 FADEC（全权限数字发动机控制），这是发动机的大脑。典型的 FADEC 由硬件单元和软件单元组成。硬件单元包括实时确定发动机基本参数的传感器和用于详尽说明输入数据并产生控制响应的数字计算机（电子发动机控制器）。电子控制可能的操作之一是调节来自不同发动机的功率。例如，如果一个发动机的功率损失，则 FADEC 迅速做出反应以增加另一个发动机的功率。FADEC 其他监测操作包括周期计数、冷启动、发动机停车和整个发动机运行状况。

飞机发动机是一门专业，涉及航空航天推进或燃气轮机领域。读者想更深入和专门学习，可参考相关专业文献。如 Mattingly[1]，Oates[2]，Archer 和 Saarlas[3] 及其引文。

现代燃气涡轮发动机是由很多几何和功能参数来进行定义的。然而,大多数关键数据很难获得,因为这属于发动机制造商的专有信息。一些航空发动机项目仍然被认为涉及国家安全的问题。发动机信息是大多数飞行性能模拟程序中的瓶颈。

一些行业标准的程序可以用于评估典型发动机的基本静态和瞬态特性。然而,仿真程序和发动机制造商的数据不能准确地预测出飞行性能和发动机安装损失。这些损失取决于发动机与飞机之间的匹配。同样的飞机可以配置不同的发动机,飞机性能也略有不同,飞机制造商从中可以进行选择,以期减少对任何单个发动机制造商的依赖,并压低发动机价格。

发动机的初始测试是在试验台上进行的,可以模拟不同的气压高度。不同大气环境下的发动机性能通过特定的修正规则来获得。因此,一个普遍的任务是对来自发动机数学模型的数据进行无量纲化。

5.3 推力和额定功率

基于发动机选定部件的工作时间及最大允许温度,发动机具有不同的推力和额定功率。对于涡轮风扇发动机,典型的额定推力包括最大起飞、最大爬升和最大连续推力。对于大多数额定值,时间限制与推力输出相关。必须指定大气环境、高度和速度,一般做法是提供标准环境下的数据,尽管并不总是这样,可参见表5.1所列的例子。发动机额定温度[①]低于表中所示的值。因此,这些发动机应在低于最高温度的任何"适当的"大气温度下提供额定功率。这种发动机的其他附加额定功率包括最大应急功率(2.5min)和中间应急功率。

表5.1 PW127涡轮螺旋桨发动机各种变量(海平面的额定功率,最高温度)

发动机	MTOP/kW (5min)	MTOP/kW (5min)	T/℃ [max]	MCP	T/℃ [max]
基本	2051	1846	32	1846	41
B	2051	1846	30	1846	41
D	2051	1846	33	1846	33
E	1790	1611	45	1846	45
F	2051	1846	35	1846	44
G	2178	1973	35	1846	35
M	2051	1846	39	1846	48

---

① 改编自EASA:型号证书数据表IM E041,PW100系列,2008年6月。

在地面操作中,制造商通常指出"最小起动推力"(或功率),即用于移动飞机所需的最小推力,该推力取决于刹车释放总重量。

5.3.1 发动机降额

通常所需的推力低于可用推力。这个事件发生在起飞重量低于最大起飞重量(MTOW)。因此,为了提高发动机寿命、减少发动机维护和降低燃油成本,发动机存在"降额"的可能。或者,过大的推力可能会引起过度的结构负载,降额是防止该事件发生的一种方式。降额发动机在不同改型的飞机上可以应用。

"降额"或"可调推力"是指飞机有可能使用适当的推力以匹配当前的起飞重量。"降额"和"可调推力"之间有两个重要区别:

(1)如果飞行速度低于收襟翼时的速度,以降额操作的飞机不能恢复到满推力;如果情况要求,以可调推力操作的飞机可以恢复到满推力。

(2)航空条例规定在污染跑道允许使用降额,但不允许使用可调推力。

降额起飞推力的示例如图 5.1 所示。首先,发动机推力恒定,在温度低于固定值时,发动机的额定状态提供的净推力与外部大气温度(OAT)无关。高于降低的温度,净推力受到废气温度(EGT)的限制,随着 OAT 的增加而减小。如果实际起飞重量 TOW < MTOW,则所需推力小于可用推力:$T_{req} < T_{av}$。可调推力只能在实际温度 T_{ref} 低于指定可调推力的柔性温度时使用。在实践中,存在多个离散的降级水平,以最大推力的百分比给出;每个降级水平必须经过认证。例如,D20 表示 20%降额,或最大推力的 80%。

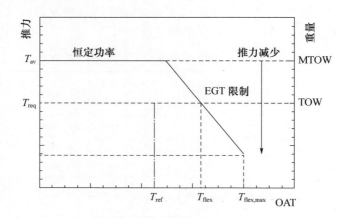

图 5.1 发动机推力在起飞时降低

与降额相反的是发动机"凸起"。这个术语是指在可用推力中的临时增加(5%~10%)的推力,高于最大起飞时推力的值。

还有一个降额爬升。如在降额起飞的情况下,较低的爬升推力有利于延长发动机寿命,但是通常会增加油耗及爬升时间。从运营者的角度来看,最重要的是运营的总成本,包括燃油之外的其他项。降额爬升与推力的降低无关。

最后,推力降低的重要优点是发动机寿命的延长。必须根据起飞燃油的增加、加长的起飞距离和低的初始爬升率来评估该收益。

5.3.2 瞬态响应

发动机对燃油流量(节气门)增加的响应不是瞬时的。急剧增加推力时(起飞和复飞)的时间响应是至关重要的。图 5.2 显示了典型的涡轮风扇发动机响应曲线。瞬态响应取决于具体的发动机。发动机必须防止压气机和涡轮失速以及熄火。相关规定[①]要求从 15% 加速到 95% 复飞推力,时间最多为 5s。在此期间,飞机可能失去高度(见 11.8 节)。在恢复复飞推力时,发动机必须能够保证最小的爬升梯度(相关规定要求)。涡轮风扇和涡轮螺旋桨发动机的响应不同。涡轮螺旋桨发动机以接近恒定的转速工作,同时响应轴功率增加;涡轮风扇必须增加转速以增加其净推力。

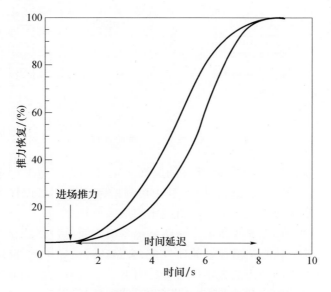

图 5.2 典型涡轮风扇发动机在复飞时推力恢复

---

① 联邦航空条例,FAR 33.73:适航标准,飞机发动机。

5.4 涡轮风扇发动机模型

发动机模型可以从型号合格证以及其他资料文档中收集的基本数据作为建模起始点。发动机的照片也会有所帮助。这些数据分为构造和设计限制两类,如图5.3所示。灰色阴影框表示的数据通常不可获得,包括叶片数量和所有压气机和涡轮(LPC、HPC、LPT、HPC)的直径以及转子-定子间隔(RSS)、导向叶片和其他较小的细节,这是气动热力学或确定声源所需要的(第16章)。

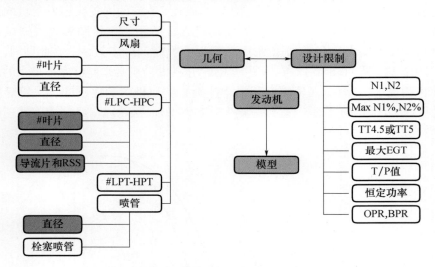

图5.3 航空发动机模型的流程图

为了研究瞬态性能,需要旋转部件的惯性来定义旋转加速度。难以获得的数据可以从有限数量的发动机进行估计,其中可靠的剖面图亦可以作为依据。压气机和涡轮叶片的实际数量是航空发动机技术的最大奥秘之一。

发动机热力学图如图5.4所示。该图显示系统之间的逻辑连接。进口气流在风扇下游进行分流。核心流流经轴流压气机,旁路环流被导引到外涵道,然后与燃烧气体混合。每个部件旁边的数字代表标准命名。通过发动机的流动被假定为一维流。这类发动机用于现代典型的商用飞机,其特征是直径非常大(在一些情况下,仅受到离地间隙的限制)。这些发动机的涵道比BPR从大约4变化到6,有时更高。

这里有一个标准命名法来定义发动机所有部分的空气热力学参数。例如,静温为TS,总温度为TT。静压为PS,总压为PT,且质量流量被称为W。每个量进一步用下标来表示发动机界面。例如,燃烧器出口处的总温度为TT4,高压和低压涡

第 5 章 发动机性能 121

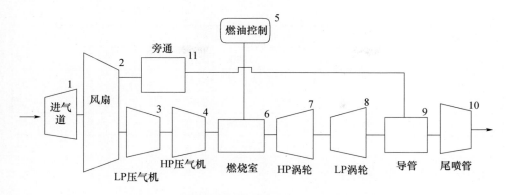

图 5.4 涡轮发动机(数字表示标准发动机部件)

轮机出口处的总温分别为 TT4.5 和 TT5,低压和高压转子转速分别称为 N1 和 N2 (或 N1%,N2%,以百分比给出)。喷气式飞机的飞行力学和噪声模型中使用的参数,如表 5.2 所列。

表 5.2 Turbofan 发动机额定功率参数用于飞行和飞机噪声计算

项目	符号	定义	文本符号
1	W1	质量流量	$\dot{m}$
2	WC2.5	核心流质量流量	—
3	Wf6	燃油流量	$\dot{m}_f$
4	N1%	低压转子转速(%)	N_1
5	N2%	高压转子转速(%)	N_2
6	TT2.1	风扇出口温度(核心流)	—
7	TT2.2	风扇出口温度(外涵道)	—
8	TT3	燃烧室进口温度	—
9	TT4	燃烧室出口温度	—
10	TT5	涡轮温度	—
11	TS9	喷管总温度	—
12	TT14	外涵道出口温度	—
13	FN	净推力	T
14	TSFC	额定耗油率	f_j
15	M9	喷管马赫数(核心)	—
16	TT2.5	低压压气机出口温度	—

续表

项目	符号	定义	文本符号
17	PT2.5	低压压气机出口压力	—
18	PT3	高压压气机出口压力	—
19	PS9	喷管总压	—
20	PT14	外涵道出口总压	—

5.4.1 航空热力学模型

如果考虑在每个部件出口处的空气热力学参数(至少有 ρ、$\dot{m}$、T、P),则发动机工作可用约 40 个参数进行特征描述。然而,还需考虑进气道参数、发动机转速和总体性能(如净推力、SFC、燃油流量和其他参数)。解决问题的方法原理上很简单,但在实践中相当复杂。原则上,需要采用守恒的基本定律(动量守恒、能量守恒和质量守恒),以及气体的状态方程。将这些方程应用于围绕每个发动机子部件选定的控制体积,如图 5.4 所示。进一步考虑二次流效应,如气体和外部环境之间的热流量;在指定压气机级进行放气;对于滑油和燃油压力使用二次项,都可以进一步改进热力学模型。

将这些方程联列在一起,并匹配每个部件的出口和下游部件的入口之间的条件。燃气涡轮发动机方面的书籍会更好地描述这些热力学的知识,许多具有工业标准的计算机程序有助于解决任务需求,其中之一是 NLR[4] 开发的 GSP 程序,已经在工程分析中应用。

5.4.2 设计点的确定

图 5.3 流程图没有给出一个最重要的参数:设计点处的燃油流量(或 TSFC),这个数据不可能得到。有时,文献会给出关于 TSFC 的数据,但这些数据不太可信,因为工作点并未完全指定。值得注意的是,国际民航组织数据库确实包含这个数据①,可以用作指南。计算模拟方法本身不能定义设计点。基于热力学模型,可以进行多个参数的运算,以使发动机额定转速(100% rpm)时燃油流量最小。

设计点被定义为对应于海平面、静态条件、标准大气下设计净推力的发动机工作状态,其中涡轮机温度 TT5(或 TT4.5)等于(或略低于)型号合格证中标注的极限温度值,发动机以 100% rpm 运行。步骤如下:

(1)在估计的设计点周围,生成可变质量流量 W1(固定燃油流量 Wf6)和变量

---

① 国际民航组织发动机数据库,定期更新,国际民航组织和其他航空当局提供电子版。

$Wf6$(固定 $W1$)的性能数据表。

(2)设计点被确定为 TT4.5 曲线和 FN 曲线的交点,该点给出了唯一的 $W1$ 和 $Wf6$ 值。

设计点的确定在图 5.5 中以图形形式给出。iso - FN 和 iso - TT4.5 曲线是在指定条件下(即标准大气、海平面、静态条件下)认证的净推力。

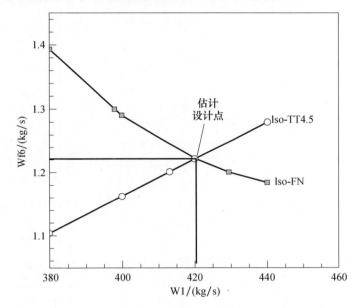

图 5.5 当 N1% =100,静态条件,海平面,标准大气确定设计点的示例

这个过程有一些缺点。事实上,在炎热的日子,以 N1% =100(正常速度)运转的发动机将过热。因此,参考涡轮温度可能超过认证的极限温度,尽管它应该能够正常工作。或者,可以研究对应于标准大气发动机极限转速(如 N1% =104)下的虚拟设计点。

5.4.3 案例研究:通用电气 CF6 - 80C2 发动机

现考虑通用电气 CF6 - 80C2 发动机,该发动机为空客 A300 等飞机提供动力。多年来,通用电气已经发展了至少 23 个这样版本的发动机,每个具有不同的增压比和推力额定值。风扇有 38 个叶片,4 级增压和 80 个复合材料制成的出口导叶。低压(LP)压气机分 4 个级,叶片正交安装。高压(HP)压气机包括 14 个级,具有入口导向叶片;前 5 排定子可变攻角。燃烧室是环形的,环轧件构造,后置安装,采用气膜冷却方式。高压涡轮具有 2 级,而低压涡轮具有 5 级。控制系统为 FADEC。发动机的合格证书包括一份文件,其中包含①使用限制;②允许的燃油、滑油和备件的信息。限制部分在性能分析中很重要,因为它包含了有关转速的限制、某些部件的温度限制和额定推力的数据(见表 5.3)。

表 5.3 选取的 CF6-80C2A3 发动机数据;带 * 的数据为估计值

推力等级	
最大连续(S/L,静态)	24.853kN
起飞(5min,S/L,静态)	26.739kN
平推力温度(连续)	25℃
平推力温度(起飞)	30℃
速度	
设计低压转子(N1)	3280rpm
设计高压转子(N2)	9827rpm
低压转子(N%1),最大	117.0%
高压转子(N%2),最大	112.5%
最大允许温度	
涡轮废气(TS9)	—
起飞(5min)	1233K
最大连续	1198K
起动(40s)	1143K
放气	
压气机,级8,气流(最大)	8.8%
压气机,级11,气流(最大)	1.5%
气流	
设计燃油流量,起飞*	2.457ks/s
设计质量流量	不可用

图 5.6 提供了燃油流量、马赫数和飞行高度的全范围内发动机特性,显示了所选参数的变化趋势:净推力、质量流量、TSFC、出口处 LPT 总温、喷管马赫数及以百分比表示的发动机转速。图 5.6 还给出了发动机使用极限,它们被设定为发动机型号合格证中的约束限制。尽管数据分析是在标准大气条件下进行的,但是可以扩展到其他大气模型,包括冷温度和热温度。

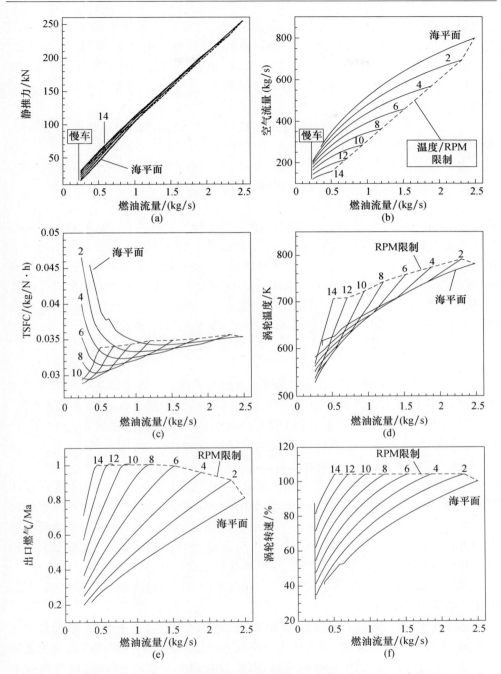

图 5.6 通用电气 CF6-80C2A3 涡轮风扇发动机的仿真,高度间隔 2000m(表示为 2,4,…),发动机限制转速降至 105%,标准大气

燃油流量从中到高之间变化时,燃油流量与净推力之间的关系大致是线性关系,这表明 TSFC 几乎恒定。然而,在低燃油流量和怠速条件下,TSFC 迅速增加。在地面上空转的发动机将具有无穷大的 TSFC,因为发动机不产生有用的推力。在飞机性能分析中使用固定的 TSFC 是不正确的。对于处于空转模式的发动机,燃油流量表示性能更好的指标。

通常情况下,燃油温度的影响非常小,当与其他操作方面相比时可忽略不计。实际上,较冷的燃油导致 TSFC 微小的增加,净推力的减小微不足道。

发动机装机效果 飞机飞行时(巡航或机动飞行时)所需推力称为 T_{req},动力装置提供的推力取决于许多因素。如果 T 是非安装推力,则有

$$T_{req} = (1 + \kappa)T \tag{5.1}$$

式中:因子 κ 考虑了安装损失。"安装损失"广泛地讲是指当发动机装机后所有空气 – 热力学效应造成发动机工作不一样。测试是由发动机制造商在台架上或非装机情况下进行。安装损失包括质量流量的减少(溢流阻力)、流场畸变、尾喷管压降、喷管阻力、不完全燃烧及相关系统造成的损失等。精确估计每个损失是困难的,因为它取决于飞行条件(飞行马赫、高度及所需的推力),并且需要用非常详细的发动机模型来完成。Roth[5] 给出了涡轮喷气发动机分析的示例。

5.4.4 缩放发动机

缩放发动机是指将发动机缩放至更小或更大的推力。该缩放适用于同一系列的发动机,从综合飞机性能的角度来看,同一系列的发动机存在小量细节的不同。例如,CFM56 – 5C2(基本型发动机)的发动机结构类似于同一系列中①的至少 30 个发动机。不同之处包括重新设计的风扇叶片、重新设计的压气机级、推力的减小、不同的燃烧室、压缩比和涵道比等。

除了推力或额定功率外,假设缩比发动机性能是相同的。因此,尽管总压缩比可能不同,它们应当能够在相同的发动机温度和耗油率下提供增加的或减少的推力、功率等级。参考 SFC,在给定的工作点,可以假定缩比的涡轮风扇发动机在缩放的燃料流量 $\dot{m}_f = f_j T$ 下提供的缩放推力 T,其中 TSFC 等于"基本型"发动机。假设油气比与基本发动机相同,相应的空气质量流量也一样进行缩放。

因为缩放发动机的压缩比可能不同,相关部位的压力值需要修正,这些数据将用于一些噪声子模型,在第 16 章进行阐述。

这样处理的理由是,对于发动机细节及其类似的发动机是未知的,或者是难以建模,或者是不可验证的,或者从飞行模拟的角度来说这不重要。以前重新设计的风扇叶片、压气机级的示例没有帮助性,因为它们不与已知的风扇、压气机效率

---

① 联邦航空管理局,型号证书数据表 E38NE;CFM 国际(CFM56 发动机),1996 年 9 月。

(可用一维空气热力学模型)相关联。同样,重新设计的未知温度极限的燃烧室不能用于修正热力学模型。

5.4.5 污染的影响

各种环境的影响会导致发动机性能劣化,在一些严重的情况下,发动机会在几分钟内关闭。最严重的问题之一是灰云。飞机的所有部件(机身、档风玻璃等)可能会发生损坏,但本节仅研究与发动机相关的问题。据报告,在1980—2000年期间,约有80架飞机在火山灰中飞行,具有不同程度的危险性。关键地区是在太平洋附近,这些云可以在FL-300(30000ft)附近快速移动,它们由非常细的颗粒(约$1\mu m$)组成且携带静电荷。

摄入的火山灰会在不同程度上侵蚀风扇叶片、压气机叶片。如果火山灰进入燃烧室,火山灰颗粒会被熔化;它们或黏附到燃烧室壁上并釉化,或者进一步进入到涡轮级(在那里会引起进一步的结构损坏),或者保持在叶片内,从而影响高压气流流出。对飞机系统的副作用还包括损坏皮托管(监测空速所必需的)和空气过滤器(维护客舱压力所必需的)。火山灰的熔点是变化的,大约从1250~1600K[6],在某些情况下,燃烧室温度可能超过该值。

图5.7显示了2010年春天来自Eyjafjallajokull喷发的火山灰粒子的一个例子,斜方粒子最有可能是石英。

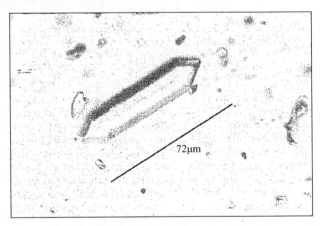

图5.7 冰岛爆发的火山灰颗粒,2010年3月采取
英国South Yorkshire一辆汽车上
(照片来自John Chandler)

作为参考,考虑发动机CF6-80C2A3燃烧室的温度,图5.6给出了性能模拟,相应的燃烧室温度TT4如图5.8所示。阴影区域表示飞行高度在8000m和

12000m(相当于26250ft 和 39270ft)之间的温度 TT4。因此,除非发动机工作在低推力(低温)下且火山灰熔点温度高,否则火山灰很可能熔化在燃烧室内。

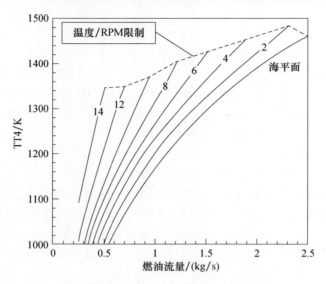

图 5.8　模拟 CF6 – 80C2A3 的燃烧室温度

监测火山灰是一件复杂的事情,超出了飞机性能的范围①。这需要采取的措施包括预留最少 20n mile 的间距,且尽可能在受影响地区的上风处。如果灰云不能避免,飞机将被要求进行 U 形转弯或减小推力,这样就限制了燃烧室温度,降低了颗粒在燃烧室中熔化的风险。

发动机受污染的另一种形式是由于吸入地面上的灰尘和冰,发动机关闭或运转。如果发动机要关闭一段时间,发动机进气口必须封堵,避免日积月累污染物的堆积,否则发动机性能可能会打折扣。

5.4.6　性能恶化

飞机发动机性能劣化取决于发动机工作小时数或周期数。发动机性能损失将造成 TSFC 的增加。这种性能劣化的原因还包括压气机第一级中灰尘的积聚、由于受热不同造成顶端间隙的增加、叶片的腐蚀、封严件的泄漏。可以定期进行发动机维修来减少这些损失;该维修服务能保证在大部分时间内发动机性能最佳。通常,可以实现超过 1% 的 TSFC 改善,如图 5.9 所示。该图是使用从 Pratt & Whitney 提取的数据绘制的,而且是针对典型的高涵道涡轮风扇发动机。发动机维修是以

---

① 全世界有 9 个负责向民航部门提供信息的火山灰咨询中心。

1000 个周期为间隔进行。从数据可以清楚地看出在维修服务计划表内 TSFC 损失超过 1%，对于这种类型的发动机，意味着有相当数量的燃油白白燃烧而没有益处。即使有维修服务，在 4000 个周期之后，仍然存在着 2% 量级的 TSFC 永久损失。

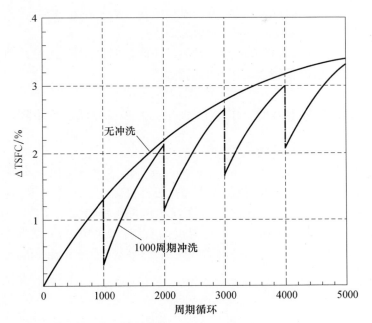

图 5.9　有没有定期清洗情况下的涡轮发动机性能损失
（数据来自 Pratt & Whitney）

在缺少发动机详细数据的情况下，TSFC 中的损失可表示为

$$\Delta f_j(\%) = 2.55 \cdot 10^{-2} + 1.28 \cdot 10^{-3} n + p \tag{5.2}$$

式中：n 为循环的数量，p 为永久性损失，其值取决于已经维修服务的数量。

5.4.7　数据处理

发动机与飞机结合在一起构成飞行力学模型，因此需要进一步深入研究。这里不是每一步都需解决发动机问题，而是在选定的大气温度下生成一个完整的飞行包线。这样做是基于两个原因：①在每个时间步骤下求解发动机问题是一个缓慢的过程；②求解发动机必须以直接和逆向模式进行。如果净推力是约束，则需要计算与指定推力相对应的燃油流量及发动机状态（逆向模式）。函数关系为

$$\mathrm{EngineState}(T) = f(T, M, h, \Delta T) \tag{5.3}$$

如果指定燃油流量,发动机推力 T 可以用直接模式求解,关系式为

$$\text{EngineState}(\dot{m}_f) = f(\dot{m}_f, M, h, \Delta T) \tag{5.4}$$

发动机包线计算会使用大量的数据矩阵。每个包线是一个多维空间矩阵,每个发动机状态参数用向量 $\{M, h, \Delta T, \dot{m}_f\}$ 表示。发动机有几十个状态参数,其源自发动机所有相关部件独立的空气热力学参数数量。为了在本章和后续章节中进行分析,这里仅考虑这些参数的子集,如表 5.2 所列。

发动机包线必须以直接或逆向模式进行插值。例如,在直接模式中,如果 ε 表示通用发动机参数,则依赖性于工况的函数可写为

$$\varepsilon = f(\mathrm{d}T, U, h, \dot{m}_f) \tag{5.5}$$

在向量 $\{\mathrm{d}T, U, h\}$ 定义的工作点上,使用高阶多维方法进行矩阵内插。因此,可以构建一个函数,即

$$\varepsilon_1 = f_1(\Pi) \tag{5.6}$$

在发动机分析中,状态参数可以大于1,这是由于燃烧室温度 TT5 太高,或者涡轮转速 N1% 太高,这些都会使工作点超过设计极限。为了避免发动机运行超过设计点,如图 5.10 所示,计算出状态参数 Π 以匹配可能最差的工况。如果转速在设计限制内,则式(5.6)受到动力涡轮温度的限制,以避免过热;如果发动机超转(通常约为设计转速的 104%),则动力涡轮温度是对应于极限转速的温度。

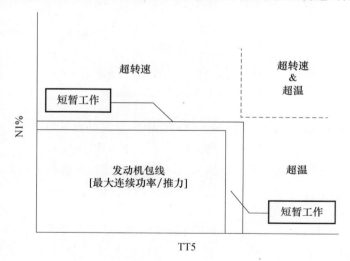

图 5.10　TT5,N1% 限制下的发动机包线
(燃气轮机入口温度和转速)

5.5 涡轮螺旋桨发动机

涡轮螺旋桨发动机是连接螺旋桨的燃气涡轮发动机,是输送轴功率而不是推力。尽管这两种发动机存在一定程度的共性,但在发动机结构上存在实质性差异,涡轮螺旋桨和涡轮风扇都是具有压气机和涡轮单元的连续质量流的发动机。

涡轮螺旋桨发动机由发动机本体、整流罩、发动机支架、防火墙和排气管道组成。在其基本构型中,发动机是由轴流压气机、离心压气机、环形燃烧室、离心燃油喷射系统、多级涡轮和单级自由动力涡轮组成。齿轮轴被认为是传动系统的一部分。燃气涡轮和动力涡轮以不同的转速工作,被安装在2个共轴的轴上(双转子发动机)。发动机的空气热力学图如图5.11所示,对其中的部件和发动机截面采用标准命名,图中仅画出一个压气机单元,压缩比由该部件提供。

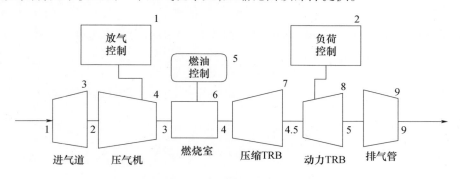

图5.11 涡轮螺旋桨发动机的航空热力学模型

空气通过进气道被吸入,流经多级压气机,进入到燃烧室。燃油由燃油泵通过燃料管线供给到燃烧室中。从燃烧室出来的燃气膨胀到与压气机共轴的涡轮中,燃气在涡轮中进一步膨胀,涡轮通过齿轮箱连接到动力轴,并连接到转轴。这里有一些关于命名的约定,需要重点说明。燃气发生器转速用 N_1 表示,涡轮转速用 N_2 表示。在发动机的认证文件中可以找到这些参数。

图中有多种控制,一种是控制压气机放气,它可用于运行辅助系统,放气会降低轴功率;另一种是控制进入燃烧室的燃油;最后还有一种是控制用于发动机的瞬态分析的轴功率或扭矩控制。

设计点的确定方式与5.4.2节中所述的类似。在这种情况下,需要匹配设计的是轴功率而不是推力,没有参考数据可供比较,因为国际民航组织数据库仅限于涡轮风扇发动机。数据处理遵循5.4.7节中所示的策略。使用的状态参数会有所不同,净推力由轴功率代替,喷管参数包括残余推力 F_g,旁路参数不适用于这种情况。

发动机模型的开发必须使得直接和逆向模式两种都是可行的,如涡轮风扇的情况。在直接模式中,燃油流量是独立的参数;在逆向模式下,轴功率是独立的参数。

5.5.1 案例研究:涡轮螺旋桨 PW127M

该涡轮螺旋桨发动机是一发动机家族(表 5.1)的一部分,发动机是双转子燃气发生器,驱动着六叶 Hamilton 螺旋桨 F568 – 1(6.3.4 节)。发动机主要部件有离心式低压压气机、离心式高压压气机、扩压管、还带有 14 个燃油喷嘴的环形燃烧室、高压轴流涡轮(用以驱动高压压气机)、低压轴流式涡轮(用以驱动低压压气机)及两级用以驱动减速齿轮箱的轴流涡轮,后者通过驱动轴进行连接,且偏置于发动机主轴安装。在变速箱上,有一些子系统,包括螺旋桨制动器、超速调节器和一些泵(滑油、螺旋桨顺桨)。

进气口被偏置,管道呈"S"形,向径向压气机提供均匀进气。该进气道还用作惯性颗粒分离器,过滤掉一些大的异物,如图 5.12 所示。气流也在压气机和油路冷却之间进行分流。

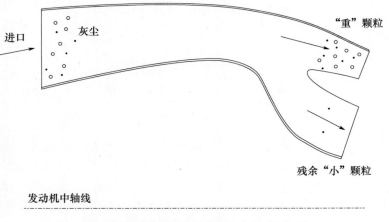

图 5.12　带有惯性颗粒分离器的轴对称、分叉进气口

Pratt & Whitney PW127M 涡轮螺旋桨发动机的性能模拟如图 5.13 所示,图给出了全高度范围内的与燃油流量成函数关系的质量流量、轴功率、涡轮温度 TT5 和发动机转速 N1% 等参数变化曲线。计算模拟是在标准大气静态发动机上进行,可以扩展到任何飞行马赫数和大气温度。

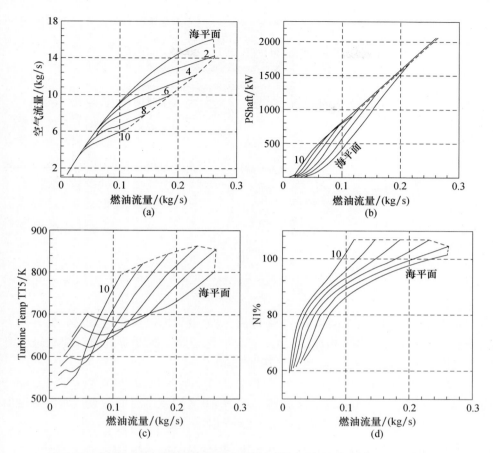

图 5.13 PW127M 涡轮螺旋桨发动机仿真,高度间隔 2000m(表示为 2,4,…),
静态条件,标准大气

5.6 带加力燃烧的涡轮喷气发动机

涡轮喷气发动机是基本型燃气涡轮发动机,如图 5.14 所示。所有(或大部分)气流进入到燃烧室,因为存在着未与燃油充分燃烧的过量空气,加力燃烧可进一步提高发动机推力。

这是喷气发动机 Pratt & Whitney PW F-100 的模型,属于双轴增压涡轮风扇发动机,具有小的涵道比,BPR=0.7。风扇由三级组成,转子叶片材料为钛,其转速为 10400rpm。压气机由 10 级组成,前三级具有可变的静子,其额定速度为 13450rpm,总增压比 OPR 为 24.5。燃烧室是环形的,采用气膜冷却和大直径气力

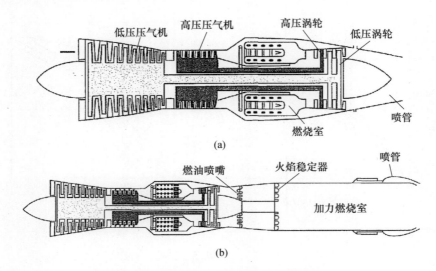

图 5.14 有和没有加力燃烧室的涡轮喷气发动机的图
(a)燃气发动机;(b)加力发动机。

式燃油喷嘴。高、低压涡轮都由 2 个级构成,涡轮最大进口温度约为1340℃。加力燃烧室由 5 个同心喷雾环构成,后面还有火焰稳定器。在发动机的后续型号中可以实现推力矢量,在所有方向上实现20°的偏转。

如果没有后面加热,该发动机的模拟方法和涡轮风扇发动机模拟方法完全一样(5.4 节)。图 5.15 显示了在飞行马赫数 $M=0.8$ 时发动机的参数。如果使用加力燃烧室,则需要在低压涡轮机下游加上一虚拟燃烧室。

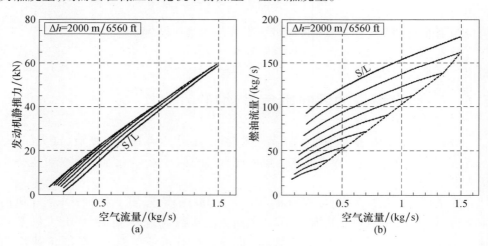

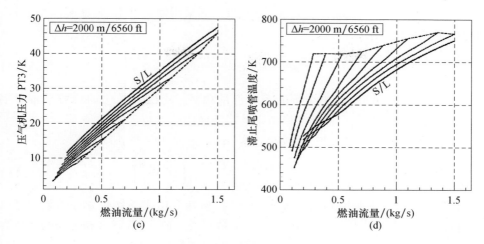

图 5.15　Pratt & Whitney 发动机 F100，标准大气，$M=0.8$

5.7　发动机通用性能

可以用一种基于广义参数的实用方法来表示发动机的性能。这些参数通过量纲分析来识别，但是它们的确定需要某种形式的发动机数据，以便计算最佳拟合曲线。首先，主要推进参数为推力 T；燃油流量 $\dot{m}_f$；转速 rpm；空气速度 U（或马赫数 M_a）；空气温度 T；空气压力 p；发动机直径 d。

由于发动机参数数量相对较大，所以发动机性能可以用数量减少的无量纲或工程量来描述。基本参数是空气速度、转速、净推力和质量流率 $\dot{m}_f$，参数的标准化可以使用前面罗列的剩余量进行演化。

首先，速度 U 可以由马赫数代替，定义马赫数 $M=U/a$，声速可根据飞行高度得出。其次，发动机的转速用 a/d 进行无量纲化，得到参数 $\text{rpm}d/a$。然后，推力 T 由参数 T/pd^2（压力×长度^2 = 力）代替。最后，质量流量 $\dot{m}_f$ 被无量纲参数 $\dot{m}_f/(pd^2/a)=\dot{m}_f a/pd^2$ 代替。进一步推导可以得到一些参数。通过使用相对压力 δ，有

$$\frac{T}{pd^2} = \frac{T}{\delta}\frac{1}{p_o d^2} \tag{5.7}$$

式中：p_o 是海平面处的标准大气压力。声速的定义，$a=\sqrt{\gamma RT}$，有

$$\frac{\text{rpm}\cdot d}{a} = \frac{\text{rpm}}{\sqrt{T}}\frac{d}{\sqrt{\gamma R}} = \frac{\text{rpm}}{\sqrt{\theta}}\frac{d}{\sqrt{\gamma RT_o}} \tag{5.8}$$

$$\frac{\dot{m}_f a}{pd^2} = \frac{\dot{m}_f \sqrt{\gamma RT}}{pd^2} = \frac{\dot{m}_f \sqrt{T}}{\delta}\frac{\sqrt{\gamma R}}{p_o d^2} = \frac{\dot{m}_f \sqrt{\theta}}{\delta}\frac{\sqrt{\gamma RT_o}}{p_o d^2} \tag{5.9}$$

在发动机性能中,通常不使用无量纲参数,而采用修正推力、转速和质量流量、马赫数 M 表示。

$$\frac{T}{\delta}, \frac{\text{rpm}}{\sqrt{T}}, \frac{\dot{m}_f \sqrt{T}}{\delta} \qquad (5.10)$$

在式(5.7)~式(5.9)中余下的系数都是常量。式(5.10)中的参数是带量纲的。推力和质量流量是飞机性能模拟中最广泛使用的参数。

一般而言,修正的参数与马赫数、转速(rpm)的关联性表示为

$$\frac{T}{\delta} = f_1\left(M, \frac{\text{rpm}}{\sqrt{\theta}}\right), \frac{\dot{m}_f \sqrt{\theta}}{\delta} = f_2\left(M, \frac{\text{rpm}}{\sqrt{\theta}}\right) \qquad (5.11)$$

技术文献使用各种方程逼近于式(5.11),包括多项式。这些方程的系数可以从数据库中提取。例如,式(5.11)的第一项被写成空速、飞行高度和转速的函数为

$$\frac{T}{\delta} = c_1 + c_2 M + c_3 h + c_4 h^2 + c_5 \left(\frac{N_1}{\sqrt{\theta}}\right) + c_6 \left(\frac{N_1}{\sqrt{\theta}}\right)^2 \qquad (5.12)$$

式中:系数 c_i 根据经验从数据库中确定。注意,式(5.12)不是唯一的,可以找到其他替代形式。

5.8 辅助动力装置

APU 也是一种燃气涡轮发动机,用于向空中和地面上的飞机提供基本服务,如供电、压缩空气和空调等,并启动主发动机。第一台燃气轮机 APU 安装在波音727(1963 年)上,现在也属于客机的标准技术。

飞机一般在人体不能存活的大气环境下飞行。因此,飞机必须提供合适的机舱压力、温度、湿度和空气循环,通过由 APU 供电的环境调节系统(ECS)来完成。

APU 通常安装在机身后部。进气道通过垂直安定面,喷管通过机身的尾端。典型的 APU 系统结构包括:具有放气阀的单级离心式叶轮、具有可变数量的燃油喷嘴的径向燃烧室、驱动齿轮箱的两级轴流涡轮、排气装置和故障监测系统。齿轮箱被认为是系统的一部分,把高速轴功率降低到运行发电机所需的转速。另外,还必须为燃油控制单元和冷却系统提取功率。有些装置需要在所有飞行高度上哪怕到飞机的使用升限也要自启动,并且在一台发动机失效的情况下为 ETOPS 提供极其重要的服务。

APU 在提供的服务方面需要灵活。功率输出取决于具体要求,有几种工作模式。术语 ECS 是指供应到空调系统的空气泄放,用于典型的飞机舱门操作;这里存在最大 ECS,表示最大飞行器环境条件并且可以包括一些电负载。其他负载条件包括:①空载(与怠速相同);②最大轴负载(仅电轴负载,无空气泄漏);③最大

放气负载(仅抽气,无电力);④最大组合负载(电和放气负载);⑤主发动机起动(向发动机涡轮提供泄放空气,可能有一些电负载)。有许多其他发动机额定值,但没有就 APU 额定值标准达成一致。APU 产生以 kVA(千伏安)为计量单位的电功率和以 kW(千瓦)为计量单位的机械功率,两个单位之间的转换关系式为 1kW = 1.25kVA。

表 5.4 总结了 APU 基本性能和具有代表性的燃油流量。在负载减少的情况下,APU 燃烧相当少的燃油。例如,APU331 - 600 在准备装载状态下使用 160kg/h 的燃油,在最大 ECS 条件下使用 225kg/h 的燃油,其他重要数据包括输出功率和电功率。

表 5.4 典型 APU 燃油流量[kg/s],依靠于载荷类型和环境条件
(RTL = 准备装载,ECS = 环境系统,EL = 电力加载,所有数据在海平面)

APU	RTL	RTL Max EL	Min ECS Max EL	Max ECS Max EL
36 - 300	70	85	105	125
131 - 9A	75	95	115	125
331 - 350	120	140	175	210
331 - 600	160	180	225	290

当难以获取燃油消耗流量时,如果最大组合功率可用,就可以进行粗略估计。以空客 A380 - 800 使用的 PW980A APU 为例,该 APU 额定最大功率为 1800hP(1341kW),然后选择行业内最佳单位耗油率 SFC(约 0.35kg/kW/h),两个数相乘,最大燃油流量为 470kg/h。

表 5.5 是 APU 发动机估计的排放量。为了限制地面排放、降低运行成本和噪声污染,APU 的使用受到严格限制。APU 所需的服务可由地面电源单元(GPU)提供,从机场电力网络运行。

表 5.5 估计 APU 功率和排放数据库(改编自几个数据源)

APU	飞机	$\dot{m}_f$ (kg/hr)	P /kW	HC /(g/kg)	CO /(g/kg)	NO$_x$ /(g/kg)
36 - 150	BAE - 146	68.0	—	0.61	6.45	5.10
36 - 300	A - 320	100.0		0.15	2.05	10.10
36 - 4A	Fokker F - 28	61.0		0.36	13.47	5.10
85 - 129	B - 737 - 100/300	106.5		1.03	17.99	4.75
131 - 9	A - 320, MD - 90	115.5	447	0.37	4.88	6.64
331 - 200ER	B - 757	121.5		0.43	4.13	9.51

续表

APU	飞机	$\dot{m}_f$ (kg/hr)	P /kW	HC /(g/kg)	CO /(g/kg)	NO$_x$ /(g/kg)
331-350	A-330/340	186.0	—	0.23	1.86	9.90
331-500	B-777	243.0	750	0.20	1.89	11.41
331-600	A-340-600	290.0	894	—	—	—
PW901A	B-747-400	391.3	—	1.50	16.78	3.15
PW980A	A-380-861	470.0	1340			

APU 不需要单独的认证。因此,只有极少的数据被颁布公开;压缩比也是不容易获得的其他关键参数。因此,这些发动机的空气热力学不能被模拟。在第 16.5 节中考虑 APU 噪声。在 19.3 节中讨论着陆和起飞排放问题。

5.8.1 案例研究:霍尼韦尔 RE-220 APU

该 APU 为飞机 Gulfstream G550 供电,该装置能够提供 40kVA 或 45kW 的电功率,并排出 4.48bar 的空气用于起动主发动机和用于环控。其工作范围达到 45000ft,在 43000ft 可以实现重启动。基本数据如下:$m = 108$kg,进口面积 = 0.677m^2,排气面积 = 0.0613m^2,额定 EGT = 732℃ (最大连续),转子转速 = 45585rpm,最大转子速度为 106%。图 5.16 给出了一些图表,显示了该装置的估计性能,比值 P/δ 是指净轴功率除以相对压力。

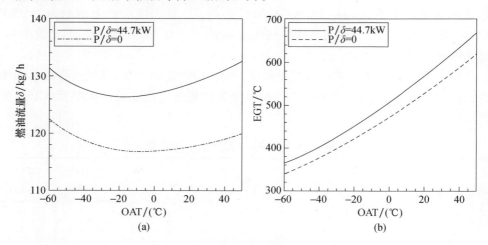

图 5.16 G550 APU 系统的预计性能

小结

本章对现代燃气涡轮发动机进行了简要描述。当前的问题是确定适用于模拟飞机性能的发动机模型；由于缺乏可靠的数据，特别是在设计点，模拟就变得较为复杂。然而，可以定义相当精确的一维热力学模型，提供出大部分所需的发动机参数。设计点被定义为在发动机额定转速时恒定推力与恒定涡轮温度线的交点。该方法适用于高涵道比涡轮风扇、涡轮螺旋桨发动机和低涵道比军用发动机。这些简化的模型总有些不足。因此，可以广泛地采用通用方程，对具体的发动机而言，只需要确定一些参数。

此外还考虑了发动机污染的影响，如火山灰的影响。最后讨论了APU及其作用。APU模型类似于其他燃气涡轮发动机，尽管有很少的数据供实际模拟应用。

参考文献

[1] Mattingly J D. *Elements of Gas Turbine Propulsion*. McGraw – Hill, 1996.
[2] Oates GC. *Aerothermodynamics of Gas Turbine and Rocket Propulsion*. AIAA Educational Series, 1988.
[3] Archer RD and Saarlas M. *An Introduction to Aerospace Propulsion*. Prentice Hall, 1996.
[4] Visser WPJ and Broomhead MJ. GSP: A generic object – oriented gas turbine simulation environment. In *ASME Gas Turbine Conference*, number ASME 2000 – GT – 0002, Munich, Germany, 2000.
[5] Roth B. A method for comprehensive evaluation of propulsion system thermodynamic performance and loss. AIAA Paper 2001 – 3301, 2001.
[6] Swanson SE and Beget JE. Melting properties of volcanic ash. In *First Int. Symp. on Volcanic Ash and Aviation Safety*, Bulletin 2047, Seattle, WA, July 1991. US Geological Survey.

第6章 螺旋桨性能

6.1 概述

螺旋桨飞机推进方式仍然是将发动机功率转换为有用推力的最广泛的方法。根据飞行条件,我们寻求向飞机提供指定推力或功率所需的螺旋桨参数(6.2节)。当螺旋桨本身的详细数据未知时,计算推进性能的最简单有效的方法是轴向动量理论(6.3.1节)。当螺旋桨本身的详细数据已知时,动量理论和叶素理论的结合(6.3.2节)以及跨声速流的辅助模型为螺旋桨分析提供了一种强大而准确的方法。螺旋桨与飞行力学一体化在6.4节中讨论。结果表明,当产生我们指定的推力或功率时,螺旋桨通常不在其最佳性能点工作。

关键词:螺旋桨参数,推进模型,动量理论,叶素法,飞行力学集成,螺旋桨安装

6.2 螺旋桨定义

螺旋桨分析的基本参数是来流速度 U、转速(rpm)和桨尖马赫数 M_{tip}。另外,还有一些几何参数:叶片数量、桨叶直径 d、桨叶角 ϑ、桨叶截面翼型、弦长分布、桨尖形状和桨毂形状。

桨叶角为螺旋桨在旋转轴法向平面上的量度,如图6.1所示,测量桨叶角的参考线为弦长。图6.1显示了如何计算当地来流角。假设桨叶截面的径向位置为 y,则总的来流速度为 $\sqrt{U^2+(\varOmega y)^2}$,合速度方向与弦线夹角为 α,也即当地来流角或称桨叶截面攻角。

净推力是前飞方向的空气动力合力。阻力平行于来流速度,升力与叶素阻力垂直。产生的推力方向平行于旋转轴。

实度 σ 为桨叶面积(沿转盘方向投影)与转盘面积的比值[①]:

$$\sigma = 2\frac{N\bar{c}}{\pi d} \tag{6.1}$$

---

① 请注意,σ 与空气的相对密度相同。维持目前螺旋桨和直升机分析中使用的惯例,并使用 σ 表示坚固性。因此,为了避免混淆,空气密度只使用 ρ。

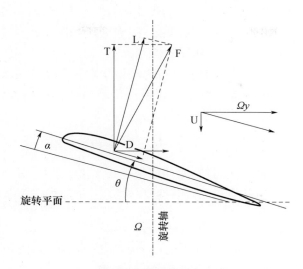

图 6.1 桨叶截面受力

式中:N 为桨叶数量,$\bar{c}$ 为平均弦长。实度 σ 是一个非常重要的设计参数。实际上,螺旋桨系数可以通过实度 σ 进行归一化,以此来表示有效桨盘载荷。工程上,为了使数据更加有用,需要测量桨性能。下面为推进效率,即桨推进功率和发动机转轴输出功率的比值:

$$\eta = \frac{TU}{P} \tag{6.2}$$

推进效率表示前飞速度 U 下,螺旋桨将发动机功率(或轴功率)转换为有用功率的能力。效率可用其相关参数表示为

$$\eta = f(U, \text{rpm}, d, \vartheta, \cdots) \tag{6.3}$$

当飞机处于地面静止状态,转换效率为 0,燃料产生的轴输出功率全部损失。能量 E 在桨叶上耗散,转换为滑流,从而产生轴向和旋转速度。一般地,轴输出功率为

$$P = TU + E \tag{6.4}$$

通过量纲分析,来流速度、旋转速度和桨直径可由另一无量纲量前进比代替:

$$J = \frac{U}{\text{rpm} \cdot d} \tag{6.5}$$

或

$$J_1 = \frac{U}{\Omega R} = \frac{U}{U_{\text{tip}}} \tag{6.6}$$

这两种前进比互成正比,$J_1 = J(60/\pi)$。前进比是螺旋桨旋转一周的前进距离的量度,以直径数量进行度量。前进比也是一个换算参数,其表明所有具有相同前

进比且几何相似的螺旋桨都具有相同的性能指标。换句话说,一个直径 4m、转速 1000rpm、来流速度 70m/s($J=0.33;136$kt)螺旋桨同直径 2m、转速 2000rpm、相同来流速度的另一缩比螺旋桨具有相同的性能。

对传统航空螺旋桨,桨尖速度 $U_{tip}=\Omega R$ 被限定在亚声速范围以防止波阻损失、噪声太大及保证振动在可接受范围。如果采用马赫数,则飞行状态的桨尖马赫数为

$$M_{tip} = \frac{U_{tip}}{a} = \frac{1}{a}\sqrt{U^2 + (\Omega R)^2} \tag{6.7}$$

螺旋桨图表(以桨叶角为参数)被用于螺旋桨飞机的航程和航时计算。

此外,还定义了一些其他的无量纲参数,如功率、推力和扭矩系数,这在螺旋桨图表上都能看到:

$$C_T = \frac{T}{\rho A (\Omega R)^2}, C_P = \frac{P}{\rho A (\Omega R)^3}, C_Q = \frac{Q}{\rho A (\Omega R)^2 R} \tag{6.8}$$

效率和前进比的关系包含了式(6.8)中的参数:

$$\eta = J\frac{C_T}{C_P} \tag{6.9}$$

尽管螺旋桨性能分析至关重要,但在给定速度、高度和重量下,式(6.8)中各参数对确定飞行所需的发动机功率是无用的。通常,螺旋桨操作是以定转速或定桨距进行分析,转速和桨距同时变化也有可能。鉴于此,得到不依赖于转速的螺旋桨性能数据很有必要。如果桨距固定,效率曲线则只随前进比变化。

主要的螺旋桨理论由 Glauert[1]、Theodorsen[2]、von Mise[3]等得到。用于基本性能计算的数据和图表可在一些老的 NACA 报告中找到,像 Hartman、Biermann[4-5]和 Theodorsen[6]等。更先进的概念可在 AGARD CP-366[7]中查到。螺旋桨性能的其他重要方面包括桨与机翼、机身的相互干扰[8-9]、压缩性影响和螺旋桨声[10-11],将在第 16 章单独讨论。

一架飞机螺旋桨计算模型的建立依赖于流程图 6.2,3 种类型数据必须包含:

(1)约束。主要包括类型认证数据(变距还是定距、变转速还是定转速、反转模式、桨距选择、制动系统以及其他一些定量或定性的参数)。此外还有功率和扭矩约束(包括定常和非定常)及设计功率、风向和相对速度①。按照额定功率的指定参考,有最大连续功率(和扭矩)、最大起飞功率(和扭矩)及最大反转功率。

---

① 可以有额外的数据,如软件需求、飞机集成和除冰设备。例如,参见 CAA:型号证书数据表,Dowty R391 螺旋桨,编号 116,第 7 期,2003 年 2 月。

(2) 几何形状。包括选定站位的桨叶截面几何形状、旋翼几何形状(桨径、桨叶数目、扭转角等)、质量分布及其他相关参数。除了少数例外情况,桨叶截面形状是未知的。

(3) 气动性能。包括桨叶截面随攻角、马赫数变化的气动性能。如果马赫数不高,还需要考虑跨声速模型的气动性能。为全面起见,还需考虑桨毂阻力及安装的干扰影响。

通常会丢失一些关键的数据:桨叶截面几何形状、桨叶扭转及桨叶三维特性,如轴向和径向扭转(马刀型桨叶)。然而,可以从螺旋桨优化设计基础上获得这些参数。图 6.2 中的气动性能模块依赖于第 4 章的方法,尤其是跨声速翼型产生的气动性能(图 4.20)。

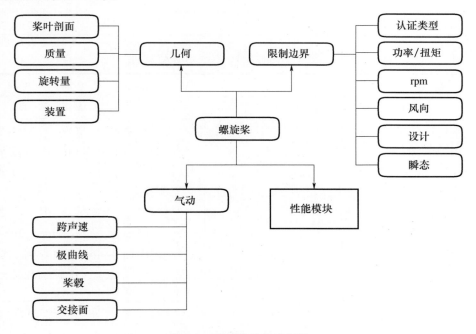

图 6.2 螺旋桨模拟流程图

6.2.1 螺旋桨约束条件

认证文件通常包括风速和输出功率限制。以表 6.1 中 Dowty 螺旋桨 R391 (Lockheed 382J 和 C-130J, Alenia C-27J)为例。它是一个直径 4.115m 的六叶桨,复合玻璃纤维制成,碳纤维增强结构,镍前缘护套用来防侵蚀。该螺旋桨桨距可变、转速恒定、顺桨、可反转,通过液压机械控制。地面操纵和飞机刹车可以手动选择桨距进行控制。证书类型文档报告,电子控制软件可以满足最严标准。

表 6.2 是一些螺旋桨性能数据及其应用的总结[①]。

表 6.1 Dowty 螺旋桨 R391 设计限制 Ψ_W 是风向

$\Psi_W/(°)$	P/kW	V_W/kt
45 – 90	<750	60
270 – 315	—	—
45 – 90	>750	15
270 – 315	—	—
90 – 270	<750	45
90 – 270	750 – 3000	15
90 – 270	>3000	5

表 6.2 一些典型的螺旋桨及其应用

螺旋桨	飞机	N	d/m	rpm	P/kw	W/kg
Hamilton 14SF	ATR42 – 300, CL – 415	4	3.96	1200	2050	156
Hamilton F568	ATR72 – 500	6	3.93	1200	2050	164
Hamilton 247F	ATR72 – 211	4	3.96	1200	2048	156
Dowty R408	Dash8 – Q400	6	4.12	1020	3782	252
Dowty R391	C – 27J, C – 130J	6	4.12	1020	3505	326
Dowty R334	CASA212 – 300	4	2.79	1591	689	87
Dowty R175	FoKKer F27	4	3.66	—	1170	—
Dowty R193	FoKKer F27	4	3.51	—	<1672	203
Dowty R352	FoKKer F50(F27 – 050)	6	3.65	1200	1624	172
Dowty R410	FoKKer F50(F27 – 050)	6	3.65	1200	1624	172
Dowty R381	Saab – 2000	6	3.81	1100	2786	227
Ratier – Figeac FH386	Airbus A400M	8	5.31	850	8195	360
Hartzell HC – E5N	Piaggio Avantio	5	2.16	2000	634	81
Hartzell HC – B3TN – 3D	DeHavilland DHC6	3	2.59	2110	462	50

---

① 根据 CAA、EASA 和 FAA 发布的螺旋桨和/或其飞机的型号证书编制的数据。注意,每架飞机都有几种螺旋桨版本。在存在多个版本的情况下,数据被平均化。有关详细信息,请参阅相应的文档。

恒定转速螺旋桨在不同飞行状态转速可能不同,以装在 Dash8 – Q400 涡轮螺旋桨飞机上的 Dowty R408 螺旋桨为例。该螺旋桨各状态转速等级不同,转速 1020rpm(起飞状态,如表 6.2)、900rpm(爬升状态)、850rpm(巡航状态)。这些转速及对应的扭矩均由螺旋桨电子控制系统操控(专业术语称 PEC)。PEC 系统根据飞行状态控制螺旋桨参数。对给定的发动机轴输出功率,桨尖速度的减小会导致 C_T 和 C_p 增加。

6.3 推进模型

气动分析主要通过以下两个复杂和精度递增的理论完成:①轴向动量理论(恒定来流速度或来流速度)(6.3.1 节);②桨叶动量理论(6.3.2 节),可延伸包括叶素动量理论,可对非轴向飞行状态下的螺旋桨性能进行详细计算。

6.3.1 轴向动量理论

该理论对于只知道一些数据如:直径、转速和桨叶数目的螺旋桨的性能估算很有用。该理论基于最基本的理论基础:将螺旋桨的旋转能量转换为有用推力(Rankine – Froude 动量理论)。该理论概念简单但十分重要,因为它提供了一种对已知螺旋桨功率和推力的一阶估算方法。

根据基本动量理论,螺旋桨被简化为一个旋转的桨盘,将其轴向力矩传给通过它的空气。为了便于此处讨论,假设空气是不可压缩的。为了参考,取截面 0(远前方)、截面 1(桨盘上游附近)、截面 2(桨盘下游附近)、截面 3(远后方)进行分析,如图 6.3 所示。截面处变量下标与截面保持一致。

该理论假定沿有限流线的通量为 0,并且通过桨盘的速度是连续的。无穷远处来流速度等于螺旋桨前进速度,即 $U = U_o$。通过流管的不可压缩质量流量变化率的连续方程可写为

$$Au = \text{const} \tag{6.10}$$

螺旋桨推力等于通过桨盘的轴向动量变化率,有

$$T = A(p_2 - p_1) \tag{6.11}$$

对螺旋桨上游截面 0~1 及下游截面 2~3 处气流应用伯努利方程,有

$$p_o + \frac{1}{2}\rho U^2 = p_1 + \frac{1}{2}\rho U_1^2, p_o + \frac{1}{2}\rho u_3^2 = p_2 + \frac{1}{2}\rho U_2^2 \tag{6.12}$$

两方程相减得到通过螺旋桨的压差,即

$$p_2 - p_1 = \frac{1}{2}\rho(u_3^2 - U^2) \tag{6.13}$$

由连续方程可知,通过桨盘的速度是连续的,即 $u_1 = u_2$。由式(6.11)可知,螺

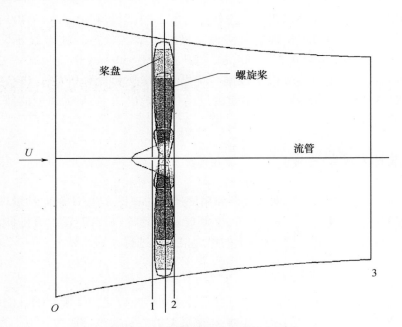

图 6.3 飞机螺旋桨的一维轴流模型

旋桨产生推力为

$$T = \frac{1}{2}\rho A(u_3^2 - U^2) = \rho A_3 u_3(u_3 - U) \tag{6.14}$$

总功率为

$$P = T(u_1 + U) = \frac{1}{2}\dot{m}(u_3 + U)^2 - \frac{1}{2}\dot{m}U^2 = \frac{1}{2}\dot{m}u_3(u_3 + 2U) \tag{6.15}$$

传给气流的能量为

$$E = \frac{1}{2}A_3\rho u_3(u_3^2 - U^2) \tag{6.16}$$

当滑流速度等于螺旋桨速度时该能量值最小。式(6.15)和式(6.16)相加可得螺旋桨所做的总功。远后方滑流速度 u_3 与桨盘处气流速度 u_1 及来流速度 U 有关。螺旋桨吸收推力为

$$T = \dot{m}(u_3 + U) - \dot{m}U = \dot{m}u_3 \tag{6.17}$$

联立式(6.15)和式(6.17),有

$$u_1 = \frac{1}{2}u_3 \tag{6.18}$$

式(6.18)表明,桨盘处流速等于螺旋桨速度与远后方流速的平均值。对于一静止螺旋桨,该式给出了桨盘处的诱导速度,即:

$$u_1 = v_i = \frac{1}{2}u_3 \qquad (6.19)$$

对应的诱导功率为 $P_i = Tv_i$，推力变为

$$T = 2\rho A(U + v_i)v_i \qquad (6.20)$$

式中：$\rho A(U + v_i)$ 为通过桨盘的质量流量，$2v_i$ 为总速度增量，对应的功率为推力和通过桨盘速度的乘积，有

$$P = T(U + v_i) = 2\rho A(U + v_i)^2 v_i \qquad (6.21)$$

上述功率表达式包含两项：①有用功 TU；②诱导功率 Tv_i，即由于传给气流导致的动能损失。推进效率为

$$\eta = \frac{TU}{T(U + v_i)} = \frac{U}{U + v_i} \qquad (6.22)$$

因此，推进效率随诱导速度增加而减小。如果 $U = 0$，效率也为 0，如预期。诱导速度的推力表达形式如式(6.20)中括号里所示，其解唯一且为正值 v_i。

$$v_i = \frac{1}{2}\left[-U + \sqrt{U^2 + \frac{2T}{\rho A}}\right] \qquad (6.23)$$

静止状态下，$U = 0$，有

$$v_i = \sqrt{\frac{T}{2\rho A}}, \quad P_i = \sqrt{\frac{T^3}{2\rho A}} \qquad (6.24)$$

该基本理论的一个重要方面是压力的表现形式。对螺旋桨的上游点或下游点，存在总压守恒（静压和动压之和 $q = \rho U^2/2$）。总压由伯努利方程给出，如式(6.12)所示。发动机功率用于增加通过桨盘气流的动能。因此，得出结论：该理论涉及气流通过桨盘的压力突增，同时流管中的气流的速度是连续的，流动经历加速，由连续方程（式(6.10)）可知，滑流区面积必定收缩。

变化的来流条件 进行进一步的细化。对于非均匀轴向来流，需要将轴向动量变化沿桨盘积分，可得

$$T = \int_A \rho u_3(u_3 - U)\mathrm{d}A \qquad (6.25)$$

在此我们假设流动通过桨盘呈轴对称分布，这对沿轴向飞行的螺旋桨非常合理。该假设导致上述理论稍微有所修改。考虑宽度为 $\mathrm{d}y$ 的微环，其对应面积为 $\mathrm{d}A = 2\pi y\mathrm{d}y$，由质量流量所产生的推力微元为

$$\dot{m} = \rho(U + v_i)\mathrm{d}A \qquad (6.26)$$

通过该微圆环有

$$\mathrm{d}T = 2\rho(U + v_i)v_i\mathrm{d}A = 4\pi\rho(U + v_i)v_i y\mathrm{d}y \qquad (6.27)$$

定义诱导速度比率如下：

$$\lambda = \frac{U + v_i}{\Omega R} = \frac{U + v_i}{\Omega y}\frac{\Omega y}{\Omega R} = \left(\frac{U_n}{U_t}\right)r = \tan\phi r \qquad (6.28)$$

式中：U_n 和 U_t 为速度在旋转平面的法向和切向分量，ϕ 为来流角。一般的，U_n 远小于 U_t。因此，作如下近似

$$\tan\phi \simeq \phi = \frac{U_n}{U_t} = \frac{\lambda}{r} \tag{6.29}$$

如果引入来流速度比及式(6.28)，有

$$\mathrm{d}T = 4\pi\rho\left(\frac{U+v_i}{\Omega R}\right)\left(\frac{v_i}{\Omega R}\right)(\Omega R)^2 y\mathrm{d}y = 4\pi\rho\lambda\lambda_i(\Omega R)^2 y\mathrm{d}y \tag{6.30}$$

式中：$\lambda_i = v_i/\Omega R$，λ_i 为无轴向飞行速度时的诱导速度比。也可写为

$$\lambda_i = \frac{v_i}{\Omega R} = \frac{v_i}{\Omega R} + \frac{U}{\Omega R} - \frac{U}{\Omega R} = \lambda - \frac{U}{\Omega R} = \lambda - \lambda_c \tag{6.31}$$

式中：$\lambda_i = v_i/\Omega R$，对式(6.30)积分，可得总推力为

$$T = 4\pi\rho(\Omega R)^2 \int_o^R \lambda\lambda_i y\mathrm{d}y \tag{6.32}$$

功率微元为 $\mathrm{d}P = \mathrm{d}Tv_i$，因此

$$P = 4\pi\rho(\Omega R)^3 \int_o^R \lambda\lambda_i^2 y\mathrm{d}y \tag{6.33}$$

上式积分只适用于诱导速度的轴向分布已知的情况，可结合桨叶动量理论(6.3.2 节)结果求解，也可进行各种进一步的改进，对在自由流方向上以任意角度倾斜且在旋转平面上有任意载荷分布的螺旋桨/转盘的情况进行建模[12]。

6.3.2 叶素方法

轴向动量理论给的是积分形式，如推力和功率。这些特性似乎不依赖于螺旋桨的几何外形，显然存在不足。叶素方法的出现使得将螺旋桨的几何信息考虑进去变得可能，产生的理论也更加详细。如果有效编程，对大多数飞行状态下的发动机性能分析就会是一个强有力的工具。

在本节中，桨叶截面看作是一个二维截面，当地来流状态可由图 6.1 分析得到。然而对来流的定义还不明显，桨叶微元以及桨叶之间的相互干扰也没考虑，否则该方法会更加有效，它能根据桨叶详细几何参数及二维截面气动性能进行桨叶基本性能的计算。

来流角、桨叶角和攻角的关系如下：

$$\alpha = \vartheta - \phi \tag{6.34}$$

式中：桨叶角为几何参数，桨叶截面攻角和来流速度为飞行自由参数。作用于桨叶截面的升力和阻力为

$$\mathrm{d}L = \frac{1}{2}\rho c C_L U^2 \mathrm{d}y \tag{6.35}$$

$$dD = \frac{1}{2}\rho c C_D U^2 dy \qquad (6.36)$$

把这些力沿着桨盘法向和切向进行分解,得到一个叶片的推力、扭矩和功率分量

$$dT = dL\cos\phi - dD\sin\phi \qquad (6.37)$$
$$dQ = (dL\sin\phi + dD\cos\phi)y \qquad (6.38)$$
$$dP = (dL\sin\phi + dD\cos\phi)\Omega y \qquad (6.39)$$

这些量可通过定义推力、扭矩和功率系数进行无量纲化,从内侧截止点到桨尖对其进行积分,得 N 个叶片的总推力、扭矩和功率。

事实上,这些积分并不能直接求解而要通过数值积分求解,如果我们把桨叶分为 n 个微元,每段微元径向宽度为 dy_j,则有

$$T = N\sum_{j=1}^{n}(dL_j\cos\phi_j - dD\sin\phi_j) \qquad (6.40)$$
$$Q = N\sum_{j=1}^{n}(dL_j\sin\phi_j + dD\cos\phi_j)y_j dy_j \qquad (6.41)$$
$$P = N\sum_{j=1}^{n}(dL_j\sin\phi_j + dD\cos\phi_j)\Omega y_j dy_j \qquad (6.42)$$

代入式(6.35)和式(6.36)联合求解。上述气动力中出现的所有量都随径向位置变化,包括弦长、空气密度(对高速流动)、C_l 和 C_d。气动力系数取决于有效来流角 α,雷诺数 Re 和马赫数 M_a。关键问题是找出各桨叶截面的初始来流角 ϕ、合成来流角 α 和实际来流速度 U。

通过初始来流角 ϕ,将桨叶截面的气动力系数 C_l 和 C_d 转换为螺旋桨系数 C_x 和 C_y,有

$$C_x = C_l\sin\phi + C_d\cos\phi \qquad (6.43)$$
$$C_y = C_l\cos\phi - C_d\sin\phi \qquad (6.44)$$

接着计算干扰因子。根据格劳厄特准则,干扰因子为

$$a = \sigma\frac{k}{F-\sigma k},\ a' = \sigma\frac{k'}{F+\sigma k'} \qquad (6.45)$$

式中:

$$k = \frac{C_y}{4\sin^2\phi},\ k' = \frac{C_x}{4\sin\phi\cos\phi} \qquad (6.46)$$

来流角可表示为

$$\tan\phi = \frac{U}{\Omega y}\frac{1+a}{1-a'} \qquad (6.47)$$

式(6.45)中修正因子 F 为

$$F = \left(\frac{2}{\pi}\right)\cos^{-1}\mathrm{e}^{-f(r)} \tag{6.48}$$

式中：

$$f(r) = \frac{N}{2}\frac{1-r}{r\phi} \tag{6.49}$$

来流角未知，需要进行迭代，上述修正是因为桨叶截面的流动与绕翼型流动不同，桨尖和桨根部均存在三维效应，导致升力损失，进而导致推力损失。

修正后的推力为 $\mathrm{d}TF(r)$，$F(r)$ 曲线图表明它与沿展向大多数微元段中的一个一样，但它在桨尖会快速趋于 0，变化率取决于桨叶数目和来流角。

来流角的迭代历程显示收敛特性较差，除非进行修正。首先，很可能干扰因子 a 和 a' 取值太大。根据 Adkins 和 Lieback 理论，限定 $a \leqslant 0.7$，$a' \leqslant 0.7$。其次，更重要的是，除非采用一些低松弛因子，否则，在高载荷螺旋桨上，该迭代进程不会收敛。设 i 为某一桨叶截面处的迭代次数，建议低松弛因子如下：

$$\tilde{\phi}_{i+1} = \frac{1}{2}(\phi_i + \phi_{i+1}) \tag{6.50}$$

式中：$\tilde{\phi}$ 代表第 $i+1$ 步迭代处的来流角修正值，ϕ_{i+1} 为预计的来流角。收敛情况的不同表现形式如图 6.4 所示。可以看出，使用式(6.50)收敛稳定且快，没有低松弛因子，无法收敛。

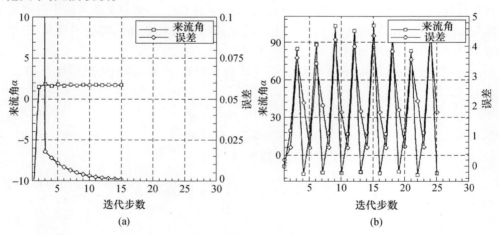

图 6.4 松弛因子对来流角高载荷螺旋桨的影响($y/R = 0.96$)

以上方法忽略了很多现实困难，这些与已知的空气动力学数据的格式有关。理想地，应该有像 $C_d = C_d(\alpha, M)$，$C_l = C_l(\alpha, M)$ 这样的矩阵形式的数据。

螺旋桨调节 螺旋桨可被调节到提供所需推力、功率和扭矩。其中一种方法是指定飞行状态(h、TAS、rpm)，根据所需参数决定总距，一个合适的数值方法就是二分法。该方法包含括号里的解决方案(如总距),分别对应一个小值 ϑ_1 和大值 ϑ_2。

6.3.3 非轴向飞行螺旋桨

当螺旋桨轴线与飞行速度方向不同时会出现非对称飞行,这种情况下通过制动盘的气流是变化的,因此会出现不同程度的非定常流动和机械振动。后者对一些涡轮螺旋桨飞机比较常见。从推进视角看,轴功率和净推力将发生变化,由此产生的进出桨盘平面的力和力矩对飞行控制过程分析是非常重要的。

为了弄明白非对称入流产生的原因,考虑到机身的气动影响改变了桨盘处的有效迎角,以及飞机姿态的影响,尤其是爬升结束飞行姿态。

为了开始分析,我们现在螺旋桨上取一参考坐标系。规定 x 轴与螺旋桨旋转轴方向一致,y 轴在水平面内指向飞行方向右边。Z 轴以 x、y 轴为基准按右手坐标系选取,即 z 竖直向下。桨盘绕 x、y、z 轴的旋转分别称为滚转、俯仰和偏航。这些旋转发生的顺序非常重要。在下面分析中,仅考虑俯仰和偏航,因为滚转影响非常小,除非飞机作大机动动作。图 6.5 给出了俯仰和偏航角。

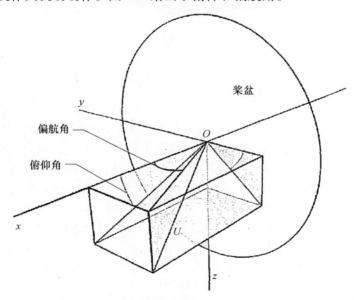

图 6.5 螺旋桨参考坐标系及旋转角

当螺旋桨沿某一方位前进时,其推力微元 dC_T 分布如图 6.6 所示,对应状态偏航角 5°、俯仰角 10°、典型的巡航状态。尽管桨叶截面受非定常入流状态影响,该状态仍按准定常计算,即桨叶截面由一个定常状态移动到下一个。

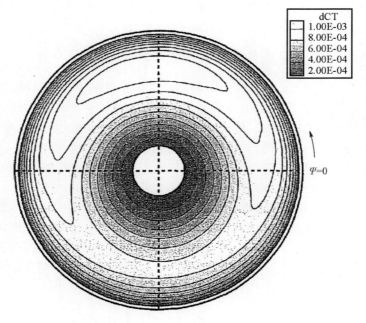

图 6.6 推力微元 dC_T 分布

6.3.4 案例研究 Hamilton – Sundstrand F568 螺旋桨

F568 是 Hamilton – Sundstrand 为型号 ATR42、ATR72、CASE C295 和 Ilyushin – 114 – 100 发展的用于涡桨动力飞机的现代螺旋桨[①]。螺旋桨为六叶桨,名义直径 3.93m,采用非线性扭转和后掠桨尖设计。桨叶表面采用凯夫拉纤维加石墨材料,桨尖采用钛带以防腐蚀,桨毂用钢制成,螺旋桨系统受保护以防飞行中的低俯仰角、超速及液压压力损失,俯仰角限定在 – 14°(反转)到 78.5°(顺桨)。

额定转速为 1200rpm,对应发动机轴功率 2244kW,朝前看为顺时针旋转。桨叶装有电除冰设备,一些桨叶之间可以进行互换,重构螺旋桨的几何外形如图 6.7 所示。

螺旋桨[②]由涡轮通过减速箱进行驱动,总桨叶角由液压 – 机械组件控制(螺旋桨阀门模块装在发动机机舱里)。桨叶角控制为电子式带有液压机械反馈。螺旋桨阀门模块由每台发动机上的电控单元进行控制,螺旋桨接口单元传输控制到驾驶舱面板上。螺旋桨阀门模块有很多重要作用,包括转速控制、超速控制、反转控

---

① 制造商用 568 号标识螺旋桨:5 是设计号;6 是叶片数量;8 是叶片柄尺寸;f 表示法兰安装。此外,还可以有另一个标识符,如 568 – X,其中 X 表示飞机应用。
② 该信息改编自 ATR72 – 500 飞行机组操作手册。

第 6 章 螺旋桨性能 153

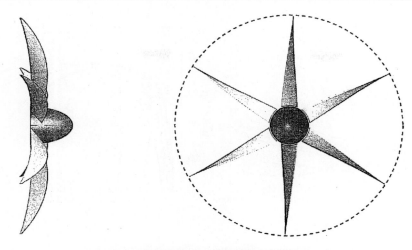

图 6.7　F568 螺旋桨和桨毂的侧视图与前视图

制、顺桨、低桨叶角保护和同步定相,后几项涉及螺旋桨间的相位同步,对螺旋桨间的噪声干扰控制非常重要(见 16.8 节螺旋桨噪声)。

螺旋桨电子控制是一个硬件 – 软件盒,通过闭环反馈来控制。控制输入为扭矩 $Q = P/\Omega$,当燃料流量较低时,控制单元可能无法调节桨叶角来匹配扭矩。因此,要降低转速。事实上,转速有一系列数值,爬升和巡航时到 82%(984rpm)、起飞着陆时到 100%。这是一个很重要的事实:根据飞行阶段的不同,螺旋桨取不同的转速,再通过桨叶角控制维持该转速。

图 6.8 表明,对于选定的桨距,在飞行计算程序中,螺旋桨性能(效率、轴功率、净推力和最大截面 L/D)是前进比(和 KTAS)的函数。图 6.8(a) 表面,通过总桨叶角的适当选择,可以使得螺旋桨推进效率随飞行速度增大而几乎不变。

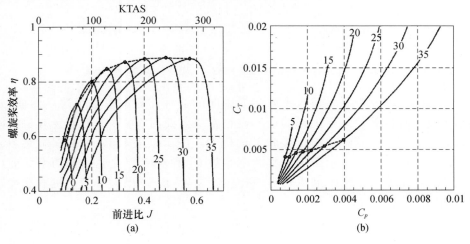

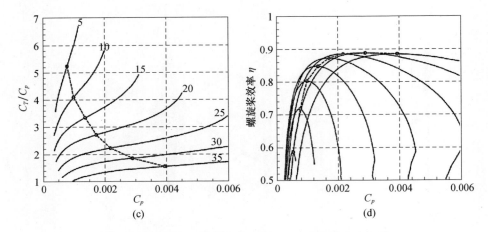

图 6.8　Hamilton – Sundstrand F568 – 1 螺旋桨性能计算

飞行高度对螺旋桨推进效率的影响可以忽略不计。然而，螺旋桨本身的性能（轴功率和净推力）很大程度上取决于飞行高度，如图 6.9 所示。

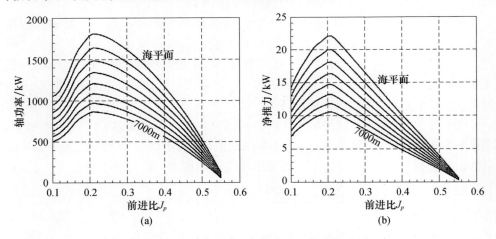

图 6.9　Hamilton – Sundstrand F568 – 1 螺旋桨高度性能计算

早期的气动分析主要是入流方向沿轴向的这种比较简单的情况。然而，螺旋桨被要求在偏航状态下工作的情形也很常见。此时，不可避免地会有一些附加限制。另一个限制涉及螺旋桨和发动机的匹配。以图 6.10 中的螺旋桨图表为例进行说明。该图显示了螺旋桨功率系数 C_P 和对应的发动机轴功率随前进比的变化情况。图中水平虚线表明，螺旋桨产生的 C_P 可以大于发动机的最大轴输出功率。

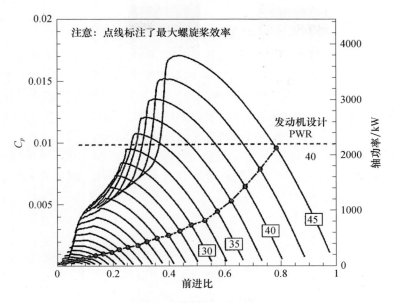

图 6.10 F568 螺旋桨计算性能

6.4 飞行力学集成

目前为止,作为一个独立的推进系统,已经对螺旋桨性能进行了介绍。现在,将螺旋桨集成到飞行性能分析中去。设 T_{req} 为给定飞行条件下的所需推力,由螺旋桨(很大程度上)和涡桨发动机的排气 F_g 共同提供,有

$$T_{req} = n_e(T_P + T_g) \tag{6.51}$$

式中:n_e 为工作的发动机数目,剩余推力 F_g 始终沿螺旋桨推力 T_p 方向。式(6.8)给出了螺旋桨推力及相应的发动机轴功率,对每一飞行状态进行单独讨论。任何情况下,计算得到螺旋桨推力 T_p 和相应的 C_T,还需要计算螺旋桨 C_P 及螺旋桨功率 P_P,动力装置所需功率为

$$P_{req} = \frac{1}{n_e} \frac{P_p}{\eta_g \eta_m \eta_i} \tag{6.52}$$

式(6.52)包含变速箱的损失、发动机的机械效率和装机损失。

1. 滑行阶段

在该状态下,所需的推力较小。在指定的地面速度下,调节螺旋桨以产生满足式(6.51)的推力 T_p,其中 $F_g \simeq 0$。方法如下:

(1)调节螺旋桨到所需的推力系数 C_T;该运行产生功率系数 C_P,然后通过式(6.52)可得轴功率。

(2) 以逆向模式求解涡桨发动机问题,以决定对应于所需功率 P_{req} 的发动机状态。最终结果将产生剩余推力 F_g,这是可以忽略的。

该解表明螺旋桨是在低效率下工作。为了克服高燃料消耗问题,通常让其中一个螺旋桨在高推力状态下工作,以避免两个螺旋桨都在低推力和低效率下工作。鉴于此,许多涡轮螺旋桨飞机滑入和滑出跑道时只有一个螺旋桨正常工作,而另一个处于顺桨。很显然,又会引起其他问题,如飞机在地面滑行状态下的侧向配平,起飞前处于停车状态的发动机的启动及其他系统的运行。

图 6.11 所示为 F568 螺旋桨在滑行状态下、给定净推力 2~8kN 时的性能计算。如果跑道上进行滑行时所需的总净推力为 4kN(2kN×2 螺旋桨),则当两个螺旋桨工作时推进效率约为 6%,当只有一个桨工作时,推进效率约为 17%。

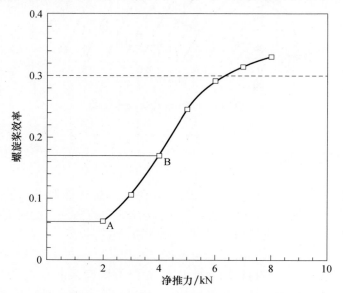

图 6.11　滑行状态下的螺旋桨效率(地面速度 = 3.9kt,海拔高度 = 100m)

2. 起飞阶段

起飞时,螺旋桨要在最大推力状态下工作,有

$$\max(T) = f(h, J_1, \vartheta_o) \tag{6.53}$$

该状态对应的发动机轴功率不一定最大。或者螺旋桨被调节到最大功率,或者调节到最大功率的一部分,以提供一个净推力。另外,螺旋桨推进效率可能相对较低,计算过程如下:

(1) 令 $F_g = 0$。

(2) 调节螺旋桨到推力或功率状态,该状态提供一合适桨距角 ϑ 及对应的输出轴功率和净推力。

(3)解决涡轮螺旋桨发动机问题,以根据所需功率 P_{req} 决定发动机状态 ε,对所有转换损失(式(6.52))进行修正。最终解得到剩余推力 F_g。

(4)计算修正后的螺旋桨推力 $T_p = T - F_g$,把螺旋桨调节到净推力状态,重复第(3)点。

有时稍微增加螺旋桨的额定转速对提升螺旋桨推力非常有用。

3. 爬升阶段

爬升没有唯一的解决方案,主要是因为爬升分阶段进行的,在给定 CAS(或 IAS)下,至少有两个不同的爬升阶段,如 10.4 节所讲。对于这些爬升阶段,一个合适的计算解决方案如下:

(1)指定爬升率 v_c,计算加速飞行阶段的所需净推力。

$$T = W\left(\frac{v_c}{U} + \frac{D}{L} + \frac{1}{g}\frac{dU}{dt}\right) \tag{6.54}$$

(2)将螺旋桨调节到指定推力系数 C_T,并得到性能参数 C_p、ϑ 和 η。

(3)计算发动机输出轴功率 P_{req},对所有损失(式(6.52))进行修正。

(4)在所需输出轴功率状态下,计算发动机状态 ε,并得到燃料流量 $\dot{m}_f$ 和剩余推力 F_g。

(5)如果所需爬升率太大(发动机状态超出飞行包线,发动机过热或超速),减小爬升率,重复第(1)点。

除了指定加速度值而非指定爬升率情况,对从较低级别到较高级别的飞行加速度按类似的方式进行处理。

4. 巡航阶段

式(6.51)在固定高度和马赫数(或者 TAS)情况下进行求解,因为在计算机仿真中,该状态(h 和 TAS)是以一个最佳运行点来决定的。因此,净推力等于总气动阻力:

(1)令 $F_g = 0$。

(2)计算当前飞行状态的气动阻力 $D = T$。

(3)调节螺旋桨到所需的 C_T,计算螺旋桨参数 C_p、ϑ、η,计算发动机输出轴功率,进行装机损失修正。

(4)根据所需功率计算发动机状态 ε,并得到 $\dot{m}_f$、F_g 和其他发动机参数。

(5)根据式(6.51)修正螺旋桨净推力。

(6)调节螺旋桨到第(2)点。

(7)迭代至收敛,即螺旋桨净推力变化可以忽略不计(迭代(3)、(4)步即可收敛)。

5. 下降阶段

该情况被当作巡航问题,螺旋桨需提供所需推力。

图 6.12 所示为涡轮螺旋桨发动机 PW-127M(ATR72)的飞行包线。在整个飞行高度范围内,该图显示了剩余推力 F_g 为发动机输出轴功率的函数。当功率较低时,该推力显然可以忽略,但推力随轴功率变化成线性增长。所有讨论的飞行状态都没用到推进效率。然而,引擎系统推进效率的计算如下:

$$\eta = \frac{(T_p + F_g)}{P_{\text{shaft}}} U \tag{6.55}$$

式(6.55)还需考虑变速箱效率 η_g 和轴机械效率 η_m 进行修正(见 6.5.1 节),因此有

$$\eta = \eta_g \eta_m \frac{(T_p + F_g)}{P_{\text{shaft}}} U \tag{6.56}$$

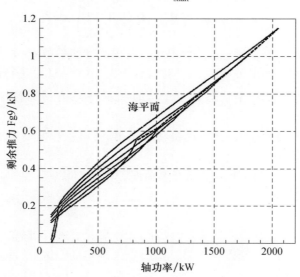

图 6.12 涡桨发动机 PW127M 估计剩余推力 F_g 随轴功率的变化

前述分析表明,在飞机-螺旋桨集成中,推进效率不是关键参数,只要螺旋桨调节到指定推力或功率即可。也有些情况螺旋桨效率较低而其他情况下较高。在某一飞行状态下(如爬升阶段),可以通过改变桨距角进行控制而不需要合适的飞行控制系统。鉴于此,现代变距螺旋桨都是通过软件和控制器(FADEC)进行操控,像大多数其他飞机子系统一样。

6.4.1 螺旋桨旋转速度

假设飞机飞行速度为 U,该状态同样要求 $T = D$,即所需推力为一固定值。如果螺旋桨转速减小,下式条件成立:

$$C_T(\Omega R)^2 = \frac{T}{\rho A} = \text{constant} \qquad (6.57)$$

减小旋转速度 Ω(原理上)使得飞机偏移了有效翼尖马赫数(式(6.7))而飞得更快。考虑图6.13所示例子,其参考 Dowty R408 螺旋桨,驱动 Bombardier Dash8 - Q400 飞机(见表6.2),该螺旋桨的起飞转速为1020rpm,着陆转速为850rpm。假定飞机在280KTAS下巡航,有3个调整选项:

(1) 螺旋桨转速为1020rpm,桨距 ϑ 调节到43°,拉力系数 $C_T \simeq 0.0167$(图6.13(a)的A点)。转速减小时为维持飞行速度,拉力系数必须增大,该变化可通过增加桨距角得到(点A~点C);

(2) 如果桨距不可变,转速减小会引起飞机减速(图6.13(a)中点A~点B);

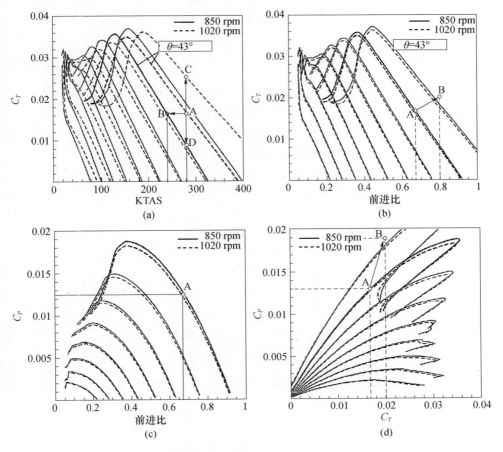

图 6.13　Dowty R408 螺旋桨计算转速对 C_T 的影响
(曲线是以桨距2.5°间隔绘制)

(3)最终结果显示,当螺旋桨转速减小,螺旋桨移到图6.13(a)的D点,该点对应的拉力系数 C_T 较低。满足式(6.57)的唯一方法是增加密度,换句话说,飞机必须降低高度。

图6.13(b)和6.13(c)表明,当 C_T 和 C_P 曲线相对无量纲速度 J_1 画出时,基本是重叠的,这个结论很有用。事实上,我们只算了一条飞行包线。例如,在起飞转速等级下(转速为1020rpm)。为了对着陆状态(转速为850rpm)进行分析,要用到图6.13(b)的图表。对于螺旋桨调节到所需推力的情况,有状态矢量 $s = \{h, U, T, \Omega\}$,对应的 C_T 由式(6.57)求得。例如,在图6.13(b)中,点A对应于 $J_A \simeq 0.67$、$C_{T_A} \simeq 0.0167$、转速为1020rpm。转速再小点有 $C_{T_B} \simeq (1,020/850) \times 0.0167 \simeq 0.02$。前进比增加到新的值 $J_B = U/\Omega R \simeq 0.80$,对应的运行点移动到B点,这需要桨距角由 $\vartheta_A \simeq 43°$ 增加到 $\vartheta_B \simeq 46°$,在 $(J_B、\vartheta_B)$ 处算得的功率系数如图6.13(d)所示。

6.5 螺旋桨装机影响

前述经分析提出了轴向飞行状态下一个独立螺旋桨的性能问题。现在,有3个关键点必须考虑:第1个是装机影响,如桨毂和上下流部件(如发动机的悬挂和机翼)对螺旋桨的组合影响;第2个是螺旋桨通过变速箱与发动机的匹配问题,这会引起推进效率损失;第3个即非轴对称飞行问题(偏航和俯仰)。

螺旋桨-机翼干扰: 螺旋桨通过发动机短舱装在机翼上,最常见的情况是拉进式桨,即机翼处于螺旋桨滑流区下游。由于滑流区气流速度的增加和涡影响结合,对机翼总的影响就是增大了阻力。当机翼距螺旋桨下游至少有螺旋桨半径的1倍(图6.14),且绕机翼的流动保持贴体时,该影响最小。

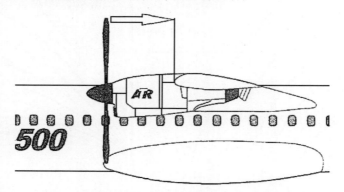

图6.14 ATR72-500上螺旋桨机舱机翼安装的侧视图
(来自制造商的文件)

螺旋桨-进气道干扰: 发动机进气道通常在螺旋桨工作区域内,因此,它会吸收一部分气流,防止滑流区的进一步发展。计算该影响的一种方法就是用总质量流量变化率减去发动机进气道质量流量变化率。这个假设是合理的,因为进气道流动是沿轴向流入的。该干扰有一个二阶的积极作用,因为进气道压强及总压比轻微增加,装机的净推力为

$$T_p^* = T_p - \Delta T_i \qquad (6.58)$$

式中:ΔT_i 为由于发动机进气道产生的损失的绝对值,该部分值为

$$\Delta T_i = \begin{cases} \simeq \dot{m}v_i, \text{W1} < \dot{m} \\ \simeq 0, \text{W1} > \dot{m} \end{cases} \qquad (6.59)$$

如图6.3术语所示,进气道在螺旋桨正后方,$\dot{m}$ 为通过进气道区域的质量流量变化率。假设 W1 < $\dot{m}$,这时式(6.59)给出了净推力的安装损失的正确估计;若 W1 > $\dot{m}$,认为 ΔT_i ~0,因为相比发动机不在桨叶的后面时,发动机吸入的质量流量比通过进气道吸入的质量流量还多。

诱导速度必须按当地计算,式(6.23)给出的发动机流入质量流量过大。诱导速度 $v_i \simeq dP/dT$ 在入口中心处估算得更准确些。因此,通过入口处面积 A_i 的平均质量流量变化率为 $\dot{m} = \rho A_i v_i$ 总的来说,当出现式(6.59)的第一种情况时,推力修正为

$$\Delta T_i = \rho A_i v_i^2 \qquad (6.60)$$

为了对其进行分析,取入口中心处的诱导速度 $v_i = U(1 + a)$,a 为由叶素理论求得的当地轴向干扰因子(见6.3.2节)。不建议用基本动量理论(式(6.51)),因为由它估算的进气道质量流量太大。任何情况下,安装影响都应从式(6.51)开始,根据以下步骤进行计算:

(1)指定总推力 $\bar{T}$,令 $F_g = 0$,该条件指定了 C_T(无发动机情况)。
(2)将螺旋桨调节到 C_T,计算 C_p 和非装机功率 P。
(3)解决逆向模式下的涡轮螺旋桨问题以得到功率 P,同样可以得出 F_g 和 W1。
(4)按式(6.60)计算安装推力差。
(5)计算总推力 $T = T_p + F_g - \Delta T_i$。
(6)若 $T > \bar{T}$,则减小燃料流量转到(3)重新迭代。否则,增加燃料流量转到(3)重新迭代。
(7)继续迭代,直到相邻迭代间隔的 T_p 差量可以忽略。

燃料流量的增加或减少是不确定的,更合理的方法就是建立二分法的计算方法。

有时候螺旋桨被安装在飞机尾部,像 Piaggio Avanti。这种情况下,我们必须考虑排气和螺旋桨桨叶的干扰,这会引起桨叶间的干扰和噪声问题,比较复杂。

6.5.1 变速箱的影响

螺旋桨需要一个动力传动系统来把涡轮燃气发动机的转速减小到一适中值,以维持桨尖在一个适中的跨声速马赫数。这需要减速箱来完成,减速箱承受发动机传给螺旋桨的所有扭矩,通过 5~10 的缩放因子来减小转速。有很多技术领域涉及变速箱,但此处,把讨论仅限定在性能问题上,也就是能量损失。能量损失可通过产生的热量直接监控。初步分析时可以假定该值与齿轮间的压强的平方成正比或者所传递扭矩的平方成正比。变速箱效率的半经验公式如下:

$$\eta_g = 1 - g_r \left(\frac{Q}{Q^*}\right)^2 \qquad (6.61)$$

式中:Q 为实际扭矩,Q^* 为设计扭矩,g_r 为减速比。

$$g_r = \kappa \frac{\Omega}{N_1} \qquad (6.62)$$

式中:N_1 为动力涡轮轴的实际旋转速度,κ 为经验因子,变速箱产生的热量可表示为

$$\dot{Q} = \frac{\mathrm{d}Q}{\mathrm{d}t} = (1 - \eta_g) P_{\text{shaft}} \qquad (6.63)$$

例如,轴功率 $P_{\text{shaft}} \sim 10^3 \text{kW}$,$\eta_g = 0.98$ 时,有 $\dot{Q} \simeq 20 \text{kJ/s}$,该量级热量相对于润滑油的 20kJ/kg K 相当大了。

小结

本章中,首先定义了飞机螺旋桨的一些主要性能参数,然后提出一种基于制造商数据、认证数据、图片及有根据的猜测相结合的方法对实际螺旋桨进行建模,通过叶素理论和动量理论相结合的方法进行性能计算。计算模型被拓展到包括偏航飞行状态,做出了沿整个前进比、桨距角和飞行高度下的螺旋桨曲线。通过螺旋桨推力/功率、发动机功率和剩余喷气推力相结合的方法,将螺旋桨模型完全集成到飞行力学程序中,使其满足各种平衡条件,包括推力和功率。同时表明了螺旋桨效率很大程度上取决于飞行状态。特别地,螺旋桨低速(地面滑行状态)时的效率很低。此外,论证了动力装置的剩余推力对总推力有部分贡献。最后,讨论了螺旋桨装机效应,如发动机/螺旋桨的安装损失和变速箱损失。

参考文献

[1] Glauert H. *Airplane Propellers*, volume 4 of *Aerodynamic Theory*. Dover ed. ,1943.

[2] Theodorsen T. *Theory of Propellers*. McGraw – Hill,1948.
[3] von Mises R. *Theory of Flight*. Dover Publications,1959.
[4] Biermann D and Hartman EP. Wind – tunnel tests of four – and six – blade single – and dual – rotating tractor propellers. Technical Report 747,NACA,1942.
[5] Hartman EP and Biermann D. The aerodynamic characteristics of full – scale propellers having 2,3,and 4 blades of Clark Y and R. A. F. 6 airfoil sections. Technical Report R – 640,NACA,1938.
[6] Theodorsen T, Stickle GW, and Brevoort MJ. Characteristics of six propellers including the high – speed range. Technical Report R – 594,NACA,1937.
[7] *Aerodynamics and Acoustics of Propellers*,AGARD – CP – 366,Feb. 1985.
[8] Wieselberger C. Contribution to the mutual interference between wing and propeller. Technical Report TM – 754,NACA,1934.
[9] McHugh J and Eldridge H. The effect of nacelle – propeller diameter ratio on body interference and on propeller and cooling characteristics. Technical Report R – 680,NACA,1939.
[10] Delano JB. Investigation of the NACA 4 – (5)(08) – 03 and NACA 4 – (10)(08) – 03 two – blade propellers at forward Mach numbers to 0. 725 to determine the effects of camber and compressibility on performance. Technical Report R – 1012,NACA,1951.
[11] Stack J,Delano E,and Feldman J. Investigation of the NACA 4 – (3)(8) – 045 two – blade propellers at forward Mach numbers to 0. 725 to determine the effects of compressibility and solidity on performance. Technical Report R – 999,NACA,1950.
[12] Conway JT. Exact actuator disk solutions for non – uniform heavy loading and slipstream contraction. *J. Fluid Mech.* ,365:235 – 267,1998.
[13] Adkins CN and Liebeck RH. Design of optimum propellers. *J. Propulsion & Power*, 10(5):676 – 682, Sept. 1994.

第7章 飞机配平

7.1 概述

飞机的配平问题包括保持稳定飞行或完成指定机动飞行的控制需求。重心位置(CG)是十分重要的,本章分析给出巡航飞行中重心位置对配平的影响。本章考虑了纵向配平(7.2节),横向配平以及非对称推力下的飞机控制(7.3节)的问题。本章只考虑稳态条件。瞬态条件在飞行动力学中考虑,因此不在本章讨论。

7.2 巡航状态的纵向配平

自由飞行是指作用在飞机上的一系列力能够平衡,以保证飞机能稳定飞行。在以下分析中,飞机的巡航状态可以扩展到爬升和下滑状态,对应为飞机的干净构型。水平尾翼和升降舵的作用是提供纵向控制(纵向配平)。由于机翼升力作用点和重心 CG 不在同一点,因此会产生低头或抬头的俯仰力矩。

重心位置 CG 通常位于垂直对称面上,而推力和气动力均未作用在此平面上。首先,设定发动机的作用和机翼均为对称的,这样可以减少配平力和力矩过程中带来的问题。对于纵向平衡,必须满足以下两个方程:俯仰力矩方程和垂直方向上的动量方程。

参考距离可以通过多种方式计算。例如,可以指定全局纵向坐标,参考点位于机头,x 为相对机头的距离。需要注意,在大多数情况下,制造商有其各自的方法来指定纵向坐标,选择的参考点可能不位于机头。

在稳定性计算中,使用机翼的平均气动弦长(MAC;2.7节)。平均气动弦长 MAC 所参考的坐标系,其中心位于机头或重心位置。然而,重心位置在飞行过程中会随着燃油消耗和飞机装载变化而移动(第3章)。

使用符号表示如下:x_{LE} 为机翼翼根前缘位置,x_{LEt} 为水平尾翼翼根前缘位置,x_{MAC} 和 x_{MACt} 分别为机翼和水平尾翼平均气动弦长 MAC 的前缘位置。CG 和 $x_{LE(MAC)}$ 之间的距离占 MAC 的比例,用 h 表示,不要将其与飞行高度混淆[①]。气动中心 AC

[①] 符号 x 为有量纲的量(纵向坐标),而 h 为无量纲的量。

和 $x_{\text{LE(MAC)}}$ 之间的距离占 MAC 的比例,用 h_0 表示。上面介绍的符号与其他相关符号如图 7.1 所示。

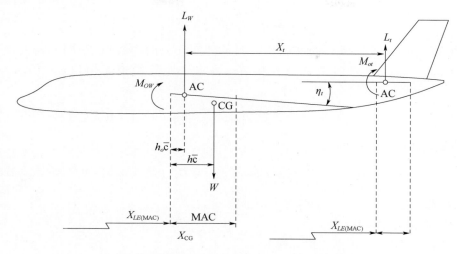

图 7.1 纵向配平符号介绍,根据文献[1],$\bar{c}$ = MAC

1. 垂直方向平衡方程

垂直方向平衡方程如下:

$$L_w + L_t - W = 0 \tag{7.1}$$

如果将式(7.1)除以 qA,得到的方程中只包含升力系数:

$$C_{Lw} + C_{Lt} - C_L = 0 \tag{7.2}$$

需要注意,式(7.2)中的所有升力系数计算都参考机翼面积,这一点非常重要。在大多数情况下,机翼的气动系数参考机翼的平面面积。升力系数可以写为

$$\begin{aligned} C_{Lw} &= C_{L\alpha}(\alpha - \alpha_0) \\ C_{Lt} &= C_{L\alpha t}\alpha_t \end{aligned} \tag{7.3}$$

水平尾翼的有效来流迎角取决于构型以及机翼带来的下洗。若 η_t 为水平尾翼中线和机翼中线之间的夹角,$\Delta\alpha$ 为由于机翼下洗带来的附加迎角,因此水平尾翼的有效来流迎角为

$$\alpha_t = \alpha + \eta_t - \Delta\alpha \tag{7.4}$$

式中:角度 η_t 取决于飞机的构型;$\Delta\alpha$ 取决于使用条件,其中包括重量、空速和飞行高度等。接下来,假设机翼的升力分布为椭圆分布。该分布形式产生均匀的下洗。有

$$\frac{\bar{w}}{U} = \frac{2L_w}{\pi\rho b^2 U^2} \tag{7.5}$$

引入翼展效率因数来考虑非椭圆载荷的分布情况,此外可以通过有效翼载分布来计算下洗。由于下洗带来的水平尾翼附加迎角为

$$\Delta\alpha \simeq \frac{\overline{w}}{U} \simeq \frac{C_L}{\pi AR} \qquad (7.6)$$

式中:$AR = b^2/A$ 表示机翼的展弦比。如果已知升力面的数值解,则不需要使用式(7.5),下洗的数值计算参见 4.9 节。将水平尾翼的来流迎角(式(7.4)和式(7.6))代入式(7.2),结果如下:

$$C_{L\alpha}(\alpha - \alpha_0) + C_{L\alpha t}\left(\alpha - \frac{\overline{w}}{U} + \eta_t\right) - C_L = 0 \qquad (7.7)$$

解得来流迎角为

$$\alpha = \frac{1}{C_{L\alpha} + C_{L\alpha t}}\left[C_L - C_{L\alpha}\alpha_0 + C_{L\alpha t}\left(\frac{\overline{w}}{U} + \eta_t\right)\right] \qquad (7.8)$$

下面将推导纵向配平条件的俯仰力矩平衡。

2. 俯仰力矩方程

如图 7.1 所示,俯仰力矩方程为

$$M = M_{ow} + M_{ot} + (h - h_0)\overline{c}W - L_t x_t \qquad (7.9)$$

式(7.9)中俯仰力矩的贡献量(从左到右)为:M_{ow} 为机翼的俯仰力矩,M_{ot} 为水平尾翼的俯仰力矩,$(h - h_0)$ 为重心 CG 偏移量的俯仰力矩,水平尾翼升力的俯仰力矩。如果将式(7.9)除以 $qA\overline{c}$,得到无量纲形式的方程为

$$C_M = C_{Mow} + C_{Mot} + (h - h_0)C_L - C_L V_t \qquad (7.10)$$

式中:因数 V_t 为水平尾翼尾容量,有

$$V_t = \frac{A_t}{A}\frac{x_t}{\overline{c}} \qquad (7.11)$$

$C_{M0} = C_{Mow} + C_{Mot}$ 的俯仰力矩量,可以理解为单独机翼和水平尾翼的贡献量之和。俯仰力矩系数的定义如下:

$$C_{Mow} = \frac{M_{ow}}{qA\overline{c}}, C_{Mot} = \frac{M_{ot}}{qA\overline{c}}, C_{Mo} = \frac{M_{ow} + M_{ot}}{qA\overline{c}} \qquad (7.12)$$

由式(7.4)给出的水平尾翼来流迎角,俯仰力矩方程可以写为

$$C_M = C_{M0} + (h - h_0)C_L - V_t\left[C_{L\alpha t}\left(\alpha - \frac{\overline{w}}{U}\right) + C_{L\alpha t}\eta_t\right] \qquad (7.13)$$

可以通过升降舵与/或调整片来实现飞机的纵向配平。如果配置有升降舵与调整片,那么水平尾翼升力系数写为如下的线性形式(小角度):

$$C_{Lt} = C_{L\alpha t}\alpha_t + C_{L\delta}\delta + C_{L\beta}\beta \qquad (7.14)$$

式中:δ 和 β 分别为升降舵和调整片的偏转角度。将这两项代入式(7.13)中,得到无量纲俯仰力矩方程为

$$C_M = C_{M0} + (h - h_0)C_L - V_t \left[C_{L\alphaت}\left(\alpha - \frac{\overline{w}}{U}\right) + C_{L\alpha t}\eta_t + C_{L\delta}\delta + C_{L\beta}\beta \right] \quad (7.15)$$

在飞机配平过程中至少需要偏转一个控制面。由式(7.8)得到机翼的迎角。在一般情况下,式(7.15)有无数个解,最佳解由最小配平阻力得出(7.2.1节)。

3. 起落架展开状态的配平

当飞机的起落架为展开状态时,配平的解法与上面是相似的。起落架增加了废阻,但不影响诱导阻力。然而,由于起落架安装位置的影响,会对飞机的俯仰力矩有一个附加的贡献量。因此式(7.15)中的俯仰力矩要加入起落架的附加俯仰力矩 C_{Mlg}。由于起落架的阻力带来一个低头的俯仰力矩。此俯仰力矩的估算如下:

$$M_{lg} \simeq D_{Nlg}z_N + D_{Mlg}z_M \quad (7.16)$$

式中:z_N 和 z_M 为垂直坐标(相对于 CG),分别来定义前起和主起阻力作用线的位置。更准确地说,起落架系统的阻力贡献量可以分解为:(1)作用在轮胎中心的轮胎阻力;(2)作用在支柱中心的支柱阻力;(3)近似作用在铰链点的舱门阻力。阻力分量在4.3.6节中介绍,阻力作用线相对 CG 的位置计算在3.9.2节中介绍,其几何模型在第2章中介绍。

其相应的俯仰力矩系数 C_{Mlg} 由式(7.16)除以 $qA\bar{c}$ 得到。因此,将 C_{Mlg} 代入式(7.15)的右侧,得到俯仰力矩方程。

7.2.1 配平阻力

需要尾翼面的偏转来产生配平阻力,配平阻力的计算如下:

$$C_{D_{trim}} = kC_L^2 - \left[kC_{Lw}^2 + k_t C_{Lt}^2 \left(\frac{A_t}{A}\right)^2 \right] \quad (7.17)$$

由式(7.17)可以看出尾翼升力为零(不需要尾翼配平,所有的升力由机翼产生)时的诱导阻力与配平条件(升力由机翼和尾翼产生)时的诱导阻力不同。水平尾翼项乘以修正因子 A_t/A,C_{Lt} 所参考的是水平尾翼面积。如果我们改变修正因子,会得到不一样的配平阻力系数。

$$\frac{L_t}{qA} = C_{Lt}\left(\frac{A_t}{A}\right) = C_{Lt}^A \quad (7.18)$$

式中:等式的右侧项表示 C_L 所参考的是机翼面积 A。需要注意,在某些情况下,配平阻力可能为负值。

7.2.2 纵向静配平的解法

我们期望由式(7.13)得到飞机配平状态的升降舵偏角 δ。由于没有配置配平调整片,则升降舵偏角为

$$-\delta_{\text{trim}} = \frac{C_{M0}}{V_t C_{L\delta}} + \frac{(h-h_0)C_L}{V_t C_{L\delta}} - \frac{1}{C_{L\delta}}\Big[C_{L\alpha t}\Big(\alpha - \frac{\overline{w}}{U}\Big) + C_{L\alpha t}\eta_t\Big] \quad (7.19)$$

对于给定的重量和空速，δ_{trim} 与重心位置 CG 存在线性关系。因此，结果可以写为如下形式：

$$\delta_{\text{trim}} = \delta_0 + C_L f(h) \quad (7.20)$$

其中

$$\delta_0 = \frac{C_{M0}}{V_t C_{L\delta}} - \frac{1}{C_{L\delta}}\Big[C_{L\alpha t}\Big(\alpha - \frac{\overline{w}}{U}\Big) + C_{L\alpha t}\eta_t\Big] \quad (7.21)$$

$$f(h) = \frac{(h-h_0)}{V_t C_{L\delta}} \quad (7.22)$$

当纵向重心位置 CG 与机翼的气动中心重合时，升降舵偏角 $\delta = \delta_0$。当 $h - h_0 > 0$（图 7.1），函数 $f(h)$ 为正值，随着 CG 向后移动，配平角度增大。如果起落架为展开状态，俯仰力矩的增加会导致 δ_{trim} 的增大。

配平力矩由控制系统提供。如果为手动控制，驾驶员需要保持驾驶杆在某固定位置，以此来配平。如果平尾为可配平的，则升降舵偏转可以为零，通过倾转水平尾翼使得角度 η_t 满足式（7.20），使得 $\delta_{\text{trim}} = 0$：

$$\eta_t = \frac{1}{C_{L\alpha t}}\Big[\frac{C_{M0}}{V_t} + \frac{(h-h_0)C_L}{V_t} - C_{L\alpha t}\Big(\alpha - \frac{\overline{w}}{U}\Big)\Big] \quad (7.23)$$

可以通过升降舵 $\delta = 0$ 的条件下，倾转平尾实现纵向配平，由式（7.19）给出重心位置 CG 满足以下条件：

$$h = h_0 - C_{M0} + \frac{C_{L\alpha t}}{C_L}\Big(\alpha - \frac{\overline{w}}{U} + \eta_t\Big) \quad (7.24)$$

7.2.3 松杆纵向配平

由条件 $C_M = 0$ 得到升降舵偏转的铰链力矩，由铰链力矩为零即 $C_H = 0$，可以得到限制配平条件。在这种情况下的配平称为松杆纵向配平。铰链力矩为平尾来流迎角，升降舵偏角，配平调整片偏角的线性关系为

$$C_H = \Big(\frac{\mathrm{d}C_H}{\mathrm{d}\alpha_t}\Big)\alpha_t + \Big(\frac{\mathrm{d}C_H}{\mathrm{d}\delta}\Big)\delta + \Big(\frac{\mathrm{d}C_H}{\mathrm{d}\beta}\Big)\beta \quad (7.25)$$

为简化此方程，将式（7.25）中的导数用下面的符号代替：

$$b_1 = \frac{\mathrm{d}C_H}{\mathrm{d}\alpha_t}, b_2 = \frac{\mathrm{d}C_H}{\mathrm{d}\delta}, b_3 = \frac{\mathrm{d}C_H}{\mathrm{d}\beta} \quad (7.26)$$

因此，铰链力矩可以改写为

$$C_H = b_1\Big(\alpha - \frac{\overline{w}}{U}\Big) + b_1\eta_t + b_2\delta + b_3\beta \quad (7.27)$$

铰链力矩为零时的升降舵偏角为

$$-\delta = \left(\frac{b_1}{b_2}\right)\left(\alpha - \frac{\overline{w}}{U}\right) + \left(\frac{b_1}{b_2}\right)\eta_t + \left(\frac{b_3}{b_2}\right)\beta \qquad (7.28)$$

式中:升降舵偏角与调整片偏角的比例关系为 $-b_3/b_2$。如果将式(7.28)的升降舵偏角代入式(7.10),可以得到一个新的俯仰力矩方程:

$$C_M = C_{M0} + (h - h_0)C_L - V_t\mathcal{H} \qquad (7.29)$$

式中:

$$\mathcal{H} = \left[C_{L\alpha t} - C_{L\delta}\left(\frac{b_1}{b_2}\right)\right]\left(\alpha - \frac{\overline{w}}{U}\right) + \left[C_{L\alpha t} - C_{L\delta}\left(\frac{b_1}{b_2}\right)\right]\eta_t + \left[C_{L\beta} - C_{L\delta}\left(\frac{b_3}{b_2}\right)\right]\beta \qquad (7.30)$$

为简化此方程,定义:

$$a_1 = \left[C_{L\alpha t} - C_{L\delta}\left(\frac{b_1}{b_2}\right)\right], a_2 = \left[C_{L\beta} - C_{L\delta}\left(\frac{b_3}{b_2}\right)\right] \qquad (7.31)$$

Russell[2]中说明上式中的系数 $C_{L\alpha t}$ 由尾翼的升力线斜率得到。因此,式(7.29)改写为

$$C_M = C_{M0} + (h - h_0)C_L - V_t\left[a_1\left(\alpha - \frac{\overline{w}}{U}\right) + a_1\eta_t + a_2\beta\right] = 0 \qquad (7.32)$$

式(7.32)为松杆俯仰力矩方程。铰链力矩为零时,为实现飞机的配平,需要有一个调整片的偏转角度。通过解方程可以得到调整片的偏转角度 β 为

$$\beta = -\frac{C_{M0}}{a_2} - (h - h_0)\frac{C_L}{a_2} + V_t\left[\frac{a_1}{a_2}\left(\alpha - \frac{\overline{w}}{U}\right) + \frac{a_1}{a_2}\eta_t\right] \qquad (7.33)$$

此结果取决于升力系数和重心位置 CG。通过确定参数的限制范围可以保证纵向的配平。

纵向配平的数值解

使用空客 A320-200 模型来讨论纵向配平的数值解。配平阻力的计算结果如图 7.2(a)所示。由于使用配平平尾,δ_{trim} 等于零。对于给定的 C_L(或重量),当重心位置 CG 向后移动,配平阻力减小;对于给定的重心位置 CG,当 C_L(或重量)增加时配平阻力增大。

图 7.2(b)为巡航状态纵向配平所需的升降舵偏角。在这种情况下,定义的平尾不具有配平作用(此型飞机并不是这种情况)。机翼下洗(式(7.5))取决于机翼升力,尾翼有效迎角取决于 L_w 和 L_t,因此计算需要迭代完成。为了避免使用相对大的升降舵偏角,需要使重心位置 CG 相对靠近机翼的气动中心。在巡航过程中,随着燃油的消耗重量发生变化,同样重心位置 CG 也发生变化。重量降低时需要 x_{cg} 向后移动,那么可以通过从靠前的油箱开始使用燃油来实现 x_{cg} 的后移。同样可以通过由靠后的油箱抽取燃油至靠前的油箱来控制 x_{cg} 的变化。只有飞行管理计

算机可以高可靠性地完成此项工作。

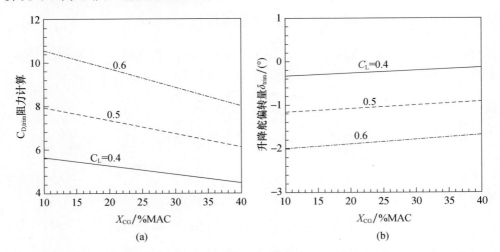

图 7.2　空客 A320 - 200 飞机模型纵向配平;巡航构型的配平阻力和配平升降舵偏角
　　　　（$M = 0.78, h = 10000 \mathrm{m}$(约 32800ft);标准日）
　　　　(a)配平水平尾翼;(b)非配平水平尾翼。

7.3　非对称推力情况的飞机控制

如果飞机的一台发动机故障,导致必须将其关闭,飞机将会向停车发动机一侧偏航,同时会产生滚转。当工作一侧发动机的重心位置低于飞机的重心位置时,飞机会向工作的发动机一侧滚转。偏航力矩的大小取决于发动机的推力、推力的力臂和飞机的航向稳定性[3]。通过降低空速,减小需用推力,可以放宽控制系统的限制。

当重心位置 CG 偏离飞机的垂直对称面时,所有发动机同时工作也可能出现非对称推力的情况。这种情况并不罕见,货物的移动、乘客位置和燃油不对称都会导致此情况的发生。事实上,大多数商用飞机均需要确认横向重心位置 CG 的限制或非对称最大负载的限制。例如,空客 A300 - 600 飞机允许的非对称最大燃油质量为 2000kg。

如果飞机安装涡轮螺旋桨发动机,不工作螺旋桨产生的阻力会引起较大偏航。随着飞机朝向停车发动机的一侧偏航,非对称来流会增加"前进"机翼的阻力,同时降低升力。"后退"机翼发生相反的状况。结果导致飞机发生滚转,前进机翼向下倾斜。这种状况可能由 CG 偏移和螺旋桨的阻力共同作用产生。飞机必须通过使用航向稳定性以及副翼和方向舵的偏转来克服非对称的影响。总而言之,常规飞机将考虑以下状况的影响:

(1) 发动机的不稳定作用。
(2) 重心 CG 偏离的不稳定作用。
(3) 机身和垂直尾翼侧向力的稳定作用。
(4) 方向舵侧向力的稳定作用。

对于安装涡轮螺旋桨发动机的飞机而言,需要考虑的其他因素包括:
(1) 螺旋桨的扭矩会导致飞机向旋转的反方向滚转。
(2) 不工作螺旋桨产生的阻力(通过顺桨将其最小化)。
(3) 当桨盘的旋转轴线没有正对来流方向时,会出现非对称桨叶的影响。
(4) 螺旋桨滑流的影响[4]。

如果扭矩引起的滚转会导致停车发动机一侧的机翼上升,则第一种情况可能不需考虑。

7.3.1 上反效应

偏航/侧滑会产生滚转力矩。考虑到具有上反角 φ 的机翼同时有小侧滑角 β,与"向后一侧"的机翼相比,"向前一侧"的机翼会产生较大的迎角。如果当地的弦长为 c,流体微元向内或向外移动量为 C_φ。这些流体质点流向"向前一侧"的较低点和"向后一侧"的较高点。气体的移动量取决于机翼的几何形状,如图 7.3 所示。

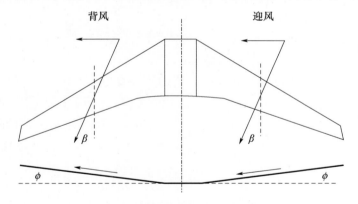

图 7.3 有侧滑角条件下机翼流场

如果后缘为直线,那么翼展方向移动量与飞机的两侧方向无关,均等于 $C_\varphi\beta$。由于在弦长 c 处流体质点的移动量为 $C_\varphi\beta$,那么迎角的变化量为

$$\Delta\alpha = \pm\frac{c\varphi\beta}{c} = \pm\varphi\beta \tag{7.34}$$

此条件会使前方半翼面和后方半翼面产生不同的升力值,从而产生滚转力矩。此外,机翼阻力的变化会减小偏航。(例如,当飞机进入下击暴流,会出现这种情况,如 13.7 节所述)。附加恢复力矩为

$$\Delta C_l = \Delta C_L\left(\frac{b_d}{b}\right) = -C_{L\alpha}\Delta\alpha\left(\frac{b_d}{b}\right) = -2C_{L\alpha}\phi\beta\left(\frac{b_d}{b}\right) \tag{7.35}$$

$$\Delta C_N = \Delta C_D\left(\frac{b_d}{b}\right) = -4k\left(C_{L\alpha}\phi\beta\right)^2\left(\frac{b_d}{b}\right) \tag{7.36}$$

式中：b_d 为机翼阻力的力臂（未知量）。如果这些影响在计算气动导数 $C_{l\beta}$ 和 $C_{N\beta}$ 时尚未考虑，那么需要在滚转力矩与偏航力矩方程中加以考虑。

1. 公式推导

针对喷气式飞机作如下分析。考虑双发飞机，如图7.4所示，使用方向舵和副翼的偏转来实现联合控制。机身的偏航会影响偏航力矩系数与升力系数的比值，即 $\mathrm{d}C_N/\mathrm{d}C_L$；对 C_L 和 $C_{L\alpha}$ 影响很小或没有影响，文献[5]中有具体说明。由于背风一侧流场分离，阻力增加，假设飞机的响应是线性的，也就是说，对于合理的侧滑角和滚转角，可以通过方向舵和副翼偏转的线性组合来实现控制。

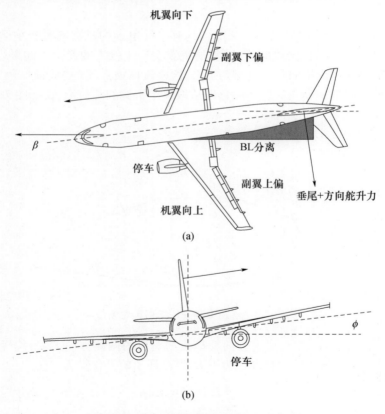

图 7.4 非对称推力条件下飞机的分析图
(a)俯视图；(b)前视图。

利用这些假设,侧力系数为

$$C_Y = C_{Y\beta}\beta + C_{Y\xi}\xi + C_{Y\theta}\theta + \frac{W\sin\phi}{\rho A U^2/2} = 0 \quad (7.37)$$

式中:

$$C_Y = \frac{Y}{\rho A U^2/2} \quad (7.38)$$

C_Y 为侧力系数,β 为侧滑角,ϕ 为滚转角,ξ 为副翼偏转角(假定对称偏转),θ 为方向舵偏转角。$C_{Y\beta}$、$C_{Y\xi}$ 和 $C_{Y\theta}$ 分别为侧向力系数相对于侧滑角 β、副翼偏角 ξ 和方向舵偏角 θ 的导数。式(7.37)中的最后一项是由重心 CG 偏移产生的侧力系数,也可以写为 $C_L\sin\phi$。稳定飞行的滚转力矩系数为

$$C_l = C_{l\beta}\beta + C_{l\xi}\xi + C_{l\theta}\theta = 0 \quad (7.39)$$

稳定飞行的偏航力矩系数为

$$C_N = C_{N\beta}\beta + C_{N\xi}\xi + C_{N\theta}\theta + \frac{\Delta T b_t}{\rho A U^2 b/2} + C_{De}\left(\frac{b_t}{b}\right) = 0 \quad (7.40)$$

式中:ΔT 为非对称推力;b_t 为非对称推力的力臂;C_{De} 为慢车发动机的阻力系数。在单发停车 OEI 情况下,假定 ΔT 是运行发动机的推力。式(7.37)~式(7.40)反映的是飞机的稳态条件。

因为推力取决于空速,所以此问题必须迭代求解。此外,如果飞机需要保持此空速,则沿速度向量的推力分量必须与产生的阻力相平衡。由于偏航以及控制面的偏转会引起气动阻力的增加,因此产生的阻力量并不能由巡航条件得出。

如果使用机翼空气动力学的片条理论,偏航并不会造成型阻的不同。由于升力的变化会导致诱导阻力的不同,就机身而言,对于侧滑角在 $-10° < \beta < 10°$ 范围内,阻力大致为抛物线特性[6]。

由式(7.37),侧滑角可以写为如下的参数形式:

$$\beta = -\frac{1}{C_{Y\beta}}\left[C_{Y\xi}\xi + C_{Y\theta}\theta + \frac{2W\sin\phi}{\rho A U^2}\right] \quad (7.41)$$

侧滑角随着重量的增加而增大,随着速度的增加而减小。同时,气动系数的取值对于限制侧滑是十分重要的。如果失效的发动机在右侧,飞机将转向右侧,方向舵必须向相反的方向偏转,来产生一个恢复力矩。此时 $\beta < 0$ 和 $\theta > 0$,滚转角 ϕ 取决于相对于飞机重心的推力位置。

2. 数值解

由给定飞机的参数(重量、机翼面积、飞行高度)和稳定性系数,我们可以计算满足所有操纵条件(纵向、横向和航向)的最小飞行速度,此速度称为最小操纵速度 VMCA。

气动导数的计算十分繁杂,好在有一些专门为此设计的计算机程序。例如,美

国空军稳定性和操纵性数字数据 Datcom[7]、ESDU[8] 和最近一些使用涡格法的程序。稳定性系数与飞机的布局密切相关,会随着布局的改变而不同。波音 B747 - 100,洛克希德 C - 5A,格鲁曼 F - 104A 和其他有代表性飞机的稳定性系数可在 Heffley 和 Jewell[9] 中查到。

对于商用喷气客机,FAR §25.149 节中提出了恶劣条件下的控制要求。例如,当起飞过程中一侧发动机不工作,此时飞机重量为最大起飞重量 MTOW,重心位置 CG 位于重心后限,襟翼处于起飞位置,起落架为收起状态,提出最大允许滚转角为 5°。

式(7.37) ~ 式(7.40)中的未知参数为最小操纵速度 $U = \text{VMCA}$、侧滑角 β,副翼偏转角 ξ 和方向舵偏转角 θ。对于给定的方向舵偏转角 $\theta = \theta_{\max}$,系统方程可写为

$$\begin{bmatrix} C_{l_\beta} & C_{l_\xi} & 0 \\ C_{N_\beta} & C_{N_\xi} & 2\Delta T b_t/\rho A b \\ C_{Y_\beta} & C_{Y_\xi} & 2W\sin\phi/\rho A \end{bmatrix} \begin{bmatrix} \beta \\ \xi \\ 1/U^2 \end{bmatrix} = -\begin{bmatrix} C_{l_\theta}\theta \\ C_{N_\theta}\theta + C_{D_e}b_t/b \\ C_{Y_\theta}\theta \end{bmatrix} \quad (7.42)$$

式中:未知量为 β、ξ、$1/U^2$。对于给定的副翼偏转角 $\xi = \xi_{\max}$,系统方程可写为

$$\begin{bmatrix} C_{l_\beta} & C_{l_\theta} & 0 \\ C_{N_\beta} & C_{N_\theta} & 2\Delta T b_t/\rho A b \\ C_{Y_\beta} & C_{Y_\theta} & 2W\sin\phi/\rho A \end{bmatrix} \begin{bmatrix} \beta \\ \theta \\ 1/U^2 \end{bmatrix} = -\begin{bmatrix} C_{l_\xi}\xi \\ C_{N_\xi}\xi + C_{D_e}b_t/b \\ C_{Y_\xi}\xi \end{bmatrix} \quad (7.43)$$

C_{De} 值的大小可以通过 Torenbeek[10] 中介绍的方法计算得到

$$C_{De} = 0.0785d^2 + \frac{2}{1 + 0.16M^2} A_j \frac{U}{U_j}\left(1 - \frac{U}{U_j}\right) \quad (7.44)$$

式中:U_j 为喷口处的喷流速度,d 为风扇的直径,A_j 为喷口的面积。U/U_j 的取值为 0.92(高涵道比涡轮风扇发动机)、0.42(低涵道比喷气发动机)和 0.25(普通的涡轮喷气发动机和涡轮螺旋桨发动机)。式(7.44)表明 C_{De} 与马赫数相关。

为了保持系统的线性,可以通过后验或迭代来计算 C_{De}。例如,假定 VMCA 值,计算对应的马赫数,由式(7.44)计算 C_{De},再求解系统方程。系统方程的求解需要将左侧的矩阵求逆。对于气动系数的某些特定值,此系统方程无法求解,因此不可能通过副翼 - 方向舵组合偏转来控制飞机,必须避免此种情况的发生。从计算的角度来看,当无法求得解时(已知解是存在的),说明使用的导数很可能是不正确的。

波音 B747 - 100 的气动导数由 Nelson[11] 得知,数值大小如表 7.1 所列。图 7.5 给出了飞机在给定方向舵偏角、重量和空速的情况下,不同副翼偏转角所对应的侧滑角。如图 7.5 所示,侧滑角是线性变化的,方向舵偏转角对侧滑角的影响较小。

表 7.1 波音 B747-100 的气动导数

C_{l_β}	-0.2210	C_{N_β}	0.1500	C_{Y_β}	-0.9600
C_{l_ξ}	0.0460	C_{N_ξ}	0.0064	C_{Y_ξ}	0.0000
C_{l_θ}	-0.0070	C_{N_θ}	0.1090	C_{Y_θ}	-0.1750

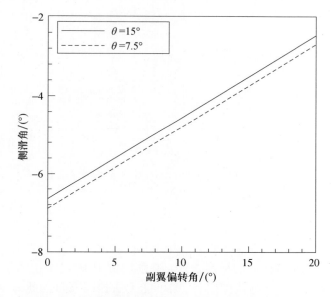

图 7.5 波音 B747-100 侧滑角随副翼偏转角的变化(给定方向舵偏角状态)
(飞行状态为海平面,标准日,MTOW,OEI,M_o = 0.53,ϕ = -5°)

图 7.6 给出最小操纵速度 VMCA 随总重量 AUW 的变化曲线。曲线表明 VMCA 受到最大方向舵偏转角和最大副翼偏转角的限制。其对应的速度都高于失速速度,失速速度用 C_L = 1.8 计算得到。总重量 AUW 等于或小于 180t 时,不能确保飞机的完全控制。在某些情况下,方向舵偏转与图示方向相反,因此可以得到另一组的解。

3. 气动导数计算

气动导数的计算是十分重要的。飞行数据记录器 FDR 的数据,其中包括飞机的参数 U、W、ϕ、T、β、ξ、θ 等。当已知两组导数时,可以通过式(7.42)来计算第 3 组导数。例如,当已知 $(C_l, C_N, C_Y)_\theta$ 和 $(C_l, C_N, C_Y)_\xi$ 两组导数时,可以计算 $(C_l, C_N, C_Y)_\beta$ 导数。如果导数不正确,那么式(7.42)或式(7.43)的解是不切合实际的(如速度值的过大或负值、方向舵和副翼偏转角超过限制值)。

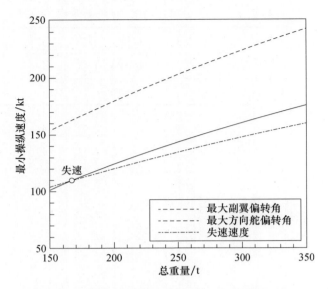

图 7.6 计算波音 B747-100 VMCA 随总重量的变化

小结

本章介绍了纵向和横向的稳定条件。在前面例子中,已经说明了重心位置 CG 的重要性。如果 CG 在限制范围之外,则可能无法控制飞机。此外,CG 位置决定配平阻力的大小,因此重心位置可造成附加的燃油消耗。给定的所有控制策略必须使配平阻力最小化。针对非对称推力情况讨论了横向控制,同时说明飞机的操纵会有一系列的限制条件,其中包括马赫数、高度、副翼偏角和方向舵偏角、侧滑角和滚转角等的限制。

参考文献

[1] Filippone A. *Encyclopaedia of Aerospace Engineering*, volume 5, chapter 252. John Wiley, 2010.

[2] Russell JB. *Performance and Stability of Aircraft*. Butterworth-Heinemann, 2003.

[3] ESDU. *Loading on a Rigid Aeroplane in Steady Lateral Manoeuvres*. Data Item 01010. ESDU International, London, Oct. 2001.

[4] ESDU. *The Influence of Propeller Slipstream on Aircraft Rolling Moment due to Sideslip*. Data Item 06012. ESDU International, London, Aug. 2006.

[5] Salmi R and Conner W. Effects of a fuselage on the aerodynamic characteristics of a 42-degrees sweptback wing at Reynolds numbers up to 8,000,000. Technical Report RM-L7E13, NACA, 1947.

[6] HH Page. Wind tunnel investigation of fuselage stability in yaw with various arrangements of fins. Technical Report TN - 785, NACA, Nov. 1940.
[7] Williams JE and Vukelich SP. The USAF stability and control digital DAT - COM. Technical Report AFFDL - TR - 79 - 3032, Vol. I, Air Force Flight Directorate Laboratory, April, 1979.
[8] ESDU. *Computer program for prediction of aircraft lateral stability derivatives in sideslip at subsonic speeds.* Data Item 00025. ESDU International, London, Oct. 2000.
[9] Heffley RK and Jewell WF. Aircraft handling qualities data. Technical Report CR - 2144, NASA, 1972.
[10] Torenbeek E. *Synthesis of Subsonic Airplane Design.* Kluwer Academic Publ. , 1985. Appendix G - 8.
[11] Nelson RC. *Flight Stability and Automatic Control.* McGraw - Hill, 2nd edition, 1998.

第8章 飞行包线

8.1 概述

本章将在速度-高度空间内描述飞机的飞行包线。8.2节中介绍了各种大气模型(标准和非标准大气模型)。8.3节和8.4节中分别给出使用速度和设计速度的定义及测量方法。8.5节中对于定常平飞状态,给出两个最优条件:最小阻力和最小功率。8.6节中讨论了定高状态的飞行走廊和飞机的升限性能。8.7节中讨论了亚声速运输机的飞行包线及其限制条件,其中考虑到机舱压力的影响。8.8节中给出超声速飞行状态下的飞行包线,其中包括冲刺速度、超声速加速度和推力限制。

关键概念:国际标准大气,大气模型,使用速度(EAS,CAS,TAS),过渡高度,设计速度,最优平飞速度,升限性能,机舱压力,飞行包线,超声速冲刺,超声速加速度。

8.2 大气

尽管飞机飞行条件是相对复杂的大气环境,其热力学特性在垂直和水平方向均发生变化,但大多数性能计算均使用国际标准大气条件(8.2.1节)。为克服标准模型的局限性,需要在极端温度(非常热和非常冷)条件下使用其他的大气模型,如8.2.2节所述。尽管空气湿度的影响在噪声传播等方面是很重要的,但在空气动力学和发动机性能研究中通常被忽略。

8.2.1 国际标准大气

几乎所有飞机性能计算都是在国际标准大气(ISA)条件(标准日)下进行的,其海平面参数如表8.1所列。

表8.1 国际标准大气海平面参数

参数	符号	海平面数值
温度	T_0	15.15℃

续表

参数	符号	海平面数值
气压	P_0	$1.01325 \times 10^3 \text{Pa}$
密度	ρ_0	1.225kg/m^3
黏度	μ_0	$1.7894 \times 10^{-5} \text{Ns/m}^2$
湿度	H	0%

对海平面大气状态的观测可以追溯到几百年前，但其体系化则发生在20世纪获得航空、火箭、卫星观测数据以及理想气体理论建立之后。现有一系列的标准版本：NACA标准大气[1]，ARDC[2]，美国标准大气[3]（1962年版和1976年修订版）和ICAO标准大气[4]。这些标准大气数据在20km（约65600ft）以内基本是相同的，20km是绝大多数飞机的飞行高度。

大气可分为不同的层：低于11000m的大气称为对流层，其特征是由海平面开始温度随高度的增加而降低，最终达到标准值 -56.2℃。11000m的高度称为对流层顶。对流层顶到20000m的高度称为下平流层，在此高度范围内温度不变，大气密度随高度的增加而降低。绝大多数以喷气发动机为动力的飞机的飞行上限为下平流层。中平流层的高度达到32000m，在此层范围内，大气温度由 -56.2℃线性增加。通常认为中平流层的边界为约100km，从某种程度上说给定这个高度值并没有什么特别的道理。在中平流层边界上，在靠近太空的地方，靠空气动力飞行的飞机需要保持的速度要大于其轨道速度。因此现在的问题是找到飞行速度等于轨道速度的高度。

通常使用一些函数来近似ICAO数据。在对流层的线性表达式为

$$T = T_0 + \lambda h \tag{8.1}$$

式中：h 是高度，单位是 m，$\lambda = -0.0065 \text{K/m}$ 是温度垂直变化率。有趣的是，这样的温度梯度使得大气的垂直运动是稳定的。如 Prandtl 和 Tietjensk[5] 所论证，对应于绝热大气的垂直稳定极限梯度值约为 -9K/km。大气可由理想气体的方程来描述：

$$\frac{p}{\rho} = RT \tag{8.2}$$

式中：$R = 287 \text{J/kg·K}$ 是气体常数（空气）。式（8.2）可以写为不同状态的等效形式：

$$\frac{p}{p_0} = \frac{\rho}{\rho_0} \frac{T}{T_0} \tag{8.3}$$

相对大气密度为 σ，相对大气压力为 δ，相对大气温度为 θ。与给定大气密度相对应的高度为密度高度。同样，与给定大气压力相对应的高度称为气压高度。

为找出气压高度和密度高度之间的关系,我们使用静止大气的浮力定律与式(8.1)一起得出气压随高度的变化率。浮力定律为

$$\frac{\partial p}{\partial h} = -\rho g \tag{8.4}$$

如果代入式(8.1)的微分形式,则浮力定律为

$$\frac{\partial p}{\partial T} = -\frac{\rho g}{\lambda} \tag{8.5}$$

最后,使用式(8.2)来消除密度,从海平面高度开始积分。有

$$\ln\left(\frac{p}{p_0}\right) = \frac{g}{\lambda R}\ln\left(\frac{T}{T_0}\right) \tag{8.6}$$

$$\delta = \theta^{(g/\lambda R)} \tag{8.7}$$

系数取值为 $g/\lambda R = -5.25864$。如果将式(8.1)代入式(8.7)中,相对大气压力与高度的关系为

$$\delta = \left(1 - \frac{0.0065}{T_0}h\right)^{5.25864} = (1 - 2.2558 \cdot 10^{-5}h)^{5.25864} \tag{8.8}$$

式中:h 单位为米。式(8.8)与 ICAO 数据吻合较好。更加准确的表达形式为

$$\delta = (1 - 2.2558 \cdot 10^{-5}h)^{5.25588} \tag{8.9}$$

在式(8.9)中相对大气压力与高度关联,因此使用 ISA 参考值校准后的高度计直接读取数据。使用状态方程得到低层大气的密度-高度相关性,相对大气压力由式(8.9)得出。结果如下:

$$\sigma = \frac{(1 - 2.25577 \cdot 10^{-5}h)^{5.25588}}{1 - 0.0065h/T_0} \tag{8.10}$$

图 8.1 给出由海平面到 25000m 高度范围内的相对大气密度,相对大气压力,相对大气温度和相对声速。如果 γ 表示比热比,则声速可表示为

$$a = \sqrt{\gamma R T} \tag{8.11}$$

式(8.3)的无量纲形式为 $\delta = \sigma\theta$。在对流层内其量值可以近似表达为指数函数。对于标准日,这些函数的表达如下:

$$\sigma \simeq \theta^{4.25}, \delta \simeq \theta^{5.25}, \delta\sqrt{\theta} \simeq \theta^{4.75} \tag{8.12}$$

相对大气温度可以从式(8.1)得到。逆问题(计算与相对大气密度 σ 对应的高度 h)更加复杂,因为需要求解隐式的非线性方程。求解过程可以使用二分法。在使用二分法时,需要选择两个点,在这两点处函数的值符号相反。选择 $\sigma_1 = 0.01$ 和 $\sigma_2 = 1$ 是相对安全的,以确保使用此方法可以得到收敛的解。

最后,可使用萨兰德定律,由大气温度来计算大气黏度:

$$\mu = \mu_0 \left(\frac{T}{T_0}\right)^{3/2} \left(\frac{T_0 + C}{T + C}\right) \tag{8.13}$$

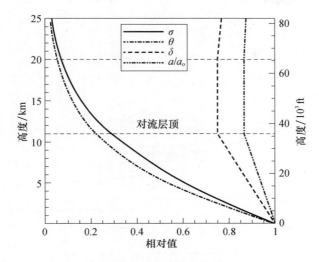

图 8.1　ISA 相对值随高度的变化

式中：萨兰德常数为 $C = 111\text{K}$，μ_0 为参考温度（273.15K）条件下的黏度。需要注意，动态黏度的单位为 kg/ms 或 Ns/m^2，这两个单位是等价的。

在性能计算中有时会使用热导率。干燥空气的热导率为

$$\kappa_d \simeq 0.023807 + 7.1128 \cdot 10^{-5}(T - T_0)\,(\text{W/mK}) \tag{8.14}$$

潮湿空气的热导率为

$$\kappa_a \simeq \kappa_d \left[1 - \left(1.17 - 1.02\frac{\kappa_v}{\kappa_d}\right)\right]\frac{n_v}{n_v + n_d}\,(\text{W/mK}) \tag{8.15}$$

式中：n_v 和 n_d 分别为蒸气阶段和干燥阶段的摩尔数。

8.2.2　其他大气模型

ISA 模型可用于计算所有大气高度范围内的飞机性能，但这是一种理想的情况，并不是任何地方都适用。图 8.2 给出无线电探空仪探测的英格兰中部上空，夏季酷暑的大气情况。由图中可以看出，在 1000m 以上出现逆温现象，湿度的分布和过去已知的模式也并不相同。显而易见，这些数据并不能关联到标准大气模型，因此需要建立其他的大气模型。在飞行力学计算中并未使用相对湿度，这对声源的传播是非常重要的（17.3 节）。

现实的飞机性能分析需要考虑极端的环境条件，这些环境条件与标准值之间存在较大的偏差。如北半球的冬季和极其炎热的天气。此外，机场高度、湿度、降水、大气风场、横向突风以及全球大气环流均对飞行和安全性有很大的影响。当遇到强降雨和降雪天气时会中止起飞。为了简化此类问题，美国国防部定义了四种

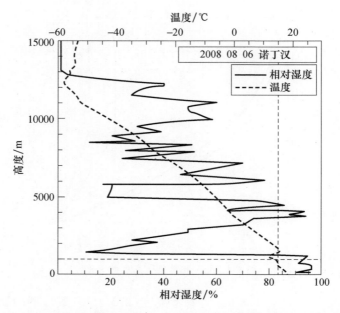

图 8.2 无线电探空仪探测的英格兰中部上空温度与相对湿度随高度的变化

非标准大气:炽热的、热的、冷的和极寒的(MIL-STD-210A),其剖面如图 8.3 所示。

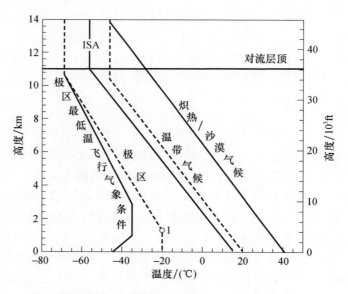

图 8.3 飞行力学计算使用的 ICAO 标准大气温度和参考大气

影响飞行的 3 个重要天气情况为结冰(14.2 节),下击暴流(13.7 节)和大气紊流。大气紊流是飞行中经常遇到的天气情况,其中包括:自由大气紊流和对流大气紊流、大气边界层和山脊波。在强突风情况下,所有飞机都会受到影响。在航空业中更关注的是风切变而不是突风。尽管风切变划分为垂直风切变和水平风切变,但实际上可以在任何方向出现。垂直风切变引起的紊流会影响爬升和下滑,风速变化可达到 30kt/1000ft(305m)。水平风切变会造成头部到尾部风场的变化,或相反方向的变化,风速变化可达到 100kt/m。这种情况下可能出现下击暴流。有关紊流和飞行的详细讨论,可参见 Etkin[6] 和 Houbolt[7]。天气过程与气候条件在 Barry 和 Chorley[8] 中介绍。更加全面的资料可以参考 HMSO[9] 出版的关于航空气象学的书籍。

喷流是大气环流的一种,其流行风向为东西方向,且在靠近对流层附近最强,会影响到欧洲到美国的跨大西洋飞行的航班。这些喷流可能会绵延数千公里宽,对整个大陆范围内的天气产生影响。通常有以下两种典型情况。

第一种情况是在喷流的部分区域内,空气向喷流汇聚。当喷流与空气汇聚时大气会变重,导致较低海平面至较低高度范围内的气压升高。由于空气的向下运动导致压缩效应,可以引起温度的升高并且防止云的形成。这种情况的特点是气压高,天空晴朗。

第二种情况是空气从喷流中分离。这种情况与上面描述的情况相反。由于喷流上方大气变轻,导致气压的降低。气压的降低会延续到海平面,并导致上升气流和快速蒸发。上升气流冷却,空气中的湿度凝结成云。这些喷流同样可以达到非常大的宽度(数千千米)。

图 8.4 给出了北大西洋上空喷流的快照。阴影区域显示的风速超过 50kt,方向为 N – E。在英国群岛上方的风特别强劲,最终吹向法国南部。图片的参考高度约 9750m(约 32000ft),所对应的压力为 300(mbar),通常此高度的风非常强烈。GFS 是全球天气预报系统,用于计算机对天气状况的模拟,可供公众通过互联网和其他渠道进行查询。

总之,大气中的温度变化可以达到 80℃(–40 ~ +40℃)的量级。与标准模型相反,在地面空气较冷,在低空空气变暖,这种逆温现象并不罕见。冬季时在中纬度到高纬度地区,对流层顶的温度可能会降低到 –70℃。

虽然在性能计算中未出现温度,但需要压力和密度。如果温度与标准值有一定的偏差,如偏差量为常数 $\pm \Delta T$,在 8.2.1 节中介绍的方法仍然可以使用,因为温度的梯度相同(式 8.1)。唯一的区别是 T_0 代表海平面的温度,非标准大气的简单模型可以由标准温度中加上或减去一个常值。因此,式(8.1)中的温度分布可表示为

$$T = T_{\text{ISA}} + \mathrm{d}T \tag{8.16}$$

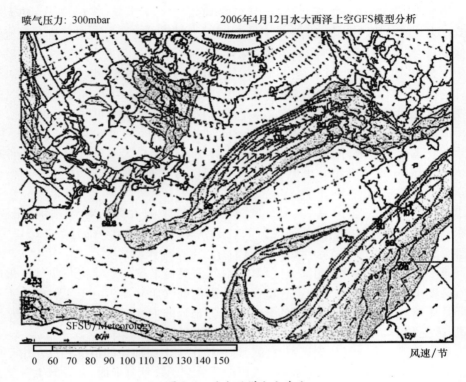

图 8.4 北大西洋上方喷流
（图片来源：美国国家环境保护中心）

式中：dT 为温度的变化量，寒冷天气的 $dT<0$，炎热天气的 $dT>0$。对流层、对流层顶、平流层的大气压力分别为

$$p = p_0\left(\frac{T-\Delta T}{T_0}\right)^{-g/\lambda R} \tag{8.17}$$

$$p_t = p_0\left(\frac{T_t-\Delta T}{T_0}\right)^{-g/\lambda R} \tag{8.18}$$

$$p = p_t\exp\left[-\frac{g}{RT_{\text{ISA},t}}(h-h_t)\right] \tag{8.19}$$

式(8.18)和式(8.19)中，下标"t"表示对流层顶的情况。由这些方程可以引出两个重要的概念：气压高度和密度高度。飞行高度并不能直接测量，只有气压和温度可以直接测量。因此由式(8.17)~式(8.19)，仅可以得到气压高度。

在模型中，温度仅取决于高度。因此，可以求解气压方程，此方程中已知量为气压，未知量为高度。如果温度低于标准值，则气压高度小于重力位势高度。反之，如果温度高于标准值，则气压高度大于重力位势高度。

气压高度和重力位势高度之间的关系如图 8.5 所示。图中显示在指定的温度变化条件下,气压高度与重力位势高度之间的差值随着重力位势高度的增加而增大。

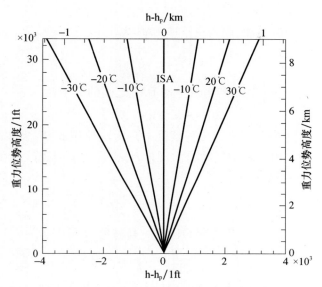

图 8.5 气压高度和重力位势高度之间的关系

8.3 使用速度

地速 V_g 是相对于地面固定点测量的飞机速度。空速 U 是相对于大气的飞机速度。如果存在的风速为 $\pm V_w$,那么空速可以定义为

$$U = V_g \pm V_w \tag{8.20}$$

式中:V_w 是风速(顺风为负,逆风为正)。风速的测量是非常重要的,错误的测量可能导致飞机进入失速状态。对于不可压缩流,空速可以用伯努利方程来估算,有

$$p + \frac{1}{2}\rho U^2 = p^* \tag{8.21}$$

真空速(TAS)为

$$U = TAS = \sqrt{\frac{p^* - p}{2\rho}} = \sqrt{\frac{\Delta p}{2\rho_0}} \frac{1}{\sqrt{\sigma}} \tag{8.22}$$

在式(8.22)中,p 为自由流的大气压力,p^* 为停滞压力,ρ 为大气密度,下标"0"表示海平面的标准条件。空速管用来测量自由流状态与静止状态之间的压差。已知大气密度,由伯努利方程,探头将压差转换为空速。因此,空速管需要读

取其他的额外数据才能计算空速。通过同时读取温度数据和静压数据,对于理想气体,大气密度 ρ 可表示为

$$\rho = \frac{1}{R}\left(\frac{p}{T}\right)_{\text{static}} \tag{8.23}$$

如果参考大气条件为海平面,则当量空速 EAS 为

$$\text{EAS} = \sqrt{\frac{\Delta p}{2\rho_0}} \tag{8.24}$$

由式(8.22),得到真空速 TAS 和当量空速 EAS 之间的关系为

$$\text{EAS} = \text{TAS}\sqrt{\sigma} \tag{8.25}$$

基于此原理,空速计(ASI)在高速飞行条件下是无法使用的,因为在高速飞行中压缩性是十分重要的。由压缩空气动力学理论,停滞压力 p^* 与静压 p 之间的比值对应于马赫数 M 的等熵减速,有

$$\left(\frac{p^*}{p}\right)^{\gamma-1/\gamma} = 1 + \frac{\gamma-1}{2}M^2 \tag{8.26}$$

式中:γ 为定压比热和定容比热之间的比值。马赫数 M 可表示为

$$M^2 = \frac{2}{\gamma-1}\left[\left(\frac{p^*}{p}\right)^{\gamma-1/\gamma} - 1\right] \tag{8.27}$$

由式(8.27)、声速定义(式(8.11))和理想气体方程(式(8.2))可得真空速为

$$\text{TAS} = \sqrt{\frac{2\gamma}{\gamma-1}\left(\frac{p}{\rho}\right)\left[\left(\frac{p^*-p}{p}+1\right)^{\gamma-1/\gamma} - 1\right]} \tag{8.28}$$

由式(8.26)解得停滞压力 p^* 如下:

$$p^* = p\left(1 + \frac{\gamma-1}{2}M^2\right)^{\gamma/\gamma-1} \tag{8.29}$$

$$p^* - p = p\left[\left(1 + \frac{\gamma-1}{2}M^2\right)^{\gamma/\gamma-1} - 1\right] \tag{8.30}$$

压差 $p^* - p$ 称为冲击压力。在低马赫数、不可压缩流场,冲击压力等于动压,如图 8.6 所示。由冲击压力,当地静压和温度的测量值可以计算 TAS(或 KTAS,单位为 knot)。

当需要将速度校准到海平面状态时,当地压力 p 和密度 ρ 使用海平面的相应取值。所得速度称为校准空速,简称 CAS 或 KCAS(单位为 knot):

$$\text{CAS} = \sqrt{\frac{2\gamma}{\gamma-1}\left(\frac{p_0}{\rho_0}\right)\left[\left(\frac{p^*-p_0}{p_0}+1\right)^{\gamma-1/\gamma} - 1\right]} \tag{8.31}$$

TAS 和 CAS 之间的关系为

$$\text{CAS} \simeq \text{TAS}\sqrt{\frac{T_0}{T}} = \frac{\text{TAS}}{\sqrt{\theta}} = \text{TAS}\sqrt{\frac{\delta}{\sigma}} \tag{8.32}$$

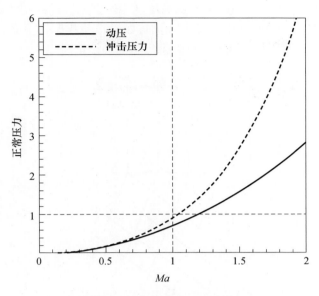

图 8.6　冲击压力与动压随马赫数的变化

换句话说，CAS 等于标准海平面的真空速。如果可以测量当地静压，使用海平面密度 ρ_0 代替当地密度，则可以写出当量空速的表达式。EAS 考虑大气密度变化的修正后为 TAS。

$$\text{EAS} = \sqrt{\frac{2\gamma}{\gamma-1}\left(\frac{p}{\rho_0}\right)\left[\left(\frac{p^*-p}{p}+1\right)^{\gamma-1/\gamma}-1\right]} \tag{8.33}$$

式(8.33)是相对于不可压缩流的结果。对于给定的 TAS，EAS 随飞行高度的增加而减小。指示空速(IAS)为空速管测量得到的空速，它受到误差的影响(位置，时间和压力延迟)：IAS = CAS + 误差。假定误差是可以忽略的，有 CAS = IAS。

当飞机以超声速飞行时，空速计无法测量实际的自由流状态。正激波会出现在空速管前方，需要考虑以下两个因素：①空速管前方会产生正激波，气流通过正激波后减速为亚声速。②亚声速气流在空速管处等熵减速为滞止状态，其滞止压力为 p^*。很多高速空气动力学教材中的雷利方程描述了滞止压力 p^* 与静压 p 的关系[10]。

$$\frac{p^*}{p} = \left[\frac{(\gamma+1)^2 M^2}{4\gamma M^2-2(\gamma-1)}\right]^{\gamma/\gamma-1}\left[\frac{1-\gamma+2\gamma M^2}{\gamma+1}\right] \tag{8.34}$$

要获得当前马赫数，就必须求解上式中的 M。

图 8.7 给出了 CAS - TAS - 高度和飞行马赫数之间的关系。由两个参数可以

确定唯一的点,如 Mach – TAS、Mach – 高度、CAS – 高度等(如图的点 A)。如果马赫数增加,飞机以定 CAS 爬升,则 TAS 增加;如果马赫数保持不变,则 TAS 随着飞机的爬升而逐渐减小,由式(8.32)可以得出上面的结论。

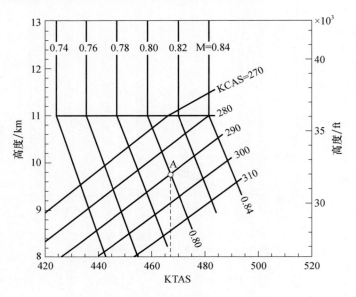

图 8.7 CAS – TAS – Mach – 高度图

过渡高度

过渡高度是当 CAS 和马赫数对应相同 TAS 时的重力位势高度。过渡高度可表示为

$$h_{\text{trans}} = \frac{10^3}{\lambda} [(T_0 + \mathrm{d}T)(1 - \theta_{\text{trans}})] \tag{8.35}$$

在式(8.35)中,过渡高度的单位为 m,θ_{trans} 为与过渡高度相对应的温度。

$$\theta_{\text{trans}} = \delta_{\text{trans}}^{-\lambda R/g} \tag{8.36}$$

过渡高度相对的气压为

$$\delta_{\text{trans}} = \frac{[1 + \kappa M_{\text{CAS}}^2]^{\gamma/\gamma - 1}}{[1 + \kappa M^2]^{\gamma/\gamma - 1}} \tag{8.37}$$

式中:

$$\kappa = \frac{\gamma - 1}{2}, M_{\text{CAS}} = \frac{V_{\text{CAS}}}{a_0} \tag{8.38}$$

图 8.8 中为一系列巡航马赫数条件下的过渡高度。过渡高度随空速的变化很大。例如,在 250 KCAS,$M = 0.85$ 时,过渡高度为 11400m。

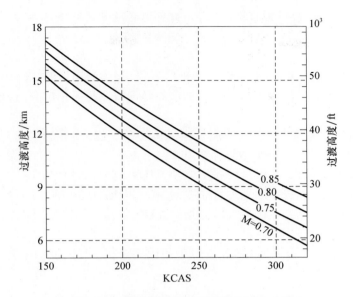

图 8.8　不同马赫数下,过渡高度随 KCAS 的变化

8.4　设计速度

在 1970 年前后,当时大多数商用远程飞机由燃气涡轮发动机驱动,飞行的速度较低。多年来,飞机的飞行速度不断增加,巡航马赫数(M)的平均值为 0.78 ~ 0.82。空气动力学方面的进步使得新一代商用喷气飞机的巡航速度略有增加,达到 $M \simeq 0.85$。其他的设计速度和设计马赫数如下所列:

(1)结构设计马赫数(M_C):该马赫数由飞机制造商指定。为了操作灵活性,可假定 M_C 等于最大使用马赫数,MMO。对于跨声速运输机,MMO $\simeq M_{\text{cruise}}$ + 0.04。M_C 相应的速度称为结构设计速度 V_C。

(2)设计俯冲马赫数(M_D):M_D 大于最大使用马赫数,$M_D \simeq 1.07$MMO 或 $M_D \simeq 1.25 M_C$。具体可参见 FAR § 25.335 中各项条款。飞机以 7.5°下滑角俯冲 20s,对应的速度(设计俯冲速度)为 $V_D \simeq 1.15 V_C$。M_D 值的选择需要遵循设计巡航马赫数不超过 $0.8 M_D$。

(3)极限速度(VNE):取决于飞机的结构限制。对于给定飞机和给定总重量,极限速度取决于飞行高度。

(4)设计机动速度(V_A):在设计过载系数和设计重量条件下,襟翼为收起状态时所对应的最小当量空速。如果 $n = 1$,我们可得到失速速度。否则,$L = nW$。根据 FAR § 25.335,$V_A \geqslant V_{S1} \sqrt{n}$ (V_{S1} 为襟翼收起状态时的失速速度)。

(5) 最大突风强度的设计速度(V_B):此速度必须满足的条件为

$$V_B \geqslant V_{S1} \left[1 + \frac{a_1 K_g U_{ref} V_C}{W_L} \right]^{1/2} \tag{8.39}$$

式中:U_{ref} 为参考突风速度;$W_L = W/A$ 为平均翼载,a_1 为法向力曲线斜率,K_g 为 FAR §25.335 中定义的系数。式(8.39)中的参数必须按照相关单位给出(FAR 标准中为英制单位)。

(6) 设计襟翼速度(V_F):此速度是襟翼偏转角、飞行高度和失速速度的函数。实际上是对襟翼位置的限制,具体条件如下:

① $V_F > 1.6 V_{S1}$,襟翼在以最大起飞重量 MTOW 起飞时的位置。
② $V_F > 1.8 V_{S1}$,襟翼在以最大着陆重量 MLW 进场时的位置。
③ $V_F > 1.8 V_{S0}$,襟翼在以最大着陆重量 MLW 着陆时的位置,其中 V_{S0} 为襟翼放下状态时的失速速度。

上述速度符号在表 8.2 中列出。其他使用速度和设计速度的定义参见第 9 章和第 13 章。

表 8.2 设计速度和设计马赫数的国际符号表示

符号	表示	定义	FAR25
VA	V_A	设计机动速度	—
VB	V_B	最大突风强度的设计速度	—
VC	V_C	设计巡航速度	—
VD	V_D	设计俯冲速度	$1.15 V_C$
VF	V_F	设计襟翼速度	—
VS0	V_{S0}	襟翼放下状态的失速速度	—
VS1	V_{S1}	襟翼收起状态的失速速度	—
VNE	V_{NE}	极限速度	—
MMO	M_C	最大使用马赫数	—
MD	M_D	设计俯冲马赫数	1.07MMO

8.5 最佳平飞速度

我们可以得到最小阻力和最小功率对应的稳态飞行的解析解。若式(8.40)成立,则飞机可以保持平飞速度飞行:

$$\frac{T}{W} \geqslant 2\sqrt{C_{D0} k} \tag{8.40}$$

限制条件发生在绝对升限处,此时最小速度与最大速度重合。在绝对升限处只有一个可能的速度,即

$$U = \frac{T}{\rho A C_{D0}} \tag{8.41}$$

这种情况的危险之处在于飞机不能加速(由于推力不足),不能减速(可能进入失速状态),不能转弯(因为阻力的增加可能导致失速)。从理论上,改变此情况的唯一途径是在恒定的空速条件下下降。

现在计算喷气或螺旋桨驱动飞机的速度,此速度相对于最小阻力和最小功率。若飞机的阻力方程为抛物线形式,则飞机的阻力为

$$D = \frac{1}{2}\rho A U^2 (C_{D0} + k C_L^2) \tag{8.42}$$

最小阻力对应的速度可由以下条件的最小值求得,有

$$D = \left(\frac{D}{L}\right)L = \left(\frac{D}{L}\right)W \tag{8.43}$$

此时升阻比 C_L/C_D 最大。由式(8.43)对于 C_L 导数计算的条件 $\partial(C_L/C_D)/\partial C_L = 0$,得

$$C_L = \sqrt{\frac{C_{D0}}{k}} \tag{8.44}$$

升力系数 C_L 对应于最小阻力。其对应速度如下:

$$U_{md} = \sqrt{\frac{2}{\rho}\frac{W}{A}} \left(\frac{k}{C_{D0}}\right)^{1/4} \tag{8.45}$$

另一种方法是考虑 $C_L \sim U^2$,即相对于 C_L 的最小值,也是相对于飞机速度的最小值(反之亦然)。两种方法结果是相同的。式(8.45)的结论是,在给定的高度,最小阻力对应的速度随翼载和诱导阻力因子的增加而增大,随型阻系数的增加而减小。在其他参数保持不变的情况下,U_{md} 随飞行高度的增加而增大。求解同一架飞机最小发动机功率对应的速度表达式为

$$P = DU = \frac{C_D}{C_L^{3/2}} \sqrt{\frac{2W^3}{\rho A}} \tag{8.46}$$

在给定的高度,其平方根内的数值是常数,因此最小功率对应的速度是 $C_D/C_L^{3/2}$ 最小值时对应的速度。最小功率的条件为

$$\frac{\partial}{\partial U}\left(\frac{C_{D0} + k C_L^2}{C_L^{3/2}}\right) = 0 \tag{8.47}$$

由式(8.47),可得

$$3 C_{D0} c_1^{-3/2} U^4 - k c_1^{1/2} = 0 \tag{8.48}$$

式中:$c_1 = 2W/\rho A$。此方程可以解得最小功率对应的速度为

$$U_{mp} = \sqrt{\frac{2}{\rho}\frac{W}{A}\left(\frac{k}{3C_{D0}}\right)^{1/4}} \tag{8.49}$$

该速度对应的升力系数为

$$C_L = \sqrt{3\frac{C_{D0}}{k}} \tag{8.50}$$

最小阻力 C_L 和最小功率 C_L 之间的关系为 $\sqrt{3}$，因此其对应速度之间的关系为

$$\frac{U_{md}}{U_{mp}} = \sqrt[4]{3}, U_{md} \sim 1.32 U_{mp} \tag{8.51}$$

这说明最小阻力速度比最小功率速度大 32%。两个最优速度随高度的变化为 $1/\sqrt{\sigma}$。

通用亚声速喷气式飞机阻力和功率随速度的变化量，如图 8.9 所示。诱导阻力与诱导功率随速度的增加而减小。型阻以 U^2 的形状而增加，其相应的功率以 U^3 的形状而增加。两个贡献量之和的最小值对应于速度的中间值。

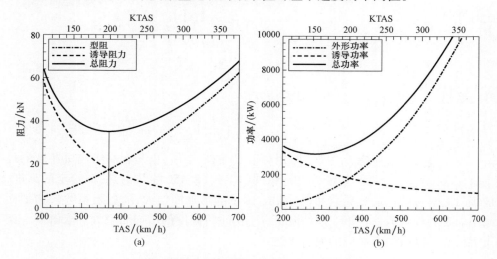

图 8.9 通用亚声速飞机的阻力和功率特性

8.6 升限性能

绝对升限是指飞机能够保持定直平飞的最大高度。在此高度之上，发动机的功率或推力不足以克服飞机的阻力。飞机可以通过将动能转化为势能（即高度）的方式来跃升过绝对升限。在没有足够发动机功率的情况下，可以通过跃升来实现。

升限高度取决于飞机的类型。对于涡轮螺旋桨飞机,升限约为 6000～7000m;对于商用喷气飞机,升限约为 10000～12000m;对于高性能军用飞机,升限增加到 18 或 19km。升限在此高度之上的飞机很少。洛克希德 SR-71 的巡航高度为 27000m,估计升限为 30700m。

8.6.1 压力对人体的影响

如果没有机舱压力,飞机不可能达到所需的飞行高度。事实上,在 3000m 高度以上需要增压。装备有增压舱的第一架客机是 20 世纪 40 年代的洛克希德星座。

在大约 10000ft(约 3050m)时,没有人工供氧的飞行员会开始缺氧,他们的大脑开始出现不良的反应,会胡言乱语。当达到约 34000ft(约 10360m),可通过增加空气中的氧气百分比来提供与海平面等量的氧气。在约 40000ft(约 12200m),所有的氧气必须人为提供。在约 50000ft(约 15200m)高空,人身体内的气体会膨胀,从而导致肠道和肺组织的破裂。例如:1959 年,美国飞行员威廉·兰金(William Rankin)在 50000ft(约 15200m)高空的沃特 F8U 十字军战士从飞机上跳伞,多亏佩戴了氧气面罩,他才得以幸存。然而,由于体内气体膨胀导致他的腹部变得肿胀,膨胀的空气最终从耳孔喷出,他的眼睛、鼻子和嘴巴到处都在流血。

8.6.2 机舱增压

机舱压力由自动控制系统监控。该系统通过控制流出阀,允许空气从机舱内流出。当飞机改变高度时,重新调节阀门,使得压力变化在舒适的范围内。机舱内始终保持海平面的压力并不是经济可行的,典型的机舱压力相当于 2000m 高度的压力。机舱压力高度的相关规定由 FAR 25.841 给出。机舱压力的损失会导致人员意识的迅速丧失。因此,氧气面罩是客机上必备的安全设施,即便如此,若发生机舱失压,飞机也需要快速下降高度。

湾流 550(附录 A)配备有自动紧急下降程序,在 90°左转后,飞机可以以最大下降速度(约 5000ft/min;25.4m/s),由 40000ft(约 12190m)下降至 15000ft(约 4570m)。在某些情况下,FAA 条例规定飞行高度在 41000ft(约 12500m)之上飞行员需要佩戴氧气面罩,以确保机舱压力的损失不会影响他们的身体机能。典型机舱压力是飞行高度的函数,如图 8.10 所示。

波音 B737 飞机有两个空调系统。若一个系统不工作,飞机仍然可以继续飞行,但需要保持巡航高度低于 25000ft(约 7620m,$\delta=0.3711$)。在此高度之上,可能会出现呼吸困难。若空调系统均发生故障,则飞机必须在 4min 内下降到 14000ft(约 4270m,$\delta=0.5875$)。在这些紧急情况下,氧气面罩可以向乘客和机组人员提供氧气供应。

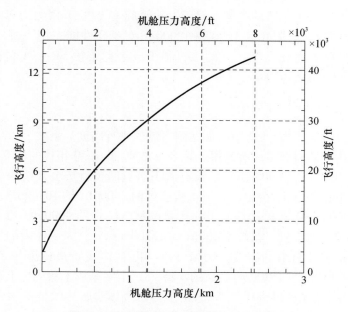

图 8.10 现代客机的典型机舱压力高度

8.7 飞行包线

从海平面到绝对升限的所有飞行走廊定义为飞行包线。换句话说,飞行包线是 M – h 图中的封闭区域。在指定飞机构型和重量的前提下,飞行包线包括所有的飞行使用条件。飞行包线需要考虑许多因素,其中包括飞机重量、空气动力学特性、推进系统特性、结构动力学特性、机舱压力限制和大气条件等。

图 8.11 为商用亚声速喷气机的飞行包线。图中给出了定 CAS 线和定马赫数线。飞行最高速度限制为最大使用速度(V_{MO})和最大使用马赫数(M_{mo})。一般来说,飞机的最大巡航速度要略低于此值,参见图中粗虚线所示。

8.7.1 飞行包线计算

本章节中介绍商用飞机或运输机的飞行包线。飞行包线由 3 个主要部分组成:

(1)失速线:A – B 低速段,飞机干净构型由海平面 A 点到使用升限 B 点(待定)。在低海拔区域,由于增升控制面的使用可以扩展飞行包线(图 8.12)。

(2)使用升限:B – C 段,B 点对应失速速度(或马赫数),C 点对应最大速度(或 MMO)。

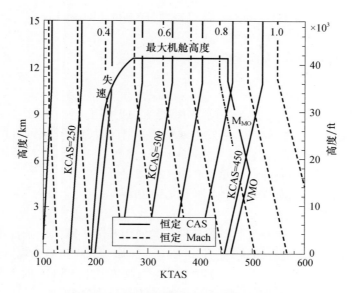

图 8.11 商用亚声速喷气飞机飞行包线

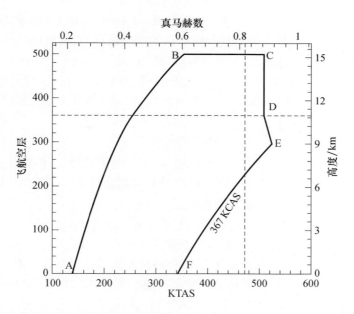

图 8.12 空客 A320-200-CFM 飞行包线（标准日，无风，$m=58800\text{kg}$（计算值））

(3) 高速线：C-F 段，C 点对应使用升限，F 点对应海平面，均为干净构型。如果使用升限高于对流层顶，则 C-F 段可分为两个子段。

①高海拔 C－D－E 段,对应常值马赫数,D 点位于对流层顶。
②低海拔 E－F 段,对应常值 CAS。

对于失速线的计算,失速速度为

$$V_s = K_s \left(\frac{2W}{\rho A C_{Lmax}} \right)^{1/2} \qquad (8.52)$$

式中: K_s 为失速裕度, C_{Lmax} 为全机干净构型最大(或可用)升力系数。

失速速度与飞行高度相关,当发生以下任一情况时,认为飞行高度达到点 B:

(1)爬升率低于临界值(如 v_c <100feet/min)。
(2)最大水平过载低于临界值(如 a/g <0.2)。
(3)机舱压力高度低于临界值(如 p_c <8000ft)。
(4)发动机喘振见 8.8.3 节。

在这些条件中,应选择最严格的条件作为使用升限。第 3 个条件难以估计,因为机舱压力取决于飞机各系统,尤其是 APU。例如,A320 FCOM 规定正常的机舱压力为 p_c,其对应的压力高度为 8000ft,当压力高度达到 9500ft 时会发出警报①。在标准条件下,机舱压力与飞行海拔高度处的大气压力之差为

$$\Delta p = p_c - p_a \simeq (35.65 - p_a) \text{kPa} \qquad (8.53)$$

在 FCOM 中给出,使用升限为 12500m(约 41000ft),其相应标准条件下的压力为 $p_a \simeq 17.934 \text{kPa}$。如果需要维持 8000ft 高度的机舱压力,则机舱与外部之间的压差为 $\Delta p \simeq 17.71 \text{kPa}$,此数值约为机体极限压差的 1/3。

第 4 个条件需要对发动机进行完整的模拟,包括对压缩机的分析。第 1 个和第 2 个条件为机动要求(剩余功率和剩余推力,10.2.1 节),因此,我们使用这 2 个条件定义使用升限为:

$$z_{op} = \min\{h(v_c^*), h(a^*)\} \qquad (8.54)$$

式中: $h(v_c^*)$ 为对应于 $v_c < v_c^*$ 的飞行高度; $h(a^*)$ 为对应于加速度 a/g <0.2 的飞行高度。在使用升限 z_{op},需要达到飞机的最大速度点 C。

定义此点为以下条件中最严格的状态:

(1)最大水平加速度低于临界值(如 a/g <0.2)。
(2)发动机进气道嗡鸣(参见 8.8.3 节)。

上述第 1 条是允许飞机在使用升限处有剩余功率作机动。一旦确定了 C 点,我们可以计算飞行包线高海拔区域的常值马赫数限制,C－E 段。极限飞行马赫数是 MMO。最低高度点 E 可由最小机动限制再次确定,在 E 点,我们计算 KCAS。在 E 点以下的高度(E－F 段),由定 KCAS 来确定飞行包线限制。E－F 段有时可以被分为两个子段,在 3000ft 高度以上对应于 KCAS1,在 3000ft 高度以下对应于

---

① 对于此飞机,最大压差(机舱与外界)为 Δp = 8.6psi(约 59.3kpa),压差不可大于此值。

KCAS2。由于机动限制可以是任意的,因此需要进一步收集更多信息。

8.7.2 实例分析:空客 A320 和湾流 G550 的飞行包线

首先,我们分析使用 CFM 发动机的空客 A320 – 200。图 8.12 给出此飞机的飞行包线,点 A ~ F 如图所示。在未考虑机舱压力的情况下,使用升限的估计值为 13900m(约 41600ft),远高于 FCOM 所提供的限制值 12500m。由 C 点到高度 26000ft 的 E 点对应 MMO 限制线。由 E 点到海平面 F 点对应 367KCAS 限制线。

第 2 个实例为湾流 G550。图 8.13 为计算值与 FCOM 中给出值的比较。预测的使用升限为 15290m(49900ft),稍小于制造商给出的 51000ft。失速线的计算值与 FCOM 中的给出值吻合情况不理想。然而,如果 FCOM 中给出的是准确值,意味着这架飞机能够在低海拔区以 100KTAS 的速度飞行,这似乎是不寻常的,在海平面飞行我们得到的计算值至少为 135KTAS。

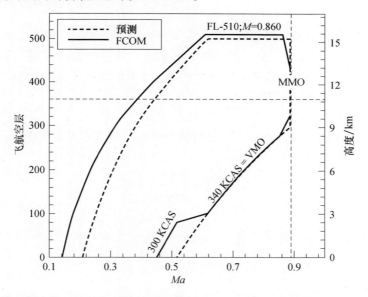

图 8.13　湾流 G550 飞行包线(标准日,无风,m = 35500kg)

在高速段,FCOM 给出值表明飞机在超过 43500ft 的高度,使用速度不得超过 M = 0.86(参见附录 A 中的图 A.1)。其中没有单独针对剩余推力作限制,因此,推断 FCOM 中马赫数的略微降低与进气道喘振和其他发动机因素有关。

根据限制速度 340KCAS 可以预测限制点 E。在低于 9000ft 的低海拔区,FCOM 给出高速段限制值为 300KCAS。

8.8 超声速飞行

我们提出超声速飞行中的一系列限制问题包括冲刺速度、超声速加速度和飞行包线中的各种限制因素。使用定常状态气动数据计算加速飞行时不允许出现瞬变推力、机翼抖振等其他飞行力学问题。此类飞行力学问题属于军用飞机的研究范畴。实际上，由于制造商之间利益的竞争，很难获得飞机实际的性能数据。空中飞行试验，耗时耗财，出于商业目的，数据难以获得。一般情况下，对于飞机性能的描述可能为：某些型号飞机是"缺乏竞争力和不可行的"，或"不能够装载相同的武器装备"，或"飞机在无装载的情况，可以在 40000ft 以稍小于声速的速度飞行 700mile"。此类飞机性能描述必须进行严格评估。

8.8.1 超声速冲刺

我们现在从某一型飞机开始讨论。它的发动机推力和跨声速阻力增量可以通过飞行试验获得，并以表格的形式给出。下面将对这个问题的求解转化为求非线性代数方程根的问题。可能会产生没有物理意义的解和解不唯一的情况。飞机在水平飞行中必须满足的条件是：

$$T = D, L = W \tag{8.55}$$

可以在式(8.55)中代入迎角和马赫数的关系。由垂直方向平衡可得到迎角和升力系数，分别为

$$\alpha = \alpha_0 + \frac{2W}{\rho A a^2} \frac{1}{C_{L\alpha} M^2} \tag{8.56}$$

$$C_L = C_{L\alpha}(\alpha - \alpha_0) \tag{8.57}$$

若 $\alpha_0 \simeq 0$，求解过程不必考虑 α_0 的影响。水平方向的平衡方程为

$$T = \frac{1}{2}\rho A a^2 (C_{D0} + \eta C_{L\alpha} \alpha^2) M^2 \tag{8.58}$$

通过进一步简化，得

$$T = c_1 C_{D0} M^2 + c_2 \frac{\eta}{C_{L\alpha}} \frac{1}{M^2} \tag{8.59}$$

式中：

$$c_1 = \frac{1}{2}\rho A a^2, c_2 = \frac{2W^2}{\rho A a^2} \tag{8.60}$$

在式(8.59)中，气动力系数同样是马赫数的函数。其解为

$$M^2 = \frac{T^2}{\rho A a^2} \pm \frac{1}{\rho A a^2}\sqrt{T^2 - 4W^2 \frac{\eta C_{D0}}{C_{L\alpha}}} \tag{8.61}$$

式(8.61)的解应为正值,其解可能是跨声速或超声速的,由式(8.61)不能得知飞机是如何达到这些速度的。式(8.61)是否有解、有唯一解或有多个解均取决于飞行高度和总重量。

8.8.2 超声速加速度

接下来的问题是计算超声速喷气战斗机从巡航马赫数(即 $M=0.8$)到超声速的加速度。可以由不同的方式来实现加速:(1)在定高状态加速。(2)以定迎角或定姿态加速。(3)通过俯冲的方式加速。许多技术文献中给出了加速问题的飞行力学研究[11-12],其中包括瞬态和稳态的解。在本章中仅研究简单的定高状态加速,其余的爬升和俯冲状态加速将在第 10 章中介绍。

定高状态加速

现在开始计算定高状态的加速度。飞行方向的运动方程为

$$m \frac{\partial U}{\partial t} = T - D \tag{8.62}$$

如果使用声速的定义,并重组方程,得

$$\frac{\partial M}{\partial t} = \frac{1}{a} \frac{T}{m} - \frac{1}{2} \frac{\rho a A}{m} (C_{D0} + \eta C_{L\alpha} \alpha^2) M^2 \tag{8.63}$$

由垂直方向平衡条件方程 $L=W$,通过式(8.56)解得迎角。当飞机在水平方向上加速时,必须减小其升力系数才能保持水平飞行。此问题的解需要对常微分方程进行积分,典型解的情况如图 8.14 所示。在所有其他条件相同的情况下,重量对于最大加速度限制和超声速冲刺是十分重要的。在 $m=10000$kg 时,阻力近似等于可用推力,飞机能够由 $M=1.25$ 加速到 $M\simeq2.1$。若重量增加,飞机则不能够实现此加速过程。$(\partial U/\partial t)/g$ 函数表明与高速转弯和拉起的加速度相比,定高状态加速的加速度是相对较小的。加速度由约 $0.35g$ 开始,在跨声速点 T 加速度降到零附近,而后又有所增长,得益于此时气动阻力的减小,使得飞机能够继续加速到其最大速度(相对此构型和高度),对应于点 M。

相比之下,协和式飞机的最佳加速度可以在 7min 内由 $M=1$ 加速到 $M=2$。后加力燃烧的范围为 $M=0.96\sim1.70$。在军事领域,沃特 F8U-3 的后加力燃烧推力可以在 11500m(约 37700ft)高度,在 3min54s 时间内由 $M=0.98$ 加速到 $M=2.2$。F-15 攻击鹰能够在约 32000ft(约 9750m)高度,在 56s 时间内由 $M=1.1$ 加速到 $M=1.8$。

8.8.3 超声速飞行包线

图 8.15 所示为高性能超声速喷气飞机的飞行包线,摘自 Abercrombie[13]。通过统计分析得到的最外层包线是所有使用点的限制。图中给出了一系列飞行条件

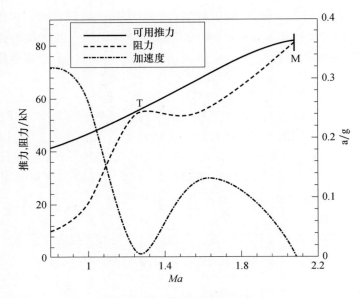

图 8.14 超声速飞机加速

(定高飞行 $h=8000\mathrm{m}$(约 26250ft);$m=10000\mathrm{kg}$;标准日,无风,干净构型)

的使用点,包括加速、减速、爬升、下降和巡航。直线连接的极限值为加速或减速包线。阴影区域为正常飞行包线。所有高度下的最大速度均为超声速。

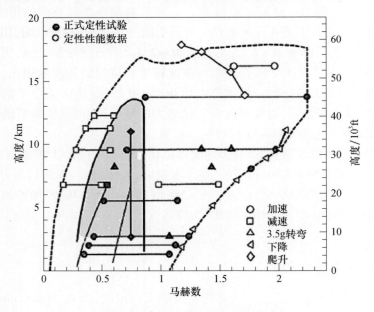

图 8.15 高性能喷气飞机飞行包线

一般飞行包线的讨论仅考虑基本气动力和推进系统特性,而不考虑诸如飞机结构限制、气动热以及其他极端飞行条件等因素。本节给出的限制条件如图 8.16 所示。至少需要考虑如下限制条件:进气道喘振、机翼颤振、蒙皮温度限制和叶片失速。

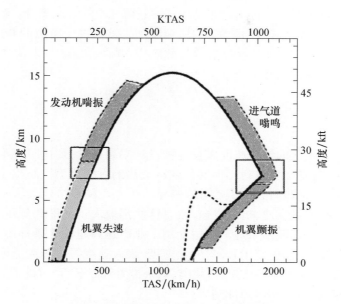

图 8.16　高性能飞行包线中的限制因素

进气道嗡鸣是由于进气道斜板处的斜激波和附面层之间的相互作用(Seddon & Goldsmith[14]),在进气管内产生振荡条件,形成强迫振动。

典型的振动频率约为 10Hz。如果产生激波,则会形成外部压缩流的斜激波和正激波。这两种激波相交到一点而后向外扩散,称为 λ 激波。当发生进气道嗡鸣,激波相交点位于整流罩前缘,并形成剪切流。

对于给定的马赫数,如果该剪切流在扩压器内部,会造成流动分离。由于流动分离的阻塞效应,会降低进气道的进气量。与此同时,压气机以恒定的转速运行,可以吸入进气道内的空气,此时发动机的压力比会降低。随着进气道压力降低到停滞压力以下,剪切流与堵塞效应会消失,随后该过程重复。通过适当的进气道设计,特别是可变的几何外形,会减少或消除此类问题。

发动机喘振是喷气发动机压气机失速的结果。因此,整个发动机可能会失速。但此类事件极少发生,如果发生,首先出现的是一声巨响。流经压气机叶片的气流就像飞机机翼上的气流一样会失速。当叶片发生失速时,压气机内的气流会变得不稳定,压气机将不能够压缩空气。失速后的高压气流会通过压气机由进气道流出。这种流动是脉冲式的,类似于爆炸。发动机喘振可能伴随着进口周围或尾喷管内可见的火焰。通常发动机喘振发生迅速,以至于仪器还没有时间做出响应。一般情况下,发动机会自校正其不稳定性。现代发动机安装有喘振阀,用来抽取发动机的不稳定气流,从而限制了其不稳定性。

机翼颤振是机翼弹性运动和非定常气动载荷之间的动态耦合。该动态响应开始是稳定的,但随着马赫数的增加,响应会增加。这取决于机翼的几何形状(展弦比、后掠角)、刚度和转动惯量等参数。此响应(频率和阻尼)取决于飞机的加速度。颤振可以用颤振次数来衡量。

小结

本章给出了飞机的设计速度以及各种设计限制条件,提出了标准大气模型和其他大气模型,特别是考虑到比标准日或冷或热的大气模型。给出了重力位势高度和气压高度(由高度计测量)之间的差异。在大气模型中定义了一系列的使用速度:校准空速、当量空速、指示空速,所有这些都取决于高度和气压,同时给出最佳平飞速度以及最佳使用条件。而后介绍了亚声速和超声速条件的飞行包线,讨论了各种限制条件,包括使用升限、失速速度、最大速度等。最大速度的限制因素包括机舱压力、发动机喘振、进气道嗡鸣、剩余推力等。最后,讨论了飞机定高状态加速至超声速的过程(超声速冲刺)。

参考文献

[1] NACA. Standard atmosphere – Tables and data for altitudes to 65,800 feet. Technical Report R – 1235, NACA, 1955. (Supersedes NACA TN – 3182).

[2] Minzer RA, Champion SW, and Pond HL. The ARDC Model Atmosphere. Technical Report 115, Air Force Surveys in Geophysics, 1959.

[3] Anon. U. S. Standard Atmosphere. Technical report, U. S. Government Printing Office, Washington, DC, 1962.

[4] Anon. Manual of the ICAO Standard Atmosphere, extended to 80 kilometres (262,500 feet). Technical report, ICAO, 1993, 3rd edition.

[5] Prandtl L and Tietjens OG. *Fundamentals of Hydro – and Aeromechanics*. Dover, 1957. Chapter 2.

[6] Etkin BE. Turbulent wind and its effect on flight. *J. Aircraft*, 18(5):327 – 345, May 1981.

[7] Houbolt JC. Atmospheric turbulence. *AIAA J.*, ll(4):421 – 437, April 1973.

[8] Barry RG and Chorley RJ. *Atmosphere, Weather and Climate*. Routledge, London, 8th edition, 2003.

[9] Anonymous. *Handbook of Aviation Meteorology*. HMSO, London, 3rd edition, 1994.

[10] Kuethe AM and Chow CY. *Foundations of Aerodynamics*. John Wiley, 5th edition, 1997.

[11] Miele A. *Flight Mechanics. Vol. I ; Theory of Flight Paths*. Addison – Wesley, 1962.

[12] Bilimoria KD and Cliff EM. Singular trajectories in airplane cruise – dash optimization. *J. Guidance, Control and Dynamics*, 12(3):303 – 310, May 1989.
[13] Abercrombie JM. Flight test verification of F – 15 performance predictions. In *Performance Prediction Methods*, CP – 242. AGARD, 1978.
[14] Seddon J and Goldsmith EL. *Intake Aerodynamics*. Blackwell Science, 1999.

第9章 起飞性能

9.1 概述

本章介绍起飞条件下的飞机模型。通过介绍一般的起飞过程(9.2 节),给出了起飞过程的方程(9.3 节)。对于全发动机工作的状态,给出了数值解(9.4 节),对于一台发动机失效的情况,可以选择继续起飞或中断起飞(9.5 节)。涡轮螺旋桨飞机起飞性能在9.6 节中介绍。在分析最小操纵速度的过程中解决了横航向操纵问题(9.7 节)。同时我们讨论了飞机的制动(9.8 节),以及受污染跑道的起飞性能(9.9 节)。受污染情况中包括滑水和其他形式的污染。为了其完整性,我们给出其封闭解(9.10 节)。本章最后给出地面滑行性能,包括滑行和转弯(9.11 节),并分析鸟撞的影响(9.11.2 节)。

关键概念:起飞方程,正常起飞,单发失效(OEI)起飞,平衡场长,减速-停止,加速-起飞,最小操纵速度,污染跑道,地面操纵,鸟撞。

9.2 起飞性能

起飞性能取决于大量的飞机参数和外部环境,包括飞行员的驾驶技术。起飞阶段时间短,但燃油消耗量大。

有许多不同类型飞机的起飞性能,常规飞机的起飞性能包括民机、商用飞机和军机(即亚声速喷气运输机、涡轮螺旋桨飞机、货运飞机等)的起飞性能。这些飞机可以从普通机场的跑道起降,且具有大小合适的推重比或功重比。

通常我们认为起飞操纵为垂直平面内的操纵。在计算常规飞机起飞性能时,认为跑道是水平的,因此假设跑道参考系和地面参考系是等效的。表 9.1 中给出起飞阶段不同速度对应的符号和具体含义,并在图 9.1 中作进一步解释。

表 9.1 起飞阶段的国际符号

符号	数学表达	定义	FAR/JAR 25.107
VFE	V_{FE}	襟翼展开状态最大速度	—
VEF	V_{EF}	发动机失效速度	$V_{EF} \leq V_1$

续表

符号	数学表达	定义	FAR/JAR 25.107
VS	V_s	失速速度	—
VMCG	V_{MCG}	地面最小操纵速度	$< V_{LO}$
VMCA	V_{MCA}	空中最小操纵速度	—
VMU	V_{MU}	最小离地速度	$\geqslant V_s$
VR	V_R	抬前轮速度	$> 1.05 V_s$
V1	V_1	起飞决策速度	$\geqslant V_{MCG}$
VLO	V_{LO}	离地速度	$> 1.1 V_{MU}$; $> 1.05 V_{ME}$(OEI)
V2	V_2	起飞安全速度	$> 1.2 V_s$
VMBE	V_{MBE}	刹车能量限制速度	$\geqslant V_1$
VTIRE	V_{TIRE}	最大轮胎速度	$V_{TIRE} \geqslant V_1$

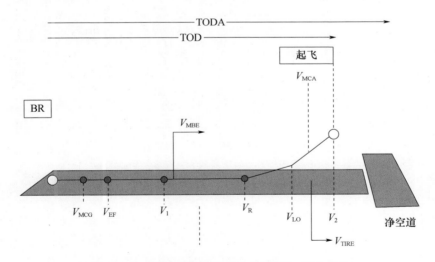

图 9.1 起飞阶段的不同参考速度(TOD = 起飞距离)

参考图 9.2(a)为全发状态的起飞示意图。整个过程飞机开始加速,在到达抬前轮速度 V_R 时抬起前轮,而后飞机以离地速度 V_{LO} 离开地面并沿直线轨迹飞行,直到距离地面 35ft 的安全高度。参考图 9.2(b)为飞机达到速度 V_{EF} 时单发动机失效,飞行员决定使用剩余发动机提供推力(在稳定飞机之后)继续起飞,此起飞过程对应相对较长的距离。参考图 9.2(b)为飞行员决定中止飞行并在跑道上停止飞机。在后面章节中将详细解释图 9.2 中的起飞过程。根据适航要求,地面有 4 个关键距离:

(1) 所有发动机工作状态,由松刹车到安全高度的起飞距离。
(2) 所有发动机工作状态,加速-停止距离。
(3) 单发动机工作状态,由松刹车到安全高度的起飞距离。
(4) 单发动机工作状态,放弃起飞后,由刹车到飞机停止的距离。

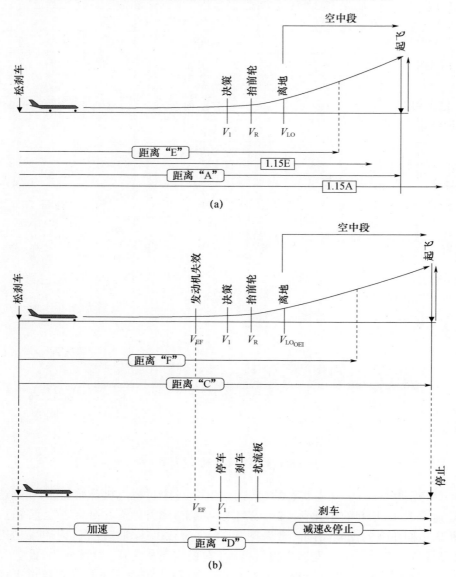

图 9.2 起飞距离(摘自参考文献[1])
(a) 全发状态;(b) 单发失效加速 & 起飞/停止。

下面定义一系列关键距离。对于全发动机工作的情况,距离"E"为

$$E = \frac{1}{2}(x_{l0} + x_{to})_{AEO} \quad (9.1)$$

这是从刹车释放点到起飞空中段(离地到起飞)中间点之间的距离 AEO。同样,对于距离 OEI,即距离"F"为

$$F = \frac{1}{2}(x_{l0} + x_{to})_{OEI} \quad (9.2)$$

起飞需用距离(TODR)定义为

$$\text{TODR} = \max\{1.15A, C\} \quad (9.3)$$

起飞可用距离(TODA)必须大于起飞需用距离(TODR)。起飞滑跑需求(TORR)定义为

$$\text{TORR} = \max\{1.15E, F\} \quad (9.4)$$

加速 – 停止段需用距离(BFL)定义为

$$\text{BFL} = \max\{B, D\} \quad (9.5)$$

一旦飞机起飞并到达安全高度,即开始初始爬升。此飞行阶段将在第 10 章中介绍。

起飞阶段的主要问题如图 9.3 所示,具体可在 FLIGHT 程序中加以实现。

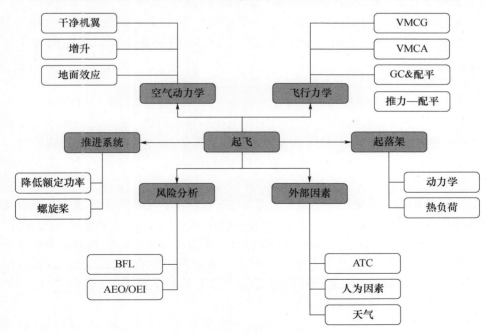

图 9.3 起飞阶段主要问题流程图

作用在飞机上的力和力矩被分成3个独立的部分:①气动力和力矩;②推进系统产生力和力矩;③轮胎与跑道接触产生力和力矩。实际模型包括以下几个方面:

(1)空气动力学,包括增升系统影响和地面效应影响。
(2)飞行动力学,包括最小操纵速度、纵向配平和螺旋桨配平。
(3)起落架动力学,包括轮胎过载、发热和地面轮胎之间相互作用。
(4)推进系统,包括发动机降低额定功率和螺旋桨性能。
(5)风险分析,包括单发停车和平衡场长。
(6)外部因素,包括天气,空中交通管制和人为因素。

空气动力学部分已经在第4章中介绍。发动机降额和可调推力已经在5.3.1节中介绍。本节讨论其余部分内容,但不包括空中交通管制和人为因素,因为这些部分都超出了飞机本身的范围。

9.3 起飞方程:喷气式飞机

现在考虑喷气式运输机从状态良好的机场跑道上起飞的情况。在地面直线滑行和直线爬升过程中,我们在垂直平面内以飞机重心为参考点列方程。由刹车释放到达安全高度,建立的计算模型为一组常微分方程。

运输机起飞过程的详细求解方法参见 ESDU[1-3]。Powers[4] 发表了一种用于估计平衡场长的方法。Krenkel 和 Salzman[5] 使用积分来计算起飞性能和平衡场长。

在开始之前,我们需要指明几个术语的定义。

V 表示相对于参考地面的合速度。如果 γ 为飞行航迹角,那么速度分量为 $u = V\cos\gamma$ 和 $v = V\sin\gamma$。在地面滑行过程中,所有轮胎接触跑道,则 $u = V$ 和 $v = 0$。U 称为空速,如果没有风,则 $U = V$。如果风只有水平分量,空速和地速的关系为

$$U = [(V\cos\gamma \pm U_w)^2 + V^2\sin^2\gamma]^{1/2} \qquad (9.6)$$

空速 U 也称为 TAS(或 KTAS,用节表示)。

飞机在地面上所受的主要力和力矩如图9.4所示。飞机所受的重力由前起落架和主起落架共同分担。轮胎与跑道的接触力由两部分组成:垂直于地面的力(平衡重力)和平行于地面的力(滚动摩擦阻力)。作用在飞机上的力和力矩包括重力(作用于重心CG)、机翼和水平尾翼产生的气动升力(作用于气动中心)以及其相应的气动力矩。同时还包括发动机推力,作用于对称的垂直平面。在图9.4中,给出了推力矢量,其作用于机翼下方的水平方向。

由于机翼具有复杂的平面形状,因此使用平均气动弦长(MAC)来代替,其计算参见2.7节。图9.4中所示的机翼理解为MAC。

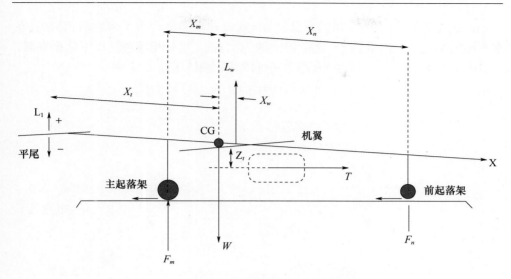

图 9.4　飞机地面受力分析

9.3.1　地面滑跑

为使飞机抬头(前起落架先离地),机翼升力的作用点必须位于重心位置 CG 前方。CG 越靠后,俯仰力矩越大。飞机绕重心 CG 的力矩方程为

$$M_y = I_y q \tag{9.7}$$

式中:M_y 为气动力矩,I_y 为绕翼展方向 y 轴的转动惯量(在 3.9.3 节中计算),q 为俯仰角速度,$q = \dot{\omega}_y$。参考图 9.4,刚体绕 CG 的总俯仰力矩为

$$M_y = M_{ow} + \underbrace{(L_t x_t + L_w x_w)}_{\text{升力}} + \underbrace{(F_m x_m + F_n x_n)}_{\text{支反力}} + \underbrace{(\mu_{rm} F_m z_m + \mu_{rn} F_n z_n)}_{\text{摩擦力}} + T z_t \tag{9.8}$$

式中 M_{ow} 为机翼的俯仰力矩;下标"t"和"w"分别表示水平尾翼和机翼[①];μ_r 为滚动系数;其余量的表示参见图 9.4。式(9.8)中未包含阻力,由于其作用点是不确定的,因此我们假设阻力作用于通过重心 CG 的纵轴上。由此解出角加速度为:

$$\frac{d^2\alpha}{dt^2} = \frac{1}{I_y}[M_{ow} + (L_t x_t + L_w x_w) + (F_m x_m + F_n x_n) + (\mu_{rm} F_m z_m + \mu_{rn} F_n z_n) + T z_t] \tag{9.9}$$

式中

$$\frac{d\alpha}{dt} = \omega_y \tag{9.10}$$

---

① 该分析定义的空气动力学系数是通过其自身面积进行归一化计算处理的:$C_{Lt} = L_t/qA_t$,$C_L = L_w/qA$。

在地面滑跑过程中,飞机的纵轴会有一个小的负角度。若不采取纠正措施,在水平尾翼上会产生向下的力,这个向下的力会有助于飞机离地过程中的抬前轮。飞机绕主起落架旋转(图9.5)会产生2个额外的刚体速度分量,即

$$u_r = -\omega_y x_m \sin\alpha, v_r = \omega_y x_m \cos\alpha \tag{9.11}$$

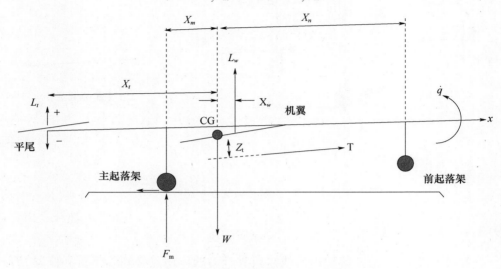

图 9.5　飞机地面抬前轮过程受力分析

由于 $\omega_y x_m$ 使得机翼周围的空速增加,增加的迎角为

$$\alpha_1 = \arctan\left(\frac{v_r}{U - u_r}\right) \tag{9.12}$$

下面求解旋转之前轮胎上的反作用力。由于没有抬前轮,所有力矩的和应该为零。主起落架和前起落架的阻力和为

$$R = \mu_{rm} F_m + \mu_{rn} F_n \tag{9.13}$$

参考图9.4,刚体垂直方向的力和力矩平衡方程为

$$F_m + F_n = L_w + L_t - W \tag{9.14}$$

$$(L_t x_t + L_w x_w) + (F_m x_m + F_n x_n) + (\mu_{rm} F_m z_m + \mu_{rn} F_n z_n) + T z_t + M_{ow} = 0 \tag{9.15}$$

式(9.15)可写为其他的表达形式,用来表示未知量地面支反力 F_m 和 F_n,有

$$(x_m + \mu_{rm} z_m) F_m + (x_n + \mu_{rn} z_n) F_n = -(L_t x_t + L_w x_w) - T z_t + M_{ow} \tag{9.16}$$

式(9.14)和式(9.16)的可写为以下的矩阵形式:

$$\begin{bmatrix} 1 & 1 \\ (x_m + \mu_{rm} z_m) & (x_n + \mu_{rn} z_n) \end{bmatrix} = \begin{bmatrix} F_m \\ F_n \end{bmatrix} = \begin{bmatrix} L_w + L_t - W \\ -(L_t x_t + L_w x_w) - T z_t + M_{ow} \end{bmatrix} \tag{9.17}$$

该方程的求解相对简单,但不适用于有过载的情况。有几点值得注意:首先,机翼产生的俯仰力矩通常使得"机头向下"。因此,产生的俯仰力矩 M_{ow} 可以防止前起落架卸载,有益于地面滑跑。其次,如果发动机推力的作用线低于重心位置 CG 可以减轻前起落架上的负载,有益于抬前轮。当飞机开始抬前轮时,$F_n = 0$,总的滚动阻力减小为 $\mu_{rm} F_m$。

如果主起落架有多个机轮,那么需要建立更准确的模型。在这种情况下,起飞着陆时主起落架的后轮最后离地和最先着陆,所受载荷最大,如图 9.6 所示。

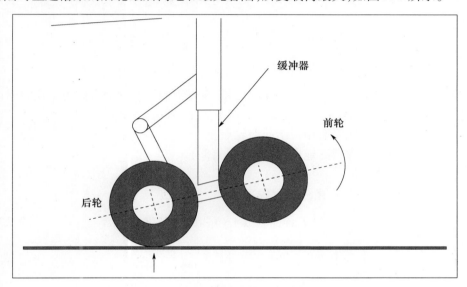

图 9.6　起飞、着陆过程主起落架的转动

9.3.2　滚动系数

在起飞模型中滚动阻力的计算需要确定滚动系数 μ_{rm} 和 μ_{rn}(分别对应主起落架和前起落架)。通常要考虑 3 方面的贡献量:①在轮胎滚动时由于机械变形产生的减速力 μ_{rR};②地面污染物的影响 μ_{rF};③制动力(μ_{rB})。假设这些影响是相互独立的,因此,可得

$$\mu_r = \mu_{rR} + \mu_{rF} + \mu_{rB} \qquad (9.18)$$

ESDU 05011[6] 中给出了考虑速度影响的滚动阻力系数准经验公式。在干燥、潮湿、融雪和干雪条件下的跑道,均可使用此方法来估计滚动阻力系数。例如,在干燥跑道上单个轮胎的滚动阻力系数为

$$\mu_r = \left(\xi_0 + \xi_1 \frac{(1-s)V^2}{2g}\right) \frac{F^{1/3}}{p/p_a} \qquad (9.19)$$

式中:s 为制动滑移率($s=0$,无刹车),F 是单个轮胎的正常载荷,p/p_a 为充气比,为轮胎压力除以大气压,$\xi_0 = 3.7699 \cdot 10^{-3} N^{-1/3}$,$\xi_1 = 4.60824 \cdot 10^{-5} N^{-1/3}/s$ 为常数系数。因为式(9.19)清晰地给出了法向载荷、轮胎压力、滚转系数之间的关系,所以滚转阻力即为由飞机载荷与跑道条件所决定的变量。例如,如果起落架有 n_w 个轮子,那么式(9.19)中 $F = F_m/n_w$。如果跑道是干燥或潮湿的,那么起落架的阻力为 $\mu_{rm} F_m$;如果跑道被雪覆盖,F_m 仅考虑作用于前轮。因此,假设起落架前后共有 4 个轮子,那么滚动阻力为 $\mu_{rm} F_m/2$。由于跑道污染导致的减速影响,将在 9.9 节中单独讨论。

9.4 起飞方程

通过积分常微分方程(ODE)可以得到起飞方程的解。积分方法可采用定时间步长的四阶 Runge–Kutta 法。需要考虑以下三个阶段:
(1)所有机轮在地面滑跑到抬起前轮点。
(2)地面继续滑跑到离地点(所有轮胎离地)。
(3)达到安全高度。
过程中包含以下 8 个微分方程式:

$$\frac{du}{dt} = \frac{1}{m}[T\cos(\epsilon + \alpha + \gamma) - D\cos\gamma - L\sin\gamma] \tag{9.20}$$

$$\frac{dv}{dt} = \frac{1}{m}[T\sin(\epsilon + \alpha + \gamma) - D\sin\gamma + L\cos\gamma - W] \tag{9.21}$$

$$\frac{dx}{dt} = u \tag{9.22}$$

$$\frac{dh}{dt} = v \tag{9.23}$$

$$\frac{dm}{dt} = -\dot{m}_f \tag{9.24}$$

$$I_y \frac{d\omega_y}{dt} = [M_{ow} + (L_t x_t + L_w x_w) + (F_m x_m + F_n x_n) + (\mu_{rm} F_m z_m + \mu_{rn} F_n z_n) + T z_t] \tag{9.25}$$

$$\frac{d\alpha}{dt} = \omega_y \tag{9.26}$$

$$\gamma = \arctan\left(\frac{v}{u}\right) \tag{9.27}$$

飞机在离地之前 $\gamma = 0$,完整的方程组还应包括式(9.17)。当飞机离地后,轮胎滚动阻力和支反力消失,飞机仍然可以在垂直平面内按照刚体处理。此时机体具有 3 个自由度,可以用 3 个微分方程来描述爬升阶段。

起飞过程还需考虑以下 3 个方面:

1. 气动力

方程组中的气动力包括升力和阻力,其大小受到控制面的位置和地面效应的影响。每一组襟翼/缝翼配置都有对应的编号 $I_{SF} = 0, 1, \cdots$。不同的飞机,对于每个设置的 I_{SF} 值,可以得到定义好的襟翼和缝翼偏角(分别为 δ_f, δ_s)。计算气动力的步骤如下:

(1) 设定 I_{SF} 的取值,并确定角度 δ_f, δ_s。
(2) 使用 4.2.3 节、4.3.5 节中的方法来计算 δ_f 和 δ_s 对升力和阻力的影响。
(3) 使用 4.2.2 节中的方法计算地面效应。

使用空速 U 来计算气动力,当有风速时,空速与地速不同式(9.6)。

2. 净推力

净推力根据发动机的数量 n_e 进行累加,但不包括 OEI(单独讨论)和燃油流的细微不平衡情况。任何推力不平衡情况都可以通过飞行控制系统得以修正,否则后果可能是灾难性的。对于全发状态(AEO),有

$$T = F_N n_e \tag{9.28}$$

在每个时间步长,净推力 F_N 从发动机的数值计算得到(见第 5 章)。

在制动释放点,推力迅速增加。一般步骤包括:①松刹车;②驾驶杆在中间位置;③一旦发动机稳定,驾驶杆在满推力位置,发动机推力迅速增加。大多数飞机在制动的同时发动机是不加速的。从飞行仿真角度,可以使用斜坡函数为

$$F_N = T_0 \tanh t \tag{9.29}$$

式中:T_0 为在静态条件下的额定起飞推力。t 为时间,由制动释放开始计算。推力在 3s 内稳定到额定推力。

3. 纵向配平

飞机配平是一个主要问题,如果没有配平,很可能数值解使飞机俯仰过快,飞机将进入危险轨迹。如果发生这种情况,可能是俯仰力矩和/或俯仰转动惯量估计不准确。在现代飞机上安装有 α - floor 保护系统,以此来避免过高姿态的飞机轨迹。许多运输机的抬前轮角速度为 $\dot{\alpha} = \omega_y = 2° - 4°/s$。解算过程中假定在任何时候飞机均是配平状态。

$$\ddot{\alpha} = \frac{d\dot{\alpha}}{dt} = \frac{M_y}{I_y} \tag{9.30}$$

如果 $\ddot{\alpha}$ 高于限制值,则需要修正俯仰力矩,相当于将阻尼函数添加到式(9.25)中。抬前轮结束后,飞机在线性轨迹上爬升。

9.4.1 实例分析:空客 A300-600 的正常起飞

在图 9.7 和图 9.8 中,给出了空客 A300-600 全发状态(AEO)起飞过程的计算结果,动力装置为 CF6-80C2 涡轮风扇发动机。图中给出的数据包括:刹车释放后的起飞距离、高度、真空速(KTAS)、爬升率、净推力、燃油流、滚动系数和起落架载荷。当飞机到达安全高度后计算结束。需要注意,抬前轮和飞机离地之间的时间很短。

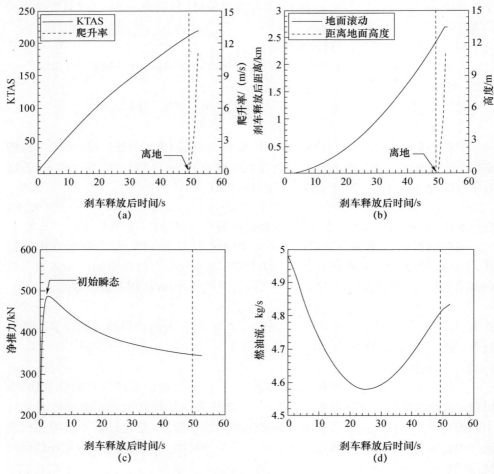

图 9.7 AEO 状态起飞分析
(BRGW = 128500kg;逆风 = -2m/s;h = 50m;
起飞推力(不放气);襟翼 δ_f = 20°;x_{CG} = 25% MAC;标准日)

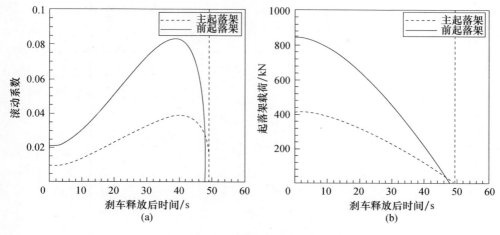

图 9.8 AEO 状态起飞分析

可以进行参数研究来验证相关参数的影响,包括刹车释放状态的总重量、机场高度、风速、大气温度、跑道坡度和跑道条件(6 个独立参数)。这些实际上是在 W – A – T(重量 – 高度 – 温度)图表中体现,它们是 FCOM(机组人员操作手册)的一部分。这样的图表可参见图 9.9。在选定 BRGW 的全部范围内进行计算,计算条件为标准日的选定高度,计算过程中固定襟翼位置,计算结果与空客公布的参考数据进行比较。如果计算中考虑所有的影响因素,那么这些图表可能变得相当复杂。在某些情况下,FCOM 给出的起飞性能是一系列表,而不以图的形式给出。起飞性能的进一步研究参见第 15 章。

9.4.2 起飞阶段重心位置 CG 的影响

每架飞机在地面滑行和起飞过程中都有一个指定的 CG 范围(已经在第 3 章讨论)。在地面滑行和空中阶段,CG 位置对飞机有着重要影响,极值情况如下:

1. 后重心位置

至少有以下 4 方面的重要原因,说明后重心位置的不利影响。①它减少了前轮的附着力,在极端情况下可能引起前轮抬起并引发机尾触地。②飞机发动机安装在机翼下方,作用于 CG 下方的推力会产生附加的俯仰力矩,失速速度降低、起飞安全速度 V_2 增加。③后重心位置降低了滑行过程中飞机的操纵能力。④在没有足够大的动压情况下,垂直尾翼和方向舵不能产生横航向控制力(见 9.7 节),因此低速下的横航向控制必须通过前轮来完成。

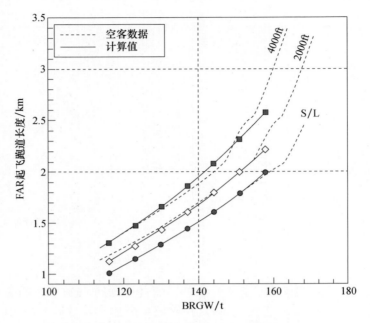

图 9.9　空客 A300 - 600 起飞过程重量和高度影响
(标准日;无风;$\delta_f = 20°$;$x_{CG} = 25\%$ MAC)

2. 前重心位置

前重心位置 CG 使得飞机抬前轮(抬头)困难,因此增加了起飞距离。此外,前重心位置对前轮产生较高的结构载荷,增加发热和磨损(如第 14 章所述)。当确定飞机的起飞性能时,计算选取前重心位置。

飞机起飞过程的配平需要考虑上面因素的影响。运输机 CG 位置对起飞性能的影响如图 9.10 所示。针对 3 个不同的 BRGW,图中给出起飞距离随重心位置(MAC 百分比)的变化。对于不同的 BRGW,重心位置 CG 的限制略有不同。为得到准确的数据,可以参考 FCOM①。结果表明:通过向后移动 CG(通过增加% MAC),可以减小起飞距离。移动量取决于 BRGW,可以在不同的高度、顺风、逆风、冷、热的大气环境重复上面的分析计算。

9.4.3　起落架减震器的影响

减震器的作用(起飞时前起落架和着陆时主起落架)可以在飞机的动力学模型中引入,用于更准确地描述起落架的性能。事实上,当动压作用于机翼,飞机处

---

① 空客建议将重心后移约 2% 左右,以提高起飞性能,其许多飞机的重心变化幅度在 25% ~ 30% 之间。

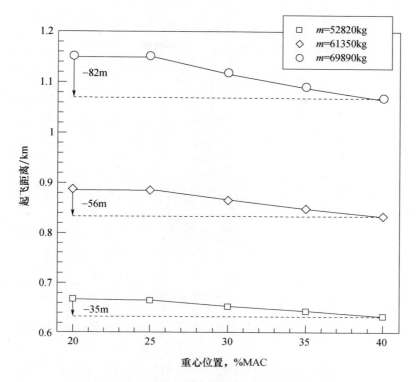

图 9.10　空客 A320-200 重心位置对起飞性能的影响
（标准日，无风，海平面）

于配平状态起飞时，作用于前起落架的载荷逐渐减小，飞机在地面上开始小角度的向上旋转，姿态角的增加引起机翼升力的增加。当前起落架抬起时，减震器无作用载荷。因此，模型的主要变化是减震器变为松弛状态，如图 9.11 所示。该模型相当于一个弹簧阻尼器并联系统，弹簧刚度为 κ，阻尼为 D。由起落架的法向载荷 F 产生的虚拟质量为 $m = F/g$，那么系统将具有自然频率 $\omega_0 = \sqrt{\kappa/m}$ 和阻尼比 $\zeta = D/2\sqrt{m\kappa}$。

通过使用临界阻尼 $D_{crit} = 2\sqrt{\kappa m}$，阻尼响应将在最短时间内恢复到未受干扰的位置。系统的响应为

$$x(t) = x_0(1 + \omega_0 t)\exp(-\omega_0 t) \tag{9.31}$$

式中：x_0 是载荷 F 作用下的初始位移，$\dot{x}_0 = 0$。一般情况下法向载荷已知，单元的最大变形可以从起落架说明书中找到，并设定为合理限制值。刚度是未知量，但是可以通过简单的分析来推断。例如，假设响应时间为 1s（或其他值），我们从式（9.31）中由已知变形极限值 x_0 来计算刚度。刚度的量级约为最大虚拟质量的

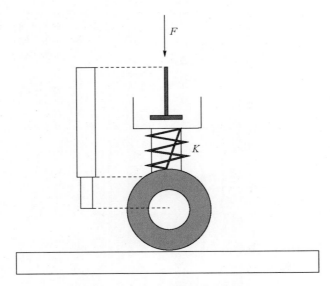

图 9.11 前起落架减震器模型

$1/3$。当减震器卸载后,姿态的变化为 $\Delta\alpha \simeq x_0/w_b$。即使在最恶劣的情况下,姿态角的增加应小于 $1°$。

在地面滑跑过程中对起落架的准确分析是相对复杂的。Pacejka[7]建立了相对复杂的起落架动力学模型,可用于分析制动条件下的滑动状态,扭转效应和振动动力学。振动动力学是指自诱发振荡,此时轮胎轴绕主支柱轴振动[8-10]。有时使用振动阻尼器(如空中客车 A320 和波音 B737)以克服这些振动。

9.5 起飞过程单发失效

单发失效 OEI 的起飞性能属于风险分析的类别,如图 9.3 所示。由于必须要做出加速继续起飞或停止中断飞行的决定,因此人为因素应考虑在内。我们分析的情况是:地面滑跑期间一台发动机由某点开始停止运行。在此过程中可以限制发动机推力损失,同时关注发动机停车的原因,以及在更极端情况下可能发生的状况,例如燃油泄漏。

除了发动机不对称产生的不对称载荷外,单发状态的方程与全发状态相同。单发状态的偏航力矩必须通过组合的修正动作的来恢复。修正的前提是:故障发生并且速度大于最小操纵速度。由于以下原因造成气动阻力的增加:①发动机的失效。②方向舵的偏转为

$$\Delta C_D = \Delta C_{De} + \Delta C_{\text{Drudder}} \qquad (9.32)$$

式(9.32)中的发动机贡献量由式(7.44)计算。当一台发动机停止工作时,需要偏转方向舵来稳定飞机。由于在地面上轮胎和飞行控制系统之间作用,使得方向舵偏转对阻力贡献量的计算变得困难。但是,如果方向舵的偏转量 ξ 是已知的,则诱导阻力的增量可以估计为

$$\Delta C_{D\text{rudder}} = (C_{L\xi}\xi)\xi = C_{L\xi}\xi^2 \tag{9.33}$$

式中:$C_{L\xi}$ 为垂尾与方向舵组合体的升力线斜率,此项仅在高于 VMCG 的速度下添加。

下面考虑减速–停止(中止起飞)和加速–起飞(正常起飞)的情况,并计算其平衡场长。

9.5.1 减速–停止

当一台发动机发生故障中止起飞时,会发生以下状况:

(1)当飞机具有速度 V_1 且已经由刹车释放滑行了一定的距离 x_1,在时间 t_1 发生发动机故障,这些称为临界量。

(2)由于飞行员的自然反应(人为因素),在发动机发生故障和决定中止飞行之间存在时间延迟 t_{lag}。延迟时间通常为约 3s。当时间为 $t_D = t + t_{\text{lag}}$ 时,飞机由制动释放点到达位置 x_D,此时达到速度 V_D。

(3)在决策点切断推力,启动刹车。此时刹车构型会打开扰流板,有助于减小升力。此制动方法是可行的。

(4)飞机开始减速,当到达停止点时的距离称为停止距离。

对于失效状态和运行状态的发动机,均需要建立瞬态推力模型。建模过程不能建立通用的模型,因为瞬态响应取决于发动机和故障类型。对于运行状态的发动机,当风门切换为零时需要建立瞬态推力的模型。同样对于运行状态的发动机,定义了一个 cut 函数,即

$$F_{\text{cut}}(t) = e^{nt} \tag{9.34}$$

式中:n 为决定发动机瞬态特性的任意指数,t 为时间。净推力衰减到零对应的时间为 t_0,式(9.34)中指数可以通过求解 n 得到。对于高涵道比涡扇发动机,$n \simeq -1.5$。

当一台发动机停止工作时,飞机在 $t_{\text{lag}} + t_0$ 时间内具有不对称的推力。一台发动机满推力、另一台发动机失效时的偏航力矩为

$$M_z = Ty_b + D_e y_b \tag{9.35}$$

式中:y_b 是发动机作用力的力臂,T 是运行状态发动机的推力,D_e 是失效发动机的阻力。该偏航力矩可以由轮胎和方向舵来平衡。总偏航力矩为

$$M_z = T(t)y_b + D_e y_b - \mu_{sm} F_m - \mu_{sn} F_n - C_{L\xi}\xi \tag{9.36}$$

式中:μ_s 为由于侧向力(当轮胎横向滑动时)产生的轮胎和跑道之间的摩擦系数,

它不能保证瞬变期间力矩为零。

还需要考虑的问题是：飞行员在切断推力的时刻是否同时采取制动,考虑这种情况,模型中可以进一步包括时间延迟。ESDU[1-2]中考虑制动器、扰流板和发动机响应的时间延迟影响。总结的平均时间延迟如表 9.2 所列。

表 9.2 系统激活后的响应时间延迟

系统	时间延迟/s	说明
飞行员响应	约 3	—
风门关闭	3~8	—
油门关闭	2~4	—
改变螺旋桨桨距	2~4	—
展开扰流板	0.5~1.0	—
轮胎制动	0.5	人工
	0.1~0.2	自动

9.5.2 加速 – 停止

可能出现的状况是在飞机的纵向和横航向已经配平且稳定的条件下,使用工作状态的发动机继续加速。有可能设定的襟翼偏度不能够提供足够的气动升力。在下面 2 种情况下,需要增加襟翼偏度:①提供升力不足以起飞;②提供升力不能够使飞机按照国际规定的最小梯度爬升。以上情况的决定因素包括总起飞重量。

加速 – 停止的计算过程

(1)估算抬前轮速度, $V_R = 1.1 V_S$。

(2)取速度范围 $V_1 < V_{crit} < V_2$,其中 $V_1 = 0.25 V_{crit}$, $V_2 = V_{crit}$。

(3)由 $V_{crit} = (V_1 + V_2)/2$ 推测临界速度。

(4)计算达到临界速度 V_{crit} 时的全发状态 AEO 起飞。

(5)当飞机达到 V_{crit} 时,执行以下操作:

①发动机故障状态,继续加速,直到飞机已经到达安全高度。起飞加速距离为 x_{t01}。

②决策停止后,切断推力,启动刹车,打开扰流板,减少升力,计算停止距离 x_{t02} (这些操作的完成是有时间延迟的)。

(a)比较加速距离与停止距离。如果停止距离 x_{t02} 比加速距离 x_{t01} 大,则设置

$V_1 = V_{crit}$,否则设置 $V_2 = V_{crit}$。

(b)使用新的 V_{crit} 重复迭代,直到实现收敛。

这个迭代过程的结果如图 9.12 所示。图中右侧的尺度表示临界速度 V_{crit} 的变化。在 OEI 起飞和 OEI 中止之间收敛标准是 5m 的差值。较小的公差仅用于增加迭代次数,但并不能保证得到较好的结果。此计算过程中不涉及反向推力。

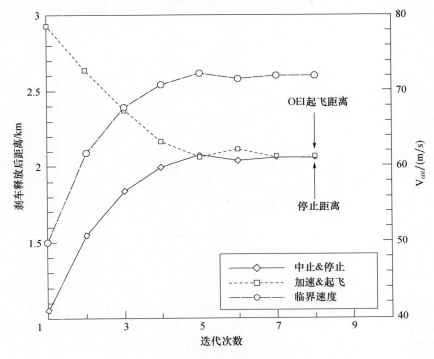

图 9.12 空客 A300-600 临界速度分析
(海平面,标准日,无风)

图 9.13 中给出了空客 A300-600 的计算结果。图中显示为从跑道上制动释放点到停止点的地速和真空速的数据。图中给出对于 AEO 和 OEI 滑跑的加速段和停止段。图表右上方为在临界时间附近的地速放大图。在模型中考虑的延迟包括制动作用的延迟、扰流板展开的延迟等,但速度的变化还是比较尖锐的。

图 9.14 给出了由刹车释放点到停止点过程中的一些关键参数随时间的变化曲线。给出的数据包括:地速、制动-停止的距离、阻力系数、净推力、滚动阻力、起落架的法向载荷、升重比和燃油消耗。图中速度的急剧下降是由于采取制动措施。计算中假定扰流板和制动器的响应是瞬时的。

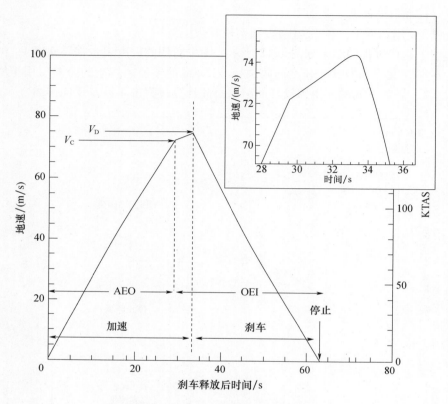

图 9.13　空客 A300-600 地速和真空速

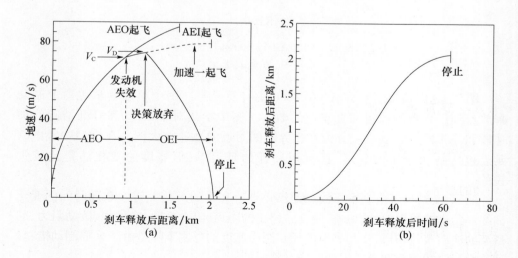

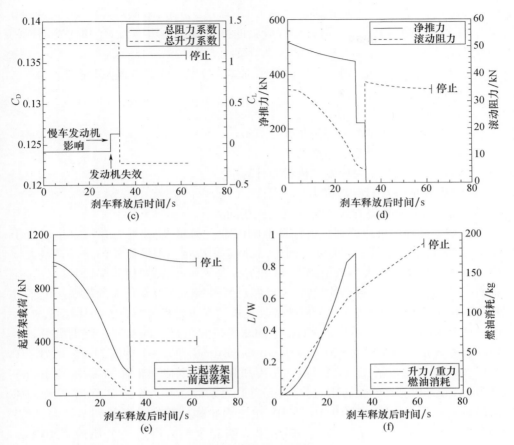

图 9.14 加速 – 停止分析(BRGW = 141000kg;逆风 = -2m/s;高度 = 50m;起飞推力(不放气);襟翼偏转 $\delta_f = 20°$;$x_{CG} = 25\%$ MAC;标准日)

9.6 螺旋桨飞机起飞

螺旋桨飞机的起飞方程在形式上与前面描述相同,但需要考虑下面重要的变化量。首先,螺旋桨飞机的约束条件是轴功率而不是推力。因为在动力学方程中用到的是推力,所以要知道净推力和轴功率之间的关系。

$$T = T_p + F_g \qquad (9.37)$$

式中:T_p 为螺旋桨净推力,F_g 为发动机排气提供的剩余推力。发动机油门设定为起飞状态,螺旋桨配平需用轴功率,当达到配平状态时,螺旋桨的状态使用以下无量纲参数 C_T、C_P 和 J 来定义,即

$$C_p = f(U, h, \vartheta, \mathrm{rpm}, P_{\mathrm{shaft}}), C_T = f(U, h, \vartheta, \mathrm{rpm}, P_{\mathrm{shaft}}) \quad (9.38)$$

由式(9.38)得到 C_T,然后计算螺旋桨的推力。当轴功率为 P_{shaft} 时,发动机的剩余推力为 F_g。起飞条件下,F_g 约为螺旋桨推力的 10% ~ 15%。

如果使用以下方法,则不需要假设螺旋桨的效率。计算步骤如下:

(1)设置使用条件。

(2)设置发动机起飞轴功率。

(3)按需用轴功率配平螺旋桨并计算 C_T。

(4)计算配平螺旋桨的净推力 T_p。

(5)以需用轴功率对应发动机状态计算 F_g。

(6)由式(9.37)计算净推力。

(7)接下来的处理方式与喷气式飞机相同。

在这个过程中可能遇到数值计算上的困难。例如,最大推力并不总是对应于最大功率,特别是在低速的时候。因此,我们必须决定使用螺旋桨的条件是最大推力还是最大功率。在大多数情况下,转速 rpm 是固定的,需要螺旋桨以其标称转速运行。然而,有时允许有小的超转,这可能对所得到的推力有较大的影响。配平过程的数值求解相对较慢,因此分析螺旋桨飞机的起飞过程需要较大的计算量。

图 9.15 和图 9.16 给出了 ATR72 – 500 飞机起飞过程的求解。该飞机由 2 个 PW127M 涡轮螺旋桨发动机和 Hamilton – Sundstrand F568 – 1 螺旋桨提供动力。图 9.15 所示的数据包括:①起飞过程的距离和高度;②空速和爬升率;③轴功率和净推力;④主起和前起轮胎的法向载荷;⑤总升力系数和升力重量比;⑥主轮和前轮的滚动系数等。此外,在图 9.16(d)中,给出涡轮螺旋桨发动机的剩余推力,以及剩余推力占总推力的百分比。数据结果表明剩余推力所占百分比约为 10% ~ 15%。如前假设,螺旋桨这部分推力是不可忽略的,在工程分析中是必须考虑的。

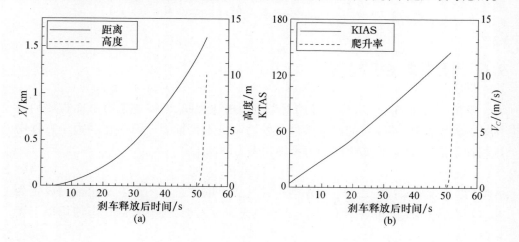

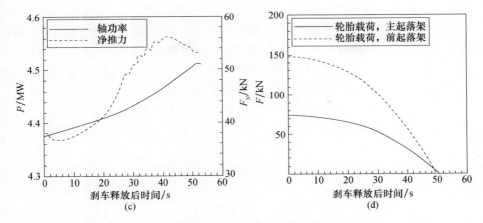

图 9.15 安装 PW127M 发动机的 ATR72-500 飞机的 AEO 起飞计算
（风速 = -2m/s；高度 = 50m；$\delta_f = 20°$；$x_{CG} = 25\%$ MAC；$m = 22616$kg；标准日）

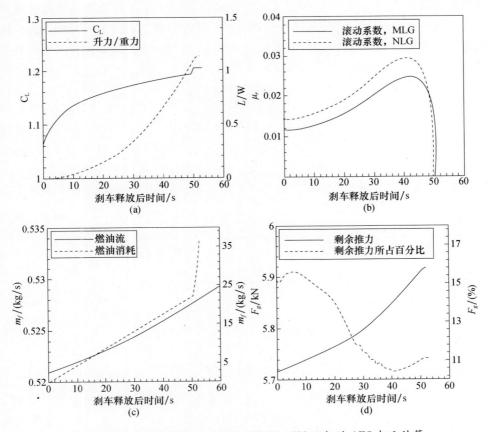

图 9.16 安装 PW127M 发动机的 ATR72-500 飞机的 AEO 起飞计算

螺旋桨失效的应对措施

适用于喷气发动机的分析方法一般也适用于涡轮螺旋桨飞机。但是,在发动机故障之后,飞机的响应是不同的。除非在失效的发动机-螺旋桨动力单元上采取自动修正措施,否则飞机在失效一侧的阻力将大大增加。正确的流程是将螺旋桨尽快设置为顺桨位置,此操作可能需要几秒钟,桨距角的变化约为 15~25((°)/s)。

9.7 最小操纵速度

计算所参考的双发飞机如图 9.17 所示,偏航力矩绕 C 点(主起落架的中心)平衡,有

$$M_{vt} = Tb_t - Y_n w_b \tag{9.39}$$

式中:M_{vt} 为垂直尾翼方向舵偏转 ξ 产生的偏航力矩,b_t 为不对称推力的力臂,w_b 为前后轮距,Y_n 为在没有侧向滑动的情况下前轮上的侧向力。如果使用地速描述飞机的转弯过程,那么其所受侧向力等于转弯的向心力。此时力和力矩都是地速的函数。认为方向舵对应其最大设计偏转角 ξ_{max},如果对应力矩 $M_{vt} > Tb_t - Y_n w_b$,那么可用方向舵实现横航向控制;如果对应力矩 $M_{vt} < Tb_t - Y_n w_b$,那么方向舵偏转量可以减小,并可通过前轮转向实现横航向控制。

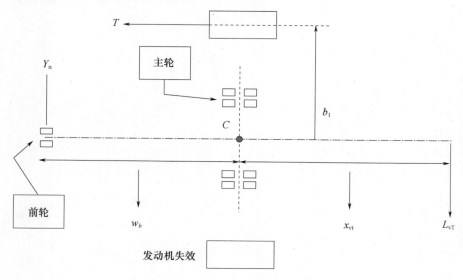

图 9.17 V_{MCG} 计算中的侧向力和力矩

FAR § 25.149 中定义了地面上 V_{MCG} 的限制值。规定要求当发生单发失效时,要求跑道上飞机的轨迹在任何点处侧向偏离不超过 30ft(9.15m)。最小操纵速度

必须低于离地速度。在飞机最危险的条件下,考虑最不利的重心位置 CG 和起飞重量,以此来确定 V_{MCG}。

垂尾产生的力矩为

$$M_{vt} = L_{vt}x_{vt} = \frac{1}{2}\rho U^2 A_{vt} C_{L\xi} \xi x_{vt} \tag{9.40}$$

式中:A_{vt} 为垂直尾翼的面积,x_{vt} 为方向舵气动力作用点与主起落架中心 C 点之间的距离(图 9.17)。假设 $\xi = \xi_{max}$,求解地速 $U = V_{MCG}$,偏航方程可写为以下形式:

$$V_{MCG}^2 = \frac{2(Tb_t - Y_n w_b)}{\rho A_{vt} C_{L\xi} \xi_{max}} \tag{9.41}$$

式(9.41)的解取决于前轮的侧向力限制。计算侧向力的准经验公式由 ES-DU[11]给出,过程中需要轮胎的偏转角。我们考虑的情况中并没有涉及刹车。

对于轮胎上法向载荷的给定值 F_n,在轮胎开始打滑之前我们已知轮胎上的限制侧向力 Y_n(转向力)。实际上,在这种情况发生之前,轮胎已处于偏航状态,轮胎的偏航状态将问题复杂化。首先,飞机加速获得升力,前起落架卸载。当前起落架卸载时,其转向力减小。因此,除非气动升力快速增长,否则速度 V_{MCG} 不会很高。事实上,可能在一定的地速范围内,不论前起是否转向或方向舵是否偏转,均无法控制飞机。有必要决策在操纵中是否使用前轮转向,因为转向力取决于其偏转角度。

现在假设轮胎的偏转角 ψ 足够小(图 9.18)。以下两个力之间的比值是侧向摩擦系数,即

$$\mu_s = \frac{Y_n}{F_n} \tag{9.42}$$

从 Dreher 和 Tanner[12]中轮胎相关数据分析,轮胎在干跑道、湿跑道和污染跑道上的侧向摩擦系数为

$$\mu_s = \mu_s c_1(V, F_n)\psi + c_1(V, F_n)\psi^2 \tag{9.43}$$

在空速增加的情况下进行迭代,计算步骤如下:
(1)设置最大方向舵偏转角 $\xi = \xi_{max}$。
(2)设定真空速,$U = V \pm U_w$。
(3)计算偏航力矩 $Tb_t - Y_n w_b$。
(4)计算方向舵力矩 M_{vt}。
(5)如果 $M_{vt} < Tb_t - Y_n w_b$,增加真空速。
(6)如果 $M_{vt} > Tb_t - Y_n w_b$,相应的空速是 V_{MCG},退出循环。

V_{MCG} 的计算例子如图 9.19 所示,对应计算条件在图示中说明。计算结果与预期相同,$V_{MCG} < V_{lo}$。计算中假定最大方向舵偏转角为 10°,飞机在 1000m 的距离内侧向偏离 30ft(9.15m)。

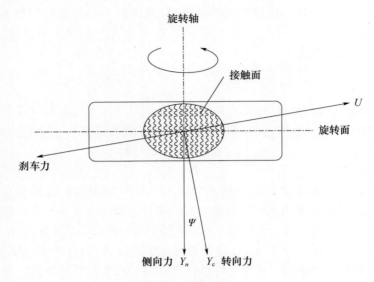

图 9.18 轮胎转向力

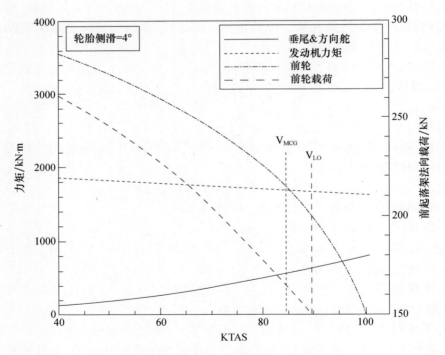

图 9.19 给定飞机的 V_{MCG} 计算($m=14500$kg;标准日;无风;干燥跑道)

计算结果取决于以下因素:跑道条件、轮胎胎面花纹(棱纹或光滑)、风速和风向(逆风或顺风)、重心位置 CG、轮胎偏转角、最大方向舵偏转角等。上述的计算方法中没有考虑滚动效应。

对于配置 4 台发动机的飞机,我们只考虑 1 台发动机失效的情况。最恶劣的情况是最外侧发动机发生故障,其余的分析步骤是相同的。

推力受限的影响

相对于推力受限,需要对以下几点进行说明。推力受限造成地面最小操纵速度降低和起飞速度的变化。起飞推力的降低不得导致任何功能和系统操作的损失①。在单发失效(OEI)的情况下,推力受限减小了不稳定偏航力矩。这个偏航力矩仅在高于 V_{MCG} 的速度下,通过垂尾来平衡。较低的偏航力矩导致 V_{MCG} 的降低,从而导致加速-停止距离的减小。偏航力矩降低到不同程度,都必须有相应的符合要求的 V_{MCG}。

9.8 飞机制动概念

飞机的制动是通过各系统的组合来实现。主要的系统是机轮制动器,其次是通过扰流板的气动力,再加上可以使用发动机反向推力。各系统可以使用数学方程来描述,这些方程与一组参数相关(飞机重量、CG 的位置、地面速度、跑道条件等)。

1. 机械制动

通过适当的机轮制动可以使飞机停止,总阻力是机轮滚动阻力之和。机轮上的载荷越大,制动力越大。机械制动中需要考虑的重要因素是轮胎滚动速度。自由滚动机轮的滚动速度等于飞机的速度;完全抱死的机轮没有滚动速度;处于中间条件的机轮在跑道上存在滑动,机轮的滚动速度和飞机速度之间的比值 Ω_r/V 即滑移率。

机轮和跑道之间的滑移如图 9.20 所示。在正常操作条件下,机轮滑移速度等于地速(100% 滑移率或自由滚动速度)。当存在部分接触损失时,机轮滑移率降低导致打滑。限制情况是当机轮滑移率为 0 时,也就是说机轮被锁死(滑移率为 0)。摩擦力取决于滑移率:自由滚动轮胎具有零阻力,对应零摩擦系数和零制动作用。显然,机械制动不是一种最好的制动措施,因为很难完全使用机械制动使飞机停止。相反,打滑机轮具有相对差的制动性能,增加了损坏和爆炸的风险。防锁(或防滑)系统用来防止机轮锁死。系统将每个机轮的速度与飞机的滑行速度进行比较。滑移率在 10% ~ 15% 可以达到最大制动性能。FAR §23.109 给出潮湿条件

---

① 联邦航空条例 FAR:减少和降低起飞推力(功率)流程,AC-25-13,1988.04。

的最大制动系数如下:

$$\mu_b = c_1 V^3 + c_2 V^2 + c_3 V + c_4 \tag{9.44}$$

其中的系数取决于轮胎压力 p。

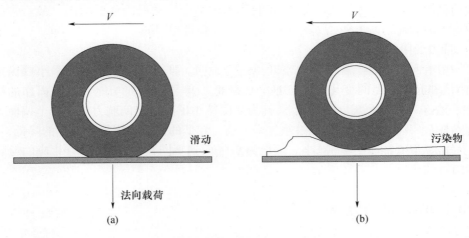

图 9.20 机轮的滑移和滑水现象

2. 气动扰流板

对于运输机,可以通过减小升力和机轮的机械制动来实现刹车。扰流板的快速展开可以减小机翼的升力。当扰流板展开时,机翼升力变为负值且压力中心向后移动,这样可以增加视重力且产生向下的力来增加滚动阻力。因此,计算程序必须包含气动中心与重心 CG 之间距离的修正。减小这个距离是非常实用的,因为它会使载荷更多地作用在主起落架而不是前起落架上。如果不这样的话,前起落架轮胎上的载荷可能过大,极端情况下可能出现轮胎过热或者爆胎(见图 9.4 和式 (9.16))。

3. 推力反向器

发动机系统中的推力反向器可使推力反向,所得到的制动力并不取决于跑道的方向。推力反向器可产生非常大的制动力,使得飞机以较大的减速度进行减速。因此推力反向器可以使用在受污染的跑道。它的副作用是产生相当大的噪声。因此,要规定其使用范围,飞机必须在缺失反向推力的情况下亦可以实现减速和停止。

9.9 受污染跑道上的起飞性能

铺设的跑道有各种条件,每种条件都会影响飞机的滚动阻力和制动效率。按照跑道受污染条件的严重程度可以将跑道分为潮、湿、积水、融雪、湿雪、干雪、实雪和结冰。关于滚动摩擦系数的研究已有多年,具体可参见 Wetmore[13]、Harrin[14]、Yager[15] 和 Agrawal[16]。

超过 25% 的使用道面被厚度超过 3mm 的积水覆盖,或被至少等同于 3mm 积水的融雪、湿雪、干雪、实雪、结冰覆盖时,称为跑道被污染。潮跑道湿度较小。湿跑道表面有薄薄的一层水而显得有光泽,然而水层并不深,不足以形成滑水现象。积水通常集中在雨后排水差的区域。融雪是温度高于冰点时水中饱含未融化的雪。湿雪在新鲜降雪后出现,它的重量轻且容易成形。干雪在较冷的温度和干燥的天气下存在。实雪为重型机械压实后的雪。在结冰的条件下,滚动阻力最低($\mu_r < 0.005$)。具体来说,在光滑跑道上制动性能会降低,起飞加速和横航向控制性能会降低。

在湿跑道条件下,由于污染物不能被机轮-跑道接触而排出,因此减小了机轮与跑道的接触并减小了摩擦力,机轮和跑道之间的摩擦系数低于正常值。机轮和污染物之间的接触不能产生足够的摩擦力。为了增加摩擦系数,必须将污染物从机轮接触区域中挤压出来。实际情况中,在相对低的速度时是可以实现的,但随着速度的增加,可用于挤压污染物的时间减少,跑道变得光滑,存在潜在的灾难性后果。

极端情况的滑水现象如图 9.20 所示。滑水现象是机轮不再与跑道面接触而是在水层上滑动。机轮和跑道之间的水膜减小了滚动阻力。在这些条件下,制动变得无效且缺失了横航向控制。同时会发生其他一些问题,包括喷溅进入发动机、襟翼、传感器和飞机上其他敏感易损部件。

湿跑道条件下摩擦系数的经验取值是取干跑道上摩擦系数的一半。然而,这个取值不符合安全要求,新的计算方法中考虑了轮胎充气压力、磨损状态、跑道类型和防滑系统。

9.9.1 污染物位移阻力

在跑道上有松散的污染物(水、融雪和雪)情况下,会出现其他形式的阻力。产生的两种阻力:由于机轮压缩污染物产生的污染物位移阻力(9.9.1 节)及其喷溅冲击机身的产生的冲击阻力(9.9.2 节)。前者贡献量大于后者,当滚转速度达到最大值时,阻力值最大,随后减小。

图 9.21 中给出了前轮和主轮的喷溅对飞机造成的污染影响。A 点为前轮喷溅对前机身造成影响。B 点为同一喷溅冲击发动机内侧的机翼部分,如果喷溅扩展到发动机进气口将是危险的。前轮的喷溅对中央机身的影响如 C 点所示。主轮的喷溅会影响水平尾翼(D 点)和下机身(E 点)。

对于单机轮,ESDU[17] 给出了污染物位移阻力的表达式,即

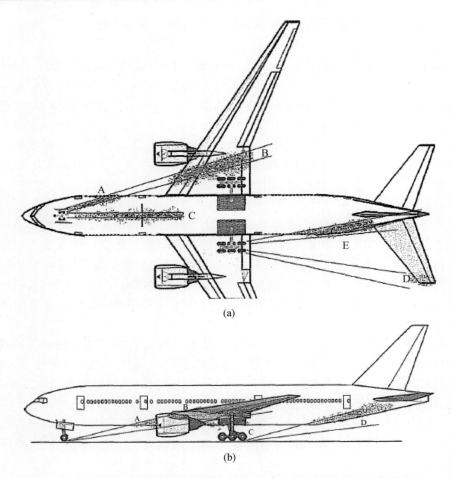

图 9.21 污染跑道上运输机前轮和主轮的喷溅对飞机造成的污染影响

$$\begin{cases} G_{F1,1} = \dfrac{1}{2}\rho_w \zeta V^2 C_{D1,1} b_s d, V/V_p \leqslant 1 \\ G_{F1,1} = f_L G_{F1,1}(V/V_P = 1), V/V_p > 1 \end{cases} \quad (9.45)$$

式中:b_s 为与污染物接触轮胎的宽度,d 为轮胎直径,$C_{D1,1}$ 为污染物的位移阻力系数,$\zeta = \rho_c/\rho_w$ 为污染物密度与水密度(ρ_w)之间的比值。因子 f_L 考虑到了地面速度 V 相对于参考速度 V_p 的影响。参考速度的定义为

$$V_p = 34.28\left(\dfrac{p}{\zeta}\right)^{1/2} \quad (9.46)$$

式中:压力以 bar 为单位,参考速度 V_p 以节为单位。双轮的污染物位移阻力为 $G_{F2,1}$,有

$$\begin{cases} G_{F2,1} = f_{2,1} G_{F1,1}, & V/V_p \leq 1 \\ G_{F1,1} = f_L G_{F2,1}(V/V_P = 1), & V/V_p > 1 \end{cases} \quad (9.47)$$

双串联轮胎(四轮)的位移阻力 $G_{F2,2}$，由下面两部分之和来估算：

$$G_{F2,2} = G_{F2,1} + G_{Fi} \quad (9.48)$$

其中:第一个贡献量为双轮的污染物位移阻力(前面双轮与相关机械系统)。第二个贡献量为后面双轮冲击阻力的贡献量,有

$$G_{Fi} = f_i G_{Fi}(V/V_P = 1) \quad (9.49)$$

式中:

$$G_{Fi}(V/V_P = 1) = \rho_w \zeta V_p^2 b_s d \quad (9.50)$$

参考文献[17]中以图表形式给出了 f_L 和 f_i 两个因子。图 9.22 给出了空客 A320-200 污染物位移阻力分解量,计算条件是深度为 1cm(0.01m)的融雪,其中起落架贡献量分解为两个独立量的总和。前起落架和主起落架的轮胎变形量假定为轮胎直径的 2.5%(代替全机配平),轮胎充气压力分别等于 190 和 110psi,(分别为约 1.31MPa 和约 0.76MPa)。污染阻力在速度为 120kt 时增加到最大值,然后减小。

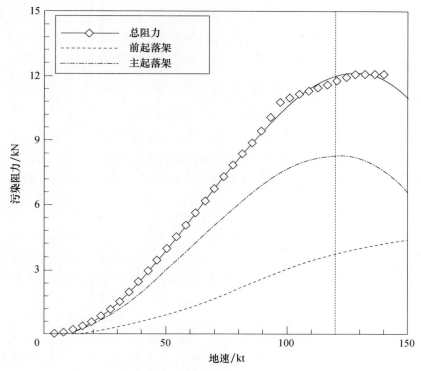

图 9.22 运输机的污染物阻力(计算值)

9.9.2 喷溅冲击阻力

联合航空条例(JAR)给出了位移阻力的一阶估计:

$$D_{displ} = \frac{1}{2}\rho_c S_{tyre} V^2 K C_D \qquad (9.51)$$

式中:ρ_c 为污染物(水,融雪,雪)的密度;S_{tyre} 为轮胎的正面与污染物接触的面积;K 为机轮系数(如在 4.3.7 节中讨论);对于水和融雪取 $C_D = 0.75$。

冲击阻力取决于结构外形和污染物移动流体动力学之间的复杂相互作用。目前公认的做法是在各种污染水平的跑道上进行测试。然而,这种相互作用也可以作相应的估计。ESDU[18]给出估计的基本方法,用于估计机轮和污染物之间接触产生的喷溅形状、位移阻力[17],以及冲击阻力[19]。Giesberts[20]中指出在水和雪的条件下,基于不同飞机的测试结果表明,式(9.51)并不是很准确。需要特别指出:水阻随地速而增加,随后逐渐减小。式(9.51)预测了均匀增加的阻力值。基于粒子动力学的工程方法已由 Gooden[21]提出,以预测积水污染跑道的水阻。这种方法考虑了轮胎压力、几何外形、积水高度等其他因素的影响。

根据 ESDU 方法,由于第 m 次喷溅冲击机身产生的表面摩擦阻力为

$$G_{Fm} = C_{Fm} q S_{wetm} \qquad (9.52)$$

式中:G_{Fm} 为表面摩擦系数,q 为动压,S_{wetm} 为受喷溅冲击影响的面积(机身,机翼,短舱等)。如果 $k = V_{spray}/V$ 表示喷溅速度与地速之间的比值,动压的计算如下:

$$q = \begin{cases} q_0 = \dfrac{1}{2}\rho_w \zeta V^2, & \text{中心和侧向喷溅} \\ q = q_0(1-k^2), & \text{正向喷溅} \end{cases} \qquad (9.53)$$

受喷雾冲击影响区域面积的计算,需要考虑以下两方面内容:飞机几何尺寸的适当定义(CAD 格式或其他可用的格式)和对喷溅包线的估计。

如果具备这些数据,可以使用数值算法计算机身几何形状和喷溅包线之间的交集。

式(9.52)中的系数 C_{Fm} 是受喷溅冲击影响区域的平均表面摩擦系数。因为空气流动很可能是紊流,同时相对于喷溅颗粒的尺寸大小,可以认为机身几乎是水平的,我们可以使用熟知的表达式来计算在平板上的紊流表面摩擦系数。不可压缩紊流平板的表面摩擦系数 C_F 的表达式(Karman – Schoenerr)如下:

$$\frac{1}{\sqrt{C_F}} = 4.3 \lg(C_F Re_x) \qquad (9.54)$$

在式(9.54)中,Re_x 为基于参考长度 x 的雷诺数 $Re = \rho U x/\mu$,式中 μ 和 ρ 分别为清水的动态黏度和密度。参考长度为受喷溅冲击影响的第 m 个区域的最大长度。此时可以作相应简化。例如,喷溅冲击在机翼上的长度与根弦 c_r(这是容易获

得的)差异不大。最后,需要注意式(9.54)中的 C_F 为正常条件下,由于飞机周围的空气流动产生的表面摩擦系数。

9.10 起飞阶段的封闭解

起飞阶段的封闭解可以通过一系列简化得到。封闭解对于地面滑行的初步研究和概念设计是十分有用的。事实上,可以从中获得以下量的近似值,例如:集中质量、抛物线阻力方程、恒定推力和其他一系列假设。下面我们分别考虑喷气飞机和螺旋桨飞机的情况。

9.10.1 喷气飞机

地面滑跑距离是由制动释放到离地点之间的距离。对于水平跑道,计算地面滑跑时所列的水平和垂直方向上的动力学方程均参考飞机的重力位置。发动机推力方向与速度矢量保持一致。因此,得

$$m \frac{\partial u}{\partial t} = T - D - R \tag{9.55}$$

$$R = \mu_r (L - W) \tag{9.56}$$

其中 R 是地面阻力。滚动阻力系数的均值参见表9.3。

表9.3 各种跑道条件下的滚动阻力系数

跑道条件	μ
干混凝土/沥青	0.02
硬草皮和砂砾	0.04
短草和干草	0.05
长草	0.10
软地	0.10~0.30

飞机的加速度可写为

$$a = \frac{\partial u}{\partial t} = u \frac{\partial u}{\partial x} = \frac{\partial}{\partial x}\left(\frac{1}{2}V^2\right) \tag{9.57}$$

根据此定义,式(9.55)可写为

$$\frac{1}{2}m \frac{\partial V^2}{\partial x} = T - D - R \tag{9.58}$$

由制动释放点 $(x=0, t=0)$ 到离地点,对式(9.55)进行积分,得

$$\frac{1}{2}mV_{lo}^2 = \int_0^x (T - D - R)\,\mathrm{d}x \tag{9.59}$$

式(9.59)的右侧的积分,需要考虑速度变化过程中飞机作用力的变化。例如,当前轮先于后轮离开地面时,滚动阻力会有一个阶跃变化。

首先介绍离地速度。这个速度可以从失速速度来估算。若规定 $V_{lo} \simeq 1.1 V_s$,那么 $C_{Llo} \simeq 0.83 C_{Lmax}$,这样有一个合理的安全余量。FAR 25 部(§25.103)中将失速速度定义为

$$V_{\text{stall}} \geqslant \frac{V_{CLmax}}{\sqrt{n}} \tag{9.60}$$

式中:n 为飞行轨迹上的法向过载;V_{CLmax} 为考虑过载时的最大升力系数 nW/qA 对应的速度值,规范给出计算 V_{CLmax} 的方法。在所有关键飞行条件下必须消除失速警告。离地速度为

$$V_{lo}^2 = \frac{2}{\rho} \frac{W}{A} \frac{1}{C_{Llo}} \tag{9.61}$$

通过速度的积分获得起飞时间为

$$t_{lo} = \int_0^{x_{lo}} \frac{\mathrm{d}x}{V} \tag{9.62}$$

1. 简化解

地面滑跑阶段的一阶近似是取推力、气动阻力和滚动阻力的平均值。在这种情况下,积分的结果为

$$\frac{1}{2} m V_{lo}^2 = (\overline{T} - \overline{D} - \overline{R}) x_{lo} \tag{9.63}$$

式(9.63)中各参数的合适取值为

$$\overline{T} = T_0, \overline{D} = \frac{1}{2} \rho A C_D \left(\frac{V_{lo}}{2}\right)^2, \overline{R} = \mu_r (W - \overline{L}) \simeq \frac{1}{2} \mu_r W \tag{9.64}$$

代入式(9.63)中,得

$$\frac{1}{2} m V_{lo}^2 = \left(T_0 - \frac{1}{8} \rho A C_D V_{lo}^2 - \frac{1}{2} \mu_r W\right) x_{lo} \tag{9.65}$$

解得 x_{lo} 为

$$x_{lo} = \frac{4 m V_{lo}^2}{8 T_0 - \rho A C_D V_{lo}^2 - 4 \mu_r W} \tag{9.66}$$

一般认为推力与速度无关,等于静态推力。阻力表示为

$$D = \frac{1}{2} \rho A (C_{D0} + k C_L^2) V^2 \tag{9.67}$$

式中:C_L 和 C_D 与飞机的地面配置相关。在这一点我们注意到,在飞机的地面配置中,其控制面是展开状态的。

回到动量方程的分析,滚动阻力为

$$R = \mu_r \left(W - \frac{1}{2}\rho A C_L V^2 \right) \tag{9.68}$$

式中:W 为常值。解为

$$\frac{1}{2}mV_{lo}^2 = (T_0 - \mu_r W)x_{lo} - \frac{1}{2}\rho A \int_0^x (C_{D0} + kC_L^2 + \mu_r C_L)V^2 dx \tag{9.69}$$

式(9.69)中的 C_L 为飞机迎角的函数(见 4.2 节),与速度无关。计算过程中控制面配置为起飞位置,因此考虑地面效应的升力系数是恒定的。式(9.69)可以写为

$$\frac{1}{2}mV_{lo}^2 = (T_0 - \mu_r W)x_{lo} - \frac{1}{2}\rho A(C_{D0} + kC_L^2 + \mu_r C_L)\int_0^x V^2 dx \tag{9.70}$$

求解动力学方程的最后一个步骤是得到速度 $V(x)$ 的函数。如果假定加速度为 $a(V) = a_0 + c_1 V^2$,在地面滚动期间如果总加速度不超过其离地初始值的 40%,那么"精确"和"恒定"加速度求解得到的地面距离,相差约为 2%。这是工程上可接受误差范围。

使用的"恒定"加速度,速度和时间之间是二次关系。

$$a = \frac{\partial u}{\partial t} = \frac{\partial u}{\partial x}\frac{\partial x}{\partial t} = \frac{1}{2}\frac{\partial V^2}{\partial x} = \text{常数} \tag{9.71}$$

积分得到 $V^2 \simeq c\sqrt{x}$,除去积分常数。对应离地条件 $\{x_{lo}, V_{lo}\}$,速度和地面滑跑距离之间的关系为

$$V^2(x) = \frac{V_{lo}^2}{x_{lo}}x \tag{9.72}$$

有了这个结果,式(9.70)中的积分项的解为

$$x_{lo} = \frac{mV_{lo}^2/2}{(T_0 - \mu_r W) - \rho A(C_{D0} + kC_L^2 + \mu_r C_L)V_{lo}^2/4} \tag{9.73}$$

起飞方程的最终解,需要使用实际的推力和阻力。发动机推力由多项式函数表示,即

$$T(U) = T_0(1 + c_1 U + c_2 U^2) \tag{9.74}$$

式中:c_i 为常数系数。注意,推力取决于空速 U,而不是地速 V。式(9.59)可以写为

$$\frac{\partial V}{\partial t} = \frac{1}{m}\int_0^x (T - D - \mu_r R) dx \tag{9.75}$$

最好的积分方法为变步长四阶 Runge – Kutta 方法。此积分方法是相对稳定和准确的。在离地点积分停止,我们假设离地点为 $L = W$ 时刻。

2. 抬前轮和初始爬升

至少一个起落架未离地时称为达到离地点。飞机必须以小角度抬前轮,否则会有尾部撞击跑道的危险。对于宽体飞机尾部撞击跑道并不罕见,存在潜在的严重后果。图 9.23 显示尾部撞击跑道取决于飞机的几何尺寸,特别是起落架高度 h_g

和主起落架到撞击点的距离 l_1。Pinsker[22] 提出了起飞阶段机尾触地的解决办法，在同时滚转和俯仰条件下避免机尾触地。

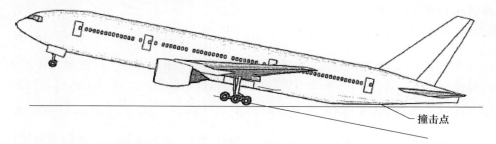

图 9.23　起飞阶段尾部撞击跑道，抬前轮角度的限制取决于地面撞击点到主起落架的距离

在离地的瞬间，滚动阻力会有突然的变化。飞机的进一步倾转进入空中阶段，而后沿着直线路径爬升至飞行安全高度。在拉平期间飞机具有向心加速度。

$$n = \frac{V^2}{\chi} \tag{9.76}$$

式中：χ 为飞行路径的曲率半径。在此阶段期间的地面距离为 $x_3 \simeq \chi\gamma$，高度达到 h_1，有

$$h_1 = \chi(1 - \cos\gamma) \simeq \chi\frac{\gamma^2}{2} \tag{9.77}$$

式中：γ 为爬升角。商用亚声速喷气机的一阶估计表示 $h_1 \simeq 1\mathrm{m}(3\mathrm{ft})$，地面距离为 $12\mathrm{m}$（约 $40\mathrm{ft}$），在大多数情况下可以忽略不计。爬升的初始阶段以常值爬升角爬升，有

$$x_a = \frac{h - h_1}{\tan\gamma} \simeq \frac{h}{\tan\gamma} \tag{9.78}$$

总起飞距离为

$$x_{to} \simeq x_{lo} + x_a \tag{9.79}$$

空中阶段可以使用能量法来进行计算。从离地到飞行安全高度，总能量的变化为

$$Wh + \frac{1}{2}m(V^2 - V_{lo}^2) = (\overline{T} - \overline{D})x_a \tag{9.80}$$

式中：u 为空中最小操纵速度。因此，空中距离为

$$x_a = \frac{Wh + m(V^2 - V_{lo}^2)/2}{\overline{T} - \overline{D}} \tag{9.81}$$

结冰条件下的起飞被广泛研究。van Hengst[23] 给出一个实例，提供了 Fokker 50 和 Fokker 100 带有和不带除冰液的升力曲线。结冰表面的起飞性能至少需要知道正确的气动参数。

水上飞机和飞艇的起飞由于考虑水和水波的阻力而变得复杂。需要找到好的方法来估计飞机的阻力。此时阻力是空气动力学阻力和流体动力学阻力的总和（参见4.8节）。关于这个问题的相关研究可参见 Deeremuter[24]和 Parkinson[25]等的 DeRemer[26]，其中给出了 Cessna 180 在浅湖中的起飞测量。

9.10.2 螺旋桨飞机

螺旋桨飞机的计算方法接近喷气飞机,使用螺旋桨推力替换喷气推力会有一些复杂,但这取决于使用条件(参见第6章)。由沿水平方向的力平衡求解低阶解。

$$m\frac{\partial V}{\partial t} = \eta\frac{P}{V} - D - R \tag{9.82}$$

或者

$$\frac{\partial}{\partial x}\left(\frac{1}{2}V^2\right) = \frac{1}{m}\left(\eta\frac{P}{V} - D - R\right) \tag{9.83}$$

式中,发动机功率和螺旋桨效率取决于飞机速度。做一些简化假设:如果式(9.83)的右侧功率项比其他两项的总和大得多,有

$$\frac{\partial}{\partial x}\left(\frac{1}{2}V^2\right) \simeq \frac{\eta}{m}\frac{P}{V} \tag{9.84}$$

此外,如果取发动机功率和螺旋桨效率的平均值,那么通过积分,式(9.84)得到地面滑跑的近似值。

$$d\left(\frac{1}{2}V^2\right) = \frac{\eta}{m}\frac{P}{V}dx \tag{9.85}$$

$$x_{lo} \simeq \frac{1}{4}\frac{m}{V_{lo}^2}\frac{1}{\eta P} \tag{9.86}$$

方程中代入气动阻力和滚动阻力可得

$$\frac{\partial V^2}{\partial x} = \frac{1}{m}\left[2\eta\frac{P}{V} - \frac{1}{4}\rho A C_D V_{lo}^2 - u_r W\right] \tag{9.87}$$

由式(9.87)求解离地距离 x_{lo} 为

$$x_{lo} = \frac{mV_{lo}^2}{2\eta P/V - \rho A C_D V_{lo}^2/4 - u_r W} \tag{9.88}$$

最后考虑气动阻力和滚动阻力随速度的变化,有

$$\frac{1}{2}\frac{\partial V^2}{\partial x} = \frac{1}{m}\left[\eta\frac{P}{V} + c_1 V^2 - u_r W\right] \tag{9.89}$$

式中:系数 c_1 为

$$c_1 = -\frac{1}{2}\rho A(C_{D0} + kC_L^2 + \mu_r C_L) \tag{9.90}$$

地面滑跑中 C_L 为常数。式(9.89)可变为

$$V_{lo}^2 = \frac{2}{m} \int_0^{x_b} \left(\frac{\eta P}{V} + c_1 V^2 - u_r W \right) dx \tag{9.91}$$

只有螺旋桨的效率和发动机功率作为速度的函数是已知的时候,此方程才能求解。同样还需确定飞机是否为可变桨距/固定转速运行。

9.11 地面操纵

地面操纵包括飞机滑出机库以及着陆后返回机库。在典型的地面操纵中,飞机以低速沿着跑道滑行,执行转弯并处于慢车状态,同时等待空中交通管制给出起飞指令。滑行时间在很大程度上取决于机场和机场拥堵状况。滑行操作的燃油需求量计算如下:

$$m_f = m_{f1} + m_{f2} + m_{f3} \tag{9.92}$$

式中:m_{f1} 为以恒定速度 u_{taxi} 滑行期间燃油的消耗。m_{f2} 为在慢车状态下燃油的消耗。m_{f3} 为加速飞机从静止到滚动速度期间燃油的消耗量。如果飞机不止一次的停止,m_{f3} 必须考虑一系列的加速过程。式(9.92)的求解需要确定从机库到刹车释放点的距离以及总的滑行时间。这些取决于机场,飞机在航站楼附近的位置及其他因素。

然而,如果这些数据是已知的,那么计算如下:

$$m_{f1} = \left[\dot{m}_f \left(\frac{x}{V} \right) \right]_{\text{taxi}} \tag{9.93}$$

$$m_{f2} = (\dot{m}_f t)_{\text{idle}} \tag{9.94}$$

与

$$\dot{m}_{f\text{taxi}} = f_i T = f_i [\mu_r (W - L) - D] \tag{9.95}$$

$$t_{\text{idle}} = t_{\text{taxi}} - \left(\frac{x}{V} \right)_{\text{taxi}} \tag{9.96}$$

加速时燃油消耗为

$$m_{f3} = \dot{m}_f \left(\frac{mV}{R} \right) \tag{9.97}$$

式中:R 为总阻力(滚动阻力和气动阻力);通过在指定的速度、机场高度和大气条件下,使用 $T \approx R$ 来求解发动机的燃油流 m_f。

上面给出的方法为近似的计算,因为没有考虑到单发动机失效和转弯期间的非对称推力等情况。有些制造商可能会建议在部分滑行段使用一台发动机以节省燃料。对于重型飞机,建议避免恶劣的天气条件和大转弯的使用情况。其风险包括:①失去制动能力和前轮转向能力的高风险;②发动机启动故障风险(这需要返回机库);③工作发动机的更高喷流(在第 14 章讨论)。

一些大型飞机的滑行燃油消耗如表 9.4 所列,其中对应两个不同的滑行时间(10min 和 20min),对应距离为机库到制动释放点的固定距离。假设飞机在中间点不停止,但结果中包括转弯的影响。在任何情况下,所需的燃油消耗均是非常巨大的。因此,大型飞机应在出发时优先排队。

表 9.4 滑行过程的燃油消耗
(V = 5m/s;由机库到刹车释放点的距离为 x = 2.0km;燃油消耗单位为 kg;时间单位为 min;机场高度为海平面;标准日;6500(3510n mile))飞行任务

参数	A380-861-GP		B747-400-GE	
	20′	10′	20′	10′
静止到滚动的燃油消耗量	24.1	24.1	23.3	23.3
慢车状态的燃油消耗量	960.0	240.0	652.8	163.2
滚动状态的燃油消耗量	381.9	376.6	391.9	402.0
滑行总燃油消耗量	1365.9	640.4	1068.0	588.9
慢车状态时间	16.7	6.7	16.7	6.7
滚动时间	3.3	3.3	3.3	3.3

9.11.1 地面机动

在完成着陆操作之后,到达制动器释放点之前,运输机必须滑行并返回机库。这种情况下,飞机以发动机低效率运行状态作缓慢机动。地面机动包括转向和转弯,因为这些机动效率并不高,因此存在相当大的燃油消耗。由空客提供①的 A380 转弯图,如图 9.24 所示。

其他地面操作包括从登机口反向移动飞机和将飞机移动到登机口。前者由地面操作设备完成;后者通常由飞行员完成。制造商提供地面机动的相关数据和图表,其中包括最小转弯半径和转向的操作,包括前轮转向和使用不对称推力。

9.11.2 鸟撞

鸟类对于飞机发动机是十分危险的。鸟类与飞机发生碰撞,通常称为鸟撞。有时鸟撞会导致严重事故,甚至中止飞行。飞行安全基金会[27]的数据显示,在 1998 年前近十年的时间里,商用飞机发生的鸟撞次数超过 52000 次。这些数据的

---

① 空客 A380 机场规划手册,2009 年 10 月。

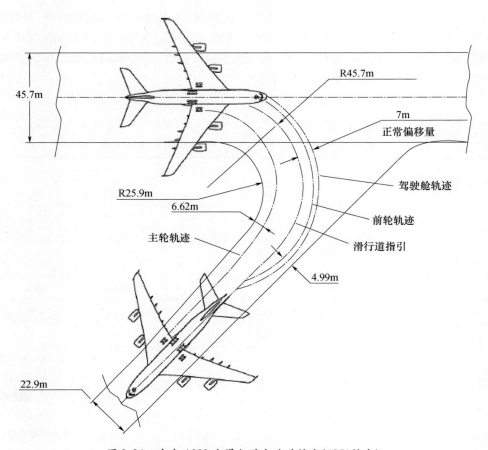

图 9.24 空客 A380 由滑行道向跑道转弯（135°转弯）

分析显示，最可能的撞击点是发动机（41%），其次是机头和挡风玻璃（41%），机翼（7%）和机身（7%）。上述撞击中只有 15%～20% 会造成损坏，并需要返回维修。在最严重的情况下，需要及时关闭发动机，约 50% 的鸟撞会造成发动机损坏，至少造成风扇叶片损伤，可导致振动的增加和排气温度的增加。损坏程度随着发动机推力的增加而增大。在碰撞中需要考虑的两个重要参数是：鸟的质量和相对速度 ΔU。撞击产生的冲击能量为 $E = m\Delta U^2/2$。

随着飞机接近地面（飞机起飞和爬升，最终进场和着陆），鸟撞发生的频率增加。至少一半的鸟撞发生在地面，大约 80% 的鸟撞发生在低于 500ft（约 150m）的场高。机场区域的除鸟是机场的主要责任[①]。

---

① 各种国家组织机构负责野生动物控制，并向机场和机组人员提供意见和建议。他们可以在互联网上找到"鸟撞"这个关键词。第一次有记录的鸟撞来自于莱特兄弟（1908 年）。

除了研究鸟撞对飞机和发动机的损伤,大量的研究已经深入了解鸟类在机场附近的行为。事实上,虽然在较高海拔亦会发生鸟撞,但是大多数鸟撞发生在起飞和着陆阶段(90%的鸟撞)。高涵道比涡扇发动机可能导致更高的事故率,这是由于此类发动机所需的空气质量流较大以及其产生的噪声较低。这样会导致鸟类没有得到提前的警示,以此来避免进入飞机。

最普遍的做法是使机场不适合鸟类活动。一个主动保护方法包括移除机场的短草、高草和水体,同时移除产生种子的植被。有时湖和池塘上可以覆盖塑料球,使得鸟类不能着陆。

当今已经掌握更多防鸟撞的相关技术。探鸟雷达已经在机场开发和测试,并安装在控制塔。雷达中按照鸟的种类被编程为鸟的飞行参数(高度,方向,速度)。需要注意的是,天鹅比其他鸟类更危险(它们体型相对大且成群飞行)。飞机似乎无法避免与海鸥的碰撞,而红尾鹰则学会远离飞机飞行。同时雷达也被编程以识别滑翔飞行和扑翼飞行。快速扑翼的鸟类通常扑翼的时间很短,而后开始滑翔。为了其准确性,这些雷达必须以三角测量原理工作,3个雷达比2个雷达更有效。空客推荐的防鸟撞策略包括:

(1)保持飞机在低于10000ft的高度飞行时飞机灯常亮,以帮助鸟类定位飞机。

(2)如果起飞时遇到鸟撞并且速度大于决策速度V_1,必须继续飞行。

(3)如果起飞时遇到鸟撞,并且速度小于V_1但超过100kt,起飞必须中止,以便检查发动机。

(4)如果在着陆过程时遇到鸟撞,飞机将飞过鸟群并着陆,但需要保持低推力设置。

(5)如果在着陆过程时遇到鸟撞,则不得使用反推力制动,因为这种操作会对发动机造成进一步的损伤。

小结

本章给出了由涡轮风扇发动机或涡轮螺旋桨发动机驱动的运输机起飞性能。具体来说,给出了正常起飞的解,并且确定了影响平衡场长的关键参数:重心位置CG、重量、机场高度、风、空气温度等。对起飞风险进行分析,给出了单发动机推力/功率的损失并计算加速起飞距离和减速停止距离。同时进一步考虑了在地面上具有不对称推力的横航向控制问题。通过方向舵和垂尾的控制,可以使飞机达到足够的速度(最小操纵速度)。在研究中,给出了关键参数,并考虑机场大气效应风的影响,跑道污染的影响,以及鸟撞的风险。对于其完整性,给出了起飞阶段近似的封闭解。

参考文献

[1] ESDU. *Example of Take – off Field Length Calculations for a Civil Transport Aeroplane*. Data Item 87018. ESDU International, London, Oct. 1987.

[2] ESDU. *Calculation of Ground Performance in Take – off and Landing*. Data Item 85029. ESDU International, London, Mar. 2006.

[3] ESDU. *Force and Moment Components in Take – off and Landing Calculations*. Data Item 85030. ESDU International, London, Nov. 1985.

[4] Powers SA. Critical field length calculations for preliminary design. *J. Aircraft*, 18(2): 103 – 107, 1981.

[5] Krenkel AR and Salzman A. Take – off performances of jet – propelled conventional and vectored – thrust STOL aircraft. *J. Aircraft*, 5(5): 429 – 436, Sept. 1968.

[6] ESDU. *Comprehensive Method for Modelling Performance of Aircraft Type Tyres Rolling or Braking on Runways Contaminated with Water*. Data Item 05011. ESDU International, London, May 2005.

[7] Pacejka HB. *Tyre and Vehicle Dynamics*. Butterworth – Heinemann, 2002.

[8] Pritchard JI. An overview of landing gear dynamics. Technical Report TM – 1999 – 209143, NASA, 1999.

[9] Fallah MS and Bhat R. Robust model predictive control of shimmy vibration in aircraft landing gears. *J. Aircraft*, 45(6): 1872 – 1880, Nov. 2008.

[10] Gordon J. Perturbation analysis of non – linear wheel shimmy. *J. Aircraft*, 39(2): 305 – 317, Mar. 2002.

[11] ESDU. *Frictional and Retarding Forces on Aircraft Tyres, Part IV: Estimation of Effects of Yaw*. Data Item 86016. ESDU International, London, Oct. 1992.

[12] Dreher RC and Tanner JA. Experimental investigation of the braking and cornering characteristics of 3011. 5 × 14. 5 type VIII aircraft tires with different tread patterns. Technical Report TN D – 7743, NASA, Oct. 1974.

[13] Wetmore JW. The rolling friction of several airplane wheels and tires and the effect of rolling friction on take – off. Technical Report R – 583, NACA, 1937.

[14] Harrin EN. Low tire friction and cornering forces on a wet surface. Technical Report TN – 4406, NACA, Sept. 1958.

[15] Yager TS. Factors influencing aircraft ground handling performance. Technical Report TM – 85652, NASA, June 1983.

[16] Agrawal SK. Braking performance of aircraft tires. *Progress Aerospace Sciences*, 23(2): 105 – 150, 1986.

[17] ESDU. *Frictional and Retarding Forces on Aircraft Tyres. Part V: Estimation of Fluid Forces*. Data Item. 90035. ESDU International, London, 1990.

[18] ESDU. *Estimation of spray patterns generated from the sides of aircraft tyres running in water or slush*. Data Item 83042. ESDU International, London, 1983.

[19] ESDU. *Estimation of airframe skin – friction drag due to impingement of tyre spray*. Data Item 98001. ESDU International, London, 1998.

[20] Giesberts MKH. Test and evaluation of precipitation drag on an aircraft caused by snow and standing water on a runway. Technical Report NLR – TP – 2001 – 490, NLR, Amsterdam, NL, Nov. 2001.

[21] Gooden JHM. CRspray – Impingement drag calculation of aircraft on water – contaminated runways. Technical Report NLR – TP – 2001 – 204, NLR, Amsterdam, NL, Oct. 2001.

[22] Pinsker WJG. The dynamics of aircraft rotation and liftoff and its implication for tail clearance especially with large aircraft. Technical Report ARC R& M 3560, Aeronautical Research Council, 1967.
[23] Van Hengst J. Aerodynamic effects of ground de/anti – icing fluids on Fokker 50 and Fokker 100. *J. Aircraft*, 30 (1):35 – 40, Jan. 1993.
[24] Perelmuter A. On the determination of the take – off characteristics of a seaplane. Technical Report TM – 863, NACA, May 1938.
[25] Parkinson J, Olson R, and House R. Hydrodynamic and aerodynamic tests of a family of models of seaplane floats with varying angles of dead rise – NACA models 57 – A, 57 – B, and 57 – C. Technical Report TN – 716, NACA, 1939.
[26] De Remer D. Seaplane takeoff performance – Using delta ratio as a method of correlation. *J. Aircraft*, 25(8): 765 – 766, Aug. 1987.
[27] Anon. Bird strikes found most common at low altitude in daylight. *Flight Safety Foundation Digest*, 19(2): 14 – 16, 2000.

第 10 章 爬升性能

10.1 概述

飞机爬升涉及多种飞行问题,在这些情况中,飞机通常(并不一定)会增加高度。定义一组飞机在垂直平面内飞行的一般控制方程,进而针对螺旋桨飞机和喷气式飞机寻找方程的封闭解(10.3 节)。接下来用运输机来阐述飞机爬升时的一般性问题,然后针对上述两种类型的飞机求解方程的数值解(10.4 节),其中还包括单发失效的情况(10.4.6 节)。关于涡桨飞机的情况在 10.5 节中讨论。总能量法在处理飞机爬升问题时是非常有利的,特别对于跨声速和超声速状态(10.6 节)。很多爬升问题都可以使用能量法来处理,在 10.7 节中举例说明。

加速爬升问题绝大多数情况是通过数值方法求解的。这些方法涉及很多数学知识,在这里不做详细的讨论。对很多常规飞机,准定常飞行假设是正确的。

关键概念:封闭解,爬升至初始高度,能量法,单位剩余功率,最佳爬升,爬升轨迹。

10.2 简介

解决爬升问题有两种方法,一种是求解飞机质心运动的微分方程,另一种是使用能量法。螺旋桨飞机和喷气式飞机的爬升特性有些不同之处。尽管现代飞行问题通常包含爬升和下降时转弯,但是本章的讨论则仅限于垂直平面内。由于存在一些不确定参数和不同类型的限制条件,因此爬升问题并不存在唯一解。

爬升率指的是飞机在垂直地面方向上的速度。当飞机爬升时,发动机提供的推力减小,飞机最终会到达一个不能继续爬升的点。这时飞机即处于其绝对升限。爬升率在技术文献中通常以英尺每分钟的形式给出。飞机制造商可能会以此单位给出最大瞬时爬升率,尽管它表示的是一个峰值,或许并不能保持整整一分钟。

在有些操作中,飞机可以通过把动能转化为势能(跃升)从而冲过绝对升限。越过绝对升限后,飞机可能不能保持可控飞行。20 世纪 70 年代 F-4C 和 F-15 在进行平流层飞行任务时,最大可以跃升至 27000m(约 88600ft)前面已知的最大爬升率约为 18000m/min(300m/s;约 984feet/s)。

10.3 解析封闭解

通过对状态方程进行代数运算可以得到方程的封闭解,这在进行基本分析时是十分有用。在处理真实飞机的更实际(和复杂)的飞行轨迹问题之前,先介绍这些方法。对于螺旋桨飞机和喷气式飞机,分开考虑。

10.3.1 喷气式飞机的稳定爬升

假设推力线夹角为零,在任意飞行状态中飞机质心的动力学方程为

$$T - D - W\sin\gamma = m\frac{\partial U}{\partial t} \tag{10.1}$$

接下来,用飞机速度 U 乘以上述方程,可得

$$TU - DU - Wv_c = mU\frac{\partial U}{\partial t} \tag{10.2}$$

一般加速飞行的爬升速度为

$$v_c = \frac{T-D}{W}U - \frac{U}{g}\frac{\partial U}{\partial t} \tag{10.3}$$

需要定义 3 个非常重要的概念。第 1 个是单位剩余推力 $\text{SET} = (T-D)/W$,表示相对于当前飞机重量还有多少可用于加速的推力。这个值是无量纲的,其大小取决于多个使用条件,如重量、高度和大气环境。

第 2 个概念是单位剩余功率(SEP),表示相比于飞机重量还有多少功率可以用于爬升。SEP 与速度的量纲相同,其值等于爬升率,即

$$\text{SEP} = v_c = \frac{T-D}{W}U \tag{10.4}$$

相应的爬升角为

$$\sin\gamma = \frac{v_c}{U} = \frac{T-D}{W} \tag{10.5}$$

其值等于 SET。最后定义法向过载系数为升力和重力的比值:

$$n = \frac{L}{W} \tag{10.6}$$

如果使用法向过载改写爬升角的一般形式,可得

$$\sin\gamma = \frac{T}{W} - \frac{n}{L/D} \tag{10.7}$$

对方程进一步简化,如果推力大小和飞行速度无关,则最大爬升角可在具有最大升阻比$(L/D)_{\max}$的飞行速度处获得。

现在寻找亚声速稳态爬升的最优解,假设飞机的阻力方程为抛物线型。通过

一个单一变量 C_L 来优化爬升过程。可以通过改变飞机的构型(如采用高升力系统)和改变迎角来改变升力系数 C_L 的大小。最大爬升率是最快爬升的保证。其数学条件可以从下式获得：

$$\frac{\partial v_c}{\partial C_L} = 0 \tag{10.8}$$

或写为

$$\frac{\partial}{\partial C_L}\left[\left(\frac{T}{W} - \frac{C_D}{C_L}\right)\sqrt{\frac{2}{\rho}}\sqrt{\frac{W}{A}}\frac{1}{\sqrt{C_L}}\right] = 0 \tag{10.9}$$

如果替换掉式(10.9)中的抛物线型阻力,并计算出其中的导数值,可得

$$3C_{D_o}C_L^{-2} - \frac{T}{W}C_L^{-1} - k = 0 \tag{10.10}$$

式(10.10)为以 C_L^{-1} 为未知量的二次函数,其正根为

$$C_L = \frac{6C_{D_o}}{T/W + \sqrt{(T/W)^2 + 12C_{D_o}k}} \tag{10.11}$$

式(10.11)为最佳升力系数,是空气动力和发动机推力和结构因素的函数。

10.3.2 螺旋桨飞机的稳定爬升

假设一架螺旋桨飞机的机体纵轴与速度和螺旋桨推力方向一致。从式(10.2)以零加速度开始推导。回想一下螺旋桨飞机的有效功率的定义为

$$TU = \eta P \tag{10.12}$$

使用式(10.12)重新整理式(10.2)可以得到爬升率的表达式为

$$v_c = \frac{\eta P - DU}{W} \tag{10.13}$$

根据升力系数的定义,把速度 U 替换为

$$U = \sqrt{\frac{2W}{\rho A C_L}\cos\gamma} \tag{10.14}$$

式(10.14)中忽略了向心加速度,但是在本例中这是可以接受的近似。把式(10.14)代入式(10.13),可得

$$v_c = \frac{\eta P - DU}{W} = \frac{\eta P}{W} - \cos^{3/2}\gamma \frac{C_D}{C_L^{3/2}}\sqrt{\frac{2}{\rho}\frac{W}{A}} \tag{10.15}$$

对于小爬升角($\gamma < 10°$),可以认为 $\cos^{3/2}\gamma \sim 1$。当使用数值方法求解爬升问题时,就不需要进行小爬升角近似。

螺旋桨飞机的最快爬升

最快爬升指的是飞机在所有高度上以最大爬升率爬升的飞行问题。在给定高度 h 的情况下,式(10.15)仅为飞行速度的函数。获得最佳爬升的必需条件是爬升

速度 v_c 对相关的参数的导数值为零。使用螺旋桨发动机，假设飞机处于全风门，自由参数为飞行速度 U，飞行高度 h，螺旋桨前进比 J 和螺距 θ，则可得 $v_c = f(h, U, J, \theta)$。飞机的爬升率可以点到点为基础进行优化，所以可把高度从参数列表里移除。同时推进效率和轴功率都取决于空速，因此该问题无法找到封闭解。除非进行一些必要的简化假设，如假设 $\eta P = \mathrm{constant}$。这时推进效率可以被移除掉，获得最大爬升率的条件为

$$\frac{\partial v_c}{\partial U} = 0, \text{或} \frac{\partial}{\partial U}\left(\frac{C_{D_o} + kc_L^2}{C_L^{3/2}}\right) \tag{10.16}$$

此时可以求得封闭解。

10.3.3 最大爬升角爬升

爬升角由式(10.5)给出，则爬升角取最大值的条件为

$$\frac{\partial}{\partial U}(\sin\gamma) = \frac{\partial}{\partial U}\left(\frac{\eta P - D}{W}\right) = 0 \tag{10.17}$$

如果再次假设重量的变化可以忽略，有

$$\frac{\partial}{\partial U}\left(\frac{\eta P}{W} - \frac{D}{L}\right) = 0 \tag{10.18}$$

与之前处理最优化问题的方法一样，可以得到最优化方程为

$$\frac{\partial}{\partial U}(\eta P) - W\frac{\partial}{\partial U}\left(\frac{D}{L}\right) = 0 \tag{10.19}$$

如果令

$$c_1 = \frac{2}{\rho}\frac{W}{A} \tag{10.20}$$

那么

$$\frac{\partial}{\partial U}\left(\frac{D}{L}\right) = 2\left(\frac{C_{D_o}}{c_1}U - \frac{c_1 k}{U^3}\right) \tag{10.21}$$

则最优化方程形式为

$$\frac{\partial}{\partial U}(\eta P) - 2W\left(\frac{C_{D_o}}{c_1}U - \frac{c_1 k}{U^3}\right) = 0 \tag{10.22}$$

或

$$\left(\frac{\partial \eta}{\partial J}\right)\frac{P}{\Omega R} + \left(\frac{\partial P}{\partial U}\right)\eta - 2W\left(\frac{C_{D_o}}{c_1}U - \frac{c_1 k}{U^3}\right) = 0 \tag{10.23}$$

在求解这个方程的时候需要使用螺旋桨性能图。只有忽略推进效率才能求出方程的封闭解。

10.4 商业飞机的爬升

现代商业飞机的爬升过程与之前提到的情况有所区别。这些过程有时被称为"最佳的",但实际上通常并非如此。因为涉及一系列其他原因导致的机动,如绕过障碍物、噪声限制和空中交通管制等。在第 16 章中单独讨论受到噪声限制的情况。运输机爬升至初始巡航高度(ICA)是分几个阶段完成的,下面讨论一些"标准"爬升剖面的情况。

10.4.1 爬升剖面

把 3 种典型的剖面命名为"标准"、ICAO A 和 ICAO B。这些流程适用于 10000ft 以下(FL-1000)的情况。这些步骤之间是相互等效的,飞机最终将在海拔 3000ft 处达到 250 KCAS。无论飞机需要在何时加速到 250 KCAS,都假设飞行速度尚未达到这个值(事实上并不总是如此)。推力的减小速度必须保证爬升梯度不能小于单发失效时的爬升梯度。

1. 标准流程

(1)以最大推力(功率)完成起飞,爬升至初始高度 1000ft。
(2)快速通过襟翼收起速度,并减小推力(功率)。
(3)以恒定 KCAS 爬升至 3000ft。
(4)抬头并加速至 250 KCAS。
(5)爬升至 10000ft 时达到 250 KACS。

2. ICAO A 流程

(1)以最大推力(功率)完成起飞,爬升至初始高度 1500ft。
(2)在 1500ft 处降低发动机推力(或功率)。
(3)以恒定 KCAS 爬升至 3000ft。
(4)抬头、加速、同时收起襟翼,达到 250 KCAS。
(5)爬升至 10000ft 时达到 250 KACS。

3. ICAO B 流程

(1)以最大推力(功率)完成起飞,爬升至初始高度 1000ft。
(2)以全功率加速,同时收起襟翼和缝翼。
(3)在干净构型时减小发动机推力(或功率)。
(4)以恒定 KCAS 爬升至 3000ft。
(5)抬头并加速至 250 KCAS。
(6)爬升至 10000ft 时达到 250 KACS。

航空公司实际采用的流程和上面所述的并不完全一致。除此之外,上述的流程还有一些其他变化。举例来说，ICAO B 流程的第一个目标高度可能为 800ft、1000ft 或者 1500ft。主要的使用参数为总重量、襟翼/缝翼角度和推力设定。在第 18 章中将阐述 NADP1 和 NADP2 两种流程，这两种流程都使用了降噪策略。图 10.1 中给出了一个爬升剖面的例子，其步骤如下：

（1）飞机以状态矢量 V_A（使用最大起飞推力或合适的减小推力）开始起飞（A）。

（2）飞机在直线航线上进行加速。至少有两种可能的选择：

①以起飞推力到达机场上空某个目标高度（B）（本例中为 800ft）。

②以起飞推力达到目标爬升速度 CAS1。该阶段末飞机的状态矢量为 V_B。

（3）飞机减小推力（功率）以恒定的 CAS1 爬升，直至到达目标高度 3000ft。

（4）飞机在 3000ft 高度水平加速至 CAS2（推力必须增加）。

（5）飞机以恒定的速度 CAS2 爬升至目标初始巡航高度和巡航马赫数（在这个阶段推力可能减小）。

（6）如果需要继续增加高度，则需要在保持马赫数不变的情况下进行；如果需要增加马赫数（尽管通常不会这样），则要进行水平加速。

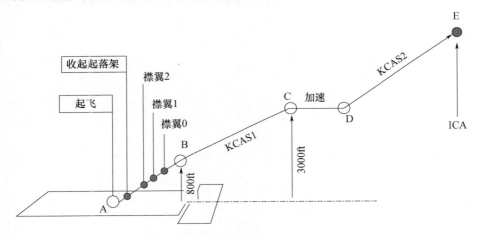

图 10.1 运输机的典型任务剖面

交叉高度的定义是：恒定的 CAS 与 $M-h$ 包线中的恒定马赫数曲线相交的高度。高度值取决于巡航马赫数和飞机参数，如总重量和可用推力。然而当飞机到达对流层顶时，在这个阶段 TAS 和 CAS 会变小。

由于图 10.1 所示的爬升至 ICA 的过程是在航线上完成的，所以爬升段越长意味着巡航段越短。反之亦然，爬升得越快，则需要的巡航段越长。整体的燃油消耗优化需要爬升和巡航同步进行（见 12.4 节）。

4. 构型变化

在飞机爬升的初始阶段进行了一些构型变化,在此进一步说明。在第一阶段,从 A 到 B 的过程中,飞机状态数次改变:收起起落架,紧接着收起高升力装置。在表 10.1 中给出了选定飞机襟翼和缝翼的配置。起落架被尽可能快地收起。当这些动作执行后,飞机的阻力急剧减小了 50%,用以维持当前 TAS 的需用推力也急剧减小。这个情况与升力改变无关。当襟翼/缝翼的配置情况发生改变时,升力和阻力都会改变。但此变化没有收放起落架那么明显。襟翼/缝翼的操作是在起落架收起一段时间后进行的,这个时间间隔要足够长以使得飞机稳定。包含状态切换的飞行力学方程为

$$\text{起落架位置} = \{\text{收}, \text{放}\} = f(h, U, W) \qquad (10.24)$$

表 10.1 特定商业飞机的近似速度限制

机型	VFE/kt	构型	VLO/kt	类型
ATR72 – 500	185	襟翼 15	170	收起
	150	襟翼 30	160	放下
A320 – 200	215	襟翼 0		
	200	襟翼 1 + F		
	170	襟翼 2		
	160	襟翼 3		
	150	全放		
A330 – 300	240	襟翼 0		
	215	襟翼 1 + F		
	205	襟翼 2		
	196	襟翼 3		
	186	全放		
B737 – 800	250	襟翼 1		
	250	襟翼 2		
	215	襟翼 5		
	205	襟翼 10		
	190	襟翼 15		
	185	全放 25		
	165	全放 30		
	160	全放 35		

收起起落架的一个条件是飞机已经到达目标速度。高升力系统在起落架收起后再收起。关于襟翼/缝翼位置,下面进行阐述。

5. 计算步骤

(1) 以升力系数 $C_L = C_{Lo}$ 开始爬升过程。

(2) 襟翼/缝翼配置按照索引 $I_{SF} = 0, 1, 2\cdots$ 以此给出。每个索引值对应一个预先定义好的襟翼、缝翼构型(视飞机而定)。

(3) 在爬升段 A – B 内确定保持 $1\sim g$ 飞行所需的升力 C_L^*。如果飞机的航迹是一条直线,则假设法向过载 $n = 1$ 是可以接受的。

$$C_L^* = \frac{2W}{\rho A U^2} \quad (10.25)$$

其升力由带有高升力装置的机翼提供,而干净构型机翼的升力可以表示为 $C_L = C_{Lo} + C_{L\alpha}\alpha_e$,其中 α_e 为机翼的平均有效迎角(当前未知)。两者之差为

$$\mathrm{d}C_L = C_L^* - C_L \quad (10.26)$$

两者之差为高升力系统所获得的升力。可能的情况如下:

(1) 如果 $\mathrm{d}C_L \simeq 0$,那么 $I_{SF} = 1$(无襟翼偏转)。

(2) 如果 $\mathrm{d}C_L < 0$,那么需要襟翼偏转。

(3) 暂定 $I_{SF} = 1$,计算偏转襟翼/缝翼获得的升力 $\mathrm{d}C_{Lf}$,然后检验式(10.26)的差值。

(4) 如果 $\mathrm{d}C_L \simeq 0$,那么 $I_{SF} = 1$ 即为正确设置。否则设置 $I_{SF} = 2$,然后重复计算步骤直至满足 $\mathrm{d}C_L \simeq 0$。

每一个索引值 $I_{SF} \simeq 0$ 都和一组固定的角度 δ_S 和 δ_F 对应(分别是缝翼和襟翼偏转量)。每一个偏转量又对应着相应机翼升力和阻力的变化,其变化量可以通过气动模型计算得到。通过这一步骤,可以计算出飞机构型的脉冲变化产生的相应气动变化[①],最终得到发动机的变化量。

由于距离限制或重量限制,可能无法达到最佳 ICA。第一种情况可能出现在飞机执行非常短航程的情况中:在航线上的爬升距离给巡航段剩余的时间很少。第二种情况,大起飞重量可能导致飞机在中途的爬升非常迟缓,而且在更高的高度上爬升率不足。在这两种情况下,目标 ICA 都必须减小到一个次优化的值。

10.4.2 OEI 起飞和复飞

在起飞这一飞行最关键阶段如果出现单发失效,安全要求中明确给出了必须遵守的相关规定。如果发动机失效,按照第 9 章描述的过程,如果加速起飞可行,那么就用剩余的发动机动力爬升。这一过程(也称 TOGA,起飞和复飞)的关键点

---

① 实际上襟翼/缝翼的变化不是脉冲式的,大约需要 3~5s 来完成收放。

见图 10.2 和表 10.2。图中有从释放刹车到达到机场上空 1500ft 目标高度点之间的多个关键点。飞机在地面上速度为 V_{EF} 时发生发动机失效。复飞阶段由 4 个爬升段组成。当达到高度阈值 35ft 时,飞机开始从 A 点爬升。第一段在 B 点结束,此时起落架收起,飞机以起飞速度 V_2 飞行。第二段在 C 点结束,此时达到最小目标高度为 400ft。第三段在 D 点结束,此时飞机完全收起高升力面,同时飞机加速至目标绿点速度 V_{green}。最后一段在 E 点结束,此时飞机以绿点速度和最大连续推力达到目标高度 1500ft。表 10.2 中给出了最小爬升梯度。

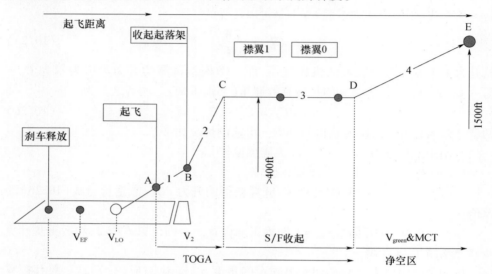

图 10.2　OEI 起飞和复飞的航迹

表 10.2　OEI 起飞和复飞过程的关键点

	1st	2nd	3rd	4th
最小 OEI 梯度, ne = 2	0.0%	2.4%	—	1.2%
最小 OEI 梯度, nc = 4	0.5%	3.0%	—	1.7%
开始	V_{LO}	起落架 – 收起	$h \geq 400\text{ft}$	干净构型
构型	起飞	起飞	S/F 收起	干净构型
发动机速率	TOGA	TOGA	TOGA	MCT
速度	V_{LO}	V_2	$\rightarrow V_{green}$	V_{green}
起落架	下	上	上	上

10.4.3 控制方程

对垂直平面内任意飞行航迹的喷气飞机的而言,其运动方程为

$$m\frac{\partial U}{\partial t} = T\cos(\alpha + \epsilon) - D - W\sin\gamma \tag{10.27}$$

$$mU\frac{\partial \gamma}{\partial t} = T\sin(\alpha + \epsilon) + L - W\cos\gamma \tag{10.28}$$

爬升角 γ 为飞行方向和水平面之间的夹角;迎角 α 为机体轴和速度矢量的夹角;推力角 ϵ 为机体轴和发动机推力方向的夹角。这个角度通常很小,有时可以忽略。飞行航迹可以使用下面的微分方程描述:

$$\frac{\partial x}{\partial t} = V_g\cos\gamma \tag{10.29}$$

$$\frac{\partial h}{\partial t} = V_g\sin\gamma \tag{10.30}$$

式中:V_g 为地速。燃油消耗也是这个问题的一部分,因为燃油改变会影响飞机总重量。相应的方程为

$$\frac{\partial m}{\partial t} = -\frac{\partial m_f}{\partial t} = -\dot{m}_f \tag{10.31}$$

在给出一系列初始条件后,方程封闭。

$$t = 0, U = U_o, \gamma = \gamma_o, x = x_o, h = h_o, m = m_o \tag{10.32}$$

飞机可以无数种方式爬升,但是只有个别几种爬升方式值得描述说明。有些爬升方式包含了局部最优化条件和固定初始条件。他们都是典型的初值问题。这些方式包括(1)最快爬升;(2)最大爬升角爬升;(3)最小燃油消耗爬升。最大爬升角爬升只有在避开障碍物的紧急情况下才会显得尤为重要,它并不是飞机的正常使用状态。最小燃油消耗爬升也是最经济的爬升方式。另外,还有特殊的爬升方式需要满足终值条件,如在给定高度上的特定速度和马赫数。这些问题称为二值边界问题。

10.4.4 边界值问题

如果把构型的改变考虑在内,爬升过程依然取决于一系列的参数。飞机在 E 点的状态 $V_E = f(h, M, W)$ 可以使用第 12 章中的方法以最优巡航条件预先算出。所以,我们可以估计按航线爬升的终值条件。初始条件 V_A 也可以从起飞性能中获得。现在我们就得到了一个二值边界问题,已知开始和结束处的条件(V_A,V_E)和一些函数约束,如第一段指定推力,第二段和第四段以恒定 KCAS 爬升。不确定参数包括第一段的水平推力,平均有效迎角和第二段的目标爬升速度 CAS1。

平均有效迎角会以最小襟翼配置进而最小耗油的方式给定。起飞后的净推力可以维持到目标高度或 CAS,但是通常不必保持此推力。

1. 数值解

使用 CFM 发动机的空客 A320 – 200 的典型结果如图 10.3 所示。图中使用 A、B、C、D 四点给出了轨迹,这四点和图 10.1 中的点相对应。推力曲线表明:起飞滑跑阶段净推力不断减小,爬升第一阶段推力几乎保持恒定,从第二段开始直到爬升至 5000m 的过程中,推力不断降低。D 点推力急剧下降的原因是飞机在该点由加速变为爬升。

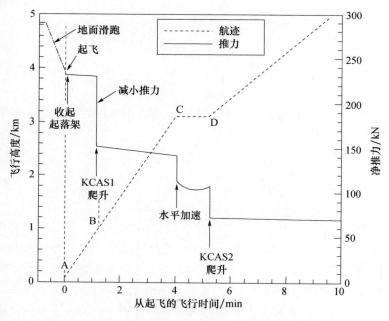

图 10.3　空客 A320 – 200 – CFM 航路爬升仿真(标准日,无风)

图 10.4 中给出了实施 NADP2(减噪离场爬升程序 2,详情参见第 17 章)的情况。在这种情况下,我们在 3000ft 处降低推力,并保持 4°的最小爬升梯度直到海拔 4000ft 处,此时飞机恢复正常爬升率。

表 10.3 为计算结果的概要。表中有 5 个参考点:(1)飞机在达到距地面 35ft 的安全高度;(2)初始爬升的末端,飞机达到其第一个目标 CAS;(3)飞机以恒定 CAS 达到第一个爬升段的末端;(4)水平加速的末端;(5)飞机处于爬升段的最高点(初始巡航高度)。在表 10.3 的下半部分有爬升数据的总结。

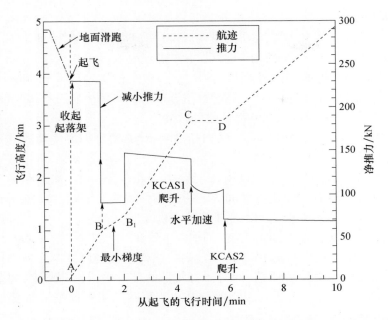

图 10.4 空客 A320-200-CFM 以 NADP2 流程的沿航路爬升(标准日,无风)

表 10.3 空客 A320-200 的爬升报告
(发动机为 CFM56-5C4P 涡轮风扇发动机,APU 为 331-9;标准日,无风)

	KCAS	KTAS	M	h/m	t/min	v_c /(m/s)	v_c /(ft/min)	m_f /kg	$\dot{m}_f$ /(kg/s)
0	165.1	165.5	0.251	61	—	—	—	—	到达安全高度
1	266.0	307.6	0.482	3098	2.51	20.25	3986	506.1	恒定 CAS
2	266.0	307.6	0.482	3098	0.00	0.00	0	10.1	加速
3	266.0	436.9	0.751	10038	22.77	5.08	1000	701.3	恒定 CAS
4	265.4	436.9	0.751	10058	0.10	4.83	950	2.8	恒定 M
	到 ICA 时间				25.4	min			
	到 ICA 耗油				1220.3	kg			
	到 ICA 距离				152.0	n-m			
	起落架收起				26	m			
	襟翼收起				100	m			
	起落架收起时间				3.5	s			

2. 爬升优化

飞机模型为使用 CFM 发动机的空客 A320 - 200。本研究中的假设如下：

(1) NAPD2(减噪声程序,在 18.2 节中详述)。

(2) 指定的 BRGW(如文中所述)。

(3) 爬升目标:由最佳 ICA - 马赫数组合确定。本例中爬升至 FL - 310,目标马赫数为 0.752。在各种情况下都是此目标组合。

(4) 自由参数为 KCAS1 和第一阶段速度 $\bar{v}_c$;计算爬升推力使其满足 KCAS1 - v_c 组合。

(5) 爬升距离限制在 X_{target} = 170km(约 91n mile) 范围内。如果在 $x_c < X_{target}$ 处达到目标 ICA 马赫数,增加巡航燃油至目标距离。如果 $x_c < X_{target}$,则舍弃该解。

(6) 标准日;逆风 U_w = -4kt,测量位置为机场上空 2m。

成本指数为燃油消耗和时间消耗的加权平均数,在 12.9[①] 节中讨论了该指数。进行参数化分析的结果如图 10.5 所示。箭头指向增加的爬升率。最小耗油轨迹要求有较高的第一段 KCAS1 值,同时要有较低的爬升率;最小爬升时间要求较高的第一段 KCAS1 值,同时要有较高的爬升率。更暗的阴影区指的是最低消耗指数,即最经济爬升。

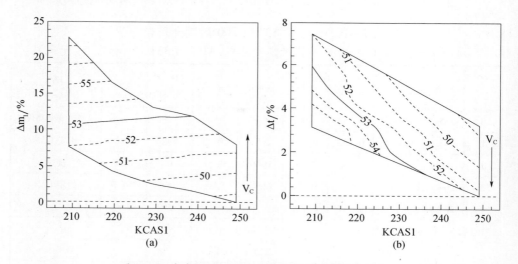

图 10.5　空客 A320 - 200 爬升至 ICA 的参数化研究;
m = 55200kg 其中的等值线代表了恒定的成本指数
(a)爬升燃油;(b)爬升时间。

---

① 这并不是 FMS 里提到的参数。不要用它来进行飞行任务规划。

第二段保持恒定的 KCAS2,此值与最佳 ICA – 马赫数组合相对应(12.3 节)。然而,可以引入另一个参数,第二段的爬升率。一些制造商会给出爬升的图表,其中包括 KCAS2 的增量和巡航马赫数的变化量。这些限制条件可能无法满足最佳巡航的条件。

10.4.5 数值问题

从计算的角度看,当飞机的起落架收起时,阻力会有一个脉冲变化。若不执行校正操作,这个阻力变化将使飞机的气动力、爬升率和飞行航线出现脉冲变化。校正操作需要对起落架收起过程进行更加详细的分析,收起起落架过程中估算阻力的方法使用的积分时间步长比普通飞行航线中的更小。

另一个问题可能更明显,即使用传统爬升策略可能会导致飞机在第二爬升段中爬升率跳变(开始和结束处都是如此,如图 10.1 中的 KTAS1 和 KTAS2)。这个问题只有通过使用变推力设置才能解决。

10.4.6 单发失效的初始爬升段

如果在起飞时单发失效,飞机加速并继续飞行,那么飞机必须以严重下降的推力开始初始爬升;同时飞机必须配平纵向和横向以保证空中稳定。在某个指定高度下,飞机需要具有 OEI 爬升能力。单发失效的喷气式飞机的初始爬升由 4 个阶段组成,其中指定了起落架收起过程、高升力装置位置和飞行控制动作;同时还必须保证最小爬升梯度。这些操作可以写入飞行控制代码中,其状态切换由某些特定的条件触发,如飞行高度、真空速、爬升率和推力设置等。为了简洁,这里不详细阐述。

10.5 商业螺旋桨飞机的爬升

下面对螺旋桨飞机的商业飞行进行数值分析。此分析过程和涡扇发动机飞机的案例比较相似。爬升阶段如前面 10.3 节中所述。然而,这两者的飞行力学模型之间有几个非常重要的差别。数值分析的流程如下:

(1)飞机起飞后,一直保持全功率爬升,直到收起起落架。发动机 – 螺旋桨匹配受到发动机功率的限制。换言之,在给定的速度 – 高度,涡桨发动机所能提供的轴功率为 P_{shaft}。相应的功率系数为 $C_P = P_{\text{shaft}}/qU_{\text{tip}}^3$。通过配平螺旋桨以达到相应的功率系数值 C_P。完成这一步操作之后,使用推力系数来计算螺旋桨净推力:$T_P = qU_{\text{tip}}^2 C_T$。由于发动机存在剩余喷气推力 F_g,因此使用中的发动机考虑 η_e 后所提供的总推力为

$$T = (T_P + F_g)\eta_e \qquad (10.33)$$

(2) 当起落架收起之后(在数值上为一个脉冲),飞机保持速度或保持指定加速度所需的轴功率下降。设定好加速度和爬升率的值,并由此计算出所需推力为

$$T_{\text{req}} = m\frac{dU}{dt} + D + W\sin\gamma = T_P + F_g \qquad (10.34)$$

所需推力由螺旋桨和发动机共同提供。式(10.34)可以通过迭代的方法求解:

① 设定 $F_g = 0$, $T_p = T_{\text{req}}$。
② 由所需推力 $C_T = T_P/qU_{\text{tip}}^2$ 来配平螺旋桨。
③ 在相应配平条件下计算 C_P, P_{shaft}。
④ 在逆模式中求解发动机模型,以确定发动机状态 EngineState = f(W1, WF6, TT5, Fg9, ⋯)。设定 $F_g = Fg9$。
⑤ 修正所需螺旋桨推力 $T_P = T_{\text{req}} - F_g$。
⑥ 回到第 2 步,重新进行迭代直到剩余推力 F_g 的差值可以忽略。

(3) 在第一个参考高度(1000ft 或者其他高度)功率出现减小。因此,轴功率减小到一个由最小爬升率和最小加速度决定的值。所需的实际功率值通过迭代计算得到。现在螺旋桨已经配平至所需功率值。

(4) 在收起的襟翼和缝翼的状态下,并以目标值 KCAS = KCAS1 达到参考高度后,飞机开始恒定 CAS 爬升。在飞行轨迹的每一个高度上,TAS 由 h – CAS 组合确定。爬升所需的推力值为:

$$T_{\text{req}} = W\left(\frac{v_c}{U}\right) + mv_c\left(\frac{dU}{dh}\right) + D \qquad (10.35)$$

式中:加速度项 dU/dt 被替换为 $dU/dt = v_c(dU/dh)$。导数值 dU/dt 仅由 h – CAS 组合决定。因此,对于给定的总重量,需用推力 T_{req} 为爬升率的函数。这个参数通常设定为制造商或者 ATC 空管的推荐值。或者设定爬升率的暂定值,计算螺旋桨配平的需用推力 T_{req} 与相应功率 P_{shaft},如果功率值过大,那么降低爬升率。在任何情况下,式(10.35)与式(10.34)的算法要保持一致。

(5) 当飞机到达目标高度,如机场上空 3000ft,飞机进行水平加速至目标值 KCAS2。所需的推力值为

$$T_{\text{req}} = m\frac{dU}{dt} + D \qquad (10.36)$$

它很大程度取决于加速度值的大小,加速度的值可能是其主导项。一旦通过迭代确定加速度,既可以求解式(10.36)和式(10.34)。

(6) 爬升至初始高度的最后一段,保持恒定的 KCAS = KCAS2。

图 10.6 和图 10.7 所示为 ATR72 – 500 型飞机在配置 PW – 127M 发动机和 F586 螺旋桨的情况下从起飞开始的爬升轨迹。

第 10 章 爬升性能　　261

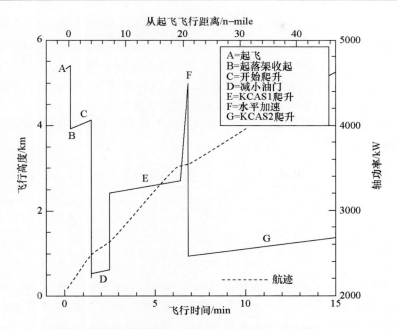

图 10.6　ATR72-500 模型按 AEO 爬升至 ICA,发动机为 PW127M(标准日,无风)

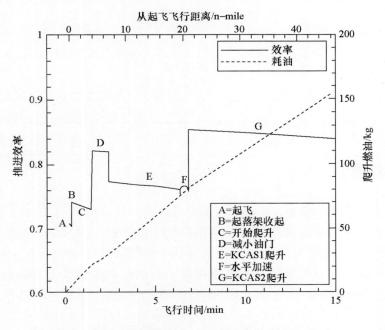

图 10.7　ATR72-500 模型按 AEO 爬升至 ICA(标准日,无风)

这些图中给出了几组脉冲,其名称已在图中标出。第一个脉冲(A)发生在起落架收起时:阻力减小,需用推力/功率也减小。第二个脉冲在功率减小时(C),然后是第一个恒定 CAS 爬升(E),接着是水平加速飞行(F),最后是第二爬升段的开始点(G)。需要注意的是螺旋桨效率也会发生脉冲性变化,螺旋桨效率的值保持在 $\eta = 0.7 - 0.86$ 的范围内。燃油消耗量非常均匀地增加。

表 10.4 给出了爬升计算的总结,表中列出了多个爬升阶段、爬升高度、飞行时间、燃油消耗、平均燃油流量和其他量。

表 10.4 图 10.6 中所示案例的爬升报告

	KCAS	KTAS	M	h/m	$t/\min$	v_c /(m/s)	v_c /(ft/min)	m_f /kg	$\dot{m}_f$ /(kg/s)
0	165.9	162.3	0.246	61	—	—	—	—	到达安全高度
1	196.4	228.0	0.358	3098	7.96	6.39	1257	93.8	恒定 CAS
2	196.4	228.0	0.358	3098	0.00	0.00	0	0.0	加速
3	196.5	228.2	0.479	7615	14.82	5.08	1000	0.163	恒定 CAS
4	196.4	288.2	0.479	0.07	0.10	2.54	500	0.126	恒定 M
		到 ICA 时间			22.8	min			
		到 ICA 耗油			239.1	kg			
		到 ICA 距离			92.0	n-m			
		起落架收起			26.0	m			
		襟翼收起			100.0	m			
		起落架收起时间			8.7	s			

10.6 能量法

处理爬升问题的典型方法都使用了定常模型。然而,实际上是不正确的。因为随着飞机高度的增加,爬升率和最佳爬升率均发生变化,飞机必然会加速。对于高性能飞机来说,定常飞行与加速飞行之间的区别是特别重要的。Bryson 和 Denham 证明了最佳加速爬升至目标高度所需的时间仅为最佳准定常爬升的一半。Rutowski、Kelley、Schultz、Zagalsky、Calise 等发表了一些关于最优化问题的著作。他们研究了一些最优化问题的子课题:超声速运输机在噪声最小条件下的爬升剖面优化问题;在定航程的条件下,最小燃油、最小时间或最小成本的飞行轨迹优化问题。

相比于分析作用在飞机重心上的力,有时候写出飞机爬升过程中其总能量平衡方程可能更有用。这种方法被称为能量法。第一种采用飞机总能量这一概念的方法最早可以追溯至20世纪40年代。在这一领域广受推崇的一篇论文出自Rutowski,但是最开始的灵感却源自德国工程师F. Kaiser。他在为喷气式战斗机ME262优化爬升剖面的过程中,发展出了"合高度"这一概念。Merrit等审核了Kaiser提出的概念,后来这一爬升方法有时也被称为"Kaiser 流程"。Kelly主张把动能转换为势能在最大化飞机性能时非常重要。这些方法后来经过扩展,被定义为"总能量方法"。它已经成为欧洲空中管制中心的工业标准,并被广泛应用于专业领域。

10.6.1 总能量模型

把飞机当成质点,则其总能量平衡方程如下:

$$(T - D)U = W\left(\frac{dh}{dt}\right) + mU\left(\frac{dU}{dt}\right)\left(\frac{dh}{dt}\right) \tag{10.37}$$

式中:h 为飞行高度。式(10.37)中包含相互独立的垂直和水平方向速度分量。求解垂直速度 dh/dt,可得

$$\frac{dh}{dt} = \frac{T-D}{W}U\left[1 + \left(\frac{U}{g}\right)\left(\frac{dU}{dh}\right)\right]^{-1} \tag{10.38}$$

爬升率 v_c 为重力势压力高度随时间的变化率,有

$$\frac{dh_p}{dt} = \frac{\tau - \Delta\tau}{\tau}\left(\frac{dh}{dt}\right) \tag{10.39}$$

式中:$\Delta\tau$ 表示温度与标准大气模型的差值。在标准日中,爬升率和垂直速度相等。在高温天气中($\Delta\tau>0$),爬升率则要比垂直速度低。

式(10.38)中方括号内的项是马赫数的函数,有时称之为能量分配系数 $E(M)$。在平流层中,飞机保持恒定马赫数,则有

$$E(M) = 1 \tag{10.40}$$

因为 $dU/dh = d(aM)/dh = 0$(温度恒定,声速也恒定)。在更低的大气中,存在温度直减率 λ,则能量分配系数为

$$E(M) = \left[1 + \frac{\gamma R\lambda}{2g}M^2\left(\frac{\tau - \Delta\tau}{\tau}\right)\right]^{-1} \tag{10.41}$$

从这个结果中,可以断定:由于气温下降,对流层中恒定马赫数爬升会使爬升率增加,或者把动能转化为势能。

第3种情况与对流层中恒定CAS爬升相关,这也是商业飞行中很常见的情况。能量分配系数的表达式可以被重新写为

$$E(M) = \left\{1 + \frac{\gamma R\lambda}{2g}\left(\frac{\tau - \Delta\tau}{\tau}\right) + \left(\frac{\rho}{\rho_o}\right)\left[\left(\frac{p_o}{p}\right) - 1\right]^{-1}\right\}^{-1} \tag{10.42}$$

式中：

$$\frac{\rho}{\rho_o} = \left(1 + \frac{\gamma-1}{2}M^2\right)^{1/1-\gamma}, \frac{p_o}{p} = \left(1 + \frac{\gamma-1}{2}M^2\right)^{\gamma/\gamma-1} \quad (10.43)$$

这个方程可以描述在平流层中恒定 CAS 爬升的情况。在这种情况中，温度是恒定的，尽管能量分配函数的形式不变，但是值却相对较低。在平流层和对流层中恒定 CAS 爬升过程中不同的 $E(M)$ 值，如图 10.8 所示。在这两种情况中，函数的值都不到 1。由于空气密度的下降，要保持恒定的 CAS 爬升，则需要不断增加真空速。有一部分爬升的能量必须用来加速。

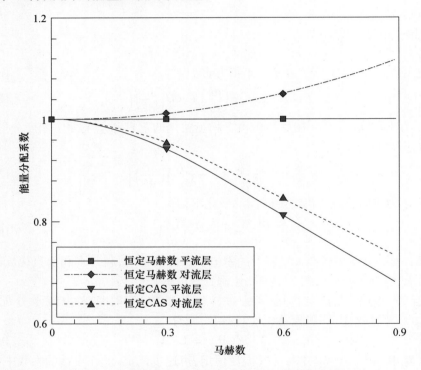

图 10.8　在不同爬升/下降率下的能量分配系数（标准日）

现在考虑式(10.37)。该式也可以写为

$$(T - D)U = m\frac{\partial}{\partial t}\left(\frac{1}{2}U^2 + gh\right) \quad (10.44)$$

圆括号内的项是总能量，除以重力加速度 g，则具有距离的量纲，称之为能量高度 h_E。有

$$h_E = \frac{E}{g} = \frac{U^2}{2g} + h \quad (10.45)$$

能量 E 是单位质量的飞机所具有的动能和势能的和。能量高度式(10.45)表示如果飞机把动能全部转化为势能所能达到的高度。由动力装置提供的总能量对时间的导数为

$$\frac{\partial E}{\partial t} = \frac{TU - DU}{m} \qquad (10.46)$$

能量高度对时间的导数与单位剩余功率相等,即

$$\frac{\partial h_E}{\partial t} = \frac{TU - DU}{W} = \text{SEP} \qquad (10.47)$$

有些用于优化飞行航线的方法使用了式(10.45),并假设飞机可以快速进行动能和势能的转换。如果忽略短周期运动的话,做出这种假设并没有什么问题,但是它会导致飞行航线的方向发生剧烈改变,这是不合理的。

图 10.9 所示为单位质量的飞机在 $M-h$ 平面内恒定能量高度曲线。这些曲线在 $h=11000\text{m}$ 处出现了转折点。这是由于对流层顶大气状态改变造成的。这些恒定能量高度曲线由以下式获得:

$$h = \frac{E - U^2/2}{g} = \frac{E - (aM)^2/2}{g} \qquad (10.48)$$

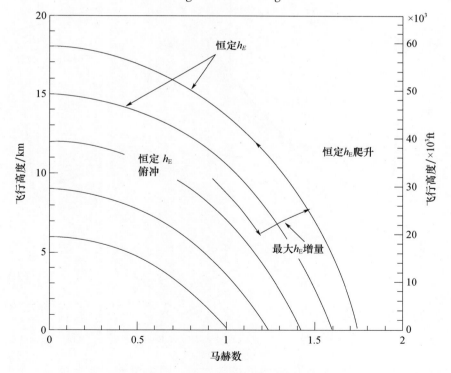

图 10.9 $M-h$ 平面内恒定能量高度

其中要指定 E 的值。当 $M=0$ 时，$h=E/g$。这意味着所有能量为重力势能。位势高度随着速度增加而降低。

10.6.2 单位剩余功率图

SEP 图给出在高度 – 速度平面内飞机的总体性能，它可以作为第 8 章中讨论的飞行包线的一种补充。只有在给定构型、重量、过载系数、迎角、发动机油门、大气条件时，恒定单位剩余功率（SEP）曲线才是有效的。实际中只有有限数量的 SEP 曲线。所示为马赫数 – 高度平面内 SEP 的分布情况。图中选出了几个特定的 SEP 值。SEP = 0 的曲线表示为水平稳定飞行操纵的限制。在亚声速和超声速区有两个波峰。在亚声速区 SEP 的最大值点出现在海平面高度。SEP 值随着高度的上升快速下降。在超声速区，SEP 的最大值出现在中等高度处，这也意味着超声速飞机只有在一个高度范围内机动才是最高效的。在这个范围之外其加速能力受到高阻力和推力下降的严重影响。超声速条件下带加力飞机的单位剩余功率图如图 10.10 所示。

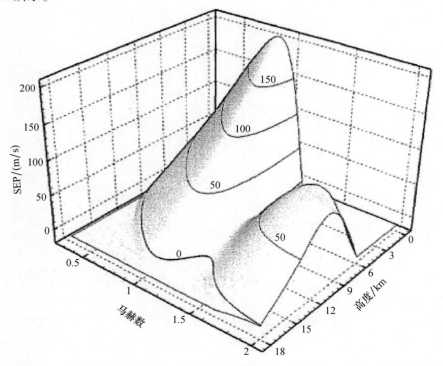

图 10.10 超声速条件下带加力飞机的单位剩余功率图（质量 m = 12000kg，标准日）

图 10.11 所示为相同的飞机均不具备加力。图中包含了其他更深入的信息。

例如,超声速马赫数下的剩余功率受到了相当大的限制,飞机不能进行机动动作。图中还给出了在涡轮发动机出口处温度 TT5 的分布情况。将与零剩余功率相对应的线看作一种限制条件,它把飞行包线分成了两部分。如果 SEP<0,则飞机只能减速,因为可用推力小于克服阻力的需用推力。因此 SEP=0 是一个飞机速度的临界线。SEP<0 的条件在飞机正常飞行包线以外。如果我们使用爬升率方程和剩余功率的定义,零 SEP 曲线可以从下述条件处获得

$$U\sin\gamma + \frac{U}{g}\frac{\partial U}{\partial t} = \frac{\partial h}{\partial t} + \frac{U}{g}\frac{\partial U}{\partial t} = 0 \quad (10.49)$$

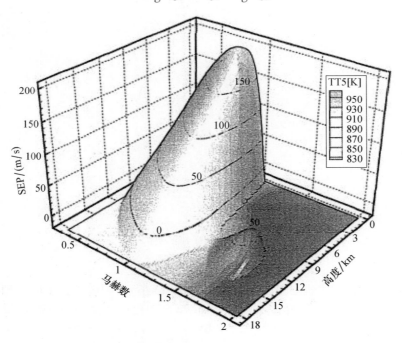

图 10.11　超声速条件下不带加力飞机的单位剩余功率图
(图例基于涡轮温度 TT5,标准日)

图 10.12 为马赫数 - 高度空间的二维图。图中给出了 SEP 定值等于 0,50,100,150m/s 的曲线,此外还给出了恒定能量高度和机翼失速速度限制 V_S 的曲线。需要注意的是,如果不严格限制失速条件的话,则图中所示的 A 点即为飞机的绝对升限。然而由于这个限制其绝对升限将为 A_1 点。在任何情况下,飞机都要和这一点保持安全距离。

10.6.3　剩余功率差值图

不同的高性能飞机之间的剩余功率图的对比可以提供一些非常有价值的信

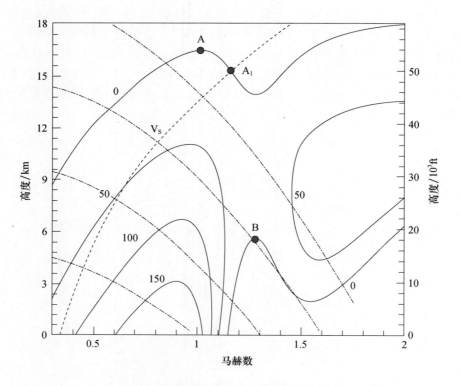

图 10.12　能量与剩余功率曲线
（$m = 12000$ kg；标准日）

息,这些信息表征了飞机的机动能力。如图 10.13 所示,图中选择了同一种飞机的两种不同构型。从性能的角度来看,两种构型之间仅仅在跨声速和超声速阻力特性上有所区别。其发动机和重量都是相同的。在 $M-h$ 平面的任意点上可以定义剩余功率差值为

$$\Delta\mathrm{SEP} = \mathrm{SEP}(B) - \mathrm{SEP}(A) \quad (10.50)$$

图 10.13 中的曲线看起来有些复杂,一种飞机在飞行包线的一个区域内有机动性优势而在别的区域则可能有劣势。本例给出了两条 SEP 曲线。其中一条明显是 SEP = 0,它表示的是飞机的机动性包线的边界。另一条是 SEP = 100 m/s,它接近这两架飞机在给定总重下的最大 SEP 值。

当两架飞机之间有实质性区别时,比较剩余功率就变得不太容易了。重量的选择非常重要,而且只有在相同重量下的比较才是有意义的。在了解这些不同之后,飞机设计工程师可以对飞机的操作进行一些改进。飞行员也可以避开可能出现劣势的飞行条件。

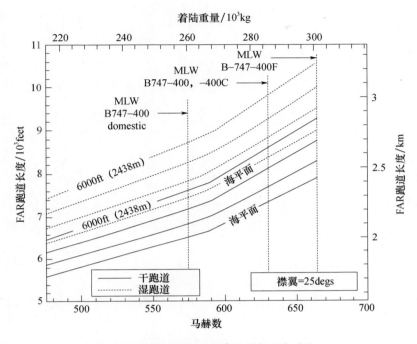

图 10.13 两种构型的单位剩余功率差值

10.7 能量法的最小值问题

能量法非常适用于分析超声速飞机在加速超过声速飞行的爬升性能。人们感兴趣的几个飞行过程是:快升(或最短时间爬升)、陡升和最小燃油爬升。

10.7.1 快升与陡升

爬升至目标高度的最短时间可以在特定飞行条件获得,此时飞机具有在相应马赫数下的最大能量高度。这等价于爬升率最大化(见式(10.4))。通过引入能量高度来代替式(10.45)中的 h。获得这个路径的经典方法是寻找所有高度上的最大 SEP 点的连线。这是一种很重要的图解法,它不需要求解任何方程。通过沿着陡升/陡降方向前进,我们也可以得到数值解。然而这两种方法在没有明显最佳下降方向的情况下都会失效。为了继续下去,飞机必须进行俯仰动作,开始沿着恒定能量路线急跃升和俯冲。

陡升的条件是,在相应马赫数下,马赫数 – 高度平面内取得最大 SEP 值为

$$\max_M \left(\frac{v_c}{U}\right) = \frac{T-D}{W} \tag{10.51}$$

10.7.2 最小燃油爬升

特定燃油的爬升问题可由式(10.31)除以总能量变化率式(10.46)推导得出。

$$\frac{\dot{m}}{\dot{E}} = \left(\frac{\partial m}{\partial t}\right)\left(\frac{\partial t}{\partial E}\right) = \frac{\partial m}{\partial E} = -\dot{m}_f \frac{m}{(T-D)U} \tag{10.52}$$

分离微分项 dm 和 dE,可得

$$\frac{dm}{m} = -\dot{m}_f \frac{dE}{(T-D)U} \tag{10.53}$$

比值 $dm/m = dm_1$ 为飞机质量的单位变化,即由于燃油消耗的质量变化与飞机总质量的比值。最小燃油爬升问题可以用在给定能量水平下使得 dm/m 最小的方程描述。即为

$$\frac{dm_1}{dE} = -\frac{\dot{m}_f}{(T-D)U} \tag{10.54}$$

因此,最小燃油爬升航线需要使得式(10.54)右边的值最小或者其相反数最大。构建一个函数,即

$$f(h,M) = -\frac{(T-D)U}{\dot{m}_f} \tag{10.55}$$

它与剩余推力成正比。注意,由于 $T \geq D$,函数 $f(h,M)$ 在飞行包线内是负值。爬升消耗燃油最小的情况,即是在特定能量 E 时消耗单位质量燃油获得能量最大增加量的情况。

10.7.3 爬升率极曲线

在稳定状态下,极曲线图中划分出了保持速度所需的功率和爬升所需的功率。此类图都是在定质量、飞行高度和油门值的情况下计算得到的。通常,只对部分极曲线感兴趣:最大推力极曲线、发动机停车极曲线、MTOW 极曲线和绝对升限极曲线。极曲线可以通过连接爬升段和下降段而获得。

图 10.14 中给出了一个计算的例子。当飞机开始爬升的时候,水平速度必须下降,因为有一部分推力必须用来保持空速。在中间速度达到 v_c 的最大值。在低于此点的其他速度时,爬升率下降。此时最大爬升角度为 v_c/U,对应的速度较低。最大爬升角下的速度比最大爬升率时的速度略低。这与过坐标系原点的直线在极曲线上的切点相对应。

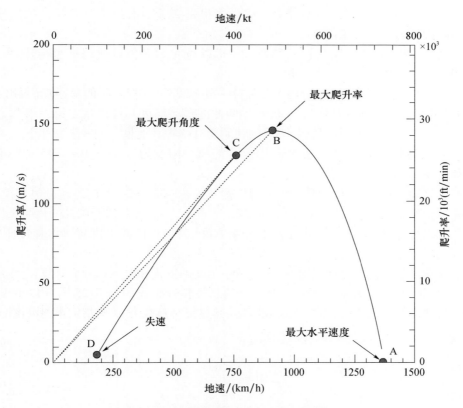

图 10.14 超声速喷气式飞机的爬升极曲线
（$m=11000\text{kg}$，起始高度 $h=2000\text{m}$，稳定飞行，军用推力）

10.7.4 实例分析：爬升至指定马赫数

使用能量法来计算一架超声速飞机的爬升剖面。爬升过程由以下几个阶段组成：

（1）从起飞开始以恒定航迹角爬升。这个阶段以起飞时给定的初始条件（M，h，γ，W）开始飞行，并且保持给定航迹角以满油门飞行，直至马赫数－高度组合达到与最大 SEP 对应值。

（2）以固定法向过载系数拉升。飞机以定过载系数拉升，假设此时爬升率对应最大 SEP。

（3）以最大 SEP 或最大能量增量进行亚声速爬升。飞机以最大 SEP 值爬升直到此参数到达一个相对较低的值，或者飞机在不同的恒定能量之间爬升。

（4）拉平和跃升－俯冲。飞机拉平后以给定的航迹角跃升－俯冲至给定高度。

(5) 以固定法向过载系数拉升。除了飞机是从负的航迹角开始拉升的以外，这一阶段与第二段很相似。

(6) 以超声速爬升至目标马赫数。飞机以最大 SEP 值进行超声速爬升，直到达到目标马赫数。最终高度未指定。

至少有 3 个不确定参数：(1) 飞机拉平开始跃升 – 俯冲前的最小爬升梯度；(2) 跃升 – 俯冲的航迹梯度；(3) 跃升 – 俯冲的最小高度。可以指定第二参数，如拉平机动中的法向过载系数、起飞后的初始爬升率等其他量。一些限制如下：

① 发动机：在最大持续功率输出时，设定操作限制为 N%1 = 104，TT5 = 970K。避免出现超转和发动机燃烧室过热。

② 气动加热：驻点处的最大表面温度为 $T_{stag} = 200K$（这一温度是通过绝热模型计算得到的）。

③ 飞行力学：飞行速度显著大于失速速度 $U > V_S$，且低于机翼抖振速度限制 $U < V_{buffet}$。

拉平段 2 和段 4 是通过对在 13.6 节中定义的方程在时域积分而计算得到的。

图 10.15 所示为 4 种不同局部优化的起飞爬升航线（$M = 0.25$；$m = 12000kg$；$\gamma = 8°$；加力超声速飞行；海平面，标准日），其目标马赫数为 2（不指定最终高度）。

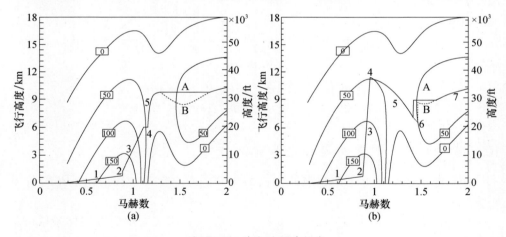

图 10.15 选定的爬升航线

在所有的情况中，爬升不同阶段的顺序都和之前描述的一样，使用 1，2，… 等数字表示。两幅图中都给出了选定的 SEP 值和失速速度，它们的是在失速裕度 $K_S = 1.15$ 的条件下计算得到的。

在图 10.15(a) 中，飞机在 4g 过载拉升之后进行的是最大能量增量爬升，然后进行超声速最大 SEP 加速。在图中 A 情况中，阻止飞机出现下降；而 B 情况中则沿着最大超声速 SEP 航迹飞行。在图 10.15(b) 中，飞机在 4g 过载拉升之后，进行最大 SEP 爬升,然后通过跃升 – 俯冲过程达到马赫数 $M=1.4$。在 C 情况中,防止飞机下降(在更小的马赫数时停止俯冲),而在 D 情况中飞机则沿着最大 SEP 航迹飞行。表 10.5 中给出了爬升时间和爬升耗油的数据。结果清晰地表明,在最佳爬升航线 A 中,爬升时间和爬升耗油都是最小的。

表 10.5　图 10.5 中所示航线的爬升时间和燃油

航线	A	B	C	D
爬升时间/min	3.12	4.12	4.22	4.41
爬升燃油/kg	160.0	173.2	244.1	249.8

10.7.5　最短飞行航线

这里讨论的情况是基于准定常飞行力学来分析的,在某些情况下不是十分准确。此外,还有一些情况需要同时指定初始和终止条件,并满足最小消耗函数(燃油、时间、地面距离)。图 10.15 中的情况就是这一类问题,称之为航迹优化问题,它可能有也可能没有终值约束条件。总能量法是解决最小飞行轨线问题的一种可用的方法,尽管其假定飞机可以瞬间将自身动能转化为势能。因此,它会导致飞行航线出现奇点(急转弯),而这是不现实的(图 10.15)。解决这一类问题的更多的方法可以基于最优控制理论来实现,这一课题则超出了飞机飞行性能讨论的范围。这些数学方法可以在多种平台上程序化实现。

Miele 首次发布了飞机非定常爬升的相关分析方法。Neu – man 和 Kreindler 给出了飞机三维爬升—转弯的分析算例,他们推导了飞机从跑道爬升和降落至跑道的轨迹,并针对最小燃油消耗进行了优化。这些结果表明除了最终水平加速和减速转弯的情况外,平直飞行和转弯飞行的速度剖面几乎是一样的。

1. 控制问题定义

控制问题是如何把飞机由初始状态 $x_o = \{U,\gamma,h,m\}_o$ 变化到最终状态 $x_e = \{U,\gamma,h,m\}_e$ 的问题。如果发动机始终保持满油门状态,则这一问题简化为找到一个控制变量 $\alpha(t)$。然而对于大多数情况下,这是不现实的假设,油门值必须被当作一个不确定参数,作为问题求解的一部分。

此类问题的相关术语:$\alpha(t)$ 为控制变量(迎角);$x(t) = x(x_1(t),\cdots,x_n(t))$ 为状态变量矢量(速度、高度、爬升率);$\psi = (\psi_1,\cdots,\psi_p)$ 为终值约束函数矢量(ψ 为终止点和状态变量矢量的已知函数)。ϕ 为消耗函数,它的值取决于终止点以及终止点处的状态变量 $x(t_e)$。因此问题变为如何使得飞机在最终状态下的性能指标取得最大值或最小值。目标函数的取值由飞机的最终状态与起始状态之间的事件共同决定。飞机可以满足一些终止点约束条件。举例来说,可能想要达到某个最终马赫数、高度或者爬升角度。最重要的情况是：最小时间爬升和最小燃油爬升。为了解决此类问题，必须使用拉格朗日乘数法建立伴随方程。基于拉格朗日乘数法条件的推导有详细的说明。Bryson、Ho 和 Ashley 给出了完整的推导过程。这里指定了初始条件，而终止条件可以给定也可以设定为自由变量。这一问题现在变成了方程的边界值问题。停止条件可以从终止点的高度处获得。飞机用时 t_e 最终达到目标高度，这里认为所用时间是最短的。

伴随方程中包含升力、阻力、推力和燃油消耗的导数项。这些导数项通过数值解法可以获得。很多种方法都可以用来解最优化问题，其中包括梯度法、多重打靶法和动态规划等。Bryson 和 Denham 在针对 F-4 截击机问题的求解中使用了最陡下降法。这一方法可以在相关技术文献中找到。此方法首先需要对解给一个初始猜测值，然后开始在当前点沿着最快上升或下降方向进行线性化。Bulirsch 和 Stoer 提出的多重打靶法被 Bruning 和 Hahn 应用在多个优化爬升问题中。

小结

本章讨论了飞机在垂直平面内的爬升问题，给出了封闭解，包括最快爬升条件。然而商业飞机爬升至特定高度的过程是分段进行的，它通常不是最优的。事实上，存在恒定 CAS 阶段，并保持水平加速。我们给出了一些标准 ICAO 爬升剖面。一个重要的解决策略是使用总能量法，这一方法在超声速飞机上效果最佳。这些方法可以用图表的形式对剩余功率进行快速分析。因此更适合进行图形化分析而不是数值化分析。总能量法已应用于多个案例当中，包括竞争飞机之间的差异化分析。分析表明，尽管需要能量立即转化的简化假设，但这一方法依然可以用于分析空中优势和最快爬升问题。然而，在文献中可以找到更加复杂的方法。这些方法基于控制理论，可以求解带有优化条件、初始和终止约束条件的爬升问题。这里仅仅引用了这些方法，读者需要自己查阅关于控制理论方面的相关文献。

参考文献

[1] Bryson AE and Denham WF. A steepest – ascent method for solving optimum programming problems. *J. Applied Mechanics*, 29(2):247 – 257, 1962.

[2] Rutowski ES. Energy approach to the general aircraft performance problem. *J. Aero. Sci.*, 21(3):187 – 195, Mar. 1954.

[3] Kelley HJ and Edelbaum TN. Energy climbs, energy turns, and asymptotic expansions. *J. Aircraft*, 7(1):93 – 95, Jan. 1970.

[4] Schultz RL and Zagalsky NR. Aircraft performance optimization. *J. Aircraft*, 9(2):108 – 114, Feb. 1972.

[5] Calise AJ. Extended energy management method for flight performance optim – ization. *A IA A J.*, 15(3):314 – 321, Mar. 1977.

[6] Berton JJ. Optimum climb to cruise noise trajectories for the high speed civil transport. Technical Report TM – 2003 – 212704, NASA, Nov. 2003.

[7] Ardema MD, Windhorst R, and Phillips J. Development of advanced methods of structural and trajectory analysis for transport aircraft. Technical Report CR – 1998 – 207770, NASA, Mar. 1998.

[8] Merritt SR, Cliff EM, and Kelley HJ. Energy – modelled climb and climb – dash – the Kaiser technique. *Automatica*, 21(3):319 – 321, May 1985.

[9] Kelley HJ. An investigation of optimal zoom climb techniques. *J. Aero Sci.* 26:794 – 803, 1959.

[10] Kelley HJ, Cliff EM, and Weston AR. Energy state revisited for minimum – time aircraft climbs. Number AIAA Paper 83 – 2138. Aug. 1983.

[11] Anon. *User Manual for the Base of Aircraft Data(BADA)*, Rev. 3. 8. Eurocon – trol Experimental Centre, April 2010. EEC Technical Rept. 2010 – 003.

[12] ESDU. *Energy Height Method for Flight Path Optimisation*. Data Item 90012. ESDU International, London, July 1990.

[13] Miele A. Optimum flight paths of a turbojet aircraft. Technical Report TM – 1389, NACA, Sept. 1955.

[14] Miele A. General solutions of optimum problems of non – stationary flight. Tech – nical Report TM – 1388, NACA, Oct. 1955.

[15] Neuman F and Kreindler E. Optimal turning climb – out and descent of com – mercial jet aircraft. Number SAE Paper 821468, Oct. 1982.

[16] Neuman F and Kreindler E. Minimum – fuel turning climbout and descent guid – ance of transport jets. Technical Report TM – 84289, NASA, Jan. 1983.

[17] Bryson AE and Ho YC. *Applied Optimal Control*. Blaisdell, New York, 1969.

[18] Ashley H. *Engineering Analysis o f Flight Vehicles*. Addison – Wesley, 1974.

[19] Press WH, Teukolsky SA, Vetterling WT, and Flannery BP. *Numerical Recipes*. Cambridge University Press, 2nd edition, 1992.

[20] Bulirsch R and Stoer J. Numerical treatment of ordinary differential equations by extrapolation methods. *Numer. Math*, 8(1):1 – 13, Jan. 1966.

[21] Stoer J and Bulirsh R. *Introduction to Numerical Analysis*. Springer – Verlag, 2nd edition, 1993.

[22] Brüning G and Hahn P. The on – board calculation of optimal climbing paths. In *Performance Prediction Methods*, volume AGARD CP – 242, pages 5. 1 – 5. 15, May 1978.

第 11 章 下降与着陆性能

11.1 概述

当飞机在可控模式下,飞行高度下降时,其下降过程是可以分段进行的。着陆过程需要较好的驾驶技术,当飞行条件恶劣时更为显著。飞机下降是一个长距离的过程,可达 100n – miles 以上。下降时可以分为几个不同的阶段,在 11.2 节中考虑机场上空 1500ft 以上的航路下降过程,在 11.3 节中介绍飞机下降至距机场上空约 50ft 的过程。讨论两个非常规的飞行方式:连续下降方式(11.4 节)和陡降方式(11.5 节)。连续下降方式在燃油消耗和噪声排放方面有一定的优势,而陡降方式是一种更为复杂飞机机动动作。分析和优化飞机在机场等待进场的情况和问题(11.7 节)。着陆过程由空中飞行阶段和着陆滑跑阶段组成(11.8 节)。考虑侧风对飞机侧风着陆和机翼触地的影响。本章的最后讨论了飞机在放弃着陆后复飞的一些问题(11.9 节)。

关键词:航路下降,连续下降进场,陡降,无动力下降,等待程序,着陆性能,侧风着陆,复飞。

11.2 航路下降

在到达目的地之前,飞机会从巡航高度下降。飞行计算机会显示离机场的距离并评估航路下降,即基于飞行速度、飞行高度和风速等参数,计算出着陆距离和时间。从最后的巡航高度进行航路下降是以多阶段进行的。图 11.1 为一种下降方式。第 1 阶段,飞机会以恒定马赫数下降到相应的高度,该高度上 CAS(或 IAS)达到预定目标值。在第 2 阶段,飞机以恒定的 CAS(或 IAS)值进行下降至 10000ft (FL – 100,3048m)。在第 3 阶段,飞机会在恒定的高度上减速使 CAS(或 IAS)达到更小的值。最后阶段,以恒定 CAS 的方式使飞机下降至 1500ft 高度,进入最后的机动区域。因为飞机下降的过程是非常复杂的,涉及很多步骤、定 CAS 和定下降率规范。因此,没有办法划定一条特定的下降轨迹。

飞机的下降轨迹由一系列参数表示:最末巡航高度(FCA)或初始下降高度(IDA),下降过程中第 2 阶段的 CAS,下降过程中第 4 阶段的 CAS。对于大多数飞

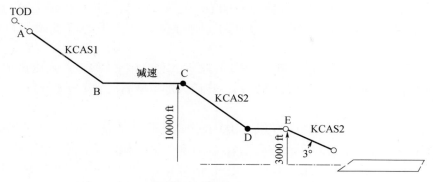

图 11.1　多阶段沿航线下降（图中未按比例缩放）

行条件,下降过程中第 1 阶段中飞机以恒定马赫数下降的过程不予考虑,因为飞机总是在特定的 CAS 值下飞行。可以选择避免在 FL‑100 高度处操作(图 11.1 中 KCAS2),之后再进行下降。这样能够保证飞机在最优高度上飞行很长时间。

如果发动机处于慢车状态,那么飞行空速由飞行高度决定。较高重量的飞机会增大下降距离,因为重量大时飞机的下滑角减小。实际上,在稳定的飞行条件下,有

$$\gamma \simeq \frac{T-D}{W} \simeq -\frac{D}{W} \tag{11.1}$$

在下降过程中,重量大的飞机航迹倾斜角度会减小,导致下降距离增加。因为发动机要继续运行更长的时间(尽管发动机在慢车的模式下,其燃油消耗量也是相当大的),下降所需燃油量增加;较长的下降过程会缩短巡航距离和减少巡航所需燃油。重量较轻且阻力较大的飞机,会导致更陡的下降路径。然而,太快的下降会导致飞机客舱内的压强迅速变化。为了避免飞机的陡降,需要带动力使式(11.1)中的 γ 值减小。在任何情况下,飞行时间都是需要考虑的,飞行员须评估从更高的高度以较缓的坡度下降是否更合适。在最优的飞行过程中,巡航和下降应该同时考虑。

下面定义一些最优化问题,这些问题包括在给定距离和初始高度下最小化燃油,在给定距离和初始高度下最小化时间,给定初始高度、不固定距离条件下的最小化时间或最小化燃油,成本最小化指标等。我们认为对于固定重量的飞机(FCA = IDA = TOD)燃油的消耗量随下降时间变化,自由参数是下降 CAS 值(或 IAS)。在成本指标是一个常值的情况下,评估出下降时间和下降所需燃油量的关系。由于飞行员不可能注意所有的参数,所以飞行管理系统(FMS)会计算出优化的飞行步骤。数值方法如下:

(1)飞机在巡航状态的最后高度,即下降过程的最顶端。

(2)如果下降过程的最顶端 $h > 11000\mathrm{m}$(约 $36000\mathrm{ft}$),飞机以恒定巡航马赫数下降至平流层顶层(FL-360)。发动机转为慢车状态,飞行航迹倾斜角由式(11.1)确定。

(3)以恒定 KCAS1 值从 FL-360 高度(或其他高度)下降。此速度由巡航马赫数和飞行高度确定(8.2 节和图 8.7)。该阶段的下降高度为 $10000\mathrm{ft}$(FL-100)。航迹倾斜角为 $-3°$。

(4)使飞机处于飞行高度为 FL-100 处并减速至 KCAS2。KCAS2 的值由距离地面 $1500\mathrm{ft}$ 高度处的速度(绿点速度,V_{green})计算得到。假设第 3 段的 CAS 的值为 KCAS2 $= V_{\mathrm{greem}} + 5(\mathrm{kt})$。因此,校准空速由 KCAS1 变化为 KCAS2。此外,我们也可以选择限定航迹角。

(5)以定 KCAS2 下降至 $1500\mathrm{ft}$ 高度,进入最后的机动区域。

在下降过程中偶尔有一个中间步骤,飞行高度为 $7000\mathrm{ft}$ 或 $5000\mathrm{ft}$。在这一阶段,计算出空客 A320 飞机的航路轨迹和相应的净推力。计算结果如图 11.2 所示,在下降阶段发动机处于慢车状态,但是为了保持该高度处的速度发动机被迫加速。

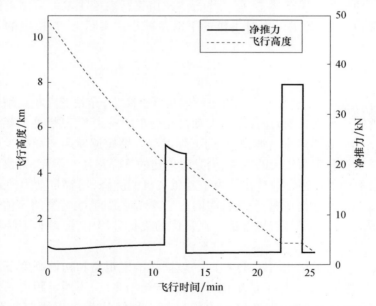

图 11.2 A320-200 航迹仿真(标准日,无风,从 FL-350 起始质量 69380kg)

在下降阶段:从最后的巡航高度开始下降,在有无航线距离约束的情况下,最小化燃油消耗和最小化所用时间。现在考虑距离约束限制在 150n mile 情形下的下降情况(图 11.3)。将第 3 阶段的 KCAS 的参数值从 260kt 变化至 320kt(这些 KCAS 值在末端点不满足绿点速度)。图中所有的情况都是从飞行高度 FL-350

开始下降的,结果展示了随着下降时间的减少,下降所用燃油消耗量是如何增加的。这时,根据成本指标(燃油消耗与时间消耗相关联)可以给出合适的下降方案。

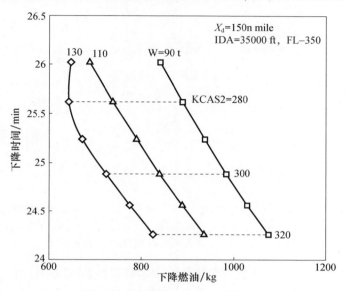

图 11.3　参数对 A300 – 600(固定下降距离时)下降性能的影响(计算)

11.3　最后进场

最后进场阶段是指当飞机准备着陆时,飞行高度低于规定高度(距地面高度 1500ft)的飞行阶段。一般情形下,飞机可能要执行复杂的三维轨迹,以避开障碍物,并尽量减少地面噪声。在这种情况下,我们只考虑直线飞行路径的情况,从规定的高度(距地面高度约 50ft)开始进行着陆阶段,如图 11.4 所示。在这一过程中会进行一系列复杂的操作,其中大部分操作是自动化的(仪器导航着陆)。参照图 11.4 做以下说明。

(1)"O"绿点速度:在发动机失效和干净构型情况下,升阻比 L/D 最大对应的速度。

(2)"S – 速度":飞机在起飞阶段缝翼收回时的最小速度。在进近阶段,当飞机处于 CONF1 构型时,"S – 速度"作为目标速度。"S – 速度"在数值上等于干净构型下的 $1.22 \sim 1.25 V_{stall}$。

(3)"F – 速度":飞机在起飞阶段襟翼收回时的最小速度。在进场阶段,当飞机处于 CONF2 或 CONF3 构型时,"F – 速度"作为目标速度,"F – 速度"在数值上等于 CONF1 + F 构型下的 $1.18 \sim 1.22 V_{stall}$。

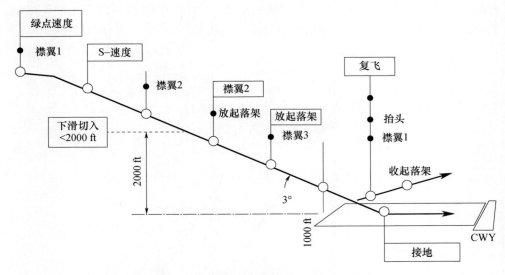

图 11.4 末端动作(非按比例缩放)H/L = 高度 – 升力

这一飞行阶段的空速是如何变化的?空客提供的数据表明,当飞机的着陆襟翼打开同时起落架放下时,在 3°的下降坡度时典型的减速率为 10~20 kt 每海里(10~20 km/h 每公里)。水平飞行减速率较高,能达到 30 kt 每海里。建议使用的进场速度 V_{app} 近似等于

$$V_{app}[\text{kt}] \simeq K_s V_{stall} + 5 + \frac{1}{3} V_W \tag{11.2}$$

式中所有的速度都是以"节"为单位给出。进场速度等于失速速度(已经进行失速裕度校正)加上 5 kt 的速度和 1/3 的逆风速度。假设飞机从绿点速度开始到进场速度结束,以这样的减速方式进行时,会使阻力较小,因此发动机需提供的推力较小,发动机噪声较低。首先看到在飞机构型上的变化是高升力系统的配置和展开起落架。

(1) 高升力系统的配置

飞机在飞行高度为 h、真空速为 U、飞行重量为 W,以固定的下滑率进行下滑。1 – g(非加速)的飞行条件下要求升力系数 $C_L = 2W/\rho A U^2$。升力系数为

$$C_L = C_{L0} + C_{L\alpha} \alpha \tag{11.3}$$

式中:C_{L0} 为机翼零迎角下的升力系数;$C_{L\alpha}$ 为升力线斜率;α 为有效平均迎角。除非飞机的姿态已知,否则式(11.3)中后一个参数是未知的。由两个表达式计算的升力必须相同。因此,可以从式(11.3)中计算出有效平均迎角。然而,在飞机降落时,机翼可能无法提供所需升力。换句话说,在初次分析中,允许飞机在减速的同时提高飞行姿态。如果姿态的增加可以满足飞行稳定性条件,那么不足以产生所

需的升力量,应考虑

$$\Delta C_L = \frac{2W}{\rho A U^2} - [C_{L0} + C_{L\alpha}\alpha] \quad (11.4)$$

式(11.4)表示飞机在飞行速度为 U、飞行总重量为 W 时 1－g 飞行条件下所需升力与飞机在指定来流条件为 α 时所能产生升力的差值。如果 $\Delta C_L < 0$,表明机翼无法提供足够的升力,则必须配置高升力系统。这是按顺序进行的,其确切状态取决于飞机。例如,以空客 A320-200 为例,缝翼和襟翼的配置已在表 11.1 中给出,表明只有有限数量的配置是合适的。

表 11.1 A320-200 襟翼缝翼配置/(°)

构型	襟翼	缝翼	描述	—	飞行阶段	—
0	0	0	干净构型	—	巡航	—
1	0	18	1	—	—	等待
2	10	18	1+F	—	—	—
3	15	22	2	起飞	—	—
4	20	22	2	—	—	进近
5	40	27	全开	—	着陆	—

C_L 的改变量与缝翼和襟翼的偏转角相关为

$$\Delta C_{Lhl} = \Delta C_{Lslat} + \Delta C_{Lflap} \quad (11.5)$$

于是,有

$$\Delta C_L = \frac{2W}{\rho A U^2} - [C_{L0} + C_{L\alpha}\alpha] + \Delta C_{Lhl} \simeq 0 \quad (11.6)$$

飞行力学模型的数值求解如下:

(1) 如果由式(11.4)计算的 $\Delta C_L \simeq 0$,设置飞机构型为 0 构型(无缝翼和襟翼的配置)。

(2) 如果 $\Delta C_L < 0$,设置飞机构型为 1 构型。从表 11.1 可知,构型为 1、襟翼为 0、缝翼为 18。由式(11.5)计算 ΔC_{Lhl};如果由式(11.6)计算的 $\Delta C_L \simeq 0$,那么设置飞机构型为 1 构型;否则设置构型为 2 构型(构型为 2、襟翼为 10、缝翼为 18),重复该步骤。

每次从上述过程激活开关时,飞机就会改变构型。这个步骤通常可以很好地进行,但它依赖于一个事实,即飞机的姿态是已知的。一个小的 ΔC_{Lhl} 可由飞机姿态的增加获得而不是襟翼的设置。飞行管理系统 FMS 能够制定出最佳的构型配置,控制相应的开关并避免在一定高度和一定 TAS 上的襟翼发生变化。每架飞机的 FCOM 会提供相应高度速度的限制信息。

（2）展开起落架

起落架从收起到完全展开的瞬时动作是由单个开关来操作的。起落架的展开要在规定高度和空速上进行。展开过程要在机场上空很短的高度范围内完成。在 Flap‑2 配置前，起落架是不允许展开的（这是典型的空客操作流程）。当起落架展开时，飞机需要具有稳定的下滑率。

图 11.5 为空客 A320‑200 最后进场阶段的升力和阻力系数曲线图（计算）。

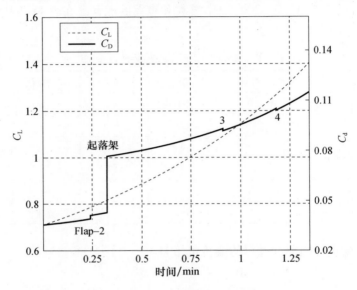

图 11.5　空客 A320‑200 最后进近阶段升力和阻力系数

（3）飞行力学模型

设定飞机固定的下降率，以较陡的梯度着陆需要考虑多种因素对应的约束。包括失速速度、下降率和安全问题。微分方程为

$$\frac{\mathrm{d}U}{\mathrm{d}t} = \frac{1}{m}(T - D + W\sin\gamma) \tag{11.7}$$

式中：推力是不确定参数，但是必须满足最小燃油消耗。相应的约束为要保证飞机飞行速度要比失速速度足够的高，有

$$U > K_s V_{\text{stall}} \tag{11.8}$$

式中：K_s 为失速裕度（$K_s \simeq 1.15$）。在高着陆重量、较低的空速的减速飞行中，从式（11.7）可见，发动机净推力为 0 是可能的。这一过程要求飞机处于慢车状态下。尽管该过程比较省燃油，但并不是完全安全的：如果需要增加发动机推力以重新配置飞机或调整飞行路径，如 11.9 节中描述的那样，推力增加（发动机预热）的过程需要几秒，飞机的延时控制会危及安全。因此，在最后的进场阶段，飞机的发动

机应该保留一部分推力,如果需要复飞,飞机能够通过发动机来实现完全控制。

图 11.5 显示了飞机在进场轨迹内气动力系数的变化。随着飞机下降,阻力系数 C_D 增加。当襟翼配置增加时阻力系数 C_D 减小,这是由于主起落架阻力的微小下降。这一现象的原因是由于襟翼的偏转阻塞了流过起落架的气流。

11.4 连续下降进场

在连续下降进近(CDA)中,飞机从机场上空约 7000ft 的高度以 3°定下滑角下降。相比于由 3 段组成的常规飞行路线,其中第 2 段是 3000ft 高度的水平飞行,而在连续下降进场中,一直持续到飞机到达机场时才有水平飞行。图 11.6 中显示了常规飞行路径和 CDA 之间的区别。以连续下降进场飞行时有很多优点,现说明如下:

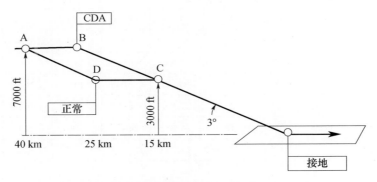

图 11.6 连续下降进近(CDA)与传统进近(非按比例缩放)

(1)当飞机飞行高度高于常规高度时,飞机距离地面噪声观测点的距离越大,地面所观测到的噪声越小。

(2)当飞机飞行较高时,在无分段下降的条件下,飞机所需发动机推力较小,致使发动机引起的噪声较小。

(3)基于第 2 点,可知发动机的燃油消耗也会减少。

首先,CDA 并不影响感觉噪声 EPNL(见第 17 章),因为当飞机从传统到 CDA 程序的转换时,所影响的距离太远,无法被设置的麦克风观察到(将在第 18 章做进一步的讨论)。在 3000ft 的水平飞行段,出现距离可达 10km(约 5.5n mile),可能会对航路下的社区造成影响。如图 11.6 所示,在 CDA 飞行路径的 25km 处,飞机在 D 点的飞行高度相比于常规飞行路径高了约 520m(约 1700ft)。因此,D 点的飞行高度增加到约 4700ft,增加了 57%。噪声辐射受距离 r 的影响,在其他参数相同的情况下,辐射强度与 $1/r^2$ 成正比。所以,CDA 飞行路径上相比于常规飞行路径上 D 点位置的噪声下降约 4dB；这一结果证实了噪声降低的推断。关于噪声特性的进一步探讨可参见第 16 章和第 17 章。

关于燃油消耗，优点中第 3 点可从表 11.2 和表 11.3 所列的结果中显现出来，表中为空客 A320-200 带有 CFM 发动机的飞行数据。这两个表是飞机在相同条件下（高度、马赫数、重量）从下降阶段的最顶端开始，飞机性能的一个简要概括。CDA 下降方式节约了约 80kg 的燃油，并且飞行距离较短。

表 11.2　A320-200 下降报告

（传统下降进场，下降开始质量 69380kg，标准日，无风（计算））

	KTAS	M	h /m	t /min	X /n-m	v_d /(m/s)	$\dot{v}_d$ /(ft/min)	m_f /kg	$\dot{m}_f$ /(kg/s)
0	435.07	0.755	10668	—	—				
1	434.49	0.754	10643	0.04	0.27	11.13	2192	0.9	24.000
2	315.12	0.502	4393	11.07	67.75	9.41	1852	265.4	23.972
3	268.01	0.427	4393	2.03	9.88	0.00	0	57.0	28.038
4	226.79	0.347	943	9.13	37.40	1.04	205	221.2	24.229
5	226.85	0.347	943	2.01	7.59	0.00	0	79.8	39.732
6	222.03	0.338	943	1.31	4.88	5.47	1130	32.4	24.786
合计				25.59	127.77			656.7	

表 11.3　A320-200 下降报告

（连续下降进场，下降开始质量 69380kg，标准日，无风（计算））

	KTAS	M	h /m	t /min	X /n-m	v_d /(m/s)	$\dot{v}_d$ /(ft/min)	m_f /kg	$\dot{m}_f$ /(kg/s)
0	435.07	0.755	10668	—	—				
1	434.49	0.754	10643	0.04	0.27	11.13	2192	0.9	24.000
2	315.12	0.502	4393	11.07	67.75	9.41	1852	265.4	23.972
3	268.01	0.427	4393	2.03	9.88	0.00	0	57.0	28.038
4	222.03	0.338	493	10.44	42.28	1.63	321	253.6	24.298
合计				23.58	120.18			576.9	

一个更为极端的情况是飞机从最后巡航高度开始连续下降。同一架飞机所消耗的燃油如下：常规下降约为 636kg；以 CDA 方式下降时约为 556kg；从 TOD 连续

下降时约为 450kg。可知,从飞机最后巡航高度连续下降时,能够节省约 180kg 的燃油。

11.5 陡降

陡降时的下降率比常规下降时更大。陡降的轨迹由于与地面噪声观测点的距离较大,因此可以降低噪声,但是相比于常规轨迹,陡降操作起来更复杂。本节我们将强调一些问题,主要集中在气动力方面。假设下滑角很小,用升力系数 C_L 定义下降率为

$$v_s = \sqrt{\frac{2}{\rho}} \sqrt{\frac{W}{C}} \frac{C_D}{C_L^{3/2}} \qquad (11.9)$$

陡降的航线斜率为 $\gamma = v_s/U$。针对固定重量的飞机,下降率的改变需要气动力系数发生变化。如果下降是以相同 TAS 方式进行的常规飞行,γ 的增加需要下降率的增大。或者,如果下降率保持与常规飞行轨迹相同的值,那么 TAS 的值必须降低,这一情况下会使飞机有失速的危险。TAS 减小可以根据下式得到,即

$$U\sin\gamma = \text{const} \qquad (11.10)$$

如果用下标"r"表示参考飞行状态(或常规路径),那么陡降的 TAS 与参考状态的 TAS 比值为

$$\frac{U}{U_r} \simeq \frac{\gamma_r}{\gamma} = \left(\frac{C_{Dr}}{C_D}\right)\left(\frac{C_L}{C_{Lr}}\right)^{3/2} \qquad (11.11)$$

在恒定的 C_L 下,阻力会随飞行航迹角增加而增加。然而,较低的空速要求飞机有较高的 C_L,飞机机翼上的缝翼和襟翼配置可以达到这一目的(见表 11.1)。任何情况下,C_D 的增加速度比 $C_L^{3/2}$ 更快,换句话说,对于因子

$$f_d = \frac{C_D}{C_L^{3/2}} \qquad (11.12)$$

陡降路径的值比常规下降路径的值要大。这一参数的曲线如图 11.7 所示,数据来源于空客 A310 模型的风洞试验。较高的气动力因子 f_d 是在非常小或非常大的 C_L 时取得。较低的 C_L 值会增大失速速度,从而在飞机减速时出现失速的风险。图 11.7 给出了气动力因子在较高 C_L 时对应的较小值。要求式(11.11)满足下列约束,即

$$\frac{U}{U_r} \geqslant K_s \frac{V_{\text{stall}}}{U_r} \qquad (11.13)$$

这一约束比联邦航空条例 FAR 第 25.103 条更为严格。失速速度定义如下:

$$V_{\text{stall}} = \sqrt{\frac{2}{\rho} \frac{W}{\sqrt{C_{\text{Lusable}}}}} \qquad (11.14)$$

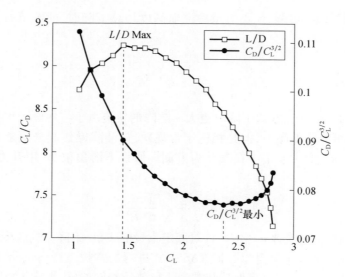

图 11.7 A310 模型气动力参数

式中:$C_{Lusable}$ 定义为最大升力系数的一部分。下一步,需要在满足约束条件式(11.13)和式(11.14)定义的情况下求解式(11.11)。针对固定构型,飞机的失速速度 V_{stall} 随着飞机的下降会有小幅的降低。

现在固定航迹斜率。飞机需要沿着从初始高度生成的轨迹飞行,以使飞机在最后高度处的下降率低于基于安全的规定值,有

$$v_s < v_{sr}, \frac{v_s}{v_{sr}} = \frac{f_d}{f_{dr}} \tag{11.15}$$

式(11.15)的参数分析如图 11.8 所示。水平线表示失速约束,即式(11.14)。该水平线以下的相对空速 U/U_r 是不可行的。另外一个约束是由两条垂直线所限制,即 $0.078 < f_d < 0.115$,这由图 11.7 所示的气动力所限制。机翼部件不能提供低于或高于该限制条件的 f_d 值。显然,以 $\gamma = 5.0°$ 进行下降是不能实现的(见约束框的右下角)。如果飞机在如图 11.7 所示的低 C_L 条件下飞行,那么飞机只可能在 $\gamma = 4.5°$ 时进行下降。但是,在气动性能中有较窄的范围能够允许飞机在 $\gamma = 4.0°$ 时进行下降。为了拓宽飞机的下降包线,必须满足

$$f_d = C_D/C_L^{3/2} > 0.12$$

为了使陡降成为可能,气动力约束必须移动到图的右边。下一个问题是研究如何实现这一目标。有 4 种可能的方法:①在给定 C_L 时增大 C_{D0};②在固定 C_{D0} 时减小 C_L;③同时增大 C_{D0} 并减小 C_L;④在 f_d 增大的条件下,同时增大 C_{D0} 和 C_L。详细的分析可参见文献[1],文献[1]同时也阐述了增大 γ 角情况下的航迹控制理论。简单来讲,提高下降率的最有效方法是增大零升阻力。可以综合采用像蛤壳

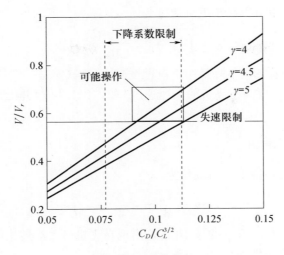

图 11.8 陡降参数

一样的大型制动器(BAE RJ146)、常规扰流板或反向扰流器等技术来实现这一目标。

11.6 无动力下降

如果固定翼飞机能在无动力或者最小动力的情况下保持稳定和受控飞行,称为滑翔。下面几节讨论滑翔飞行及其最优化条件。

11.6.1 最小下沉速度

下沉速度为

$$v_s = U\sin\gamma = \sqrt{\frac{2}{\rho}}\sqrt{\frac{W}{A}}\frac{C_D}{C_L^{3/2}} \qquad (11.16)$$

其中假设 $C_D^2 \ll C_L^2$。根据飞机的不同,最佳滑翔比在 14~18 范围内变化;因此 C_D^2 小于 C_L^2 的 0.5%。如果按照传统把从水平面顺时针旋转定义为正的 γ 值,那么下沉速度是一个负的垂直方向速度。从式(11.16)可知,获得最小下沉速度的条件等价于飞机最小动力的条件,即

$$U_{mp}^2 = \left(\frac{2W}{\rho A}\right)\sqrt{\frac{k}{3C_{Do}}} \qquad (11.17)$$

相应的气动力系数为

$$\frac{C_D}{C_L^{3/2}} = \frac{4C_{Do}}{(3C_{Do}/k)^{3/4}} \qquad (11.18)$$

从式(11.18)中可得最小下沉速度为

$$v_s = \left(\frac{2}{\rho}\frac{W}{A}\right)^{1/2} \frac{4C_{Do}}{(3C_{Do}/k)^{3/4}} \quad (11.19)$$

式(11.19)表明随着飞机下降最小下沉速度减小,这其实是一件好事。空速也随着飞机下降而降低,只要高于飞机的失速速度(如式(11.14))并能使飞机完全可控,这也是一件好事。

11.6.2 最小下滑角

无发动机推力情况下的航迹角为

$$\sin\gamma = \frac{T_D}{W} = -\frac{D}{W} \simeq -\frac{D}{L} \quad (11.20)$$

$\sin\gamma$ 的最小值对应着 γ 的最小值;这出现在飞机最大滑翔比的情况中,因此在恒定高度上的优化条件为

$$\frac{\partial}{\partial U}\left(\frac{D}{L}\right) = 0 \quad (11.21)$$

这个条件在式(8.15)中得到,证明了这是最小阻力条件(或者绿点速度):

$$U_{md}^2 = \left(\frac{2W}{\rho A}\right)\sqrt{\frac{k}{C_{Do}}} \quad (11.22)$$

现在比较两种下降模式:前面讨论过的最小下沉速度和最小下滑角。最小下沉速度由式(11.17);因此最小下沉速度与最小下滑角对应的速度之比为

$$\frac{U_{vS}}{U_\gamma} = \frac{1}{\sqrt[4]{3}} = 0.7598 \simeq 0.76 \quad (11.23)$$

因此最小下沉速度等于最小下滑角对应的速度的76%。这个比值等于最小动力和最小阻力对应的速度值之比,即

$$\frac{U_{vs}}{U_\gamma} = \frac{U_{mp}}{U_{md}} \quad (11.24)$$

航迹可以从稳态方程中得到

$$\frac{\partial x}{\partial t} \simeq U, \frac{\partial h}{\partial t} = v_s \quad (11.25)$$

其中:附加条件为

$$\frac{v_s}{U} \simeq \gamma \quad (11.26)$$

这个问题可以通过数值方法求解。图11.9中给出了一个典型的计算结果。对质量为145000kg的空客A300-600进行模拟计算,不考虑任何气象上的影响。初始高度设定在 $h=11000$m,初始马赫数为 $M=0.79$。

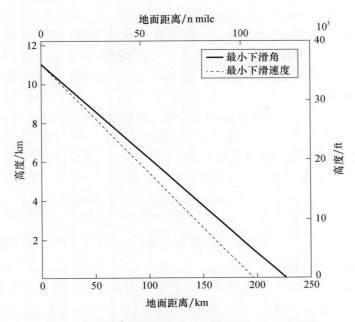

图 11.9 两种飞行条件的滑翔距离,质量 $m = 145000\text{kg}$

最大滑翔距离约为 225km；这个结果是从最小下滑角程序得到的。由此，估计飞机在没有燃油的情况下可以无动力滑翔 100n mile。滑翔时间约为 32min。顺风或逆风的情况会改变上述结果。

11.6.3 常规滑翔飞行

前面的实例中在准稳态近似条件下给出的结果也可通过对飞行动力学方程积分得到。如果推力已知,则方程为

$$\dot{U} = \frac{T\cos\alpha}{m} - \frac{D}{m} - g\sin\gamma \tag{11.27}$$

$$\dot{\gamma} = \frac{T\sin\alpha}{Um} + \frac{L}{Um} - g\frac{\cos\gamma}{U} \tag{11.28}$$

假设推力与阻力方向是一致的。因为滑翔比很小，我们做以下近似：

$$\sin\gamma \simeq \gamma \simeq \frac{v_s}{U}, \cos\gamma \simeq 1, U \simeq V \tag{11.29}$$

$$\dot{U} = \frac{T\cos\alpha}{m} - \frac{D}{m} - g\gamma \tag{11.30}$$

$$\dot{\gamma} = \frac{T\sin\alpha}{Um} + \frac{L}{Um} - \frac{g}{U} \tag{11.31}$$

这些方程可以作为初值问题进行积分。为了研究更加一般的下滑情况,需要用到完整的航迹描述方程,如恒定升力系数的下滑,有无俯仰阻尼器的下滑等。如果不使用俯仰阻尼器,恒定升力系数的下滑可能产生大幅值振荡(长周期)。在有动力或无动力飞机离开速度高度配平点,同时飞控系统不能调整飞机的情况下会发生长周期振荡。

通常情况下,可以在坐标 U,γ 的相平面内观察微分方程。该平面内包含 $\gamma(t)$ 关于 $U(t)$ 的参数化图形。有些情况下无法获得常微分方程的封闭解,但是在相平面内画出解轨迹的切矢量总是非常直观的。相平面内的轨迹本身满足一阶常微分方程。因此消去 U 和 γ 之间的 t,得到常微分方程:

$$\frac{\partial \gamma}{\partial U} = \frac{\dot{\gamma}}{\dot{U}} = \frac{T\sin\alpha/Um + L/Um - g\cos\gamma/U}{T\cos\alpha/m - D/m - g\sin\gamma} \tag{11.32}$$

可以通过一个由升力系数决定的数值验证式(11.32)是振荡的,因此是方程的解。非振荡的解需要把 $\dot{\gamma}/\dot{U}$ 单位化。

自 Lanchester 之后,长周期稳定性问题就成为分析研究的一个主题。几乎在所有稳定性与操纵性书籍中,都对其做了近似、线性化和封闭解的处理(如 Perkins and Hage[3]、Etkin[6]、McCormick[7]、Etkin、Reid[8]、Nelson[9])。这些书在这一主题上引用了更加深入的参考资料。另外,Campos 等讨论了飞机俯冲时的速度稳定性。

11.6.4 依据能量法分析最大滑翔航程

使用能量法求解一架超声速喷气式战斗机的最大滑翔航程,并说明这一问题的解与亚声速飞行时有什么本质不同。定义水平速度分量 $U = \dot{x}$,然后除以式(10.46):

$$\frac{\dot{x}}{\dot{E}} = \frac{U}{(TU - DU)/m} \tag{11.33}$$

在无推力情况时,上式可以简化为

$$\frac{\dot{x}}{\dot{E}} = -\frac{m}{D} \tag{11.34}$$

或

$$\frac{\partial x}{\partial E} = -\frac{m}{D}, \frac{\partial E}{\partial x} = -\frac{D}{m} = -g\frac{D}{L} \tag{11.35}$$

为了最大化滑翔航程,必须使 dE/dx 最小,并满足 $L = W$ 的限制条件。换言之,飞机必须沿着最小阻力或最大下滑比的航迹飞行。如果通过引入能量高度消去阻力中的 h,那么问题变成求解相应飞行速度下的最小阻力问题:

$$\min_U = -D(E, U) \tag{11.36}$$

对给定的能量高度,飞机的初始条件可能不在最大滑翔航程航迹上。这表明飞机的阻力并不是最小的,必须俯冲或爬升到最佳能量高度上。一旦达到 $E = E_o$ 这一点,飞机沿最优航迹滑翔飞行。航迹角可沿飞行路径为 $T = 0$ 的动力学方程式中求得

$$\sin\gamma = -\frac{D}{W} + \frac{1}{g}\frac{\partial U}{\partial t} \tag{11.37}$$

因为速度的导数是负的,这一项减小阻力,所以延伸了滑翔航迹。滑翔航程从式(11.35)中可得。它由两部分组成:

$$X = \int_o^2 \mathrm{d}x = \int_{E_o}^{E_1} \frac{m}{D}\mathrm{d}E + \int_{E_1}^{E_2} \frac{m}{D}\mathrm{d}E \tag{11.38}$$

式中:E_o 为初始能量;E_1 为地面上的能量,E_2 为地面上水平速度最小时的能量。式(11.38)中的第一项是由起始点到地面的能量损失,第二项是由于地面上的水平减速的能量损失,其速度高于失速速度。因此飞机可以在近地面高度上滑翔。然后就可以通过增加迎角、使用增升装置进入另一种模式。如果初始状态是超声速的,那么飞机在保持高度不变的情况下消耗自身动能。然后飞机开始滑翔,损失高度(或势能)。

11.7　等待程序

现在是早晨 8:30 的伦敦希思罗机场,有 20 架飞机等待降落。天空中都是远处飞机的灯光。这些飞机的耗油率都处于 0.5~1.5kg/s。空管正尽力处理当前的情况,但是飞机在允许降落之前可能需要等待一段时间,这也导致相当的时间和燃油浪费。在全球其他的主要机场上,这样的情况每天都在上演。

当飞机按照当地空管的要求进入等待航线时,其飞行航线就像是操场跑道一样由两条平行线并用半圆连接起来。典型的等待高度是 5000 或 7000ft。因此,飞机必须每一圈进行两个 U 形转弯。在等待模式下,航程并不是很重要,但续航能力非常重要。在 13.3.4 节中讨论了最小燃油转弯的问题,表明最小燃油转弯是在飞机具有最小阻力速度时完成。

最小燃油流量大致与最小阻力(喷气式飞机)和最小功率(螺旋桨飞机)相对应。在前面的实例中,对于干净构型来说,最佳速度具有最大的升阻比(绿点速度)。因此,"绿点"通常被选为飞机等待的速度。

有些情况下由于接近障碍物,绿点速度还是太高。如果飞机必须保持一个较低的速度,那则需要把襟翼或者缝翼放下(CONF1 或空客飞机上为"S"速度)。有时候空管会要求飞机保持一个与绿点速度相差很大的速度。等待高度并不是自由

参数。需要强调的是,规律很简单:飞机飞得越高,燃油流量就越低。

图 11.10 中给出了这种情况的例子,这是空客 A320-200 配备 CFM 发动机时等待性能的仿真结果。在所示重量下,绿点速度估计为 248kt,此时高度为 10000ft(约 3048m)。

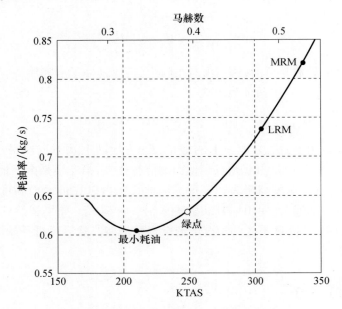

图 11.10　空客 A320-200 的等待速度($m=69380$kg,标准日,无风)

ICAO 建议:在这一高度上,等待速度不要超过 230kt。所以会选用 CONF1 构型(表 11.1)。其他的一些点也在图中标出:最小燃油消耗速度、远航马赫数/速度和最大航程马赫数/速度。在本例中值得注意的是,绿点速度对应的并不是最小燃油流量,这是在空客的飞机上获得的一个事实[1]。

如果条件允许,更好的方法是沿着航线的延长线以绿点速度继续飞行。然后回来加入等待,这样更省时间。每个主要机场都有自己的等待区域,为了便于区分,它们都有各自的命名。

11.8　着陆性能

着陆是飞机飞行的最后一个阶段。在到达机场上空大约 50ft 处,飞机开始进行接地、抬前轮、地面滑跑等一系列动作,直到飞机停下来或者滑行离开跑道。着

---

[1]　空客,飞行操作手册。处理燃油经济性问题,第 3 期,布拉尼亚克,法国,2004。

陆基本上是完全自动化的一个过程,但是由于多种因素,如降雨、刮风、大雾和夜间低能见度的影响使得这一过程非常复杂。1929 年的第一次自动化着陆在航空史当中几乎被遗忘。它分为两个阶段:空中飞行和地面滑跑,和起飞过程刚好相反。图 11.11 给出其顺序。表 11.4 给出着陆时一些相关的速度值。所需着陆距离必须小于可用着陆距离①。

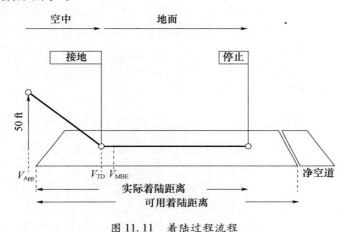

图 11.11　着陆过程流程

表 11.4　着陆速度定义

定义	符号	描述
安全高度处速度	V_{app}	稳定进近 $V_{app} > V_S$
接地速度	V_{TD}	MLG 接地,$V_{TD}/V_{app} = 0.90 \sim 0.98$
最小控制速度,AEO	V_{MCL}	配平,不利重心 & 重量
最小控制速度,OEI	V_{MCL-1}	配平,$\phi < 5$ 度,不利重心

11.8.1　空中飞行阶段

空中飞行阶段在机场上空高度 50ft 开始,此时飞机以大俯仰角姿态开始下降。飞机随着高度下降逐渐抬头;这一阶段直到主起落架触地。这一点对起落架单元至关重要,因为它们可能需要承受极端载荷。由于起落架轮胎没有进行预旋转,触地时为了使轮胎的速度跟上飞机速度,轮胎会承受一个冲击载荷。轮胎和地面之间的冲击能量估计如下:

---

①　关于运输机的相关规定为 FAR § 25.125 和 § 121.195。

$$E = \frac{1}{2}\left(M - \frac{L}{g}\right)V^2 \sin^2\gamma \qquad (11.39)$$

式中:L 为触地时的气动升力,V 为地速,γ 为下降角。可以通过增加升力、减小下降角度来减小冲击能量。

要使跑道上的飞机停止需要找到一种方法来释放掉飞机的机械能。机械能的大小大体上正比于触地速度的平方。因为所有飞机都需要在可用跑道长度上完成起飞和着陆,着陆速度在某种程度上与总重无关。因此必须通过刹车系统释放的能量正比于飞机的总重。

空中阶段的长度为 $x_1 \sim h_{\text{ref}}\cos\gamma$,其中 h_{ref} 为参考高度;x_1 的值通常低于地面滑跑长度,下面进行讨论。

11.8.2 着陆滑跑阶段

随着飞机抬头,主起落架完成触地过程。主起架的减震器吸收了飞机的垂直载荷。开始减速之后,飞机逐渐低头直到前起落架触地,这时飞机开启刹车装置减速。第 9 章中讨论了跑道状况和刹车的影响。

有多种技术可以降低飞机着陆时的俯仰姿态。可以使用重心位置、升降舵配置和地速相互组合的方式实现这一目的。重心前移加上由于高阻力产生的减速,其共同作用形成了低头力矩。

在放弃着陆的情况下,减速技术也是相似的。主要的区别是飞机此时更轻,应该在更短的距离上停下来。另外可以使用多种方式的制动措施,包括发动机反推、轮胎刹车和放下副翼。发动机反推一般单独使用,而且仅在其他制动措施不足以停住飞机时使用。在飞机进行认证时,着陆距离指的是关闭发动机反推的着陆距离。其微分方程为

$$m\frac{\partial U}{\partial t} = D + \mu_r(W - L) + W\sin\gamma_r + B = R \qquad (11.40)$$

式中:右边项为总阻力,B 为总刹车阻力,γ_r 为跑道斜率。C_L 和 C_D 对应着陆构型并且考虑地面效应。通过对式(11.40)积分可以得到滑跑距离。把方程整理为以下形式:

$$U\frac{\partial U}{\partial x} = \frac{R}{m} \qquad (11.41)$$

式(11.41)的积分区间为触地点(下标 0)到停止点(下标 1)。积分结果即着陆距离,即

$$x_t = \int_0^1 m\frac{U}{R}\mathrm{d}U \qquad (11.42)$$

1. 封闭解

假设跑道不倾斜,即 $\gamma_r = 0$,且不存在制动力。则可以求解方程:

$$x_l = m \int_0^1 \frac{1}{D + \mu_r(W-L)} U \mathrm{d}U \qquad (11.43)$$

定义恒定系数 $c_1 = \rho A(C_D - \mu_r C_L)/2$ 和 $c_2 = \mu_r W$,其中的气动力系数保持不变,则上式中的积分可以表示为

$$\frac{1}{2}\int_0^1 \frac{\mathrm{d}U^2}{c_1 U^2 + c_2} = \frac{1}{2c_2}\ln(C_1 U_1^2 + c_2) \qquad (11.44)$$

因此对于着陆滑跑,有

$$x_l = \frac{m}{2c_2}\ln(c_1 U^2 + c_2) \qquad (11.45)$$

由于现实当中存在一些制动,如气动力制动、机轮制动等,实际上式(11.45)是一种简化模型。如果制动力恒定不变或者大小与 U^2 成正比,那么结果也是相似的。制动力可表示为

$$B = c_3 T + c_4 U^2 \qquad (11.46)$$

式中:系数 c_3 考虑到了推力反向的影响,而 c_4 为机械制动的影响。当开启发动机反推时,假设其制动力为一个定值 $-T$。那么总阻力为

$$R = D + \mu_r(W-L) + c_3 T + c_4 U^2 \qquad (11.47)$$

式(11.42)的积分则变为

$$x_l = \frac{1}{2}m\int_0^1 \frac{1}{\rho A(C_D - \mu_r C_L + c_4)U^2/2 + \mu_r W + T}\mathrm{d}U^2 \qquad (11.48)$$

此时系数 c_1、c_2 为

$$c_1 = \rho A(C_D - \mu_r C_L + c_4)/2, c_2 = \mu_r W + T \qquad (11.49)$$

方程的解具有和式(11.45)相似的形式。

2. 数值解

对式(11.40)的积分可以通过数值方法获得,使用时间序列方案来给出飞机完整的轨迹以及其他的关键参数(飞机状态、发动机状态)。引入一些定义飞机状态的操作是很有用的,并计算正确的气动力系数,这些系数在通常情况下不是恒定的。在正常环境中,通过副翼、扰流板和襟翼的配置来定义状态的变化。

正如在第 9 章中讨论的那样,求解微分方程式(11.40)可得到作用在轮子上的滚动系数和法向过载。图 11.12 所示为空客 A320 – 200 模型的着陆滑跑过程,飞机的初始质量为 59900kg,处于海平面,逆风风速 $V_w = -2\mathrm{m/s}$。

着陆过程受到包括大气状况在内的多种因素影响。因此飞机制造商提供的数据是统计分析得到的而不是通过精准测量或者其他预测方法获得。然而,从这些随机事件中进行筛选时,FCOM 中给出的主要参数包括:着陆重量、场高、风速和襟翼配置。图 11.13 给出了着陆分析图。图中给出了波音 B747 固定襟翼配置(25°)时的 FAR 跑道长度。

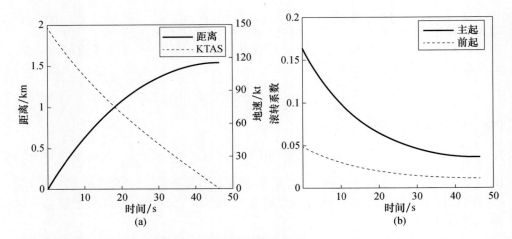

图 11.12 A320-200 模型海平面着陆滑跑,$V_w = -2\text{m/s}, m = 59900\text{kg}$(计算)

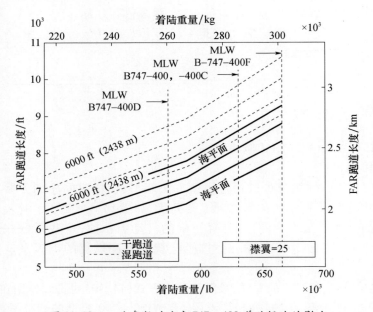

图 11.13 一些参数对波音 747-400 着陆场地的影响

11.8.3 侧风着陆

着陆时的强侧风可能导致危险发生。在指定飞机允许飞行的最大风速时还会给出相应的飞机操作流程。在全部的着陆事故中有 1/3 曾经遭遇了恶劣天气。

跑道污染也进一步增加了着陆时的危险①。表 11.5 列出了侧风风速限制、跑道摩擦特性和制动效果。

表 11.5 跑道条件与侧风速度限制

刹车	跑道阻力	最大侧风/kt	跑道条件
好	>0.40	测试	干或湿；无滑水
好/中	0.36～0.39	30	融雪
中	0.30～0.35	25	干雪
中/差	0.26～0.29	20	积水，湿雪
差	<0.25	15	滑水风险
不可用	—	5	—

在飞机着陆过程的最后阶段，必须使机翼保持水平以及侧滑角稳定，从而使飞机纵轴对齐跑道中线。这一操作必须与多个飞行控制面（副翼－方向舵）配合使用。在着陆中，如果飞机有任何发生滚转的趋势，则应该通过相应的侧压杆操作使滚转角度最小。在任何情况下，飞机的侧飞角或者滚转角都不能超过5°。

图 11.14 中侧风着陆过程涉及的限制条件可以总结为两点：①给定侧飞角的滚转角；②给定滚转角的侧飞角。图 11.5 中的进场速度 V_{app} 为不确定参数。图中 A 点表示的是零侧飞角（给定 V_{app}）的情况，与之相应的滚转角为 $\phi \approx 3$；B 点表示的是零滚转角的情况，与之相应的侧飞角约为4°。负的侧飞角（飞机指向远离风速）是方向舵控制过度的结果。图 11.15 中的数据随风速变化而变化。有很多限制条件需要考虑，包括几何形状（机翼和尾翼撞击）和控制能力（在侧风中保持侧滑稳定的能力）。在大侧风的情况下飞机并不能进行机翼水平的着陆。尽管机翼的几何尺寸允许大滚转角，但是仍然有造成主起落架损伤的风险。

对图 11.15 所示的这种计算可以采用 7.3 节中介绍的方法（控制空中的速度）。在初始化方程的时候就要先确定飞机侧滑和滚转的气动导数。

1. 机翼碰撞

副翼和方向舵偏转对于横向控制来说至关重要。然而几何构型决定了它们什么时候会触地，此时控制面就不起作用了。图 11.16 给出了机翼碰撞的例子。图 11.16(a) 中轮子(W)和翼尖(T)之间的连线高于发动机的最低点。因此，这会导致发动机碰撞。如果发动机直径缩小，如图 11.16(b)，则发动机高于 W－T 线，受到了翼尖的"保护"。

---

① 飞行安全基础，飞行安全摘要，17 卷(1998.1)&(1998.2)

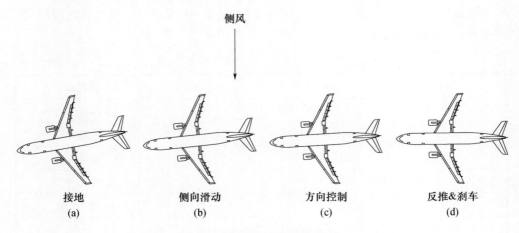

图 11.14 强测风下侧偏降落

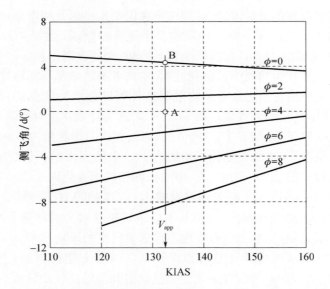

图 11.15 给定风速下的侧飞角和滚转角(由空客数据推算)

在后一种情况中,防止机翼碰撞发生的最大滚转角可以从式(11.50)中估计:

$$\tan\phi = \tan\psi - \frac{2h_g}{b - b_t}\tan\theta\tan\Lambda \quad (11.50)$$

式中:Λ 为机翼后掠角,b_t 为轮距,h_g 为起落架高度,ψ 为机翼上反角。在有些情况下会出现发动机触地而不是翼尖触地的情况。

第 11 章　下降与着陆性能　　299

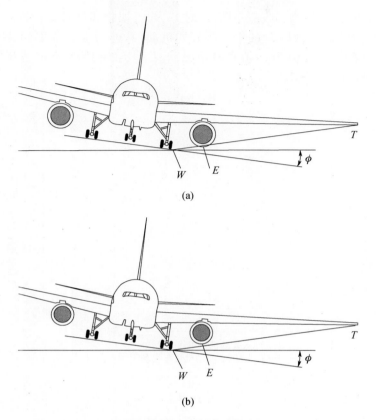

图 11.16　发动机与机翼触地
（a）发动机碰撞；（b）翼尖碰撞。

11.9　复飞性能

如图 11.4 所示，飞机可能无法着陆，因此需要复飞。这意味着放弃着陆，增大油门，设定飞机进入爬升航线（抬前轮后），起落架收起，增升系统收回一档（根据情况可以收起更多）。发动机并不能立即响应提供所需的附加推力（见 5.3.2 节和图 5.2）。

在最后进场阶段发动机设置为慢车状态，或者接近慢车状态。如果需要复飞，发动机必须快速加速以提供所需推力。

1. 实例分析：空客 A319 – 100 模型的复飞

图 11.17 中给出了空客 A319 – 100 模型的 2 条模拟轨迹，这 2 种情况下飞机使用的都是 CFM56 – 5B5 涡扇发动机。这里做了一些假设，包括：标准日，机动开

始时的最大着陆重量,襟翼收起一档,延时1s,起落架收起延时2s。在这两种情况下,飞机都是在400m处以3°的下降率开始机动,其进场速度降低10节。飞行高度估计分别降低12m和25m。在两种情况下,发动机的初始状态都是慢车状态,并需要5s达到满油门状态。

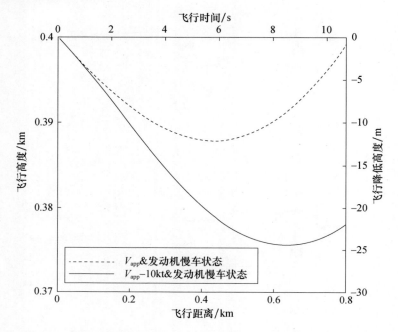

图 11.17　空客 A319-100 模型复飞机动,标准日,400m(约 1310ft)海拔高度,机动开始时为最大起飞重量

通过对飞机重心的微分方程进行积分得到了图 11.17 中的结果。在初始点 $t=0, x=0$。如果飞机在稳定模式下,发动机处于最小油门状态(非慢车状态),则可以减小飞机的飞行高度损失。事实上,这使发动机需要更短的时间来响应增加油门的指令。在一些速度和高度组合的情况下,飞机不能安全复飞。这时,飞机必须进行着陆。针对这一问题的参数化研究,包括初始高度、重量、大气条件、飞行员动作的时间延迟和发动机响应模式等多种影响因素。

小结

本章以通用的形式给出了飞机有动力和无动力下降问题。首先,从沿航路下降开始讨论;飞机需要按照标准航路飞行,有两个或多个水平阶段组成,而这可能增加飞行时间和燃油消耗。说明了 CDA 对燃油的节省。更复杂的机动是使飞机具有更大的下降率(陡降)。尽管可能有一些优点,如降低噪声,但其受到气动特性的严重限制,并且可能无法超过4.5°~5°。然后,介绍了等待模式。最后,考虑了着陆问题,包括传统着陆、侧风着陆、机翼发动机触地风险和复飞性能。在复飞性能中,说明为了使飞机在放弃着陆时可控,需要以最小推力操作。这样可以更快地恢复推力,这点在复飞爬升时非常重要。

参考文献

[1] Filippone A. Steep – descent manoeuvre of transport aircraft. *J. Aircraft*, 44(5):1727 – 1739, Sept. 2007.
[2] Kiock R. The ALVAST model of DLR: Technical Report IB 129 96/22, DLR, Lilienthal Platz, 7, D – 38018 Braunschweig, Germany, 1996.
[3] Filippone A. Inverted jet spoilers for aerodynamic control. *J. Aircraft*, 46(4):1240 – 1252, 2009.
[4] Lanchester FW. *Aerodonetics*. Constable, London, 1908.
[5] Perkins CD and Hage RE. *Airplane Performance Stability and Control*. John Wiley, 1949.
[6] Etkin BE. *Dynamics of Flight*. John Wiley & Sons, New York, 1959.
[7] McCormick BW. *Aerodynamics, Aeronautics and Flight Mechanics*. John Wiley, 2nd edition, 1995.
[8] Etkin BE and Reid LC. *Dynamics of Flight: Stability and Control*. John Wiley & Sons, 1996.
[9] Nelson RC. *Flight Stability and Automatic Control*. McGraw – Hill, 2nd edition, 1998.
[10] Campos A, Fonseca L, and Azinheira R. Some elementary aspects of non – linear airplane speed stability in constrained flight. *Progress Aerospace Sciences*, 31(2):137 – 169, 1995.
[11] Sachs G and Christodoulou T. Reducing fuel consumption of subsonic aircraft by optimal cyclic cruise. *J. Aircraft*, 24(5):616 – 622, 1987.
[12] Anonymous. 747 – 400 airplane characteristics for airport planning. Technical Report D6 – 58326 – 1, The Boeing Corporation, Dec. 2002.

第 12 章 巡航性能

12.1 概述

本章主要介绍飞机在有无经停加油情况下的飞行距离(12.2 节)。讨论了在亚声速、超声速情况下飞机的巡航过程以及在有无约束条件下远航的优化问题。首先,将对瞬时巡航参数(如燃油里程)进行分析(12.3 节)。其次,给出了真实飞机比航程的数值解(12.4 节)。在 12.5 节中介绍了封闭形式的航程方程,在 12.6 节和 12.7 节中分别针对亚声速喷气飞机和螺旋桨飞机进行讨论。再次,从巡航高度的选择(12.8 节)、巡航性能的恶化(12.9 节)、成本指数、经济马赫数(12.10 节)、高空风和重心位置对巡航性能的影响(12.11 节)等方面进行详细研究。最后,简要概述了超声速飞机的飞行巡航性能(12.12 节)。

12.2 简介

对于大部分的商用飞机,在巡航阶段所消耗的燃油量占总燃油的大部分,巡航阶段所消耗的燃油量是飞机的效益和直接运营成本的关键因素。从 20 世纪 70 年代早期,随着燃油价格的飙升,航空公司和军方开始关注飞机飞行过程的能效问题,因此进行了飞机多个巡航状态的相关研究。评估主要国际航空公司的燃油成本,虽然大大降低了直接营运成本 DOC,但是燃油成本仍是主要成本之一①。

从 2000 年至今,航空燃油价格上涨了约 350%,一般来说,航空燃油成本占航空公司总运营成本的 30%,超过每轮档飞行小时成本的 40%。当前,在诸如成本、排放、效率、燃料价格对冲和航空趋势等方面进行了很多相关研究。

1. 优化分析

研究表明,定常巡航状态下燃油消耗并不是最优的。Speyer 等人通过研究发现对定常巡航进行振动控制可以减少飞行过程中的燃油消耗,Gilbert 和 Parsons 对麦道 F-4 截击机运用了周期性巡航控制,Menon 在理论上给出了在远航巡航过程

---

① IATA 和其他人员监控了真实的燃油成本,可以给出每加仑油价,油价变动以及燃油费用对商业航空的影响等数据。

中出现振荡解的条件。Sachs 和 Christodoulou 分析了带有海豚式爬升和下降的循环飞行的优势,并表明(至少在理论上)这样的飞行过程可以使飞机航程增加。由于相关的自由参数(马赫数、飞行高度、升力系数、迎角、总重量、轮档燃油)和额外的限制条件(ATC、飞行走廊、大气条件)的数目,因此在优化分析过程中有许多优化条件和次优化条件。Visser 对 ATC 问题和终端区域限制进行了研究,各种 ESDU 数据项都与巡航性能相关。

2. 定义

飞机航程是指在适当的飞行高度下直线飞行时所覆盖的距离。飞机在飞行的这段距离内,不能将所携带的燃油完全消耗,剩余的燃油应该考虑飞机起降阶段、机动阶段(盘旋、等待)和应急阶段的燃油消耗。实际计算中,需要分别对飞行过程中的不同阶段进行计算,因此航程计算公式只适用于某高度上的定常飞行。

3. 轮档燃油

轮档燃油是指飞机完成指定任务所需的燃油,其中包括飞机在机场滑行所需的燃油。预留燃油是指飞机在目标机场无法降落时所需的应急燃油。任务燃油包括(1)起飞、加速并爬升到初始巡航高度所需的燃油;(2)巡航燃油;(3)飞机下降、航站区进场及降落所需的燃油;(4)机动和预留燃油。对于起飞总重量 TOW 的确定,不包括起飞前滑行阶段所需的燃油,而降落后滑行阶段的燃油包含于预留燃油内。

4. 续航时间

是指飞机在不着陆或无空中加油的情况下所能飞行的时间。最大续航时间可以用于搜索和侦察。在军用航空方面需要注重燃油补给,由于长途飞行中宽体飞机所需燃油量可达到有效载荷的 4 倍,因此民用航空也要考虑相对经济的燃油补给方式。Smith 发表了军用加油技术的相关历史记录。

12.3 点性能

飞机巡航时的瞬时条件称作点性能。基本点参数包括下滑比、比航程、效率指数(FM)、瞬时续航时间,其他瞬时参数还包括 $C_L M^2$ 或 W/ρ。这些参数都是非常重要的,因为对于远航飞机来说最优航迹和最优飞行过程都是由点性能参数积分得到的。详细的点性能优化可查阅 Torenbk 和 Wittenberg 的文章。

12.3.1 亚声速飞机的比航程

比航程(SR)是指飞机在消耗单位重量(单位体积或单位质量)的燃油所能飞行的距离。实际为了使用方便,也可以采用其他定义方式。例如,为了衡量某飞机所能带来效益,航空公司可能会计算每位乘客在单位距离下所消耗的燃油量。

如果用 f_j 表示推力燃油消耗比(TSFC),飞行距离 dX 内消耗的少量燃油为 dm_f:

$$dX = Udt = \frac{U}{\dot{m}_f}dm \quad (12.1)$$

比航程(SAR)可由飞行距离对消耗燃油质量求导而得到:

$$SAR = \frac{\partial X}{\partial m} = \frac{U}{\dot{m}_f} = \frac{U}{f_j T} \quad (12.2)$$

SAR 的物理单位是单位质量燃油对应的飞行距离(m/kg),若 $\dot{m}_f$ 是关于飞行速度和飞行高度的函数并且已知,那么可直接由式(12.2)得出 SAR。对于亚声速喷气飞机,其阻力为抛物线型,那么 SAR 为

$$SAR = \frac{U}{f_j D} = \frac{1}{c_1 f_j (C_{D_o} + kC_L^2)U} = f(h, U, m) \quad (12.3)$$

式中:$c_1 = \rho A/2$,式(12.3)满足 $D = T, L = W$ 的条件。式中速度可由 $U = aM$ 替代,质量可由巡航开始阶段的飞机质量来无量纲化($\xi = m/m_i$)。图 12.1 为某亚声速商用喷气机的 SAR,该飞机的阻力为抛物线型。由图可知:(1)在一定高度和马赫数下,SAR 随着飞机质量的减小而增加;(2)在一定的飞机质量和马赫数下,SAR 随巡航高度增加而增大。

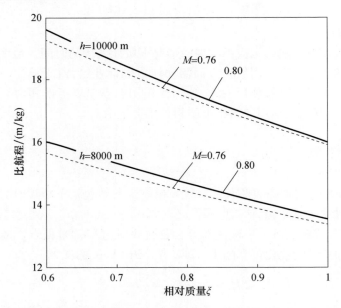

图 12.1 亚声速商业喷漆飞机的估计比航程(抛物线型阻力,质量 m = 160000kg)

在飞行速度一定的情况下,可以研究飞机初始质量(m_i)对 SAR 的影响。巡航

速度对 SAR 的影响可由 $\partial \mathrm{SAR}/\partial U$ 得到。下面给出最大 SAR 对应的飞行速度的条件：

$$\frac{\partial \mathrm{SAR}}{\partial U} = 0 \tag{12.4}$$

假设巡航 TSFC 是恒定的，可以推出最优航程所对应的速度为：

$$U = \left(\frac{2W}{\rho A}\right)^{1/2} \left(\frac{3k}{C_{D_o}}\right)^{1/4} \tag{12.5}$$

由式(12.5)可知速度依赖于翼载荷和飞行高度。

超声速飞行：对于超声速飞行，用修正的阻力表达式代替式(12.2)中的亚声速阻力，可以得到相应于超声速的 SAR 表达式如下：

$$\mathrm{SAR} = \frac{1}{c_1 f_j a \sigma (C_{D_o} + \eta C_{L_\alpha} \alpha^2) M} \tag{12.6}$$

式中：$c_1 = \rho_0 A/2$。迎角可由垂直方向的平衡方程 $L = W$ 得到，有

$$\alpha = \alpha_o + \frac{2W}{\rho A \alpha^2} \frac{1}{C_{L_\alpha} M^2} \tag{12.7}$$

12.3.2 效率指数

效率指数(FM)：定义为飞行马赫数和升阻比的乘积。亚声速条件下马赫数满足 $M < M_{dd}$ 时，有

$$M\left(\frac{L}{D}\right) = M \frac{C_L}{C_{D_o} + k C_L^2} = \frac{c_1 m/a^2 M \sigma}{C_{D_o} + k c_1^2 m^2/\sigma^2 a^4 M^4} \tag{12.8}$$

式中：

$$c_1 = \frac{2g}{\rho_o A} \tag{12.9}$$

用式(12.8)可以研究飞行高度、飞行质量和飞行马赫数对 FM 的影响。以下为定马赫数条件下的分析结果，根据式(12.8)可知：(1)在马赫数一定的情况下，FM 随着飞行高度的增加而增加；(2)在马赫数和飞行高度一定的情况下，FM 随着飞机质量的减少而减小。

针对超声速飞机在跨声速和超声速巡航时，使用式(4.85)中的阻力表达式(可正确表述马赫数对飞机气动阻力的影响)，则 FM 表达式为

$$M\left(\frac{L}{D}\right) = M \frac{C_{L_\alpha} \alpha}{C_{D_o} + \eta C_{L_\alpha} \alpha^2} \tag{12.10}$$

比航程的局部最大值与迎角无关。巡航效率 FM 中占主导地位的参数是飞行马赫数。可由垂直方向的平衡方程式(12.7)替代式(12.10)中的迎角。将迎角表达式代入巡航效率求解式，不确定参数为飞行高度和马赫数。

对于此类型的飞机,巡航效率 FM 有两个局部最大值,分别对应亚声速马赫数和超声速马赫数。这两个最值可以通过数值方法求解,其准确值依赖于飞行高度和飞机的相对重量。通过最大比航程和最大效率指数,可以获得远程巡航最优巡航条件。

12.3.3 重量 – 高度关系

由于巡航过程中,随着燃油的消耗,飞机重量不断减小。升力表达式为

$$C_L M^2 = \frac{2}{A}\left(\frac{W}{\rho}\right)\frac{1}{\alpha^2} = \frac{2}{A}\left(\frac{W}{p}\right) \tag{12.11}$$

当巡航效率为定值时,乘积项 $C_L M^2$ 也为定值。在同温层范围内,声速为定值,随着燃油的消耗,为了使 W/ρ 维持恒定,飞机一定会爬升。在对流层范围内,声速为变量,为了使 W/ρ 维持恒定,飞机也一定会爬升。

航空交通管制 ATC 不允许飞机在飞行过程中马赫数和高度连续变化。按照惯例,一般来说两个飞行高度层是以 1000ft 为分界,数值是以英尺为单位的相应高度除以 100。举例来说,飞行高度为 31000ft 时相应的飞行高度层为 310,记作 FL – 310[①]。

现行商用航空条例要求飞机在过渡高度上空严格按照航道飞行。但是过渡高度并没有通用的规定值,其在不同地区差别很大(北美地区为 18000ft,新西兰为 13000ft,欧洲为 3000ft)。

未来可能会定一个较为合理的通用值。不管怎样,在过渡高度以上,飞机必然处于常规水平飞行或在飞行高度层之间爬升的状态。对于远程巡航可以有两个或多个飞行高度层,其数量取决于当地规定和计算机飞行程序。典型的划分高度为 1000ft、2000ft 和 4000ft。

12.4 SAR(比航程)的数值解

到目前为止,所给出的求解方法是从气动阻力的封闭形式得来的简化分析方法。在求解过程中,没有考虑飞行速度、飞行高度和油门对发动机性能的影响。本节会对 SAR 进行数值求解,并提出了详细的分析方法。首先考虑以涡扇发动机为动力的飞机:

整个分析过程涉及的燃油消耗单位为 kg。因此,SAR 的单位为 m/kg、km/kg 或 n mile/kg。从式(12.2)出发,有

---

① 关于英国对此的其他信息可参考 CAA 文档 CAP410:飞行信息服务手册,A 部分,CAA,盖特威克,英国(2002)ISBN 0 – 86039 851X。

$$\text{SAR} = \frac{U}{\dot{m}_f} = \frac{aM}{f_j T} = \frac{aM}{f_j D} = f(h, M, C_D, f_j, W) \qquad (12.12)$$

当有风的条件下,定义比航程 SR 为

$$SR = \frac{U}{\dot{m}_f} = \frac{U \pm U_w}{\dot{m}_f} = \text{SAR} \pm \frac{U_w}{\dot{m}_f} \qquad (12.13)$$

注意,在任何情况下,消耗单位质量的燃油所飞行的距离最大化才是最想达到的。由 SAR 可以计算最优的飞行条件,最优的飞行条件为飞行包线内 SAR 最大值所对应的使用点。飞行的航迹可以由 SAR 和总重量的关系确定。由式(12.12)建立的关系式可知,关于 SAR 完整的分析过程是一个多维问题,因为式中的参数依赖于图 12.2 的流程图中所示的很多因素。

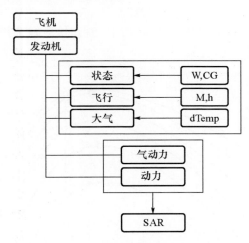

图 12.2　SAR 数值计算流程图

一旦飞机 – 发动机的模型选定了,就需要确定飞机状态(重量和重心位置)、飞行条件(飞行高度和飞行马赫数)和大气条件(相对于标准日的限制温度变化)。它们是气动模型和推力模型的输入参数模块,由这些模型可以得到 SAR。现在有很多用于 SAR 性能分析的工程方法,他们都是基于以下几点:

(1)固定 AUW 和飞行高度,寻找 SAR 随马赫数的关系。在给定的 h – AUW 图中,这种分析方法能够计算出最优的飞行马赫数。

(2)固定 AUW 和飞行马赫数,寻找 SAR 随飞行高度的关系。在给定的 M – AUW 图中,这种分析方法能够计算处最优的巡航高度。

图 12.3 所示为在一定的飞行高度层范围内,SAR 与飞行马赫数的关系曲线。对于同一类型的飞机,图中所示的曲线趋势是具有典型性的。特别地,当马赫数超过最大 SAR 对应的马赫数时,SAR 会迅速减小,绝大程度上是因为跨声速的影响;

在最大 SAR 对应的马赫数的左侧部分,SAR 减小的趋势较右侧稍加平缓。这一结果在巡航性能分析时具有重要的意义。巡航马赫数最好选择为最大 SAR 所对应的马赫数。在给定总重量和飞行高度的情况下,最大 SAR 所对应的马赫数称为最大航程马赫数(MRM)。在这一马赫数下飞行,能够保证最大的燃油效率。这里有几点需要注意:

(1)给定飞行高度和飞行马赫数条件下,SAR 随飞行重量的增加而减小。

(2)需要重点注意的是:最大 SAR 几乎与巡航高度无关,实际上,飞机可以在巡航时保持定马赫数巡航。

(3)相同的马赫数下在低于 33000ft(FL-330,约 10000m)飞行时,对应更高的地速,同样的飞行距离下需要巡航时间更短。

(4)降低飞行速度会使燃油消耗增加。

(5)当出现必须要在非最优 SAR 状态下飞行时,最好选择在较高的速度下飞行,以便在飞行时间上获得优势。

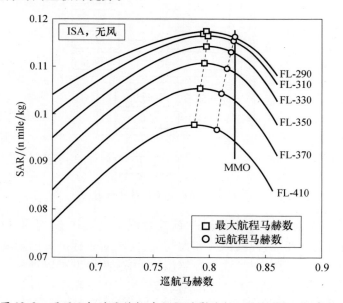

图 12.3 通用飞机的马赫数对 SAR 的影响($m = 150000$kg,标准日)

最后一点引出了远程巡航马赫数(LRM)的定义。LRM 对应的马赫数比 MRM 对应的马赫数高,LRM 对应于 99% 的最大 SAR。换句话说,当飞行马赫数等于 LRM 时,仅有 1% 的比航程损失,但是飞行速度比 MRM 快。这一结论对商用飞机来讲是非常有益的。在实际操纵飞机时,除非外界因素的影响,LRM 比 MRM 使用更为广泛。与 MRM 讨论的情况一样,巡航高度对 LRM 的影响较小,而总重量对 LRM 会有一定影响。这是 LRM 的另一个非常重要的优点,飞机可以在高度和飞行重量的较大范围内变化,以最小的燃油利用率损失保持恒定马赫数飞行。

涡轮螺旋桨发动机。在这种情况下,根据当前飞行条件下的需用推力下来对螺旋桨进行配平。配平步骤已经在 6.4 节中介绍过了,这一配平步骤给出了正确的螺旋桨配置和轴功率,可应用于求解反推状态问题。从数值分析角度,在求解时需要建立螺旋桨模型、发动机模型、气动力模型以及这些模型的集成。

12.4.1 案例分析:湾流 G550

该飞机的详细描述见附件 A,FLIGHT 代码的计算结果如图 12.4 所示,图中的对比数据来自 FCOM(包含了一系列的飞行高度和总重量)。

由图做以下几点说明:

(1)图中所有飞机的重量是以千磅为单位(如 50klb = 50000lb = 22680kg),与 FCOM 所给出的形式相符。

(2)图中给出 SAR 的两个单位,左边纵坐标单位为 n mile/lb,右边纵坐标单位为 n mile kg。

(3)每条曲线的低端对应的是低速抖振马赫数(估计值),高端对应的是高速抖振马赫数(估计值)。

通过数值插值将 FCOM 提供的曲线插值到定义的点上。对比的结果是令人满意的,特别是考虑到由 FCOM 得到的曲线并未指定重心位置(在所有的计算中,假设重心在 MAC 的 25% 位置处)。在相对平缓的曲线后 SAR 急剧下降,其原因是前机身和翼身融合处出现了跨声速区。在当前算例中并未模拟这两个跨声速区。但是,其引起的精度误差很小。较为重要的是 SAR 最大值和相应飞行马赫数的预测,总的来说这两个值都能很好地预测,除非是飞机重量相对较轻(50000lb)。最大 SAR 对应的马赫数有时候能够精准地预测,有时候预测结果可能偏差 $M = 0.1$。

这样的分析过程同样可以在 OEI 情况下进行。在单发工作的情况下,为最大化 SAR,飞机要减慢飞行速度($M = 0.5 \sim 0.6$)。

图 12.5 给出了 G550 在恒定马赫数下的高度性能。图中给出了在恒定重量和飞行马赫数下 SAR 与飞行高度的变化曲线,结果表明,随着飞机重量变轻,最优飞行高度增加。在本例中,对于给定的总重量,最优 SAR 随着马赫数的增加而减小。SAR 在对流层内基本是线性增加的。

图 12.6 给出了在给定的两个高度下,效率指数(FM)随马赫数的变化曲线,重量作为其中的分析参数。当考虑飞行高度层为 FL – 350 时,随马赫数增加 FM 迅速增大,直至马赫数达到 $M \sim 0.82$(最大 FM 对应的马赫数变化范围较大,0.65 ~ 0.82 不等),随后 FM 下降。

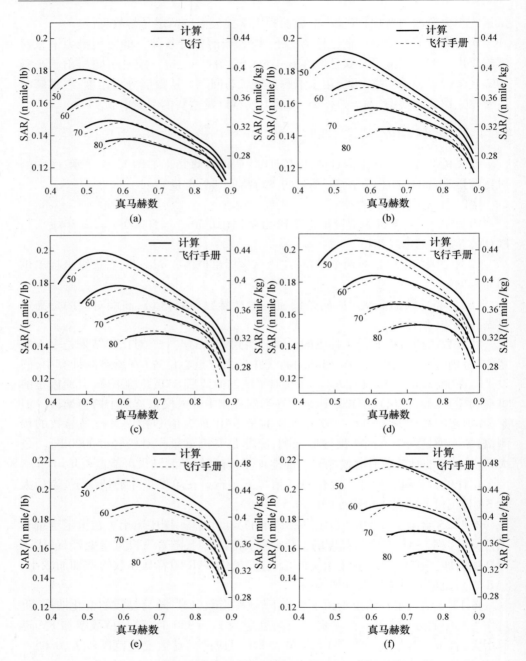

图 12.4 湾流 G550 比航程与飞行手册数据对比(标准日,无风)
(a)30000ft;(b)33000ft;(c)35000ft;(d)37000ft;(e)39000ft;(f)41000ft。

第 12 章　巡航性能　　311

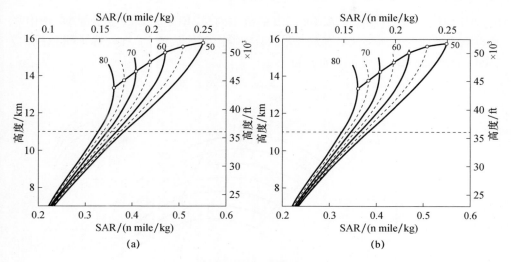

图 12.5　湾流 G550 高度性能计算值
（标准日,无风,单位磅(50klb = 50000lb = 22680kg)）
(a) M = 0.80；(b) M = 0.84。

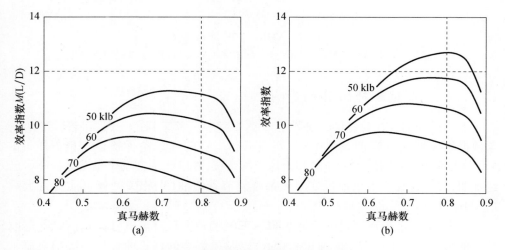

图 12.6　湾流 G550 效率指数(标准日(计算))
(a) 30000ft；(b) 35000ft。

12.4.2　案例分析：ATR72 - 500

本书已对涡轮螺旋桨飞机进行了相关描述：关于螺旋桨的介绍参见 6.3.4 节,发动机模型的介绍参见 5.4.1 节,空气动力学相关介绍参见 4.1 节。现在,讨论该飞机巡航性能的计算,图 12.7 为飞行高度层 FL - 230(23000ft；约 7000m)处计算的 SAR 曲线。该图在 AUW 从 14～20t 的范围内对 MRM 和 LRM 进行估算,图中竖直点画线对应的是典型巡航速度(从 FCOM 得出具体数值)。在实际重量范围内,LRM 的计算结果与参考值非常接近。

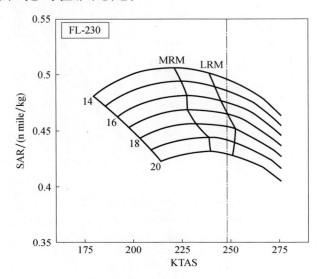

图 12.7　ATR72-500 的比航程
(PW127 涡扇发动机,F568-1 螺旋桨,垂直虚线为从 FCOM 推算的巡航速度。)

12.4.3　大气风场对 SAR 的影响

大气风场的存在对燃油经济性有着重要影响。考虑到这一因素,将精准的气象数据集成到飞行管理系统中,为处理不利飞行的气象条件提供可能。Houghton[13]表示获取并利用大气喷流和全球天气系统,并以此调整航线和飞行程序。已经证明,飞行过程中不论逆风或顺风都可能节省燃油(据相关计算可能节省大约 1% 的燃油量)。

图 12.8 所示为在固定飞行高度 FL-330、两种飞行重量下,风场对 G550 巡航性能的影响。图中给出了燃油里程(SR)以及风影响的修正曲线。一般结果显示顺风情况下会提高比航程,但是最优巡航马赫数会减小;逆风情况相反。

不同高度下风速也不相同,因此通过改变飞行高度可以变得更经济。例如,可能情况下在较低高度层上有有利风向,能够提高燃油里程,但是降低高度这一决定不能脱离飞行员的判断,飞行管理系统要对飞行条件进行优化。

现代飞机有风速-高度权衡图,能够确定最优的巡航高度。举个例子,图 12.9 给出的是空客 A320 的风速-高度权衡图,假定 AUW=68000kg,在 FL-350 的飞行高度下有 10kt 的逆风,对于这架飞机高度开关的典型值为 4000ft,即 FL-40 飞

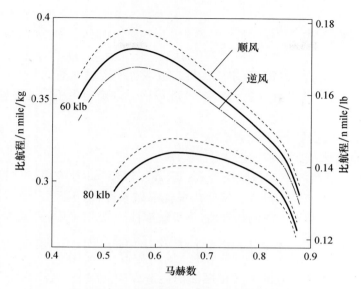

图 12.8 风对湾流 G550 比航程的影响
(标准日,高度 33000ft,逆风 -10kt,顺风 +10kt,重量如图示)

行高度层。因此,如果有约 23kt 的风速差异,该机可以从 FL-350 降至 FL-310。这与 13kt 的顺风是等价的(13+10=23kt)。

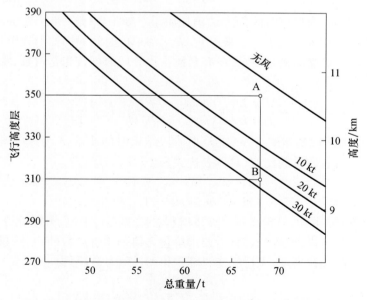

图 12.9 空客 A320 在 $M=0.78$ 时的风-高度协调(来自 FCOM)

12.5 航程公式

之前已经分析出点性能,其主要飞行参数取决于巡航状态向量 $S = \{h, M, W, U_w, dT\}$。可以将当前飞行参数(如 SAR)进行积分以确定飞机的巡航性能。具体计算条件如下:

(1)给定燃油重量下的飞行航程。
(2)燃油重量需要满足一定的飞行航程。

航程公式(著名的布雷盖航程公式(Breguet Equation))可用于计算通用飞机的飞行航程。尽管该公式没有直接给出最优巡航条件,也不区分飞行计划。实际工程中大量的近似得到一阶的估计值,飞机航程计算公式的积分形式为

$$X = \int_o^t U dt = \int_i^e U \frac{dm_f}{\dot{m}_f} = -\int_i^e U \frac{dm}{\dot{m}} \tag{12.14}$$

因为飞行过程中重量的损失是燃油消耗造成的。积分中"i"和"e"分别代表"初始"和"终止"条件。对于喷气式飞机来说,燃油流量的表达式为 $\dot{m}_f = f_j T$。将燃油流量代入式(12.14),同时在巡航条件下垂直方向上力是相互平衡的,有 $L = W$。得

$$X = \int_e^i \frac{U}{f_j T} dm = \int_e^i \frac{U}{f_j D} dm = \frac{1}{g} \int_e^i \frac{U}{f_j} \left(\frac{L}{D}\right) \frac{dm}{m} \tag{12.15}$$

式中:燃油流量 $\dot{m}_f$ 为单位时间的燃油消耗质量。如果以其他单位作为输入,计算结果会相差一个数量级或更多。乘积 gf_j 表示为单位时间的燃油消耗重量。

如果一阶近似能够满足要求,所有参数在积分域内可认为是常数,那么航程公式化简为

$$X \simeq \frac{U}{gf_j} \left(\frac{L}{D}\right) \ln\left(\frac{m_i}{m_e}\right) = \frac{U}{gf_j} \left(\frac{L}{D}\right) \ln\left(\frac{1}{1-\xi}\right) \tag{12.16}$$

式中:m_i 为巡航阶段初始质量,m_e 为巡航阶段结束时的质量,ζ 为这一过程中消耗燃油质量占飞机总质量的比值,具体表达式为 $\zeta = m_f/m_i$。

$$\frac{m_i}{m_e} = \frac{m_i}{m_i - m_f} = \frac{1}{1-\xi} \tag{12.17}$$

由式(12.16)可知,给定飞行高度下航程会随着飞行速度、升阻比、ζ 的增加而增加。更严格地来讲,航程的计算需要求解包含多个飞机参数的积分,这些参数包括:初始重量、ζ、飞行高度、飞行空速、TSFC 和飞行阻力,可写为

$$X = f\left(h, U, f_j, \frac{L}{D}, m_i, m_f\right) \tag{12.18}$$

飞行速度可以由飞行马赫数替代。升阻比是飞机飞行迎角和马赫数的函数,

$L/D = f(\alpha, M)$。燃油消耗率取决于飞行高度和马赫数,$f_i = f(h, M)$。初始重量和燃油消耗可以整合到无量纲的 ζ 中,式(12.17),于是式(12.18)变为

$$X = f(h, M, \alpha, \xi) \tag{12.19}$$

迎角可以由升力系数代替,因为 $C_L = C_{L\alpha}\alpha$。同时,飞行高度由相对大气密度代替。因此,表达式变为

$$X = f(\sigma, M, C_L, \xi) \tag{12.20}$$

这个表达式包含参数均为无量纲参数。式(12.20)的解被称为飞行计划。最佳状态在四维空间内。在一到两个参数为常值的情况下,能够找到一组较优的飞行计划。

12.5.1 航时

航时是指消耗单位量燃油(体积、质量或重量)情况下所能飞行的时间。在飞行高度和飞行速度一定时,航时是航程和飞行速度之间的比值

$$E = \int_e^i \frac{1}{f_j} \frac{1}{D} dm = \frac{1}{g} \int_{m_1}^{m_2} \frac{1}{f_j} \left(\frac{L}{D}\right) \frac{dm}{m} \tag{12.21}$$

对于螺旋桨驱动的飞机,相应公式为

$$E = \int_e^i \frac{1}{f_c} \frac{\eta}{DU} dm = \frac{1}{g} \int_e^i \frac{1}{f_c} \frac{\eta}{U} \left(\frac{L}{D}\right) \frac{dm}{m} \tag{12.22}$$

寻找航程和相应的航时之间的关系是非常有用的。在大多数情况下,人们更多地关注航程而非航时,但特殊情况除外(盘旋、侦查、在规定区域内飞行等)。Sachs 针对这些问题做了详细分析[14]。

12.6 喷气式飞机的亚声速巡航

考虑以下 3 个飞行方案:(1)定高定马赫数巡航;(2)定马赫数定升力系数巡航;(3)定高定升力系数巡航。针对这些飞行方案,使用 12.3 节中介绍的寻找最优解的方法,此时需要给定飞行高度、质量和速度的初始值。在定飞行高度和定风门的情况下,随着飞机重量的减小,飞行马赫数增大。然而,航空交通管制(ATC)规定飞行速度不应该是变化量,因此这个飞行条件不如之前讨论的情况有趣。飞机的质量从初始值 m_i 变化到最终值 m_e。

12.6.1 定高定马赫数巡航

在该巡航条件下,飞机的气动阻力会随飞机重量的减小而减小。由于阻力减小,发动机推力必须减小,相应发动机风门会减小。这一过程在当前飞行管理系统(FMS)中可以自动实现。由式(12.15),航程的表达式为

$$X = \frac{aM}{gf_j} \int_e^i \left(\frac{L}{D}\right) \frac{\mathrm{d}m}{m} \tag{12.23}$$

声速仅与高度相关,发动机燃油消耗率与飞行高度和马赫数相关。最远航程在飞机的最大升阻比处取得。如果阻力为抛物线型,升阻比可以表达为飞机质量的函数,即

$$\frac{L}{D} = \frac{c_1 m}{C_{D_o} + k c_1^2 m^2} \tag{12.24}$$

式中:

$$c_1 = \frac{2g}{\rho A a^2 M^2} \tag{12.25}$$

此系数依赖于飞行高度和马赫数。另外,飞机的飞行迎角并没有显式地出现在式(12.24)中。从式(12.2)可知

$$X = \frac{aM}{gf_j} \int_e^i \frac{c_1}{C_{D_o} + k c_1^2 m^2} \mathrm{d}m \tag{12.26}$$

由不定积分公式可得

$$\int \frac{c_1}{C_{D_o} + k c_1^2 m^2} \mathrm{d}m = \frac{1}{\sqrt{k C_{D_o}}} \tan^{-1}\left(c_1 m \sqrt{\frac{k}{C_{D_o}}}\right) \tag{12.27}$$

巡航航程的最终表达式为

$$X = \frac{aM}{gf_j} \frac{1}{\sqrt{k C_{D_o}}} \left[\tan^{-1}\left(c_1 m_i \sqrt{\frac{k}{C_{D_o}}}\right) - \tan^{-1}\left(c_1 m_e \sqrt{\frac{k}{C_{D_o}}}\right) \right] \tag{12.28}$$

可根据三角函数关系对该表达式进行化简(详见12.5.5节)。在已知巡航初始和结束时的飞机重量的情况下,由式(12.28)可以计算出相应的航程。特别说明,在给定高度时,航程随着飞行马赫数的增加而增加。最后,需要注意的是,式(12.28)是求解在给定燃油量下的巡航航程,其反问题是在给定航程 X 的情况下计算所需的燃油量。从数学的角度来看,正问题与反问题更多地与数学运算相关。

12.6.2　定高定升力系数巡航

研究此巡航问题可以利用力在垂直方向上的平衡关系式,$L = W$。将升力系数引入平衡关系式,得到飞行马赫数与重量的平方根成正比,有

$$M = \left(\frac{2W}{a\rho A C_L}\right)^{1/2} \tag{12.29}$$

因此,随着发动机燃油的不断消耗,马赫数会不断地减小。将式(12.29)代入航程表达式,得

$$X = \frac{a}{gf_j}\left(\frac{C_L}{C_D}\right)\left(\frac{2g}{a\rho A C_L}\right)^{1/2} \int_e^i m^{-1/2} \mathrm{d}m \tag{12.30}$$

这里假设由马赫数变化而引起的燃油消耗率变化可以忽略不计。定升力系数意味着定阻力系数,以及定升阻比。通过相应变换,航程表达式变为

$$X = \frac{2}{f_j}\left(\frac{C_L^{1/2}}{C_D}\right)\left(\frac{2a}{g\rho A}\right)^{1/2}[\sqrt{m_i} - \sqrt{m_e}] \quad (12.31)$$

该飞行方案下的巡航存在一些弊端:(1)随着马赫数的减小,喷气式发动机的效率会损失;(2)巡航时间增加;(3)需要不断的调节发动机风门;(4)与其他飞行方案相比,其巡航航程相比较短。

12.6.3 定马赫数定升力系数巡航

喷气式飞机在给定马赫数定升力系数的巡航是一种巡航-爬升飞行。在这些限制条件下,阻力系数 C_D、升阻比 C_L/C_D 和 FM 为常数,航程表达为

$$X = \frac{1}{g}M\left(\frac{L}{D}\right)\int_e^i \frac{a}{f_j}\frac{\mathrm{d}m}{m} \quad (12.32)$$

FM 为常数的条件可以参见 12.2.2 节。飞机的爬升是为了补偿飞行重量的变化。但飞机在同温层飞行时,声速为常数。于是,巡航航程的表达式可写为

$$X \simeq \frac{a}{gf_j}M\left(\frac{L}{D}\right)\ln\left(\frac{1}{1-\xi}\right) \quad (12.33)$$

TSFC 并不是常数,其取决于温度和马赫数(第 5 章)。在 11km 以上大气温度为常数,因此在同温层下层定马赫数巡航时为最优条件。

最优航程可由求解下式的最大值得到,即

$$f(h, M, C_L) = \frac{1}{f_j}M\left(\frac{L}{D}\right) \quad (12.34)$$

图 12.10 给出的是随飞机飞行高度的变化情况。当需要爬升时,飞机会在短时间内从一个飞行高度层迅速地到达另一高度层。图 12.10 中所示的高度变化是增加的。从能量角度考虑,将燃油消耗需要分成许多小区间进行计算。

针对最大航程,需要在巡航开始时优化升阻比 L/D。最大航程是飞机重量的函数,对于固定重量时,取决于飞行速度和飞行高度。

12.6.4 三种巡航方案的对比

为比较不同巡航方案下的巡航性能,在定 AUW、定燃油量和相同的飞行初始条件下(高度、马赫数和升力系数),研究最优航程,结果如表 12.1 所列。

考虑飞机的质量为 $m = 145000 \mathrm{kg}$、燃油因子为 $\zeta = 0.138$,初始状态为 $h = 11000\mathrm{m}$,$M = 0.8$,$C_L = 0.539$,$L/D \simeq 17.98$,$FM \simeq 14.38$。假设平均 $TSFC \simeq 1.162 \times 10^{-5} \mathrm{kg/Ns}$。航程结果如表 12.1 右列所列,可知巡航-爬升方案下的航程比定高定马赫数方案下的航程增大约 4%。因此,在这三种方案中巡航-爬升方案最好。

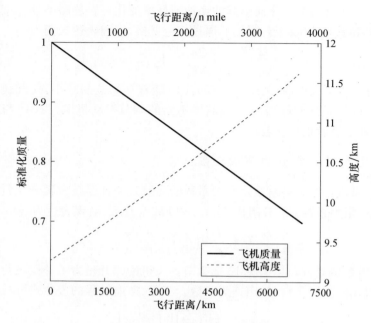

图 12.10 巡航 – 爬升剖面

表 12.1 亚声速巡航条件

(喷气式飞机,初始条件为 $h = 11000\text{m}$(约 36000ft), $M = 0.80$)

飞行计划	约束	航程方程	航程
A	h, m	式(12.28)	5314
B	h, C_L	式(12.31)	5328
巡航/爬升	m, C_L	式(12.33)	5528

12.6.5 给定航程的燃油消耗

下面计算喷气飞机在给定航程、定高定马赫数巡航下的燃油消耗。从 12.5.1 节的结论开始,巡航段 $i \sim j$ 的航程表达式为

$$X_{ij} = \frac{aM}{gf_j} \frac{1}{\sqrt{kC_{D_o}}} \left[\tan^{-1}\left(m_j c_1 \sqrt{\frac{k}{C_{D_o}}}\right) - \tan^{-1}\left(m_i c_1 \sqrt{\frac{k}{C_{D_o}}}\right) \right] \quad (12.35)$$

如果飞行高度和马赫数是一定的,为简化式(12.35),引入两个参数为

$$c_3 = \frac{aM}{gf_j} \frac{1}{\sqrt{kC_{D_o}}}, c_4 = c_1 \sqrt{\frac{k}{C_{D_o}}} \quad (12.36)$$

于是式(12.35)简化为

$$X_{ij} = c_3[\tan^{-1}(c_4 m_j) - \tan^{-1}(c_4 m_i)] \qquad (12.37)$$

式(12.37)可以进一步简化为

$$X_{ij} = c_3\left[\tan^{-1}\left(\frac{c_4 m_i - c_4 m_j}{1 + c_4^2 m_i m_j}\right) + \pi\right] \qquad (12.38)$$

式中：π 只在 $c_4^2 m_i m_j > 1$ 时出现。现求解式(12.38)得到在巡航段内的燃油消耗量为

$$\tan\left(\frac{X_{ij}}{c_3} - \pi\right) = \left(\frac{c_4 m_i - c_4 m_j}{1 + c_4^2 m_i m_j}\right) \qquad (12.39)$$

式中：未知量为巡航段结束时的飞机质量和燃油量，假设

$$m_i = m_j - m_f \qquad (12.40)$$

求解式(12.39)得到未知燃油消耗量。使用以下已知系数来简化方程：

$$c_5 = \tan\left(\frac{X_{ij}}{c_3} - \pi\right) \qquad (12.41)$$

于是，有

$$c_5 = \frac{c_4 m_i - c_4 m_j}{1 + c_4^2 m_i m_j} \qquad (12.42)$$

$$c_4 m_i - c_4 m_j = c_5(1 + c_4^2 m_i m_j) \qquad (12.43)$$

最后，在飞机巡航段 $i \sim j$ 内的燃油消耗量为

$$m_f = \frac{c_5 + c_4^2 m_i^2}{c_4 + c_4^2 c_5 m_i} \qquad (12.44)$$

由于初始质量 m_i 可能不精确，导致该问题不封闭。式(12.44)表示的是在给定高定马赫数和定巡航段 $i \sim j$ 初始质量的情况下的燃油消耗量。

12.7 螺旋桨飞机的航程

现在，求解螺旋桨飞机的巡航航程。螺旋桨飞机是由燃气涡轮发动机或活塞发动机驱动。而航程式(12.14)为一般通用型公式，对于螺旋桨飞机，将燃油流量公式替换为：$\dot{m}_f = f_c P$，相应的航程公式为

$$X = \int \frac{1}{f_c} \frac{U}{P} dm \qquad (12.45)$$

将 $\eta P = TU$ 代入式(12.45)，得

$$X = \frac{1}{g}\int \frac{\eta}{f_c} \frac{L}{D} \frac{dm}{m} \qquad (12.46)$$

式(12.46)含有了平衡条件 $L = W, D = T$。这里出现了一个新的变量，即螺旋桨的效率，这一变量与前进比相关(见第6章)。如果发动机功率与重量相关，那么

螺旋桨的效率也通过轴功率与重量相关。

螺旋桨飞机的巡航条件与喷气式飞机相似,航程可写为

$$X = f(\sigma, \eta, U, f_c, \xi) \tag{12.47}$$

下面讨论定高定速条件下巡航飞行的解。其余巡航方案与亚声速喷气式飞机的分析相似。

1. 定高定速巡航

此条件下的航程公式为

$$X = \frac{\eta(J,\theta)}{gf_c} \int_e^i \frac{L}{D} \frac{\mathrm{d}m}{m} \tag{12.48}$$

式中:螺旋桨效率 η 为前进比 J 和桨距角 θ 的函数。SFC 仅为飞行高度 h 和飞行速度 U 的函数。如果将升阻比写成飞机质量的函数,参见 12.5.1 节,那么

$$X = \frac{\eta(J,\theta)}{gf_c} \int_e^i \frac{c_1 \mathrm{d}m}{C_{D_o} + kc_1^2 m^2} \tag{12.49}$$

积分解为

$$X = \frac{\eta(J,\theta)}{gf_c} \tan\left(c_1 m \sqrt{\frac{k}{C_{D_o}}}\right)_e^i \tag{12.50}$$

若全程耗油量和气动力固定,那么航程的最大值由 $\eta(J,\theta)/f_c$ 决定。此系数由发动机和螺旋桨共同决定。式(12.50)的求解需要螺旋桨特性图。

12.8 巡航高度的选择

飞行高度层是求解最优解的约束条件。求解最优巡航解主要分三步:第一步,选择最优 ICA 和最优巡航马赫数(12.3 节);第二步,依据航程公式评估最终的巡航高度(12.4 节);第三步,选择一系列的定高和爬升段以达到目标点。

假设飞机以远航马赫数飞行,用航程公式来评估所需燃油和巡航结束段的飞行高度。其解为

$$\rho_e = \rho_i \left(\frac{m_e}{m_i}\right) \tag{12.51}$$

可以使用大气模型,根据巡航结束时的大气密度 ρ_e 来确定飞行高度。假定巡航过程中总的爬升高度为 Δh。飞行过程中增加的高度可以使其达到临近的飞行高度层。需要考虑的是由于一些参数的影响,飞机可能无法达到最优条件。这些影响参数主要有可用推力限制,总重增加,ATC 限制和不利大气条件等。确定最优巡航需要确定一系列的参数。如果 n 为定高的步数,爬升步数为 $n-1$:

$$n - 1 = \frac{\Delta h}{\mathrm{FLS}} \tag{12.52}$$

式中：FLS 为飞行高度的划分。划分飞行高度的最后一段通常也是飞机的巡航段。例如，如果爬升高度 $\Delta h = 4000\text{ft}$(约 1200m)，FLS = 100(1000ft)，那么在 $n = 5$ 时有 4 个爬升段，5 个巡航段；如果 FLS = 200, $n = 3$ 时，有 2 个爬升段，3 个巡航段。

巡航阶段的飞行距离为 X_i，爬升阶段的水平距离为 X_{ci}，则航程为

$$X = \sum_i^n X_i + \sum_i^{n-1} X_{c_i} \qquad (12.53)$$

$$\Delta h = (n-1)\mathrm{d}h \qquad (12.54)$$

总的自由参数共有 $2n - 1$ 个。其中，n 个定高巡航段和 $n - 1$ 个爬升段。在数学上此问题是非常复杂的。在工程实践中，将各爬升段的爬升率定为相同的数值，将各巡航段（除最后一段巡航段）的巡航距离定为相同的数值。这样自由参数的个数减少到 3 个（2 个巡航段的巡航距离和 1 个爬升率）。飞机巡航状态的改变是在 AUW 系统对飞行高度层改变的基础上进行的。图 12.11 所示的是两个可能的初始巡航点：较低飞行剖面开始于 A 点，较高飞行剖面开始于 B 点。一旦巡航开始，存在 3 种可能情况：

(1) 较低飞行剖面。该剖面开始爬升的飞行重量为较低飞行高度层 A 和理论最优高度所对应的飞行重量，如图 12.11(a)所示。飞行剖面经常比最优巡航高度低，飞机具有很好的机动性能。如果 FL 低于 330，TAS 会更高。为了评估开关点处的 AUW，可用航程公式来求解有限个中间点。

(2) 中间飞行剖面。当较高飞行高度层的 SAR 比当前高度层的 SAR 高，如图 12.11(b)所示，飞机开始此阶段爬升。在该飞行程序下，需要计算每一个时间步长对应的 2 个飞行高度层的 SAR。因此，对计算要求比较高。

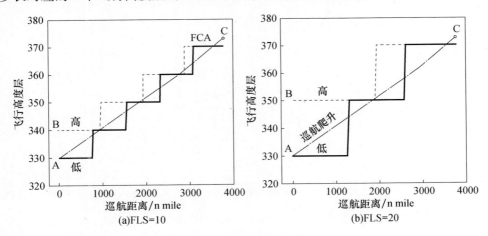

图 12.11 飞行高度层划分对波音 777-300 的巡航轨迹的影响，发动机为 GE-92，来自文献[16]
(a)FLS = 10；(b)FLS = 20。

(3) 较高飞行剖面。飞行高度层比理论高度点 B 高时,以此时的飞行重量开始进行爬升。当飞行高度到达理论最优高度时,飞机移动到下一高度层(图 12.11(a))。

当飞机在不适当的飞行高度层下飞行时,巡航性能的损失比例如表 12.2 所列。由表可知,最大损失为 2%。

表 12.2 一些空客飞机在非最佳巡航高度下的 SAR 损失

机型	A300B4-600	A310-324	A320-211	A330-203	A340-642
+FL-200	2.0%	0.9%	—	1.8%	1.6%
−FL-200	1.9%	1.4%	1.1%	1.3%	0.6%

对于运输机来讲,最小爬升率约为 1.5m/s。以航程为 2,000km 的运输机为参考,爬升率对燃油消耗的影响如图 12.12 所示①。结果显示,可以通过尽快地转换飞行高度层来达到节省燃油的目的。图中的曲线是以爬升率 $v_c = 1.9$m/s 时节省的燃油量为基准。

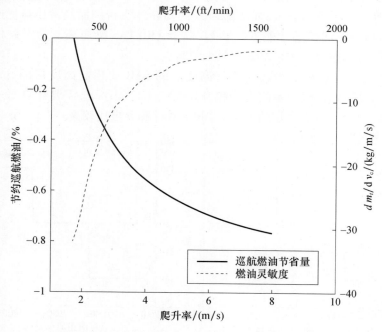

图 12.12 爬升率对巡航耗油的影响(需用航程 2000km)(标准日,无风)

---

① 详解空客:处理燃油经济性问题,第三期,布拉尼亚克,法国,2004。

12.9 巡航性能恶化

随着时间推移飞机的巡航性能逐步恶化,主要原因是发动机性能的恶化、机身阻力增大或两者的共同作用。大量费用较高的试验可以用来验证恶化是如何影响巡航性能的。例如,以新机体装配新发动机为参考,对旧机体装配新发动机、新机体装配旧发动机、旧机体装配旧发动机进行了飞行试验。得到了4项飞行试验的 SAR(S = SAR)数据:

(1)新机体装配新发动机 S_{nn}。
(2)旧机体装配旧发动机 S_{oo}。
(3)新机体装配旧发动机 S_{no}。
(4)旧机体装配新发动机 S_{on}。

这些飞行试验过程中,其重量和重心位置相同,飞行轨迹相同,大气条件足够的相似。在飞行性能研究过程中,较为复杂的是新机体与旧机体的显著区分。因为在机体制造的过程中不同机体存在较小的差异,因此在得出任何结论之前需要做仔细的分析。考虑了上述注意事项,如果由于不同发动机引起的 SAR 之间不存在差异,那么性能的恶化一定归因于阻力特性的恶化。性能的相对损失参照下面表达式:

$$\Delta S_1 = \frac{S_{nn} - S_{on}}{S_{nn}}, \Delta S_2 = \frac{S_{no} - S_{oo}}{S_{no}} \quad (12.55)$$

第一个和第二个表达式分别表示发动机对新旧机体的影响。一些因素可能会导致机体阻力特性恶化,如蒙皮没有准确对准排列、密闭的机身开口、机身出现渗漏物以及机身表面变粗糙等。飞行性能恶化的另一种情况是由于发动机性能变差。这种情况出现在相同的机体上(不管新机体还是旧机体)装备了新旧不同发动机,相应性能的损失率为

$$\Delta S_3 = \frac{S_{nn} - S_{no}}{S_{nn}}, \Delta S_4 = \frac{S_{on} - S_{oo}}{S_{on}} \quad (12.56)$$

一些因素也可能导致发动机性能恶化,如发动机风扇叶片及压气机叶片的排列改变、桨叶被腐蚀、压力比损失、发动机过热、放气增多、效率减小和发动机油渍渗漏等。

飞机性能恶化率小到百分之零点几,大到百分之几。即使乐观考虑,性能恶化的商用飞机相比于新机的运营成本也会显著提高。

12.10 成本指数与经济马赫数

经济马赫数 M_{econ}，是一个性能参数(考虑到燃油成本和时间成本)。实际上，较高马赫数下的巡航会减少巡航时间，但是会增加燃油消耗量；而低马赫数情况则相反。最小直接运营成本介于上面两种情况的中间(见 15.9 节)。定量地有以下关系式：

$$\text{DOC} = c_o + c_1 m_f + c_2 t \tag{12.57}$$

式中：c_o 为固定成本项，c_1 为燃油成本项，c_2 为时间成本项。可以绘制 DOC 随巡航马赫数的变化曲线。

最小燃油成本可在最大 SAR 对应马赫数处获得。时间成本随着马赫数的增加而减小。这些考虑导致经济马赫数 M_{econ} 比 MMR 略高。成本指数(C_I)为

$$C_I = \frac{\text{时间成本}}{\text{燃油成本}} = \frac{c_2}{c_1} \frac{t}{m_f} = \frac{c_2}{c_1} \frac{1}{\dot{m}_f} \tag{12.58}$$

成本指数的计算与飞机的使用条件相关。现代飞行管理系统的成本指数 C_I 的数值范围为 0～99 之间(或 0～999 之间)。基于标准化的 C_I 值来分析研究经济马赫数。

C_I 的物理量为时间成本与燃油成本的比值。$C_I = 0$ 时意味着 c_1 很大 c_2 很小。如果 C_I 取最大值意味着 c_1 较小 c_2 较大(最小时间消耗、最大飞行马赫数)。如果 C_I 比较高，经济马赫数对飞行重量不敏感。相反地，如果 C_I 比较低，经济马赫数对飞行重量和飞行高度都比较敏感。相比于时间成本，航空燃油的赋税、碳排放的限制以及其他环境相关的花费会不可避免地使燃油成本增加。因此，在未来使用中必然要降低成本指数。为使整个航程成本最低，需要使 $c_1 m_f + c_2 t$ 最小。

现在考虑单位距离成本函数 F_c

$$\mathcal{F}_c = \frac{c_1 m_f + c_2 t}{x} = \frac{c_1}{\text{SAR}} + \frac{c_2}{U} \tag{12.59}$$

式中：$U = aM + U_w$ 为真空速，U_w 为风速。当燃油成本等于时间成本时，有

$$\frac{c_1}{\text{SAR}} = \frac{c_2}{U} \tag{12.60}$$

或

$$\frac{1}{\text{SAR}} = \frac{C_2}{C_1} \frac{1}{U} \sim \frac{C_I}{U} \tag{12.61}$$

没有必要知道参数 c_1 和 c_2 的准确数值，只需要知道 $C_I \propto c_2/c_1$。从这一等价关系式，有

$$C_{I_{eq}} \sim \frac{U}{\text{SAR}} \tag{12.62}$$

C_{Ieq} 的两倍对应于时间优先。在现代飞行管理系统中,通过缩放将 $C_{Imax}=99$。航程成本达到最优,需要合理调整飞行马赫数,同时需要考虑大气条件、飞机性能、燃油成本以及边际成本。图 12.13 所示为某运输机经济马赫数随巡航高度的变化。图中给出了燃油成本优先和时间成本优先所对应马赫数之间的差异,这些差异随着飞行高度的增加而逐渐减小。

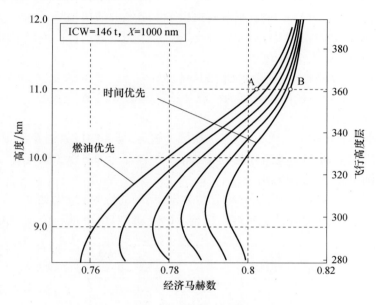

图 12.13　经济马赫数分析

成本指数可以扩展应用于其他飞行条件,如爬升至初始巡航高度(参见第 10 章)和由巡航高度沿航路下降(参见第 11 章)。

12.11　飞机重心位置对巡航性能的影响

本节研究了重心位置对巡航性能的影响;再次强调飞机的装载需要使飞机重心在规定的范围内(重心前后限之间)。重心前限位置需要抬头力矩以保持纵向配平(见 7.2 节)。此配平可以通过减少平尾载荷或增大机翼载荷来实现。但是配平使得诱导阻力增大(见 7.2.1 节)。

几乎所有的现代飞机都具有自动飞行管理系统,可以通过调整配平油箱的燃油来调整重心位置 CG。飞行系统优化重心位置(依赖于飞机的真实重量),使飞行时总阻力最小,燃油消耗最小。重心位置可以通过零燃油状态重量、总起飞重量 GTOW 和每个燃油箱的状态来确定。计算过程相对复杂,但是可以快速地提供重心的准确位置。例如,空客 A310 的重心前后限为 20% ~ 45%,中间位置为 27%。该机的飞行试验结果显示,在不考虑飞行高度的情况下,相比于飞机重心的中间位置,在重心前限时会增加 1.8% 的巡航燃油,在重心后限时会节省 1.8% 的巡航燃油。然而,此性能变化不具备一般性,不同的飞机需要进行不同的研究。空客和波音飞机都提供了重心位置的相关数据以及重心位置对巡航性能的影响。例如,对于空客 A310/A319/A320 飞机,制造商提供了以下燃油的使用顺序:

(1) 附加中央油箱(ACT1,ACT2)。
(2) 中央油箱,直至油箱为空。
(3) 内机翼油箱,直至剩余燃油 750kg。
(4) 外机翼油箱,燃油输运到内机翼油箱。
(5) 内机翼油箱。

以这种顺序方式消耗燃油,只需一次燃油输运,即当内机翼油箱油量低于临界值时,燃油从外机翼油箱输运到内机翼油箱。燃油输运通过重力实现。

1. 实例研究:重心的影响

以波音 B777 - 300 为例研究重心位置对 SAR 的影响,结果如图 12.14 所示。图中有两组曲线,每组曲线之间重心改变 ±6%。针对每个重心位置,SAR 的改变

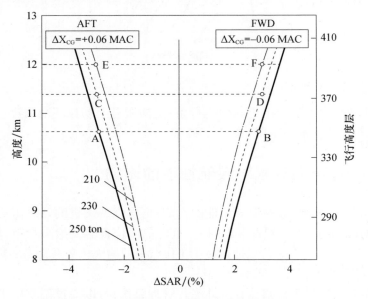

图 12.14 总重量和重心位置对最优巡航高度的影响

量与飞行高度和总重相关。对于给定的重量,将重心位置移至重心后限将引起 SAR 的减小,随着飞行高度的增加也会引起 SAR 的减小;将重心位置移至重心前限将引起 SAR 的增大,随着飞行高度增加也会引起 SAR 的增大。现在关注图中的实线(最大飞行重量),飞机在 FL-350 高度层飞行(点 A 或 B),随着燃油的消耗,为保持相同的 SAR 飞机开始爬升。在消耗 20t 燃油后,飞机达到 FL370 高度层(点 C 或 D)。

12.12　超声速巡航

现在讨论另一种情况的飞行性能,研究在定 AUW 和定燃油量的情况下超声速巡航的最优航程条件。大量实例证实巡航条件取决于飞行高度、马赫数和迎角。相应的航程公式由式(12.14)给出。

超声速巡航问题是相对复杂的。针对给定航程的巡航,Windhorst 等人[17]给出了求解最小化飞行时间、最小化燃油消耗和最小化 DOC 的方法。例如,最小化燃油消耗时的飞行轨迹包括初始最小化燃油爬升,巡航爬升和最大升阻比下降。最小 DOC 时的飞行轨迹与最小燃油消耗时的飞行轨迹十分相似。

12.12.1　定高定马赫数巡航

在同温层飞行时,声速是恒定的。另外,如果飞行马赫数也是恒定的,那么航程公式为

$$X = \frac{aM}{gf_j} \int_e^i \frac{C_L}{C_D} \frac{\mathrm{d}m}{m} = \frac{aM}{gf_j} \int_e^i \frac{C_{L_\alpha}(\alpha - \alpha_o)}{C_{D_o} + \eta C_{L_\alpha}(\alpha - \alpha_o)^2} \frac{\mathrm{d}m}{m} \quad (12.63)$$

由平衡条件 $L=W$ 确定巡航迎角为

$$\alpha = \alpha_o + \frac{2W}{\rho A a^2} \frac{1}{C_{L_\alpha} M^2} \quad (12.64)$$

将这一条件代入式(12.63),得

$$\frac{L}{D} = \frac{c_o/M^2}{C_{D_o} + \eta c_o^2/M^4} = \frac{c_1(\sigma, M) m}{C_{D_o} + c_2(\sigma, M) m^2} \quad (12.65)$$

式中:

$$c_o(\sigma, m) = \frac{2mg}{\rho A a^2}, c(\sigma, M) = \frac{2g}{\rho A a^2 M^2}, c_2(\sigma, M) = \frac{\eta}{C_{L_\alpha}} \left(\frac{2g}{\rho A a^2 M^2} \right)^2 \quad (12.66)$$

升阻比通过飞行马赫数和飞行重量求得最优值。式(12.65)表示飞行马赫数和飞机重量与升阻比的关系。当用式(12.66)定义的系数代入式(12.63)时,航程公式为

$$X = \frac{aM}{gf_j} \int_e^i \frac{c_1(\sigma,M)}{C_{D_o} + c_2(\sigma,M)m^2} \mathrm{d}m \qquad (12.67)$$

该方程的积分比较复杂,但与式(12.28)比较相似:

$$\int_e^i \frac{\mathrm{d}m}{C_{D_o} + c_2 m^2} = \frac{1}{\sqrt{C_{D_o}c_2}} \left[\tan^{-1}\left(m\sqrt{\frac{c_2}{C_{D_o}}}\right) \right]_e^i \qquad (12.68)$$

最后,求解得

$$X = \frac{aM}{gf_j} \sqrt{\frac{C_{L_o}}{C_{D_o}\eta}} \left[\tan^{-1}\left(m_i\sqrt{\frac{c_2}{C_{D_o}}}\right) - \tan^{-1}\left(m_e\sqrt{\frac{c_2}{C_{D_o}}}\right) \right] \qquad (12.69)$$

式(12.69)与式(12.28)(在亚声速飞行时的飞行程序)相似。特定的航程可在低高度下进行亚声速巡航或在同温层下层进行超声速巡航达到。

12.12.2 定马赫数定升力系数巡航

考虑在定马赫数定升力系数下的高速巡航。由式(12.7)可知相应迎角也是恒定的,其值为初始巡航值。因此,巡航效率 $M(C_L/C_D)$ 也是恒定值。随着重量的减小,为保持恒定的升力系数和飞行迎角,根据12.5.3节介绍的原理,飞机必定爬升。事实上,从式(12.7)可知,如果 $m/\sigma = \mathrm{const}$,那么 α 为常数。因此,该飞行方案为巡航 – 爬升。考虑这些因素,航程公式为

$$X = \frac{a}{g} M \left(\frac{C_L}{C_D}\right) \int_e^i \frac{1}{f_j} \frac{\mathrm{d}m}{m} \qquad (12.70)$$

必须要考虑 f_j 的改变量。因此,需要为发动机循环建立精确的热力学模型,以修正燃油流量,进而得到更精确的TSFC。对给定的燃油比,由式(12.70)确定的航程在以下条件下达到最大,即

$$R(\sigma,M) = \frac{M}{f_j} \frac{C_L}{C_D} = \max \qquad (12.71)$$

如果TSFC为常值,超声速巡航在升阻比最大时达到最优。航程因子 $R(\sigma,M)$ 曲线如图12.15所示。其中有两个局部最大值,第一个局部最大值点可能出现在亚声速段或超声速段,这取决于当时的飞行高度;另一个局部最大值在 $M \simeq 1.6$ 时,随飞行高度的变化,最大值对应的马赫数变化相对缓慢。图的右侧纵坐标为TSFC值。图中两条线分别为最低和最高飞行高度线。

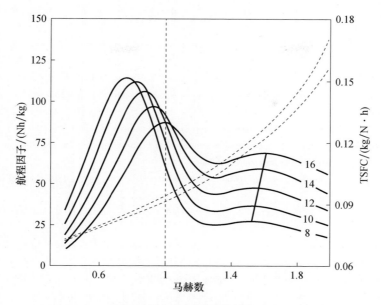

图 12.15 超声速飞机模型的航程因子(飞行高度单位 km)

小结

本章主要介绍了巡航相关的问题。巡航阶段会消耗绝大部分的燃油(极短航程的除外)。因此,可以运用传统数值求解的方法得到巡航的最优条件。本章中非常重要的性能参数是燃油里程(SAR),SAR 是研究所有最优巡航条件的基础。从 SAR 参数出发,推导出最大航程马赫数和远程巡航马赫数。商用飞机将远程巡航马赫数作为时间成本和燃油成本之间的折中。然而,问题往往非常复杂,需要通过成本指数来确定。成本指数是一种平衡燃油成本和时间成本的方法。在现代飞机上,成本指数可由飞行管理系统 FMS 给出。

另一个关键问题是确定最优巡航高度。目前的规定只允许飞机在指定高度进行飞行,并需要保持尽可能高的 SAR 值。远程巡航马赫数和初始巡航高度是两个参数的目标优化问题,优化解取决于飞行重量。前面已经求解了亚声速和超声速的巡航问题,同时还研究了重量、重心位置、风和气动力恶化对飞行性能的影响。

参考文献

[1] Speyer JL. Non-optimality in the steady-state cruise for aircraft. AIAA J. ,14(11):1604-1610,Nov. 1976.

[2] Speyer JL, Dannenmiller D, and Walker D. Periodic optimal cruise of an atmosphetic vehicle. *J. Guidance*, 8(1): 31 - 39, Jan. 1985.

[3] Gilbert EG and Parsons MG. Periodic control and the optimality of aircraft cruise, *J. Aircraft*, 13 (10): 828 - 830. Oct, 1976.

[4] Menon PKA. Study of aircraft cruise. *J. Guidance, Control and Dynamics*, 12(5): 631 - 639, Sept. 1989.

[5] Sachs G and Christodoulou T. Reducing fuel consumption of subsonic aircraft by optimal cyclic cruise. *J. Aircraft*, 24(5): 616 - 622, 1987.

[6] Visser HG. Terminal area traffic management. *Progress Aerospace Sciences*, 28: 323 - 368, 1991.

[7] ESDU. *Approximate Methods for Estimation of Cruise Range and Endurance: Aeroplanes with Turbojet and Turbofan Engines.* Data Item 73019. ESDU International, London, 1982.

[8] ESDU. *Introduction to the Estimation of Range and Endurance.* Data Item 73018. ESDU International, London, 1980.

[9] ESDU. *Estimation of Cruise Range: Propeller - driven Aircraft*, volume 5, Performance of Data Item 75018. ESDU, London, 1975.

[10] Bennington MA and Visser KD. Aerial refueling implications for cornmercial aviation. *J. Aircraft*, 42(2): 366 - 375, Mar. 2005.

[11] Smith RK. Seventy - five years of inflight refueling. Technical Report R25 - GPO - 070 - 00746 - 1, Air Force History and Museum Program, Washington, DC, Nov. 1998. (Available on the U. S. Government online store; document out of print as of 2005.)

[12] Torenbeek E and H Wittenberg. Generalized maximum specific range performance. *J. Aircraft*, 20(7): 617 - 622, July 1983.

[13] Houghton RC. Aircraft fuel savings in jet streams by maximising features of flight mechanics and navigation. *J. of Nayigation*, 51(3): 360 - 367, Sept. 1998.

[14] Sachs G. Optimization of endurance performance. *Progress Aerospace Sciences*, 29(2): 165 - 191, 1992.

[15] Abramovitz M and Stegun I. *Handbook of Mathematical Fltnctions.* Dover, 1972.

[16] Filippone A. Comprehensive analysis of transport aircraft flight performance. *Progress Aero Seiences*, 44(3): 185 - 197, April 2008.

[17] Windhorst R, Axdema M, and Kinney D. Fixed - range optimal trajectories of supersonic aircraft by first - order expansions. *J. Guidance, Control and Dynamics*, 24(4): 700 - 709, July 2001.

第13章 机动性能

13.1 概述

本章涉及基本的飞机机动,包括在垂直平面和水平面上的飞行。在介绍这些机动之后(13.2 节),开始涉及动力转弯(13.3 节)和无动力转弯(13.4 节);后者本质上是指滑翔机,包括滑翔飞行。接下来,介绍飞机的机动包线(13.5 节),并讨论与飞行员有关的问题,如持续的过载。滚转性能(13.6 节)以高性能飞机在直线上的机动为例,拉升(13.7 节)以垂直平面中的航迹为例。最后,讨论飞机在下击暴流中的飞行情况(13.8 节)。

关键概念:动力转弯,倾斜转弯,最小燃油转弯,转弯角速率,转弯速度,无动力转弯,机动包线,V-n图,持续过载,滚转性能,拉升机动,下击暴流。

13.2 简介

机动是指飞机航迹的任何变化。至少有3种基本类型的机动:(1)当飞机改变航向且向一侧倾斜(横向机动)时的水平转弯;(2)当飞机增加或降低其高度(拉升和改出俯冲)时,在垂直平面内的转弯;(3)当飞机沿着直线飞行时(纵向机动),绕机体纵轴的滚转。许多复杂的机动动作都可以归结为这些基本动作的组合。

在水平面转弯时,飞机逐渐将其滚转角从零改变为最大值,然后恢复到零。拉升时的航迹曲率半径和飞行速度可变。因此,转弯机动总是不稳定的。与滚转运动相关联的是较高的离心加速度。除上述情况外,还有大量机动动作只有军用飞机、特技飞机和表演机才能完成。高性能飞机感兴趣的一个概念是敏捷性,或者说是从一个机动到另一个动作的能力。

13.3 动力转弯

水平倾斜转弯(或协调转弯)时,飞机上所有的作用力是平衡的。因此,飞机以恒定的空速和恒定高度飞行。然而,由于航向的变化,则产生了离心加速度。水平倾斜转弯的变量命名以及参考系如图 13.1 所示。此视图是飞机在垂直平面

$\{y,z\}$ 内的作用力；ϕ 是滚转角，即飞机对称平面与垂直平面之间的夹角；χ 是飞行轨迹的曲率半径。

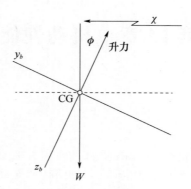

图 13.1　滚转过程的术语

使用下标"t"来表示在转弯过程中的量。在水平转弯过程中力在水平方向和垂直方向上的平衡方程分别为

$$L\cos\phi - W = 0 \tag{13.1}$$

$$L\sin\phi = m\frac{U^2}{\chi} \tag{13.2}$$

式(13.2)右边的项表示在 CG 处由于向心加速度产生的力。联立上述两个方程可以解出滚转角 ϕ，有

$$\tan\phi = \frac{1}{g}\frac{U^2}{\chi} \tag{13.3}$$

滚转角随着速度的增大而增大。当飞机在 χ 取最小值转弯时，被称为急转弯(tight turn)。在进行此机动时，飞机的升力大于自身重力。定义法向过载系数 n 为下述比值：

$$n = \frac{L}{W} \tag{13.4}$$

飞机直线平飞时，$n=1$。这个值又称 $1-g$ 飞行，是一个中性值。现在来看滚转角，从式(13.1)可以得到

$$n = \frac{1}{\cos\phi} = \sec\phi \tag{13.5}$$

而从式(13.3)可知转弯半径是过载系数的函数，有

$$\chi = \frac{U^2}{g}\frac{1}{\tan\phi} = \frac{1}{g}\frac{U^2}{\sqrt{n^2-1}} \tag{13.6}$$

式中使用了三角恒等式 $\sec^2\phi = 1 + \tan^2\phi$。在民用飞机中，滚转角限制在 25°以内，相应地法向过载系数 n 约为 1.1；这个在大多数乘客的承受范围内。根据式

(13.6)给出的转弯半径χ,向心加速度的值为

$$a = \frac{U^2}{\chi}g\sqrt{n^2-1} \tag{13.7}$$

向心加速度的值除以g可以单位化,得到过载系数,即转弯过程中的相对向心加速度,即

$$\frac{a}{g} = \sqrt{n^2-1} \tag{13.8}$$

法向过载系数$n=1$对应着零向心加速度,也就是说$n=1$表示一种没有向心加速度的飞行状态。

13.3.1 恒定推力时的倾斜转弯

接下来,考虑在推力恒定时转弯的情况。相应的阻力系数为

$$C_{Dt} = C_{Do} + kC_L^2 = C_{Do} + k\left(\frac{2nW}{\rho AU^2}\right)^2 \tag{13.9}$$

升致阻力的增量正比于n^2,因此总的阻力增量$\Delta D = D_t - D > 0$。如果写出飞机的总能量守恒方程,可得

$$\frac{\partial h_E}{\partial t} = \frac{T-D}{W}U \tag{13.10}$$

式中:h_E是能量高度(参见10.45式),方程右侧是单位剩余功率。该式表达了一个事实:剩余功率可以用来增加速度或高度,或者两者同时增加。飞机阻力$\mathrm{d}D$的改变可以引入式(13.10)中:

$$\mathrm{d}\left(\frac{\partial h_E}{\partial t}\right) = \frac{T}{W}\mathrm{d}U - \frac{\mathrm{d}D}{W}U - \frac{D}{W}\mathrm{d}U \tag{13.11}$$

$$\frac{\mathrm{d}D}{W}U = -\mathrm{d}\left(\frac{\partial h}{\partial t} + \frac{U^2}{2g}\right) + \frac{T}{W}\mathrm{d}U - \frac{D}{W}\mathrm{d}U = -\mathrm{d}\left(\frac{\partial h}{\partial t} + \frac{U^2}{2g}\right) \tag{13.12}$$

如果飞行高度保持恒定($\mathrm{d}h/\mathrm{d}t=0$),阻力增加会导致速度降低,反之亦然。即

$$\frac{\mathrm{d}D}{W}U = -\frac{U}{2g}\mathrm{d}U \tag{13.13}$$

相对地,如果速度保持不变($\mathrm{d}U=0$),那么高度一定会降低:

$$\frac{\mathrm{d}D}{W}U = -\mathrm{d}\left(\frac{\partial h}{\partial t}\right) = v_s < 0 \tag{13.14}$$

式中:v_s为下沉速度。v_s的值可表示为

$$v_s = \frac{D_t - D}{W}U = \frac{\rho AU^2}{2W}(C_{Dt} - C_D) = \frac{2W}{\rho AU^2}k(n^2-1) \tag{13.15}$$

对于给定的速度,下沉率随n^2而增加。阻力的改变导致了最小阻力状态速度U_{md}的改变。倾斜转弯中与最小阻力对应的升力系数C_L可从下面的条件获得:

$$\frac{\partial}{\partial C_L}\left(\frac{C_{L_t}}{C_{D_o} + kC_{L_t}^2}\right) = 0 \tag{13.16}$$

式(13.16)的解为

$$C_L = \sqrt{\frac{1}{n}\frac{C_{D_o}}{k}} \tag{13.17}$$

倾斜转弯和平飞的最小阻力速度的比值为

$$\frac{U_{md_t}}{U_{md}} = n^{1/2} \tag{13.18}$$

如果转弯前的空速 $U > U_{md}$，由转弯带来的阻力增加会使飞机速度降低。由此使得阻力降低到飞机上受力平衡的状态点，然后飞机可以保持恒定高度转弯，尽管是以一个比较低的速度。相应地，如果转弯前的空速 $U < U_{md}$，速度降低进而会导致阻力增加。如果阻力增加和发动机的推力不匹配，飞机将不得不降低高度。

13.3.2 转弯功率和高速机动

假设转弯过程中升力系数 C_L 保持恒定，并且和定直平飞时的值相等：

$$C_L = C_{L_t} \text{ 或 } \frac{2W}{\rho A U^2} = n\frac{2W}{\rho A U_t^2} \tag{13.19}$$

由此可得

$$U_t = U\sqrt{n} \tag{13.20}$$

式(13.20)表述的是在恒定的升力系数时，不同飞行速度的等效性。如果转弯在恒定速度下完成，升力系数之间的关系为

$$C_{L_t} = nC_L \tag{13.21}$$

接下来考虑恒定功率转弯的情况，即 $P = P_t$。需要满足如下条件：

$$TU = T_t U_t \tag{13.22}$$

当速度降低时，可以通过增加净推力的方式，使得式(13.22)成立。稳态飞行的功率可以通过飞行方向上的平衡力乘以飞行速度求得，有

$$P = \frac{1}{2}\rho A C_D U^3 \tag{13.23}$$

然后通过 C_L 的定义消去式(13.23)的速度，该式变为

$$P = \sqrt{\frac{2}{\rho A}}\frac{C_D}{C_L^{3/2}}(nW)^{3/2} \tag{13.24}$$

由此可知，稳定倾斜转弯的需用功率随因子 $(nW)^{3/2}$ 的增加而增加。当重量恒定时，倾斜转弯需用功率则随 $n^{3/2}$ 增加。如果空气动力因子 $C_D/C_L^{3/2}$ 也保持恒定，那么转弯的需用功率和稳定飞行时的功率之比为

$$\frac{P_t}{P} = n^{3/2} \tag{13.25}$$

如果飞机具有抛物线型的阻力方程,则式(13.23)变为

$$P = \frac{1}{2}\rho C_{Do} U^3 + k\frac{2}{\rho A}\frac{(nW)^2}{U} \tag{13.26}$$

根据式(13.26)可以绘制出与不同过载系数 n 下的飞行速度曲线。发动机的可用功率满足上述需用功率,即为飞机的一个匹配点。飞机可以保持的最小速度即为失速速度(在失速边界 K_s 内);因此上述曲线的下限是由失速曲线给出的。

1. 超声速飞行

现在讨论更复杂的超声速飞机的高速转弯问题。考虑下面状态的转弯情况:飞行高度为 $h = 8000\text{m}(\sim 26245\text{ft})$,飞机质量 $m = 12000\text{kg}$。此问题即在合适的空气动力学特性和选定油门值(如满推力)的情况下,针对一系列的马赫数求解式(13.24)。法向过载系数最大 $n = 3$,其分析结果如图13.2所示。有或无加力燃烧时的可用推力在图中也有体现。进行超声速转弯的需用功率非常大;超声速转弯也不能在高过载系数时进行。

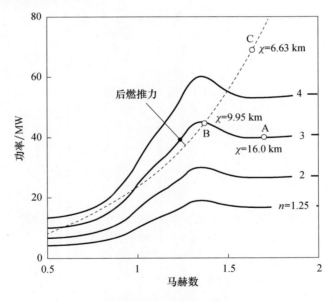

图 13.2 超声速转弯功率
($m = 12000\text{kg}; \alpha = 2°$(所有情况);高度 $h = 8000\text{m}(\sim 26245\text{ft})$)

2. 高速机动

在10.5节中用总能量法讲了一些关于飞机爬升和加速的概念。当时考虑的问题限制在 $1-g$ 飞行的情况下。同样的方法可以应用到飞机有明显加速度 g 时

的机动问题。其阻力则变为

$$C_D \simeq C_{Do} + n[\eta C_{L_\alpha}(\alpha - \alpha_o)] \tag{13.27}$$

假设式(13.27)中的型阻系数不受机动的影响(并不完全如此),而且诱导阻力与过载系数 n 成正比。因此单位剩余功率为

$$\text{SEP} \simeq \frac{T - nD}{W} \tag{13.28}$$

和通常的情况一样,重量是关键,它决定了飞机是否能在超声速的马赫数下完成机动动作。图 13.3 所示为 $n = 3.5$ 时的预测 SEP 值。结果表明飞机并不能在包线的大范围内保持该过载系数值。图中粗实线为相同重量的飞机在 $1g$ 飞行时的加速度限制。飞机进入高超声速机动区的唯一方法是以小过载系数在达到声速后再进行加速。

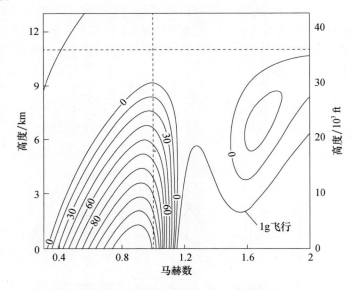

图 13.3　超声速飞机模型在 $3.5g$ 飞行时单位剩余功率图
(质量 $m = 11000\text{kg}$)

13.3.3　转弯角速率与转弯速度

转弯角速率指的是飞机转弯的角速度,再次考虑协调转弯的例子,其转弯率为

$$q = \frac{U}{\chi} = \frac{g}{U}\sqrt{n^2 - 1} \tag{13.29}$$

如果把转弯速度写成过载系数的形式,可得

$$U = \sqrt{n \frac{2W}{\rho A C_L}} \tag{13.30}$$

转弯率变为

$$q = \sqrt{\frac{\rho g A C_L}{2W}} \sqrt{\frac{n^2-1}{n}} \tag{13.31}$$

式(13.31)表明高度、C_L 和 W/A 对转弯率的影响。当引用最大转弯率时,必须要至少指明相应的高度和重量。

转弯速度指的是飞机能够达到其最大过载系数的最小飞行速度。从恒定最大过载系数 n 和最大升力系数 C_L 对应的转弯速度曲线的交点处,可以得到转弯速度。首先从失速速度开始,有

$$V_S = K_s \left[\frac{2nW}{\rho A C_{L\max}} \right]^{1/2} \tag{13.32}$$

过载系数和马赫数之间的关系为

$$n = \frac{\gamma p}{2K_s^2} \frac{1}{W/A} C_{L\max} M^2 \tag{13.33}$$

式(13.33)是通过将理想气体状态方程代入以消除声速得到的。最大升力系数 C_L 为马赫数的函数,因此式(13.33)实际上是隐式方程。在选定的过载系数下,其数值解如图 13.4 所示。可以估算出转弯马赫数为 $M = 0.84$,相应的转弯率 $q = 0.31\,\mathrm{rad/s}(17.5\mathrm{s})$,过载系数限制为 9。对于给定的过载系数,飞行高度的增加会导致转弯马赫数的增加。而在平流层中,则几乎没有影响。

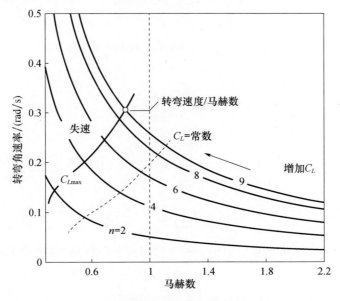

图 13.4 超声速喷气飞机模型的转弯速度(标准大气下)

上面总结了普通的三维转弯问题。Hedrick and Bryson 已经使用能量法解决了三维转弯过程中最小时间和最小燃料问题。Kelley 解决了爬升中的差动转弯问题。

13.3.4 最低油耗转弯

对商业飞机来而言,倾斜转弯是很常见的机动动作。举例来说,飞机起飞和降落时,如果跑道的方向与指定的飞行轨迹方向不同,就需要转弯,如图 13.5 所示。如果飞机的阻力是抛物线型且在恒定高度下转弯,那么就可以对转弯燃油进行简单的分析。

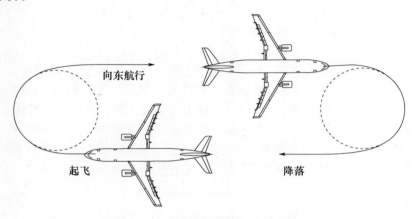

图 13.5 在西风中飞东向航线起降时的 U 形转弯

定义稳态转弯的描述方程为

$$D = T \tag{13.34}$$

$$W = L\cos\phi \tag{13.35}$$

$$mU\dot\psi = L\sin\phi \tag{13.36}$$

这些分别为飞机在飞行方向、垂直方向和航迹法向上的平衡力。

$$\mathrm{d}m_f = \dot m_f \mathrm{d}t = f_j T \mathrm{d}t,$$

$$T\mathrm{d}t = T\frac{\mathrm{d}t}{\mathrm{d}\psi}\mathrm{d}\psi = \frac{T}{\dot\psi}\mathrm{d}\psi$$

转弯过程中消耗的燃油量正比于机动时间或者转弯角度 $\Delta\psi$。因此,总燃油消耗为

$$m_f = \int_o^\psi f_j \frac{\mathrm{d}\psi}{\dot\psi} \simeq f_j T \frac{\Delta\psi}{\dot\psi} \tag{13.37}$$

如果高度恒定,问题就变成使得比值 $T/\dot\psi$ 最小。方程的解必须满足力平衡条件。

用式(13.34)除以式(13.36)可得

$$\frac{T}{\dot{\psi}} = mU\frac{C_D}{C_L\sin\phi} \tag{13.38}$$

记为

$$\frac{T}{\dot{\psi}} = f(C_L,\phi,h) \tag{13.39}$$

因此,对于固定滚转角和固定空速,$T/\dot{\psi}$ 取得最小值的条件即为飞机具有最小阻力或者最大下滑比。

$$\frac{\partial f}{\partial C_L} = \frac{mU}{\sin\phi}\frac{\partial}{\partial C_L}\left(\frac{C_D}{C_L}\right) = 0 \tag{13.40}$$

由此可知,最低油耗转弯的条件是飞机在最小阻力速度下飞行。相应的升力系数为

$$C_L = \sqrt{\frac{C_{Do}}{k}} \tag{13.41}$$

下滑比的倒数为 $D/L = 2\sqrt{C_{Do}}$,相应的最优化条件也变为

$$\frac{T}{\dot{\psi}} = 2\frac{mU}{\sin\phi}\sqrt{C_{Do}k} \tag{13.42}$$

其数值的大小并不取决于飞行高度。固定高度下,飞机进行 U 形转弯所需的燃油量为

$$m_f = \int_0^\pi 2f_j\frac{mU}{\sin\phi}\sqrt{C_{Do}k}\,\mathrm{d}\psi = 2\pi f_j\frac{mU}{\sin\phi}\sqrt{C_{Do}K} \tag{13.43}$$

这个结果表明其燃油消耗取决于飞行高度。举例来说,如果 AUW = 140t,转弯法向过载系数 $n = 1.1$,KTAS = 200 节,那么转弯燃油消耗量为 120kg。这并不是少量的燃油:转弯消耗了相当可观的燃油量。飞行代码已被编程为始终执行最小的燃油转弯。

13.4　无动力转弯

本节介绍无动力飞机和无动力滑翔机的转弯性能。无动力飞机的稳态转弯会产生一个非常重要的结果——高度损失。如果给定滚转角 ϕ,那么就可以计算下沉速度 v_s、转弯半径 χ 和转弯角度率。在航迹方向上和垂直方向上的动力学方程分别为

$$D - W\sin\gamma = 0 \tag{13.44}$$

$$L\cos\phi - W\cos\gamma = 0 \tag{13.45}$$

下沉率为

$$v_s = \frac{\partial h}{\partial t} = -\frac{DU}{W} \tag{13.46}$$

如果将抛物线型阻力代入式(13.46)中,可得

$$v_s = -\frac{\rho A C_{Do}}{2W} U^3 - \frac{\rho A k}{2W}\left(\frac{2L}{\rho A U^2}\right)^2 U^3 \tag{13.47}$$

升力可从式(13.45)中得到,因此有

$$v_s = -\frac{\rho A}{2W} C_{Do} U^3 - \frac{2W}{\rho A} \frac{k}{U}(n\cos\gamma)^2 \tag{13.48}$$

式(13.48)中由两部分构成,这两部分都是负值。要求解该式,需要知道航迹角 γ。后一部分的值可以由无动力飞机的下滑比 L/D 求得,而下滑比则可以由式(13.44)除以式(13.45)得到。

$$\tan\gamma = \frac{D}{L\cos\phi}, \gamma = \tan^{-1}\left(\frac{n}{L/D}\right) \tag{13.49}$$

式(13.49)中所需的 L/D 值取决于速度大小。转弯率为

$$\frac{U}{\chi} = \frac{g}{U}\frac{L}{W}\sin\phi = \frac{g}{U}\cos\gamma\tan\phi \tag{13.50}$$

其中使用了式(13.44)和式(13.45)两式联立。而转弯半径可以从式(13.50)中的第一个等式中求得。这个模型的解如图13.6所示,图中为一架滑翔机在1000m海拔处开始转弯的情况。

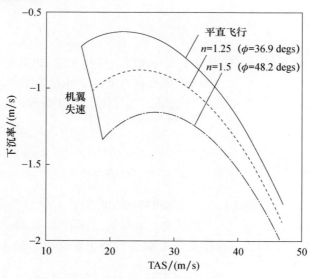

图13.6 滑翔机在选定过载系数选时转弯的下沉速度

其中:$C_{Do}=0.007$,$k=0.022$,$m=450$kg 及 $A=17$m^2。在相同的情况下,如果过载系数为 $n=1.25$,可以计算相应的最佳下滑速度。这些速度值如图 13.7 所示,图中同时给出转弯半径的数据。最小下滑角可以从图中获得,即从坐标轴原点到下沉速度曲线的切线的夹角。

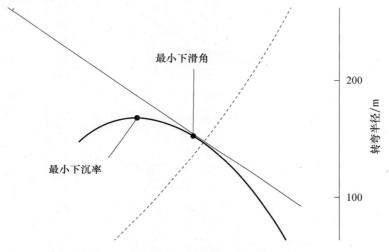

图 13.7　中滑翔机的下沉速度(过载系数 $n=1.25$)

13.5　机动包线:$V-n$ 图

速度-过载系数图($V-n$)是一种同时涉及结构和空气动力学限制的机动包线。其速度轴可以是马赫数或者当量空速(EAS)。对于亚声速和超声速飞行这两种不同的情况,分开来考虑。

1. 运输机

图 13.8 和图 13.9 所示为运输机的典型机动限制(空客 A320)。在图 13.8 中阴影部分表示为正常操作区。美国联邦航空管理局规定正向过载的范围是 $2.5 < n < 3.8$,尽管正向过载值是依据总重确定的,而负向过载则要求 $n \geq -1$。

对于襟翼放下时的限制情况,针对 Flap-3 情况进行了计算($\delta_f=15$,$\delta_s=22°$)。数字 3、5 表示飞行高度,单位为 km。而字母 A、B…表示的则是 $V-n$ 图中的标准 FAR 点。在图 13.8 中,绘制了过载系数关于飞行马赫数的曲线,这些数据是从飞行代码 flight code 中获得的。马赫数限制为俯冲马赫数 M_D;作为参考,巡航马赫数是 $M_D-0.1$,尽管实际上可能会存在一些变化,如第 12 章中讨论。飞行高度的增加把包线的左边界向右推进,无论飞机是干净外形还是放下襟翼,情况都是如此。

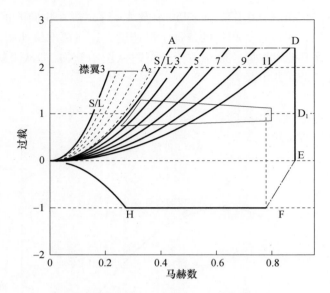

图 13.8 运输机模型的 $V-n$ 图($m=58800$kg,标准日)

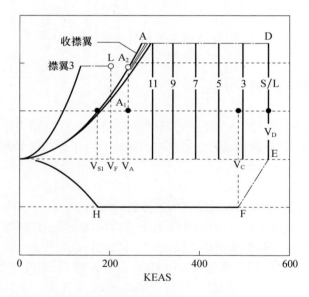

图 13.9 运输机模型的 $V-n$ 图($m=58800$kg,标准日)

关键使用点如图 13.9 所示,该图是 $V-n$ 图的另一种形式,其横坐标轴使用的是当量空速(KEAS)而不是马赫数。从图中可以观察到:

(1)干净外形和放下襟翼两种情况下,相对于 KESA 有两条完全独立左边界。

(2) 对干净外形的情况而言,右边界取决于飞行高度。增加飞行高度使得 KEAS 减小。

(3) A 点为襟翼收起时的设计机动点。此时 $n=1$,相应的 EAS 为 V_A。

(4) D 点对应的是设计俯冲速度(或马赫数)。

(5) F 点对应的是设计巡航速度下的 $-1g$ 限制。

(6) H 点对应的是襟翼收起时的 $-1g$ 限制。

(7) L 点对应的时襟翼放下时的过载限制。

2. 超声速飞行

飞机的机动性取决于其快速转弯的能力。这种能力受到气动特性的限制、推进系统和结构系统的限制,此外也越来越多地受到飞行员生理上的限制。相关的重要参数为:推重比 T/W、翼载 W/A 和最大升力系数 C_L。包线的类型有两种:一种是过载系数随马赫数的变化曲线,另一种是转弯率随马赫数的变化曲线。首先考虑定高状态下的稳态转弯,从升力方程可得

$$C_L = \frac{2nW}{\rho A a^2 M^2} \tag{13.51}$$

法向过载系数和马赫数之间的关系则为

$$n = \frac{1}{2} \frac{a^2 M^2 C_L}{W/A} = f(h, M, C_{L\max}, W/A) \tag{13.52}$$

从式(13.52)可以得出以下结论:

(1) 在对流层中飞行,过载系数随高度的增加而减小。而在低平流层中的转弯不受高度的影响。

(2) 对于给定高度,最大过载系数受最大升力系数 $C_{L\max}$ 的限制。正如在第 4 章中解释的那样,这个参数的值取决于马赫数。但是在 $C_L < C_{L\max}$ 的时候进行机动,仍然需要考虑由于不稳定气流分离产生的抖振以及控制和稳定性所面临的问题。因此转弯时的升力系数为最大升力系数的一部分,称为可用升力(图 4.22)。

(3) 第 3 个限制是发动机最大推力限制,可以认为沿着结构限制的边界线,在发动机推力允许的条件下,尽可能地增加马赫数。而在转弯过程中的最大马赫数还取决于迎角的大小。其控制方程为

$$nT = \frac{1}{2} \rho A (C_{Do} + \eta C_{L\alpha} \alpha^2) a^2 M^2 \tag{13.53}$$

或者

$$M^2 = \frac{n}{c_1} \frac{T(M)}{C_{Do} + \eta C_{L\alpha} \alpha^2} \tag{13.54}$$

式中:$c_1 = \rho A a^2 / 2$,在恒定转弯高度时为恒定系数。式(13.54)为质量 m 和迎角 α 的隐式关系式。

(4)最后,在临界速度下的过载系数可能会超过结构的限制。所以,如果不受其他因素的干扰,机动包线有一个平的顶部。

图 13.10 所示的是一架高性能飞机的机动包线,其数据是从 Sflight 程序中获得的。对于给定的总重,飞机的机动包线取决于飞行高度。升力受到亚声速抖振和平尾最大偏角的限制。最大过载 g 取决于结构限制。最大水平速度取决于高度。因此速度限制在飞行包线中的位置可以根据不同的飞机向前或者向后移动。阴影部分表示的是在海平面上的机动包线。

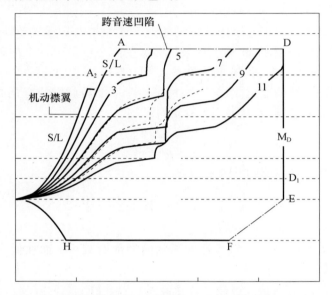

图 13.10 超声速喷气式分级的 $V-n$ 图($m=15800\text{kg}$,标准日)

13.5.1 可承受的持续过载 g

前面从飞机出发讨论了机动限制。此外还有一个因素限制着飞机的向心加速度——飞行员。飞机在进行急转弯的时候受到的加速度可能会超过飞行员的承受能力。相关重要的参考文献是美国宇航局航空生物学数据手册。LeBlaye 讨论了飞机敏捷性和可承受过载等方面的问题。Jaslow 研究了协调转弯过程中空间方向感丧失的问题,以及其对多种飞机事故率的影响。所有这些研究证实姿态是至关重要的。高性能飞机的飞行员在穿着特殊的飞行服时可以最高承受 $9g$ 的正向过载,文献[9]中有详细讨论。当承受正向过载的时候,血液从头部涌向脚部,人可能会丧失意识。

可承受的持续过载 g 指的是不会对飞行员产生严重影响(方向、视觉、心跳、血压)的加速度值。在高过载 g 时,即使是相对低的马赫数,飞行员都需要氧气面罩来帮助呼吸。过载系数 $n \simeq 4$,持续超过 5s 就有潜在的危险。而过载系数 $n \simeq 2$,则可以持续一段时间。由于过载水平的高低不同,失去意识的时间也是不同的。(0.1~1s)

13.6 滚转性能

在本节中考虑高性能飞机单自由度滚转的问题。在滚转过程中,飞机绕其纵轴旋转,同时保持直线飞行。自由参数为滚转角 ϕ。其滚转速率和滚转加速度可能相当高,这也是飞机敏捷性的关键因素。按照美国空军的标准,滚转性能和要求通常参考:①最大滚转速率;②滚转至 90° 所需时间;③进行 360° 滚转所需时间。

由于一些不可预测的影响因素,下面讨论的滚转动作很难在高速飞行中实现,其中一个影响因素是偏航响应。如果飞机向左滚转,那么将产生一个向右的偏航,称为不利偏航。另一个重要的影响是惯性耦合(滚转耦合)。当飞机绕与其纵轴不一致的轴旋转时,惯性力会使飞机偏离旋转轴,并可能带来致命后果。这个问题是由于低展弦比、高速、高海拔以及相较于气动力较大的惯性力综合导致的。在实际遇到这个问题之前,Pillils 在理论上解决了这个问题。这是稳定性与操纵性方面一个复杂的课题。Pillils 指出在界定飞机滚转是否稳定的惯性矩之间有着精确的相互关系。飞机偏航发散、俯仰发散和自旋滚转的临界飞行条件已经通过理论方法获得。Seckel 称稳态滚转是一个不可能实现的机动动作,它必须涉及迎角 α 和侧滑角 β 的周期性变化。

在本例中,飞机不存在惯性耦合问题。当飞机开始滚转时($\phi = 0$),其纵轴和旋转轴并不一致(尽管是一个很小的角度)。这就产生了一个侧滑角 β。当飞机滚转 180° 时,产生的侧滑力用来平衡重力。偏航和滚转的组合可能会导致飞机惯性耦合不稳定。

现在考虑图 13.11 中所示的情况。滚转 180° 之后飞机处于倒飞状态。机翼上的来流由两部分组成:一部分是由于前飞速度 U 引起;另一部分是由滚转本身引起。如果第一部分在旋转过程中保持不变,那么右侧机翼的迎角和机翼水平时的迎角 α_o 是相同的。通常这个角度的值很小。

旋转分量如图 13.11 所示。最大的迎角出现在翼尖处,其估计值为

$$\tan\alpha = \frac{U}{pb/2} = \frac{2U}{pb} \qquad (13.55)$$

式中:$p = \dot\phi$ 为滚转速率。在很多实例中都可以验证:前飞速度的值远高于滚转速度。因此有 $\tan\alpha \simeq \alpha$。图 13.12 所示为夸大角度的布置图。通常,越高的滚转速率和越低的前飞速度,会导致越高的失速风险。展向速度分量的出现可以解决这个

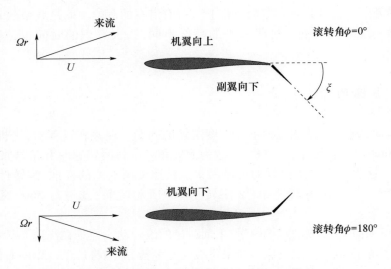

图 13.11　右侧机翼的气流情况(认为从飞行方向看的逆时针滚转)

问题。具有不同气动分布的三角翼可以改善大迎角时的失速特性。高速滚转的机翼必须能都在大迎角时操纵而不能失速。

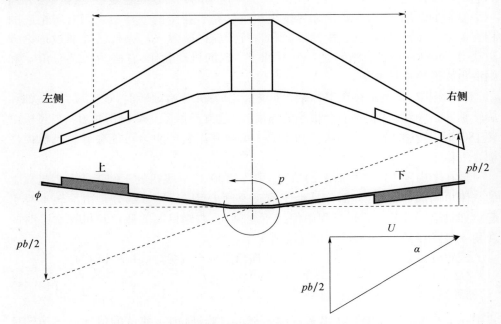

图 13.12　滚转机翼的来流情况(垂直于飞行速度的平面上)；
沿飞行方向逆时针滚转

滚转力矩可以通过操纵控制舵面产生。作为参考,设置飞机对称平面两侧的副翼偏转角±ξ,尽管实际当中副翼的偏转角可能是不同的。在后面的实例中,角度ξ是一个平均值。由于翼尖上的吸力和压力对气流的扭曲,飞机不一定会有线性的响应。垂直尾翼会产生附加的气流分离和阻尼。

实际上,舵面的偏转速度可以达到 60°/s。对于限制上下偏转范围为 30°的副翼来说,只需要半秒就可以偏转到限制位置。在大多数滚转分析中,都是给副翼一个阶跃响应的偏转角。为了计算绕 x 轴旋转过程中迎角的变化量,必须加入滚转速率的影响。所以沿翼展 y 占位处来流方向有下述表达式:

$$\alpha(y) \simeq \tan^{-1}\left(\frac{py}{U}\right) \simeq \left(\frac{py}{U}\right) \tag{13.56}$$

单自由度副翼滚转可以使用下述微分方程描述:

$$I_x \dot{p} = \mathcal{L}_\xi + \mathcal{L}_p \tag{13.57}$$

式中: I_x 为绕滚转轴 x 的主惯性矩, $\dot{p} = \ddot{\phi}$ 为角加速度, $p = \dot{\phi}$ 为滚转速率, $\mathcal{L}_\xi$ 为由于副翼偏转产生的滚转力矩, $\mathcal{L}_p$ 为由滚转速率 $p = \dot{\phi}$ 产生的阻尼力矩。所以单自由度副翼滚转是由副翼偏转产生的滚转力矩和滚转产生的阻尼力矩来控制的。把力矩改写成下面的形式:

$$\mathcal{L}_\xi = \left(\frac{\partial \mathcal{L}}{\partial \xi}\right)\xi, \mathcal{L}_p = \left(\frac{\partial \mathcal{L}}{\partial p}\right)p \tag{13.58}$$

上面导数表示的是力矩曲线斜率,分别为副翼小角度偏转和滚转速率产生的力矩响应。根据这些定义,式(13.57)改写为

$$\dot{p} = \frac{1}{I_x}\left(\frac{\partial \mathcal{L}}{\partial \xi}\right)\xi + \frac{1}{I_x}\left(\frac{\partial \mathcal{L}}{\partial p}\right)p \tag{13.59}$$

其中的参数定义为

$$L_\xi = \frac{1}{I_x}\left(\frac{\partial \mathcal{L}}{\partial \xi}\right) \tag{13.60}$$

称为副翼效率。舵效 L_ξ 表示飞机对副翼单位偏转输入的响应值。同样地,定义滚转阻尼系数 L_p 为

$$L_p = \frac{1}{I_x}\left(\frac{\partial \mathcal{L}}{\partial p}\right) \tag{13.61}$$

这个量是滚转力矩关于滚转速率的导数,并使用惯性矩将其无量纲化。使用舵效和滚转阻尼,滚转方程最终写为

$$\dot{p} = L_\xi \xi + L_p p \tag{13.62}$$

参数 L_ξ, L_p 为飞机的整体特性,取决于马赫数、密度、海拔和几何参数。如果 C_l 为滚转力矩系数,则可得

$$\frac{\partial \mathcal{L}}{\partial \xi} = \frac{\partial}{\partial \xi}\left(\frac{1}{2}\rho A b U^2 C_l\right) = \frac{\rho A U^2 b}{2}\left(\frac{\partial C_l}{\partial \xi}\right) = \frac{\rho A U^2 b}{2} C_{l_\xi} \qquad (13.63)$$

式中：C_{l_ξ} 表示滚转力矩系数对于副翼偏转角的导数。也就是说，C_{l_ξ} 是无量纲的副翼效率。则飞机对副翼偏转角 ξ 的响应为

$$L_\xi \xi = \frac{\rho A U^2 b}{2 I_x} C_{l_\xi} \xi \qquad (13.64)$$

从式(13.65)中可以得到 C_{l_ξ} 和 L_ξ 之间的关系为

$$C_{l_\xi} = \frac{2 I_x}{\rho A U^2 b} L_\xi \qquad (13.65)$$

滚转阻尼系数可以写为

$$L_p = \frac{1}{I_x}\left(\frac{\partial \mathcal{L}}{\partial p}\right) = \frac{1}{I_x}\frac{\partial}{\partial p}\left(\frac{1}{2}\rho A b U^2 C_l\right) = \frac{\rho A U^2 b}{2 I_x}\left(\frac{\partial C_l}{\partial p}\right) = \frac{\rho A U b^2}{4 I_x}\frac{\partial C_l}{\partial (pb/2U)} \qquad (13.66)$$

阻尼力矩和滚转阻尼系数相互关联，其关系为

$$C_{l_p} = \frac{\partial C_l}{\partial (pb/2U)} = \frac{\partial C_l}{\partial \alpha} = \frac{2U}{b}\left(\frac{\partial C_l}{\partial p}\right) \qquad (13.67)$$

C_{l_p} 的取值与速度范围（亚声速/超声速）、机翼几何特征（根梢比、展弦比和翼展）以及气动弹性有关，因此无法给出通用公式。阻尼系数的范围通常在 $C_{l_p} = -0.5 \sim -0.1$。然而当飞行速度增加到接近声速时阻尼系数减小，在低超声速时又增加。从式(13.66)和式(13.67)中，可得

$$C_{l_p} = \frac{4 I_x}{\rho A U b^2} L_p \qquad (13.68)$$

在滚转方程中代入式(13.65)和式(13.67)，可得

$$\dot{p} = \frac{\rho A U b^2}{2 I_x}\left(C_{l_\xi}\frac{U}{b}\xi + \frac{1}{2} C_{l_p} p\right) \qquad (13.69)$$

式(13.69)是必须在下述初始条件下才能求解的微分方程：

$$p(t = 0) = 0 \qquad (13.70)$$

因数 τ 具有时间的量纲，是由飞机决定的时间常数。

$$\tau = \frac{2 I_x}{\rho A U b^2} \qquad (13.71)$$

在式(13.70)、式(13.69)和式(13.70)所述边界条件下，式(13.69)的解为

$$p = \frac{2U}{b}\frac{C_{l_\xi}}{C_{l_p}}\xi(1 - e^{-t/\tau}) \qquad (13.72)$$

滚转速率渐近线的值为

$$p_{\max} = \frac{2U}{b}\frac{C_{l_\xi}}{C_{l_p}}\xi \qquad (13.73)$$

由于副翼偏转产生的力矩响应并不总是线性的。阻尼导数和副翼舵效取决于很多参数,包括飞机几何特性(机翼、尾翼、副翼)和使用条件(海拔、马赫数、副翼偏转角)。其函数关系式为

$$U = a(h)M, C_{l_\xi} = f(M,h,\text{geometry}), C_{l_p} = f(M,h,\text{geometry})$$

(13.74)

这些关系式取决于飞机的特性,接下来就讨论这个问题。

13.6.1 马赫数影响

ESDU 发布了一些对滚转分析很有用的图表,特别是在给定几何尺寸、副翼偏转角和马赫数的条件下,求解 L_ξ, L_p 的插值表,可以从 Sandhal(火箭推进的三角翼飞机,最高马赫数 $M=2.0$),Myers 和 Kuhn(后掠翼,$M<0.8$)以及 Anderson 等(直机翼、跨声速飞行)处获得一些实验数据。对大多数机翼来说,在跨声速发散之前,马赫数对其影响都很小。而跨声速发散时,副翼舵效会出现下降。

马赫数对滚转速率的影响取决于滚转阻尼和副翼舵效。这些参数对于每架飞机都是特定的,但是仍然可以使用一些现存的通用数据插值得到,如使用 ESDU 的插值表。Stone、Sanders 等研究了在特定阻尼特性下滚转性能,它是与马赫数相关的函数。Malvestuto 等完成了对滚转阻尼导数的理论推导,而 Jones 和 Alskne 则推导了其在超声速下的情况。

Toll 收集了早期军用飞机的滚转数据,这些数据证实,滚转速率在急剧下降前会达到最大值。具体情况根据不同飞机和一些例外情况而不尽相同。直到第二次世界大战末期,配置切稍机翼的喷火战斗机其最大滚转速率达到 150°/s,Focke FW-190 最大滚转速率可以达到 160°/s。配置切稍机翼的喷火战斗机具有更小的回转半径和更低的滚转惯性矩,因此具有更高的滚转速率。据报道,第一代喷火战斗机的敏捷性比不上 FW-190,是因为后者有更高的滚转速率。特技飞机的最高滚转速率可达 300°/s。

事实上,在高速下使用副翼进行滚转控制时,由于速度的增加,存在另一个不被希望出现的反应:有效上反角增加(机翼下倾或非指令滚转)。在跨声速稳定平飞中,飞机开始不对称飞行时出现滚转力矩。向右的侧滑会导致向左的滚转,反之亦然。机翼下倾指的是飞机突然出现的不规律的横向运动,归根结底是因为机翼的不对称失速。如果不加控制,这可能会导致滚转不稳定。图 13.13 所示的是在这种情况下直机翼的一个例子,Anderson 等人作了相关的详细阐述。C_{l_β} 为滚转力矩对于侧滑角的导数: $C_{l_\beta} = \partial C_l / \partial \beta$。这个问题在 20 世纪 50 年代的第一代跨声速飞机上出现。当今大多数高性能军用飞机受到机翼下倾的影响。关于这方面的内容可以从 Rathert、Chambers 和 Hall 等的研究中获得。

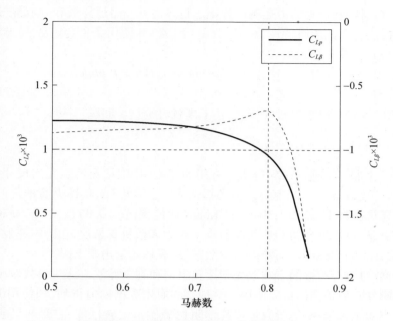

图 13.13 马赫数对直机翼飞机的副翼舵效和滚转阻尼导数的影响
（飞机为 Republic R-4，机翼相对厚度 10%，$\alpha = 0$，扭转角 $-2°$）

13.7 拉升机动

拉升机动是在垂直平面内的转弯，其飞行航迹对应的是变化的 γ 角。这里的动力学方程和第 10 章中讲的爬升飞行方程是一样的，方程如下：

$$\frac{\partial h}{\partial t} = U\sin\gamma \tag{13.75}$$

$$m\frac{\partial U}{\partial t} = T - D - W\sin\gamma \tag{13.76}$$

如果在式(13.76)中引入过载系数 $n = L/W$，可得

$$\frac{\partial \gamma}{\partial t} = \frac{\partial \gamma}{\partial h}v_c = \frac{\partial \gamma}{\partial h}U\sin\gamma = (n - \cos\gamma)\frac{g}{U} \tag{13.77}$$

用 C_L 消去式(13.77)中的速度 U，可得

$$\frac{\partial \gamma}{\partial h} = \frac{g\rho AC_L}{2nW}\left(\frac{n}{\sin\gamma} - \frac{1}{\tan\gamma}\right) \tag{13.78}$$

式(13.78)表示航向随时间的变化率。这个变化率取决于翼载、飞行高度以及升力系数。最大转弯速率可以通过使用式(13.78)对 n、C_L 求导出得出。

当飞机拉升的时候,平尾处的迎角会有一个变化值 $\Delta \alpha_{ht}$,这个值的大小取决于多种因素。其表达式为

$$\tan \Delta \alpha_{ht} = \frac{q}{U} x_{ht} = \frac{g \Delta n}{U^2} x_{ht} \qquad (13.79)$$

式中:x_{ht} 为平尾气动中心到重心的距离,q 为转弯速率。所以平尾迎角变化值随过载系数和平尾力臂的增加而增加。如果产生的变化值 a_{ht} 过高,就有平尾失速的风险。

13.8　下击暴流中的飞行

对飞机飞行来说,在地面附近的局部雷暴是非常危险的,特别是在终端区机动的时候。具有很强垂直风速分量并伴有强降雨的雷暴天气称为下击暴流。20世纪70年代,下击暴流现象被发现,个别情况其向下风速可高达30m/s。向下气流撞击地面后快速散开,所以给起飞和降落的飞机带来极大危险。半径为5km的下击暴流刚好可以覆盖一个机场的范围。可以持续 2～5min 的下击暴流,称为微暴流。更大的下击暴流可以持续达20min,称为巨暴流。

风切变有水平和垂直两个分量,水平分量要么从机头吹来要么从机尾吹来,其空速改变量可达 100 海里。垂直分量通常会产生湍流,而湍流会影响飞机通过风切变层的稳定性。

图 13.14 中标出了微暴流的影响。需要注意 3 点主要的影响:第一,飞机接近暴流和进入外流区域时,指示空速 IAS 会增加。第二,飞机穿过下击暴流的向下气流时会损失高度。第三,飞机通过外流区域离开下击暴流时,指示空速 IAS 下降。

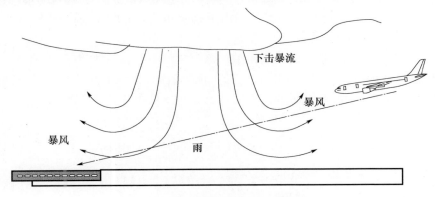

图 13.14　微暴流对飞机起降的影响

1. 下击暴流的物理特性

只有当下击暴流伴有大于 0.25mm 的降雨时,它才会被认定为湿下击暴流;其

他所有情况都是干下击暴流。另外向下气流垂直速度必须超过 20m/s 才会被认定为下击暴流。还有一点需要指出的是：下击暴流和一般下降气流之间的关键区别是下击暴流在低于云层后持续增强，其最强强度出现在地面附近。下降气流也被称为反向龙卷风，因为不是将空气通过短柱吸入暴风云，而是在下云层之下产生了一个强烈而狭窄的向下流动的空气，然后放射状向外扩展。然而，在龙卷风中，气流具有大的旋转分量，而下击暴流不具有旋转的风力分量。

下击暴流是从强降雨区域的轻微下降气流开始形成的，如在风暴云（雨或冰）中。下降气流是由比周围空气密度更高的气团（具有负浮力）形成的。由此导致气团下降。驱动下降气流的负浮力是气团通过融化和蒸发冷却以及出现降水所共同作用产生的结果。随着气团下降，下降气流的密度可能会明显增加，最终下降速度可能超过 20m/s 的情况。当下降速度更大时，下降气流就足以被视作下击暴流。形成这种现象所需的主要条件是具有足够大温度直减率的深层空气。实际上，存在多种不同的温度直减率（也称为温度分层），降水率可以产生明显的垂直速度，进而形成下击暴流。干下击暴流通常具有和干绝热层类似的温度直减率。与其他更稳定的气温分层相比，如湿绝热，需要强降水率来驱动下降气流以及增加空气密度，下击暴流也可能完全在云底形成和驱动。在这种情况下，云底的降雨量和蒸发冷却足以驱动下击暴流。

针对实际天气情况，考虑安全原因和飞机的使用认证，必须强调风暴渗透的问题。

现已有一些由于下击暴流导致的飞行事故记录。Zhu 和 Etkin 基于偶极子分布建立了下击暴流风场的模型，并提供了可用于分析逆风、侧风和下降气流的方程。自此，研究有了一定程度的进展。Zhao 和 Byrson 提出了飞机通过下击暴流的最优制导模型。此外，还有一些论文给出了逃离和规避下击暴流的策略。

2. 下击暴流风场模型

采用 Zhu 和 Etkin 提出的风场模型。该模型是不考虑黏性的，是基于高度 h 处的偶极子环量分布。模型中使用了奇点分布的镜像以保证地面处的边界条件为无气体流通。根据模型，在地面坐标系中的点 x, y, z 处由单位面积上的源分布强度产生的诱导速度为

$$u = -\frac{3}{4\pi}\int_S \sigma(\xi,\eta) \frac{(z-h)(x-\xi)}{r^5} d\xi d\eta \qquad (13.80)$$

$$v = -\frac{3}{4\pi}\int_S \sigma(\xi,\eta) \frac{(z-h)(x-\eta)}{r^5} d\xi d\eta \qquad (13.81)$$

$$w = -\frac{3}{4\pi}\int_S \sigma(\xi,\eta) \left[\frac{3(z-h)^2}{r^5} - \frac{1}{r^3}\right] d\xi d\eta \qquad (13.82)$$

其中 r 为距离，有

$$r^2 = (x - \xi)^2 + (x - \eta)^2 + (z - h)^2 \tag{13.83}$$

ξ, η 分别为源 σ 的坐标。为了满足地面处的边界条件,由在高度 $-h$ 处源分布 $-\sigma$ 产生的诱导速度导致的速度增加。这些面积分的值由源分布决定。解是轴对称的,且源分布 $\sigma(\xi,\eta)$ 仅是距离下击暴流中心径向距离的函数。

$$\sigma = \sigma_m [1 - \sin(r/R)] \tag{13.84}$$

式中:σ_m 为动量源的最大值。该模型的参数包括:(1)源分布的高度;(2)面分布的面积;(3)源强度的分布。可以通过选择这些参数来满足合理情况的下击暴流。对于式(13.80)~式(13.82)的积分,将其转换到柱坐标系中。通过迭代计算可以得到 σ_m 值,这样在云底特定高度时,便能确定下击暴流的速度状态 $\overline{w}$。具体流程如下:

(1)在云底高度的一半处,设定下击暴流中心的下降气流速度 $\overline{w}$(负值)。

(2)使用二分法求解,初始猜测 $\sigma_{m1} = 1, \sigma_{m2} = 10^5$。这些源强度的值应该包括解。根据收敛结果,使特定点的风速等于 $\overline{w}$。

图 13.15 所示的是在垂直平面 $y = 0$ 处下击暴流的流场。图中展示的流线由云底开始,轮廓线表示风速大小。需要注意的是,这个模型中在接近云底处的速度值远比证实情况高。当 $r \rightarrow 0$ 时为风速分量的奇点,可以建立其他模型,包括涡环和通用轴对称模型。

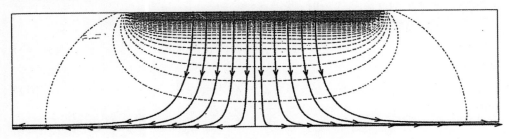

图 13.15　$y = 0$ 平面处的下击暴流,云底高度 $1000\text{m}, R = 1500\text{m}$

另一个下击暴流的流场情况如图 13.16(a)所示。这个实例的飞行情况是:飞机在 1000m 高度以 250ktas 平飞通过下击暴流中心。图中给出了由风场模型得到的垂直和水平速度分量值。和预料的情况相同,气流下降速度最大值出现在接近云底的正下方(下击暴流中心)。相应的有效迎角变化如图 13.16(b)所示。

13.8.1　下击暴流中的机动

在地面参考坐标系中,飞机的位置坐标为 $\{x, y, z\}$。假设飞机在垂直平面内运动,其坐标为 $\{x, z\}$,其中 x 轴为飞机飞行方向,z 轴垂直向上。在这个位置上的风速分量为 $\{u, v, w\}$。这些速度可以通过下击暴流模型求得。相对地面参考系的速

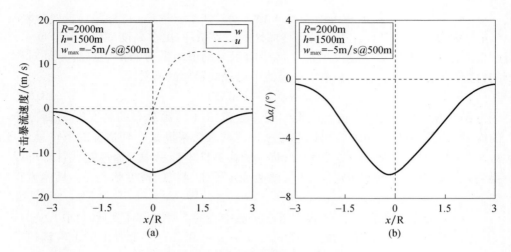

图 13.16 下击暴流的风场及机翼迎角变化

度分量为 $\{V_{gx}, V_{gy}, V_{gz}\}$。我们把 γ 称为航迹倾角(地速与水平方向的夹角),θ 称为俯仰角(机身轴线与水平方向的夹角)。将机身轴线与真空速的夹角称为 α。这些夹角和速度如图 13.17 所示。逆风导致飞机迎角 α 增加、真空速 TAS 降低。顺风的情况则刚好相反。当无风时,迎角 $\alpha = \gamma - \theta$。

在地面参考系中的速度分量为

$$V_{gx} = V_g \cos\gamma, \quad V_{gy} = 0, \quad V_{gz} = V_g \sin\gamma \tag{13.85}$$

真空速的分量为

$$U_{tas} = V_{gx} + u, \quad V_{tas} = v, \quad W_{tas} = V_{gz} + w \tag{13.86}$$

同时有

$$TAS = U = [U_{tas}^2 + V_{tas}^2 + W_{tas}^2]^{1/2} \tag{13.87}$$

航迹倾角为

$$\gamma = \tan^{-1}\left(\frac{V_{gz}}{V_{gx}}\right) \tag{13.88}$$

来流迎角 α 为

$$\alpha = \tan^{-1}\left(\frac{W_{tas}}{U_{tas}}\right) - \theta \tag{13.89}$$

如果在无风的情况下姿态 $\theta = 0$,飞机的升力 $C_{L\theta_o} > 0$,这等同于具有零升迎角,即

$$\alpha_o = -\frac{C_{L\theta_o}}{C_{L\alpha}} \tag{13.90}$$

因此升力系数可写为

$$C_L = C_{L\alpha}(\alpha - \alpha_o) \tag{13.91}$$

第 13 章 机动性能 355

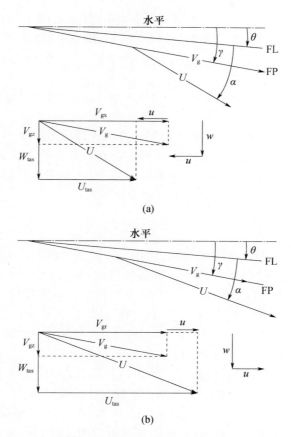

图 13.17 地面参考系中的速度分量和角度
(a) 逆风;(b) 顺风。

当飞机进入下击暴流中时,来流迎角会发生图 13.17 所示的变化,进而改变升力和阻力。特别地,升力的增加会导致飞机下降速度的降低,甚至会爬升。如果要保持来流迎角同时保持俯仰角,就需要改变飞行速度。从式(13.89)中可知,必须有以下限制:

$$\tan^{-1}\left(\frac{W_{\text{tas}}}{U_{\text{tas}}}\right) = \tan^{-1}\left(\frac{V_{gz}+w}{V_{gx}+u}\right) = \tan^{-1}\left(\frac{V_{gz}}{V_{gx}}\right)_{t=0} \qquad (13.92)$$

式中:$t=0$ 表示的是飞机进入下击暴流之前。式(13.92)包含两个未知量 V_{gx} 和 V_{gz};如果想和常规的方法一样保持飞机的地速不变,那么只需控制下沉率 V_{gz} 即可。在典型的下击暴流中 $w>u$(如 Etkin 风模型中所示),同时有 $V_{gz}>V_{gx}$。一旦进入下击暴流,分子的绝对值增加,而分母减小。因此,为了保持有效迎角 α 不变,当飞机加速时其下沉率必须减小。在通过下击暴流中心之后,情况变得相反,飞机需要减速同时增加下沉率。尽管在一些关键时刻,高度损失过快会影响其安全性。

另一种制导模式为定航迹倾角(γ-制导),该模式可以使用下式描述:

$$\gamma = \tan^{-1}\left(\frac{W_{tas} - w}{U_{tas} - u}\right) = const \tag{13.93}$$

一旦进入下击暴流,分子减小($W_{tas} < 0; w < 0$),同时分母增加(飞机遇到逆风,$u < 0$)。

如果飞机减速(如通过减小推力),那么可以保持航迹倾角不变。另一种控制方式是基于加速度实现的。图 13.17 所示的是进入下击暴流后空速降低,离开时空速增加的过程。控制律要确保真空速 TAS 不变,需要飞机先加速再减速。有关此控制方式的例子可以在相关的技术文献中找到。

13.8.2　实例研究:下击暴流中的飞行

对下击暴流的分析需要多个参数,包括云底高度、直径、中心位置的下降气流以及飞机的初始条件(包括飞机是从下击暴流的中心轴线处飞过还是从侧边飞过)。飞机最终的整体性能取决于控制律(至少包含真空速控制、航迹倾角控制和迎角控制)以及多个约束条件(下沉率、真空速、法向过载系数)。

接下来举个例子,空客 A320-200-CFM 在下击暴流中的着陆仿真。飞机的初始质量 $m = 56400\text{kg}$,在海拔 2500m 处初始真空速为 TAS $= v_{green} + 5\text{kt}$。飞机姿态需要保持不变(和无风时的值相等)。下击暴流的特性为:直径 2500m,云底高度 1000m,在轴线上距离云底 500m 处的最大下降气流为 -10m/s。

图 13.18 所示为控制飞机至目标 TAS(与进场速度相同)的轨迹特征。图 13.19 所示的情况有些类似,但不同的是飞机试图保持真空速在初始值的 95%

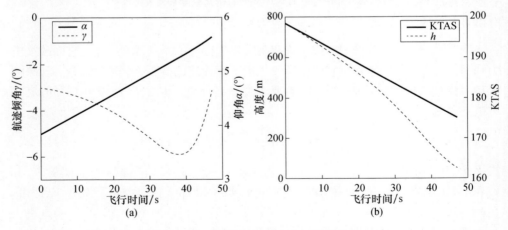

图 13.18　在下击暴流中飞行,并减速至目标速度

以内。在这两种情况中,飞机都在下击暴流中下沉,除非使用优化的控制律,否则飞机都有可能在到达跑道前触地。下沉效应如图 13.18 中所示,当飞机进入下击暴流中心时,航迹倾角出现陡降。仿真结果可以通过 FLIGHT 程序的飞行力学模型计算得到。

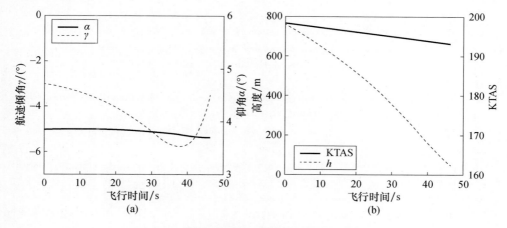

图 13.19　真空速控制下飞机在下击暴流中飞行

小结

在本章中,考虑了飞机的简单机动;讨论了飞机有动力转弯和无动力转弯;证明了在恒定推力时飞机会由于阻力增加和显著的向心加速度影响而降低高度;进一步说明这些加速度可能超过人体承受限度(可持续过载)。所以,不仅有飞机结构和动力学的限制,同时还有飞行员的限制。很明显,无人机不会遇到这个问题,因此新型高性能飞机可以进行更加快速的转弯。其他的高性能机动还包括滚转(受到惯性耦合限制)。在通用层面上,讨论了运输机的机动包线问题($V-n$ 图)。本章最后,讨论了在下击暴流中的飞行问题。这是一种在机场附近低海拔高度偶尔出现的不利天气。

参考文献

[1] AGARD WG 19. *Operational Agility*, volume AR - 314. AGARD, April 1994.

[2] Bryson AE and Hedrick JK. Minimum time turns for a supersonic airplane at constant altitude. *J. Aircraft*, 8(3): 182 - 187, 1971.

[3] Hedrick JK and Bryson AE. Three - dimensional minimum - time turns for supersonic aircraft. *J. Aircraft*, 9(2):

115 – 121, Mar. 1972.

[4] Kelley HJ. Differential – turning optimality criteria. *J. Aircraft*, 12(1):41 – 44, 1975.

[5] Kelley HJ. Differential – turning tactics. *J. Aircraft*, 12(2):930 – 935, Feb. 1975.

[6] Webb PMD. *Bioastronautics Data Book*, volume SP – 3006. NASA, 1964.

[7] LeBlaye P. *Human Consequences of Agile Aircraft*, RTO – TR – 015, chapter Agil – ity: Definitions, Basic Concepts and History. NATO, Jan. 2001.

[8] Jaslow H. Spatial disorientation during a coordinated turn. *J. Aircraft*, 39(4):572 – 576, 2002.

[9] AGARD. *Current Concepts on G – Protection Research and Development*, LS – 202, May 1995.

[10] Phillips WH. Effect of steady rolling on longitudinal and directional stability. Technical Report TN 1627, NACA, June 1948.

[11] Pinsker WJG. Critical flight conditions and loads resulting from inertia cross – coupling and aerodynamic stability deficiencies. Technical Report ARC CP – 404, Aeronautical Research Council, 1958.

[12] Seckel E. *Stability and Control of Aircraft and Helicopters*. Addison – Wesley, 1964. (Appendix I contains aircraft performance and stability data).

[13] ESDU. *Rolling moment derivative L_ξ for plain aileron at subsonic speeds*. Data Item 88013. ESDU International, London, Oct. 1992.

[14] ESDU. *Stability derivative Lp, rolling moment due to rolling for swept and tapered wings*. Data Item Aero A. 06. 01. 01. ESDU International, London, Mar. 1981.

[15] Sandhal CA. Free – flight investigation of the rolling effectiveness of several delta wings – Aileron configurations at transonic and supersonic speeds. Technical Report RM – L8D16, NACA, Aug. 1948.

[16] Myers BC and Kuhn RE. High subsonic damping – in – roll characteristics of a wing with quarter – chord line swept 35° and with aspect – ratio 3 and taper ratio 0. 6. Technical Report RM – L9C23, NACA, May 1949.

[17] Myers BC and Kuhn RE. Effects of Mach number and sweep on the damping – in – roll characteristics of wings of aspect – ratio 4. Technical Report RM – L9E10, NACA, June 1949.

[18] Anderson SB, EA Ernst, and RD van Dyke. Flight measurements of the wing – dropping tendency of a straight – wing jet airplane at high subsonic Mach numbers. Technical Report RM – A51B28, NACA, April 1951.

[19] Stone DG. A collection of data for zero – lift damping in roll of wing – body combinations as determined with rocket – powered models equipped with roll – torque nozzles. Technical Report TN 3955, NACA, April 1957.

[20] Sanders CE. Damping in roll of models with 45°, 60°, 70° delta wings determined at high subsonic, transonic and supersonic speeds with rocket – powered models. Technical Report RM – L52d22a, NACA, June 1952.

[21] Malvestuto F, Margolis K, and Ribner HS. Theoretical lift and damping in roll at supersonic speeds of thin swept-back tapered wings with streamwise tips, subsonic leading edges, and supersonic trailing edges. Technical Report R – 970, NACA, 1950.

[22] Jones AL and Alksne A. A summary of lateral – stability derivatives calculated for wing plan forms in supersonic flow. Technical Report R – 1052, NACA, 1951.

[23] Toll TA. Summary of lateral – control research. Technical Report R – 868, NACA, 1947.

[24] Skow AM. Agility as a contributor to design balance. *J. Aircraft*, 29(1):34 – 46, Jan. 1992.

[25] Rathert G, Rolls L, Winograd L, and Cooper G. Preliminary flight investigation of the wing dropping tendency and lateral control characteristics of a 35° swept – back airplane at transonic Mach numbers. Technical Report RM – A50H03, NACA, Sept. 1950.

[26] Chambers JR and Hall RM. Historical review of uncommanded lateral – directional motions at transonic conditions. *J. Aircraft*, 41(3):436 – 447, May 2004.

[27] Hall RM, Woodson SH, and Chambers JR. Accomplishments of the abrupt – wing – stall program. *J. A ircraft*, 42(3):653 – 660, May 2005.

[28] Srivastava RC. A model of intense downdrafts driven by the melting and evaporation of precipitation. *J. Atmospheric Sciences*, 44(13):1752 – 1773, 1987.

[29] Zhu S and Etkin B. Model of the wind field in a downburst. *J. Aircraft*, 22(7):595 – 601, July 1985.

[30] Zhao Y and Bryson AE. Optimal paths through downbursts. *J. Guidance. Control and Dynamics*, 13(5):813 – 818, Oct. 1990.

[31] Zhao Y and Bryson AE. Control of an aircraft in a downburst. *J. Guidance. Control and Dynamics*, 13(5):819 – 823, Sept. 1990.

[32] Bobbitt RB and Howard RM. Escape strategies for turboprop aircraft in microburst windshear. *J. Aircraft*, 29(5):745 – 752, Sept. 1992.

[33] Dogan A and Kabamba PT. Escaping microburst with turbulence: Altitude, dive and guidance strategies. *J. Aircraft*, 37(3):417 – 126, May 2000.

[34] Mulgund SS and Stengel RF. Target pitch angle for the microburst escape maneuver. *J. Aircraft*, 30(6):826 – 832, Nov. 1993.

[35] de Melo DA and Hansman RJ. Analysis of aircraft performance during lateral maneuvering for microburst avoidance. *J. Aircraft*, 28(12):837 – 842, Dec. 1991.

[36] Ivan M. A ring – vortex downburst model for flight simulations. *J. Aircraft*, 23(3):232 – 236, Mar. 1986.

[37] Visser HG. Optimal lateral – escape maneuvers for microburst wind – shear encounters. *J. Guidance, Control & Dynamics*, 14(6):1234 – 1240, 1994.

[38] Miele A, Wang T, and Bowles RL. Acceleration, gamma and theta guidance for abort landing in a windshear. *J. Guidance, Control, & Dynamics*, 12(6):815 – 821, Nov. 1989.

第 14 章 热结构性能

14.1 概述

本章涉及各种飞机子系统的热力学和结构模型。讨论了两个主要的航空热力学问题:一个是包括飞机结冰(14.2.1 节)在内的冷天气飞行(14.2 节),另一个是飞机油箱的燃油温度(14.4 节和 14.5 节)。飞机燃油的基本特征在 14.3 节讨论。14.6 节介绍了集中质量模型用以分析飞机轮胎热结构性能,旨在快速预测轮胎温度。这对高速重型飞机起飞中止很有用。最后一个问题是喷流(14.7 节),这与地面作业有关,用于基础设施和地面人员的安全。

关键概念:冷天气飞行,飞机结冰,航空燃油,燃油温度,轮胎加热,喷流。

14.2 寒冷天气飞行

在起飞、着陆和飞行中,寒冷天气飞行会导致一些问题,涉及结冰、飞行中防冰、地面除冰、低温燃油特性以及飞机在受污染跑道上的性能(包括断裂性能、水阻、滑水)等各种相关的问题。这里不会介绍防冰、除冰以及结冰的大气因素,因为它们超出了飞行性能的范围。这里主要介绍结冰对性能的影响。

多年来,飞机结冰问题导致的致命事故一直困扰着商业航空。飞机结冰在第二次世界大战就开始,轰炸机在全天候的情况下进行高空飞行。此后,收集了大量的结冰案例,建立起数据库。由于结冰现象的复杂性,飞机无法确保所有结冰条件下飞行的安全。如今,认证时的结冰条件必须参考联邦航空条例 FAR §25 附录 C(持续性最大结冰和最大间歇性结冰)。

飞机的各个部件都可能发生结冰,但是机翼、操纵面以及螺旋桨叶片上的结冰(如果存在的话)后果会特别严重,典型的后果包括阻力的增加、升力的减少(右翼和左翼的变化量不一定相同)。气动参数的差异变化可能导致飞行条件超出正常的飞行包线。

现代化的飞机经过认证,可在合理的限制条件下在结冰环境中飞行。飞行数据记录仪(FDR)可以直接或间接追踪结冰效果。在技术文献中有着丰富的飞机结冰文件,内容覆盖了结冰形成的机理、大气的影响以及飞机的飞行。这些超出了本章的范围,在文献[1-2]中有所阐述。Asselin[3]讨论了地面和飞行中结冰的形成。

为了清楚表述结冰对飞机升力、阻力影响的严重性,图 14.1 和图 14.2 显示了货机 ATR72-500 来自 Caldarefli[4] 的记录数据。这种情况导致了致命的坠机。这个案例特殊的方面是左翼和右翼升力之间的差异,以及阻力的迅速增加。对于 ATR 飞机而言,襟翼开度在 15°时,$\Delta C_L = -0.5$ 的变化量导致失速速度增加 10kt。最关键的是,升力损失是由非常小的积冰引起的。

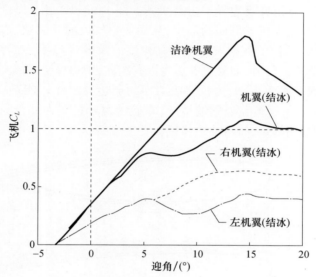

图 14.1　结冰对 ATR72 机翼升力的影响(数据来自参考文献[4])

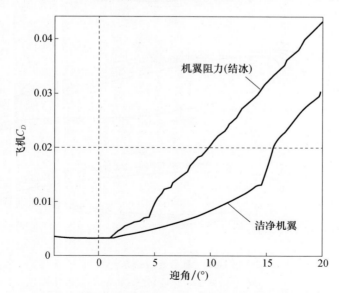

图 14.2　结冰对 ATR72 机翼阻力的影响(数据来自参考文献[4])

当飞机开始失速时,其横向、纵向稳定性受到影响。关于前一个问题,机翼失速首先发生在机翼内侧部分,并向外延伸,使滚转力矩的不稳定效应最小化。然而,这种情况只适用于对称结冰的情况,正如我们所看到的,实际情况可能不是这样。关于后一个问题,当尾翼结冰时,俯仰力矩会发生突然变化。

图 14.3 显示了一些典型机翼有和没有结冰的状况。图 14.3(a) 显示了机翼的正常情况,气流平滑并且边界层附着机翼。图 14.3(b) 显示出机翼前缘结冰的情况,其效果是改变了机翼剖面的形状,从而使空气流离开固壁,边界层变厚并最终在弦后部分离。图 14.3(c) 显示了着陆构型前缘襟翼上存在结冰的情况。虽然这可能是一个危险的信号,如果机翼本身没有结冰,则边界层可能穿过前襟翼和机翼间的间隙而保持附着流动,为机翼吸力面的弱边界层注入能量。最后,图 14.3(d) 显示了机翼上表面覆盖晨霜的情况,霜通常覆盖机翼大部分吸力面。表面形状被修改,特别是粗糙度,很可能边界层会发生分离。

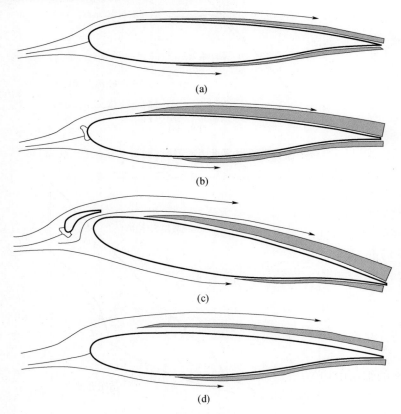

图 14.3 机翼典型结冰情况
(a)正常情况;(b)前缘结冰;(c)缝翼结冰;(d)晨霜结冰。

图 14.3(b)的情况用于认证。机翼后面边界层分离对环量的影响不会太大,除非机翼被迫在大攻角下飞行。飞机将在图 14.3(c)所示的条件下着陆认证,机翼升力不会受到前缘襟翼结冰的严重影响。图 14.3(d)的情况是有问题的,可能会导致大规模的分离,从而导致升力的损失,这种情况未经安全飞行认证。

14.2.1 飞机结冰

结冰程度也有不同,由航空当局定义为微结冰、轻度结冰、中度结冰和严重结冰。当严重结冰时,除冰系统失效而无法消除危险,在这种情况下,需要立即换乘。

大气中含有不同比例的水汽。在同一温度和压强下,最大水蒸气受饱和点(或露点)条件限制。饱和时,水凝结成雨水或冰晶。雨和冰形成云。饱和点的水蒸汽随空气温度升高而增加。饱和度归因于两个重要现象:天空晴朗时,热空气的上升(由于天气不稳定或地形)和夜间空气冷却。较低的温度导致部分蒸汽沉淀在水或冰中。然而,可能存在这样的情况,超过冷凝或凝固点而没有沉淀发生。这种现象称为过冷却。这种状态是不稳定的,一旦引入扰动,冷凝或冻结几乎是瞬间发生的,这是导致飞机结冰的基本机制。实际上,导致结冰的空气温度范围为 $-40°C < T < -10°C$,结冰高度从地面到 3048m(10000ft,FL-100)。最易暴露结冰的飞机部件是凸起部分,包括升力面、前缘襟翼、铰链、发动机进气口以及垂直与水平安定面等。

已知相当多的参数影响冰的形成。这些包括空气温度、水滴尺寸分布、含水量、空气速度、飞行高度、云的类型、飞机尺寸、局部蒙皮温度和防冰系统等。冰的形状也是多变的。两个最危险的情况是机翼前缘的槽形冰和溢流冰(融化的水在机翼前缘后面重新遇冷凝结成冰)。较大的前缘半径和缝翼可以有效地降低飞行中机翼结冰的风险。空气速度是一个关键参数,因为它影响着所谓的空气气动加热。较高的速度可能导致驻点温度升高,从而降低机翼结冰的风险。因此,在 $-10°C$ 以上的结冰是不太可能的。

已知的一种大气现象是导致形成大冰滴的所谓温度倒置。通常,温度梯度为负值(温度随着高度的升高而降低),但是存在温度梯度为正的情况。围绕倒置点周围有一股比较冷的空气。从暖层形成的雨在倒置区域上方变成冻雨,即冰冷的细雨和冰。冷冻液滴碰撞和聚结并不罕见,从而形成更大的较重的液滴且下降得更快。

冰冷的细雨由均匀的、$d < 500\mu m$ 非常小的液滴组成,在与固体表面或地面碰撞时冻结。冻雨是由较大的液滴或广泛分开的小液滴形成的。冻雨和冰冷的细雨都是一种过冷液滴,它可以长到比结冰认证标准中的液滴大 100 倍。为了认证,液滴的平均直径必须在 $5 \sim 135\mu m$ 范围内,而过冷液滴可以达到 $2000\mu m (2mm)$ 的直径。

飞机表面附近液滴的运行轨迹强烈依赖于液滴的大小。较小的液滴顺着流线流向下游,而在驻点区域附近,液滴被迫与飞机发生撞击。较大的液滴受气动力的影响较小,而更易受到惯性力的影响。因此,它们将沿着直线轨迹行进,彼此之间的持续撞击会产生更大的冰团。惯性力随液滴直径 d^3 的增长而增长,而气动力则随 d^2 的增长而增长。因此,当液滴变大时,它的气动力被其惯性力所主导。液滴持续撞击在表面上,并且基本聚结在冲击区域附近。飞行中的结冰过程本身就是飞机上过冷空气的冷冻和由于冲蚀、蒸发和升华引起的冰层消失之间的平衡结果。

另一个结冰现象是冷浸,即低温的蒙皮与高于冰点温度的潮湿空气接触。例如,在过去已经发现,空中加油机要求飞机在目标机场降落,装载有很多的燃油,就使得部分燃油与机翼的上蒙皮相接触。由于燃油温度在正常着陆条件下低于冰点,所以机翼变成散热片并冻结空气中的水分。因此,机翼结冰可能在高于 0℃ 的空气温度下发生。结冰条件比飞机结冰更频繁。在飞机飞行时,可改变两个重要参数即增加飞行速度和变化飞行高度,如图 14.4 所示。地面结冰,包括薄层的晨霜,必须在飞机飞行前清除。即使是薄冰也可能造成意想不到的空气动力学性能恶化,尤其处于关键的地面滑行、起飞和初始爬升阶段。

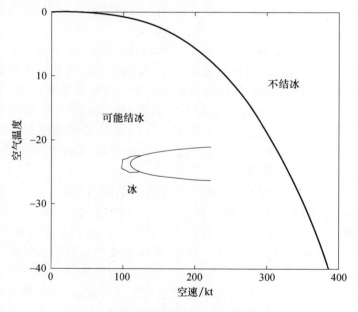

图 14.4 典型冰形成的限制

14.3 航空燃油

在本节中,简要介绍航空燃油的主要特征,包括燃油类型、规格、组成和燃油特性。航空燃油是原油的精炼产品,约12%的航空燃油提炼于每桶原油。在这一类别中有两类燃油规格:(1)航空汽油(也称为AvGas),用于往复式发动机;(2)用于燃气涡轮发动机的燃气轮机燃油。这里将仅提及后一类。

燃气轮机燃油有各种商业级,包括 Jet-A、Jet-A1、Jet-B、JP-4、JP-5、JP-7、JP-8 和 JP-9。最广泛的燃油是 Jet-A 和 Jet-Al,Jet-B(又称为广泛混合型)具有较低的冷冻温度,其余的规格采用美国军级标准。这些燃油完全由国际标准[①]规定,定义了所有的物理性质和特性(密度、黏度、挥发性、组成、燃烧、腐蚀、添加剂和毒性等)。

除了一些国际标准之外,Goodger 和 VereT 还提供有关航空燃油的技术信息。表14.1 显示航空燃油的一些基本数据。飞机性能计算最重要的参数是燃油的密度与温度的函数关系、凝固点、燃烧热、比热比。表14.2 是 BP 公司提供的 Jet-A 和 Jet-Al 的数据。这些数据,特别是密度和凝固点,有别于其他制造商引用的数据。

表 14.1 航空燃油的特点(在 15℃;数据是平均值)

汽油	宽馏分	煤油	航空汽油
比重	0.762kg/l	0.810kg/l	0.715kg/l
比热值	43.54MJ/kg	43.28MJ/kg	43.71MJ/kg

表 14.2 涡轮燃油 Jet-A 和 Jet-Al 的特点(数据来自 BP)

性能	Jet-A	Jet-Al
成分	—	—
芳烃(体积)	23.4%	19.5%
硫(质量)	0.07%	0.02%
挥发性	—	—
沸点	280℃	252℃
闪点	51.1℃	42℃

---

① 美国:ASTM D1655;IATA:ADD76-1;英国:DERD.2494;法国:AIR(3405/C)(Jet-Al)。

续表

性能	Jet - A	Jet - Al
密度 15℃	820kg/m^3	804kg/m^3
流动性	—	—
凝固点	-51.0℃	-50℃
黏度 -20℃	5.2mm^2/s	3.5mm^2/s
燃烧	—	—
比能	43.02MJ/kg	43.15MJ/kg
烟点	19.5mm	25.0mm
萘(体积)	2.9%	1.5%

1. 燃油组成

燃气轮机燃油中有 4 种主要的烃类：①石蜡，异链烷烃和环烷烃；②芳烃；③萘；④烯烃。其他比较小的组分包括硫(具有腐蚀性，是有害的燃烧副产物)、环烷酸(也有腐蚀性的)、水以及添加剂。关于后一类，有许多批准的化学品，如腐蚀抑制剂、结冰抑制剂、静电消散剂、抗氧化剂等。

2. 温度

在正常飞行的高度，空气温度可以达到低于 -60℃，特别是通过北极的交叉极地路线。目前使用的航空燃油，主要是 Jet - A 和 Jet - Al，具有较高的凝固点，会造成严重的安全隐患。尤其是，Jet - Al 的凝固点为 -47℃，Jet - A 的凝固点为 -40℃，Jet - B(广泛混合型)的凝固点为 -50℃。在俄罗斯与 Jet - Al 相当的燃油称为 TS1，尽管这种燃油具有略低的凝固点。这些平均值是不反映实际凝固现象的。在这些低温下，蜡质材料沉淀，会导致燃油供给管路和燃油过滤器堵塞。因此，一些航线不能在非常恶劣的条件下飞行。例如，西伯利亚的冬季飞行操作很容易遇到 -70℃的大气温度。为了增加安全性，在发动机燃烧室的入口之前装有一个警告系统，尽管并不总是清楚燃油加热的能力有多大。空客采用的安全保障是燃油极限温度应为凝固温度，加上发动机的加热余量，加上 2℃来确保安全(波音要求高于冰点 3℃)。添加防冻剂会影响燃油中的含水量。在飞行结束时，由于余油的热容量较低，油温变化更加迅速。搅动燃油也可以防止凝固。例如，用增压泵驱使燃油循环就可以将凝固点降低几度。其他控制油温的技术还包括来自电力系统的废热。

燃油特性是变化的，因此必须找到相关物理性质的平均值。在这方面有许多研究，对于某些属性给出不同的数字。液体燃油在 200K 和 500K 之间的热容由以下半经验表达式计算(Faith 等人[6]进行详尽阐述)，有

$$C_p[\text{kJ/kg}\cdot\text{K}] = 1.4103 - 4.8877\cdot 10^{-6}T_f + 7.1575\cdot 10^{-6}T_f^2 \tag{14.1}$$

可以用 $C_p \simeq 2000\text{J/kg}\cdot\text{K}$ 进行简单的计算。热导率由以下多项式表达式近似：

$$k[\text{W/mK}] = 2.6936\cdot 10^{-1} - 4.2273\cdot 10^{-4}T_f + 2.0251\cdot 10^{-7}T_f^2 \tag{14.2}$$

在式(14.1)和式(14.2)中，温度为开氏温度。

燃油蒸气也能得到类似的表达式。然而，该阶段的数据主要是在高温下可用。Jet-A 和 Jet-A1 的燃油密度方程如下：

$$\rho_f \simeq 1.0490 - 8\cdot 10^{-4}T[\text{kg/litre}] \tag{14.3}$$

温度必须以开氏温度为单位。该方程提供恒定的梯度 $\mathrm{d}\rho_f/\mathrm{d}T_f = -8\cdot 10^{-4}\text{kg/K}$。燃油蒸汽实际上占用了空置的体积。

发动机燃油的蒸汽压力与绝对温度有关，遵循以下的近似半经验表达式①：

$$p^*[\text{bar}] = 2.256\cdot 10^3 \exp(-3899/T^*) \tag{14.4}$$

从式(14.4)应用状态方程(14.5.1节)来计算相应的蒸汽密度 ρ_f^*，蒸汽温度的导数参见式(14.21)。

TAT、SAT 和恢复温度之间的关系如图 14.5 所示。

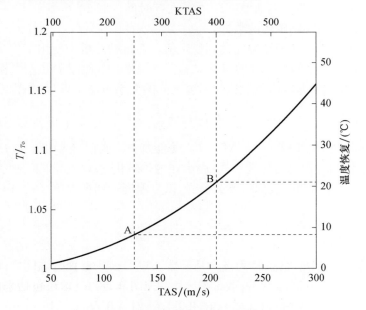

图 14.5　TAT、SAT 和恢复温度之间的关系

---

① 在技术文献中可以找到类似的表达。

14.4 飞行中的燃油温度

燃油温度变化很大,因为燃油要与油箱、外界大气一起进行热交换,温度可能达到非常低的值,达到其结晶和凝固的程度;同样也要避免高温。例如,波音 B737 - 300、B747 - 400 和 B767 的 FCOM 规定,油箱燃油最大温度不能超过 +49℃(仅 Jet - A 和 Jet - A1)。低温导致燃油泵在油箱和发动机进油管路、阀门之间输送燃油困难。如果凝固发生在燃油供给系统中及其周围,这将是特别危险的事情,在燃油中存在小的水点肯定会使问题复杂化。这样的事情就发生在 2008 年 1 月波音 B777 的身上,并坠毁在伦敦 Heathrow 机场。因此,燃油温度是 FDR 记录的许多参数之一。来自波音 B777 采用 3 种类型发动机(罗尔斯 - 罗伊斯,通用电气和普惠公司)的 14000 多次航班的数据表明[1],燃油最低纪录温度为 -39℃,尽管有约 17% 的情况温度从不低于 -20℃。

在 20 世纪 70 年代对燃油 - 温度曲线进行了进一步调查。文献[7]报告了当时所有美国空军飞机的燃油温度数据(包括 B - 52G、C - 141、KC - 135、XB70a、B - 1 等)。空中客车公司和波音公司为飞机提供了燃油 - 油箱温度统计数据。

统计数据表明,外翼油箱的燃油温度通常比机内油箱低 3°。因此,在恶劣条件下,应首先使用外油箱。燃油温度取决于飞行时间。图 14.6 显示了一个例子,这是空客飞行测试中详细阐述的数据。

在飞行 3h 后,外部油箱温度达到稳定值。在这种分析中使用了许多温度。静态空气温度(SAT)是静止空气的温度。总空气温度(TAT)是静止空气温度加上动温,相应的温升称为温度恢复。这些温度之间的关系由能量方程给出:

$$T = T_o + \frac{U^2}{2C_p} \qquad (14.5)$$

在式(14.5)中,TAT = T,SAT = T_o,动能加热(或恢复温度)为 $U^2/2C_p$。式(14.5)是伯努利方程的可压缩形式;表示在绝热转化过程中,动能的损失转化成等量的热量。气流达到驻点,如机翼的前缘,恢复温度达到最大值。式(14.5)等同于以下关系式:

$$\frac{T}{T_o} = 1 + \frac{\gamma - 1}{2}M^2 \qquad (14.6)$$

式中:γ 为大气的比热之比,M 为飞行马赫数。TAT、SAT 和恢复温度之间的关系如图 14.5 所示,与空气速度有关;假设参考 SAT = T_o = 288K(15℃)。例如,在 250kt 的速度下,温度恢复为约 9°(A 点);在 400kt,约 21°(B 点);在 M = 0.78 时,总温度为 -30℃ 对应于约 -57℃ 的 SAT。

---

[1] 空中事故调查处(AAIB)的非官方数据,2008。

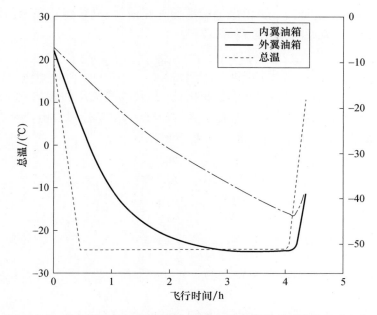

图 14.6　长途飞行期间的燃油冷却（摘自空中客车 A300/A310 数据）

为什么燃油和大气之间有热传递？燃油箱由于实际原因不是绝缘的（会增加结构重量和费用）。鉴于油箱的大小，最低燃油温度是与油箱表面相接触的；从表及内存在着正向温度梯度。燃油泵送、燃油混合和油箱摇摆都有助于降低凝固温度。燃油凝固的风险将永远存在。因为燃油温度处于水的凝固点以下，燃油中存在一些冰晶体（尽管不太可能）。如果这些晶体被吸入燃油过滤器，则存在减少燃油流动、堵塞燃油管路的风险。

14.5　燃油温度模型

现在开始研究一种低阶模型来预测飞行中燃油温度的变化。该方法基于等温燃油（质量集中）。这个假设大大简化了问题。更精确的方法必须基于燃油-油箱系统的有限元分析。然而，这里提出的方法可以在一般的飞行性能程序中实现，与其他类型的计算一起运行。

假设油箱具有 n 面几何形状，它的表面不一定要平坦。通常，对于在最小量和最大量之间任何数量的燃油，都可以计算出几何体的精确体积以及接触表面 S。可以定义数字函数

$$S = f(V) \tag{14.7}$$

对任何燃油体积 V，给出了所有浸湿（或接触）面积 S。从燃油到外部系统的热

交换是通过接触来进行的。自由燃油的液面 $\overline{S}$ 是液体、汽相相互接触的地方。根据燃油流量,这个表面的微分方程可以写为

$$\frac{\mathrm{d}S}{\mathrm{d}t} = \left(\frac{\mathrm{d}S}{\mathrm{d}V_f}\right)\left(\frac{\mathrm{d}V_f}{\mathrm{d}t}\right) \simeq \left(\frac{\mathrm{d}S}{\mathrm{d}V_f}\right)\dot{m}_f \rho_f = \dot{m}_f \rho_f f_1(V) \tag{14.8}$$

这里忽略了燃油密度在时间上的变化;$\dot{m}_f$ 是从油箱流出的燃油流量;$f_1(V)$ 表示对流面 S 和燃油体积 V 之间的数值关系。如果 $\overline{(.)}$ 表示通过自由接触面的量,而星号 $(.)^*$ 表示燃油蒸汽,通常的微分方程罗列如下:

$$\frac{\mathrm{d}V_f}{\mathrm{d}t} \simeq \frac{\dot{m}_f}{\rho_f} \tag{14.9}$$

$$\frac{\mathrm{d}S}{\mathrm{d}t} = \rho_f \dot{m}_f f_1(V_f) \tag{14.10}$$

$$\frac{\mathrm{d}\overline{S}}{\mathrm{d}t} = \rho_f \dot{m}_f f_2(V_f) \tag{14.11}$$

$$\frac{\mathrm{d}Q}{\mathrm{d}t} = h_c(T_f - T)S \tag{14.12}$$

$$\frac{\mathrm{d}\overline{Q}}{\mathrm{d}t} = \overline{h}_c(T_f - T_f^*)\overline{S} \tag{14.13}$$

$$\frac{\mathrm{d}T_f}{\mathrm{d}t} = \frac{1}{C_p m_f}\left(\frac{\mathrm{d}Q}{\mathrm{d}t} + \frac{\mathrm{d}\overline{Q}}{\mathrm{d}t}\right) \tag{14.14}$$

$$\frac{\mathrm{d}\rho_f}{\mathrm{d}t} = \left(\frac{\mathrm{d}\rho_f}{\mathrm{d}T_f}\right)\left(\frac{\mathrm{d}T_f}{\mathrm{d}t}\right) \tag{14.15}$$

式(14.10)和式(14.11)分别表示润湿表面和自由表面的变化率;这些是实际燃油量 V_f 的函数,后面的量取决于通过式(14.9)给出的燃油流量的时间。式(14.12)表示与油箱的所有润湿表面接触的传热速率;式(14.13)是通过燃油的自由液面自然对流的热传递;式(14.14)为燃油温度的变化率。式(14.15)用于封闭方程组;其右侧使用链接微分的准则,这允许将燃油的热性质($\mathrm{d}T_f/\mathrm{d}t$)与时间导数分离。导数($\mathrm{d}\rho_f/\mathrm{d}T_f$)是燃油的物理属性,如14.3节所述。

对模型写一个类似的方程组进行改进就可用于汽相。具体来说,需要计算燃油蒸汽的温度和密度(或压力)。微分方程的耦合是通过温度 T 进行的,这里的温度 T 表示燃油-蒸汽温度,而不是静态大气温度。汽相的微分方程为

$$\frac{\mathrm{d}V^*}{\mathrm{d}t} = -\frac{\mathrm{d}V}{\mathrm{d}t} \tag{14.16}$$

$$\frac{\mathrm{d}S^*}{\mathrm{d}t} = -\frac{\mathrm{d}S}{\mathrm{d}t} \tag{14.17}$$

$$\frac{\mathrm{d}\overline{S}^*}{\mathrm{d}t} = \frac{\mathrm{d}S}{\mathrm{d}t} \tag{14.18}$$

$$\frac{dQ^*}{dt} = h_c^* (T_f^* - T) S^* \tag{14.19}$$

$$\frac{d\overline{Q}^*}{dt} = -\frac{d\overline{Q}}{dt} \tag{14.20}$$

$$\frac{dT_f^*}{dt} = -\frac{1}{C_p m_f^*} \left(\frac{dQ^*}{dt} + \frac{d\overline{Q}^*}{dt} \right) \tag{14.21}$$

$$\frac{d\rho_f^*}{dt} = \left(\frac{d\rho_f^*}{dT_f^*} \right) \left(\frac{dT_f^*}{dt} \right) \tag{14.22}$$

可以看出,4个方程是直接给出的。其实,式(14.16)、式(14.17)和式(14.18)可以直接根据液体燃油和油箱的特性计算;式(14.20)也可以通过直接推断来计算。式(14.21)和式(14.22)的问题是如何计算与液体燃油热平衡时的蒸汽质量(m_f^*)。于是,可以引入假设 $m_f^* = \rho_f^* V^*$。

14.5.1 燃油蒸汽模型

燃油蒸汽用 Peng 和 Robinson[8]非线性气体方程进行描述。压力、绝对温度和摩尔体积 V_m 之间的关系为

$$p = \frac{RT}{V_m - b} - \frac{a\alpha}{V_m^2 + 2bV_m - b^2} \tag{14.23}$$

式中:R 为气体常数。

$$a = 0.45724 R^2 \frac{T_c^2}{p_c}, b = 0.0778 R \frac{T_c}{p_c} \tag{14.24}$$

$$\alpha = [1 + (0.37464 + 1.54226\omega - 0.26992\omega^2)(1 - T_r^{1/2})]^2 \tag{14.25}$$

$$T_r = \frac{T}{T_c} \tag{14.26}$$

用下标"c"表示的量为临界量,而 ω 称为中心因子,V_m 为摩尔体积。对于 Jet-A 燃油,平均值[9]为

$$p_c = 2,235 \text{KPa}, v_c = 0.564 \text{l/mol}, T_c = 537.9 \text{k} \tag{14.27}$$

中心因子和摩尔体积的值分别为

$$\omega = 0.457, V_m = 0.129 \text{kg/mol} \tag{14.28}$$

14.5.2 传热模型

为了计算传热率,需要估计换热系数。这可根据 Nusselt 数计算,有

$$Nu = \frac{h_c L}{k_c} \tag{14.29}$$

式(14.29)表示对流换热和通过固体表面的热传导之间的比值。在式

(14.29) 中, L 表示换热过程的特征长度, 即 $L \simeq S/b_{tank}$, 即润湿面积与油箱翼展方向长度的比值。热导率 k_c 由式(14.2)确定; h_c 为对流换热系数。因此, 如果找到适合的 Nusselt 数, 则根据式(14.29)计算对流换热。

从传热教科书可以找到 Nusselt 数的各种表达式, 取决于流动属于是层流、过渡层还是紊流; 具体研究涉及燃油的传热速率。在这种情况下, 使用下面关系:

$$\text{Nu}_L = 0.54 \text{Ra}^{1/4} \quad 10^4 < \text{Ra} < 10^7 \tag{14.30}$$
$$\text{Nu}_L = 0.15\ \text{Ra}^{1/4} \quad \text{Ra} > 10^7$$

式中: "Ra" 表示瑞利数; $Ra = GrPr$; Gr 为格拉晓夫数, $Pr = C_p \mu/k_c$ 为普朗特数。该方程适用于热的下表面[10]自然对流问题。因此, 外推用于液体燃油的冷却。假设油箱的顶面正在被冷却, 蒸汽的 Nusselt 数几乎相同。对于 Nusselt 数的计算, 需要一个参考长度, 尽管可能有其他选择, 这里被认为是 S/b_{tank}。总的换热系数 h_c 取决于油箱的材料结构(包括其厚度), 可以写为

$$\frac{1}{h_c} = \frac{1}{h_{c1}} + \frac{dx_w}{k_c} + \frac{1}{h_{c2}} \tag{14.31}$$

式中: h_c 为对流换热系数(燃油和空气侧), dx_w 为壁厚, 如图 14.7 所示。式(14.31)的右侧表示系统的传热系数。热交换主要是空气侧的导热 – 对流, 燃油侧也贡献一些。

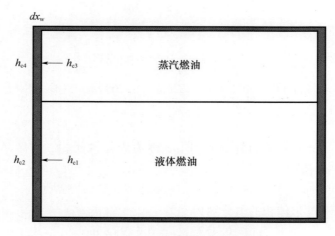

图 14.7　燃油箱热交换参数命名

铝的典型导热率是 $220 \sim 250 \text{W/m}^2 \text{K}$, 而空气的对流传热为 $10 \sim 100 \text{W/m}^2 \text{K}$。空气和燃油的自然对流换热系数为另一参数(这没有一个简单的估计)。

14.5.3　数值解

总之, 整个换热系统由 13 个常微分方程组成(式(14.17)是多余的)。对于每

个相(液体和蒸汽),未知数分别为燃油温度 T_f,相应的密度 ρ_f,接触面 S 和自由表面 $\bar{S}$,燃油体积 V,导热和对流的传热速率;接下来定义初始条件:

1. 初始温度

在热天,飞机花费较长时间着陆与滑行,T_f 可以超过 OAT。如果油箱不是满油,则相当多的燃油会蒸发。

2. 燃油流量

需要知道飞机是如何装载的以及如何使用燃油。这样,就可以获得油箱中的燃油体积(或重量)的初始值和燃油使用规则。

3. 总温和燃油流量

获取这些数据的最佳方法是进行一套完整的任务计算,并将这两个量作为飞行时间的函数进行存储。

机翼油箱特性的一个例子如图 14.8(a)所示。针对给定燃油量的体积,该图显示了燃油液位和燃油-油箱接触面积,所有数据都被归一化。如果燃油油位为 70%,燃油量为油箱容量的 40%(A 点),燃油箱接触面积为油箱包围的总面积的约 87%(B 点)。图 14.8(b)所示的自由液面从零开始(油箱为空),在燃油水平约 30% 时达到最高,在满油的极限情况下降至零。由于插值误差的影响,曲线不够光滑。

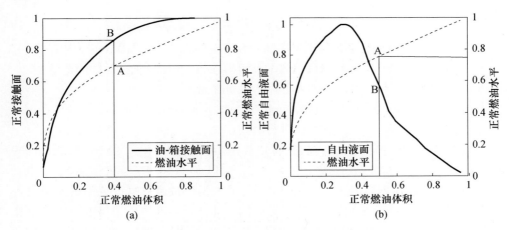

图 14.8 机翼油箱计算示例(标准化油箱润湿区域,燃油量和燃油体积)

在求解之前需要进行一些简化。首先,忽略自由表面的液体和蒸汽之间的热交换,这导致式(14.11)、式(14.13)、式(14.18)和式(14.20)是多余的。联立剩下的方程式进行求解是可能的。尤其是,由式(14.12)和式(14.14)可以导出燃油温度的简单方程为

$$\frac{dT_f}{dt} = \frac{h_c S}{C_p m_f}(T_f - T) \tag{14.32}$$

蒸汽燃油的类似组合推导出蒸汽温度的方程为

$$\frac{dT_f^*}{dt} = \left(\frac{h_c S}{C_p m_f}\right)^* (T_f^* - T) \tag{14.33}$$

参数为

$$\tau = \frac{C_p m_f}{h_c S} \tag{14.34}$$

代表类似热力学问题的时间常数。这个值越高,表示燃油对温度变化的反应越慢。燃油冷却太快不是件好事。因此,人们可能想要找到增加时间常数的方法。从式(14.34)的定义可以看出,对于给定的燃油质量,τ 随着接触面的减小而增加。然而,也很清楚,由于燃油流入或流出油箱,τ 不是恒值,接触面发生变化,换热系数由于外部条件的变化而变化。在这种情况下,当燃油量低且接触面积大时,燃油将更快地(在给定时间内)冷却。例如,含有 20000kg 燃油的燃油箱 τ 估计约为 10^5 s,约为 168min。

到飞行结束时,油箱中的余油相对较少,随着飞机下降,OAT 迅速增加。因为时间常数现在大大降低,燃油对外部温度变化的响应更快,如图 14.6 所示。

14.5.4 数值解决方案和验证

在本节中,将举例说明数值求解燃油-温度模型的所需的步骤。步骤顺序如下:
(1)计算飞行轨迹:高度、OAT、燃油流量等参数,并作为飞行时间的函数。
(2)设置油箱特性(油箱容积,初始燃油和燃油流量)。
(3)设置 ODE 的初始条件:液体/蒸汽燃油,几何特性。
(4)对式(14.32)和式(14.33)进行时间积分。

现在考虑一个燃油箱的情况,其特点如图 14.8(a)所示。飞行轨迹如图 14.9(a)所示,表示 FL-280 在巡航中有 4 个爬升阶段,OAT 有相应的变化。

微分方程组用四阶 Runge-Kutta 方法,基于飞行轨迹数据设置的时间步长进行时域求解。图 14.9(b)显示了飞行期间的燃油体积和液体燃油温度。OAT 也作为参考。爬升期间的高耗油率会使油位下降得更快(图左侧)。在飞行结束时,燃油箱相对耗空,随着飞机下降,余油温度迅速升高。至关重要的是,所提出的方法忽略了油箱壁附近的热层厚度的影响,那里存在相当大的温度梯度。

方法验证

建立的热力学模型与波音 B777-236ER 的 FDR 数据进行对比分析,波音 B777-236ER 在 2008 年 1 月在伦敦 Heathrow 机场降落时遭遇坠毁。这架飞机在约 700ft(约 210m)高度时,右发动机由于燃油流量的减少,推力下降;几秒钟后,左

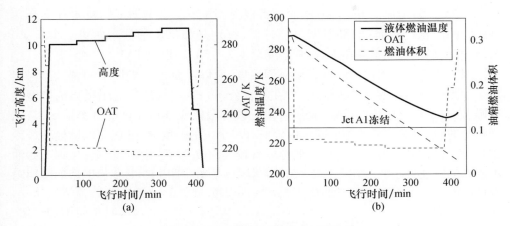

图 14.9 飞行轨迹用于燃油温度计算

发动机推力也减少了。飞行控制系统检测到燃油流量的减少,并命令阀门全面开启。但由于阀门被燃油系统内的冰块堵塞,燃油流量没有变化。发动机剩余的推力不足以维持对飞机的控制,最终坠毁在距跑道约 1000ft(约 300m)处。

图 14.10 显示了这种情况下的模拟燃油温度;将模拟结果与从 FDR[12] 提取的温度数据进行比较。该图显示了液体和蒸汽温度(计算值)、SAT(来自 FDR)、燃油体积(来自 FDR)和燃油温度(来自 FDR)。

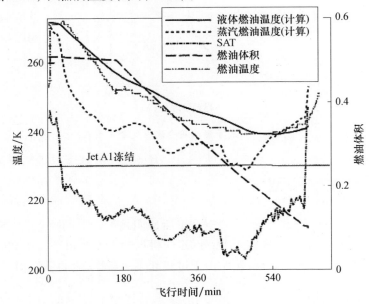

图 14.10 为 AAIBU 记录的航班计算燃油温度(带有星号 * 的数据是 FDR 数据)

作为参考,增加了 Jet – A1 燃油的常规凝固温度。燃油温度本身永远不会达到凝固的门槛。然而,局部温度可能较低,特别是如果燃油被水污染。事实上,AAIB 调查显示燃油中存在水分,其温度至少为 –34℃;最小 TAT 为 –45℃。

因为油箱的平均燃油温度高于凝固温度,所以需要进行更详细的调查。存在用于预测燃油温度的计算机程序(如在波音公司);这些程序比这里提出的模型更准确,依赖于热交换场的求解,利用有限元或有限体积分析。这些方案证明,与温度均匀的假设相反,从油箱底到自由表面有一个正的温度梯度(底部的燃油是最冷的)。此外,通常在液 – 汽界面处的温度有较大的改变,汽相温度更低,尽管不如油箱底部的燃油那么低。在飞行 2～3h 内达到热平衡。图 14.11 显示了盒形燃油箱中典型的温度分布,约 3h 后即可达到较冷的温度。

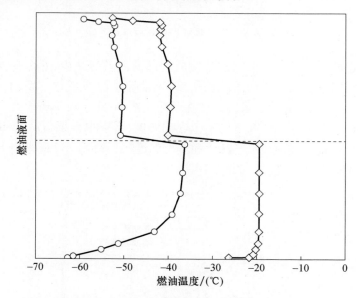

图 14.11　盒子形油箱冷油温度分布示例

14.6　轮胎加热模型

航空史是灾难性的空难史,这些空难事后证明是设计上的缺点[①]。1963 年,一架 Caravelle III 喷气式飞机在瑞士 Durrenasch 机场起飞不久由于起落架收起时,轮胎爆炸而坠毁。官方调查发现,轮胎由于过热起飞而爆炸,轮胎爆炸损坏了燃油管

---

①　国家交通安全委员会网站 www.ntsb.gov 上提供了世界各地飞机事故的详尽数据库。

路,燃油发生爆炸,没有生还者。事实上,飞行员决定用飞机机翼清除雾气,将飞机滑行到跑道的尽头并返回。在飞机离开地面的时候,它已经在跑道上滑跑了 3 次。当时忽视了由于重载、轮胎与地面不断摩擦、飞机制动操作引起非正常的轮胎加热。如今,重新起飞的飞机需要对轮胎和起落架进行额外的性能控制,通常称为负载 – 速度 – 时间图表。相关规定要求安装适当的热敏器件。而且确保在起落架折叠于支架内之前,轮胎必须先停下来。

建立重载下的轮胎加热模型是一件非常困难事。我们提出一个简单的分析,使用一些有限的数据,如可以找到常规运输飞机的数据。像往常一样需进行一些假设。

图 14.12 显示了用于推导出热力学参数的命名和飞机轮胎上的压力负载。在 ESDU[13] 中可获得用于轮胎变形的一些实用公式。按照一些国际标准给出轮胎尺寸。考虑以英制单位给出轮胎直径/轮胎宽度/轮胎边缘的规格。例如,标记 $50 \times 19.0 - 20$ 表示直径 $d_w = 50\text{inch}(1.270\text{m})$,宽度 $w = 19.0\text{inch}(0.483\text{m})$ 和轮辋 $(d_w - d_i)/2 = 20\text{inch}(0.508\text{m})$。为了一致性,这些数据被转换为 SI 单位。所需的其他数据至少还包括轮胎压力、气体的类型和轮胎的质量。飞机轮胎通常用惰性气体如氦气或氮气充气,以尽量减少温度极端变化对轮胎膨胀和收缩的影响。

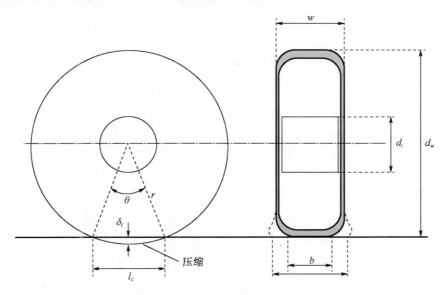

图 14.12 飞机轮胎参数命名

图 14.12 前视图显示了轮胎在道路上的两个可能的变形,这取决于轮胎压力。假定接触点的宽度 b 等于轮胎宽度,即 $b \approx w$,这个假设在估算热负荷所需近似范围内是有效的。接触长度为 l_c。从公式[13]可以方便地得到垂直变形量 δ_t:

$$7.5\left(\frac{\delta_t}{d_w}\right)^2 + 0.96\left(\frac{\delta_t}{d_w}\right) - \frac{F}{(p + 0.08p_r)w(wd_w)^{1/2}} = 0 \qquad (14.35)$$

式中:F 为外部垂直载荷,p 为未负载轮胎的充气压力,p_r 为轮胎额定充气压力。二次方程可以求解出 δ_t/d_w,取其正值才有意义。从垂直压缩量 δ_t,可以计算出压缩体积 dV,有

$$dV = \frac{1}{2}w[\theta r^2 - l_c\cos(\theta/2)] \qquad (14.36)$$

式中:θ 为对应于道路接触长度 l_c 的扇形角度(图14.12)。

轮胎的关键性能参数之一是变形,通常由下式给出:

$$\delta_{type}\% = \frac{\delta_t}{d_w/2} \cdot 100 \qquad (14.37)$$

飞机轮胎设计变形量为32%,该值远高于其他应用的轮胎。

1. 轮胎质量

通常轮胎的质量是未知的,可以从体积方程和加权比质量来估计。体积为

$$V = \pi w d_w \tau_1 + 2\pi\left[\left(\frac{d_w}{2} - \tau_1\right) - \left(\frac{d_i}{2}\right)\right]\tau_2 - (nwd)_g \qquad (14.38)$$

在式(14.38)中,d_i 为内径(轮辋),τ_1 为胎面的厚度,τ_2 为侧面的平均厚度,n_g 为沟槽的数量,w_g 和 d_g 分别为沟槽的宽度和深度。所得到的质量是轮胎各部件的加权平均数:

$$m = V\sum_i x_i\rho_i \qquad (14.39)$$

式中:x_i 为材料 i 的占有比例,ρ_i 为对应的密度。膨胀气体占据的体积是上述的一部分,可以直接从式(14.38)得出。

当飞机地面速度为 U 时,轮胎的转速为 $\omega = U/r$。加载频率为 $f = \omega/2\pi$。轮胎直径为1m,速度为50m/s,频率约为16Hz(相对较低的值),但离心加速度是惊人的500g!

2. 数值方法

车轮上的载荷 F 引起的轮胎压力的增加可以进行迭代计算。ESDU[13]建议使用

$$\Delta p_t = 1.5p\left(\frac{w}{d_w}\right)\left(\frac{\delta_t}{d_w}\right)^2 \qquad (14.40)$$

在数值方法中,该公式被用于迭代计算循环中,计算出压缩体积、接触长度以及静态条件下的压力和温度升高:

(1)使用当前气体温度 T_g,计算无负载时轮胎压力:$p_t = RT_g\rho_g$。

(2)从式(14.35)计算垂直压缩量 δ_t。

(3)根据接触状况,计算压力 Δp_t 的变化量式(14.40)。

(4) 从式(14.36),计算压缩体积 dV。
(5) 重新计算轮胎压力。
(6) 如果最新轮胎压力残差低于公差,则退出循环计算。

在进入循环计算之前,有必要计算膨胀气体的质量。通过使用理想气体的方程,在无负载条件下进行计算。下一个问题是计算作用在轮胎和膨胀气体上的热载荷,通常分别为轮胎和气体写出能量方程。

轮胎由外力加载,因此会随频率 f 的变化而变形。部分能量由于迟滞而损失。迟滞值 H 被定义为能量损失与变形能之间的比值。迟滞值取决于轮胎温度和频率。根据 Lin 和 Hwang[14] 发表的一些研究,假设 H 在 $0.1 \sim 0.3$ 之间变化是合理的。迟滞值是反映轮胎内部变化的局部参数。最高值对应于最低温度。此外,频率影响似乎只在这些温度下出现。由离心力引起的二次效应也是高速滚转一个重要因素。离心负载的一个后果是产生驻波,这会导致轮胎侧面的变形离开与道路的接触。这种情况归因于欠膨胀,在起飞作业中通常不应该遇到。在完全旋转时,轮胎变形量为

$$W_1 = F\delta_t \left(\frac{2\pi}{l_c}\right) \tag{14.41}$$

在时间步长 dt 内,变形量为

$$dW = W_1 \left(\frac{\omega dt}{2\pi}\right) \tag{14.42}$$

在变形中,实际损失的能量是 $dW \cdot H$。部分能量是通过外部对流(E_c)、内部对流(E_g)、通过与膨胀气体(E_f)的摩擦以及与道路的物理接触(E_r)而消耗掉。其余部分的能量(E_t)将用于增加轮胎本身的热能。综合式(14.41)和式(14.42)与迟滞值是整个求解方法的关键。

3. 热负荷

图 14.13 说明了如何建立轮胎模型。轮胎和道路之间、膨胀气体和外部环境之间均是相互作用的,膨胀气体与轮胎内壁相互作用。因此需要找到一种方法来估计热负荷,有

$$dW = dE_t - dE_c - dE_r - dE_g - dE_f \tag{14.43}$$

在式(14.43)出现的其他量是由于变形或特定的冷却系统所产生的内部热量(变形过程中产生的内部热量,最终由特定的冷却系统产生)。气体辐射换热比其他贡献要低约 3 个数量级。因此,在分析中没有进行考虑。

从轮胎到空气的强制对流换热可以使用与 Reynolds 数成函数关系的 Nusselt 数计算。这种关系可以写为

$$Nu = aRe^b \tag{14.44}$$

系数 a、b 取决于求解的问题,Reynolds 数计算是基于飞机速度和轮胎的转速。对

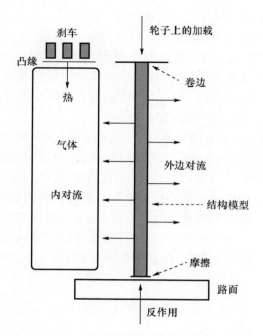

图 14.13 作用于轮胎热结构模型

于窄的轮胎($w/d_w \simeq 0.017$),有

$$\text{Nu} = 5.88 \cdot 10^{-3} Re^{0.925} \tag{14.45}$$

在将式(14.45)拓展到典型宽度飞机轮胎($w/d_w \simeq 0.25$)时,会存在问题。然而,一旦解决了这个问题,对流热量为

$$\dot{Q}_c = \frac{\mathrm{d}E_c}{\mathrm{d}t} = h_c A_c (T_t - T) \tag{14.46}$$

式中:h_c 和 k_c 表示对流换热系数和导热系数。有

$$h_c = \left(\frac{k_c}{d_w}\right) \text{Nu} \tag{14.47}$$

$$k_c = 0.0241 \left(\frac{T}{273.15}\right)^{0.9} \tag{14.48}$$

对流换热面积 A_c 近似为

$$A_c \approx 2\pi \left(\frac{d_w - d_i}{4}\right) + \pi w (d_w + d_i) - w l_c \tag{14.49}$$

除了 Reynolds 数和换热系数 k_c 是不同的,取决于膨胀气体的类型之外,膨胀气体的热交换可以写出类似的表达式。在技术文献中可找到适用的关系式[15]。这些数据与轴向流动的加热旋转圆柱体有关,主要由旋转 Reynolds 数 $Re_r = \omega d_w / 2\nu$

和轴向流 Reynolds 数 Re_a 所决定。数据表明，对于 $Re_r > 2.77 \cdot 10^5$，Nusselt 数对轴向流动不敏感，这表明换热由旋转决定。在较低的 Re_r 处，轴向流动的作用随着旋转的减小而增加。数据可用于 $Re_a = 0$，这大致对应于当前情况，尽管会出现端壁效应的问题。Nusselt 数由下式计算得到

$$\text{Nu} = \begin{cases} 2.85 \times 10^5 & Re_r \geqslant 2.77 \cdot 10^5 \\ 15.77 + 6.52 \cdot 10^{-4} Re_r + 3.86 \times 10^{-9} Re_r & Re_r < 2.77 \cdot 10^5 \end{cases}$$

(14.50)

通过与道路呈椭圆形(轴长是 l_c 和 w)接触面 A_c 发生的热交换公式为

$$\dot{Q}_r = \frac{dE_r}{dt} = k_{c_t} A_c (T_t - T_{\text{road}})$$

(14.51)

式中：k_{c_t} 为轮胎的导热系数。为了简化问题，假设跑道处于与大气相同的温度（在阳光直射的情况下可以高得多）。最后，由轮胎本身积聚的能量描述为

$$\dot{Q}_t = \frac{dE_t}{dt} = C_{p_t} m_t (T_t - T)$$

(14.52)

式(14.52)不区分轮胎部位，仅提供轮胎平均温度。局部的温度差异已经由 McCart 和 Tanner[16] 测量，他们得出结论是，内壁的温度低于外表面周围的温度。这个结果也意味着道路接触是一个更重要的因素。Goodyear① 的数据表明，在正常的滑行速度下，胎面中心线和胎面之间的温差是可忽略的。滑行速度超过 30km/h，胎圈的温度较高，可能会超过胎面 30°。因此，该方法仅适用于滑行条件。

比热可以通过轮胎各组分加权平均来估计。这些组分是橡胶(约占 80%)，钢丝(约占 5%)和纺织面料(约占 15%)，但一些制造厂商提供的组分比例不尽相同，轮胎确切组分是各家的独有信息。橡胶平均比热为 $C_p \simeq 1.5\text{kJ/kg} \cdot \text{K}$，钢 $C_p \simeq 0.46\text{kJ/kg} \cdot \text{K}$，尼龙类织物 $C_p \simeq 1.7\text{kJ/kg} \cdot \text{K}$，它们的加权平均值为 $1.478\text{kJ/kg} \cdot \text{K}$，与实际轮胎有较大的差异。此外，还有特殊结构通过冷却使轮胎加热尽可能最小。

气体能量的变化归因于式(14.46)定义的对流项以及内胎与气体之间的摩擦。轮胎内的膨胀气体的运动不适合进行简单的建模。为了当前分析的目的，需要一些近似值。几个关键的物理方面如下：

(1) 膨胀气体与轮胎壁有相同的速度移动。
(2) 气体受到作用于外径上的离心力的影响。
(3) 在别处，气体滞后于壁面。

随着思路的拓展，将气体相对于轮胎的相对运动近似为等效直径和长度的管道中的湍流剪切流。在这种管道中，壁面和气体之间没有相对的速度。一系列假

---

① 制造商发布技术数据以支持性能声明；这通常不是官方报告。

设如下：
(1) 管道直径 d_1 是轮辋和宽度之间的平均值。
(2) 内部流动的 Reynolds 数为

$$Re_i = \frac{\rho_g u_1 d_1}{\mu_g} \tag{14.53}$$

式中：u_1 为轮胎和气体之间的最大转速差（滑动速度），这是轮胎转速的一小部分。
摩擦系数 c_f 由方程计算

$$\frac{1}{\sqrt{c_f}} = 4\log\left(\frac{d_1}{\epsilon}\right) + 2.28 - 4\log\left(\frac{4.67(d_1/\epsilon)}{Re\sqrt{c_f} + 1}\right) \tag{14.54}$$

式中：ϵ 为内壁面的平均粗糙度。式(14.54)是隐式形式，必须迭代求解。气体和轮胎之间的平均阻力为

$$R \simeq \frac{1}{2}\rho_g\left[\frac{\pi}{4}(d_w - d_i)(d_w + d_i)\right]c_f u_1^2 \tag{14.55}$$

在时间步长 $\mathrm{d}t$ 中，消耗的能量为

$$E_f \simeq R u_1 \mathrm{d}t \tag{14.56}$$

描述轮胎和气体温度的微分方程分别为

$$\frac{\mathrm{d}T_t}{\mathrm{d}t} = \frac{1}{C_{p_t}}(\mathrm{d}W - \mathrm{d}E_c - \mathrm{d}E_r - \mathrm{d}E_g) \tag{14.57}$$

$$\frac{\mathrm{d}T_g}{\mathrm{d}t} = \frac{\mathrm{d}E_g}{C_{p_g} m_g} \tag{14.58}$$

这些方程与初始条件

$$t = 0, T_t = T, T_g = T, T_r = T \tag{14.59}$$

相结合。式(14.57)和式(14.58)可以包括在起飞和着陆的解决系统中，并和对应的方程组（如9.2节）用四阶 Runge – Kutta 积分同时求解。

14.6.1 数值模拟

对于波音 B777 – 300 飞机加减速而言，积分轮胎加热模型与起飞方程的结果如图 14.14 所示。图 14.14(a) 显示了轮胎的温度分布；图 14.14(b) 显示了对应的气体温度。由于重心 CG 位置的影响，前起落架（NLG）热结构载荷较高。前起落架 NLG 上高热负荷并不罕见。在飞机加速的情况下，由于轮胎周围空气的冷却效应，温度会一致地降低。对于减速而言，这种冷却不存在，长时间轮胎 – 跑道接触、与气体的内部摩擦以及机械制动器的影响，会带来额外的加热。请注意，此过程与起飞方程完全耦合，在第 9 章中已讨论。

由于少数可用数据并非是可用格式，因此不能直接针对提出的模型进行验证。Cavage[17] 提供了一些波音 B727 典型滑行时轮胎加热的数据。结果表明，加热取

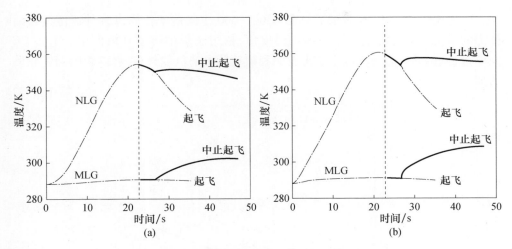

图 14.14 波音 777-300 加速-停止轮胎温度估计
(标准日,2m/s 的逆风,在平均海平面 50m 以上的机场)
(a)轮胎;(b)空气。

决于负载、滑行速度和轮胎类型。这些数据在滑行速度直至 70mph 时(110km/h)都是有用的。可以与 Goodyear 公布(尽管没有公布实际负载条件和轮胎规格)的一些数据进行定性比较,如图 14.15 所示。胎圈温度始终是最高的。在这个例子中,飞机以指定的速度在长跑道上滑行,并在轮胎上选定点进行温度测量。

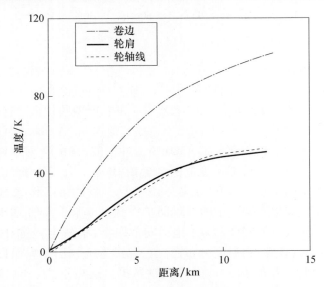

图 14.15 轮胎温度的估算(采自 Goodyear 数据;速度 $U=48$km/h(约 29kt);
变形为 0.32;轮胎尺寸和载荷条件未知)

作为比较，图 14.16 显示了空客 A300-600 主起落架轮胎以各种速度滑行时预测的温度。预测的是轮胎内平均温度值，依附于集中质量分析模型。重心 CG 的位置是重要的，因为它确定了主轮胎和前轮胎上的负载分布，可以影响两组轮胎的加热。

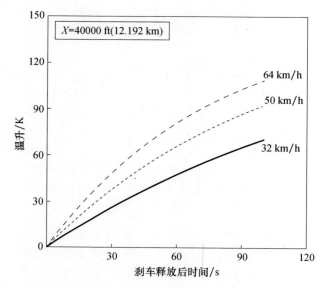

图 14.16 从滑行开始估算轮胎温度
（$m=150t$；逆风 $2m/s(3.9kt)$；海拔 $50m$；x_{CG} 是 30% MAC；标准日）

14.7 喷气冲击波

如果喷流能够将波音 747 推向天空，想象一下它能做些什么。它可以摧平建筑物、将地面车辆抛向空中、在舷梯和跑道上造成其他损坏。Melber-Wilkending[18] 的数值研究举例说明了一架空中客车 A380 喷流冲击波，飞机喷流冲向机库的一角。在拐角周围产生的风影响长度尺度范围至少在 100m。大多数飞机制造商提供在地面上喷流冲击波的热图和速度图，至少含有两个发动机工作状态：慢车和全推力。这些状态对于在地面操作中的基础防护设施是非常重要的，基础设施可以保护附近车辆和地面人员的安全。为了地面安全作业[19]，规定一些条例。喷流特性的精确测定包括有速度图和温度分布图。在现代飞机的几乎所有的 FCOM 中，都有一些章节包含低推力和高推力情况下这些数据。这些分布图可以通过实验和数值模拟相结合的方式来确定。数值模拟越来越广泛使用，它需要采用非定常雷诺平均 Navier-Stokes 方程求解核心流和二次流（旁路）。热图可以通过各种热像测量技术来确定,包括红外热像仪。

来自 Airbus① 的图 14.17,显示 Airbus A380 的喷气发动机在慢车状态下的温度分布。羽流从地面上升起,可以被认为是"自由"的喷流。在较高的推力设置下,羽流与地面相互作用。速度云图表明在发动机慢车时,56km/h 的气流(最大安全喷流)向飞机后方延伸约 50m。随着发动机以最小起动推力工作,这架飞机的喷气羽流延伸到约 90m。当发动机处于起飞推力时,羽流延伸约 0.5km,向上方天空延伸 50m。

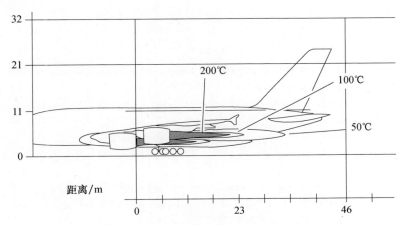

图 14.17　A380-861 发动机慢车地面温度水平(侧视图)

在不同的发动机状态下,由于喷流和地面之间的复杂相互作用,不能基于这样或那样的情况做出简单的外推。科技文献[20]包含许多半经验关系来预测喷气膨胀和速度分布。然而,这些方程式仅在不与边界相互作用时适用。在实际中条件是,由于喷流区域可能非常大,有些机场配备了气流冲击波偏转屏障。最近 Slaboch[21] 发布了一些主要机场的实验数据分析,旨在提供指导方针,减少机动飞机的危害。

小结

本章中,介绍了一些与热力学和结构力学有关的性能问题。在前一类问题中,飞机结冰被认为是最重要的,一直是一些显著飞机事故的来源。机翼的气动特性严重恶化,甚至可能是不对称的。因此,飞机控制变得不可能。在高温和低温下都会出现燃油温度问题。阐明了非常冷的燃油涉及的问题,及其在飞行中的温度变

---

① 空中客车,A380 飞机特性,2008 年 11 月发布,空中客车客户服务,法国布拉涅克。

化。开发了集中质量模型,能够预测飞行中燃油温度的变化。燃油凝固是不太可能的,除非在极端情况下,并结合与燃油管道相关的其他因素。在结构问题的类别中,阐明了轮胎负载和轮胎对极端负载的响应,这可能导致异常加热。在这种情况下,还开发了轮胎负载和加热的集中质量模型,并与飞行性能完全集成(滑行、起飞和着陆)。最后,简要提到喷流冲击波爆炸的问题。高能的喷管排气可能对基础设施和地面人员造成破坏性后果。

参考文献

[1] Kind RJ, Potapczuk MG, Feo A, Golia C, and Shah AD. Experimental and computational simulation of in-flight icing phenomena. *Progr. Aerospace Sciences*, 34:257–345, 1998.

[2] Lynch FT and Khodadoust A. Effects of ice accretions on aircraft aerodynamics. *Progress Aerospace Sciences*, 37(8):669–767, 2001.

[3] Asselin M. *Introduction to Aircraft Performance*. AIAA Educational Series, 1997.

[4] Caldarefli G. ATR-72 accident in Taiwan. In *SAE Aircraft & Engine Icing International Conference*, ICE 13, Sevilla, Spain, Oct. 2007.

[5] Goodger E and Vere E. *Aviation Fuels Technology*. Macmillan, London, 1985.

[6] Faith LE, Ackerman GH, and Henderson HT. Heat sink capability of a Jet-A fuel: Heat transfer and coking studies. Technical Report CR-72951, NASA, July 1971.

[7] Gray CN and Shayeson MW. Aircraft fuel heat sink utilization. Technical Report TR-73-51, US Air Force Aero Propulsion Labs, Wright-Patterson AFB, Ohio, July 1973.

[8] Peng DY and Robinson DB. A new two-constant equation of state. *Industrial & Eng. Chemistry: Fundamentals*, 15:59–64, 1976.

[9] Huber ML and Yang JC. A thermodynamic analysis of fuel vapor characteristics in an aircraft fuel tank ullage. *Fire Safety Journal*, 37:517–524, 2002.

[10] Incropera F and De Witt DP. *Introduction to Heat Transfer*. John Wiley, 1985. Chapter 9.

[11] AAIB. Accident to Boeing B-777-236ER, G-YMMM at London Heathrow Airport on 17 January 2008. Interim Report EW/C2008/01/01, Sept. 2008. Aldershot, Hampshire, UK.

[12] Filippone A. Theoretical framework for the simulation of transport aircraft flight. *J. Aircraft*, 47(5):1679–1696, 2010.

[13] ESDU. *Vertical Deflection Characteristics of Aircraft Tyres*. Data Item 86005. ESDU International, London, May 1986.

[14] Lin YJ and Hwang SJ. Temperature prediction or rolling tires by computer simulation. *Mathematics and Computers in Simulation*, 67:235–249, 2004.

[15] Seghir-Ouali S, Saury D, Harmand S, Phillipart P, and Laloy O. Convective heat transfer inside a rotating cylinder with an axial flow. *International J. Thermal Sciences*, 45:1066–1078, 2006.

[16] McCarty JL and Tanner JA. Temperature distribution in an aircraft tire at low ground speeds. Technical Report TP-2195, NASA, 1983.

[17] Cavage WM. Heating comparison of radial and bias-ply tires on a B-727 aircraft. Technical Report DOT/

FAA/AR - TN97/50, US Department of Transportation, Nov. 1997.

[18] Melber - Wilkending S. Aerodynamic analysis of jet - blast using CFD considering as example a hangar and an Airbus A380 configuration. In *New Results in Numerical and Experimental Fluid Mechanics*, volume 92 of *Notes on Numerical Fluid Mechanics*. Springer, 2006.

[19] Anon. *Transport Canada Aeronautical Information Manual(TC AIM)*: *AIR Section* 1.7: *Jet and Propeller Blast Danger*. Transport Canada, Oct. 2011 (continuously updated). TP 14371.

[20] Witze P. Centerline velocity decay of compressible free jets. *AIAA Journal*, 12(4):417-418, April 1974.

[21] Slaboch PE. An operational approach for the prediction of jet blast. In *AIAA Aerospace Sciences Conference*, AIAA Paper 2012 - 1225, Nashville, TN, Jan. 2012.

第 15 章 任务分析

15.1 概述

任务分析是针对飞机运行、重量和燃油规划的整体设想。任务分析可以增加若干个参数化的考虑,包括任务优化、环境排放以及各种商业或军事的权衡。本章说明了如何进行一个详细的任务分析。首先定义任务场景(15.2 节)和载荷-航程图(15.3 节)。然后,进行详细的定性和定量任务分析(15.4 节),包括任务航程和任务燃油(15.5 节),储备燃油策略(15.6 节)和 MTOW 时的短程性能(15.7 节)。在 15.8 节中,讨论更进一步的问题,如中转服务(15.8.1 节),燃油携带(15.8.2 节)和不归点(15.8.3 节)。接着计算直接运营成本(15.9 节)。给出一些实例研究:飞机的选择问题(15.10 节),运输机的燃油任务规划(15.11 节)以及为水上作业装备了浮筒的螺旋桨飞机的浮筒对载荷-航程图的影响(15.12 节)。最后,介绍了飞机性能中的风险分析(15.13 节)。

关键概念:任务剖面,飞行计划,载荷-航程图,任务分析,储备燃油,燃油规划,燃油携带,中转,直接运营成本,风险分析,航线选择。

15.2 任务剖面

任务剖面是一种场景,用来确定重量、燃油、有效载荷、航程、速度、飞行高度、待机等其他操作,这些是飞机必须能达到的。针对不同飞机类型有不同的任务需求。对于高性能飞机,其相当复杂,需要一些统计预测。确定性的方法是不充分的甚至不推荐。

多年来,许多商用飞机运营商都发现机会市场,专门向特定的客户提供价格和服务。其中包括主要飞往商业中心的运营商;飞往特定目的地(油田和气田)的运营商;飞往度假胜地和飞往小机场或未充分利用的机场的旅游经营者和廉价航空公司。这些运营商有不同的时间表和成本结构。

从亚声速商用喷气飞机的远程客运服务开始讲起。基本原则是飞机从 A 机场起飞,沿认可的飞行走廊飞往 B 机场,然后返回 A 机场。任务规划的主要参数是机场之间的距离、飞行时间、机场停机准备时间、飞行速度、当地空中交通和两地的起飞时间。飞机回到初始起飞机场，若一天还没有结束，运营商可能希望将飞机用于到同一目的地或另一目的地的另一航班。关键是飞行时间和最小化停运时间。图 15.1 给出了从欧洲主要机场到美国东海岸机场的跨大西洋航线飞机的典型时间表。

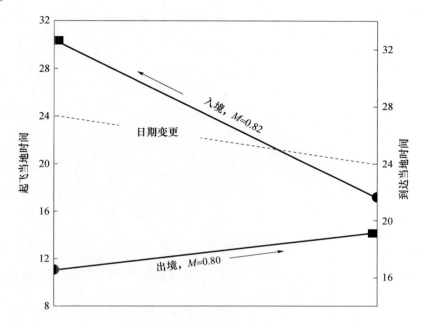

图 15.1　跨大西洋飞行时间表

由于时区的影响，上午晚些时候离开欧洲的航班在下午 3 点左右到达美国，傍晚时分由美国出发在第二天凌晨回到欧洲。飞机将在 24h 内完成回程，工作时间约为 14～16h。对于夜晚晚些时间到达的航班，可能会在第二天清晨进行回程。这样增加了运营成本，因为需要在母港之外维持机组人员。

图 15.2 所示的时间表给出了英国机场与欧洲大陆之间的典型时间表。由于 600n mile 的相对较短距离和同在一个时区，因此可以运行两个往返服务和一个出境服务，同时保持夜间停运（阴影区域）。最后的出境航班必须停留在目的地机场，直到第二天早上此航班将是第一个入境航班。为了高效运行，此项服务需要两架飞机，每个机场各一架。如果不能实现，则必须从时间表中取消最后一班出境航班。

使用飞机的另一个关键因素是周转时间，即为下一次航班飞行准备所需的时间。需要相当多的后勤保障以确保在目标时间内为乘客、货物和飞机提供所有所需的服务。其中涉及 6 种不同类别的服务：乘客登机/下机；货物装/卸；加油；清

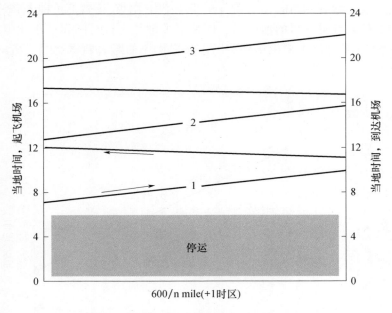

图 15.2　短—中程飞行时间表

洁;配餐和地勤。准备下一次航班所需的时间可能需要 3h。然而空客报道,A380 的周转时间,两个机舱标准服务为 90min,主机舱开始服务为 120min①。

15.2.1　运行参数

　　轮档时间是从离港至到港的所需时间。如果将每个航班的飞行时间相加,在一年结束时,飞机将停到总轮档时间,航空公司运营商希望总轮档时间最大化。轮档时间由 3 部分组成:滑行起飞时间、空中飞行时间和滑行降落时间。对于白天短航线飞行的飞机,可以在下午 3 点左右返回,应该能够完成相同目的地的另一个往返飞行或其他飞行。对于经营多架飞机的航空公司来说,行程安排和优化运行是一个复杂的问题,如恶劣天气可能导致数十架飞机和飞行机组人员在数天内无法飞行。飞机的行程安排和运行是运营研究的课题,可参见各种相关出版物,如 Gang Yu[1] 介绍需求预测、网络部署、航线规划、航班时刻表规划、不规则性飞行、时刻表集成、机场交通模拟和控制等。Coy[2] 提供了轮档时间的统计预测,与图 15.1 所示的确定性情况不同,其预测依赖于许多随机参数,包括拥塞、天气条件和早期的延迟累积。

---

① 空客 A380 飞机特性,修订于 10/01/09(2009),法国 Blagnac Cedex。

在下面的讨论中,只考虑一个确定性的情况,并关注其性能①。对于运输型飞机,任务分析有两种基本类型:

(1) 航程规划。对于给定的大气条件,给定的有效载荷和燃油载荷:计算可用航程。问题在于建立飞行规划与运行参数之间的函数关系:

$$X = f(W_p, W_f, \text{Atm}) \tag{15.1}$$

(2) 燃油规划。对于给定的大气条件,给定的航程 X 和任务载荷 W_p,计算任务燃油和重量组成。建立燃油规划与运行参数之间的函数关系为

$$W_f = f(X, W_p, \text{Atm}) \tag{15.2}$$

使用运行参数 Atm 包含飞行中遇到的所有大气条件。方便起见,这些条件可分段为①起飞和爬升;②巡航;③最终进场和着陆。更具体地说,大气参数为大气温度、风速、风向和相对湿度。相对湿度与噪声计算相关(参见第 16 章~18 章)。

15.3　航程 – 载荷图

由于可以飞行的距离是未知量,因此载荷 – 航程图属于航程飞行性能分析(式(15.1))。飞行距离不仅取决于燃油量,还取决于有效载荷的重量。在大多数情况下,最大有效载荷和最大燃油量的组合超过 MTOW。如果我们知道如何计算飞行航程,那么可以构建一个图表,给出飞机重量与航程的关系。由于巡航方式的不同,可以构建对应于每个飞行的不同重量 – 载荷。此外,大气条件、爬升和下降方式、储备燃油可以显著改变重量—载荷性能。除非指定了所有使用条件,否则不可能比较两架飞机的有效载荷 – 航程性能。

有几种方法可以分析有效载荷 – 航程的性能。第一种方法如图 15.3 所示,图中给出了空客系列的 3 种商用亚声速喷气飞机的有效载荷 – 航程图。制造商通常规定最大乘客(包括行李)和散装货物时的航程。对于大多数商用航空公司来说后者很重要。无论如何,客运飞机很少在 MTOW 下使用。

给出载荷 – 航程性能的另一种方法如图 15.4 所示。详尽的数据来自波音[3],参考 B747 – 400。该图与图 15.3 相比有很大的不同,且更为详细。图中斜线对应恒定的 BRGW 值。在给定松刹车总重量 BRGW 上进行航程增加和有效载荷相应减少之间的权衡:

$$\left(\frac{\mathrm{d}ZFW}{\mathrm{d}X}\right)_{BRGW}$$

ZFW 是除了装载燃油之外的飞机重量,包括散装载荷、机组人员和所有的使

---

① 尽管"质量"和"重量"在物理上是不同的,但我们可以互换使用。航空术语中指的是"重量"而不是"质量",我们的计算模型中采用"质量"。

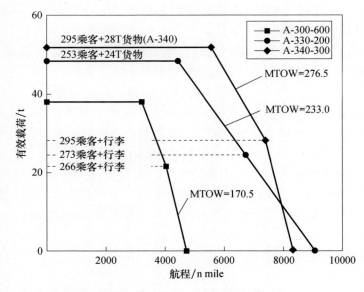

图 15.3 空客飞机的最大有效载荷 – 航程

用项目。在恒定 BRGW 下,航程是减小的。因此,导数为负。该值是在恒定 BRGW 下,ZFW 的变化对航程变化的敏感度。

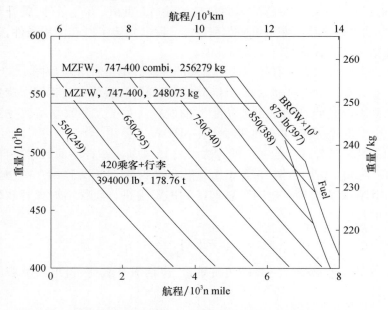

图 15.4 波音 B – 747 – 400 和 – 400 Combi(CF6 – 80C2B1F 发动机)
(标准日;$M = 0.85$;巡航 – 爬升剖面;FAR 国际储备)

影响飞行 – 航程的关键参数是风。图 15.5 给出了波音 747 可以达到的一些目的地。从制造商所给数据推断,其中考虑到典型任务规划,85% 的常年风和空中交通管制。这种类型的图表从运营角度来看比工程角度来看更有用,因为它给出的散装载荷、乘客负载、飞行程序、可用飞行走廊等方面的细节信息很少。

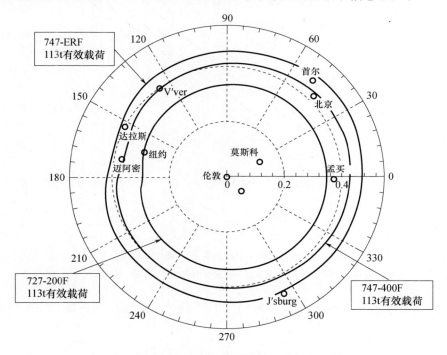

图 15.5 波音 747 系列飞机的航程(数据由波音提供)

有效载荷 – 航程图的另一个例子如图 15.6 所示,图中参考商用喷气飞机湾流 G550[①]。数据在给定有效载荷的条件下,给出飞机的航程 – GTOW 关系。在一般飞行计划中,可以给出对应于飞行距离的飞行时间(图 15.1)。燃油量可由相关数据推断出来,如对于指定的有效载荷 W_p 和所需的航程 X,图中可得到重量 W = GTOW,相应的燃油重量 W_f 可由差量中找出:

$$W_f = W - W_e - W_p \tag{15.3}$$

使用空重 W_e 可由飞机文件(FCOM,型号证书)中给出。

由式(15.3)可以将燃油系数 $\xi = W_f/W$(燃油量比总重量)写为

$$\xi = 1 - \frac{W_e}{W} - \frac{W_p}{W} \tag{15.4}$$

---

① 湾流 G550。飞行机组操作手册(2005)。

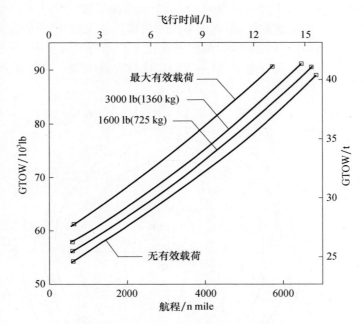

图15.6 湾流 G550 的有效载荷 – 航程图
(数据由湾流航空提供；$M = 0.80$；200 海里转场燃油，标准日，无风)

因为空重是固定的，所以式(15.4)为有效载荷系数和燃油系数之间的线性关系，总重量 W 作为一个参数。

15.3.1 实例分析：航程敏感度分析

对于 5000n mile 的飞行航程(图 15.7 中的点 X)，最大有效载荷(B 点)的飞机与 1360kg(3000lb)有效载荷(A 点)的飞机 GTOW 差值为 2052kg(4520lb)。审定的最大有效载荷为 2812kg(6200lb)。这意味着两种情况之间的有效载荷差值为 760kg(1680lb)：

$$\Delta \text{GTOW} = 2052\text{kg}, \Delta W_p = 760\text{kg}, \Delta W_f = 2052 - 760 = 1292\text{kg}.$$

这意味着有效载荷增加 760kg，需要约 1300kg 的额外燃油来达到相同的飞行距离，或者

$$\left(\frac{\mathrm{d}W_f}{\mathrm{d}W_p}\right)_X = 1.7 \qquad (15.5)$$

与飞机的整体使用成本相比，式(15.5)是一个保守值。或者，考虑在相同有效载荷下的两个航班情况(图 15.7 中的点 A 和点 C)。

$$\Delta X = 719\text{n mile}, \Delta \text{GTOW} = 0, \Delta W_f - \Delta W_p = 760\text{kg}$$

因此,有效载荷的减少量被燃油的增加量所抵消,有

$$dZFW = d(W_e + W_p) = dW_p = -dW_f \quad (15.6)$$

$$\left(\frac{dZFW}{dX}\right)_{GTOW} = -\frac{dW_f}{dX} = -1.057 \text{kg/n mile} \quad (15.7)$$

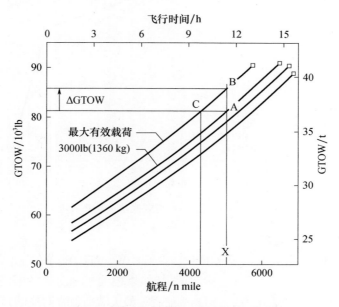

图 15.7 湾流 G550 载荷 - 航程敏感性分析

15.3.2 实例分析:ATR72 - 500 的有效载荷 - 航程

使用 PW127M 涡轮螺旋桨发动机和 Hamilton F568 - 1 螺旋桨作为 ATR72 - 500 的动力装置。此配置已在其他章节中讨论。计算了两个不同重量的载荷 - 航程性能,并将结果与制造商提供的"官方"性能进行比较。这些结果如图 15.8 所示。计算中包括 4 个关键点:限制起飞重量航程,最大载荷航程,最大燃油航程和转场航程。

15.3.3 载荷 - 航程图计算

现在介绍计算有效载荷 - 航程图的方法。为了避免计算机大量的计算,需要进行一系列简化。需要定义 3 个关键使用点:(1)最大载荷航程 X_{p1};(2)最大燃油航程 X_{p2};(3)转场航程 X_{p3}。在航程 X_{p1} 和 X_{p2} 对应飞机重量为恒定的 BRGW。区别虽小,但是额外的计算量是相当大的。

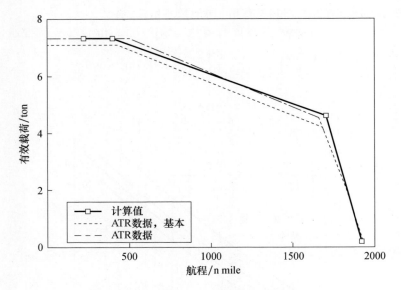

图 15.8 ATR72-500 有效载荷-航程性能

1. 最大有效载荷航程

假设没有乘客,散装载荷等于 MSP。在 GTOW = MTOW 条件下,使用对分法计算燃油规划对应的假定航程 X。换句话说,如果燃油规划对应的假定航程 X 使得 GTOW < MTOW,要么增加航程,否则减小航程。最大载荷航程对应的是 $X_1 = X_{design}/2$ 和 $X_2 = X_{design}$。在 7~10 次迭代过程中收敛到 X_{p1} 是没有困难的(有可能飞机无法爬升到 ICA 估计值,或者 GTOW 对应的航程 X 比 MTOW 对应的航程大得多)。

2. 最大—燃油航程

假定 GTOW = MTOW,在航程增加的情况下,有效载荷需要替换为相应的燃油。如果 W_{mfw} 为最大燃油量,那么散装载荷为

$$W_p = GTOW - W_e - W_{mfw}$$

此时增加乘客重量是无用的,因为乘客需要考虑机上服务。最大燃油航程 X_{p2} 为固定值。对于 $X_{p1} < X_{p2} < X_{design}$,使用对分法计算最大燃油航程。对于给定的迭代,如果 GTOW < MTOW,增加假定航程,否则减小假定航程。除非数值计算困难(如在前一点),否则程序应在少于 10 次迭代中收敛到 X_{p2}。

3. 转场航程

在这种情况下无有效载荷,因此起飞重量为

$$GTOW = W_e + W_{mfw}$$

对于 $X_{p1} < X_{p2} < 1.1 X_{design}$,使用对分法计算转场航程。若任务燃油低于燃油容量,则增加假定航程,否则减少假定航程。

4. 最大乘客航程

除了上述 3 点，客机必须在最大载客量的情况下设计航程，该航程通常在 X_{p1} 和 X_{p2} 之间。此时，有效载荷重量是所有的乘客、行李、服务设施的平均重量和机组人员的平均数量（以及相关重量）的总和。对于 $X_{p1} < X < X_{p2}$，计算方法和步骤与上述情况相同。

在载荷 - 航程的计算前提中有一系列假设，其中一些是具有随机性的，但储备燃油（15.5 节）和大气条件必须明确。

15.4 任务分析

实际的飞行规划需要优化航线（轨迹，垂直剖面）、马赫数、高度、空中交通管制和航空监管机构施加的限制。飞行规划必须基于实时数据，如风、温度、有效载荷和其他参数。因此，详细分析中包含许多参数，其计算流程图如图 15.9 所示。

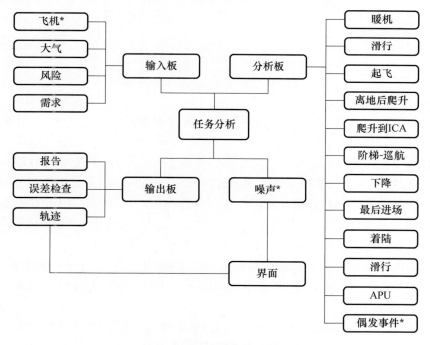

图 15.9 任务燃油分析流程图

带有星号的方框是指子模型。飞机模型在第 2 章中介绍；飞机噪声模型在第 16 章和第 17 章中介绍（见流程图 16.3）；应急燃油在 15.11 节中介绍；飞行轨迹与噪声计算相关联所需的接口界面在 18.4 节中介绍。

商用喷气机的典型任务剖面如图 15.10 所示。图中包括爬升到巡航高度、巡航和下降的过程,其中还包括中止着陆和在较低高度的飞行延长的情况。通过对每个飞行段的飞行距离和飞行高度的定量分析,可以得到精确的飞行剖面。更具体地说,有以下两个问题:

(1) 给定燃油和有效载荷的任务航程,不受 BRGW 约束限制(15.4.1 节)。

(2) 对于给定航程和有效载荷的任务燃油,受 BRGW 的约束限制(15.5 节)。

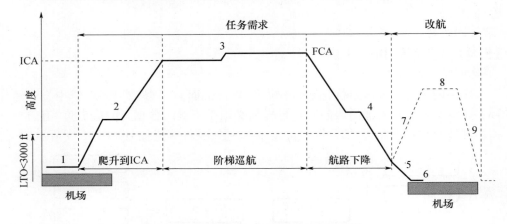

图 15.10　客机标准任务剖面(参考资料[4])

重量限制可以指定 BRGW 或 GTOW。第二种情况只受 GTOW ≤ MTOW 的限制。

计算飞行任务所需的精确燃油量需要考虑不同的目标,其中一些目标可能存在冲突,但安全是第一位的。其次,航空公司必须通过自己的会计系统和准时的服务来考虑其盈利能力。其他方面包括实际有效载荷、天气情况、使用限制、航线和高度限制。大多数情况下,燃油成本是商业航空公司最大的成本部分,价格波动使得飞行规划存在困难和风险。燃油规划需要考虑以下 3 个阶段:

(1) 飞行前。指路径规划、地面操作、APU 的地面使用、整备和其他管理任务。

(2) 飞行中。指在飞行计算机中规划的所有飞行,如计划航线、爬升和下降行程、飞行高度选择等。

(3) 飞行后。包括收集和分析飞行数据、实施相应措施来降低燃油消耗。这些措施包括使用 FDR 监测发动机、机体和其他系统。

任务燃油的计算(第 2 点)需要将飞行中每个部分所需的燃油相加。对于客机,任务需求相对简单。需要考虑辅助动力装置 APU 的燃油,因为对于大型飞机,这意味着相当多的额外重量。APU 燃油流大约是 150kg/h,对于宽体商务客机的 7h 洲际飞行,这意味着 1050kg 燃油消耗,相当于 12 名乘客的重量。

数值计算是基于最佳燃油规划和最佳飞行轨迹的组合。每个阶段在某种程度上是相对独立的。例如，初始巡航条件是基于最优 SAR 建立的，在爬升最高点估算 AUW。同样，根据巡航确定下降轨迹的初始条件。现已提出了一些计算方法，包括使用多变量梯度优化[5]。通过使用限制约束，这些方法在全局优化中具备一定的优势。

15.4.1 给定燃油和有效载荷的任务航程

该问题是指在一定的燃油储备和特定的大气条件下，确定飞机可以飞行的距离。由于飞机轨迹(爬升，巡航，下降)和 BRGW 之间的关系，使得这些任务航程的计算比巡航航程的计算更为复杂。有以下算法：

(1) 计算由停机至爬升到 ICA 的所需燃油。此操作中包括滑行，起飞，爬升到 ICA 以及 APU 燃油。此时燃油量为 W_{flCA}，x_c 为到达 ICA 的飞行距离。

(2) 计算增加的全部燃油，以考虑到待机和备降飞行。该子任务在 15.6 节中详细说明。

(3) 使用第 11 章中介绍的方法，对于起始重量从下降起始点(最终巡航高度)计算下降燃油 W_{fd} 和下降距离 x_d，有

$$W = \text{BRGW} - \underbrace{(W_{\text{fext}} - W_{\text{fres}})}_{\text{剩余燃油}} \tag{15.8}$$

式中：W_{fres} 为储备燃油，在 15.6 节中进行分析。下降起始点的重量等于 BRGW 减去剩余燃油量，剩余燃油包括备降燃油和储备燃油。如果是第一次迭代，则从 ICA 开始下降(FCA 是不确定的)；否则由密度高度估计 FCA，由 W/ρ 为常数的条件或下式来得到 FCA。

$$\sigma_{\text{end}} = \sigma_{\text{start}}(W_{\text{start}} - W_{\text{fcruise}}) \tag{15.9}$$

从 σ_{end} 到 FCA 的计算需要大气模型的逆解，然后将 FCA 调整到最接近的可能飞行高度(12.7 节)。无论如何，都要加上该飞行段的 APU 燃油。

(4) 如果是第一次迭代，则忽略 APU 并估计巡航阶段的可用燃油为

$$W_{\text{fcruise}} = W_{\text{fusable}} - (W_{\text{flCA}} + W_{fd} + W_{\text{fext}}) \tag{15.10}$$

在任何其他情况下，在飞行期间需增加 APU 燃油。

(5) 如果是第一次迭代，估计巡航航程为：

$$x_{\text{cruise}} \simeq \frac{U}{f_i}\left(\frac{L}{D}\right)\lg\left(1 + \frac{W_{\text{fcruise}}}{W_f - W_{fc}}\right) \tag{15.11}$$

在任何其他情况下，根据第 12 章(阶梯-爬升)中介绍的方法计算巡航燃油。

(6) 任务航程的估计为

$$X_1 = x_c + x_d + x_{\text{cruise}} \tag{15.12}$$

(7) 从第 2 点开始重复计算。迭代终止条件基于迭代过程中 X_1 的变化，如果

最新计算的任务航程基本没有变化(如 1n mile)时,说明程序已经收敛。

需要注意,在任务航程内进行收敛分析,其中最重要的情况是:
$$W_e + W_f + W_p = \mathrm{MRW} \tag{15.13}$$

当 W_p 为最大值,W_f 为与 MRW 匹配的最大允许燃油量时,其相应的航程是最大有效载荷航程。当燃料量 W_f 最大,W_p 为与 MRW 匹配的最大允许有效载荷时,其相应的航程是最大燃油航程。如果 $W_p = 0$,停机重量很有可能低于 MRW,其相应的航程称为最大转场航程。

15.5 给定航程和载荷的任务燃油

此类问题是在规定航程 X_{req}、有效载荷以及规定(或预测)大气条件下,确定飞机的装载燃油量。在过程结束时,将重量进行详细分解。有以下两个重要步骤:(1)对任务燃油进行初始估计;(2)以适当的数值方法改进初始估计。

15.5.1 任务燃油的预测

定义一个名为任务燃油(..)程序的计算步骤,该程序可由给定航程、有效载荷、大气条件和其他外部因素条件计算所需的任务燃油。计算步骤如下:

(1)通过猜测任务所需的燃油 W_f^* 来估计停机质量(或重量或 BRGW)。该重量为
$$W \simeq W_e + W_p + W_f^* \tag{15.14}$$

(2)计算从停机坪(登机口)至爬升到 ICA 的燃油。这个操作中包括滑行,起飞、爬升到 ICA 和 APU 燃油。此燃油称为 W_{fICA},x_c 到 ICA 的飞行距离。

(3)计算扩展的全部燃油 W_{fext},以考虑到等待和改航飞行。该子任务在 15.5 节中详细说明。

(4)使用第 11 章中介绍的方法,从下降起始点计算下降燃油 W_{fd} 和下降距离 x_d。按照第 434 页第 3 点所述的相同步骤。

(5)计算巡航距离:
$$x_{\mathrm{cruise}} = X_{\mathrm{req}} - x_c - x_d \tag{15.15}$$

(6)计算在 ICA 条件下,飞行距离 x_{cruise} 所需的巡航燃油(见(2))。按照 12.7 节中讨论的方法,通过积分 SAR 来完成阶梯爬升。在此阶段计算中增加 APU 燃油。

(7)计算停机重量。停机重量由所有阶段燃油的总和得出。

参考该计算步骤中的第 1 点,初始燃油估计值可以从外部提供,也可以由以下公式指定:

$$W_f \simeq c\left(\frac{X_{\text{req}}}{X_{\text{design}}}\right)c_{\text{usf}} \tag{15.16}$$

式中：$c_{\text{usf}} < 1$ 表示可用燃油量是满油箱量的一部分；系数 $c = 0.90 \sim 0.95$ 为提高预测的因子，可从数值分析中得出。

15.5.2 任务燃油的迭代计算

至少有 3 种不同的方法可用于任务燃油的迭代计算：
(1) 基于更新初始猜测值直至收敛的方法。
(2) 基于更新最新猜测值的欠松弛方法。
(3) 基于初始猜测的预测 – 校正方法。

这些方法从弱鲁棒性到强鲁棒性。通常情况下，这些方法均会收敛，但不能保证它们一直是收敛的。由于燃油重量和任务燃油之间的非线性增加，随着所需航程的增加和飞机尺寸的增加，难度随之增大。

①任务——燃油更新。将第 i 次迭代中计算的重量 W_i 与较早的估计值 W_{i-1} 进行比较。使用更新的停机重量来重新计算任务燃油。残差定义为

$$E = 1 - \frac{W_i}{W_{i+1}} \tag{15.17}$$

不能保证此计算方法是收敛的或收敛于正确的重量。因为其结果取决于所需航程的初次估计，随着所需航程接近设计航程，结果变差。可能在第二次迭代中，停机重量超过 MRW，然后爬升变得缓慢（没有足够的可用剩余功率），无法达到最佳 ICA，最终计算失败。因此，添加约束条件是有用的，使得在任何情况下停机重量都不会超过 MRW。

②任务——燃油的欠松弛更新。本方法可以使用欠松弛来克服收敛问题。如果 W_i 为初始重量估计，W_{i+1} 为新的重量估计，开始进行第 $i+2$ 次迭代，即

$$W_{i+2} = \frac{1}{2}(W_i + W_{i+1}) \tag{15.18}$$

此方法可以达到收敛，但是相当缓慢。上面两种方法的对比参见图 15.11。两种计算方法都不令人满意。

③预测——校正方法。根据任务燃油的估计值 W_f^*，计算中预测任务燃油为 $W_f = W_f^*$。然而，如果是上述情况，那将是一个幸运的结果。实际上，可能是 $W_f > W_f^*$ 或 $W_f < W_f^*$。差值 $E = W_f - W_f^*$ 即为误差（或残差）。问题在于如何改进预测。算法如下：

(a) 估计任务燃油 W_f^*，调用程序任务燃油(..)，返回燃油值 W_f。这是第一次迭代，$i = 1$。

(b) 如果 $W_f < W_f^*$，则初始猜测值是一个较低—估计。因此，使用程序任务燃

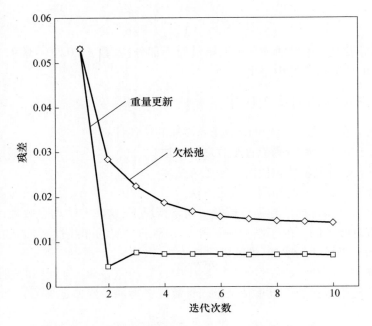

图 15.11 误差监控(式(15.17),任务 – 燃油迭代分析)

油(..)来进行新的任务计算,增加的燃油量为

$$W_f = (1 + \epsilon) W_f^* \qquad (15.19)$$

式中:ϵ 表示 W_f^* 的一小部分。典型值为 $\epsilon = 0.02 \sim 0.04$,此值取决于首次估计值 W_f^*。

(c)如果 $W_f > W_f^*$,则初始猜测值是一个较高—估计。因此,使用程序任务燃油(..)来进行新的任务计算,减少的燃油量为

$$W_f = (1 - \epsilon) W_f^* \qquad (15.20)$$

(d)在第二次迭代结束时,由于预测值 W 接近正确值,因此误差已减小。

(e)不断修正任务燃油 W_f(式(15.19)或式(15.20)),直到由正的残差 E_i 变为负的残差 E_{i+1}(反之亦然)。可以通过条件 $E_i E_{i+1} < 0$ 来对此进行验证。

(f)通过 E_i 和 E_{i+1} 之间的线性插值,得到正确的燃油量 W_f。

(g)进行最终迭代以计算每个飞行阶段的燃油和重量分解。

为了方便讨论,假定初始猜测重量 W_f^* 是一个较低—估计。使用下角标"p"表示"预测"燃油 W_{fp}。算法如下:

$$W_{fpi} = W_f^* + \epsilon W_f^* i \rightarrow W_{fi}, E_i = W_{fi} - W_{fpi} > 0 \qquad (15.21)$$

$$W_{fpi+1} = W_f^* + \epsilon W_f^* (i+1) \rightarrow W_{fi+1}, E_{i+1} = W_{fi+1} - W_{fpi+1} < 0 \qquad (15.22)$$

$$W_{fpi+2} = \text{Interpolation}(E_i, E_{i+1}, W_{fpi}, W_{fpi+1}) \qquad (15.23)$$

式(15.21)和式(15.22)分别给出了第 i 和 $i+1$ 次迭代的任务燃油预测。式(15.23)为校正并求解,相应的残差为 $E_{i+2} \simeq 0$。需要注意,通过程序任务燃油(..)得到的燃油 W_{fi} 与预测燃油 W_{fpi} 之间计算残差。收敛所需的最少迭代次数为 3 次。

图 15.12 给出两个航程的任务燃油收敛计算。计算参考配备 CF6 发动机的波音 B747-400 飞机,乘客为满载状态,大气条件为标准日。在图 15.12(a)中,4 次迭代后达到收敛。在第 2 次迭代中,残差移动到零以下。因此,插值方程(15.23)返回校正的任务燃油。由于解的非线性,需要再进行一次迭代。在图 15.12(b)中,3 次迭代后达到收敛。

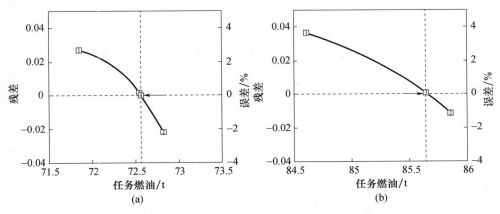

图 15.12 波音 B747-400-CF6 任务燃油预测-校正分析(标准日,无风)
(a) $x = 6000 \text{km}(3240 \text{n mile})$;(b) $x = 7000 \text{km}(\text{n mile})$。

15.6 储备燃油

所有条例(FAA,ICAO,AEA 等)中都有对燃油储备的要求。燃油储备同时也取决于备降机场和公司政策。例如,欧洲航空公司协会(AEA)指定短程和中程飞机 200n mile(370km) 的备降航程和长程飞机 250n mile(463km) 的备降航程。此外,需要能够在 1500ft(457m) 高度飞行 30min 的燃油储备和 5% 的应急燃油储备。对于美国国内航班指定 130n mile(约 240km) 的备降飞行和 1500ft 高度 30min 待机的燃油储备。然而,一些替代是允许的,其中一些是事先批准的。如果在途中能找到备降机场,可以延长 20min 的飞行时间,消耗 3% 的飞行燃油。国际民航组织 ICAO[①] 条例规定,储备燃油可以使飞机按飞行计划飞行到

---

① ICAO Annex 6:4.3.6.3 节。

备降机场,降落前可在标准大气条件下保持 1500ft 高度飞行 30min。在着陆时,剩余燃油必须至少是飞行燃油的 3%。

从操作的角度来看,如果在预定航线上没有备降机场,航程可能会受到限制。国际民航组织 ICAO 有一项特殊的规定(双发飞机延伸航程运行 ETOPS)允许双发飞机飞行较长航线(此前没有限制),此航线在 60min 或 120min 的飞行内没有备降机场。这条规定允许现代化双发飞机可以越洋飞行到世界各地。在 Martinez Val 和 perez[6] 中讨论了 OEI 的 ETOPS 性能。

待机航线。当在目的地机场需要等待,飞机可处于环形模式(两条直线和两个 U 转弯)飞行(13.3.4 节)。待机模式的关键在于最大续航时间,而不是最大航程。最大续航时间是在最小燃油流量或最大下滑比条件下实现的。然而,在一些机场,飞机可能会在一个次优的指定空速(或马赫数)待机。对于空客 A300 - 600,若部分前缘襟翼为展开状态,待机速度是 210kt;若为干净构型,待机速度为 240kt。另一种方法是使飞机在一段时间内直线飞行待机(如果飞行员及时得到通知)。该解决方案可延长巡航时间,减少环形待机,可以节省相当多的燃油。例如,参考飞机在 $H = 35000\text{ft}$、$M = 0.80$ 的 15min 直线飞行待机可以节省约 100kg 的燃油。

优化短程航班的待机模式性能是至关重要的,因为通常待机时间与巡航时间常常是相同量级。在下面的讨论中,确定了等待马赫数和等待高度。其他等待优化方面的理论,参见 sachs[7]。

数值方法。分两步进行分析。首先,确定"应急航程",其中包括航空条例规定的指定航程和附加航程;然后计算出与此航程对应的燃油。

(1)以最大着陆重量 MLW 飞行的备降距离 X_{div} 使得任务航程增加,增加量由以下方程估计:

$$\Delta X_{div} = (cR)_{div} \frac{W_{mlw}}{W_{to}} \quad (15.24)$$

式中:系数 C_{div} 考虑到备降飞行的所有次优因素(低速度、高度、发动机效率);R(或 R_{div})是备降距离。

(2)以最大着陆重量 MLW 飞行的等待时间(或待机时间)使得任务航程增加,增加量由以下方程估计:

$$\Delta X_{hold} = (cUt)_{hold} \frac{W_{mlw}}{W_{to}} \quad (15.25)$$

式中:系数 c_{hold} 考虑到备降飞行的效率损失。等待速度一般为巡航速度的一半。

(3)以巡航速度进行延伸飞行的时间为 t_{exd},任务航程增加量由以下方程估计:

$$\Delta X = Ut_{exd} \quad (15.26)$$

(4)应急燃油所占任务燃油的百分比为 $m_{fres}/m_f = 0.05 - 0.10$,此值取决于实际策略。

所有等效总航程为以下所有贡献量的总和：

$$X_{\text{out}} = X_{\text{req}}\left(1 + \frac{m_{\text{fres}}}{m_f}\right) + [(cR)_{\text{div}} + (cUt)_{\text{hold}}]\frac{W_{\text{mlw}}}{W_{\text{to}}} + Ut_{\text{exd}} \quad (15.27)$$

式中：X_{req} 为所需任务航程，精确计算此参数是很重要的。Torenbeek[8] 中给出式 (15.27) 中系数的一些实际值：

$$c_{\text{div}} = c_{\text{hold}} \simeq 1.1 + 0.5\eta_M \quad (15.28)$$

式中：η_M 为推进效率相对马赫数的对数导数。对于现代高涵道比涡扇发动机，在 $M = 0.8$ 时，此值的估计值为 $\eta_M \simeq 0.225$。此值随着马赫数的减小而增大，在 $M = 0.4$ 时，此值的估计值为 $\eta_M \simeq 0.325$。如果在巡航条件下使用储备燃油来延伸航程，式 (15.27) 可以进一步简化。

另一种方法是分别计算待机和备降的贡献量。显然，解此类问题需要一些参数：待机时间、高度和速度、备降距离、高度和速度。这两个应急段所需的燃油量需要添加到任务燃油中。

最后，需要考虑不可用燃油，也就是不能泵入发动机的燃油。虽然这是燃油量的一小部分（通常是容量的 0.4% ~ 0.8%），但它是一个恒定的燃油量，增加了使用空重。

15.6.1 二次放行程序

储备燃油的减少依赖于是否存在备降机场，如图 15.13 所示。图中给出发点（始发地）、备降机场（初始目的地）和最终目的地。图中给出了航路点（二次放行）。二次放行由有关部门①监管。

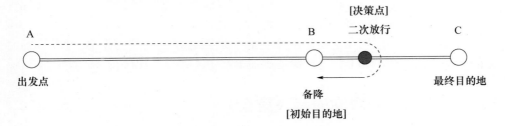

图 15.13 二次放行的储备燃油规划

储备燃油必须足够以使飞机从出发点飞行到初始目的地 B，在正常情况下通过 B 点，飞机继续飞行。到达决策点时必须决策飞机是否飞向初始目的地或继续飞向最终目的地。这个决策是在比较预测燃油消耗和可用燃油的基础上进行。在

---

① 例如参见 FAR § 121.631：初始调度或飞行放行。

这种情况下，飞行段 AB 限制使用储备燃油。除非飞行大气条件比预期的糟糕，否则当飞机到达初始目的地时不应使用储备燃油。

现在考虑一个更复杂的备选方案，如图 15.14 所示。其中包括加油点、最终目的地以外的备降机场、加油后的第二个备降地。

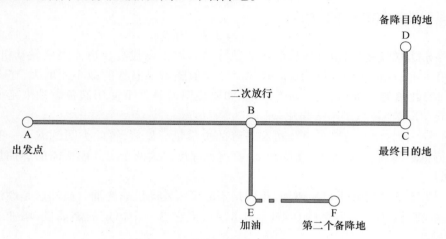

图 15.14 二次放行的储备燃油规划

二次放行程序需要的最低任务燃油为

$$m_f = m_{\text{ftaxi},A} + \underbrace{m_{\text{fAC}}}_{\text{飞行}} + \underbrace{0.1 m_{\text{fBC}}}_{\text{储备}} + \underbrace{m_{\text{fCD}}}_{\text{备降}} + m_{\text{fhold},C} + \cdots \quad (15.29)$$

按照标准程序，任务燃油为

$$m_f = m_{\text{ftaxi},A} + \underbrace{m_{\text{fAC}}}_{\text{飞行}} + \underbrace{0.1 m_{\text{fAC}}}_{\text{储备}} + \underbrace{m_{\text{fCD}}}_{\text{备降}} + m_{\text{fhold},D} + \cdots \quad (15.30)$$

这两个程序的区别在于备用燃油。如果适当选择二次放行点 B，可以节省大量的储备燃油。在 15.11 节进行储备燃油分析中不考虑二次放行。

15.7 受 MLW 限制的起飞重量

由于相对较低的最大着陆重量（MLW），短程飞行需要限制起飞重量 TOW。问题描述如下：如果飞机装载最大有效载荷，以最大起飞重量（MTOW）起飞，以最大着陆重量（MLW）着陆，计算其飞行距离。按照下面的数值计算过程来计算航程：

(1) 飞机以 MRW 起飞，有效载荷为 W_{msp} = MSP，燃油 W_f 可以进行分配，有

$$\text{GRW} = W_e + W_{\text{msp}} + W_f \quad (15.31)$$

(2) 计算并增加了滑行、起飞和爬升到巡航高度所需的燃油（待定）。当飞机已经到达"巡航"高度，已经消耗的燃油为 W_1 飞行距离为 x_1。

(3) 现在考虑下降阶段。下降的起始重量估计为

$$W_d \simeq W_{mlw}(1 + r) \tag{15.32}$$

式中:r 表示燃油储备占初始燃油的百分比。计算下降燃油 W_3 和航路下降距离 x_3。

(4) 最后,考虑巡航航程 x_2(未知)。巡航开始和巡航结束时的飞机重量如下:

$$W_{start} = GRW - W_1, \quad W_{end} = W_{start} - W_{fc} \tag{15.33}$$

式中:W_{fc} 为巡航燃油,有

$$W_{fc} = W_{mtow} - W_{mlw} - W_1 \tag{15.34}$$

(5) 由航程方程估算巡航航程:

$$x_2 = \frac{U}{gf_j}\left(\frac{L}{D}\right)\log\left(\frac{W_{end}}{W_{start}}\right) \tag{15.35}$$

(6) MLW 的限制航程如下:

$$x_{mlw} \simeq x_1 + x_2 + x_3 \tag{15.36}$$

式(15.36)给出的航程估计可以通过进一步的迭代来改进,但结果不会有太大的改变。

给出一个实例,装配 GP-7270 发动机的空客 A-380-861,MSP = 90.7t;OEW = 270.3t,MLW = 386.0t。如果飞机的装载为 MSP,ZFW = 361.0t,这正是 MZFW。在这种情况下,需要达到 MLW 的燃油量为 27t。装备有这些燃油,飞机如果要取消任务,可以很快返回原机场。因为飞机典型的爬升需要消耗 9t 燃油,另外 2t 用于滑行和起飞,此外飞机在降落前需要排放约 16t 燃油。

15.8 任务情况

有很多不同的任务场景。即使对运输机这样相对简单的任务,在计划飞行和飞行过程中也可能需要做出重要的决定。在这一节我们处理一些实际问题。考虑中转的任务分析(15.8.1 节);在这种情况下,想知道如果分解任务,设定中转站,是否能得到油耗方面的好处。第二个问题是燃油携带,如果目的地机场的燃油价格很贵,为了节约成本是很实际的(15.8.2 节)。最后,考虑应急方案,飞行员可能会中止飞行并决策是否回到起飞机场或继续飞行到计划目的地(15.8.3 节)。

15.8.1 飞机巡航中转

是长途飞行还是中途中转更经济?有些航空公司会通过设立中转站向乘客提供更便宜的座位,这对乘客和飞机设计者似乎都是违反常理的。航空业已经具备远程飞机,可以在没有航线经停的情况下提供遥远的目的地服务。目前一些航空公司能提供服务,在一些有限的情况下,航程可以超过 10000n mile。这已接近全球

航程,20000km(约10790n mile),kiichemann[9]中介绍。全球航程是赤道处地球周长的一半,至少在原则上允许飞机从世界任何一点飞到任何地方。

亚声速商用喷气飞机从机场 A 到目的地机场 C 的是远程巡航飞行。沿飞行走廊的飞行距离是在飞机认证的最大航程内。然而,在这里我们考虑中转机场 B。飞机携带足够的燃油达到机场 B,加油后再次起飞,飞到最终目的地 C。不考虑降落在机场 B 的成本和经营者增加回程时间的直接使用成本。如果 x 是直飞的飞行距离,x_1 和 x_2 是飞行阶段的飞行距离,假设:

$$x_1 + x_2 = x \tag{15.37}$$

换句话说,经停站 B 是在最终目的地 C 的航路中。经停会使得总航程增加。该方法包括计算 3 个飞行阶段的任务燃油:x、x_1、x_2。然后计算相对燃油成本,它是经停飞行所需燃油与直飞所需燃油的比为

$$m_{fr} = \frac{m_f(x_1) + m_f(x_2)}{m_f(x)} \tag{15.38}$$

此值为 x_1/x(第一飞行阶段航程和总航程之间的比率)的函数。考虑航空公司经营 A 和 B 之间的洲际服务,距离 5000n mile。另一个重要的目的地是 C,它距离 B 点 300n mile。FLIGHT 程序的计算结果如表 15.1 所列。数据显示,5000n mile 航程处经停,而后飞向 300n mile 以外的最终目的地,导致油耗增加0.5%。

表 15.1 波音 B777-300 远程和短程服务燃油使用量(计算值)

X/n mile	m_f/kg 总量	m_f/kg 爬升	m_f/kg 巡航	$\dot{m}_f$/(kg/s) 巡航
300	6674	2553.9	955.0	2.04
5000	106287	3056.3	94864.6	2.63
5300	112396	3056.6	100662.7	2.62

15.8.2 燃油携带

飞机必须装载最低燃油量来执行任务。然而,在分析中并未考虑购买燃油而产生的任何意外情况。一些商业运营会使用"燃油携带",即装载多于任务剖面需要的燃油,以防止目的地购买高价的燃油。因此,对于远程的飞行,其燃油携带能力较低。图 15.15 给出空客 A320-200 的燃油携带性能,其数值由制造商提供①。图中并没有指定最优重量,因此并不清楚其有效载荷。

假定对于总有效载荷重量 W_p 的所需航程为 X_{req},飞行任务所需燃油为 W_f(包括储备燃油)。为确定最优燃油携带,需要预测有效载荷和回程的天气情况。这样

---

① 空客:掌握燃油经济性,第 3 期,法国,布拉尼亚克,2004.07。

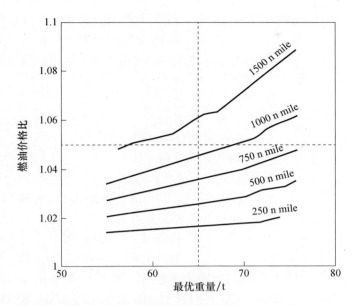

图 15.15 空客 A320 巡航 FL-330 的燃油携带性能（数据由空客提供）

的话，问题可能变得更复杂。为了简化问题的复杂度，假定飞机回程时具有相等的有效载荷和相同的大气条件。因此，所需燃油量是相同的。

从计算的角度来看，燃油重量和有效载荷重量之间没有差别。由于有效载荷（或燃油）的增加，导致燃油消耗的增加，其导数为

$$m = \frac{dW_f}{dW_{to}} \tag{15.39}$$

此导数通常是正值。因此，运输燃油 $W_{f\text{tanker}}$ 的附加燃油为 $mW_{f\text{tanker}}$。总起飞重量的增加量（或燃油重量增加量）为

$$\Delta W_{t0} = \Delta W_f = (m+1)W_{f\text{tanker}} \tag{15.40}$$

出发时需要支付的附加燃油费用为

$$P_d = mp_d W_{f\text{tanker}} + p_d W_{f\text{tanker}} \tag{15.41}$$

第一个贡献量为运输燃油携带的费用；第二个贡献量为燃油携带本身的费用。到达时节约的费用为

$$P_a = p_a W_{f\text{tanker}} \tag{15.42}$$

$P_d - P_a$ 的差值为负值（对应于节约）：

$$P_d - P_a = mp_d W_{f\text{tanker}} + p_d W_{f\text{tanker}} - p_a W_{f\text{tanker}} < 0 \tag{15.43}$$

这意味着：

$$\frac{p_a}{p_d} > 1 + m \tag{15.44}$$

式(15.43)中燃油携带是不确定的。需要注意,燃油导数(式(15.39))随燃油携带的增加而增加。因此,对于一个给定的有利燃油价格比,燃油携带不是一个好的选择;对于稍微有利的燃油价格比,增加的燃油携带可以抵消运输它而带来的附加费用。从数学上,最优燃油携带为 $W_{f\text{tanker}}^*$:

$$m = \frac{p_a}{p_d} - 1 \tag{15.45}$$

确定价格比 $p_a/p_d > 1$。(或 $p_a/p_d < 1$)。计算步骤如下:

(1)指定所需航程、有效载荷和燃油价格比。

(2)建立最小和最大燃油携带 $W_{f\text{tanker}-1}$, $W_{f\text{tanker}-2}$。

(3)在这两个 $W_{f\text{tanker}}$ 之间使用对分迭代方法计算满足式(15.45)的燃油导数 m。这个过程需要收敛到 $W_{f\text{tanker}}^*$(有一些告警)。

参考前面过程中的第 3 点,建立一个内部循环,通过使用中心差分来计算燃油敏感度。其中两个任务计算对应的燃油携带为 $W_{f\text{tanker}} \pm \mathrm{d}W_f$,其中 $\mathrm{d}W_f$ 为小量。

对于某些给定的燃油价格比,此程序不收敛。事实上,如果 p_a/p_d 偏高,程序计算得到的燃油携带对应于高的燃油导数(式(15.45)),这与飞行原则是矛盾的。例如,如果目的地的燃油价格是出发地的 2 倍,那么式(15.45)中的燃油导数为 $m=1$,远远高于实际需要的值。$p_a/p_d \simeq 1$ 时也存在类似的问题,这意味着对于燃油成本存在微小的差异,燃油携带是不经济的。燃油导数的实际值是为 $m = 0.01:0.07$,其取决于飞机、航程、有效载荷和其他因素。在这些情况下,使用燃油携带通常是有利的。

对于空客 A320-200,进行以下分析:$X_{\text{rep}} = 750\text{n mile}$;散装载荷 $W_p = 2000\text{kg}$;载客量等于 80%;标准日,燃油价格比 $p_a/p_d = 1.05$。最优燃油携带为 $W_{f\text{tanker}} = 1273\text{kg}$,对应停机重量约为 65400kg。这个结果与制造商提供的值不匹配,制造商提供数据并未制定使用情况。FLIGHT 程序进行的迭代分析如图 15.16 所示。式 15.45 的误差,即左右两边的差值,在 4 次迭代后为 0.002。

由于燃油携带造成额外的燃油消耗,这也导致额外的环境排放。如果在分析中加入环境成本,燃油携带的优势可能完全消失。在任何情况下,我们要精确分析,则需要考虑二次成本。例如,增加发动机的维修成本,增加轮胎和刹车的磨损成本,节约并缩短在目的地的周转时间成本。因此,从操作的角度来看,将这个问题作为一个盈亏平衡的燃油价格比可能更为方便。

15.8.3 等时间点和返航点

如果由于外部事件需要备降,必须在与计划目的地不同的机场预备着陆。此类事件可能包括发动机故障、座舱压力损失、恶劣天气、空中交通管制等。在等时间点和返航点基础上,制定应急预案,如图 15.17 所示。这些量定义如下:

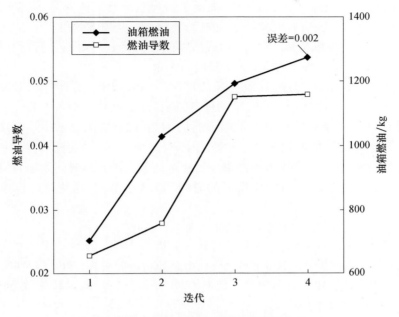

图 15.16 空客 A320-200 燃油携带计算

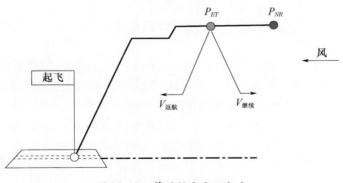

图 15.17 等时间点和不归点

(1) 等时间点 P_{ET},是飞行期间的一个点,从该点返回原机场所需的时间和继续飞行至计划目的地所需的时间相等。

(2) 返航点 P_{NT},是飞行期间的一个点,该点剩余燃油不足以返回原机场。

返航点在等时间点之后。风向至关重要。这两个点必须转换为地理位置,并且必须分配一个估计到达时间。

假设飞机已到达点 P_{ET}。由于外部事件,必须决定是返回还是继续飞行。此时,返程航班(返回至原点)所需的燃油低于去程航班所需。但是,飞行时间是相同的。在这种情况下,存在时间约束(或优先级)而不是燃油约束。

接下来,假设飞机达到点 P_{NT}。返程所需的燃油将超过继续飞行所需的燃油。在这种情况下,有一个燃料约束,而不是时间约束。

如果使用 FLIGHT 程序,在没有风的情况下,P_{ET} 和 P_{NT} 的计算相对简单。用 MissionFuelc(..)程序计算一个完整的任务,该程序返回任务时间 t 和一个任务燃料 m_f;然后计算一个后验点 P_{ET},此时飞行时间为 $t/2$;P_{NT} 为燃油燃烧 $m_f/2$ 的点。然而,这不是一个令人满意的解决方案,原因有两个。第一,风是不容忽视的。第二,在紧急情况下,不能等到航班结束后再决定该怎么做。当时间紧迫且飞机必须返回原点时,必须考虑 U 形掉头所需的时间(13.3.4 节)。考虑这些影响的程序如下:

(1)指定任务参数,包括航程、风和风向。
(2)使用 MissionFuel(..)函数运行任务分析。
(3)将 P_{ET} 估计为巡航段上的某个点,由距原机场距离 X_{ET} 和飞行时间 t_{ET} 决定。
(4)使用函数 Missionfuel(..)执行任务分析,直至 X_{ET};接下来的距离为 $X_c = X_1 - X_{ET}$;剩余时间为 $t = t_1 - t_{ET}$。
(5)在巡航高度进行 U 形转弯(13.3.4 节)。
(6)转换风向。
(7)继续执行到目的地任务(如剩余距离)。
(8)将返程时间 t_{ET} 与继续飞行的时间 t 进行比较:如果 $t_{ET} > t_c$,那么点 P_{ET} 估计过高;否则,估计过低。

这个过程的最后一点可以通过一个二分法实现,它在解的过低估计和过高估计之间迭代。该过程可能需要一定的计算,因为它需要两次调用 MissionFuelc(..)来解决,5~7 次二分法迭代。因为每个任务分析都需要 4~5 次迭代才能收敛,所以最多有 40~50 次调用 Missionfuel(...),除非收敛标准放宽。飞机将有一些强制性的燃料储备(15.5 节)。在任何情况下,假设飞机保持燃油储备。

下面是一个例子。一架装有 CF6 发动机的波音 B747-400 从伦敦西斯罗机场飞往纽约肯尼迪机场。当载客量为 80%,载货 1t 时,所需航程为 5700km(3078n mile)。在巡航高度上,飞机遭遇到速度为 39 节的逆风。对于这一具体情况,等时间点评估为 1615n mile(所需距离的 52.4%),距离起飞为 233.5min。

15.9 直接运营成本

直接运营成本(DOC)是指在采购和运营一架飞机时所产生的费用,包括定期和非定期航班的运营成本以及保证和保持飞机的适航性。飞机即使停在地面上也要花钱。由于国际市场上的航空燃油成本以及世界各地不同机场的燃油成本,燃油成本的参数化是有意义的。

Beltramo 等[10]给出了 DOC 分析的一个例子,其发展了商业和军用运输机成本和重量之间的评估关系。Kershner[11]已经证明,虽然,DOC 随着时间推移一直在下降,但燃油成本的影响仍然很高,在某些历史情况下,已经增长到 50% 以上。使用本章介绍的方法,可以计算预测燃油消耗导致的运营成本。该领域的其他研究重点是亚声速飞行[12]和超声速运输机[13]的燃油消耗。

世界主要市场上廉价航空公司的出现,导致了 DOC 结构的实质性变化。有时,可以用相当于这本书的价格购买到欧洲或美国大陆的国际目的地的机票。成本项目,如票务、客户服务、座位分配、行李处理、地面服务、机上餐饮、机场税、租赁合同等都已从 DOC 中进行了分析、减少或删除。然而,燃料的成本基本上保持不变。该成本是飞机性能的一个重要部分。

1. 计算方法

飞机 DOCs 的计算是一个有争议的问题。主要航空公司的数据由 IATA 公布,并受到密切监控。在设计方面,制造商有未经证实的声明。在运营方面,由于市场条件、财务安排和一长串外部性(通货膨胀、可变利率、燃料成本、税务负债、劳资关系、不利天气等)产生了不确定性。因此,如果想实际一点,我们需要在成本分析中建立这些不确定性。有了上述注意事项,提供了一个基于大约 6 个主要成本项目的简化分析如下:

(1)采购成本,包括收购时支付的现金、固定时间内的贷款偿还以及融资合同结束时飞机的剩余价值。

(2)保险成本,将视为飞机价值的一小部分,尽管情况可能并非如此(第三方负债不会随着时间而减少)。

(3)燃油成本,基于今天的价格,离港和到达之间的平均成本,根据通货膨胀或商定的偏离进行调整。

(4)机组人员费用,包括飞行员和乘务员,按全职费率计算。

(5)备件成本,包括推进系统、机体、起落架和所有其他项。

(6)人工成本,基于已确认的推进、内部和外包操作的(以今天的价格,根据通货膨胀进行调整);部分问题是为这些项目收集可靠的数据、执行服务所需的工时以及飞机的停机时间。

(7)其他费用,包括着陆费、地勤处理费、飞行员培训费、机上服务费、站外住宿费等。这些成本都不能被忽略,因为它们弥补了盈利和亏损之间的差额。

从采购成本开始,这是最主要的。这些成本是根据下式评估的。

$$C_1 = \frac{1}{n}[\mathcal{P} - F(1+I)^n - R_n] \qquad (15.46)$$

式中:$\mathcal{P}$ 为在收购日商定的飞机价格;F 为融资(需要贷款的采购价格分数);I 为贷款利率,假设在贷款的寿命期 n(以年计)内保持不变;R_n 为 n 年后的剩余价值。后一项是不确定的,必须以今天的价格,或者根据通货膨胀对贷款结束时进行修正。为了安全起见,假设飞机将在周期结束时注销,$R_n = 0$。保险费用估计为

$$C_2 = R_j \frac{I}{100} \tag{15.47}$$

式中:R_j 为第 j 年的剩余价值。一年的燃料成本为

$$C_3 = N\overline{C}_{\text{fuel}} m_f \tag{15.48}$$

式中:N 为循环次数,$\overline{C}_{\text{fuel}}$ 为每千克平均燃料成本,m_f 为指定段长度内每次循环的燃料消耗量。这一数量是通过任务分析计算的,并将取决于乘客载荷系数和起飞总重的实际估计。燃油价格波动计入平均值。由于发动机老化而导致的燃油消耗量增加用一个单独的模型来解释(如 5.3.6 节)。由于老化而调整后的燃油消耗量为

$$D_f(x) = \alpha_1 [1 - e^{-\alpha_2 x}] + (n_w - 1)/c \tag{15.49}$$

式中:$x = N/1000$ 为自上次清洗后的 1000 个循环数,α_2 老化失效($\alpha_2 \simeq 1 \sim 1.5$),$\alpha_1$ 为 1000 次循环($\alpha_1 \simeq 2 \sim 3$)后对燃油燃烧的劣化影响;n_w 为发动机总清洗次数,c 为性能随时间的不可恢复损失($c \simeq 20$)。机组人员费用为

$$C_4 = n_1 S_1 \left(\frac{T_b}{T_0}\right)_1 + n_2 S_2 \left(\frac{T_b}{T_0}\right)_2 + n_1 S_3 \left(\frac{T_b}{T_0}\right)_1 \tag{15.50}$$

式中:n_1 和 n_2 为全年运营飞机所需的飞行员和平均空乘人数;S_1 和 S_2 为基于全职服务的相应工资成本,T_b 为每年的总使用小时数,T_0 为合同规定的工作小时数。空乘人员的数量将根据载客量和服务类型进行估算(经济舱约为 1/30,高级舱/商务舱约为 1/10)。其他与机组人员相关的主要成本包括飞行员培训 S_3,该培训在飞机购置前以及在飞机寿命期内的预定时间间隔内进行。备件的费用为

$$C_5 = \sum_k SP_k \tag{15.51}$$

式中:SP_k 代表推进系统、APU、airframe、起落架、轮胎和所有其他项目的备件。维修计划取决于循环次数和飞机机龄;它分为 3 个大类:推进和相关系统、内部和外包。维修成本随着飞机老龄化而增加,不能过度简化。因此,维护相关的劳工成本可能会随着所需小时数的增加而增加。维护成本为

$$C_6 = \sum_k \mathcal{L}_k MH_k \tag{15.52}$$

式中:$\mathcal{L}_k$ 为这里列出类别的人工费率(任何货币/小时),MH_k 为每个类别执行维护计划所需的工时数。所涉及的工时数取决于飞机(总重、发动机数量、起落架)和循环次数。一旦飞机超出保修期,这些费用就会猛增。实际上,这意味着部分成本从制造商转移到运营商。这种转移称为间接费用,不一定是老化成本。

着陆费用取决于机场、飞机的重量等级和当地的交通拥挤情况;可能需要额外征收费用,如 CO_2、NO_x 排放和噪声排放。我们假设有两个主要贡献:总重量(或座位数)和总排放量,权重分别为 c_1 和 c_2,有

$$C_7 = 2(c_1 W + c_2 E) N \tag{15.53}$$

正如预期的那样,维护成本随着时间的推移而增加。图 15.18 显示了这些影响。这些图表是根据兰德公司[14]进行的统计分析来阐述的。这些数据是从分析过的有限飞机样本中生成的,其局限性在引用的报告中进行了讨论。这些图表提供了一些权重来计算主要项目的成本,如机身、发动机和间接费用影响。在所有情况下,新飞机的成本都在快速增长,最终随着年龄的增长而趋于平稳。除了必须更新系数外,根据飞机类型、技术水平和其他因素,得出的结论通常是有效的。

$$C_{56} = C_{5,1} + C_{6,1} \tag{15.54}$$

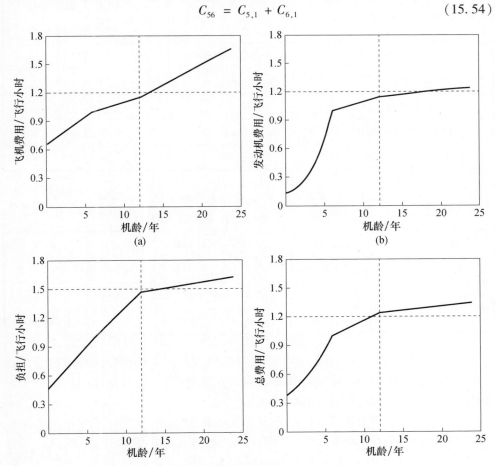

图 15.18 评估老化对维护成本的影响

表示发动机的组合部件和工时成本,函数 C_{56} 应遵循图 15.18(b)的趋势。即使如此,仍需要确定零年的人工费率和工时 MH。如上所述,DOC 模型需要对大约 30 个独立参数进行评估。为了清楚起见,表 15.2 对这些参数进行了总结。

表 15.2 DOC 模型的参数总结

项	参数	参考
采购	$\mathcal{P}, F, i, n, R_n$	式(15.46)
保险	I	式(15.47)
燃油	$N, \overline{C}_{\text{fuel}}, m_f$	式(15.48)
机组	n_1, n_2, S_1, S_2, T_0	式(15.50)
备件	$SP_1, SP_2, \cdots$	式(15.51)
人工费率	$\mathcal{L}_1, \mathcal{L}_2 \cdots MH_1, MH_2 \cdots$	式(15.52)
着陆费	c_1, c_2, E	式(15.53)
其他成本	—	指定值
老化对燃油的影响	α_1, α_2, n_w	式(15.49)
老化对维护的影响	—	图 15.18

表 15.3 长途商业飞行的有效载荷燃油效率计算值
(所有飞行 $M=0.80$;所有重量为 1000kg)

飞机	OEW	MTOW	PAY	X/n mile	Fuel	GTOW
B	129.9	275.0	35.0	7560	74.62	244.1
A	90.1	165.0	35.0	3780	55.69	156.1
B	129.9	275.0	35.0	7560	77.94	263.1

最后一点,报告指出已经引入了推进系统租赁合同。这些合同使航空公司运营商只需支付与飞行小时数成比例的成本。在这种情况下,本章提出的分析必须加以调整,以考虑到这种不同的成本结构。

生产率度量。商业运营商使用特定参数定义他们的生产率。其中最重要的是每公里(ASK)或海里(ASM)的可用座位。此参数表示可供出售的座位数,飞行 1km(或 1n mile)。每个可用的座-km(CASK)或座-n mile(CASM)都有成本。CASK 等于 ASK/DOC,决定运营商在某一航线上为某一飞机提供一个座位所产生的实际成本。由于 DOC 随各种参数的变化而变化,因此 CASK 也是如此。有时,成本分析是通过排除燃料成本来进行的;这种操作需要不包含燃料的 CASK。最后,还有每个 ASK 的收入(RASK)。为了盈利,商业运营商必须使 RASK > CASK。

15.10 案例分析:机型与航程选择

如何从两种或者更多种竞争机型中选择一款飞机呢?我们将要面对成堆的营销文档,这些文档所写的都是某个机型比其他型号的优势。每个机型的文档上都免不了说相比于竞争对手的飞机燃油经济性高达 20%,当然作为对比的飞机性能数据并不是其制造商而是竞争对手给出的。航空公司要做出选择哪一种飞机的决定可不容易,甚至互相竞争执的制造商也不能随便说哪一型号更好,因为它需要可靠的事实作为依据。这个评估过程不仅非常耗时,也需要消耗大量资金。

下面的分析我们讨论相对简单的问题:针对某一个特定的任务,应该如何选择执飞机型。假设我们需要再相距 14000km(约 7560n mile)的两个机场之间运输 35000kg 的任务载荷。现在可选的飞机有 A、B 两种,表 15.3 给出了其 OEW 和 MTOW 数据。

表 15.3 长航程商业飞行的载荷燃油效率计算
(飞行马赫数 $M=0.8$,重量单位 t)

机型	OEW	MTOW	PAY	X/海里	燃油	GTOW
B	129.9	275.0	35.0	7560	74.62	244.1
A	90.1	165.0	35.0	3780	55.69	156.1
B	129.9	275.0	50.0	7560	77.94	263.1

从载荷-航程表中我们可以看到机型 B 能够不用经停直飞目的地。可以估算其燃油消耗量约为 77.62t。使用机型 A 在中途(7000km)经停也可以完成这个任务。其总耗油量(包含两段飞行)估计约为 55.69t,比机型 A 节省了 25% 的燃油。所以第二种方案更具有经济性。如果我们需要运输 50t 的载荷,那么机型 A 就得载重能力就不满足要求了。而这对机型 B 来说就很容易,而且燃油消耗相比与第一种情况仅增加了约 4.5%。计算过程如表 15.3 所列。

图 15.19 所示为基于波音 B777-300 搭载 GE-92 发动机时所进行的参数化分析结果。分析的目的是理解中途经停如何影响燃油消耗。结果表明对于超过 3000n mile 的飞行中途经停可能会节省燃油。因为需要的飞行距离越远,飞机也就越重,进而所携带的燃油质量也就越大。图 15.19 所示的结果可能并不像它开

上去的那么直观。第一点,我们假设在所需的位置上恰好有满足要求的机场;第二点,中途降落的花费可能相当可观。第三点,对于有些航程来说根本不能中途经停。比如对于 3000n mile 的飞行距离来说,在距离目的地 500n mile 的地方经停就没有意义,除非是处于特殊的商业考虑。表 15.1 中所给出的情况也是如此。航程 X 介于 X_A 和 X_B 之间时是效率最高的状态,其对应的耗油量(每人每海里)相比最小值在 1% 以下。这一结果是在飞机满载状态下获得的。所以燃油/乘客/海里等于燃油/座位/海里。在飞机处于非满载状态时的结果有略微不同。

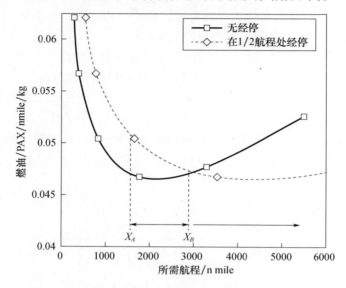

图 15.19 波音 B777-300 在有无经停时的耗油量分析
(标准日,无风)

通过考虑其他因素的影响来进一步优化上述的方案,甚至可以给出 DOC 的估计。Green 给出了对货运飞机的分析,并建议在现有技术条件下从节省燃油的角度考虑一个飞行段的距离不应该超过 7500km。可以考虑使用空中加油来增加飞行航程或则固定航程飞行的任务载荷。但是这必须考虑空中加油机的运行费用以及盘旋等待的时间。

接下来分析的重点在消耗燃油与所需航程之间的函数关系。图 15.20 给出了爬升至 ICA 和巡航的燃油消耗比值(与总装载燃油)。巡航耗油量最终收敛到总装载燃油的 80%,而爬升燃油则只占到了一小部分。对于短途飞行来说,爬升航油的占比会更高。具体地说,在 250n mile 的飞行距离上爬升耗油量超过 25%。剩余的燃油被用于其他飞行阶段,其中还包括一部分预留燃油。

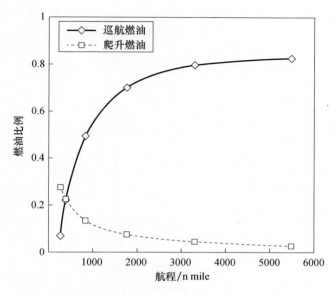

图 15.20　搭载 GE 发动机的波音 B777-300 的耗油量分析
（标注日，无风，满员，无货物装载）

15.11　案例分析：B777-300 的比航程燃油规划

前面给出了对搭载 GE092 发动机和 331-500 辅助动力单元的波音 777-300 型客机任务航程和总起飞重量的计算方法，下面将采用这一方法进行分析。这里给出了 FLIGHT 程序对飞行任务的计算结果。更加详细的计算报告包括各个飞行阶段的计算结果。表 15.4 为计算所处的飞行条件和假设。表 15.5 为计算的燃油/重量规划。下面分不同的飞行阶段进行分析。

表 15.4　案例分析中的任务操作数据

项目	值	单位
所需航程	2698	n mile
所需散装载荷	0	t
所需乘客	74.6%	最大能力
出库滑行时间	10	min
入库滑行时间	8	min
巡航风速	-5.0	m/s

续表

项目	值	单位
温度改变	0	开尔文
起飞机场高度	50	m
降落机场高度	50	m
功率降低	无	—
盘旋高度	507	m
盘旋时间	30	m
偏航距离	200	m
行李限制/PAX	15	kg
平均乘客重量	80	kg

表 15.5 飞行计划分析

燃油使用报告					
飞行阶段	m_f/kg	m_f/%	X/n mile	t/min	备注
爬升	4230.2	8.05	191.76	28.4	—
巡航	37415.5	71.16	2317.72	299.7	—
下滑	5037.1	9.58	210.44	37.3	—
起飞	214.6	0.41	—	—	—
滑出	504.1	0.96	1.12	10.0	—
APU/ECS	467.9	8.89	—	—	—
滑入	415.9	0.79	—	—	储备
燃油消耗	52582.0	—	—	—	—
燃油分解报告(单位 kg)					
滑出	—	—	—	504.1	—
起飞	—	—	—	214.6	—
爬升	—	—	—	4230.2	—
巡航	—	—	—	37415.5	—
下滑	—	—	—	5037.1	—
进近	—	—	—	89.5	—
APU/ECS	—	—	—	4674.9	—
偏航/等待	—	—	—	2498.1	—

续表

燃油分解报告（单位 kg）					
预留	—	—	—	2754.0	—
合计	—	—	—	57834.1	42.1%满油箱
总重量报告（单位 kg）					
OEW	—	—	—	161355	—
散装载荷	—	—	—	0.000	—
乘客	—	—	—	23520	—
机组	—	—	—	1140	—
有效载荷	—	—	—	24520	—
服务项目	—	—	—	0.873	—
燃油	—	—	—	57834	—
死油	—	—	—	824	—
机坪重量	—	—	—	243658	—
BRGZ	—	—	—	243658	—
无燃油重量	—	—	—	187887	—
起飞重量	—	—	—	249816	—
巡航终点重量	—	—	—	239096	—
着陆重量	—	—	—	193075	—

1. 滑出段报告

通常情况下飞机不会由于流量管制或者恶劣天气等待太久就能放飞。在滑行道上的耗油量有时候可能会非常大，这时候就不得不放弃飞行。喷气发动机的性能是针对巡航阶段进行的优化，在滑行道上时其效率损失非常严重。因此必须准确估计地面滑行时间。

采用单发工作模式，或者使用拖车将飞机拖进拖出机库，或者停机在远离机库的位置可以在一定程度上节省燃油。在有些情况下并不建议采用单发动机工作的模式，如总起飞重量很高、地面湿滑、前轮转向控制、发动机爆震受限，要保证地面人员安全等一些情况。先发动机大油门快速滑行（限制在 25~30kt 内），燃油油门收到急速可能会更加省油。

9.10 节中给出了滑行燃油消耗的一阶估计。表 15.6 所列为这一情况下的滑出性能分析结果。可以看到从机库到跑道这一段滑行的燃油消耗量非常可观，大约有半吨之多。所以面临一个非常严重的经济性以及环保问题，因此必须采用更加高效的操作流程。

表 15.6　滑出燃油报告/重量规划分析

参数	值	单位
从静止到滑行速度时燃油	14.52	kg
怠速模式燃油	121.60	kg
滚转模式燃油	368.02	kg
总滑行燃油	504.14	kg
怠速时间	6.7	min
滚转时间	3.3	min
滚转速度	5.0	m/s
滚转距离	3.0	km
滑行程序	AEO	

2. 起飞段报告

这一段的计算报告如表 15.7 所列。计算分析这一段需要大量关于飞机以及操作流程的数据。风速和跑道状态作为计算输入给出。剩下的数据由计算机程序计算得到。在计算过程中襟翼偏度也是需要考虑的一部分,数值计算方法会尝试使用与最小初始爬升率相匹配的最小襟翼配置。在分析过程中还考虑了轮胎的热力学－结构模型(14.6 节)以及飞机在地面上的最小控制速度(9.7 节)。

表 15.7　起飞燃油报告/重量规划分析

参数	值	单位	备注
总起飞重量	243.658	t	
机场高度	50.00	m	
气温	0.00		
风速	−2.00	m/s	−3.9 节
跑道状态	干		
推力角	0.000	(°)	
失速边界	1.150		
最大升力系数	2.435		
失速速度	69.64	m/s	135.3 节

续表

参数	值	单位	备注
X_{CG}	35	%MAC	
俯仰惯性矩	104.70	10^6kgm^2	
襟翼配置,δ_f	20	(°)	
抬轮速度,V_R	63.46	m/s	123.3 节
抬轮距离,x_R	822.56	m	
抬轮时间,t_R	29.00	s	
起飞速度,V_{LO}	71.46	m/s	139.2 节
起飞距离,x_{LO}	1038.88	m	
起飞时间,t_{LO}	32.85	s	
安全高度速度	71.64	m/s	139.2 节
安全高度马赫数	0.211		
到安全高度距离,x_{TO}	1150.18	m	
安全高度时间,t_{TO}	34.65	s	
安全高度爬升角,γ_{TO}	12.48	(°)	
耗油量	214.6	kg	
VMCG	55.88	m/s	
最大主起轮胎温度	293.2	K	+0.6K
最大前起温度	373.7	K	+26.3K
主起轮胎温度,安全高度	292.6	K	
前起轮胎温度,安全高度	347.4	K	
刹车释放静推力	877.873	kN	
刹车释放燃油流量	7947	kg/s	

3. 沿航路爬升段报告

这一阶段的关键数据时爬升时间、爬升距离和爬升油耗。这里给出了多种不同类型的爬升,并计算了平均爬升率、燃油消耗、燃油流量等数据。这里假设起落架和襟翼的收起过程是瞬间完成的。爬升过程可以分为 4 个小段,其中最后一段是以恒定马赫数爬升至最佳(或次佳)ICA。计算报告在第 10 章的表 10.3 中已经给出,这里不再赘述。

4. 巡航报告

这一段的计算报告如表 15.8 所列。巡航飞行一般在合适的飞行高度层的恒定海拔高度上，在不同高度层间也采用恒定爬升率(12.8 节)。在本例中，飞机飞行在 FL-330 和 FL-370 两个飞行高度高度层之间，并采用两步爬升的操作方法。每一个恒定海拔巡航段的飞行距离约为 750n mile。在飞行高度层之间的采用指定爬升率爬升。

表 15.8 巡航燃油报告/重量规划分析
($X_{req} = 2317.7$n mile; ICW $= 239.096$t, $M = 0.3$)

h	FL	X/n mile	t/min	m_f/kg	$\dot{m}_f$/(kg/s)	v_c/(ft/min)
10058	330	772.57	99.26	12837.1	2.156	
		19.68	2.54	238.1	1.562	787
10558	350	772.57	99.73	12345.0	2.078	
		19.52	2.54	230.3	1.510	787
11277	370	733.37	95.58	11674.9	2.036	
合计		2317.72	299.65	37415.5	2.081	

5. 下降段报告

按照第 11 章中所述的方法进行沿航路下降。从巡航终点(FCA)开始，飞机开始采取一系列操作下降到一个特定高度，如从场高 1500ft(457m)开始，逐渐降低空速。11 章的表 11.2 给出了一份典型下降报告，这里不再重复。

6. 应急燃油分析

有很多关于预留燃油的策略，15.6 节中讨论了其中的一部分。图 15.21 中给出了各种情况下预留燃油与所需航程之间的函数关系。20min 额外飞行时间是假设从巡航终点开始并且初始速度为巡航速度。预留燃油重量与所需航程无关，因为额外航时开始计算点的总重量基本上是一个定值。等待的情况是：场高 1500ft，飞行马赫数 $M = 0.350$。其他飞行状态在题注中已经说明。在这个情况下，我们假设初始质量和最后进近开始时刻的总重量相等，由此计算出的预留燃油质量基本恒定。

如果在航路上有可用的备降机场，最佳选择是 3% 的预留燃油，低于 2200n mile 航程。否则采用 5% 的预留燃油是比 20min 额外航时，低于 2600n mile 航程更不严格的方案。可以得出很普适的结论：每种飞机都有一个临界阶段距离，超过的话应急策略的改变可能带来重量上的优势。这个阶段距离由实际情况决定，特别时天气状况和载荷重量。

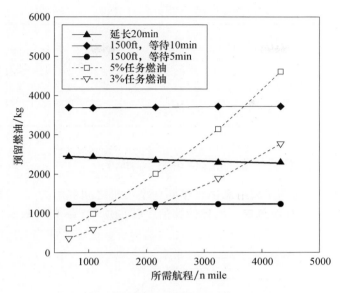

图 15.21 巡航距离对应应急燃油的影响
（标准日；无风；满员；载荷 300kg 货物（计算））

15.12 案例研究：水上飞机的有效载荷－航程分析

在本案例中，我们研究带浮筒的洛克希德 C130J。这是 Hercules 飞机系列的众多衍生产品之一，旨在执行特殊飞行任务，如部队运输、反潜战、扫雷、搜救、消防、岛屿间运输、溢油应急响应等。表 15.9 给出了计算浮筒阻力的一些基本性能数据。浮筒尺寸的估计值总结如表 15.10 所列。这些数据是根据飞机的三面图计算出来的，可以公开得到。因为这些浮筒并不是旋成体，所以浸湿面积和体积更难以计算得到。

表 15.9 水上飞机的基本性能数据

数据	值	单位
巡航真空速	163.4	m/s(592km/s,319.5kt)
巡航高度	6000	m(19685ft)
比燃油消耗	0.3567	kg/h/kW
载油量	27200	kg

表 15.10 浮筒尺寸估算

视图	A/m²		y/m	z/m
俯视图	49.53	21.2	3.39	
前视图	4.584		2.97	2
侧视图	26.384	20.55		1.89

15.12.1 由有效载荷-航程图估算浮筒阻力

有效载荷-航程图可以用来估计不同构型飞机之间的阻力差。图 15.22 给出了有/无浮筒飞机的有效载荷-航程估算值。转场航程(零有效载荷)的差值约为 570n mile。差值反映了浮筒,支撑和增加的结构重量造成了相当大的阻力。

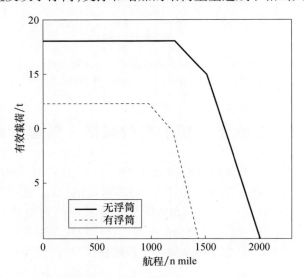

图 15.22 洛克希德 C130J 有效载荷-航程图,有/无浮筒

通过以下假设得到阻力增量的一阶估计:①飞机的结构重量不改变;②巡航速度不改变;③巡航高度不改变;④支撑引起的阻力忽略不计。上面这些影响量将在以后进行估算。

假设标称性能(无浮筒 C130J)用下标"1"表示,新构型(带浮筒)用下标"2"表示。飞机飞行距离 x_1 所做的功为 $W_1 = Tx_1$。飞机由 x_1 飞行到 x_2 所做功的差值为

$$\Delta W = \Delta T \Delta x = (T_1 - T_2)(x_1 - x_2) \tag{15.55}$$

在定常水平飞行中 $\Delta T = \Delta D$。螺旋桨飞机功率与推力的关系为

$$T = \frac{\eta}{U}P \tag{15.56}$$

式中:T 为螺旋桨推力,η 为螺旋桨效率,U 为真空速,P 为轴功率。轴功率与燃油流量之间的关系为

$$\dot{m}_f = \text{SFCP} \tag{15.57}$$

对于恒定 TAS,恒定螺旋桨效率和恒定 SFC,得

$$\Delta T = \Delta D = \frac{\eta}{U}\Delta P = \frac{\eta}{U}\frac{\Delta \dot{m}_f}{\text{SFC}} \tag{15.58}$$

燃料流量的差值为:

$$\Delta \dot{m}_f = \dot{m}_{f2} - \dot{m}_{f1} \tag{15.59}$$

飞机消耗的燃油总量大致相同(如果我们排除对爬升 - 下降性能的影响)。因此,

$$\dot{m}_{f1}t_1 \simeq \dot{m}_{f2}t_2 = m_f \tag{15.60}$$

恒定 TAS 条件下,$x = Ut$。

$$\dot{m}_{f2} = \dot{m}_{f1}\left(\frac{t_1}{t_2}\right) = \dot{m}_{f1}\left(\frac{x_1}{x_2}\right) \tag{15.61}$$

因此,燃料流量的差值为

$$\Delta \dot{m}_f = \dot{m}_{f1}\left(\frac{x_1}{x_2}\right) - \dot{m}_{f1} = -\dot{m}_{f1}\left(\frac{\Delta x}{x_2}\right) \tag{15.62}$$

将式(15.62)代入式(15.58)中,得

$$\Delta D = \frac{\eta}{U}\frac{\dot{m}_{f1}}{\text{SFC}}\left(\frac{\Delta x}{x_2}\right) \tag{15.63}$$

当 $\Delta x < 0$,阻力的变化量是正值。式(15.63)仅适用于恒定速度、恒定巡航高度和恒定 SFC 的条件下。阻力增加量的计算需要已知 Δx 值。在开始分析时,该值可以直接从有效载荷 - 航程图中得到(对于转场条件)。然而,必须考虑到飞机的起飞,爬升到巡航高度,下滑并以最少的燃油量降落。因此,并非所有的燃油量都可用于巡航。假定强制储备燃油量(如转场条件下为可用燃油的 5%),爬升到巡航高度,下降和降落需要额外的 13%。因此,可用燃油约为燃油量的 82%。

因为飞机执行航路爬升和下降,因此巡航航程低于任务航程。在前面分析中,差值约为 100n mile。使用表 15.9 中的基本性能数据,可估计出

$$\dot{m}_{f1} \simeq 1.042\text{kg/s}, \Delta D \simeq 24840\text{KN}, \Delta C_D \simeq 0.00174 \tag{15.64}$$

总之,分析表明浮筒使得巡航阻力系数增加了大约 0.00174。这是一个相当大的阻力:它相当于转场巡航航程减少了 570n mile。

从刚刚得到的结果可以进行更准确的计算。首先可以考虑带有浮筒飞机的最优空速。最优速度(最小功率速度)为

$$U_{mp} = \left(\frac{2W}{\rho A}\frac{1}{C_{Lmp}}\right)^{1/2} \qquad (15.65)$$

其中

$$C_{Lmp} = \left(\frac{3C_{D0}}{k}\right)^{1/2} \qquad (15.66)$$

型阻的差值为 $\Delta C_D = \Delta C_{D0}$。带有浮筒的飞机飞得更快,有

$$\frac{U_{mp2}}{U_{mp1}} = \left(\frac{C_{Lnp1}}{C_{Lnp2}}\right)^{1/2} = \left(\frac{C_{D0} + \Delta C_{D0}}{C_{D0}}\right)^{1/2} = \left(1 + \frac{\Delta C_{D0}}{C_{D0}}\right)^{1/2} > 1 \qquad (15.67)$$

对于型阻增加 20%,最优 TAS 必须增加约 10%。因此,如果考虑到这些新的飞行条件,则新的燃油流量为

$$\dot{m}_{f2} = \dot{m}_{f1}\left(\frac{U_1 x_1}{U_2 x_2}\right) = \dot{m}_{f1}\left(\frac{x_1}{x_2}\right)\left(1 + \frac{\Delta C_{D0}}{C_{D0}}\right)^{-1/2} \qquad (15.68)$$

$$\Delta \dot{m}_f = \dot{m}_{f2} - \dot{m}_{f1} = \dot{m}_{f1}\left[\left(\frac{x_1}{x_2}\right)\left(1 + \frac{\Delta C_{D0}}{C_{D0}}\right)^{-1/2} - 1\right] \qquad (15.69)$$

式(15.69)可用于重新迭代并计算型阻的增量。

15.13 飞机性能风险分析

实际上,到目前为止提出的所有飞机性能问题都基于确定性分析。换句话说,给定一组初始条件和飞机状态,可以评估飞机的响应。但有两个问题:①失败的风险和相应的后果;②某些状态参数的不确定性。文献[17]中提供了统计性能分析的示例。

与任何其他工程领域一样,存在与飞机操作相关的风险。航空运输的安全性是至关重要的,但无风险的运行,就像生活中的任何其他追求一样,几乎是不可能的。或许不幸的是,航空航天工程中取得的相当大一部分技术进步归因于不同严重程度的事故。提供了一些例子,与此相关的文献很多。

必须明确界定各种风险,特别是风险本身与其严重程度(或其后果)之间的关系。考虑 ETOPS 的情况,它允许双发飞机在一侧发动机故障的情况下,在规定的时间(60,120 或 180min)内飞行。与此类操作相关的风险分析允许双发飞机能够在北大西洋航线上飞行。ETOPS 安全标准对应于发动机推力完全丧失所致,每飞行小时的死亡事故低于 $3 \cdot 10^{-9}$。双发动机的单发故障情况比三发动机或四发动机的单发故障更严重。

分析中应考虑"单位风险",即每个飞行小时发生某一事件(发动机故障,改航,事故)的概率或其他相关措施,如周期数[18]。目前大多数规则条例都由 ICAO 制定,由国家航空监管机构执行并存在一些地方差异。图 15.23 给出了单位风险

与故障严重程度之间的关系。此严重程度映射到不同故障结果。阴影区域对应于不可接受的风险级别。图中给出的 ETOPS 风险等级以供参考。

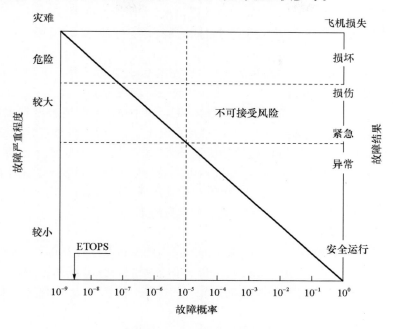

图 15.23　飞机性能风险分析

除单位风险外,还存在参数不确定(由于随机事件)和/或参数估计不准确等问题。那么性能预测只能是概率性的。制造商(作为 FCOM 的一部分)提供的性能图表就是一个很好的例子。尽管与 FCOM 相关的图表给出了简洁的曲线,但性能预测必须在统计意义上以高置信度进行解释说明。

性能计算受参数不确定性,随机外部因素,起飞和着陆机械故障风险的影响[19-20]。ESDU 有许多此方面的相关数据,其中包括基本统计分析和评估性能风险的实用方法[21-22]。

在本章讨论的范围内,目标是对所选参数进行"敏感度"分析。由于系统参数的数量非常庞大,但研究参数的数量不可能很大。因此,首先必须选择主要参数,估计它们的标准偏差并确定这些参数的影响。在这里举几个例子。

1. 燃油里程

如果性能不符合规定,通常会受到处罚。第 12.9 节给出了一个例子,我们研究了一些参数对巡航性能恶化的影响。在这种情况下,我们简单地进行了一系列测试,测试结果表明 SAR 的变化情况,结果在以下数组中给出。

$$\Delta ASR, \% = \{1.21, 1.35, -0.59, 0.23, -2.01, 1.05, 1.45, -1.27, -0.97, 0.45\}$$

(15.70)

式(15.70)是一个10点数组,包含通过10次飞行测试计算的 SAR 的百分比变化。该数组的统计特性为:样本标准偏差 = 1.21%。在正态分布上,平均值在一个标准偏差($\pm 1.21\%$)内具有 68.2% 的置信度,在两个标准偏差($\pm 2.42\%$)内具有 95.4% 的置信度。在签署任何交付合同之前,必须仔细考虑置信度。

2. 起飞场长

当我们在关键点考虑单发故障影响时,在第9章中已经进行了初步分析。我们定义了平衡场长,并决策停止飞行或继续起飞。起飞图表中包含了一系列参数,其中考虑了松刹车总重量,大气温度,纵向风速,机场高度,跑道坡度和襟翼配置。这种类型的分析实际上是确定性的,在某种意义上,可以假定各种参数的变化并测量或仿真飞机的响应。实际的统计分析是基于"风险"的,即风,机场高度,发动机故障等独立或以其他方式的组合,导致不可接受的风险水平的概率,如图 15.23 所示。如果飞机改变了配置并且自上次检查后其品质下降,则可能需要进一步考虑。将所有这些影响结合在一起考虑将是一个重大的工程。

3. 噪声性能保证

第 16 章对飞机噪声进行了详细分析。噪声测量也基于统计值[①]。通过计算参数设置中一组随机变化的噪声响应,可以评估各种源对总噪声的影响。由于部件之间的对数 - 求和,同时噪声度量是整个飞行轨迹上的积分,因此该分析是强非线性的。

小结

解决了飞机 - 任务分析中的几个问题,重点是运输操作。首先,检查了飞行计划,以最大限度地使用飞机,出发和到达时间至关重要。接下来,说明了有效载荷 - 航程图的重要性,这是提高飞机利用率的主要条件之一。给出了几种计算有效载荷 - 航程图和任务规划的数值方法。特别是,给出了任务燃油的预测器 - 校正器图表,它是计算任务燃油的最可靠方法。给出了运输 - 任务分析的详细案例,并分别讨论了每个飞行阶段。其他一些考虑实际利益的运输情况包括航路经停和燃油加油。强调了相应选择的重要性,这些选择需符合市场条件。DOC 取决于燃油消耗,但也取决于飞机内部,周围和外部的大量参数。由于缺乏总结的数据,因此难以计算成本。给出了浮筒飞机 - 飞行任务的案例研究以及浮筒阻力对其有效载荷 - 航程图的影响。通过阐述风险分析在飞机性能中的重要性结束了本章。

---

① 以空客 A318,A319,A320,A321 的认证为例。参见 EASA,飞机噪声认证,TCDSN EASA. A. 064,2011 年 6 月第 10 期。

参考文献

[1] Gang Yu, editor. *Operations Research in the Airline Industry*. Kluwer Academic Publishers, 1998.

[2] Coy S. A global model for estimating the block time of commercial passenger aircraft. *J. Air Transport Management*, 12:300–305, 2006.

[3] Anonymous. 747–400 airplane characteristics for airport planning. Technical Report D6–58326–1, The Boeing Corporation, Dec. 2002.

[4] Filippone A. Comprehensive analysis of transport aircraft flight performance. *Progress Aero Sciences*, 44(3):185–197, April 2008.

[5] ESDU. *Examples of Flight Path Optimisation Using a Multi–Variate Gradient–Search Method*. Data Item 93021. ESDU International, London, Mar. 1995.

[6] Martinez–Val R and Pérez L. Extended range operations of two and three turbofan engined airplanes. *J. Aircraft*, 30(3):382–386, 1993.

[7] Sachs G. Optimization of endurance performance. *Progress Aerospace Sciences*, 29(2):165–191, 1992.

[8] Torenbeek E. Cruise performance and range prediction reconsidered. *Progress Aerospace Sciences*, 33(5–6):285–321, May–June 1997.

[9] Küchemann D. *The Aerodynamic Design of Aircraft*. Pergamon Press, 1978.

[10] Beltramo MN, Trapp DL, Kimoto BW, and Marsh DP. Parametric study of transport aircraft systems cost and weight. Technical Report CR 151970, NASA, April 1977.

[11] Kershner ME. Laminar flow: Challenge and potential. In *Research in Natural Laminar Flow and Laminar–Flow Control*, volume NASA CP–2487. NASA Langley, Mar. 1987.

[12] Isikveren AT. Identifying economically optimal flight techniques of transport aircraft. *J. Aircraft*, 39(4):528–544, July 2002.

[13] Windhorst R, Ardema M, and Kinney D. Fixed–range optimal trajectories of supersonic aircraft by first–order expansions. *J. Guidance, Control and Dynamics*, 24(4):700–709, July 2001.

[14] Dixon M. The maintainance costs of aging aircraft. Technical Report Rand MG456, RAND Corporation, 2006.

[15] Green JE. Greener by design – The technology challenge. *Aero J.*, 106(1056):57–113, Feb. 2002.

[16] Bennington MA and Visser KD. Aerial refueling implications for commercial aviation. *J. Aircraft*, 42(2):366–375, Mar. 2005.

[17] Anon. Statistical loads data for the Boeing B777–200ER aircraft in commercial operations. Technical Report DOT/FAA/AR–06/11, U.S. Dept. of Transportation, Office of Aviation & Research, Washington, DC, Nov. 2006.

[18] Wagenmakers J. A review of transport airplane performance requirements might benefit safety. *Flight Safety Foundation Digest*, 19(2):1–9, 2000.

[19] ESDU. *Example of Risk Analysis for an Aircraft Subject to Performance Errors*. Data Item 08006. ESDU International, London, Aug. 2009.

[20] ESDU. *Example of Risk Analysis Applied to Aircraft Landing Distance*. Data Item 08005. ESDU International, Lon-

don, June 2008.

[21] ESDU. *Statistical Methods Applicable to Analysis of Aircraft Performance Data*. Data Item 91017. ESDU International, London, Oct. 1991.

[22] ESDU. *Variability of Standard Aircraft Performance Parameters*. Data Item 91020. ESDU International, London, Oct. 1991.

第16章 飞机噪声:噪声源

16.1 概述[①]

飞机噪声主题涉及的内容太过广泛,无法在单一章节里完整描述;因此,本章聚焦于低阶模拟飞机噪声排放和传播时需要关注的问题。首先讨论该主题的重要性(16.2节),介绍用来描述飞机噪声特性的基本概念(16.3节),接着建立与飞行力学集成的飞机噪声程序发展框架(16.4节)。噪声源被划分为推进部件(16.5节)和非推进部件(16.7节)。APU噪声作为一个独立项来讨论(16.6节)。螺旋桨噪声模型也是与飞机机体、发动机分开来单独讨论的(16.8节)。第17章介绍传播的影响。第18章介绍噪声轨迹。

16.2 介绍

自从有了人类活动和喷气发动机,开始出现了噪声伤害。低空飞行的飞机会产生令人厌恶的生理反应,不利于人的健康[1]。公平地说,噪声污染仅仅是航空工业所面临的众多环境问题中的一个,是当地空气质量、燃烧排放、环境兼容性、政策与法规以及公共健康等更多内容中的一部分。

本章确定产生飞机噪声的主要因素和降噪的一些方法。飞机审定必须满足逐渐严厉的国际规范(FAR 36部和ICAO附录16)和世界各地若干机场的运行限制,它将解释为何强的噪声排放会使飞机被淘汰。按照当今世界的规则,协和式飞机是不允许飞行的,第一代喷气式飞机必须立即停飞。

大量模型仍然依赖经验及半经验数据,有时物理问题会直接用一个噪声方法代替,这是目前最直截了当的求解。这是一个迅速发展的研究领域,新的求解方法不断出现。对于某些类型的飞机噪声性能研究来说,直接求解基于物理的模型在计算上要求很高,并不实际。工程应用包括常规和非常规布局的飞机噪声源。

---

① Zulfaa Mohamed – Kassim 博士对本章的撰写做出了贡献。

16.3 声音和噪声的定义

定义噪声的基本参数是声压级(SPL)、声功率 P、声强 I。声压 p 是相对于一个参考值 $p_{ref}=20\mu Pa$ 来计算的;这一值对应于听觉下限声压。声强定义为声压和传播速度的乘积,或者单位面积的声功率:

$$I = pa = p\frac{a^2}{a} = \frac{p}{a}\frac{p}{\rho} = \frac{p^2}{\rho a} = \frac{F_p}{A}\frac{r}{t} = \frac{E}{t}\frac{1}{A} = \frac{P}{A} \qquad (16.1)$$

式中:F_p 为声压 p 产生的力,ρ 为空气密度,E 为能量,t 为时间,r 为与声源的距离,A 为传播面积。对于一个点源,传播面积是球面,因此 P 以 $1/r^2$ 衰减;对于一个线源,传播的波前是圆柱形的,$P \sim 1/r$。声音响度的测量以 Bel 为单位。由于这个单位数量级一般太大,实际使用 decibel 单位(10^{-1} Bel = 1dB)。以分贝计量的声音响度定义为实际声强 I 与听觉下限声强 I_0 的比值。

$$SPL(dB) = 10\log\left(\frac{I}{I_0}\right) = 10\log\left(\frac{p}{p_{ref}}\right)^2 = 20\log\left(\frac{p}{p_{ref}}\right) \qquad (16.2)$$

其中"log"代表以 10 为底数的对数。听觉下限设置为 $p_{ref}=20\mu Pa$,在此点相应的 SPL 定义为 0dB。从式(16.2),声压增加或减少大约 12% 对应于相对声强 ±1dB 的变化;±1dB 为灵敏耳朵可察觉的最小声音差异(刚刚能被察觉的差异);6dB 对应于两倍声压;声音在被察觉变大之前需要 +10dB。

通常,120dB 是使人痛苦的声音限制,110dB 是非常吵闹的喷气式飞机;80~90dB 是繁忙城市的街道噪声,65dB 是连口头交流也听不清的嘈杂办公室;50dB 是一般的办公室环境。在隔音房子 SPL 在 10~20dB 级别。

噪声另一特征是它的频率。人耳能够听到的频率范围是 20~20000Hz,声强范围是 4~120dB,这个范围依赖于个人。人类听力对非常低和非常高的频率是不敏感的。考虑到此情况,可以使用一些计权过滤。当前使用的最普遍的频率计权是"A 计权",和人类耳朵响应近似一致。A 计权声级,称为 dBA,考虑了中到高频(500~5000Hz)比低频更加令人讨厌的事实。然而令人欣慰是,高频在大气中传播显示出更大的衰减率。因此,从噪声这一角度来看,最重要的频率范围是 200~2000Hz。基本噪声指标的完整描述可以在许多声学课本中找到,如 Pierce[2]。

飞机噪声中使用的频率是 1/3 倍频程系列。当两个频率 f_1 和 f_2 关系为 $f_2 = 2f_1$ 时,称它们被一个倍频分开。通常这为一个频带尺寸。然而,在飞机噪声里,频带为 1/3 倍频程,声谱以 1/3 倍频程分割。因此,两个连续频率为

$$f_2 = 2^{1/3}f_1 \qquad (16.3)$$

这意味着,如果 $f_1=20Hz$,那么 $f_2=25Hz$,$f_3=31.5Hz$,(频率近似到最接近的整数)。

比起单纯以 dB 计量的声压,将这些概念应用到飞机噪声中会更加复杂。事实上,噪声问题主要定位在扰人及其相关原因,如峰值、持续时间和事件频率等。因此,已经发展了噪声的其他测量来描述整个飞机轨迹特征。这些新指标是积分的,意味着一段飞行轨迹对应单一噪声级。积分噪声指标在下一部分讨论。总的说来,存在 3 种类型的指标:(1)基于暴露的;(2)最大噪声级;(3)基于时间的指标。这些指标大部分已形成标准。指标的部分清单在表 16.1 给出。完整清单项由 ANSI 出版[3]。

表 16.1 积分噪声指标总结

指标	字母缩写	ANSI[3]	全称	参考
A 计权噪声				
基于暴露的	SEL	L_{AE}	声音暴露等级	16.3.2 节
	LAEQ	L_{AeqT}	等效声音等级	式(16.11)
最大等级	LAMAX	L_{ASmx}	最大声音等级	
频谱校正的感知噪声				
基于暴露的	EPNL	L_{EPN}	有效感知噪声等级	16.3.1 节
最大等级	PNLTM	L_{PNLSmx}	T-校正最大感知噪声	

16.3.1 积分指标:有效感知噪声

由于地面听到的噪声由单个标量参数表征会更好,因此需要一个方法,在每个频率和时间步,将单独部件噪声的 SPL 转换为这样一个量。当前,通过一个称为有效感知噪声等级(EPNL)的量来表示。EPNL 是一个计权值,考虑了响度和持续时间,有

$$EPNL = PNL_{max} + C + D \qquad (16.4)$$

式中:PNL_{max} 为最大感知噪声水平(dB),C 为频谱噪声校正(dB),D 为噪声持续时间校正(dB)。计算 EPNL 的主要流程包含多个步骤(EPNL 的详细计算推荐读者参考 Smith[4])。

(1)通过图 16.1 的转换图,将 SPL 信号转换成 PNL(感知噪声级)。该图显示了常值 Noy 级,是等效响度的一个度量。例如,频率 f,对应于 SPL(f)。对应于每个 f 和 SPL(f) 的组合,给出了 Noy 的一个值(直接或通过插值)。总的 Noy_{Total},通过在整个 1/3 倍频带频谱中,对每个 Noy 值进行积分来获得,即

$$Noy_{Total} = 0.85 Noy_{max} + 0.15 \sum_{i=1}^{24} Noy_i \qquad (16.5)$$

轨迹中每个时间步长，$\text{Noy}_{\text{Total}}$ 和 PNL 的关系为

$$\text{PNL}(\text{dB}) = 40 + 10\log_2(\text{Noy}_{\text{Total}}) \tag{16.6}$$

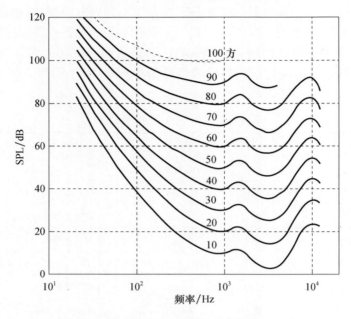

图 16.1　感知噪声及 Noy 等级（来自 ISO 226）

（2）为每个时间步长确定频谱噪声校正 C。这个校正取决于频带，最关键的是等级差异 F，其计算可能很费力（见 Edge 和 Cawthorn[5] 和 Smith[4]）。一旦确定了等级差异，各个频段的频谱噪声校正就可在图 16.2 中给出。最大频谱噪声校正为 6.7dB。因此，频谱噪声校正的 PNL 为

$$\text{PNLT} = \text{PNL} + C[\text{dB}] \tag{16.7}$$

（3）计算最大的 PNLT，定义为 PNLTM，是一个标量值。

（4）计算噪声持续时间校正。如果 $t = t_2 - t_1$ 为分析的飞行路径时间，持续时间为

$$D = 10\lg\left[\frac{1}{t}\int_{t_1}^{t_2} 10^{(\text{PNLT}/10)}\right]dt - \text{PNLTM} \tag{16.8}$$

（5）计算有效感知噪声，通过 PNLTM 及其在飞行路径中持续时间的求和

$$\text{EPNL} = \text{PNLTM} + D \tag{16.9}$$

在这个意义上，信号清除了频率影响，但考虑其他方面，如频谱噪声和持续时间。

所描述的方法表明 EPNL 不能直接测量；这个参数必须使用整个飞行路径、SPL、频谱等级和形状的信息来计算。EPNL 的值可以与响度有很大不同。

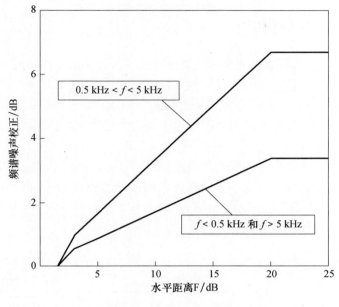

图 16.2 ICAO 频谱校正图

当使用 EPNL 指标时,降噪具有不同的含义。实际上,EPNL 的降低,可以通过飞行路径变化、限制频谱噪声校正影响的声学信号变化和其他因素的联合来实现。进一步地,因为 EPNL 指标是积分量,它本身不代表噪声预测方法的精确性。

16.3.2　积分指标:声音暴露等级

声音暴露等级(SEL)也称为 L_{AE}(dBA)。计算如下:
(1)计算沿轨迹的最大响度,$L_{\max}$。
(2)定义参考声级 $L_{ref} = L_{\max} - 10\text{dB}$。
(3)当 $L > L_{ref}$ 时,计算轨迹的时间积分 $[t_1, t_2]$。
(4)从积分计算 SEL:

$$L_{AE} = 10\lg\left(\int_{t_1}^{t_2} 10^{SPL(t)} dt\right) \qquad (16.10)$$

在 A 校正的 SPL 频谱中,响度定义为最大 SPL(dBA)。与 SEL 相关的另一个积分参数,是等效连续噪声等级,称为 L_{AeqT}。定义为

$$L_{AeqT} = L_{AE} - 10\lg t_0 \qquad (16.11)$$

式中:t_0 为感兴趣的持续时间。

16.4 飞机噪声模型

飞机产生的噪声是通过部件方法来建模的。该方法是通过从所有子系统的贡献来重构噪声。不可避免地,会有近似和假设,其中一些并不完全严格。第二个重要方面是每个部件的噪声模型可以是近似的,并且将来可以开发更好的模型。这种方法的优点在于,如果一个部件不能提供令人满意的答案,则其可以独立于其他系统进行改进。

图 16.3 显示了噪声源部件的分解,可分为 3 大类:推进系统、飞机机体和部件干扰。在推进系统分部件中,如果飞机由涡扇发动机提供动力,则不涉及螺旋桨。APU 的贡献一般不被考虑,尽管飞机在地面上时它的影响很大(16.6 节)。螺旋桨噪声与推进噪声将分开讨论(16.8 节)。

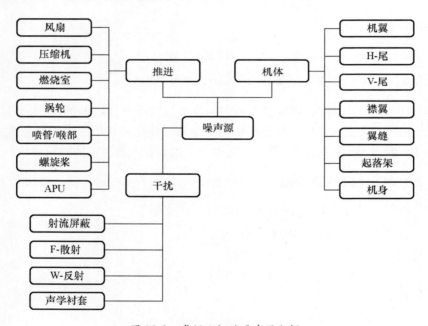

图 16.3 常规飞机的噪声源分解

在飞机机体部件中,机体自身的影响不包括在内,因为它不重要。考虑的干扰贡献是喷气-射流噪声屏蔽(尽管在涡轮螺旋桨发动机上并不重要)、机身散射效应和机翼噪声源的反射,如果发动机安装在机翼上方,后一项特别重要。流程图显示飞机噪声模拟可以模块化方式构建:这就有可能用一个子模型替换另一个时,无须重新考虑框架的其余部分。Casalino 等[6]提供了对飞机噪声子模型的全面回顾。

系统分析表明,要降低来自不同系统的噪声,或以令人满意的精度计算噪声排放时,需要相同量级的近似。远场噪声 SPL 为

$$SPL = 10 \lg \left(\sum_k 10^{SPL_k/10} \right) \quad (16.12)$$

注意到,最终噪声的计算是通过首先将各种贡献转换为十进制尺度;最终结果需要一个十进制对数。由于 SPL 的任意定义,使得 $p = p_{ref}$ 时其值为 0,式(16.12)在对总 SPL 求和时产生了一个奇怪的结果。例如,3 个贡献的和 $SPL_k = 0dB$,产生了总 $SPL = 4.77dB$,而不是在一般求和时的预期值为零。

如果一架飞机总声压降低 50%,将安静 50%。因为噪声指标是对数的,这个数字转换成 OASPL 后减少了 6dB。这个结果来源于

$$\Delta(OASPL) = 20 \lg \left(\frac{p}{2p_{ref}} \right) - 20 \lg \left(\frac{p}{p_{ref}} \right) = 20 \left[\lg \left(\frac{p}{2p_{ref}} \right) - \lg \left(\frac{p}{p_{ref}} \right) \right]$$

$$= 20 \lg(1/2) \simeq -6dB \quad (16.13)$$

如果改变式(16.13)两边,对应于已知 OASPL 的变化,声压的变化 Δp 是

$$\frac{\Delta p}{p} = 10^{(\Delta OASPL/20)} - 1 \quad (16.14)$$

实际上,这意味着在海平面和标准天气,对应于 OASPL 减少 6dB,声压仅降低 480Pa。但是,如果使用的指标是"计权"量,如感知噪声等级(16.3.1 节),噪声减缩则有不同的含义。

16.4.1 极发射角

一般来说,飞机或噪声源位于接收器上方的某一点。在最基本的情况下,声源 - 接收器位置由距离 r 和发射角 θ 决定;或者由距离和高度决定。然而,大多数噪声 - 辐射效应取决于发射角度和方向性。极发射角是飞机速度(或马赫数)的函数。当源自身以一个可比较的速度前进时,波也以有限速度进行传播。

参考图 16.4,如果 r 为源 - 接收器"视觉"距离,θ 为以马赫数 M 前进的噪声源对应的"视觉"发射(或辐射)角度,则"校正"(或延迟)发射角 θ_e 计算为

$$\cos\theta_e = \cos\theta \sqrt{1 - M^2 \sin^2\theta} + M \sin^2\theta \quad (16.15)$$

延迟距离为

$$r_e = r \left(\frac{\sin\theta}{\sin\theta_e} \right) \quad (16.16)$$

图 16.4 显示了飞行马赫数直至 $M = 0.4$ 时的影响,这是可感知的飞机噪声的范围。在 $M = 0.4$ 时,发射角的最大校正为 $\Delta\theta \simeq -12°$,此时噪声源位于接收器正上方。发射角在 16.7 节进一步阐述,其考虑了远离飞行轨迹的接收器的情况。如果适用的话,使用符号 θ 来表示视觉和校正的发射角。

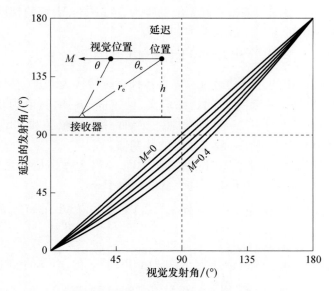

图 16.4 作为飞行马赫数函数的校正极性发射角(曲线以间隔 $\Delta M = 0.1$ 显示)

16.5 推进噪声

推进噪声的确定仍主要依赖于半经验方法,其包含非常有限的物理学。一个显著的例外是计算单射流噪声,其物理基础由 Lighthill 首先建立,无论如何,其不足以对高涵道比涡扇发动机进行模拟。

即使是半经验模型所要求的简化,发动机噪声的综合方法也需要大量的发动机数据,分为两类:(1)几何和构造数据;(2)航空热力学数据。在前一类中,包括风扇、压气机和涡轮直径、叶片数、转速等参数。一旦建立了发动机模型,如第 5 章所述,航空热力学模拟提供了所需的运行数据。

16.5.1 噪声 – 推进系统界面

推进系统噪声的数值求解依赖于指定飞行条件下的发动机状态的可靠评估。我们从涡扇动力飞机开始。涡扇发动机模型是基于图 16.5 所示的发动机结构。有两种可能性:

(1)指定燃油流量;求解发动机的航空热力学,以提供在相关发动机截面的净推力、压力、温度和速度(直接模式)。

(2)指定净推力;求解发动机的航空热力学,以提供质量流量、燃油流量、压力、温度和速度(相反模式)。

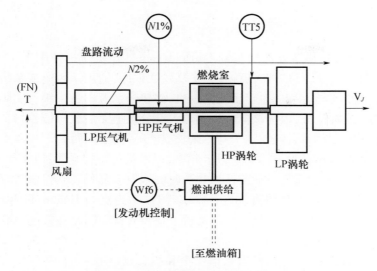

图 16.5　用于噪声模拟的涡扇发动机模型

在第一种情况下，依靠外部产生的噪声轨迹，如 FDR 数据。直接测量、监测燃油流动，而净推力只能通过飞行力学分析来确定。

涡轴发动机耦合至螺旋桨的情况是相似的，但有一些重要的区别，如图 16.6 所示。在相反模式中，轴功率通过飞行力学方程确定。于是问题缩减为确定燃油流动，以对应指定的轴功率。这个计算必须迭代进行，以考虑齿轮箱的损耗和残余推力的影响。发动机状态通过燃油流量来计算。

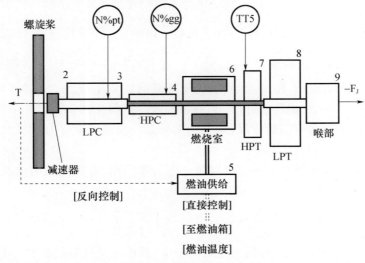

图 16.6　用于噪声模拟的涡轴－螺旋桨模型

16.5.2 风扇和压气机噪声

在波音 – NASA 早期方法的基础上,Heidmann[7] 开发了一种用于压气机和风扇噪声的半经验方法。该方法依赖于一个实验数据库,适用于风扇或单级压气机,而不论其是否带有导流片。对于多级压气机,需要分别考虑每一级。实际上,这是几乎不可能完成的任务,因为该方法所需的大部分数据无法获得(通过每一级的温升、转子/定子叶片数量、转子/定子叶片弦长、转子 – 定子间距)。

与噪声数据对比显示,在 1kHz 以上频率,通常是可以接受的,但在低频处显著偏离标记点,此处模型截止。这被认为是当时的限制。然而,该方法在 NASA 代码 ANOPP[8] 中实现,并在稍后略有改进。ESDU 方法[9] 遵循与 Heidmann 相同类型的分析,稍做修改。这种方法在离心式压缩机上还没有被证明是有效的,而在涡轮轴发动机中已被发现是有效的。

该模型包括了宽带噪声、离散频谱噪声和组合频谱噪声的一个联合。宽带和离散频谱噪声部件来自风扇或压气机的进气侧和排气侧;组合频谱噪声仅发生在进气侧。该方法的亮点之处在于需要的参数相对有限。这些参数是质量流量、通过每一级后的温升、设计和运行叶尖马赫数。考虑到导流片的存在、转子 – 定子间距、进气流畸变频谱噪声界限和叶栅衰减,需要进行一些修正。该方法涉及对每个部件的频谱形状、级别、噪声方向性的预测。

1. 宽带噪声

这种噪声部件与流过叶栅的湍流相关,源于进气湍流、物面边界层、叶片和导流片之间涡流的互相作用。后一项取决于非周期性尾迹。宽带噪声的方程为

$$SPL(f) = 20\lg\left(\frac{\Delta T}{T_0}\right) + 10\lg\left(\frac{\dot m}{\dot m_0}\right) + F_1 + F_2 + F_3 + F_4 \quad (16.17)$$

式中:F_1 为叶尖马赫数的函数,F_2 为转子 – 定子间距的函数,F_3 为方向性的函数,F_4 为叶片通过频率的函数;$\dot m$ 为风扇或压气机的质量流量,$\dot m_0$ 为参考质量流量;ΔT 为通过风扇或压气机的温升,T_0 为参考温度。式(16.17)右边第一项表达了由于压气机级中的温升引起的贡献;第二项为质量流量的贡献。对于级数少的压气机,该方程已被证明有效。

叶片传递对宽带噪声的影响由对数正态分布给出,对应的最大值在叶片传递频率 f_b 的 2.5 倍位置:

$$F_4 = 10\lg(e^c), c = \left[\frac{\ln(f/f_b)}{\ln 2.2}\right]^2 \quad (16.18)$$

实际上,风扇和压气机展现出比式(16.18)预测的更复杂的宽带频谱。进气和排气侧的方向性如图 16.7 所示。

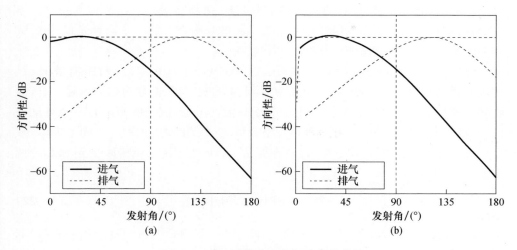

图 16.7 单级风扇和压气机噪声方向性
(a)宽带;(b)离散频谱噪声。

2. 离散频谱噪声

离散频谱噪声方程为

$$\text{SPL}(f) = 20\lg\left(\frac{\Delta T}{T_0}\right) + 10\lg\left(\frac{\dot{m}}{\dot{m}_0}\right) + F_1 + F_2 + F_3 \quad (16.19)$$

式(16.19)中,函数 F_1、F_2 和 F_3 分别取决于叶尖马赫数、转子－定子间距和方向性。然而,这些函数不同于宽带噪声中的定义(见式(16.17))。

3. 组合频谱噪声

这是超声速叶尖产生的,在 1/2、1/4 和 1/8 桨叶通过频率,并由类似的方程给出,有

$$L_p = 20\lg\left(\frac{\Delta T}{T_0}\right) + 10\lg\left(\frac{\dot{m}}{\dot{m}_0}\right) + F_1 + F_2 \quad (16.20)$$

同样,函数 F_1 和 F_2 分别取决于叶尖马赫数和方向性。给出了 1/2、1/4 和 1/8 叶片通过频率时的方程。叶栅衰减校正应用于多级压气机,但不适用于单级风扇。

通过级的温升可以从绝热压缩估算

$$\frac{\Delta T}{T} = \frac{1}{\eta_c}\left[p_r^{(\gamma-1)/\gamma} - 1\right] \quad (16.21)$$

式中:η_c 为级热力学效率,p_r 为级压缩比,γ 为比热比(对于大多数计算,$\gamma = 1.4$ 是足够的)。

所描述方法适用于单级风扇或压气机,尽管该方法对两级压气机已经成功地测试。现代涡轮风扇发动机中使用的多级压气机使分析变得复杂。一种方法是通

过用第一级和最后一级之间的温升和压力上升,来将多级压气机近似为单级。不幸的是,这种近似对于多的级数产生不切实际的高噪声。另一个选择是仅考虑 LP 和 HP 压气机第一级的影响,来表达远场噪声[7]。

提供噪声水平的方程(式(16.17)、式(16.19)和式(16.20))对距离源 1m 远的观察者是有效的。因此,对于距离为 $\gamma = 1.4$ 的观察者,必须对球面传播、大气吸收和其他耗散和放大因素进行校正。出于一般性考虑,假设噪声沿着一个球面波前,而没有遇到任何障碍。在这种情况下,SPL 与源的距离的平方(反向平方律)成反比。假设在距离处声压级为 SPL_1;在距离 $r_2 > r_1$ 处,这个量将减少到 SPL_2。两个 SPL 之间的关系为

$$SPL_2 = SPL_1 + 20\lg\left(\frac{r_1}{r_2}\right) \qquad (16.22)$$

注意:如果距离增加,"lg"为负值;因此,SPL_1 右侧必须为 + 号。式(16.22)表明,距离的加倍使 SPL 降低 6dB。

至于风扇,是发动机噪声的最大来源之一。此外,必须解决一些额外的方面,涉及进气管道和所谓声学衬套的存在,两者都有助于降低噪声[10]。声学衬套是被动或自适应系统,由各种多孔板、蜂窝结构和编织材料组成,其目的是增加管道对特定频率范围内噪声的吸收。这种衬套的一个例子如图 16.8 所示。这一领域存在着大量研究[11-13]。ESDU 有一些实用的估计声阻抗和吸收的方法[14-15]。这些系统的有效性取决于许多因素,包括管道长度(长或短)、衬套类型、阻抗和方向

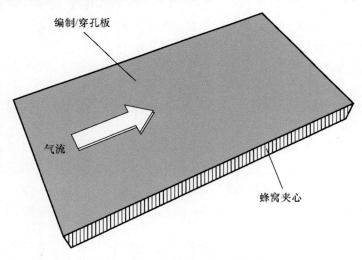

图 16.8 用于涵道风扇噪声减缩的声学衬套壳例子

性。现代涡扇发动机的进气道相对较大,高达风扇直径的 1/3①。这意味着风扇深埋入发动机舱,允许各种技术措施的安装以进一步降低噪声,包括衬套。

现代涡扇发动机具有宽弦风扇、数量大幅减少的叶片(典型的有 22 ~ 26 片);该设计有助于降低叶片通过频率。宽带噪声信号与窄弦风扇相似。风扇噪声水平的降低需要适当的策略,来解决频谱噪声部件和低频带(600 ~ 4000Hz)。

在许多情况下,风扇叶片可能运行在超声速流。在发动机高转速和中高飞机速度(特别是起飞)时,这种情况是叶尖区域的典型情形。产生的噪声称为"蜂鸣器",其特征是发动机转速倍数频率处的声压[16-17]。

16.5.3 燃烧室噪声

ESDU[18]提出的半经验理论(由汽车工程师学会[SAE]的先前方法得到)依赖于一个方程,其将声压级、噪声功率级和方向性联系起来:

$$\mathrm{SPL}(f,\theta) = \mathrm{PWL}(f) + \mathcal{D}(\theta) - 20\lg r + 10\lg\left(\frac{\rho_0 a_0 W_{\mathrm{ref}}}{4\pi p_{\mathrm{ref}}^2}\right) \quad (16.23)$$

式中:PWL 是以 dB 为单位的 1/3 倍频带噪声功率级,θ 为发动机轴与接收器之间的角度(发射角);下标"0"表示发动机外部的环境条件。PWL 推导自 A 级总 PWL 的频谱校正为

$$\mathrm{PWL} = \mathrm{OAPWL} + \mathcal{S}(f) \quad (16.24)$$

总声功率级定义为

$$\mathrm{OAPWL} = 10\lg\left(\frac{a_0 \dot{m}_2^2}{W_{\mathrm{ref}}^2}\right) + 10\lg\left[\left(\frac{\Delta\mathcal{T}}{\mathcal{T}_3}\right)^2 \left(\frac{p_3}{p_0}\right)^2 \left(\frac{\Delta\mathcal{T}_{\mathrm{turb}}}{\mathcal{T}_0}\right)^{-4}\right] - C \quad (16.25)$$

式中:$\dot{m}_2$ 为核心机质量流量,$\Delta\mathcal{T}$ 为燃烧室的温升,$\mathcal{T}_3$ 为燃烧室入口温度,p_3 为对应的压力;$\Delta\mathcal{T}_{\mathrm{turb}}$ 为在燃烧室下游通过整个涡轮系统后的温度下降;C 为一个指定常数,在这种情况下是 -60.5dB。该项提供了式(16.23)和式(16.24)中使用的方向性 $\mathcal{D}(\theta)$ 和频谱函数 $\mathcal{S}(f)$。式(16.23)给出的 SPL 必须对多普勒效应和大气衰减进行校正。该方法的近似性预计在 -3 ~ +5dB,尽管该方法缺乏合理的确认和验证。

16.5.4 涡轮噪声

按照通用电气公司[19-20]提供的半经验方法,给出预测单个轴流涡轮频谱噪声和宽带噪声的方法。该方法依赖于经验性关系,表达声压级对频率和极方向角的依赖性。相对于其他产生噪声的发动机部件,涡轮噪声仍然缺乏快速的一阶预测

---

① 例如,GE90-115B 的进气道的长度大约为 1.5m;为 B777-300 提供动力的 PW4048 发动机的总衬套面积大约为 6.2m²。

方法和经验数据,可用的一些参考是相当粗略的[21]。最近的努力更多地侧重于发展基于物理的建模,以产生功能更强的预测,而不依赖经验[22],从而扩大其在各种类型发动机上的使用,但是在不久的将来,这些不太可能成为快速实时应用的有效选项。

涡轮噪声特别是低压涡轮,在进近时可能很大[23]。随着涡轮风扇发动机涵道比的增加,它对发动机整体噪声的重要性也随之增加[22]。从涡轮辐射的声音极大地依赖于极角,峰值在相对于进气轴线发射角为110°~130°处。这种后辐射的声音通过湍流喷射混合区域时受到声音折射的影响。声谱以纯频谱噪声为主,基波以涡轮叶片通过频率设定。通过将其扩散到更宽的或"茫茫无际的"信号[24]中,湍流混合层也可能影响频谱噪声。

飞机噪声预测程序[19]使用的经验模型在此描述,以计算来自一个轴流涡轮的远场 SPL,有

$$\text{SPL} = 10 \lg\left(\frac{\langle p^2 \rangle}{p_{\text{ref}}^2}\right) \tag{16.26}$$

均方声压 $\langle p^2 \rangle$ 表示为

$$\langle p^2 \rangle = \frac{\rho_\infty^2 a_\infty^4 Ai}{4\pi r^2} \frac{\Pi * \mathcal{D}(\theta)\mathcal{S}(\eta)}{[1 - M_\infty \cos\theta]^4} \tag{16.27}$$

以 $p_{\text{ref}} = 2 \times 10^{-5}\text{Pa}$ 为参考声压。通过多普勒项 $[1 - M_\infty \cos\theta]$,式(16.27)考虑了球面传播和向前飞行的影响。此外,它使用两个经验关系来量化极角 θ 和频率 f 对涡轮噪声的影响。无量纲声功率参数 Π① 详见 16.4.4 节。

第一个经验关系是极方向函数 $\mathcal{D}(\theta)$,给出两组无量纲数据集,分别为宽带和频谱噪声;这些数据列表给出,作为表 16.2 中极方向角 θ 的函数。

表 16.2 极方向性等级

$\theta/(°)$	宽带 $\lg\mathcal{D}(\theta)$	频谱噪声 $\lg\mathcal{D}(\theta)$
0	-0.789	-1.911
10	-0.689	-1.671
20	-0.599	-1.471
30	-0.509	-1.261
40	-0.409	-1.061
50	-0.319	-0.851
60	-0.219	-0.641
70	-0.129	-0.431

续表

$\theta/(°)$	宽带 $\lg\mathcal{D}(\theta)$	频谱噪声 $\lg\mathcal{D}(\theta)$
80	−0.029	−0.231
90	−0.071	−0.021
100	0.151	0.189
110	0.221	0.389
120	0.231	0.589
130	0.211	0.259
140	0.111	−0.191
150	−0.029	−0.591
160	−0.229	−0.931
170	−0.549	−1.271
180	−0.869	−1.611

第二个经验关系是频谱函数 $\mathcal{S}(\eta)$，给出宽带噪声的表格数据和频谱噪声的经验函数；$\mathcal{S}(\eta)$ 为无量纲频率参数 η 的函数，有

$$\eta = [1 - M_\infty \cos\theta] \frac{f}{f_b} \tag{16.28}$$

式中：$f_b = NB$ 为涡轮叶片通过频率，N 为涡轮转速（Hz），B 为单级涡轮的转子叶片数量。

对于宽带噪声，频谱 $\mathcal{S}(\eta)$ 如图 16.9 所示。外推该数据集，以将宽带频谱级范围扩展到 $\lg(\eta) < -0.903$ 和 $\lg(\eta) > 0.602$ 之外。通过这些参数，任何指定频率的宽带 SPL 可以计算。为了获得 1/3 倍频带 SPL，每个频带被划分成更小的子带，通过子带中心频率来计算子带的 SPL，然后对其积分和归一化，以得到宽带噪声的 1/3 倍频带 SPL。

对于频谱噪声，频谱函数可表示为

$$\mathcal{S}(\eta) = 0.6838 \times 10^{(1-n)/2} \tag{16.29}$$

式中：n 为每个频谱噪声的谐波数。基波，即 $n=1$，由涡轮叶片通过频率 f_b 决定。在这个方法中，频谱噪声 SPLs 与 1/3 倍频程宽带 SPL 组合，以获得总的 1/3 倍频带 SPL。这通过定位谐波数量以及它们在每个频带内包含的谐波数来完成。给定 1/3 倍频带中心频率 f_c，频带内的最低 (n_l) 和最高 (n_u) 谐波数可表示为

$$\begin{aligned} n_l &= 1 + \text{int}[10^{-1/20}\eta] \\ n_u &= \text{int}[10^{1/20}\eta] \end{aligned} \tag{16.30}$$

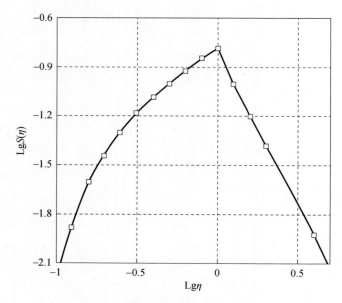

图 16.9　宽带噪声的频谱函数

由此,只有在 $n_l \leq n_u$ 时,频带才会包含 $n_u - n_l + 1$ 个频谱噪声。然后从式(16.26)和式(16.27)可以计算出频谱噪声 SPL,并与宽带 SPL 组合以获得总的 SPL。

1. 声功率

式(16.27)中无量纲涡轮声功率 Π^* 的经验公式如下:

$$\Pi^* = K\left(\frac{h_{t,i}^* - h_{s,j}^*}{h_{t,i}^*}\right)^a (U_T^*)^b \tag{16.31}$$

式中:经验常数 K、a 和 b 取决于噪声源的类型,即宽带或纯音,如表 16.3 所列;h^* 表示比焓:指数"i"表示进气条件;"j"表示出口条件;"s"为静态条件;"t"为总数。无量纲转子叶尖速度 U_T^* 取决于转速 N 和转子叶片直径 d,有

$$U_T^* = \pi \frac{Nd}{a} \tag{16.32}$$

表 16.3　涡轮声功率的经验常数

	宽带	纯频谱噪声
K	8.589×10^{-5}	1.162×10^{-4}
a	1.27	1.46
b	-1.27	-4.02

式(16.31)中的比焓比要求输入涡轮入口处总温($T_{t,i}$)和涡轮出口处静温

($\mathcal{T}_{s,i}$)。根据文献[25],任意温度 $\mathcal{T}$ 的比焓 $h^*(\mathcal{T})$ 定义为

$$h^*(\mathcal{T}) = \frac{1}{\mathcal{T}_\infty}\left[h_r^*\left(\frac{\mathcal{T}}{\mathcal{T}_0}\right) - h_r^*\left(\frac{\mathcal{T}_\infty}{\mathcal{T}_0}\right)\right] \quad (16.33)$$

式中:$\mathcal{T}_\infty$ 为环境温度,$\mathcal{T}_0$ 为参考温度,使用海平面温度。参考比焓(h_r^*)取决于空气的组成气体的许多参数,即氮气(N_2)、氧气(O_2)、二氧化碳(CO_2)、水蒸气(H_2O)和氩气(A_r)。对于给定的温度比 $\mathcal{T}/\mathcal{T}_0$,有

$$h_r^*\left(\frac{\mathcal{T}}{\mathcal{T}_0}\right) = \sum_{k=1}^{5} \mathcal{R}_k^* x_k h_{r,k}^*\left(\frac{\mathcal{T}}{\mathcal{T}_0}\right) \quad (16.34)$$

式中:$\mathcal{R}_k^*$,x_k 和 $h_{r,k}^*$ 分别为第 k 个组分气体的无量纲气体常数、质量分数和组分比焓。$\mathcal{R}_k^*$ 和 x_k 定义为

$$\mathcal{R}_k^* = \frac{1}{\mathcal{R}}\left(\frac{\mathcal{R}_u}{m_k}\right)$$

$$x_k = \left(\frac{m_k}{m_T}\right) \quad (16.35)$$

$$m_T = \sum_{k=1}^{5} m_k$$

式中:$\mathcal{R}_u = 8314.32 \text{kgm}^3/\text{Ks}^2$ 为通用气体常数,$\mathcal{R}$ 为干空气气体常数。气体分子量 m_k 如表 16.4 所列。组分气体 x_k 的质量,依赖于发动机燃气比和环境空气的绝对湿度,在文献[25]中列表给出。组分比焓 $h_{r,k}^*$ 也作为温度比 $\mathcal{T}/\mathcal{T}_0$ 的函数在表中给出。

表 16.4 宽带噪声的频谱函数

组分气体	分子质量
氮气(N_2)	28.01340
氧气(O_2)	31.99880
二氧化碳(CO_2)	44.00995
水蒸气(H_2O)	18.01534
氩(Ar)	39.94800

2. 涡轮噪声模拟

通过模拟单发动机的涡轮噪声,来研究各种参数对涡轮 SPL 水平的影响,飞行马赫数 $M = 0.5$,距离发动机 500m。如前所述,只有球面扩散和向前飞行的声学和衰减作用被纳入方程;没有考虑由于地面反射、大气吸收、折射和湍流散射引起的衰减。

在图 16.10 中,对于从 0~180°范围内的各种极方向角 θ,画出 SPL 相对于 1/3 倍频带中心频率的图。通常,θ 通过经验性极坐标方向函数 $\mathcal{D}(\theta)$ 和多普勒频移项来影响 SPL。

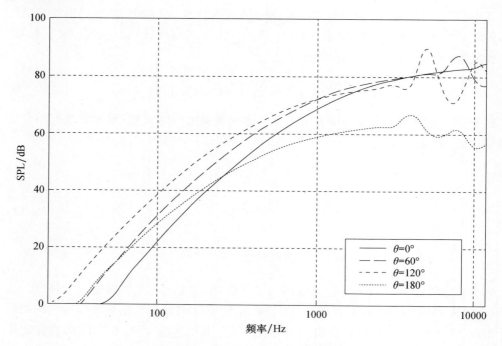

图 16.10　极方向角 θ 对 1/3 倍频带 SPL 的影响

频谱中 SPL 的形状由谱函数 $\mathcal{S}(\eta)$ 决定。结果表明,涡轮噪声的一般峰值在频率 5~10kHz 之间,取决于向前飞行效应引起的平移。这些峰值主要来自被平均入 1/3 倍频带范围的纯音。关于极角的变化,在 $\theta = 180°$ 的发动机尾部,噪声衰减最大。θ 在 0~180°之间总噪声峰值差别约 20dB。

涡轮转速 N 可以对涡轮噪声产生重大影响,因为它决定了涡轮叶片通过频率 f_b,从而确定了频谱噪声峰值频率。在图 16.11 中,N 从 3000rpm 变化到 12000rpm。在这些模拟中,最小转速时的涡轮噪声最大,相对于最高宽带噪声水平,基本频谱噪声水平具有约 24dB 的显著贡献。当转速增加,整个 1/3 倍频带 SPL 通常在整个频谱范围内沿 dB 刻度向下移动。此外,随着转速增加,第一个频谱噪声峰值向着更大的频率移动。随着转速增加,相对于宽带噪声,频谱噪声对涡轮 SPL 的贡献也随之降低。

在 $N = 12000$rpm,第一个频谱噪声峰值的噪声水平比最高宽带噪声水平高约 8dB。

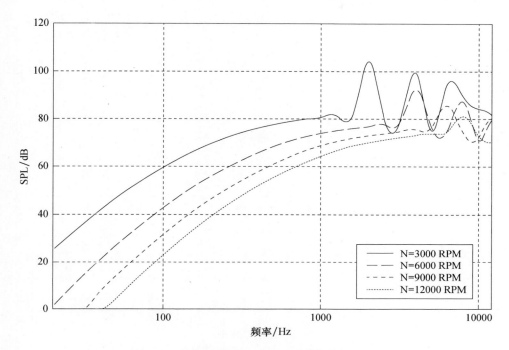

图 16.11 涡轮转速(rpm)对 1/3 倍频带 SPL 的影响

叶片数量 B 对 SPL 的影响如图 16.12 所示。因为叶片数量直接决定了叶片通过频率,叶片数量对噪声级影响的一部分,是以与叶片数量成正比的方式移动频谱噪声峰值,这与图 16.11 所示的涡轮转速影响相似。这可从结果中清楚地看到,当叶片数量从 25 增加到 100 时,基波从 $f=500$Hz 转换到 10kHz。这些基波的 SPL 保持不变,约 90dB。增加叶片数量的第二个影响,可以从宽带噪声水平的衰减看到,特别是频率远离叶片通过频率时。

16.5.5 单射流噪声

单射流噪声模型仅用于纯涡轮喷气发动机。这种类型的发动机由于高噪声水平和低效率而几乎消失了。Lighthill 进行了这一领域的基础研究[26-27]。Lighthill 的分析表明,静态环境下高速射流的声功率为

$$P \sim \rho_j A_j V_j^3 M^5 = \frac{\rho_j A_j V_j^8}{a_j^5} \qquad (16.36)$$

式中: A_j 为射流区域, $M = V_j/a_j$ 为马赫数, a_j 为射流中的平均声速。这个方程也被称为 Lighthill 的八次方律。射流的质量流为 $\dot{m} = \rho_j A_j V_j$。因此有

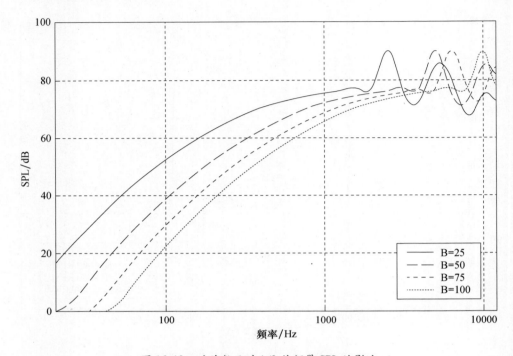

图 16.12 叶片数目对 1/3 倍频带 SPL 的影响

$$P \sim \frac{\dot{m}V_j^7}{a_j^5} \tag{16.37}$$

高速射流产生的远场噪声如同由单极子产生一样；因此，强度 I 以距离的倒数 $1/r$ 衰减，

$$I \sim \frac{P}{A} \sim \frac{\dot{m}V_j^7}{2\pi r a^5} \sim \frac{\dot{m}V_j^7}{a^5 r} \tag{16.38}$$

对应的 SPL 为

$$\mathrm{OASPL} = 10\lg\left(\frac{I}{I_0}\right) = 10\lg\left(\frac{c_1}{W_{\mathrm{ref}}}\frac{\dot{m}V_j^7}{a_j^5 r}\right) \tag{16.39}$$

其中：c_1 为式(16.38)中的比例常数，W_{ref} 为参考声功率。喷射速度的重要性从 V_j^7 强度 I 是 V_j 喷射速度的 7 次方是明显可见。这证实了如果我们将射流速度降低一半，则式(16.39)给出在相同距离处观察者的 OASPL 减少为 21dB。相反，如果观察者的距离加倍，而射流速度保持在原来水平，那么 OASPL 的减少只有 6dB。这个结果再一次强调了使用高涵道比涡扇发动机代替纯喷气发动机的重要性。

如果射流是从以速度 V 飞行的发动机得到的，在式(16.38)中通常引入发动机推力。推力的粗略近似为 $T \simeq \dot{m}(V_j - V)$。因此有

$$I \sim \frac{T}{(V_j - V)} \frac{V_j^7}{a_j^5 r}, \quad I \sim \frac{TV_j^6}{a_j^5 r} \tag{16.40}$$

式(16.40)表明了减少推力的重要性,这在起飞作业中是常规的。式(16.40)的简单计算表明,推力减少 50% 导致 OASPL 减少约 3dB。

16.5.6 同轴射流噪声

单射流噪声的预测依赖于 Lighthill[26-27] 的理论及其后的发展,包括用于同轴射流的 Balsa 和 Gliebe[28] 的方法及 Stone 等[29]。在现代喷气发动机中,射流由一个热的内核和较低速度的冷的涵道流动组成。这个问题比单一流动喷气要复杂得多。额外参数至少包括射流之间的速度比、面积比和温度比。

对于大范围的喷射速度比、喷嘴面积、Strouhal 数和极角,存在实验噪声数据[30-31],尽管也存在一些限制,包括数据的插值。以 NASA、Boeing 等开发的方法为基础,SAE 已经出版了其他方法。一个更加全面的研究(包括一个合理的物理学程度)可以从 Fisher 等[32-33]获得。在那些文献中给出了模型的完整描述。本节讨论仅限于声学模型方程以及综合模型中的实施策略。

图 16.13 显示了典型的同轴射流的草图,由一个热的内核(主)和一个冷的涵道(二次)射流组成。喷嘴附近的初始区域特征,在于不同速度和温度的射流之间的湍流混合。确定了两个剪切层:二次射流和大气之间的剪切层,以及主射流和二次射流之间的内部剪切层。二次射流与大气的混合产生了高频噪声。

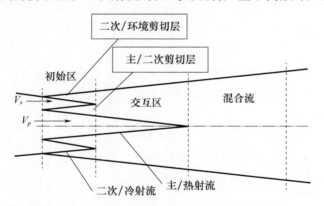

图 16.13 来自涡扇发动机同轴热 - 冷射流的流动特征

按照 Fisher 等人,来自同轴射流的噪声通过对三个贡献进行求和来计算:(1)完全混合射流;(2)二次射流;(3)有效射流。下标"p"和"s"分别表示主和二次射流;下标"m"表示完全混合的射流。

1. 完全混合射流

第一个贡献本质上是来自具有适当直径、速度和温度的孤立射流。如果 f 是频率，θ 是极发射角（如前所述），则该贡献写为

$$\mathrm{SPL}_m(\theta, f) = \mathrm{SPL}(\theta, f, V_m, \mathcal{T}_m, d_m) + 10\lg F_d(f_1, f) \quad (16.41)$$

式中：速度 V_m、温度 $\mathcal{T}_m$ 和射流直径 d_m 可表示为

$$\frac{V_m}{V_p} = \frac{\psi_2}{\psi_0}, \frac{d_m}{d_p} = \left(\frac{\psi_0 \psi_1}{\psi_2}\right)^{1/2}, \frac{\mathcal{T}_m}{\mathcal{T}_p} = \frac{\psi_0}{\psi_1} \quad (16.42)$$

式(16.42)的右边参数为

$$\psi_0 = 1 + V_r A_r, \psi_1 = 1 + V_r A_r \sigma_r, \psi_2 = 1 + V_r^2 A_r \sigma_r \quad (16.43)$$

式中：$V_r = V_s/V_p$ 为速度比，$A_r = A_s/A_p$ 为面积比，$\sigma_r = \rho_s/\rho_p$ 为气体密度比。式(16.41)给出了高于截止频率 $f_1 = V_m/d_m$ 的完全混合射流的 SPL。F_d 因子是一个函数，表示从轴坐标 x_1 的下游位置辐射的能量比例。

$$F_d(x_1, f, f_1) = \left[1 + \hat{f} + \frac{1}{2}\hat{f}^2 + \frac{1}{6}\hat{f}^3\right]\exp(\hat{f}) \quad (16.44)$$

其中

$$\hat{f} = m\left(\frac{f}{f_1}\right) \quad (16.45)$$

因子 m 为形状参数（典型地，$m=4$）。频率 f_1 为这样一个频率，使位置 x_1 的上游和下游辐射的能量相同。式(16.42)右侧第一项，通过使用 ESDU 的亚声速圆形喷嘴方法[34]来计算。这一项在 16.5.7 节中单独讨论。

2. 二次射流

二次射流的贡献是

$$\mathrm{SPL}_s(\theta, f) = \mathrm{SPL}(V_s, \mathcal{T}_s, d_s, \theta, f) + 10\lg F_u(f_1, f) \quad (16.46)$$

式(16.46)中，函数 F_u 为 F_d 的补充，表示在轴向位置 x_1 上游辐射的能量比例：

$$F_u(x_1, f_1, f) = 1 - F_d(x_1, f_1, f) \quad (16.47)$$

表示在轴向位置 x_1 下游辐射的能量比例。

3. 有效射流

有效射流贡献为

$$\mathrm{SPL}_e(\theta, f) = \mathrm{SPL}(V_p, \mathcal{T}_p, d_e, \theta, f) + \Delta\mathrm{dB} \quad (16.48)$$

其有效直径 d_e 如下：

$$d_e = d_p(1 + A_r^2 V_r)^{1/2} \quad (16.49)$$

式(16.48)右边最后一项是噪声的降低，它取决于相关湍流的水平。这实际上是同轴射流和主射流之间平均湍流水平的比值，在约 2/3 的范围内。文献[33]中得出的实际 SPL 减少为

$$\Delta dB = 10\lg\left[0.2\left(\frac{1+16y}{1+7y}\right)\right] \quad (16.50)$$

$$y = \frac{(\tau-1)^2 M_j^2}{1+0.65(\tau-1)}, M_j = \frac{V_j}{a_0}, \tau = \frac{T_j}{T_0} \quad (16.51)$$

16.5.7 来自亚声速圆形射流的远场噪声

在本节中用基于半经验数据 ESDU[34-35]方法,确定来自单一流动圆形射流的噪声。这一项出现在式(16.41)、式(16.46)和式(16.48)的右侧。如图 16.14 所示,在接收器位置、对应于频率 f 的 OASPL 是

$$\mathrm{SPL} = \mathrm{SPL}_n + 10\lg\left(\frac{\rho_j}{\rho_0}\right)^{\omega} + 10\lg\left(\frac{A_j}{r^2}\right) + 20\lg\left(\frac{p_0}{p_{\mathrm{ISA}}}\right) \quad (16.52)$$

式中:SPL_n 表示归一化 SPL,A_j 为射流面积,ω 为变密度指数;p_0 为大气压,p_{ISA} 为标准条件下的大气压力。因此,式(16.52)的第二项是密度校正,第三项是形状因子,右边第四项是大气条件修正。归一化的 SPL、变密度指数、归一化频谱和其他量由图计算。数据被限制在极发射角为 30°~120°。因此,远距离源的噪声计算,在小的或大的发射角时必须仔细的外推。建议读者参考原始文献了解详情。

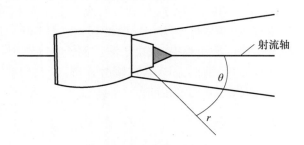

图 16.14 单一射流参数命名

式(16.52)的更重要的一点是只给出了 SPL。为了计算频谱压力级,该方法依赖于实验数据库。对于一套给定的 Strouhal 数、射流温度和速度,该数据库允许计算 1/3 倍频带 SPL。通过复杂的插值方法使用数据库,包括 3 个主要步骤:①通过 Strouhal 数的三次样条;②通过发射角的三次样条;③通过温度比和射流速度的双线性插值。

这里的理论是针对静止发动机提出的。在实际的情况中,发动机几乎不是静止的,而是以真空速 V 飞行。同轴射流模型中的速度比 V_r 不应受飞行速度的较大影响。然而,如果 $V_j > V$,单个射流相对于静止空气的速度必须被校正为 $V_j - V$。如果 $V_j < V$,模型提供不了可靠的噪声评估,SPL 将设置为零。事实上,$V_j - V < 0$ 导致所有对数项奇异,可能发生这种事件的情况包括使用慢车推力的下降航路。

用于主射流、二次射流噪声计算的航空热力学数据为(T,p,V)。如果面积比未知,可使用近似值,有

$$\frac{d_{\text{core}}}{d_{\text{bypass}}} \simeq 0.46, \frac{d_{\text{core}}}{d_{\text{fan}}} \simeq 0.48 \quad (16.53)$$

这是通过对涵道比 $BPR>5$ 的大型发动机的分析推断得到。风扇直径通常是已知参数,因此可以计算其他量。

同轴射流噪声验证

模型是用 Fisher 等[32-33]采集的数据进行验证的。数据是通过放置在离喷嘴 12m 处、极发射角 30°~120°的阵列麦克风采集,可获得一定范围主射流温度和一定范围速度比的数据。这些数据已经从文献[33]插值,受数字化插值误差的影响可达 0.5dB(无法获取原始数据集)。

测试例子的喷嘴尺寸为 $d_p=33.2$mm, $d_s=58.2$mm。考虑这样一种情况,主射流温度 $T_p=800$K,并进一步假设二次射流具有大气温度 $T_s=288$K(该数据从公开的数据不容易得到)。主流、二级射流速度分别为 265m/s 和 170m/s,参考极角为 40°、90°和 120°。

这些预测已经被外插至最低频率,此处数据库无法提供关于射流噪声的有用信息。在许多实际情况下,温度比 T_p/T_s 大于 2.5,高于温度数据库的限制。结果表明,外插结果不是很好,在频率低于 100Hz 时的误差超过 5dB。Fisher 等的对比显示具有更低的、约 300Hz 的截止频率,取决于测试例子。

图 16.15 显示了计算的同轴射流噪声的频谱分析,以及与参考数据的对比。方形大小与参考 SPL 上的误差条大致相同。

16.5.8 Stone 射流噪声模型

前面描述的同轴射流噪声,对于在集成的飞行力学程序中运用是足够准确的,但由于其基于实验性数据库的限制,缺乏通用性。这个数据库对速度比 V_p/V_s 和射流速度比有一定的范围限制。在起飞和高功率爬升,射流运行点可能超过目前数据库矩阵的范围。接下来描述一种替代模型(Stone 等[36])来克服这些限制。该模型是半经验预测方法,使用实际物理缩放规则从一个分析性方法得出的,适用于单流和双流喷嘴;其经验数据库涵盖范围广泛的发动机尺寸。双流模型将用于实际的应用,即商用运输机上的高涵道比涡轮风扇发动机。

在这个模型中,基于流动长度尺度和源位置,射流噪声被分解成多个亚声速和超声速噪声源。亚声速噪声源来自大尺度、小尺度和过渡(或中间)湍流混合结构。此外,当内流从塞锥分离时,塞式喷管将会产生噪声。当排出气流中至少有一个是超声速时,内流、外流以及塞锥下游都会产生激波噪声。在实际中,只需要亚声速噪声源。

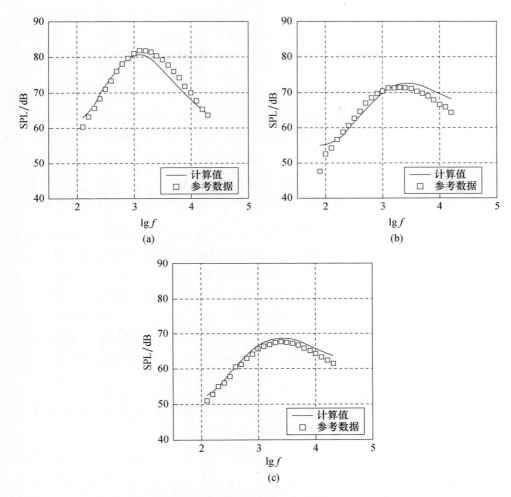

图 16.15 同轴射流噪声 ($T_p = 800\text{K}, V_p = 265\text{m/s}, V_s = 170\text{m/s}$)
(a) $\theta = 40°$; (b) $\theta = 90°$; (c) $\theta = 120°$。

该模型已经在广泛的例子中得到确认,包括超声速商用喷气式飞机[37]。随着 Ahuja[38] 的工作,与获得精确射流噪声测量和最小化上游噪声的质量实验设施的有关问题,在该模型中已经解决。这种污染的上游噪声通常来自与射流噪声无关的上游源(如阀门,弯头,障碍物或燃烧室)。

1. 理论

本节中,介绍了用于亚声速排气条件的每个噪声分量的模型。对于大尺度混合区域(用下划线 $[\,\cdot\,]_L$ 表示)、对于小尺度混合区域、对于过渡和中等尺度区域(用下划线 $[\,\cdot\,]_T$ 和下划线 $[\,\cdot\,]_S$ 表示)、和塞锥分离噪声(用下划线 $[\,\cdot\,]_P$ 表示),

提供了未进行折射修正的总声级(UOL)。通过经验性联系,从总声级中提取以三分之一倍频带尺度测量的 SPL,作为有效方向角 θ' 和对数 Strouhal 数 $\lg(St)$ 的函数,是频率 f 的函数。相关程序的例子见 16.5.8 节。最后,这些 SPLs 根据噪声源的实际位置进行修正。

2. 大尺度混合噪声

大尺度混合噪声由低频噪声信号组成;如果不存在激波噪声分量,这就是组合射流噪声的主要噪声分量。其未校正的总声级 UOL_L 和对应的归一化值 UOL'_L 通过以下列关系获得

$$UOL_L = UOL'_L - K_L + 10(\lg\hat{p}^2 + \lg\hat{A}_L + \omega_L\lg\hat{\rho}_L) \qquad (16.54)$$

按照流动和几何参数,并遵循冗长的公式,进行 UOL 归一化。K_L 为修正马赫数和修正发射角的函数;$\hat{A}_L$ 为修正喷嘴面积。这些和式(16.54)中的其他参数通过十几个代数方程来定义。其推导需要一个很长的讨论。建议读者参考原文献[36];右边括号内的所有项都是归一化的量,用帽子[·]表示。

一旦获得 UOL_L,每个 1/3 倍频带中心频率的 SPLs,就可以通过大尺度混合噪声的一个经验数据库关联,使用以下两个参数:

$$\theta'_L = \theta_{\text{cor},L}\left(\frac{V_L}{a_\infty}\right)^{0.1} \qquad (16.55a)$$

$$\lg St = \lg\left[\left(\frac{fd_L}{V_{e,L}}\right)\left(\frac{T_{t,L}}{T_{t,\infty}}\right)^{0.4(1+\cos\theta_L)}\right] \qquad (16.55b)$$

对方向角 $\theta_{\text{cor},L}$ 和源 - 接收器距离 $r_{\text{cor},L}$ 的修正,需要噪声产生区域的源位置 $X_{s,L}$,其中:

$$X_{s,L} = \left[L_1 + \left(4 + \frac{\theta}{30}\right)d_L(PR_1PR_2)^{-1/4}\right]/LSF \qquad (16.56)$$

θ 为度;PR_1 和 PR_2 分别为内流和外流喷嘴的噪声抑制参数;LSF 为线性比例因子(全尺度与模型尺度长度的比率)。L_1 为长度尺度。这些参数定义为收敛喷嘴相对于未收敛喷嘴的润湿周长的比。喷嘴可以在后缘用三角形锯齿状人字修形,以抑制混合噪声[39-40]。

3. 小尺度混合噪声

小尺度混合噪声、也称为外剪切层混合噪声,发生在喷嘴出口附近,产生较高的频率。其未校正的整体声级 UOL_S 为

$$UOL_S = C_S - K_S + 75\lg\hat{V}_{e,S} + 10(\lg\hat{p}^2 + \lg\hat{A}_S + \omega_L\lg\hat{\rho}_S) \qquad (16.57)$$

式中:C_S 为噪声分量系数,单位 dB。其他参数在原始文献[36]中由 12 个代数方程式定义。

与大尺度噪声程序类似,小尺度混合噪声每个 1/3 倍频带中心频率的 SPLs,就

可以通过一个相关的经验数据库关联,使用以下两个参数映射:

$$\theta'_S = \theta_{\text{cor},S}\left(\frac{V_S}{a_\infty}\right)^{0.1} \quad (16.58\text{a})$$

$$\lg St = \lg\left[\left(\frac{fd_S}{V_{e,S}}\right)\left(\frac{\mathcal{T}_{t,S}}{\mathcal{T}_{t,\infty}}\right)^{0.4(1+\cos\theta_S)}\right] \quad (16.58\text{b})$$

SPL、方向角和距离的修正,基于源位置有以下定义:

$$X_{s,S} = \left(\frac{\theta}{45}\right)d_S/\text{LSF} \quad (16.59)$$

4. 过渡/中等尺度混合噪声

过渡或中等尺度混合噪声主要由中高频噪声组成。不同于大尺度和小尺度混合噪声,密度比对过渡尺度混合噪声的影响是可以忽略的。未校正的声级 UOL_T 定义为

$$\text{UOL}_T = C_T - K_L + 75\lg\hat{V}_{e,T} + 10(\lg\hat{p}^2 + \lg\hat{A}_T) \quad (16.60)$$

式中:方程右侧的参数通过 9 个代数方程式计算(再次参见原始文献)。

通过经验数据库获得 1/3 倍频带 SPL 的联系,使用以下参数映射:

$$\theta'_T = \theta_{\text{cor},1}\left(\frac{V_{e,T}}{a_\infty}\right)^{0.1} \quad (16.61\text{a})$$

$$\lg St = \lg\left[\left(\frac{fd_{2,1,th}}{V_{e,T}}\right)\left(\frac{\mathcal{T}_{t,1}}{\mathcal{T}_{t,2}}\right)^{0.4(1+\cos\theta_T)}\right] \quad (16.61\text{b})$$

式中:$d_{2,1,th}$ 为内流喷嘴的外部物理喉道直径。SPL、方向角和源 - 接收器距离的修正,基于源位置有以下定义:

$$X_{s,T} = \left[L_1 + \left(\frac{\theta}{45}\right)d_{h,1,th}\right]/\text{LSF} \quad (16.62)$$

式中:$d_{h,1,th}$ 为内流喉道水力直径。

5. 内流的塞锥分离噪声

具有钝头形塞锥的喷嘴,当内流从锥体分离时,将产生噪声。这种噪声对于具有高涵道比和低混合喷气速度的发动机是相对重要的。以下关系式确定了塞锥 - 尖端处喷管的未校正声级 UOL_P:

$$\text{UOL}_P = \text{UOL}'_P - K_P + 10(\lg\hat{p}^2 + \lg\hat{A}_P + \lg\hat{\rho}_P) \quad (16.63)$$

其中右侧参数通过多个代数方程式计算,和之前的情况一样[36]。通过与经验数据库关联,获得 1/3 倍频带 SPL,使用以下参数映射:

$$\theta'_P = \theta_{\text{cor},P}\left(\frac{V_1}{a_\infty}\right)^{0.1} \quad (16.64\text{a})$$

$$\lg S_t = \lg\left[(0.5fd_P/\sqrt{V_1 a_\infty})(1 - M\cos\theta_{\text{cor},P})\right] \quad (16.64\text{b})$$

式中:r_P 为内流喷管的塞锥尖端处物理半径。最后,从以下源位置获得 SPL 校正为

$$X_{s,P} = \left[L_1 + L_P + 2\left(\frac{\theta}{45}\right)r_P \right]/\text{LSF} \quad (16.65)$$

6. 经验联系

一旦为每个噪声分量确定未校正的声级,就可以获得 1/3 倍频 SPL,通过与经验数据库的联系,使用两个参数映射:有效极坐标方向角 θ' 和对数 Strouhal 数 $\lg(\text{St})$。获得的 SPL 是接收器位置的自由场 SPL。数据存储为 SPL - UOL。图 16.16 给出了大尺度、小尺度、过渡和塞锥 - 分离噪声的经验数据选择图。在 Stone 等的详细报告[36]中,θ' 仅覆盖 0~250°的范围,大部分间隔为 10°,除了比较

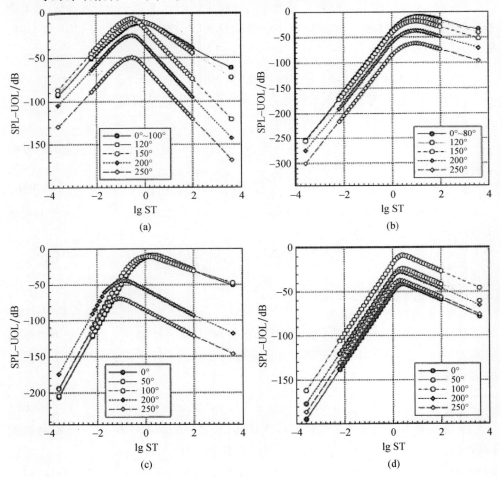

图 16.16 SPL 数据库 - UOL 对应 θ' 为 0~250°(数据选取自 Stone 等[36])
(a)大尺度混合噪声;(b)小尺度混合噪声;(c)过渡尺度混合噪声;(d)塞锥 - 分离噪声。

大的角度。所有噪声分量的 Strouhal 数的对数值从 -3.6~3.6。对于超出有记录数据的条件,需要进行外推。

7. 声级校正

由经验数据库获得的 SPL,由于单个部件噪声的源位置的变化,必须被校正。在这方面,源-接收器位置和极坐标角,必须对初始值进行校正,初始值是从相对于喷嘴出口平面的中心获取。校正的或实际值来自以下关系:

$$r_{cor} = r\sqrt{1 + \left(\frac{X_s}{r}\right)^2 + 2\left(\frac{X_s}{r}\right)\cos\theta} \quad (16.66(a))$$

$$\theta_{cor} = \cos^{-1}\left[\frac{X_s + r\cos\theta}{r_{cor}}\right] \quad (16.66(b))$$

根据这些校正参数,实际的自由场声压级(SPL_a)计算为

$$SPL_a = SPL - 20\lg\left(\frac{r_{cor}}{r}\right) \quad (16.67)$$

8. 模型验证

Stone 喷射模型的有限确认已经在模型尺度的双流喷嘴上进行[36]。这一研究的重要结果如图 16.17 和图 16.18 所示。当排气条件为亚声速时,实验数据强调了大尺度混合噪声相对于其他噪声分量的优势。更高的喷射速度下,过渡和小尺度混合噪声的贡献增加;在一种情况下,大尺度和过渡尺度噪声的峰值具有可比性,如图 16.18(a) 所示。

在这些有限的数据集中,发现来自 Stone 射流模型的预测可以提供相对于实际数据的令人满意的结果,特别是当射流靠近顶部位置时,即 90°~120° 之间的 θ。对于更大的极角值,实际峰值 SPL 的预测将偏大 1~2dB。

9. 敏感性分析

运行敏感性分析,以识别射流噪声模拟中的关键输入参数。在这些分析中,仅研究与主流、二次射流属性相关的参数:这些是射流速度 V_1 和 V_2、喷嘴面积 A_1 和 A_2、总温度 $T_{t,1}$ 和 $T_{t,2}$ 以及质量流量 $\dot{m}_1$ 和 $\dot{m}_2$。这一例子研究的名义输入参数,取自 Airbus A320 飞机在起飞期间与 FAR 点处接收器的最近相遇。二次流是来自涡轮风扇的排气流。

总射流噪声对主射流和二次射流的速度变化最敏感。如果主射流速度从其正常运行值改变 ±10%,则总声级 OASPL 变化最多为 2dB。V_1 的 20% 变化将使 OASPL 增加 4.6dB。大部分变化发生在噪声谱的高频区域。相反,二次射流影响低频噪声,如果 V_2 分别增加 10% 和 20%,则 OASPL 分别增加 3.3 和 6.7dB。图 16.19 图解了两种射流对 1/3 倍频带尺度 SPL 的影响。

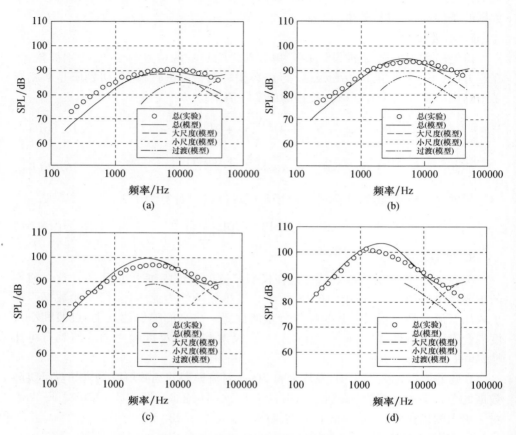

图 16.17 $V_1 = 0.98$ 和 $M = 0.05$ 时来自实际数据的总射流噪声 SPL 和
预测的部件射流噪声 SPL 的对比(数据选取自 Stone 等[36])
(a) $\theta = 90°$; (b) $\theta = 120°$; (c) $\theta = 135°$; (d) $\theta = 150°$。

其他输入参数对射流噪声的总声级只有很小影响。在这些输入中,主射流喷嘴的影响最大,如果 A_1 从原来尺寸扩大 10% 或 20%,则 OASPL 的变化分别等于 0.4 或 0.9dB。其对 1/3 倍频带噪声谱影响的更加仔细地检查显示,受主喷嘴面积影响的变化主要发生在高频噪声上。涡轮风扇面积的变化同样对高频噪声有小量影响,但对低频噪声影响明显。然而,涡轮风扇面积对 OASPL 总的影响很小,如果面积扩大 20%,则增加 0.2dB。图 16.20 显示了 SPL 关于喷嘴面积变化的敏感性分析。

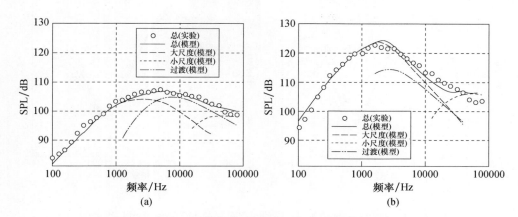

图 16.18　$V_1 = 1.74$ 和 $M = 0.0$ 时来自实际数据的总射流噪声 SPL 和
预测的部件射流噪声 SPL 的对比（数据选取自 Stone 等[36]）
(a) $\theta = 95°$；(b) $\theta = 139°$。

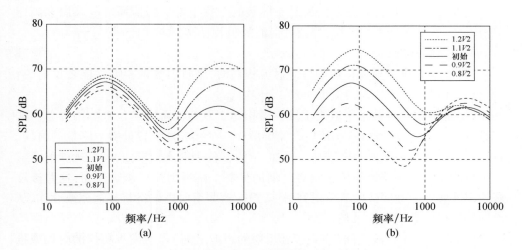

图 16.19　由于输入速度 V_1 和 V_2 变化引起的 1/3 倍频带 SPL 的变化，
速度初值分别为 400m/s 和 275m/s
(a) 变化 V_1；(b) 变化 V_2。

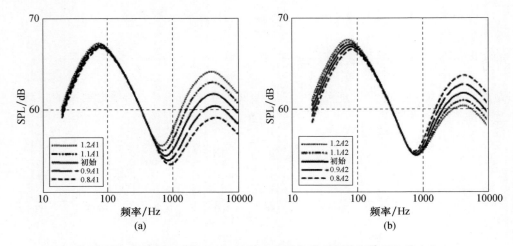

图 16.20 由于输入面积 A_1 和 A_2 的变化引起的 1/3 倍频带 SPL 的变化，
面积初值分别为 0.6m^2 和 1.3m^2
(a) 变化 A_1; (b) 变化 A_2。

16.5.9 射流噪声屏蔽

当存在多个射流，会发生称为射流屏蔽的干扰事件。当传播通过高温和高速射流时，声波将遇到不同阻抗，导致入射波的吸收、反射和衍射。

射流屏蔽机理如下：

(1) 在与起屏蔽射流作用的另一射流相遇时，来自射流的声波可能被反射、折射、衍射、散射(由于流动湍流度)或完全传输。

(2) 源的声学屏蔽水平取决于接收器相对于双射流系统的位置。因为总声功率是在围绕源的一个球体内，所以射流屏蔽使一个接收器位置处噪声降低的时候，将导致某些其他位置的噪声增加。例如，接收器位于射流轴平面，一个远处射流的噪声可能完全或部分地被位于两者之间的另一个临近射流屏蔽。然而，这些被屏蔽的声波实际上被屏蔽射流反射到另一位置；这些反射声波将与其他声波叠加，从而增加新位置处的噪声水平。

(3) 多个相干声波之间(在直接和反射的声波之间)可能发生相位的叠加或抵消，从而增加或减少接收器处的噪声水平。

如果 P_1 和 P_2 表示在没有噪声屏蔽情况下接收器处的声功率，并且 P_S 为由于屏蔽而产生的声功率，则噪声差为

$$\Delta \text{SPL} = 10 \lg\left(\frac{P_S^2}{P_1^2 + P_2^2}\right) \quad (16.68)$$

噪声屏蔽的分析性方程,来自 Gerhold[41]。Simonich 等[42]对双射流噪声进行了实验,并提供了一个精细的数学模型。ESDU[43](及相关文献)给出了一个实际的实现,在高频率下受数值误差影响。

考虑图 16.21 所示状况。两个射流是相同的,具有名义直径 d_j;它们的轴间隔距离为 r_0。观察者与最远射流喷嘴中心线间的距离为 r;r' 为与最近射流的距离。这个例子中,β 为从垂直于射流轴的平面测量的极角;同样,Ψ 为与射流轴垂直的平面上的方位角。

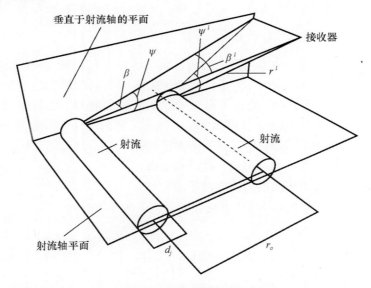

图 16.21 射流场噪声模型的命名

注意,当接收器距离射流足够远时,角度和距离的差异可以忽略。在下面分析中,下标"o"表示射流外的条件(大气条件),"1"表示射流内的条件(高温)。

如果飞机在三维空间飞行同时伴有倾斜时,复杂性增加。在这种情况下,考虑喷嘴和接收器中点之间的矢量 r。如果射流轴与空速矢量 V 一致(推力线平行于空速并与飞行轨迹相切),那么垂直于射流的平面由 V 单独定义。因此,矢量 r 投影到平面上是 r_n,β 为

$$\beta = \cos^{-1}\left[\frac{\boldsymbol{r} \cdot \boldsymbol{r}_1}{|\boldsymbol{r}| \cdot |\boldsymbol{r}_n|}\right] \quad (16.69)$$

而

$$\boldsymbol{r}_n = (\boldsymbol{V} \times \boldsymbol{r}) \times \boldsymbol{V} \quad (16.70)$$

Ψ 为

$$\psi = \cos^{-1}\left(\frac{z_r - z_j}{|r_n|}\right) \pm \varphi \tag{16.71}$$

式中:倾斜角 φ 的影响取决于倾斜/转弯是朝向接收器 z_r(最接近的射流在下)或远离它(最近的射流在上)。

该模型的关键是以速度势 Φ 项来表达声压 p,有

$$p = -\rho_0\left(\frac{d\Phi}{dt}\right) \tag{16.72}$$

因为势是复数,该方程的声压也是复数。从这个结果推导,SPL 的差异为

$$\Delta\text{SPL} = 10\lg\left(\frac{p}{p_0}\right)^2 = 20\lg\left(\frac{|\Phi|}{|\Phi_0|}\right) \tag{16.73}$$

式(16.73)仅适用于计算在另一射流屏蔽下的单个射流的 ΔSPL,相对于单个非屏蔽射流。在有屏蔽作用下,为了计算双喷射系统对任何特定位置接收器的实际效果,必须分别处理被相邻射流屏蔽的每个射流的声功率。然后通过叠加两个射流在屏蔽存在时的声功率来计算 ΔSPL,并按两个射流不存在屏蔽时的总功率进行归一化。如果射流"1"是接近接收器的射流,射流"2"是远离的,有

(1) p_1^2 为被射流 2 屏蔽的射流 1 功率谱密度。
(2) p_2^2 为被射流 1 屏蔽的射流 2 功率谱密度。
(3) p_{01}^2、p_{02}^2 分别为未被屏蔽的射流 1 和射流 2 的总声功率。
(4) 对于离散频谱噪声,有

$$\Delta\text{SPL} = 20\lg\left(\frac{p_1^2 + p_2^2}{p_{01}^2 + p_{02}^2}\right) \tag{16.74}$$

量 p^2 为 RMS 压力 $\overline{p^2}$ 的平方,如果要实时地物理记录离散频谱噪声的压力信号,则必须计算 p^2。在数值计算中,离散频谱噪声的 RMS 压力的平方比等于压力幅值 $|p|^2$ 的平方比。在方程中,认为每一个功率谱密度项(p^2)为压力幅值 $|p|^2$ 的平方。该 ΔSPL 仅用于单个频率,因为每个声功率实际上是功率谱密度(单个频率或离散频谱噪声的声功率)。为了获得 1/3 倍频带声功率或 ΔSPL,必须对每个 1/3 倍频带内小子带的频率结果进行积分和适当地归一化。

因为未受扰动的空气密度 ρ_0 为已知量,问题现在集中于确定合适的势函数。该理论给出了距离单位源 r 处的速度势 Φ,对应于波数 $k_0 = \omega/a_0$,有

$$\Phi = \frac{1}{4\pi r}e^{-i\omega t}\sum_{m=0}^{\infty}\epsilon_m\cos(m\Psi)\exp(-im\pi/2)\exp(ik_0 r)F_m(\beta) \tag{16.75}$$

这是一个烦琐的表达,需要进一步说明。首先,因子 ϵ_m 具有以下值:对于 $m = 0$,$\epsilon = 1$;对于 $m > 0$,$\epsilon = 2$。极角 β 的复函数 F_m 为

$$F_m(\beta) = J_m(x_0) - \frac{F_{m1}}{F_{m2}} \tag{16.76}$$

$$\begin{cases} F_{m1}(\beta) = H_m(x_0)[\rho_1 a_1^2 T_1^2 \cos\beta J_m(x_1) J'_m(x_2) - \rho_0 a_0^2 T_2 J_m(x_1) J'_m(x_2)] \\ F_{m2}(\beta) = \rho_1 a_1^2 T_1^2 \cos\beta J_m(x_1) H'_m(x_2) - \rho_0 a_0^2 T_2 H_m(x_1) J'_m(x_2) \end{cases}$$
(16.77)

式中：

(1) J_m = m 阶第一类 Bessel 函数。

(2) H_m = m 阶第一类 Hankel 函数。

这些复函数的属性在许多数学特殊函数的教科书中给出。下面有如下定义：

$$T_1 = a_0/a_1 - M\sin\beta M = V_j/a_0 \quad (16.78(a))$$
$$T_2 = (T_1^2 - \sin^2\beta)^{1/2} \quad (16.78(b))$$
$$x_0 = k_0 r_0 \cos\beta \quad (16.78(c))$$
$$x_1 = k_0 r_j T_2 \quad (16.78(d))$$
$$x_2 = k_0 r_j \cos\beta \quad (16.78(e))$$
$$J'_m(x_2) = \partial J_m/\partial x_2 = \partial J_m/\partial \beta \quad (16.78(f))$$
$$H'_m(x_2) = \partial H_m/\partial x_2 = \partial H_m/\partial \beta \quad (16.78(g))$$

不存在屏蔽射流时，由单位源引起的速度势为

$$\Phi_0 = \frac{1}{4\pi r} e^{-i\omega t} \sum_{m=0}^{\infty} \in_m \cos(m\Psi) \exp(-im\pi/2) \exp(ik_0 r) J_m(x_0) \quad (16.79)$$

两种速度势都为复数形式，有

$$z(t) = |z| y$$

这样的复数描述了时域中的信号。现在，根据本章讨论的程序，用来计算屏蔽效应的所有要素都已具备。

射流屏蔽公式适用于所有的方位角 $(0 < \beta < 360°)$ 以及距离喷射轴 $\pm 20°$ 的所有极发射角 $\theta (20 < \theta < 160$ 或等效情况, $-70 < \beta < 70)$。

计算过程

(1) 设置射流特性、几何布置和接收器位置。

(2) 设定大气条件。

(3) 设定频率(或波数)。

(4) 计算式(16.78)给出的参数；计算导数[①]。

(5) 从式(16.76)计算因子 $F_m(\beta)$。

(6) 通过快速傅里叶变换，计算式(16.75)中的屏蔽势 Φ。

(7) 通过快速傅里叶变换，计算式(16.79)中的孤立势 Φ。

(8) 从式(16.73)计算 SPL 的变化。

---

① 有各种开源程序来计算 Bessel 函数及其导数。

(9)(对其他波数和接收器位置,可以重复计算。)

有许多方法可以对结果的积分和归一化进行简化。精确的方法,是计算每个 1/3 倍频带内的总声功率,这是通过在更小的子带内功率谱密度乘以子带宽度的积分来得到。然后,每个频带的总声功率(具有屏蔽影响)再用无屏蔽时两个射流的频带总声功率进行归一化。最终的 $\Delta \mathrm{SPL}$ 可表示为

$$\Delta \mathrm{SPL} = 10\lg\left(\frac{P_s}{P_t}\right) \quad (16.80)$$

$$P_s = \sum_{i=1}^{ns} \left[w_b(p_1^2 + p_2^2)\right]_i \quad (16.81)$$

$$P_t = \sum_{i=1}^{ns} \left[w_b(p_{01}^2 + p_{02}^2)\right]_i \quad (16.82)$$

式中:P_s 和 P_t 分别为每个 1/3 倍频带有屏蔽和无屏蔽时的总声压功率。对于两个射流,在整个 1/3 倍频带内,通过将功率谱密度乘以它们相应的子带宽,再求和得到总声压功率。这里,ns 为每个 1/3 倍频带内的子带分区数量,i 为 1/3 倍频带内的第 i 个子带分区,ω_b 为子带宽。

d_j/r_0 的典型值,如波音 MD-90 高达 0.215,波音 B777-300 低至 0.145。因此,假设该参数的实际值包含在 0.15~0.22 之内是合理的。图 16.22 显示增加方位角 ϕ_i 时的射流屏蔽效应,频率影响、极发射角和射流轴之间的距离也予以显示。图 16.23 显示射流屏蔽与极发射角的函数关系。

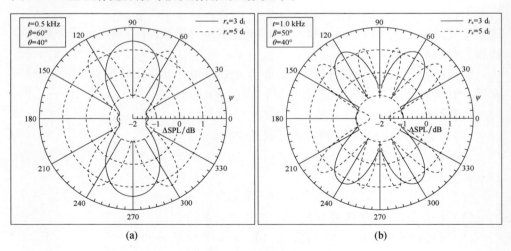

图 16.22 射流场影响
(a)$f=0.5\mathrm{kHz}$;(b)$f=1.0\mathrm{kHz}$。

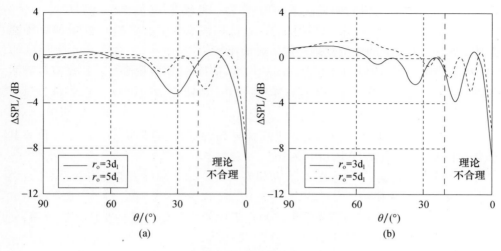

图 16.23 射流场影响
(a) $f=0.5\text{kHz}$;(b) $f=1.0\text{kHz}$。

16.6 APU 噪声

当飞机在登机口或滑行进出停机坪时,辅助动力装置(APU)会引起机舱噪声以及地面噪声。因此,它影响到地面上人员以及机场周边的社区。在某些机场,法规要求 APU 和环控系统在抵达后 5min 关闭,并且不早于预计出发时间前 5min 开启;除非是(寒冷或炎热的天气),APU 的使用可延长至 15min①。因此,航线运营商需要能挂接到电力供应系统(作为地面服务的一部分)。

APU 自身是燃气涡轮发动机,位于机身尾部内的隔间。APU 提供电力以及压缩空气,如涡轴发动机一样工作(见 5.8 节)。对于大多数飞机,在各种 APU 噪声源中,排气噪声和燃烧噪声是主要的。Tam 等[44]对 APU 燃烧噪声进行了研究。这些作者证明,峰值燃烧的 SPL 发生在 250~350Hz 的窄带内。然而,测量的确切噪声水平并未发表。

对于超出飞机附近范围的接收器,噪声信号的评估必须依赖于噪声散射和反射的精确模型,以及源和接收器之间水平和垂直障碍物的详细描述。对于就在附近的接收器,使用地面反射模型应该是足够的。

模型所需的航空热力学数据包括,进口和出口燃烧室温度、进口压力、质量流量和大气条件。即使这种有限的数据集也很难获取。实际收集这些数据的可行选

---

① 每个机场都有自己的规定。可以在互联网上检查具体和更新的数据;关键词"机场噪声和排放"。

项之一是直接站在飞机后面进行测量①。作为一种候选,我们提出以下方法:

(1)燃油流量:要估计 APU 燃油流量,使用表 5.5 中的数据。如果 APU 不在表中,则基于飞机上的座位数来外插值燃油流量。

(2)质量流量:假设油气混合比的平均值,估计 APU 质量流量。在没有准确数据的情况下,使用约 $0.025 \sim 0.028$。因此,APU 燃烧 $\dot{m}_f$ 约 100kg/h 的燃油将具有质量流量 $\dot{m}$ 约 $0.9 \sim 1.0$ kg/s。

(3)燃烧室入口压力:该量应由总压比导出,总压比通常是未知的。在没有其他数据的情况下,假设 OPR 约 $14 \sim 16$。

(4)燃烧室温度:入口温度可以从 OPR 计算。出口温度由能量方程计算,以燃烧室定义的控制体积。

(5)排气温度(EGT):在类型审定数据表中给出。如果这种文档无法获得,使用 EGT 约 850℃(启动)和 EGT 约 550℃(连续)。

(6)排气速度:如果 d_j 为喷嘴直径,则 $V_j \sim 4\dot{m}/d_j^2 \rho_j$。假设完全扩张的射流($\rho_j = \rho$)以简化分析。

通过这里所列的量,可以评估 APU 噪声。

16.7 机体噪声

我们现在对选择的机体噪声部件进行分析。可获得依靠流体力学的一些模型来预测简单几何体的噪声。然而,问题仍需大量的经验来解决。在我们的例子中,我们通常依赖近似的几何形状,包括除了部件平面图(自身近似)和偏转角之外的一些细节。

基本命名如图 16.24 所示,显示了源的位置(被解释为飞机 CG 的位置),接收器的一般位置,极发射角 θ 和方位角 φ。极发射角为

$$\theta = \cos^{-1}\left(\frac{\boldsymbol{r} \cdot \boldsymbol{V}}{Vr}\right) \qquad (16.83)$$

必须对马赫数影响进行修正,如 16.3.1 节所述。

首先以飞行路径和接收器之间的最小距离 r_1 来计算方位角 φ。该点源的高度为 h。未校正的方位角为

$$\varphi = \cos^{-1}\left(\frac{h}{r_1}\right) \qquad (16.84)$$

---

① 根据 FAA,APU 不得拥有自己的类型证书,因为它必须被认为是飞机设备的一部分。因此,没有义务披露这些电力系统的任何数据。欧洲安全局(EASA)发布了"审定规范"的标准(CS – APU),这是基本工程仿真所需要的。

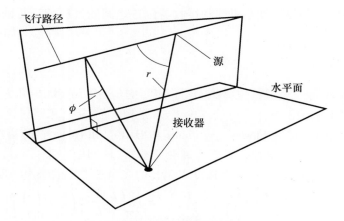

图 16.24　机体噪声模型参考系统

当接收器刚好在飞行路径下方,如同 FAR/ICAO 中的起飞和着陆参考位置,总有 $\varphi = 0$。

Fink[45] 提出的方法,在噪声代码 ANOPP[46] 中实现,被 ESDU[47] 采用,是基于以下关于升力面噪声的半经验方程:

$$\text{SPL} = 10\lg p^2 + 10\lg\left(\frac{\rho^2 a^4}{p_{\text{ref}}^2}\right) - 20\lg\left(\frac{p}{p_0}\right) \tag{16.85}$$

式(16.85)中的第一个贡献是来自均方声压 p^2。这个量写为

$$p^2 = \frac{Pb^2 \mathcal{D} \mathcal{F}}{4\pi r^2 (1 - M\cos\theta)^4} \tag{16.86}$$

式中:P 为声功率,b 为翼展(或展向特征长度),$\mathcal{D}$ 为声方向函数,$\mathcal{F}$ 为 Strouhal 数的谱函数。在式(16.86)分母处,存在球形传播因子 $4\pi r^2$ 和源放大因子。乘积 Pb^2 为飞行马赫数和几个经验参数的函数,具有以下形式:

$$Pb^2 = k_1 k_3 M^{k_2} \tag{16.87}$$

式中:系数 k_2 取决于项的几何构造。式(16.85)中的方向性函数取决于极发射角 θ 和方位角 ϕ。该方法中涉及的 Strouhal 数实际上是一个"校正的"Strouhal 数,由以下表达式给出:

$$S_t = \frac{fl}{V}(1 - M\cos\theta) \tag{16.88}$$

式中:f 为频率,l 为特征长度,$V = Ma$ 为真空速。对于所有的升力部件,校正的 Strouhal 数为

$$S_t = 0.37 f\left(\frac{S}{b}\right)\left(\frac{V}{v}\frac{S}{b}\right)^{-1/5} \frac{(1 - M\cos\theta)}{V} \tag{16.89}$$

式中:S 和 b 为项的面积和展向特征长度。因此,S/b 比值为弦向长度。

式(16.85)中的第三项是对源和接收器位置之间的气压差进行的校正。(p = 源压力;p_0 = 接收器处压力)。

16.7.1 机翼噪声

式(16.85),除了经验性之外,给出了 SPL 的值,而不依赖于升力面是否产生升力。这与 Lilley 关于机体噪声的理论[48-49]是相反的,接下来将讨论。

在许多分析中,按照 Ffowcs–Williams 和 Hall[50] 和 Howe[51] 的模型,机翼被模拟为湍流中的半无限长平板。对于大展弦比机翼,该问题与来自后缘的湍流动能的散射有关。距离地面高度 h、以速度 V 飞行的飞机正下方的噪声强度为

$$I = \frac{1.7}{2\pi^3} \frac{\rho A V^3 M^2}{h^2} \left[\left(\frac{u_0}{V}\right)^5 \left(\frac{\delta}{\delta^*}\right) \right]_{te} = \frac{1.7}{2\pi^3} \frac{\rho A V^5}{a^2 h^2} \left[\left(\frac{u_0}{V}\right)^5 \left(\frac{\delta}{\delta^*}\right) \right]_{te} \quad (16.90)$$

式中:u_0 为湍流特征速度;δ 和 δ^* 分别为后缘处的边界层厚度和边界层位移厚度。式(16.90)忽略了其他系统(机身、尾翼、发动机)的存在以及后缘后掠,这需要一个因子 $\cos^3 \Lambda_{te}$。最后,飞机位置而非过顶时的噪声强度必须考虑校正因子 $\sin^2(\theta/2)$。校正的声强为

$$I = \frac{1.7}{2\pi^3} \frac{\rho A V^5}{a^2 h^2} \left[\left(\frac{u_0}{V}\right)^5 \left(\frac{\delta}{\delta^*}\right) \right]_{te} \sin^2(\theta/2) \cos^3 \Lambda_{te} \quad (16.91)$$

式中,$(\delta/\delta^*)_{te}$ 取决于后缘边界层的状态。对于湍流边界层,该比值至少等于 8。取值 $(\delta/\delta^*)_{te} \simeq 10$,这应该考虑了在相对高的 C_L 处具有一些分离的湍流。这个比值,以及湍流特性 u_0/V,可以用三维机翼的现代计算流体动力学程序更准确地计算出来。式(16.90)中的空速 V 来自 C_L 的定义,有

$$I = \frac{1.7}{2\pi^3} \frac{\rho A V^3}{a^2 h^2} \frac{2W}{\rho A C_L} \left[\left(\frac{u_0}{V}\right)^5 \left(\frac{\delta}{\delta^*}\right) \right]_{te} \quad (16.92)$$

$$I \simeq \frac{17}{\pi^3} \frac{V^3}{a^2 h^2} \frac{W}{C_L} \left(\frac{u_0}{V}\right)^5_{te} \quad (16.93)$$

$$I \simeq c_1 \left(\frac{V^3 W}{h^2 C_L} \right) \quad (16.94)$$

而

$$c_1 = \frac{17}{\pi^3 a^2} \left(\frac{u_0}{V}\right)^5_{te} \quad (16.95)$$

该系数将取决于当地大气条件(声速、高度),雷诺数和飞机几何;c_1 几乎为常值,匹配在过去 30 年中收集的大多数实验数据,从宽体飞机到鸟类的多样化系统。式(16.95)中参数的典型值为 $u_0/V \simeq 0.1$,$a \simeq 340 \text{m/s}$(海平面)。有了这些值,我们发现 $c_1 \simeq 4 \cdot 10^{-11}$。

如果 C_L 增加会发生什么?高升力通常与机翼上表面大的吸力峰有关,这触发

了边界层的不稳定性。这个问题是计算空气动力学的复杂问题。正如 Lockard 和 Lilley[49] 所讨论的 CFD 分析表明，平均 C_L 与湍流量相关，有近似方程为

$$\left(\frac{u_0}{V}\right)^5 \left(\frac{\delta}{y_m}\right)_{te} = \left(1 + \frac{1}{4}C_L^2\right)^4 \quad (16.96)$$

式中：y_m 为涡的长度尺度。因此，参数 y_m 取代式(16.92)中的位移厚度 δ^*。在逆压梯度区域 $y_m/\delta^* \simeq 0.2 \sim 0.3$。在式(16.92)中执行这一替换，有

$$I = \frac{1.7}{\pi^3} \frac{WVM^2}{C_L h^2} \left(1 + \frac{1}{4}C_L^2\right)^4 \quad (16.97)$$

式中：C_L 为机翼上的平均值。式(16.97)没有考虑部分放下襟翼的存在。式(16.90)和式(16.97)表明声强 I 取决于因子

$$F = \frac{WVM^2}{C_L h^2} \quad (16.98)$$

式(16.97)表示飞机噪声的下限。例如，假设它是由机体单独产生的，没有发动机、起落架、尾翼和高升力装置。图 16.25 依据因子 F 显示了该下限的趋势。该因子可由飞机重量、速度、升力系数和飞行高度的无限组合来获得。

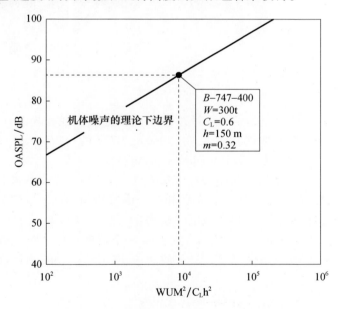

图 16.25　水平飞行时理论上更低的过顶机翼噪声边界

式(16.98)因子 F 的范围，涵盖 5 个数量级。一架中型飞机，如空中客车 A300-600，飞越高度 100m(348ft)，将具有 $F \simeq 6 \cdot 10^3$。该公式的缺点是没有提供声压的频谱内容。

16.7.2 起落架噪声

起落架噪声的确定是飞机噪声分析中最困难的任务之一,因为声响应来自该装置复杂的几何形状。

事实上,各种非空气动力部件直接暴露在气流中(支柱、轮子)以及起落架舱(具有敞开的门的空腔)。起落架的一个例子如图 16.26 所示。

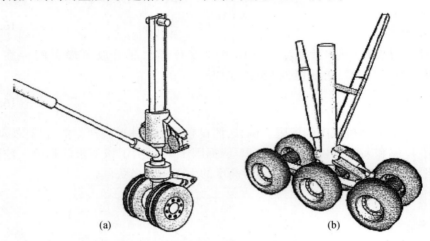

图 16.26 典型的起落架几何显示了主支柱和其他细节
(a)前起;(b)主起。

飞行力学模型中唯一现实的选择是使用已验证的半经验模型。其中之一由 Guo[52] 提出,并通过实验数据验证[53-54]。Boeing B777 的 6.3% 比例起落架模型的实验数据(谱和方向性)已经由 Humphreys 和 Brooks[55] 发表。

按照这种方法,起落架的频谱特性取决于 3 个贡献:一个低频贡献,主要来自轮子;一个中频贡献,主要来自主起支柱和一个高频贡献,是由于该装置的小的几何细节。然后通过对频谱分量的非相干噪声能量求和,来计算总的声发射。这种分解来自对实验和飞行试验数据的详细分析。每个贡献具有不同的频谱响应和方向性。对于每个部件,该方法需要定义缩放因子、参考长度、Strouhal 数和归一化的频谱函数。

均 - 方声压写为低、中、高频率贡献之和为

$$\langle p^2 \rangle = \langle p_L^2 \rangle + \langle p_M^2 \rangle + \langle p_H^2 \rangle \tag{16.99}$$

起落架噪声为

$$\langle p^2 \rangle = \frac{\rho_0 a_0^2 M^6 \mathcal{A}(r) \mathcal{D}(\theta)}{r^2 (1 - M\cos\theta)^4} \{PL + PM + PH\} \tag{16.100}$$

其中包括低、中、高频贡献;以 dB 为单位的相应 SPL 计算为

$$\text{SPL} = 10 \lg\left(\frac{\langle p^2 \rangle}{p_{ref}^2}\right) \qquad (16.101)$$

这些声压分量(在括号内给出)取决于项:

$$P = \beta S \mathcal{D}(\theta) \mathcal{F}(St) \qquad (16.102)$$

式中:St 为 Strouhal 数;β 为辐射效率因子;$\mathcal{D}$ 为极发射角 θ 的方向函数;$\mathcal{S}$ 为部件的尺寸效应。

由式(16.100)和式(16.102)定义的模型包含元素有:大气条件(密度 ρ_0、声速 a_0、吸收 $\mathcal{A}$)、对流放大因子 $(1-M\cos\theta)^4$、球面传播因子 $(1/r^2)$、方向性 $\mathcal{D}$、频谱函数 $\mathcal{F}$、辐射效率 β 和部件尺寸 $\mathcal{S}$。通常会排除大气吸收的影响,这是单独考虑的(见 17.2 节)。

对于低频部件,尺寸效应主要是由于车轮。Strouhal 数和尺寸效应分别为

$$St_L = \frac{fd}{V} \quad S_L = \pi N_w w d \qquad (16.103)$$

对于主要由垂直支柱引起的中频分量,Strouhal 数和尺寸效应为

$$St_M = \frac{f\bar{s}}{V} \quad S_M = \sum_i s_i l_i \qquad (16.104)$$

式中:s_i 为第 i 个支柱的横截面周长,l 为长度,$\bar{s}$ 为支柱的平均截面积。对组件的所有主起支柱求和。高频贡献为

$$St_H = \frac{fl}{V} \quad S_H = \eta l^2 \qquad (16.105)$$

式中:l 为高频噪声的长度尺度。该长度尺度必须与起落架组件中产生湍流噪声(液压软管、电线、间隙等)的几何特征相同。显然,这个量取决于起落架。但是,由 Guo 给出的平均值为 $l=0.15\bar{s}$。因子 η 为与高频噪声有关的复因子。该因子由以下方程定义:

$$\eta = \left[1 + 0.028\left(\frac{N_w}{N_{ref}}\frac{l_t}{l_{ref}}\frac{W}{W_{ref}} - 1\right)\right]\left[1 + 2\left(\frac{N_w - 2}{N_{ref}}\sin 2\gamma_t\right)\right] \qquad (16.106)$$

式中:参考值被选择为 $N_w=2$,$W_{ref}=150000\text{lb}(68040\text{kg})$ 和 $l_{ref}=300\text{inch}(7.62\text{m})$;$l_t$ 为起落架装置支柱的总长度;γ_t 为轮轨对准角。归一化频谱函数为

$$\mathcal{F}(St) = A\frac{St^\zeta}{(B + St^\mu)^q} \qquad (16.107)$$

式中:A、B、σ、μ 和 q 为半经验系数。特别地,ζ、μ 和 q 定义了归一化频谱的形状,是通过拟合实验数据来计算的。在 Strouhal 数字的某些值,St_0、A 和 B 归一化函数 $\mathcal{F}=1$,方向性函数为

$$\mathcal{D} = (1 + h_d\cos^2\theta)^2 \qquad (16.108)$$

式中:h_d 为另一个经验参数。Guo[52]中给出了这个模型所有参数的总结。在没有细节几何数据时,以下表达式可用于大型飞机(OEW > 100t):

$$l_{\text{main}} = 3.71(l_{\text{vstrut}} + l_{\text{axle}})_{\text{main}}, \bar{s}_{\text{main}} = 0.01 l_{\text{main}}$$
$$l_{\text{nose}} = 2.85(l_{\text{vstrut}} + l_{\text{axle}})_{\text{nose}}, \bar{s}_{\text{nose}} = 0.024 l_{\text{nose}} \quad (16.109)$$

对于较小的飞机，使用

$$l_{\text{main}} = 3.45(l_{\text{vstrut}} + l_{\text{axle}})_{\text{main}}, \bar{s}_{\text{main}} = 0.015 l_{\text{main}}$$
$$l_{\text{nose}} = 3.71(l_{\text{vstrut}} + l_{\text{axle}})_{\text{nose}}, \bar{s}_{\text{nose}} = 0.027 l_{\text{nose}} \quad (16.110)$$

在所有情况下，按照 Guo[52] 的分析，小细节的长度尺度（对应于宽带噪声）为

$$l = 0.15\bar{w} \quad (16.111)$$

最后，必须考虑起落架的安装影响。这些影响主要是由于来自机翼和机身的声波反射。虽不存在细节的模型，但 Guo 提供了一些飞机（Boeing B777）的半经验评估，当飞机过顶飞行时（$\theta = 90°$），SPL 最大增加 0.8dB。这是通过校正的方向性函数来实现的，有

$$\mathcal{D} = 1.2(1 - 0.9\cos^2\theta)^2 \quad (16.112)$$

ESDU[47] 对均方声压使用以下表达式

$$\langle p^2 \rangle = \frac{l^2 \mathcal{D}(\theta) \mathcal{F}(St)}{4\pi r^2 (1 - M\cos\theta)^4} P \quad (16.113)$$

除了包含大气吸收以外，这两个模型是相似的。通过使用附加经验方程来计算，该方程将与参考长度 l、声功率 P 和飞行马赫数联系起来，即

$$Pl^2 = c_1 c_3 M^{c_2} \quad (16.114)$$

式中：系数 C_1、C_2 和 C_3 取决于部件。

上述提出的方法适用于大多数孤立的起落架，无论是主起或前起。建议对主起进行校正，以考虑到在主起位置的来流马赫数一般低于飞行马赫数这一事实。在没有更详细数据的情况下，$M = 0.75 \sim 0.80$ 的值应足以考虑到飞机周围流动的影响。然而，起落架周围流动的更精确的信息可进一步改善噪声预测。

另一个关注点是，尽管式(16.112)的项已经考虑了安装影响，但该模型并不包括主起落架舱及其空腔和舱门的影响。对于一些现代飞机，如 Airbus A380，通过重新部署舱门，空腔会部分关闭。这种技术限制了舱室对气流的暴露，从而降低了气动阻力和声音发射。

起落架噪声验证

所描述的方法已经在许多情况下被确认。现在我们参考 Boeing B737 主起落架系统，其数据见参考文献[53]。上述文献中给出了系统部件和尺寸的完全分解。我们仅在这里提及与噪声计算相关的数据摘要。

噪声测量是在孤立的起落架上进行的，麦克风阵列放置在距离装置中心约 10ft（约 3m）的一条线上。可获得定范围马赫数（从 $M = 0.18$ 到 $M = 0.24$）和一定范围的极性发射角度的数据。两个马赫数和极坐标发射角等于 90°时模拟的声发射和参考数据之间的比较如图 16.27 所示。在频率 f 约 500Hz 处的噪声水平下降，

归因于未被理论捕获的杂散涡脱落。

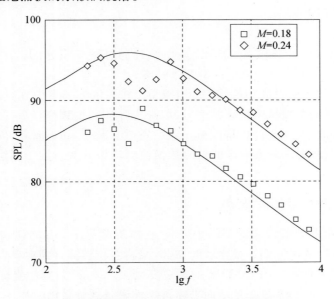

图 16.27　Boeing B737 起落架噪声（极发射角 = 90°）

图 16.28 显示了这种理论预测的两种不同飞机的噪声方向性。与测试数据[56-58]的对比很好；但是要注意，数据有些分散。

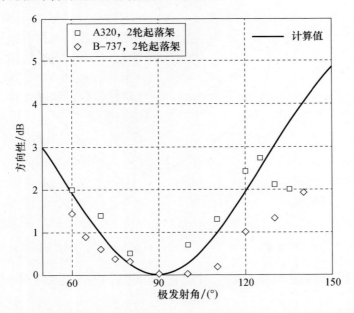

图 16.28　预测的起落架噪声方向性以及与 Airbus A320 和 Boeing B737 的数据对比

16.8 螺旋桨噪声

螺旋桨噪声有两个基本组成部分:由叶片通过频率引起的谐波(或旋转)噪声,和由湍流相关的声学激励引起的宽带噪声。

后者的贡献在相对高的频率时是主要的,并提供在频谱中连续的声学特征。相比之下,前者的贡献是离散频率信号,取决于叶片通过频率。事实证明,螺旋桨噪声主要是谐波量;因此分析将侧重于这一贡献。基于 Hanson 和 Parzych[59]提出的模型的实现,将提供谐波噪声的低阶数值模型。该方法适用于在综合飞行力学代码中实现。

16.8.1 螺旋桨的谐波噪声

参见图 16.29。假设螺旋桨的中心是 A;螺旋桨沿 x – 方向朝向观察者 O 移动。当在 A 发射的声波到达观察者时,螺旋桨将在位置 B。到观察者的初始距离为 r;剩余距离和角度在图 16.29 中清楚地表示。$\{r, \theta, \varphi\}$ 是球面坐标系统, x 轴处于飞行方向;$\{r', \theta', \varphi'\}$ 是一个球面坐标系统, x 轴是螺旋桨轴。

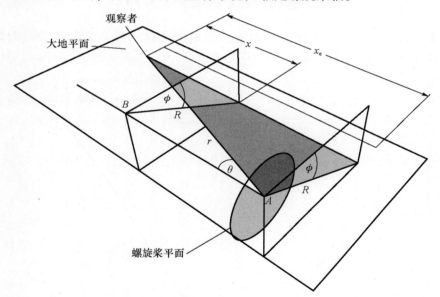

图 16.29 螺旋桨噪声模型的参考系统和命名(r, θ, φ 为球坐标系统)

存在两个不同的声功率贡献,一个是由于升力,另一个是由于体积(或厚度),具体如下:

(1) 升力(或载荷)贡献 P_L 是由与叶片一起旋转的定常叶片载荷产生的。当旋转发生时,在叶片和接收器之间存在相速度。当流动不是轴对称的(当有偏航或俯仰时出现的情况),也存在非定常叶片载荷。升力噪声由一个偶极子分布表达。

(2) 体积(或厚度)贡献 P_T 是由空气流通过叶片时的位移产生的。流动偏转越大,厚度效应越高。如先前例子,由于叶片在全速旋转时安装角和来流的变化,出现了非定常贡献。厚度噪声由单极子分布表达。

厚度和载荷噪声分别由单极子和偶极子分布表达。由非线性效应引起的四极噪声仅在螺旋桨叶片以高速旋转时出现,此时叶尖马赫数 M_{tip} 处于跨声速或超声速区域,正如 Hanson 和 Fink[60] 所报告的。宽带或随机分量主要由湍流引起,仅当叶片经受高迎角时,该分量变得显著。

使用由 Hanson 和 Parzych[59] 开发的频域计算方法,可以预测亚声速螺旋桨的主要噪声。两个噪声分量都是以叶片通过频率及其高次谐波计算的。当非同轴或有角度的来流遭遇螺旋桨时,模型考虑了非定常的流动效应。有角度的来流会产生非定常的周期效应,因为它使叶片的相对截面速度在叶片转动内变化。

Hanson 和 Parzych 报告,对于各种参数条件和来流角度,该模型结果与实验螺旋桨数据对比很好。然而,与桨扇数据相比,模型验证不令人满意;他们解释可能是由于桨扇的气动载荷评估引起,而不是声辐射,因为它是基于精确方程。

Hanson 和 Parzych 螺旋桨噪声模型的出发点,是 Goldstein 声学类比的确切理论,应用于移动媒介中的移动表面。它描述了一个源的声压扰动 $p' = \rho' a_0^2$,可以视为涉及 3 个来源项的积分和:空气体积位移产生的厚度噪声、表面力产生的载荷噪声、考虑 Lighthill's 应力张量的非线性效应引起的四极噪声。该模型考虑了涉及的各种坐标系,即移动和静止观测者的螺旋桨和飞行坐标系;对坐标系转换的细节处理已在别处详细介绍[61-59]。

对这里提供的应用感兴趣的,是预测由地面固定观察者接收的远场噪声辐射。这是通过扩展 Goldstein 方程中的每个源项来实现的。在将其归一化为无量纲变量、离散化叶片区域元素、和使用傅里叶级数转换为频域后,可获得计算有效的形式。假设亚声速螺旋桨应用中四极噪声是可忽略的,则厚度噪声 p_{Tm} 和载荷噪声 p_{Lm} 的无量纲声压扰动分别示于式(16.115)和式(16.116)。这些压力相对于环境压力 p_0 归一化。为评估无量纲声压,需要评估不同量级的 Bessel 函数 $J_n(x)$,有

$$p_{Tm} = \frac{-i\gamma B k_m e^{i[k_m r + mB(\pm\phi' - \pi/2)]}}{4\pi S_0 d_f} \sum_{\mu} \sum_{\nu} e^{-i[k_m S_c x_{\mu,\nu} + mB\phi_{\mu,\nu}]} \times$$

$$\left\{ V_{0\mu,\nu} J_{mB}(k_m S_s r_0) + \frac{1}{2}(V_{c\mu,\nu} - iV_{s\mu,\nu}) e^{i(\pm\phi' - \pi/2)} J_{mB+1}(k_m S_s r_0) + \right.$$

$$\left. \frac{1}{2}(V_{c\mu,\nu} - iV_{s\mu,\nu}) e^{-i(\pm\phi' - \pi/2)} J_{mB-1}(k_m S_s r_0) \right\} \tag{16.115}$$

$$p_{Lm} = \frac{-iBk_m e^{ik_m r}}{4\pi S_0} \sum_\mu \sum_\nu e^{i[(mB-k)(\pm\phi' - \pi/2 - \phi_{\mu,\nu}) + k\phi_r ef]} e^{-ik_m S_c x_{\mu,\nu}} \times$$

$$\left\{ iS_s F_{rk\mu,\nu} J'_{mB-k}(k_m S_s r_0) + \frac{mB-k}{k_m r_0} F_{\phi k\mu,\nu} J_{mB-k}(k_m S_s r_0) + \right.$$

$$\left. S_c F_{xk\mu,\nu} J_{mB-k}(k_m S_s r_0) \right\} \tag{16.116}$$

式中:计数器 μ 和 ν 为径向和弦向元素;m 为谐波叶片通过频率,k 为载荷谐波指数,k_m 为谐波 Green 函数中的波数,$k_m = mBM_{tip}$;d_f 为多普勒频移,B 为叶片数,$r_0 = r/d_i$。因子 S_C 和 S_S 定义为

$$S_C = \frac{\cos\theta'}{1 - M\cos\theta}, \quad S_s = \frac{\sin\theta'}{1 - M\cos\theta} \tag{16.117}$$

S_0 为幅度半径:$S_0 = \sqrt{x^2 + \beta^2(y^2 + z^2)}$。式(16.115)描述了厚度源项 $V_{0\mu,\nu}$、$V_{C\mu,\nu}$ 和 $V_{S\mu,\nu}$。切向和轴向载荷的载荷源项分别为 $F_{\phi k\mu,\nu}$ 和 $F_{xk\mu,\nu}$,在式(16.116)中给出。径向载荷 $F_{rk\mu,\nu}$ 对载荷噪声的贡献可忽略不计,约为 0.6dB[39],因此不包括在总噪声预测中。定常和非定常流动的升力和阻力系数 C_L 和 C_D,视为噪声模型的输入。

这些特性使用第 6 章讨论的螺旋桨模型计算,尽管可以使用从列表数据到计算流体动力学方法的替代方法。这里用于分析的非定常载荷,利用了专门为非轴向流入的亚声速螺旋桨叶片开发的 ESDU 方法[62]。

总螺旋桨噪声的感兴趣参数,即式(16.118)中的声压级计算,是用参考声压 p_{ref} 归一化后的厚度和载荷声压的平方和。这些噪声指标是以叶片通过频率及其高次谐波计算出来的,SPL_h 可表示为

$$SPL_h = 10\lg\left[\left(P_{Tm}\frac{p_0}{p_{ref}}\right)^2 + \left(P_{Lm}\frac{p_0}{p_{ref}}\right)^2\right] \tag{16.118}$$

由于多普勒效应,静止的观测者将接收具有相同 SPL_h 的噪声,但是移动到与运动飞机源频率(f_S)不同的频率。必须通过多普勒关系 $f = f_S/(1 - M\cos\theta)$,将 SPLs 移动到这些接收器频率,然后重新缩放到 1/3 倍频带尺度,对相同波段范围内的移位谐波的 SPL 再积分。

这个螺旋桨噪声与第 6 章中描述的气动 – 性能模型完全耦合,以产生正确的载荷分布。以下结果说明了当叶片经受非零角度来流时,螺旋桨 SPLs 的变化。图 16.30 中,对于无偏转角来流和 5°偏转角来流条件,绘制了相对于谐波的 SPLs。在距离螺旋桨轮毂 1.34d 位置处测量噪声水平,其中 d 为叶片直径。两种条件下,SPL 都随着谐波的增加而减小;当叶片遭遇非定常流动时,对每个谐波该值增加约 5dB。

对于第 1 和第 5 谐波,SPL 值随极方向角 θ 的变化如图 16.31 所示。方位方向角 ϕ 设为 90°,相当于螺旋桨下方的位置。在 5°的来流时经历的非定常载荷,导致

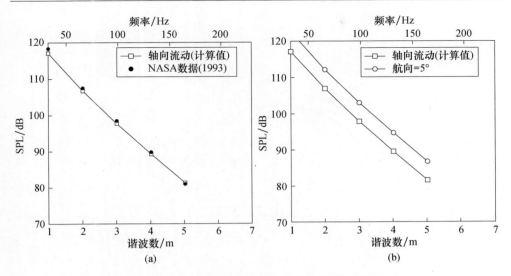

图 16.30 带角度来流对螺旋桨不同叶片通过频率谐波 SPL_h 的影响

(a)显示了与 Ref.59 数据的对比;(b)无偏转与 5°偏转时谐波的 SPL 值。

噪声水平增加;增量是极角和谐波两者的函数。对于提出的所有组合,在螺旋桨前方 60°~80° 的极角范围内,获得峰值噪声。在图 16.32 中,垂直于飞行路径的平面内,方位角或圆周方向角以 70° 的固定极角改变。当来流与螺旋桨轴线同轴时(没有来流角),螺旋桨周围的 SPL 是均匀的,约 118dB,不受任何非定常载荷的影响。当来流角俯仰或偏航 5°,叶片承受非定常载荷,由于叶片旋转方向和来流角的特定角度偏移,通常会非对称地增加 SPL。

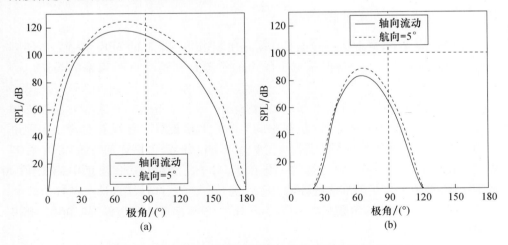

图 16.31 带角度来流对螺旋桨第 1 和第 5 谐波 SPL_h 的影响

(a)第 1 谐波;(b)第 5 谐波。

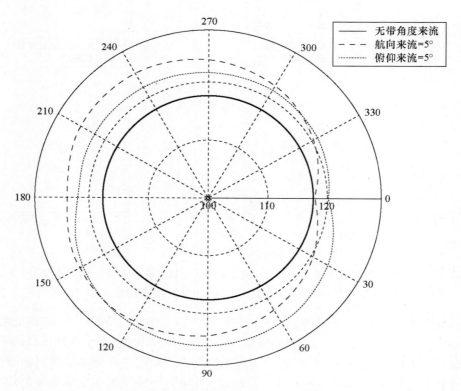

图 16.32 带角度来流对螺旋桨第 1 谐波和各种方位方向角 SPL_h 的影响

16.8.2 螺旋桨的宽带噪声

在许多情况下,宽带噪声的主要特征是比频谱噪声更低的 SPL。然而,虽然频谱噪声被限制在几个频率,但是宽带噪声的贡献是在整个可听频率的频谱内分布的。

有若干种分析性、半分析性和半经验方法来考虑宽带噪声。这些方法以不同的精度应用于许多不同的系统,包括螺旋桨和直升机旋翼。在没有对这一主题进行内容相当广泛的全面回顾的情况下,考虑 Magliozzi 等[63]描述的方法,从中找到更多的技术细节和参考。该方法的优势在于,对于后缘湍流边界层散射而导致的宽带噪声,能够提供足够准确的评估。

如果对应频率 f 的角频率为 ω,则 $\omega = 2\pi f$。该频率以后缘边界层厚度,δ^* 和来流速度 U 进行归一化:

$$\tilde{\omega} = \omega\left(\frac{\delta^*}{U}\right) \qquad (16.119)$$

然后从以下方程评估 1/3 倍频带 SPL：

$$\text{SPL} = C + 10 \lg \left\{ 0.613 \left(\frac{\tilde{\omega}}{\tilde{\omega}_{\max}} \right)^4 \left[\left(\frac{\tilde{\omega}}{\tilde{\omega}_{\max}} \right)^{3/2} + 0.5 \right]^{-4} \right\} \quad (16.120)$$

式中：$\tilde{\omega}_{\max}$ 为 $\tilde{\omega}$ 的最大值。据报告，$\tilde{\omega}_{\max} \simeq 0.1$。式（16.120）中的对数项总是为负，最大值约为 $\tilde{\omega}/\tilde{\omega}_{\max} \simeq 1$。因子 C 表示总的 SPL，有

$$C = 10 \lg \left(M^5 \frac{\delta^* b}{r^2} \mathcal{D} \right) + 141.3 \quad (16.121)$$

式（16.121）中余下的因子包括横向长度尺度 b（展长或元素宽度）和方向性 $\mathcal{D}$，有

$$\mathcal{D} = \frac{2 \cos^2(\theta/2)}{(1 - M\cos\theta)[1 - (M - M_c)\cos\theta]^2} \quad (16.122)$$

式（16.122）是校正的发射角、飞行马赫数和临界马赫数 M_c 的唯一函数；它还包含多普勒校正。当校正发射角为 $\theta = \pi$ 时，$D = 0$，与马赫数无关。这导致式（16.121）变为奇异性；式（16.121）在静态条件下（$M = 0$）也是奇异的。

归一化角频率所需的位移厚度 δ^*，是通过湍流的半经验公式计算，有

$$\frac{\delta^*}{c} = 0.047 \text{Re}_c^{-1/5} \quad (16.123)$$

式中：Re_c 为基于弦长 c 的雷诺数。式（16.123）仅适用于平板。因此，必须引入一些额外的修正，以考虑有效迎角 α_e、弯度和厚度的影响。从广泛的空气动力学分析，发现一个好的校正为 $\delta^*(\alpha) = \mathcal{F} \delta^*$。校正因子为

$$\mathcal{F}(\alpha) = \frac{\exp(c_1 \alpha_e + c_2)}{c_3} \quad (16.124)$$

其中 c_i 是取决于压力和吸力边的因子；参数 c_3 是归一化因子，使得 $\alpha_e = 0$ 时 $\mathcal{F} = 1$。

这种基本方法应用于计算螺旋桨宽带噪声。计算还是基于通常的叶素理论。对于一般微元，可以按照第 6 章中介绍的方法，计算入流条件和空气动力学系数。特别是，有弦长 c、微元宽度 $dy = b$、来流速度 U、雷诺数 Re_c 和后缘处的位移厚度。临界马赫数的计算见 4.3.3 节。如果螺旋桨距离接收器足够远，则校正发射角 θ 和距离 r 实际上不受螺旋桨旋转的影响。这个假设大大简化了计算。对于给定的频率 f，需要在径向上进行积分，以考虑所有叶片微元的贡献。然后需要考虑所有的叶片。再次，如果螺旋桨距离接收器足够远，假设所有叶片对宽带噪声的贡献均等。

该数值方法的典型结果如图 16.33 所示。该图显示了 Dowty R408 六叶螺旋桨的噪声谱，其在海拔 200m 处以 115KTAS 速度飞行时提供 $P = 1328$kW 功率。接收器视距 $r \sim 165$m。只有 3 个明显的频谱噪声贡献，但总的宽带噪声非常低。

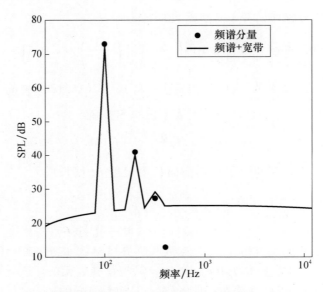

图 16.33 R408 六叶桨模型在指定功率下的噪声频谱,结果未对大气吸收进行校正

小结

本章回顾了一些低阶声学方法,可用于评估来自不同飞机系统的噪声源。说明了一个噪声预测程序如何构建,并将噪声源区分为推进和非推进源。在推进源中有螺旋桨和 APU,其模拟方式与燃气轮机噪声类似。存在许多明显的限制。首先,模拟是在有限的基础上进行的,几何和运行参数相对较少。其次,模型自身依赖于对非常复杂现象的有限理解。然而,噪声预测框架是一个健壮的框架;如果有更先进的子模型可用,则可以将其插入噪声程序以改进预测。

本章提出的模型可能引起的所有不精确性,必须从更广泛的噪声传播影响的前后联系来看待,这可能在水平和频率两方面极大改变噪声的性质,在第 17 章中予以说明。

参考文献

[1] Franssen EAM, van Wiechen CMAG, Nagelkerke NJD, and Lebret E. Aircraft noise around a large international airport and its impact on general health and medication use. *Occup. Environ. Med*,61(5):405 – 413,2004.

[2] Pierce AD. *Acoustics:An Introduction to Its physical Principles and Applications*. Acoust. Soc. America,1989.

[3] Anon. Acoustical terminology. Technical Report S1. 1 – 1994,American National Standards Institute,June 1994.

[4] Smith MTJ. *Aircraft Noise*. Cambridge University Press, 2004.
[5] Edge PM and Cawthorn JM. Selected methods for quantification of community exposure to aircraft noise. Technical Report TN – D – 7977, NASA, 1976.
[6] Casalino D, Diozzi F, Sannino R, and Paonessa A. Aircraft noise reduction technologies: A bibliographic review. *Aero Sci. Techn.*, 12(1):1 – 17, 2008.
[7] Heidmann MF. Interim prediction method for fan and compressornoise source. Technical Report TM X – 71763, NASA 1979.
[8] Hough JW and Weir DS. Aircraft noise prediction program (ANOPP) fan noise prediction for small engines. Technical Report CR – 198300, NASA, 1996.
[9] ESDU. *Prediction of Noise Generated by Fans and Compressors in Turbojet and Turbofan Engines Combustor Noise from Gas Turbine Engines*. Data Item 05001. ESDU International, London, June 2003.
[10] Bielak GW, Premo JW, and Hersch AS. Ad vanced turbofan duct liner concepts. Technical Report CR – 1999 – 209002, NASA, Feb. 1999.
[11] KO SH. Sound attenuation of acoustically lined circular ducts in the presence of uniform flow and shear flow. *J. Sound & Vibration*, 22(22):193 – 210, 1972.
[12] Tam CWK, Kurbatskii KA, Ahuja KK, and Gaeta RJ. A numerical and experimental investigation of the dissipation mechanisms of resonant acoustic liners. *J. Sound & Vibranon*, 245(3):545 – 557, 2001.
[13] Astley RJ, Sugimoto R, and Mustafi P. Computational aero – acoustics for fan duct propagation and radiation. Current status and application to turbofan liner optimisation. *J. Sound & Vibyutions*, 330(16):3832 – 3845, 2011.
[14] ESDU. *The Aconstic Arenuation of Absorbent Linings in CyiindHcal Flow Ducts*. Data Item 00012, Amend. B. ESDU International. London, June 2010.
[15] ESDU. *The Acoustic Altenuniion of Absorbent Linings in Rectangular Flow Ducts with Application to Annular Flow Ducts*. Data Item 00024. ESDU International, London, Mar. 2011.
[16] McAlpine A and Fisher MJ. On the prediction of "buzz – saw" noise in aero engine inlet ducts. *J. Sound & Vibration*, 248(1):123 – 149, 2001.
[17] McAlpine A, Fisher MJ, and Tester BJ. "Buzz – saw" noise: A comparison of measurement with prediction. *J. Sound & Vibration*, 290(3 – 5):1202 – 1233, 2006.
[18] ESDU. *Prediction of Combustor Noise from Gas Turbine Engines*. Data Item 05001. ESDU International, London, Feb. 2005.
[19] Zorumski WE. Aircraft noise prediction program (ANOPP) theoretical manual. Technical Report TM – 83199, Part 2, NASA, Feb. 1982.
[20] Matta RK, Sandusky GT, and Doyle VL GE core engine noise investigation—Low emission engines. Technical Report FAA – RD – 74, FAA, Feb. 1977.
[21] ESDU. Aircraft Noise Prediction. Technical Report Data Item 02020, ESDU International, Sept. 2009.
[22] van Zante D and Envia E. Simulation of Turbine Tone Noise Generation Using a Turbomachinery Aerodynamics Solver. Technical Report TM – 2010 – 216230, NASA, Mar. 2010.
[23] Chien E, Ruiz M, Yu J, Morin B, Cicon D, Schweiger P, and Nark D. Comparison or predicted and measured attenuation of turbine noise from a static engine test. 13th AIAA/CEAS conference, AIAA paper 2007 – 3533, Rome, Italy, May 2007.
[24] ESDU. *An Introducrion to Aircraft Noise*. Data Item 02020. ESDU International. London, 2002.
[25] Zorumski WE. Aircraft noise prediction program (ANOPP) theoretical manual. Technical Report TIM 83199, Part

1, NASA, Feb. 1982.
[26] Lighthil] MJ. On sound generated aerodynamically—part I. *Proc Royal Soc. London*, sect. A, 211: 564 – 587, 1952.
[27] Lighthill WJ. On sound generated aerodynamically—Part II. *Proc. Royal Soc. London*, sect. A, 222: 1 – 32, 1954.
[28] Balsa TF and Gliebe PR. Aerodynamics and noise of coaxial jets. *ALAA J.*, 15(11): 1550 – 1558, Nov. 1977.
[29] Stone JR, Groesbeck DE, and Zola CL Conventional profile coaxial jet noise prediction. *AIAA J.*, 21(3): 336 – 342, Mar. 1983.
[30] Olsen W and Friedman R. Jet noise from coaxial nozzles over a wide range of geometric and flow parameters. In *AIAA Aerospace Meeting*, AIAA paper 1974 – 0043, Washington, DC, Jan. 1974.
[31] ESDU. *Computer – based Estimation Procedure for CoaxialJer Noise*. Data Item 01004. ESDIJ International, London, May 2001.
[32] Fisher MJ, Preston GA, and Bryce WD. A modelling of the noise from coaxial jets. Part 1: With unheated primary flow. *J. Sound & Vibrarion*, 209(3): 385 – 403, Jan. 1998.
[33] Fisher MJ, Preston GA, and Mead WD. A modelling of the noise from coaxial jets. Part 2: With heated primary flow. *J. Sound & Vibration*, 209(3): 405 – 417, Jan. 1998.
[34] ESDU. *Estimation of Subsonic Far – Field Jet – Mixing Noise from Single – Stream Circular Nozzles*. Data Item 89041. ESDU International, London, Feb. 1990.
[35] ESDU. *Computer – baseu Estimation Procedure for Single – Stream Jet Noise*. Data Item 98019. ESDIJ International, London, Nov. 1998.
[36] Stone JR, Krejsa EA, Clark BJ, and Berton JJ. Jet Noise Modeling for Suppressed and Vsuppressed Aircraft in Simulated Flight. Technical Report TM – 2009 – 215524, NASA. Mar. 2009.
[37] Stone JR, Krejsa EA. and Clark BJ. Jet Noise Modeling for Supersonic Business Jet Application. Technical Report TWI – 2004 – 212984. NASA, Mar. 2004.
[38] Ahuja KK. Designing Clean Jet Noise Facilities and Making Accurate Jet Noise Measurements. Technical Report ALAA – 2003 – 0706, AIAA, Jan. 2003.
[39] Bridges J and Blown CA. Parametric testing of chevrons on single flow hot jets. In *10th A/AA/CEAS Conference*, Manchester, LK, Sept. 2004.
[40] Rask O, Kastner J, and Gutmark E. Understanding how chevrons modify noise in a supersonic jet with flight effects. *ALAA J.*, 49(8): 1569 – 1576, Aug. 2011.
[41] Gerhold CH. Analytical model of jet shielding. *ALAA J.*, 21(5): 694 – 698, May 1983.
[42] Simonich JC, Amiet RK, and Schlinker RH. Jet shielding of jet noise. Technical Report CR – 3966, NASA, 1986.
[43] ESDU. *Jet – by – Jet Shielding of Noise*. Data Item 88023. ESDU International, London, Mar. 1992.
[44] Tam C, Pastouchenko N, Mendoza J, and Brown D. Combustion noise of auxiliary power units. AIAX Paper 2005 – 2829, May 2005.
[45] Fink MR. Noise component method for airframe noise. *J. Aircraft*, 16(10): 659 – 665, 1979.
[46] Zorumski WE. Aircraft noise prediction program theoretical manual, Part l. Technical Report TWI – 83199, NASA, Feb. 1982.
[47] ESDU. *Airframe Noise Prediction*. Data Item 90023. ESDU International, London, June 2003.
[48] Lilley GM. The prediction of airframc noise and comparison with experiment. *J. Sound & Vibration*, 239(4): 849 – 859, 2001.
[49] Lockard DP and Lilley CM. The airframe noise reduction challenge. Technical Report TM – 213013, NASA,

2004.

[50] Ffowcs – Williams JE and Hall LEI. Aerodynamic sound generation by turbulent flow in the vicinity of a scattered half plane. *J. Fluid Mech*, 40:657 – 670, 1970.

[51] Howe MS. A review of the theory of trailing edge noise. *J. Sound & Vibration*, 61(3):437 – 466, 1978.

[52] Guo YP. Empirical prediction of aircraft landing gear noise. Technical Report CR – 2005 – 213780, NASA, 2005.

[53] Guo YP, Yamamoto KJ, and Stoker RW. Experimental study on aircraft landing gear noise. *J. Aircraft*, 43(2): 306 – 317, Mar. 2006.

[54] Guo YP. A component – based model for aircraft landing gear noise prediction. *J. Sound & Vibration*, 312:801 – 820, 2008.

[55] Humphreys WM and Brooks TE Noise spectra and directivity for a scale – model landing gear. In 13*th AIAA/ CEAS Aeroacoustics Conference*, AIAA 2007 – 3458, Rome, Italy, May 2007.

[56] Guo YP, Yamamoto KJ, and Stoker RW. Component – based empirical model for high – lift system noise prediction. *J. Aircraft*, 40(5):914 – 922, Sept. 2003.

[57] Stoker RW. Landing gear noise report. Technical report, NASA Report NAS1 – 97040, 1997.

[58] Dobrynski W and Buchholtz H. Full – scale noise testing on Airbus landing gears in the German – Dutch wind tunnel. AIAA paper 1997 – 1597, May 1999.

[59] Hanson DB and Parzych DJ. Theory for noise of propellers in angular inflow with parametric studies and experimental verification. Technical Report CR – 4499, NASA, Mar. 1993.

[60] Hanson DB and Fink MR. The importance of quadrupole sources in prediction of transonic tip speed propeller noise. *Journal of Sound and Vibration*, 62(1):19 – 38, Jan. 1979.

[61] ESDU. *Prediction of Near – Field and Far – Field Harmonic Noise from Subsonic Propellers with Non – Axial Inflow*. Data Item 95029. ESDU International, 1996.

[62] ESDU. *Estimation of the Unsteady Lift Coefficient of Subsonic Propeller Blades in Non – Arial Flow*. Data Item 96027. ESDU International, London, 1996.

[63] Magliozzi B, Hanson DB, and Xniet RK. Propeller and propfan noise. In Hubbard HH, editor, Aeroacoustics of Flight Vehicles: Theory and Practice, RP 1258. NASA, Aug. 1991.

第 17 章　飞机噪声:传播

17.1　概述[①]

噪声传播包括发生于噪声源和接收器之间的所有物理事件。由于噪声源和接收器之间相对较大的距离(从最小的 100m 到若干千米),大气吸收特别重要——至少和噪声源本身一样重要。如果噪声传播发生在无限制的介质中,就可以使用大气吸收模型来评估接收器位置的影响。然而,由于存在地形影响,以及飞机与地面之间距离较短等因素,反射和散射的影响也变得重要了。我们首先主要考虑机体噪声场(17.2 节),进而研究大气中的标准吸收模型(17.3 节),在 17.4 节中将描述地面反射问题。最终讨论在远距离飞机噪声传播中,风切变和温度梯度的联合作用(17.5 节)。

关键概念:机体噪声场,机翼散射,地面效应,大气吸收,风影响,湍流影响。

17.2　机体噪声场

由于噪声源和固体表面之间的相互位置关系,飞机周围存在大量的干扰效应,这种效应是频率依赖的。新型融合体飞机的研究,其实际上受益于噪声场[1-3],增加了对这一声学效应的兴趣。

一种被称为等效源的方法[4-5],使用有限数量的源来满足机体上的边界条件,以模拟声学散射。基于这一方法,发展了一种快速-散射模型来计算机体导致的声音反射和散射,如 Dunn 和 Tinetti[6] 所揭示。虽然一些研究者指出,较少数量的源可能导致差的精度;但一系列的研究表明当仔细选择源的数量时[7],精度是可接受的。

在等效散射方法中,可以用物体内部的一个源系统(等效源)来代替一个振动物体。因此,声场就由入射声场(由实际声源导致)和散射声场(由等效源导致)的叠加来表达。

Airbus A320 机翼的模拟散射噪声如图 17.1 所示,显示了当存在机翼散射时

[①] Zulfaa Mohamed - Kassim 博士贡献了本章。

发动机噪声 SPL 的改变；场图对应于一个平行于机翼的平面，放置于一侧翼展下方。

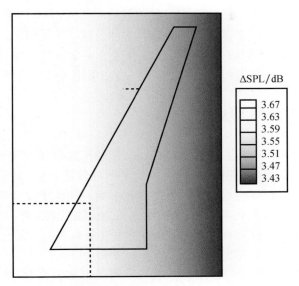

图 17.1　Airbus A320 机翼的模拟散射噪声（平飞，机翼下方一侧展长）

虽然在机体设计和具体频率的噪声诊断时，等效源是一个好的选择，仍然需要大量的计算时间。最严重的问题是，为保证精度，这一方法需要的等效源数量和边界上点的数量必须大于一定值。

为解决非均匀大气中的声音传播，发展了基于射线追踪理论[8]的方法。在射线追踪法中，一个源发射的声音波前，被分割为许多小的片段。如果机翼和地面作为边界来处理，就可以计算来自机翼和地面的反射。声音片段越小、时间间隔越短，结果就越精确。时间步的数量依赖于源 – 接收器距离。

为了克服计算困难并满足快速而充分的噪声模型需求，这里提议一个简化的方法，即假设来自机翼的反射遵循平坦表面反射原则。当（1）机翼下表面有一个小的曲率，(2) 与接收器之间的距离大于曲线长度的尺度，这个假设是可接受的。基于这些假设，对于每一个源，只需要计算 1 ~ 2 个反射。把这一方法称为单独 – 反射方法。计算流程如下：

（1）将机翼表面分割为四边形单元。

（2）对每一个单元，计算法向矢量。

（3）对比这些法向矢量和源、观察者的位置。检查是否满足反射条件：入射角 = 反射角。

（4）如果满足反射条件，在观察者位置，将计算一个反射波，并与直接声波叠加。否则,观察者将被标识为无-反射。

来自机身的散射,仅当飞机接近于地面时进行模拟。在这种情况下,使用这样的模型,即沿着阻碍边界[9]的一个充分长的圆柱。然而,只有当接收器的位置足够远离机体轴线时,这个模型才能应用;否则,为计及这一干扰,需要一个假想的延伸机身。这一模型的基本思想是将整个声场表达为 4 个分量的和:诱导场、反射波、来自圆柱的散射场和它的镜像。理论细节可以在引用文献中找到。

17.3 噪声的大气吸收

通过大气的声音传播会有一部分被吸收,依赖于频率、距离和大气条件。大气吸收实质上意味着,接收器听到的噪声要低于距离传播效应得到的噪声。大气中的关键参数包括温度、压力和相对湿度的变化。面对如此多的参数,结果将趋于复杂。在飞机审定中,大气衰减的知识,被用于从地面测量点的噪声来推导源处的噪声。当前,我们试图预测地面噪声时,需要用大气衰减来修正通过热力学平衡(等温和等压)的理想媒介传播的噪声。

如果从外界大气风场中提取动量,就可以定义吸收函数为

$$\mathcal{A} = \mathcal{F}(h, r, d\mathcal{T}, \mathcal{H}, f)$$

式中:h 为相对于接收器的源高度,r 为相对接收器的距离,$d\mathcal{T}$ 为相对标准值的温度改变,$\mathcal{H}$ 为相对湿度,f 为声音发射频率。衰减函数一般性地以每米 dB 来表示。出于计算原因,一般在物理参数和衰减速率之间需要一个精确关系。因此,在给定频率 f、距离 r、从高度 h 飞过的飞机的衰减按以下积分表达:

$$A(f, h, H, r) = \int_0^r F(\mathrm{d}\mathcal{T}, H, r) \mathrm{d}r \qquad (17.1)$$

若干年来已经实验性地获取吸收值(如 Zuckerwar 和 Meredith[10])。American Institute of Physics(AIP)发布了一个被 ANSI[11]核准的标准。另一个有组织的标准是 ISO 9613-1[12],与 ANSI 标准实质上等效。ESDU[13]发布了一个模型,包含地面折射影响、大气湍流和风切变。Morfey 和 Howell[14]回顾了源自飞机的声波传播理论。

从 ANSI 模型,频率为 f 的声音衰减速率为

$$\mathcal{A}[\mathrm{dB/m}] = 8.686 f^2 \left\{ \left[1.84 \cdot 10^{-11} \left(\frac{p_r}{p_a} \right) \left(\frac{\mathcal{T}}{\mathcal{T}_r} \right)^{1/2} \right] + \right.$$

$$\left[0.01275 \exp\left(\frac{-2.2391 \cdot 10^3}{\mathcal{T}} \right) \frac{f_{ro}}{f_{ro}^2 + f^2} \right] \left(\frac{\mathcal{T}}{\mathcal{T}_r} \right)^{-5/2} + \qquad (17.2)$$

$$\left. \left[0.10680 \exp\left(\frac{-3.3520 \cdot 10^3}{\mathcal{T}} \right) \frac{f_{rn}}{f_{rn}^2 + f^2} \right] \left(\frac{\mathcal{T}}{\mathcal{T}_r} \right)^{-5/2} \right\}$$

式中:p_a 为参考点的大气压力,p_r 为参考压力(101,325Pa),$\mathcal{T}_r$ 为参考温度(293.15K,或 20℃);f_{r0} 和 f_{rn} 项由以下给出:

$$f_{r0} = \frac{p_a}{p_r}\left[24 + 4.04 \cdot 10^4 h_c \left(\frac{0.020 + h_c}{0.391 + h_c}\right)\right] \qquad (17.3)$$

$$f_{rn} = \left(\frac{p_a}{p_r}\right)\left(\frac{\mathcal{T}}{\mathcal{T}_r}\right)^{-1/2}\left\{9 + 280 h_c \exp\left[-4.170\left(\left(\frac{\mathcal{T}}{\mathcal{T}_r}\right)^{-1/3} - 1\right)\right]\right\} \qquad (17.4)$$

式中:h_c 为大气中水蒸气的摩尔浓度。如果相对湿度 $\mathcal{H}$ 以百分数给出,摩尔浓度为

$$h_c = \mathcal{H}\left(\frac{p_{sat}}{p_r}\right)\left(\frac{p_r}{p_a}\right) \qquad (17.5)$$

饱和压力 p_{sat} 为

$$p_{sat} = p_r 10^V \qquad (17.6)$$

在式(17.6),指数 V 为

$$V = a_1\left(1 - \frac{\mathcal{T}_{o1}}{\mathcal{T}}\right) - b_1 \log_{10}\left(\frac{\mathcal{T}}{\mathcal{T}_{o1}}\right) + \\ c_1\left[1 - 10^{c_2(\mathcal{T}/\mathcal{T}_{o1} - 1)}\right] + d_1\left[-1 + 10^{d_2(1 - \mathcal{T}_{o1}/\mathcal{T})}\right] - e_1 \qquad (17.7)$$

在式(17.7)中,$\mathcal{T}_{o1}$ 为三相点等温温度(273.15K)。这一方程的数值系数在表 17.1 给出。在空间中一个给定的点(h,$\mathcal{T}$,p),饱和压力 p_{sat} 可以从式(17.6)计算(通过由式(17.7)给出的指数 V)。饱和压力用于计算与式(17.5)相同点处水的摩尔浓度。后一个参数用于项 f_{r0} 和 f_{rn},以及式(17.2)中的衰减 A。长距离衰减的累积效应需要积分式(17.1)。必须在噪声频率的整个频谱内重复计算。实践中,使用与 dB – A 刻度相同的参考频率较为方便。主要困难在于考虑大气中不同层的不均匀湿度。对于接收器,当飞机穿过不同厚度的云的区域时,这种影响有时是明显的。

表 17.1 式(17.7)的数值系数

a_1	b_1	c_1	d_1	e_1	c_2	d_2
10.79586	5.02809	1.50474×10^{-4}	0.42873×10^{-3}	2.21960	8.29692	4.76955

FAR 第 36 章,"噪声标准:飞机类型和适航审定",要求噪声校正为 70% 固定湿度、地面标准条件、无风和 50Hz ~ 10kHz 频谱。

用该模型计算的衰减函数极大地依赖于频率。事实上,相比 10Hz,10kHz 的频率被多吸收 10^4 倍。大多数衰减效应发生在 1kHz 以上。因而高频噪声不太可能被远距离的接收器听到,而低频噪声是持续的,并且比起大气条件更加受距离的影响。大气就像一个低通滤波器。然而,除非飞机的距离相当大,否则大气吸收校正后的 SPL 通常低于大多数飞机噪声预测的精度。

不同高度和相对湿度下大气吸收的计算例子如图 17.2 所示。数据显示,相对湿度是比飞行高度作用更大的因素。

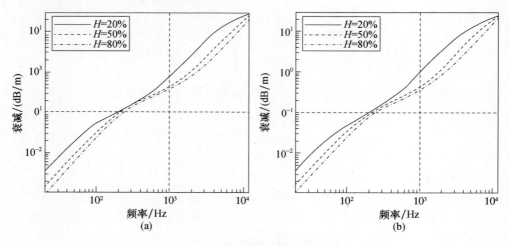

图 17.2　大气吸收模型(根据 ISO 9613 - 1)
(a)海平面,ISA;(b)h = 500m,ISA。

长距离积分的吸收值,可能导致噪声水平的大幅度降低,如图 17.3 所示。几百米之后,噪声水平的下降是明显的,其中首先被削减的是高频。

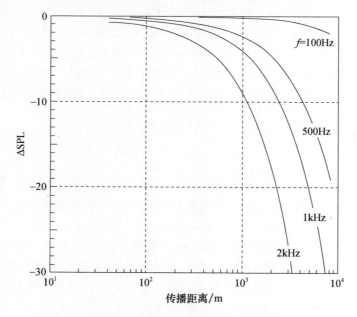

图 17.3　在选定频率 $\mathcal{H}$ = 70% 相对于距离的大气吸收

因为在实际中,飞机噪声通过大气的不同层传播,这些层既不是等压的,也不是等温的,甚至不是均匀湿度的,需要执行式(17.2)的积分。已经提出几种不同精度的方法。然而,由于相对湿度的不确定性,考虑通过定常大气条件的分段传播。

可能需要考虑声音衰减的各种其他方面,如几何扩散、风的影响和地面反射。当通过地面反射的噪声在源和接收器之间传播时,后一种情形是重要的。

17.4 地面反射

迄今为止的分析,是假设声波通过无边界介质传播——这是自由飞行时的合理假设。然而,当飞机相对靠近地面,地面的存在阻碍了声波传播。典型影响是声波的折射和吸收。

存在能够预测这种效应的理论模型。这一问题的理论研究从20世纪50年代初的 Rudnick[13] 和 Ingard[16] 的工作就已开始了。最近关于这个问题的工作是由 Attenborough[17-18] 完成的。一个细节的计算方法由 ISO 9613-2[19] 给出。

考虑图17.4所示的源-接收器布置。距离 R_1 表示从源到接收器的直接波的距离;R_2 表示沿着地面反射的间接波的距离。入射角 ϕ 等于反射角。这个条件给出了反射声波的唯一行进路径。

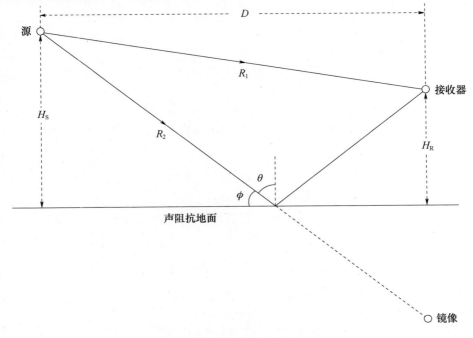

图17.4 声波的地面反射

这里介绍的模型是基于 Attenborough[20] 的研究。地面被认为是具有给定阻抗的无限边界。如果 Z 是地面阻抗，则 $H = 1/Z$ 是导纳。阻抗是多个参数的函数，即流动电阻率 σ_e 和表面层的反向有效深度 α。对于单频率源，在观察者位置产生的最终声场，总速度势可表示为

$$\Phi_{tot} = \frac{e^{ik_1R_1}}{4\pi R_1} + \frac{e^{ik_1R_2}}{4\pi R_2}Q \qquad (17.8)$$

式中：k_1 表示空气中的声传播系数。式(17.8)中的第二项包括相对镜像源强度 Q，这是反射波的比例因子，叠加在直接波上。该因子可以解释为球面波反射系数。从式(17.8)，得到的压力场为

$$p_{tot} = -\rho\left(\frac{\partial \Phi_{tot}}{\partial t}\right) \qquad (17.9)$$

假设 β 表示归一化的单位导纳，等于单位阻抗 Z 的倒数；M 为密度比，n 为传播系数（或波数）比，w 为数值距离。如果下标"1"和"2"分别表示上部介质（空气）和下部介质（地面），这些量被定义为

$$M = \frac{\rho_1}{\rho_2}, n = \frac{k_1}{k_2}, \beta = nM \qquad (17.10)$$

进一步，为了代数简化，设置以下替换：

$$n_1 = 1 - \frac{1}{n^2}, s_1 = \left[1 - \left(\frac{\sin\theta}{n}\right)^2\right], \beta_1 = \sqrt{1-\beta^2}, M_1 = 1 - M^2 \qquad (17.11)$$

按照这个命名，反射系数为

$$R_p = \frac{\cos\theta - \beta(1-s_1)^{1/2}}{\cos\theta + \beta(1-s_1)^{1/2}} \qquad (17.12)$$

图像源强度为

$$Q = [R_p + B(1-R_p)]F(w) \qquad (17.13)$$

边界损失因子为

$$F(w) = 1 + i\sqrt{\pi}we^{-w^2}erfc(-iw) \qquad (17.14)$$

在式(17.13)中，因子定义为

$$B = \sqrt{\frac{n_1[M_1^{1/2} + \beta\cos\theta s_1^{1/2} + \sin\theta\beta_1]}{s_1 M_1^3 2\sin\theta\beta_1}} \times \frac{\cos\theta + \beta s_1}{\cos\theta + \beta\sqrt{n_1/M_1}} \qquad (17.15)$$

地面传播系数 k_2 可以通过以下方程[18]近似获得：

$$\frac{k_1}{k_2} = 1 + 0.0978\left(\frac{f}{\delta_e}\right)^{-0.7} + i0.189\left(\frac{f}{\delta_e}\right)^{-0.595} \qquad (17.16)$$

前面的公式遵循与无线电传播相同的方法；它使用数字距离参数 w，重新推导[20]为

$$w = \sqrt{ik_1R_2\left[1 + \frac{\beta\cos\theta\sqrt{n_1} - \sin\theta\sqrt{n_1}}{\sqrt{M_1}}\right]} \qquad (17.17)$$

声学地面反射的早期研究使用渐近扩展作为快速评估 $F(w)$ 的手段。给定 $w' = w^2$，对于不同的 w' 值，以 $|w'| = 10$ 为界，使用两个不同的系列：

$$F(w') = \begin{cases} 1 + i\sqrt{\pi w'}e^{-w'} - 2w'\left[1 + \sum_n \frac{w^m}{(2n+1)(n-1)!}\right]e^{-w'}, & |w'| < 10 \\ -\left[\frac{1}{2w'} + \frac{1\times 3}{(2w')^2} + \frac{1\times 3\times 5}{(2w')^3} + \cdots\right], & |w'| \geq 10 \end{cases}$$
$$(17.18)$$

这种方法当 w' 为小值时会产生错误，特别当 $|w'|$ 接近于 10^6 时是不稳定的。为了克服这个问题，部分边界损失因子被替换为复－错误函数 $W_F(w)$，定义为

$$W_F(w) = e^{-w^2}\text{erfc}(-iw) \qquad (17.19)$$

复－误差函数，也称为 Faddeeva 函数，使用 Poppe 和 Wijers[21] 开发的算法，可以在机器精度内被有效地计算。使用相干参数 Λ，将空气湍流的影响纳入模型中。考虑了湍流对直接波和反射波之间相干性的影响：

$$\Lambda = e^{-0.25\beta_\Lambda P} \qquad (17.20)$$

式中：

$$\beta\Lambda = \begin{cases} 0.5, & \sqrt{D/k1} > l \\ 1.0, & \sqrt{D/k1} < l \end{cases} \qquad (17.21)$$

且

$$P = \langle \mu^2 \rangle k_1^2 Dl\sqrt{\pi} \qquad (17.22)$$

因子 $<\mu^2>$ 为折射率的波动指示，l 为湍流长度尺度[22]。

根据 Chessel[23]，有地面存在时的测量相对于没有地面存在时（自由场 SPL）的测量，单一波频率声压级的差异为

$$\Delta\text{SPL} = 10\lg\left[1 + \left(\frac{R_1}{R_2}|Q|\right)^2 + 2\left(\frac{R_1}{R_2}\right)|Q|\Lambda\cos\left(\frac{2R_2 - R_1}{k_1} + \alpha\right)\right]$$
$$(17.23)$$

式中：$Q = |Q|e^{i\alpha}$。正的 ΔSPL 值表示，由于地面的存在，由直接波而引起的声音是增强的，而负值意味着实际的 SPL 低于自由场时的值。

简化模型

大多数其他一阶模型通常假定许多简化以获得更加紧凑的求解，这些求解相对更容易在推导中得到，并且对于快速数值计算是有吸引力的。典型的简化假设是 $|n| > 1$，$|M| \ll 1$，$|\beta| < 1$（硬－边界情况）、和 $\phi \approx 0$（小入射余角）。除此之外，地面阻抗可以进一步简化，即将地面处理为局部反射边界，其中地面上波的传播独立

于入射角，导致 $|n|\gg 1$。按照这些简化，可以得到上述一些参数的简化定义，其中 $B \approx 1$：

$$R_p = \frac{\cos\theta - \beta}{\cos\theta + \beta} \quad (17.24)$$

$$w = \sqrt{\frac{ik_1k_2}{2}}(\cos\theta + \beta) \quad (17.25)$$

这一求解预测了单频率声波的地面反射校正 ΔSPL。实际上，大多数的测量是记录在 1/3 倍频带等级，是在每个频带内将单频率声级积分。为了从此处计算的 ΔSPL 获得倍频带，将每个频带细分为更小的频带，计算每个子带中心频率的 ΔSPL 值。将这些子带的 ΔSPL 与它们的子带宽度相乘，并在每个 1/3 倍频带内积分，然后用相应的 1/3 倍频带宽度对积分值进行归一化。

17.4.1 地面特性

地面的声学特性由复阻抗表示。该领域的早期研究，使用单一参数，单位厚度的单位流阻，来模拟接地阻抗，基于 Delaney 和 Bazley[24] 的工作。该模型依赖于实际接地阻抗的各种实验测量的曲线拟合。Attenborough[25] 表明，单一参数模型是不可靠的，特别是在拟合数据范围之外；引入了一个更精确的模型，使用两参数：有效流阻和有深度孔的指数下降速率。

基于双参数模型的单位归一化阻抗 Z 可表示为

$$Z = \left(\frac{\sigma_e}{\gamma\pi\rho f}\right)^{1/2} + i\left[\left(\frac{\sigma_e}{\gamma\pi\rho f}\right)^{1/2} + \frac{a\alpha}{4\gamma\pi f}\right] \quad (17.26)$$

σ_e 和 α 的实际值如表 17.2 所列。

表 17.2 有效流阻和有深度孔的指数下降速率的典型值

地形	$\sigma_e/(\text{kNs}/\text{m}^4)$	α/m^{-1}
雪地	5 ~ 20	0
短的草	30 ~ 50	20 ~ 45
砂土	60 ~ 100	0
土路	40	10
湿的结实土	4000	0
沥青碎石路面	4500	0

两种方法与实验数据的对比如图 17.5 所示。这些比较的事实表明，双参数模型能够更精确地预测校正声级。单参数模型的一个缺点是它不能准确地预测主 -

倾角幅值;然而,它能够匹配主-倾角频率。双参数模型采用正确的 σ_e 和 α 值预测要更好。

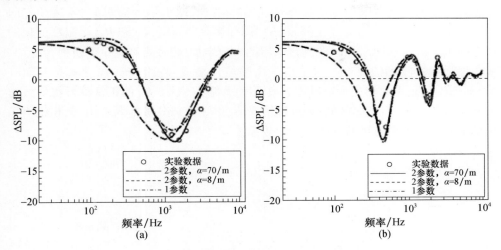

图 17.5 根据 Rasmussen[26] 当前方法和数据的对比

17.4.2 湍流影响

大多数噪声计算依赖于静止大气的假设(无风、无湍流)。这事实上是远离真实情况的,为了更接近实际,即使是一个简单的湍流模型也将非常有好处。

存在几种模型,但最简单的是基于波动折射指数 $\langle \mu^2 \rangle$ 的评估,即

$$\langle \mu^2 \rangle = \frac{\sigma_v^2}{a^2} + \frac{\sigma_t^2}{4T^2} \tag{17.27}$$

式中:σ_v 为风速波动的均方根(RMS),σ_t 为温度波动的 RMS。湍流对声波折射的影响在频率低于 5kHz 时更为明显。

17.5 风和温度梯度影响

大气风对飞机噪声传播的影响至关重要。例如,位于下风位置的接收器比上风位置感受到更多的噪声,其差异可以是几个 dB。风和地面效应之间有一个共同作用,不能分开。实际分析的第一步是假设平均风切变剖面,没有湍流和局部地形效应,有

$$\frac{V_w(z)}{V_{wo}} = \left(\frac{z}{z_o}\right)^\zeta \tag{17.28}$$

式中:$V_w(z)$ 表示高度 z 处的水平风速,V_{w0} 为高度 z_0 处的风速,ζ 为风切变指数,该

指数取决于地形的类型,$0.1 < \alpha < 0.25$。实际上,z_0 为地面以上的一个高度,在该高度上存在风。典型的参考高度为 $z_0 = 10\mathrm{m}$。

频率依赖的衰减或增强程度取决于许多因素,即水平传播距离、风速和方向(V_w 和 θ_w)、随高度的温度变化($\mathrm{d}T/\mathrm{d}h$)、源和接收器高度(H_s 和 H_r)。温度变化的存在产生了声速梯度 γ_c。从源到接收器的声速增加,将使声音向下游折射,并且一般会增强所接收到的声音。这是由于由顺风传播或温度反转(温度随高度而升高)而产生的正声速梯度。逆风传播或温度随高度(负的 γ_c)的正常降低将导致向上折射,在下游产生阴影区域;在这种情况下,声级大部分被削弱。图 17.6 说明了从单个源发出的声射线的这些声折射效果。

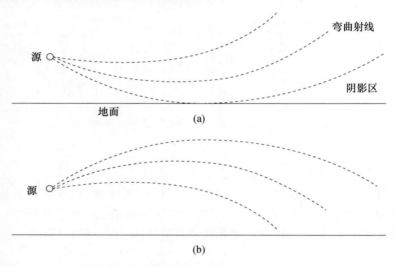

图 17.6 (a)逆风声音传播或温度反向($\gamma_c < 0$)产生的向上折射,和(b)顺风传播或正向温度变化($\gamma_c > 0$)引起的向下折射。

Rasmussen[27]结合了风、温度梯度和地面反射的理论,用 Hankel 变换表达了声压场,有

$$p = -2\int_0^\infty J_0(\kappa D) P(z,\kappa) \kappa \mathrm{d}\kappa \qquad (17.29)$$

式中:J_0 为第一类零阶 Bessel 函数,$P(z,k)$ 为 p 的变换,D 为水平距离,r 为传播距离(图 17.4)。相对于自由流的压力比,声压为

$$\frac{p}{p_0} = -2r\int_0^\infty J_0(\kappa \mathcal{D}) P(z,\kappa) \kappa \mathrm{d}\kappa \qquad (17.30)$$

根据 Pierce[28]和 Rasmussen 的推导,并假设声速随高度呈线性变化,声速梯度 $\gamma_c z \ll 1$,可以获得压力变换的两个表达式,依赖于声速梯度。推导中假设垂直密度

变化忽略不计；对于 $\gamma_c > 0$ 和 $\gamma_c < 0$，分别有

$$P_+(z,\kappa) = -v(\tau + y_L)\left[w(\tau + y_S) - \frac{w'(\tau) + qw(\tau)}{v'(\tau) + qv'(\tau)}w(\tau - y_S)\right]\mathcal{L} \tag{17.31}$$

$$P_+(z,\kappa) = -w(\tau - y_L) - \left[w(\tau - y_S) - \frac{w'(\tau) + qw(\tau)}{v'(\tau) + qv'(\tau)}w(\tau - y_S)\right]\mathcal{L} \tag{17.32}$$

式中：

$$\mathcal{L} = [2|\gamma_c|k_0^2]^{-1/3}, \tau = [k^2 - k_0^2]\mathcal{L}, \tag{17.33}$$

$$y_S = \frac{\min(H_s, H_r)}{\mathcal{L}}, y_L = \frac{\max(H_s, H_r)}{\mathcal{L}}, q = ik_0\beta\mathcal{L} \tag{17.34}$$

k_0 为地面上声音传播的波数；即 $k_0 = 2\pi f/a$。压力变换求解利用 Airy – Fock 函数[29]，$v(\tau)$、$w(\tau)$ 和 $Ai(\tau)$。

这些函数表达为

$$v(\tau) = \sqrt{\pi}Ai(\tau) \tag{17.35}$$

$$w(\tau) = 2\sqrt{\pi}\exp\left(\frac{i\pi}{6}\right)Ai\left(\tau\exp\left[i\frac{2\pi}{3}\right]\right) \tag{17.36}$$

对于 $|\tau| > 3$，Airy – Fock 函数可以用一些近似代替[2]，限于小的声速梯度 – 室外噪声传播中容易达到的一个条件。梯度本身可以从温度、风速、风向的一组值来计算，分别在地面高度 z_1 和 z_2 测量。

图 17.7 显示了测量高度处，相对于传播射线的风矢量；地面上的风速为零。线性声速梯度为

$$\gamma_c = \frac{a(z_2) - a_0}{a_0 z_2} \tag{17.37}$$

式中：a_0 为地面温度的声速

$$a(z_2) = a(z_2) + V_w(z_2)\sin\theta_w \tag{17.38}$$

对于给定的风向，在典型的轨迹期间，相对于地面上的固定接收器，飞机可以从下风向位置变为上风向位置（或反之亦然）。在图 17.8 帮助下，可以很好地解释是如何发生的。飞机从左到右（或西向东）以迎风飞行。开始，这架飞机是在接收机的西侧。因此，接收器位于上风向。当飞机移动到接收器的东侧时，接收机本身位于下风向。

17.5.1 数值求解

为了获得相对于自由场的声压级差别 ΔSPL，式 17.30 中压力比的修正表达式可被数值积分。积分效率取决于许多因素，其中一个是积分下限和上限的截断项，

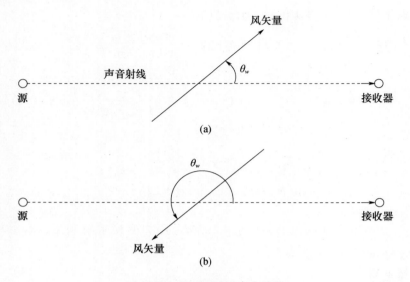

图 17.7 顺风和逆风声音传播

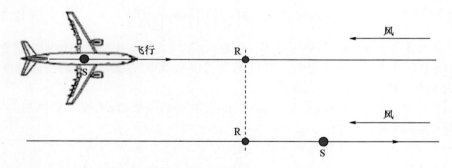

图 17.8 飞行过顶时接收器位置(R)从逆风到顺风的移动,飞机(S)从西向东飞行

a 和 b,因此

$$\Delta SPL = 20\lg\left(\frac{p}{p_0}\right) = 20\lg\left[-2r\int_a^b J_0(\kappa D)P(z,\kappa)\kappa d\kappa\right] \quad (17.39)$$

Rasmussen 提出了一个关于积分限的建议,以及用于数据集的离散尺度 dk,频率范围仅从 100Hz ~ 2kHz。这些规则在更广泛和更高的频率范围无效。通过分析 Bessel 函数 J_0 和压力变换 $P(z,k)$ 的特性,一套新的规则可以应用来优化积分参数;J_0 控制了上风向传播的积分函数的振荡。在下风向传播中,振荡由压力变换 $P(z,k)$ 支配。离散尺寸的优化设置如下:

$$d\kappa = k_p/3D \quad (17.40)$$

和

$$\kappa_p = \begin{cases} 1, \gamma_c < 0 \\ \sqrt{k_0^2 + (6\pi \mid \gamma_c \mid k_0^2)^{2/3}} - k_0, \gamma_c > 0 \end{cases} \quad (17.41)$$

对于所有 γ_c 值,积分下限为 $a = 0$;上限为

$$b = \sqrt{k_0^2 + 1/P_{\text{ave}}^2} \quad (17.42)$$

当 $\gamma_c > 0$,$P_{\text{ave}} = 0.5$;当 $\gamma_c < 0$,$P_{\text{ave}} = 0.04$。计算点的数量设置为 $n_k = b/\mathrm{d}\kappa$。按照这种方法,计算代价随着水平传播距离和传播频率而增加,特别是对于由 $P(z, \kappa)$ 施加的离散尺寸很小的向下折射情况。通过减少计算项,即 Airy – Fock 函数的代数简化和各种近似,可以显著提高计算效率。

这一求解描述了单个频率的声音校正。为了获得 1/3 倍频带的 ΔSPL 读数,每个频带被细分为更小的频带,在其中计算每个子带中心频率的 ΔSPL 值。这些子带 ΔSPL 乘以子带宽度,并在每个 1/3 倍频带内积分。然后用相应的 1/3 倍频带宽度对积分值进行归一化。

模型验证

图 17.9 中,在源下游 120m 处,各种风速下,绘制了 $10\mathrm{Hz} < f < 10\mathrm{kHz}$ 的宽频范围内接收的 ΔSPL。输入数据与 Rasmussen[27] 使用的数据相同。在 100Hz ~ 2kHz

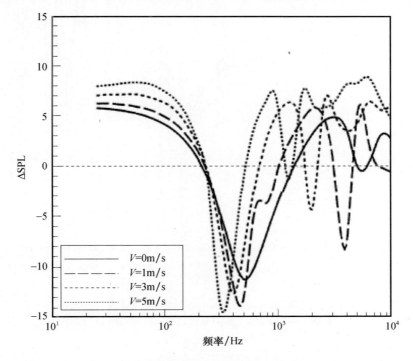

图 17.9 $\sigma_e = 200 \cdot 10^3 \mathrm{Nsm}^{-4}$ 时经过草地的顺风传播 ΔSPL,输入数据与 Rasmussen27 等效

的一个较窄频带内,下面的对应结果与他的数值解一致,除了稍微不同的主倾角大小。这些小的不同可以归结为积分参数设置的不同方法,如 17.4.1 节所述。

与图 17.10 和图 17.11 中实验数据的比较表明,衰减曲线的模拟趋势与测量的趋势相似。然而,对于向下游折射的情况,它们的幅度在 7dB 内显著变化,而对于向上游折射,在 8dB 内显著变化。这种差异主要归因于两个因素。首先,模拟的地面、风和大气参数值与真实数据记录时的实际参数值之间可能存在不匹配。例如,Parkin 和 Scholes[30]仅报告了温度梯度规则(下降、中性或反转)和实际温度,而不是各种高度处的实际温度。此外,数据是在一年的各个季节记录。地面参数,在现场的不同地方可能会变化,而这也没有报告。报告的测量不确定性是在模拟值观察到的差异范围内。取决于大气条件、测量地点、年份时间和接收器距离,数据的不确定度从 ±0.6dB 到 ±10.3dB 不等。

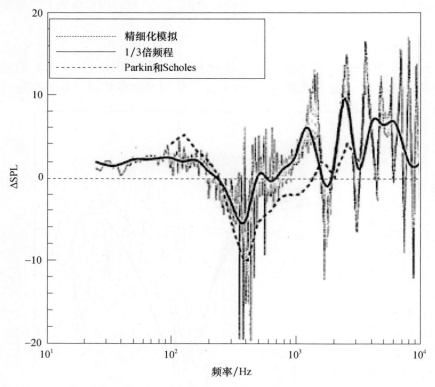

图 17.10　SPL 衰减与 Parkin 和 Scholes[30]实验数据的比较
(主要输入为 $D = 109.73\text{m}(360\text{ft})$, $H_s = 1.83$, $H_r = 1.52\text{m}$,
$V_w = 4.57\text{m/s}$ 下游, $\sigma_e = 200 \cdot 10^3 \text{Nsmr}^{-4}$)

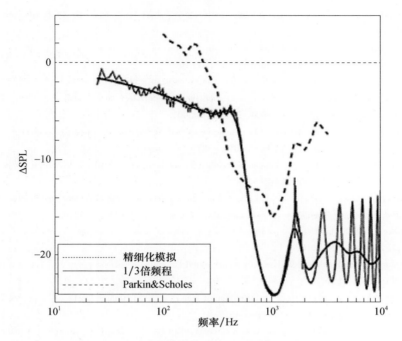

图 17.11　SPL 衰减与 Parkin 和 Scholes[30] 实验数据的比较
（主要输入与图 17.10 相同；风速 $V_w = -4.57\text{m/s}$）

小结

本章介绍了一些数值模型，用于预测声音传播中的重要影响。由于源到接收机的距离可以在几公里（或海里）的数量级，接收器处记录的噪声可能具有与噪声源完全不同的声学内容。最显著的影响是定常湿度、静止、无边界的大气的吸收。标准模型表明，高频比低频更快地衰减。远处的飞机可以通过低频声压来识别。然而，这种模型不足以考虑到所有影响，包括地面反射（或吸收）、温差和最重要的风。结合风和温度梯度的一个模型已经以数值形式实现，并扩展到预测远场噪声。该模型在计算代价上比噪声源自身更大，即使在不依赖于地形的风切变近似下，对计算机硬件也有很高的要求。

参考文献

[1] Rawlins AD. The engine over wing noise problem. *J. Sound & Vibration*, 50(4): 553-569, 1977.

[2] Gerhold CH. Investigation of acoustical shielding by a wedge – shaped airframe. *J. Sound & Vibration*, 294(1): 49 – 63, 2006.

[3] Agrawal A and Dowling A. The calculation of acoustic shielding of engine noise by the silent aircraft airframe. In *11th AIAAICEAS Aeroacoustics Conf.*, Monterey, CA, May 2005.

[4] Ochmann M. The source simulation technique for acoustic radiation problems. *Acustica*, 81: 512 – 527, 1995.

[5] Dunn MH and Tinetti AF. Aeroacoustic scattering via the equivalent source method. In *10th AIAA/CEAS Aeroacoustics Conference*, AIAA Paper 2004 – 2937, May 2004.

[6] Dunn MH and Tinetti AF. Application of fast multipole methods to the NASAx fast scattering code. In *14th AIAA/CEAS Aeroacoustics Conference*, AIAA Paper 2008 – 2875, Vancouver, BC, May 2008.

[7] Pinho MEV. On the use of the equivalent source method for nearfield acoustic holography. *ABCM Symposium Series in Mechatronics*, pages 590 – 599, 2004.

[8] Schroeder H, Gabillet Y, Daigle GA, and L'Experance A. Application of the Gaussian beam approach to sound propagation in the atmosphere: Theory and experiments. *J. Acoust. Soc. Am.*, 93(6): 3105 – 3116, 1993.

[9] Lui WK and Li KM. The scattering of sound by a long cylinder above an impedance boundary. *J. Acoust. Soc. Am.*, 127(2): 664 – 674, 2010.

[10] Zuckerwar AJ and Meredith R W. Low – frequency sound absorption measurements in air. Technical Report R – 1128, NASA, Nov. 1984.

[11] Anon. Method for the calculation of the absorption of sound by the atmosphere. Technical Report Sl. 26 – 1978, American National Standards Institute, June 1978.

[12] Anon. Attenuation of sound during propagation outdoors—Part I: Calculation of the absorption of sound by the atmosphere. Technical Report ISO – 9613 – 1, International Standards Organisation, Geneve, CH, 1993.

[13] ESDU. *Prediction of Sound Attenuation in a Refracting Turbulent Atmosphere with a Fast Field Program*. Data item 04011. ESDU International, London, May 2004.

[14] Morfey CL and Howell GP. Nonlinear propagation of aircraft noise in the atmosphere. *AIAA J.*, 19(8): 986 – 992, Aug. 1981.

[15] Rudnick I. The propagation of an acoustic wave along a boundary. *J. Acoust. Soc. Am.*, 19: 348 – 356, 1947.

[16] Ingard U. On the reflecton of a spherical sound wave from an infinite plane. *J. Acoust. Soc. Am.*, 23: 329 – 335, 1951.

[17] Attenborough K. Review of ground effects on outdoor sound propagation from continuous broadband sources. *Applied Acoustics*, 24: 289 – 319, 1988.

[18] Attenborough K. Sound propagation close to the ground. *Ann. Rev. Fluid Mech.*, 34: 51 – 82, Jan. 2002.

[19] Anon. Attenuation of sound during propagation outdoors—Part II: General method of calculation, Technical Report ISO – 9613 – 2, International Standards Organisation, Geneve, CH, 1996.

[20] Attenborough K. Propagation of sound above a porous half – space. *J. Acoust. Soc. Am.*, 68: 1493, 1980.

[21] Poppe GPM and Wijers CMJ. More efficient computation of the complex error function. *ACM Trans Math. Software*, 16, 1990.

[22] Daigle GA, Piercy JE, and Embleton TFW. Line – of – sight propagation through atmospheric turbulence near the ground. *J. Acoust. Soc. Am.*, 74: 1505 – 1513, 1983.

[23] Chessel Cl. Propagation of noise along a finite impedance boundary. *J. Acoust. Soc. Am.*, 62: 825 – 834, 1977.

[24] Delaney M and Bazley E. Acoustical properties of fibrous absorbent materials. *Appl. Acoustics*, 3: 105 – 116, 1970.

[25] Attenborough K. Ground parameter information for propagation modeling. *J. Acoust. Soc. Am*, 92(1): 418 – 427,

Jan. 1992.
[26] Rasmussen KB. Sound propagation over grass covered ground. *J. Sound & Vibration*, 78(2): 247-255, 1981.
[27] Rasmussen KB. Outdoor sound propagation under the influence of wind and temperature gradients. *J. Sound & Vibration*, 104: 321-335, 1986.
[28] Pierce AD. *Acoustics: An Introduction to Its Physical Principles and Applications*. Acoust. Soc. America, 1989.
[29] Hazewinkiel M. *Encyclopaedia of Mathematics*, chapter Airy Functions, page 65. Kluwer Academic, 1995.
[30] Parkin PH and Scholes WE. The horizontal propagation of sound from a jet engineclose to the ground, at Hatfield. *J. Sound & Vibration*, 2, 1965.

第 18 章 飞机噪声:飞行轨迹

18.1 概述

在第 16 章中讨论了可用于快速预测飞机噪声源的各种方法。在第 17 章中,描述了大气传播、干扰和散射的影响。在这一章我们将介绍飞机噪声轨迹,特别是讨论噪声审定(18.2 节)和噪声减缩程序(18.3 节)。各种子模型的实现需要飞行力学综合(18.4 节)和数据处理结构,以处理由若干个噪声源生成的大矩阵。噪声敏感性分析(18.5 节)可以显示各种噪声源的相对重要性,以解释最有用的降噪策略。这里讨论两个研究案例:喷气动力飞机 ICAO/FAR 噪声轨迹(18.6 节)和涡轮螺旋桨飞机 ICAO/FAR 噪声轨迹(18.7 节)。同时也提供了一些噪声应用,如飞机陡峭下降和风力影响(18.8 节)。为完善所讨论的噪声模拟,提供了一个飞行数据验证的例子(18.9 节)。最后一项调查是机场周围的噪声足迹(18.10 节)。

关键概念:飞机噪声审定,噪声减缩程序,飞行力学综合,噪声敏感度,噪声轨迹,风力影响,足迹,音爆。

18.2 飞机噪声审定

与贝多芬交响乐不同,飞机噪声不受耳朵欢迎。第九交响曲的第二章并不是以放下起落架作为开场的。大型机场附近的社区对这个事实相当了解。事实上,他们一直在表达自己的担忧。

飞机噪声随着时间的推移不断增加,但是真正大的噪声开始于 20 世纪 50 年代的喷气式飞机。早在 1959 年的伦敦 Heathrow 机场,噪声的存在就引发了噪声限制。伦敦 Gatwick 在 1968 年也采纳,然后限制扩大至全球范围,如图 18.1 所示。今天商用飞机的运行包括对夜间航班的限制和飞行路线的限制。可以找到有关对健康影响的大量研究[1]。因此,在大多数机场,会对最嘈杂的飞机征税;自 20 世纪 80 年代以来已经有收费模式,以补偿机场附近居民的损害。

飞机噪声的研究最早在 20 世纪 60 年代末就开始了。1965 年,Gebhardt[3] 报道了 Boeing B727(其在一年前刚刚进入服役)的噪声问题。Crighton[4] 评估第一代 Boeing B737(1965)的噪声水平与全世界人口同时喊叫一样大,而第二代飞机噪声

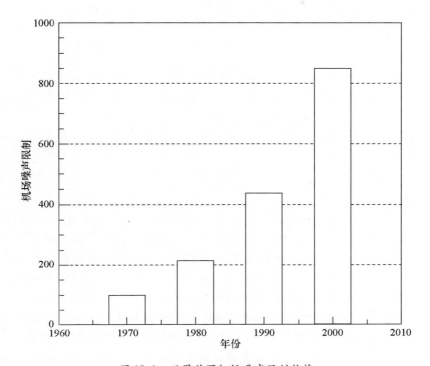

图 18.1 世界范围机场噪声限制趋势

只会与纽约城人口同时喊叫一样。协和飞机是所有飞机中噪声最大的,它的噪声性能甚至不符合早期的噪声规定。对于这种情况采用了例外处理,最终飞机被禁止以超声速在陆地上飞行。它的飞行运营在 20 世纪 70 年代[5]引起了大量抗议。对于军用飞行器,可探测性是一个关键问题,较低的频率也很重要,因为低频具有较低的衰减率(17.3 节),因此可以在远距离上听到。对军用机场的运营[6]也有所担心有关噪声鉴定问题、规则、数据和程序,技术文献的信息非常丰富,如文献[7-8]。各类国家和国际组织在建立工作组、规章制度和策略方面涉及一种或另一种形式。目前无法在细节上回顾这些问题。值的提及的是飞机噪声问题包括了飞机自身以外的许多因素,如机场的交通量。Smith[5]收集了一些很好的历史信息,包括了噪声源的一些讨论(动力装置、机身、螺旋桨和燃气轮机)、数据采集和性能预测、音爆、相关历史笔记和非常广泛的参考书目。一些航空组织有相当数量的技术出版物(不断更新),涵盖飞机噪声的任何方面。

现在已经确定降低飞机噪声的最佳方法必须通过平衡方法①来实现,其考虑了飞机运行的所有方面,包括:

---

① ICAO:汇编 A35-5,附录 C,Doc 9848(2001)。

(1) 源位置噪声减缩(或飞机设计)。
(2) 改善土地利用和城市发展。
(3) 建立最佳飞行程序。
(4) 运营限制(图18.1)。

在运行层面,越来越需要对新增和延长跑道、操作程序变化、机场交通增加和空域分配变化,进行噪声性能评估。

飞机噪声鉴定依赖于在机场周围被认可点的测量。麦克风在整个飞行轨迹中记录噪声信号,软件-硬件界面计算有效感知噪声 EPNL。具体来说,ICAO 已经建立了三个测量点,分别提供起飞噪声、横向噪声和最终进近(着陆)噪声。为此,麦克风的标准位置定义如下:

(1) 起飞噪声。麦克风位于跑道中心,刹车释放点下游 6500m。飞机必须配置有可回收的起落架,速度大于 $V_2 + 10$ kt。进一步,推力削减必须在 210m(约 690ft)以上的高度进行;推力削减之后,飞机必须保持大于 4°的飞行路径角(图 18.2(a))。

(2) 横向噪声。麦克风距跑道中心 450m(约 1480ft),此处起飞时的飞机噪声最大。飞机必须处于起落架收回构型,速度大于 $V_2 + 10$ kt(图 18.2(b)),最大推力。注意,这种情况下,需要若干个麦克风平行于跑道布置以建立最大噪声水平。

(3) 着陆(进近)噪声。麦克风放置在跑道界限上游 2000m(约 6560ft),飞机以 -3°坡度飞行,直至超过跑道界限 300m(图 18.2(c))。在水平地面上,麦克风将在飞机下方 120m 处。飞机必须放下起落架,放下襟翼,空速为 $V_S + 10$ kt。

横向噪声的情况需要进一步讨论。事实上,法规仅仅指定麦克风的横向位置;纵向位置未确定。一组麦克风沿着平行于跑道的线放置,如图 18.2(b)所示。所有麦克风都记录噪声水平,最终的边线噪声水平是记录中的最大值(可能需要插值数据)。

表 18.1 显示了伦敦 Heathrow 社区噪声中的麦克风位置。数据分别为跑道数、参考点、海拔高程、机场高程(EAA)、纬度、经度、从刹车释放点的距离、限制修正、最大日间(07:00-23:00)和最大夜间(23:00-07:00)噪声。

实际飞行路线受大气条件、总重和当地空中交通程序影响。因此,飞行路线总是有分散,包括垂直方向和地面路径。更实际地,当评估真正的飞行轨迹,必须考虑飞行-走廊边界。

参考大气条件为压力 $p_0 = 101325$ Pa,气温 25℃,相对湿度 $\mathcal{H} = 70\%$,零风速。实际测试必须在以下条件进行:无降水,气温在 -10℃ ~ +35℃ 之间,相对湿度 $20\% < \mathcal{H} < 95\%$,风速小于 12 kt,横风速度小于 7kt(地面以上 10m 测量),不存在可能影响测量的异常情况。

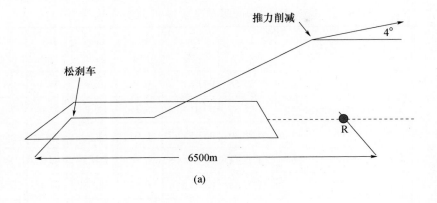

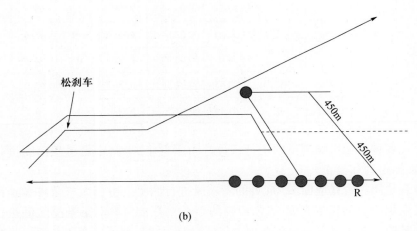

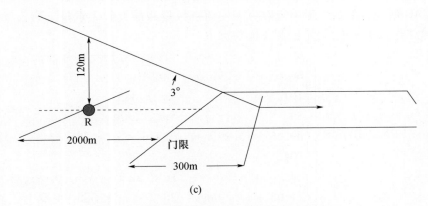

图 18.2　根据 ICAO 第 3 章的标准噪声测量位置
(a) 起飞；(b) 边线；(c) 着陆。

表 18.1　伦敦 Heathrow 测量飞机噪声的麦克风位置

RWY	Ref.	Elev /m	EAA /m	Lat /N	Long /W	Dist /km	Limit /dB	Day /dB	Night /dB
27L/R	6	18	−6	51 27 56	00 03 15 7	6.58	0.3	94.4	87.4
	A	20	−4	51 28 57	00 03 12 4	6.25	2.3	97.0	90.0
	B	20	−4	51 28 40	00 03 11 7	6.00	4.8	99.5	92.5
	C	18	−6	51 28 14	00 03 14 8	6.58	−0.3	94.4	87.4
	D	17	−7	51 27 45	00 03 20 1	6.83	−0.6	94.1	87.1
	E	17	−7	51 27 24	00 03 21 6	7.20	−1.0	93.7	86.7
09R	F	21	−3	51 28 21	00 02 34 5	6.40	0.9	95.6	88.6
	G	21	−3	51 28 06	00 02 33 8	6.50	−0.1	94.6	87.6
	H	21	−3	51 27 45	00 02 34 0	6.37	1.2	95.9	88.9
	I	20	−4	51 27 14	00 02 34 1	6.60	−0.3	94.4	87.4

存在各种可能影响测量的运行条件。由于这个原因,审定过程需要进行几组测量、数据整理和校正。

声音是用放置在地面 1.2m 处的麦克风进行测量。由于大气条件和地面条件的巨大变化(地形,机场高度,大障碍物的存在),在测量和预估数据之间进行对比是很困难的。如果将麦克风放在地上,去除地面反射,就可以克服其中一些困难。

ICAO 所允许的最大噪声级取决于发动机数量和最大起飞重量。第 3 章的规则(有效期至 2006 年)规定的起飞噪声如下:

$$\text{EPNL(dB)} = \begin{cases} \begin{cases} 89, & m < 48.1 \\ 66.65 + 13.29\log m, & 48.1 < m < 385 \\ 101, & m > 385 \end{cases} & \text{2 发} \\ \begin{cases} 89, & m > 28.6 \\ 69.65 + 13.29\log m, & 28.6 < m < 385 \\ 104, & m > 385 \end{cases} & \text{3 发} \\ \begin{cases} 89, & m < 20.2 \\ 71.65 + 13.29\log m, & 20.2 < m < 385 \\ 106, & m > 385 \end{cases} & \text{4 发} \end{cases} \quad (18.1)$$

低于限制重量时(所有发动机),最大噪声为 89dB;高于限制重量时(385t),最大噪声为 101dB(2 发)、104dB(3 发)和 106dB(4 发)。

边线噪声限制为

$$EPNL(dB) = \begin{cases} 94, & m \leq 35 \\ 80.87 + 8.51\log m, & 35 < m < 400 \\ 103, & m \geq 400 \end{cases} \quad (18.2)$$

着陆(进近)噪声限制为

$$EPNL(dB) = \begin{cases} 98, & m \leq 35 \\ 86.03 + 7.75\log m, & 35 < m < 280 \\ 105, & m \geq 280 \end{cases} \quad (18.3)$$

在式(18.1)~式(18.3)中,质量 m 以 1000kg 单位来表达。这些方程的图形形式如图 18.3 所示。

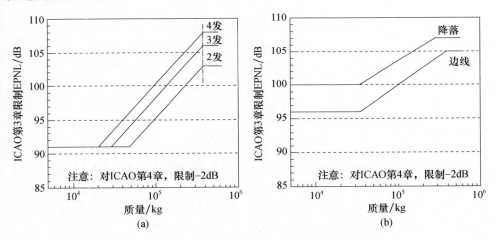

图 18.3　ICAO 第 3 章,起飞、边线和着陆/进近的噪声限制
(a)起飞;(b)边线 & 着陆。

如果在一个参考点不符合,ICAO 法规第 3 章(现已过期)允许进行权衡。现在 ICAO 第四章执行的法规更加严格,规定任何一个噪声水平都不能超过第 3 章定义的水平。进一步,在所有参考点,飞机必须证明有累计至少 10dB 的余量。这意味着对于给定的重量,噪声水平之和(起飞、边线、进近)应该比用式(18.1)、式(18.2)和式(18.3)计算的最大噪声水平之和低至少 10EPNL(dB)。任何单个点的余量(起飞、边线、进近)超过第 3 章规定必须至少为 2EPNL(dB)。

可以争论是这些规定促进了噪声减缩技术的进展、还是飞机工程进展导致噪声消减并最终得到了法规的认可[5]。但是,如果看一下显示降噪进展的时间线相对于法规绘制数据,我们发现一个惊人的相关性,如图 18.4 所示。这个图显示出所选商用亚声速喷气机的平均审定噪声水平的趋势。该图显示,通过联合更有效率的发动机和机体设计,噪声水平已经比第一代喷气机大幅度地降低。

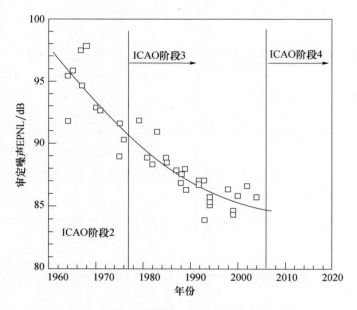

图 18.4 商业飞机引入年份的审定噪声趋势

在 ICAO 第 4 章引入的时候,大多数飞机已经符合更严格的规定。结果是,认为可能会引入更加严格的限制(至少另外 3 分贝累计噪声削减)来减少噪声排放。进一步的数据和比较见 Waitz 等[9]。

(4)噪声征税例子。通过税收来强制要求符合噪声规定,过去有很多争议。不符合噪声规则可能是结构性的或意外的。结构原因是更加严格的规定使现有飞机过时,如图 18.4 所示(技术淘汰)。意外事件是由于偶然发生的不佳机动动作、出发迟到或其他原因。

考虑技术过时的情况,提议的选项之一包括对每次着陆(或运行)征税,飞机可以通过新技术改装来降噪。假设存在能够降噪的技术将噪声指标降低到限制以下。假设这项技术可以在飞机上以成本 C 进行改装。这个成本是购置项,可以用式(15.46)进行描述。每次运动的成本为

$$C = \frac{1}{n}[\mathcal{P} - F(1+i)^n - R_n]\frac{1}{M_n} \tag{18.4}$$

式中:M_n 为第 n 年运行的次数,R_n 为第 n 年的剩余价值。为了简化,假设不需要融资($F=0$)。如果税收如下,则可以抵销改装成本。

$$tax > \frac{1}{n}\frac{1}{M_n}(\mathcal{P} - R_n) \tag{18.5}$$

例如,如果价格是 $\mathcal{P}=1$(以任何货币),$M_n=2000$,技术的预期寿命是 20 年,那么抵消新技术的噪声税为

$$tax > 0.25 \cdot 10^{-4}[1 - R_n] \qquad (18.6)$$

18.3 噪声减轻程序

对于出发(起飞)和到达(进近和着陆),都有旨在减少噪声的一些推荐的飞行程序。我们将表述限制到几个代表性例子。对于出发情况,ICAO 推荐两个噪声减缩程序,一个称为近距(或 NADP 1)和另一个称为远距(或 NADP 2)。这些轨迹如图 18.5 所示。

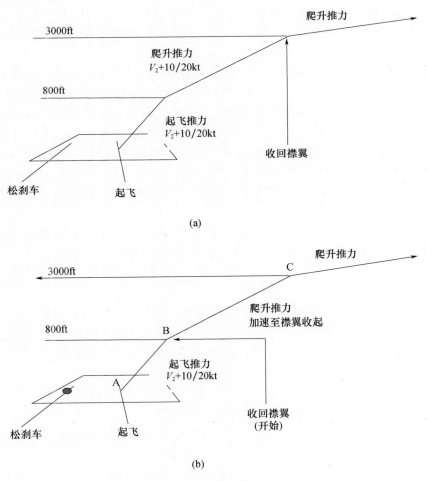

图 18.5　ICAO 离港时噪声减缩程序
(a) NADP 1;(b) NADP 2。

减噪出发程序 NADP1（图 18.5）要求在机场上方规定的最小高度或以上降低功率（这种情况下，800ft）。襟翼缩回延迟至达到规定的最大高度（这种情况下，3000ft）。高于这个高度，加速到正常航路爬升速度。噪声减轻程序从 800ft 开始。一旦上升至这个高度，调整发动机推力，同时保持爬升速度 $V_2 + 10\text{kt} < V < V_2 + 20\text{kt}$，襟翼和缝翼处于起飞构形，起落架收回。

减噪出发程序 NADP2（图 18.5（b））要求达到最低高度（这种情况下，800ft）时，缩回襟翼/缝翼，同时保持最小爬升率。如同前面的例子，噪声减轻程序在 800ft 开始，爬升速度为 $V_2 + 10\text{kt} < V < V_2 + 20\text{kt}$。从这个高度开始，飞机必须加速至襟翼/缝翼可收回的速度。姿态角降低；一旦襟翼收回，减小推力。在这个阶段，必须保持正爬升率，速度为 $V_2 + 10\text{kt} < V < V_2 + 20\text{kt}$。达到 3000ft 后，飞机加速至正常航路爬升速度（由 FCOM 指定）。

接近和着陆轨迹也有类似程序。对于商业客机，标准程序是终端区域 3°的下降轨迹，虽然在某些情况下飞机被迫执行复杂的三维机动，围绕地形和 ATM 约束。发动机功率设置为最小，尽管有加大油门的余地。反而必须特别注意高升力装置和起落架的运行，它们已完全打开。可以做两件事情：①减少空速；②增加飞机和地面噪声接收器之间的距离。如有可能可以尝试其他飞行程序，如最佳气动构造（最佳襟翼设置）、连续下降和陡降。后者对于某些飞机来说既不标准也不可能[10]。陡降用来表示比 3°更陡的任何轨迹，尽管实际不可能超过 4°。据报告可降噪达 2dB。

连续下降需要在 7000ft 以下的非水平飞行。在一些机场（如伦敦城）这个程序应用到一些飞机上（BAE 146），通过该飞行程序据称可减少 5 EPNL（dB）。

18.3.1 累积噪声指数

飞机噪声问题之一是由于连续运行而存在的持久性，即，白天和晚上短时间间隔的起飞和降落。干扰有一个累积的影响，这可以通过进一步的指标来描述。如果在参考时间内有 n 个运动，每个运动产生噪声水平 L_{EA}，于是等效连续声级 L_{EQ} 可表示为

$$L_{EQ}[24h] = 10\lg\left[\frac{1}{24 \times 3600}\sum_{i=1}^{n} 10^{L_{AE}(i)/10}\right] \quad (18.7)$$

$$L_{EQ}[day] = 10\lg\left[\frac{1}{(23-7) \times 3600}\sum_{i=1}^{n} 10^{L_{AE}(i)/10}\right] \quad (18.8)$$

式（18.7）为整天，式（18.8）为白天。附加指标可用从技术标准[7]获得。在任何情况下，这些累积指标用于确定机场周围的噪声图，典型的噪声水平在 57~72L_{EQ}之间（dBA）。

18.3.2 噪声程序流程

需要分析大约十几个独立部件来建立飞机噪声的合理基础。该模型的流程如图 18.6 所示。来源分为两类：①推进噪声，由动力装置产生；②非推进噪声（或机体噪声）。

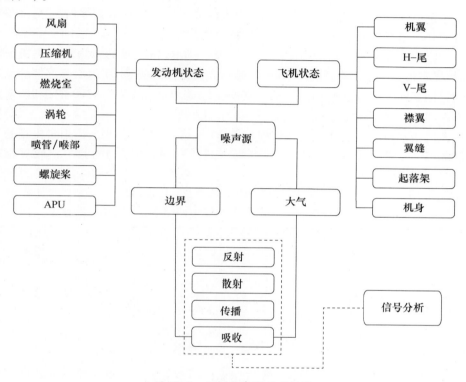

图 18.6 飞机噪声模型流程图

原则上，还应该增加 APU 产生的噪声，其本身可能是一个大型燃气涡轮发动机。但通常不这么做。这方面缺失的理由之一是 APU 的机械细节未披露。但是，当飞机在地面上且 APU 运行时，其贡献非常重要。为理解这一影响，可以进行与式(16.13)所述相同的敏感性分析。分析中不包括的另一个噪声部件是轮胎噪声，这在地面滚转期间发生，与鉴定目的无关。从上下文联系来看，这个例子表明，如果忽略其他部件，仅有一个噪声部件的细节知识其实作用很有限。

一旦噪声源被识别和模拟（按照第 16 章例子），必须对从源到接收器的传播过程追踪声学扰动。为此，有一个考虑了大气影响和边界存在（地面或其他障碍物）的传播模块。反射、散射、传播和吸收的组合被发送到另一个称为"信号分析"的模块，该模块的功能是阐述 SPL 数据，并提供一个合适的定量测量飞机噪声。

飞机通常在很长的轨迹上被追踪。在着陆和起飞期间,飞机会改变构形。例如,在终端区域机动中,襟翼在机场上方约 750m(约 2500ft)处伸展出来,起落架在机场上方约 500m(约 1600ft)处放下,襟翼在约 450m(约 1500ft)高度处于着陆构型等。

噪声程序是基于已知的飞行轨迹来运行,轨迹使用飞行力学程序先行计算。这些轨迹可以定义为飞行数据(来自雷达跟踪或飞行记录仪数据系统)、飞机和发动机的状态信息以及飞机周围大气和机场的详细知识。

接收器和噪声源之间的距离取决于源本身,如图 18.7 所示。虽然当飞机足够远时,噪声模型不能区分出点 A、B、C…等点。值得注意的是,起落架等部件的作用受到它们相对于接收器的相对距离的影响。随着 Boeing B777 - 300 的接近,来自主起落架的信号要比前起晚大约 0.09s 到达飞行轨迹下方的接收器。无论如何,噪声源的精确位置可以从飞机几何模型确定(见第 2 章)。如果 r 是相对机场处接收器的 CG 矢量位置,r_a 是相对 CG 的噪声源 A 位置,则正确的源 – 接收器距离 $\tilde{r}$ 为

$$\tilde{r} = r + r_a \tag{18.9}$$

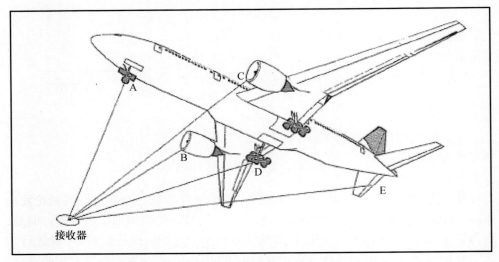

图 18.7 噪声源到接收器的距离(所选项)

过去若干年发展了许多飞机噪声模拟方法。最有名的是 NASA 代码 ANOPP[11-14] 和它的后继 ANOPP2[15];由 NASA Glen 研究中心自 1981 年以来发展[16]的 FOOTPR 足迹/半径代码;由美国联邦航空管理局自 1978 年以来发展[17]的 INM(集成噪声模型);由英国民用航空局自 1992 年以来发展[18]的 ANCON(飞机噪声

等值线模型);以及由 DLR 发展[19]的 PANAM。这些方法中的一部分(INM,AN-CON)是基于记录的数据库,提供了非常有限的计算模拟能力。

在主要航线,专门发展了用于机场运行和计划的模型(如有 INM 和 ANCON),和用于飞机设计的模型(ANOPP 及其更新)。此处提及的模型用于解决现有飞机的系统设计问题。

噪声程序的作用是以合理精度预测飞机噪声,最好是 ±1 EPNL(dB),在合理的时间内,与飞行轨迹持续时间相同或更短。因此,如果是跟踪 2min 飞机,使用可获得的最好硬件,计算时间必须约为 2min(或更少)。如果在 $10km^2$($10km \times 1km$)的地面上有至少 200 个接收器,噪声地图将提供足够的信息。要计算这样的地图,我们需要约 400min,或 6.7h。计算来自 100 架飞机运行(50 次起飞和 50 次着陆)的噪声地图将需要几周的计算,除非改进数法,否则无法进行有效管理。如果包括大气风,计算时间将至少增加 10 倍。因此,很明显随着问题复杂性的增加,必须牺牲精度和细节才能获得求解。因此,当必须建立机场周围的完整噪声图时,INM 等集成方法的价值变得明显。

18.4 飞行力学集成

飞行力学和噪声源矩阵之间的集成,是通过提供定义飞机状态所需的参数向量来实现的

$$\mathcal{S} = f(\underbrace{t, \text{Lat}, \text{Lon}, z_g}_{\text{位置}}, \underbrace{\theta, \phi, \psi, \text{IAS}, V, V_g}_{\text{飞行力学}}, \underbrace{N_1, \dot{m}_f}_{\text{发动机}}, \underbrace{LG, SF}_{\text{构型}}, \underbrace{W, T, H, V_w, \Psi_w}_{\text{大气条件}})$$

(18.10)

式(18.10)通过一组参数来定义飞机状态,包括位置、飞行力学、发动机状态、构型和大气条件,这是可以用在其他应用程序,如飞行模拟中的标准格式。

参数 Lat 和 Lon 分别为 GPS 的经度和纬度,z_g 为几何高度,θ、ϕ 和 ψ 分别为俯仰、倾斜和偏航角,IAS 为指示空速,V_g 为地面速度,N_1 为发动机转速,$\dot{m}_f$ 为燃料流量,V 为真空速,LG 表示起落架的状态(0 = 缩回;1 = 放下),SF 表示高升力系统状态(表 11.1),T 为外界空气温度,H 为相对空气湿度,V_w 为风速大小,Ψ_w 为风向。

图 18.8 显示了出发时的一个典型情况。习惯上,地面上存在一个参考系,其纵轴与跑道对齐。如果从 FDR 数据获取轨迹,则坐标为 GPS。通过转换,使得所有的 GPS 坐标被转换到传统的地面参考系。转换是用 Vincenty 反距离法[20]来完成的。该方法仅给出在地上两点之间的距离 r_0。考虑到飞机海拔高度,根据下面表达式,修正两点距离。

$$r \simeq \sqrt{r_0^2 + z_g^2}$$

(18.11)

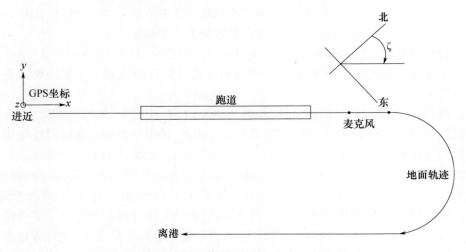

图 18.8 典型离港轨迹(带地面轨迹和当地参考系统)

18.4.1 噪声数据处理

对于指定的噪声轨迹,如式(18.10),仅是地面上的单个接收点,而地面上有许多采样点 $x_1, x_2, \cdots$。飞机噪声由多个机体部件 $a_1, a_2, \cdots$ 产生。对于每个部件,将有频谱 $f_1, f_2, \cdots$,直到截止频率。飞机噪声特性为噪声级 L_a。对于推进噪声部件,存在类似矩阵。因此,有

$$L_a(x_i, a_j, f_k), L_e(x_i, a_j, f_k)$$

这些数据的处理方式是确定接收器位置噪声级的关键。同样重要的是,每个部件也是由多个单元贡献(如发动机、襟翼、起落架)。

假设 SPL 已经按多普勒效应、方向性和频谱效应进行了校正,因为这些校正一般已是噪声模型的组成部分,如第 16 章所讨论的。第一个数据处理是声压衰减(大气吸收和其他难以捉摸的影响)校正:

$$\begin{aligned}L_a(x_i, a_j, f_k) &\rightarrow L_a(x_i, a_j, f_k) - \mathcal{A}(x_i, f_k, \mathcal{H}, \mathrm{d}\mathcal{T}) \\ L_e(x_i, a_j, f_k) &\rightarrow L_e(x_i, a_j, f_k) - \mathcal{A}(x_i, f_k, \mathcal{H}, \mathrm{d}\mathcal{T})\end{aligned} \quad (18.12)$$

如果噪声源非常远,衰减可以高于源位置的噪声级;这将导致负噪声级,这显然是不可能的。实际上,这意味着噪声通过吸收、扩散和其他过程已经完全消失了。负噪声级重置为零。

下一个操作是计算飞机每个位置 x_i 的噪声级。这通过式(16.12)完成的。需要在飞机每个位置、每个频谱频率,对机体和推进系统的 SPL 求和;然后将机体 SPL 与推进的 SPL 相加。

位置 x_i 和频率 f_k 的最终噪声级为

$$L(x_i, f_k) = 10\lg(10^{L_a(x_i, f_k)} + 10^{L_e(x_i, f_k)})$$

按照标准声学方法,可以计算出 OASPL、PNL 和其他指标。

接收器处的飞行时间

由于源到接收器的距离,还有一个重要修正,其可能远远高于 r/a。例如,在等温大气中,信号以恒定的速度行进,在经过时间 t 后,覆盖的距离为 $r = at$;换句话说,需要 x/as 来听到在源头发射的声音。因此,存在等于 r/a 的时间延迟。在非等温大气中问题更为复杂。在这种情况下,在时间 t 由源发出的声音信号经过延迟时间 t_r 在接收器处被听到。

$$t_r = t + \int \frac{\mathrm{d}r}{a} \tag{18.13}$$

假设没有边界影响,来自源的直接声波到达接收者时,有

$$t_r = t + \int_{h_r}^{h_s} \frac{\mathrm{d}z}{a\tan\bar{\varphi}} \simeq \frac{r}{a} \tag{18.14}$$

式中:φ 为声波和地面之间的角度,$\bar{a}$ 为平均声速。不能保证接收器时间 t_r 为非递减函数。如果大气温度随海拔而变化 $\mathcal{T} = \mathcal{T}_0 - \lambda h$,则式(18.14)存在封闭解。时间延迟为

$$\Delta t = \frac{2}{\lambda\tan\varphi\sqrt{\gamma\mathcal{R}}}[(\mathcal{T}_0 - \lambda h_r)^{1/2} - (\mathcal{T}_0 - \lambda h_s)^{1/2}] \tag{18.15}$$

18.5 噪声敏感性分析

噪声敏感性分析对于了解哪些噪声源占主导地位是重要的,以及建模和模拟工作应该聚焦于何处。对影响很小的噪声源进行深入的精确模拟是徒劳的,如在接近和着陆时,标准起飞轨迹中的高升力系统或起落架这些特定的噪声源才是主要的。

噪声敏感性分析见表 18.2。$EPNL_C$ 是噪声源"c"的感知噪声级。列 + dB 表示由于该部件在轨迹中所有点的频谱增加 2dB,导致的总 EPNL 变化。换句话说,在飞机轨迹中的每个位置,部件"c"的 SPL,在整个频谱范围内增加了 2dB,从 20Hz~10kHz。在表 18.2 中,起飞列,主要部件(FAN,等级 1)增加 2dB,导致总 EPNL 增加约 1.69dB。同样地,同一部件减少 2dB 导致飞机的 EPNL 成分下降约 1.59dB。当我们顺着表往下,随着噪声源越来越弱,任何改变对飞机 SPL 的贡献变得可以忽略。在表格空白栏中,这个变化实际上是零。在降落时,主起落架(MLG)的贡献占主要地位。这个结果解释了在飞行的这个阶段为什么起落架降噪至关重要。该部件增加 2dB 会导致整体噪声水平增加约 1.5dB。然而,减少相似的量会减少约 1.35dB。在这两种情况下,APU 在产生噪声方面的作用都被忽略了。我们

得出结论,对于起飞轨迹,应该关注准确的预测喷气噪声和风扇噪声。降落更加复杂,事实是许多噪声源部件产生贡献,再加上飞机向接收器靠近这一事实。如果改变接收器位置,每个源的角色就会改变。

表 18.2 Boeing 777-300 起飞和着陆轨迹(模拟数据)时 ±2dB 的
噪声敏感性矩阵;APUJ = APU 喷气;APUC = APU 压气机;
接收器位于标准 ICAO/FAR 位置(18.1 节)

排序	着陆				起飞			
	项	$EPNL_c$	+ dB	- dB	项	$EPNL_c$	+ dB	- dB
1	MLG	97.37	1.508	-1.354	FAN	99.55	1.685	-1.590
2	SLAT	88.80	0.291	-0.221	JET	88.18	0.404	-0.325
3	FAN	84.25	0.072	-0.087	LPT	83.30	0.056	-0.034
4	NLG	83.38	0.020	-0.053	COMB	78.42	0.030	-0.012
5	COMB	82.47	0.019	-0.050	Wing	63.52	0.005	-0.003
6	FLAP	77.50	-0.005	-0.039	MLG	63.30	0.000	0.000
7	HPC	77.18	0.086	-0.123	HSTAB	62.81	0.002	-0.001
8	Wing	74.29	-0.037	-0.015	LPC	61.16	0.001	
9	HSTAB	74.24	-0.047	-0.009	HPC	58.46	0.001	
10	LPC	64.65	-0.060	-0.001	NLG	48.17		
11	JET	46.01	-0.062		SLAT	47.09		
12	VSTAB	44.82	-0.062		APUC	19.53		
13	APUC	38.37	-0.062		APUJ			
14	LPT		-0.062		VSTAB			
15	APUJ		-0.062		HPT			
16	HPT		-0.062		FLAP			

18.6 案例研究:喷气飞机的噪声轨迹

考虑 Airbus A320-200 模型,该模型采用 CFM56-5C4 涡扇发动机。轨迹由飞行力学模型产生,相关参数由式(18.10)中的矢量状态给出。考虑 ICAO 起飞和进近噪声参考点的例子。参考条件是海平面机场、标准天气、无风、相对湿度 70%。

1. 着陆

图18.9为A320-200着陆时的计算噪声轨迹。该图显示了接收器处随时间变化的总噪声级(以dB为单位)。所选的各贡献在图表中命名,如主起落架、风扇、HPT、LPT和喷气噪声。最大的单一贡献是风扇,与起落架噪声大致一样高。OASPL上的符号表示该轨迹的时间采样率。

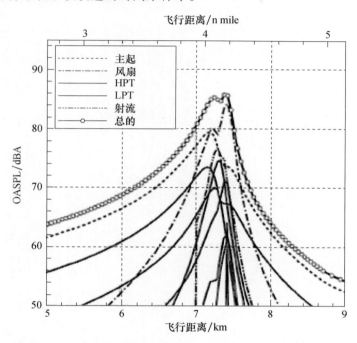

图18.9　A320-200着陆时的计算噪声轨迹(ICAO/FAR参考)

更详细的分析通过部件贡献条状图,如图18.10所示。只有贡献最大的才被命名。结果表明,着陆噪声预测必须依靠几种部件的准确方法。条状图表示由于改变每个部件±2dB而导致的总EPNL的变化。敏感性分析强调了对风扇噪声正确预测的重要性。

2. 起飞

图18.11显示了计算的起飞噪声轨迹。图18.11(a)跟踪从制动释放开始的前三分钟飞行。左下角的阴影区域代表前75s,如图18.11(b)所示。在标题中仅显示所选的噪声源。具体来说,图18.11(a)显示了4个最大贡献:喷气、风扇、燃烧室和LPT。机体的贡献较小,原因很明显(图18.11(b))。在A所示的飞行时间,有一个小的推力减小,从起飞高度至初始爬升。在B指示的飞行时间,起落架收回。因此,从这一点起,MLG和NLG的贡献为零。

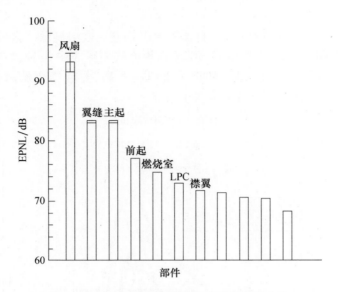

图 18.10 显示的噪声轨迹的计算条形图贡献

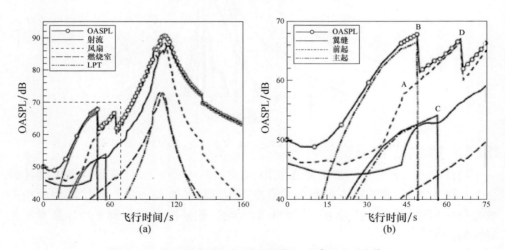

图 18.11 A320-200 飞机模型的起飞噪声轨迹(计算值)

在点 C 处,缝翼收回,它的噪声贡献为 0。在飞行时间 D,推力有所减少,这有助于大大减少风扇和喷气噪声。

此处讨论的噪声轨迹是指 ICAO/FAR 认定点的例子。必须首先验证这些接收点以确保噪声审定被有关当局认可。不过,居民对机场外的噪声水平也有关注,就像跑道边界处噪声一样令人讨厌。现在我们考虑放置一个接收点在 ICAO/FAR 着陆点上游 1000m、飞机路径正下方的情况,飞机噪声特征的分析如图 18.12 所示。

分析表明,有一个相对较长的噪声暴露,若干个部件的贡献水平相当。图18.12(a)显示了所选部件的贡献(编号1~6,在图标中命名)。最大EPNL发生在飞行时间约80s。虽然风扇是关注的最大噪声源,但起落架和缝翼也是相当重要的声源。图18.12(b)显示了对EPNL贡献的部件条状图。如前所述,误差条表示对每个部件噪声级±2dB变化的噪声敏感性。除了风扇噪声的贡献(很容易成为最大噪声源)外,机体部件噪声也比较高。在这种情况下,需要在机体、发动机上采取平衡降噪的方法。

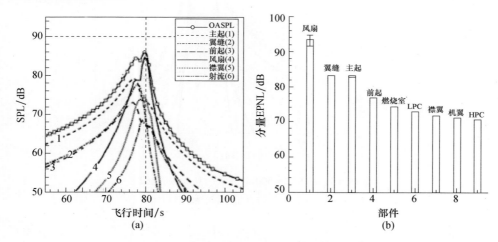

图18.12　A320-200飞机模型的着陆噪声轨迹
(参考点为ICAO/FAR着陆上游1000m;标准天气)

18.7　案例研究:螺旋桨飞机的噪声轨迹

考虑ATR72-500模型,该模型使用PW-127M涡轮螺旋桨发动机和Hamilton-Sundstrand F568-1螺旋桨。动力装置在5.5.1节中讨论,螺旋桨在6.3.4节中讨论。这个案例对应一个海平面机场、标准天、无风、相对湿度70%。

1. 着陆

图18.13显示了计算的着陆噪声轨迹,有几个部件贡献噪声,但螺旋桨是噪声的主要来源。

这个结果表明,涡轮螺旋桨的运行方式与涡轮风扇飞机不同,减噪必须解决螺旋桨问题。图18.14给出了敏感性分析,再次指示了每个独立的噪声源部件±2dB的误差对应的EPNL(dB)变化。敏感性由误差条显示。误差条的幅值表示总EPNL(dB)的变化。换句话说,一个螺旋桨噪声±2dB的误差会导致EPNL上有一

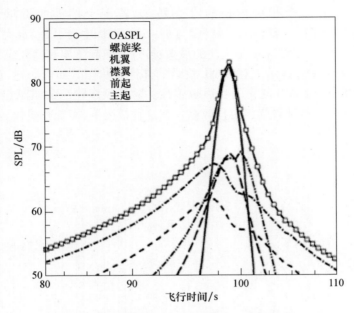

图 18.13 ATR72-500 着陆时的计算噪声轨迹
（ICAO/FAR 参考；显示了所选噪声部件）

个误差幅度等于 +1.551 -(-1.428) = 2.979dB。其他部分贡献的总体误差随着部件的 EPNL 而降低。

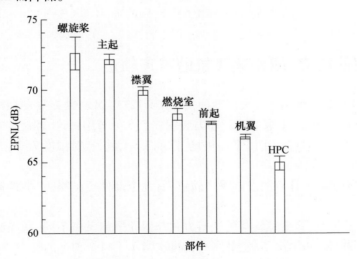

图 18.14 计算的着陆噪声敏感性，图 18.13 例子

2. 起飞

图 18.15 显示了起飞噪声轨迹。目前为止,螺旋桨噪声仍然是占主导地位。

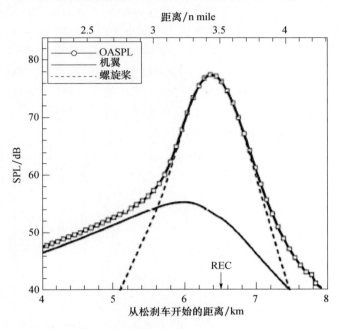

图 18.15 ATR72-500 着陆时的计算噪声轨迹;ICAO/FAR 参考

总的数值结果如表 18.3 所列,数据包括最大响度[dBA]、对应于最大噪声的接收器距离(r)、对应的飞行高度(h)、极坐标发射角(θ)、有效感知噪声级、声音曝光级、等效连续噪声级、ICAO 第 4 章噪声限值和相应裕度。负值表明噪声性能符合 ICAO 第 4 章规定。

表 18.3 ATR72-500 噪声轨迹(所有噪声级为 dB(计算值))

	M/t	Loud	r/m	h/m	θ /(°)	EPNL	SEL	LAeqT	ICAO4 Limit	ICAO4 Margin
着陆	22.67	85.87	124	121	76.8	82.18	77.20	57.10	96.2	-14.0
起飞	20.61	75.26	730	715	78.0	77.23	71.35	48.23	85.0	-7.8

18.8 噪声性能的进一步参数化分析

许多问题可以用飞机噪声模型来分析。在这一节中,提供了陡降和大气风对进近和起飞的影响。所有的计算都是用 FLIGHT 代码完成的。

1. 陡降

11.4 节中讨论了陡降的飞行力学问题。现在我们考虑一个陡峭下滑斜率对噪声尺度的影响。这个例子还是配置 CFM 发动机的 Airbus A320-200。考虑传统轨迹 $\gamma = 3.01°$ 和 $\gamma = 3.775°$ 的陡降轨迹。在标准大气中飞行,风速可忽略不计(风包含在轨迹模拟中,但不在噪声传播中)。所产生的噪声值如图 18.16 所示。要注意到这些轨迹的航班时间不同步,峰值噪声的变化水平不符合实际情况。但峰值降低了 2dB,并且积分噪声指标的结果变化大小相似。计算性能的总结见表 18.4,其中也包含了在 ICAO/FAR 参考点上游 1000m 放置麦克风的结果。得出结论,通过飞行陡峭的轨迹可以实现一些降噪。

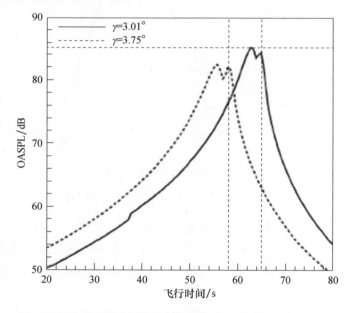

图 18.16　Airbus A320-200 的模拟着陆噪声轨迹,传统和陡峭进近
(在 ICAO/FAR 点的噪声指标在表 18.4 中给出)

表 18.4　ICAO/FAR 着陆点和该点上游 1000m(距触地点 3300m)
处传统和陡的着陆轨迹的计算噪声指标(dB)

指标	ICAO/FAR		FAR-1000m	
	正常	陡	正常	陡
EPNL	95.2	92.4	91.9	89.3
SEL	91.3	89.5	89.3	87.5
LAeqT	73.0	71.9	70.7	69.5

2. 风的影响

考虑两个例子:①ICAO/FAR 麦克风,着陆时迎风或顺风;②着陆时边线麦克风,90°侧风。

图 18.17(a)显示了计算的噪声轨迹,分别为顺风、迎风和无风条件。风速为 $V_w = \pm 4\text{m/s}$,距离地面 1.2m 测量。由于 OASPL 峰值增加和持续时间,导致 EPNL 的差异,不超过 0.7dB。然而,长距离时存在许多风的影响,降低了接收器处的噪声水平。值得注意的一点,迎风和顺风依赖于麦克风相对于飞机的位置(图 17.8)。

图 18.17(b)显示了固定 90°侧风时噪声的计算轨迹,如右上方框所示。中心点是 ICAO/FAR 参照点,边线点距离跑道中心线 450m。固定风向,一个边线麦克风是上游(U)另一个是下游(D)。计算显示 OASPL 向上移动,贡献的感知噪声增加约 1.5EPNL。下游麦克风在整个轨迹上测量出增加的噪声水平。一旦飞机通过最小距离,上游麦克风测量的噪声水平就迅速下降。

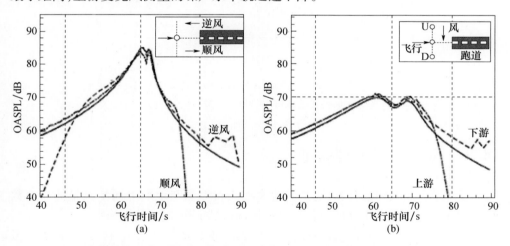

图 18.17　着陆时风对感知噪声的影响;飞机模型是 A320 - 200 - CFM(计算值)

起飞时风的影响分析如图 18.18 所示,显示了 3 种情况下 ICAO/FAR 参考点的噪声水平:无风、顺风和逆风。风速为 $V_w = \pm 4\text{m/s}$,距离地面 1.2m 测量。计算结果表明,顺风和逆风 OASPL 的峰值没有差异。然而,有风和无风之间存在区别(右上方框),这导致约 0.7EPNL 的增加(EPNL 从 90.9dB 增加至 91.6dB)。强风影响距离较长(主图左侧)。

可以得出结论,风的影响在所有条件下都很重要。当飞机最接近接收器的时候,峰值噪声受到明显的影响,对于计算案例,感知的噪声会增加 0.7~1.5EPNL;在较长的距离上,噪声可以减少或增加几个分贝。

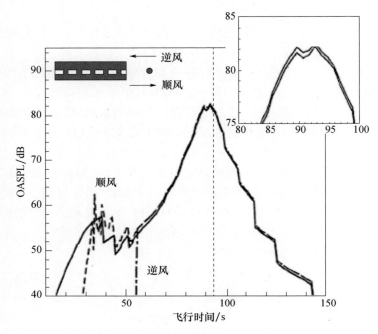

图 18.18 起飞时风对感知噪声的影响
(飞机模型是 A320 - 200 - CFM(计算值))

18.9 飞机噪声模型验证

飞机噪声模型的最终测试,是基于真实飞行数据与地面上同步测量的噪声数据。在 Airbus A319 - 100 的飞行中,Lufthansa 公司①进行了数据采集[21-23]。

图 18.19 显示了所选飞行轨迹的两个视图和地面上麦克风的相对位置。参考图 18.19(a),垂直尺度已经扩大,侧向移动的量级为一个翼展。轨迹开始或结束时的方向变化是由于飞机沿跑道滑行的缘故。

有两套麦克风可选:一套距离地面 1.2m,另一套在地面上,用于消除地面反射和衍射影响。麦克风 1~12 位于起飞/出发侧;麦克风 13~25 位于进近/着陆侧。图 18.19 仅显示所选麦克风,在 Schwerin - Parchim 机场(IATA 代码:SZW;ICAO 代码:EDOP)进行测量。地面追踪显示了很粗糙的飞行轨迹,具有一个翼展量级的横向振荡。除麦克风 13 之外,没有麦克风直接位于飞机的正下方。图 18.19(b) 显示起落架(LG)放下和收回的位置。

---

① DLR 空气动力学和流体技术学院友好提供了采集的原始数据,Braunschweig,德国,2011 年 11 月。

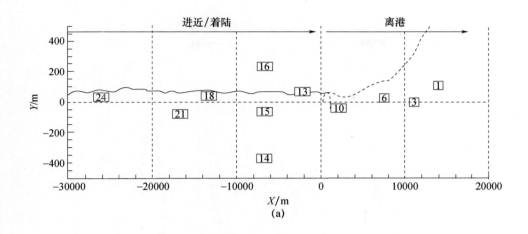

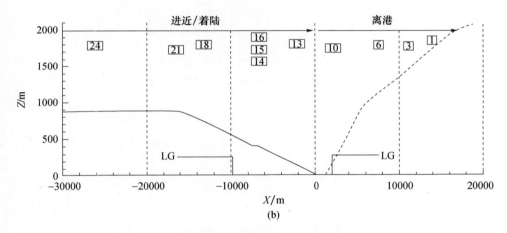

图 18.19　着陆和起飞飞行轨迹,麦克风位置在地上
(a)水平面;(b)垂直面。

使用 FLIGHT 程序获得的所选结果如图 18.20 和图 18.21 所示。在两种情况下,都布置有如图 18.19 所示的麦克风。所用的飞行数据都是式(18.10)中给出的噪声状态向量的子集。无法获得大气条件的具体值。使用标准值。

总体而言,结果与飞行数据对比良好。尽管有 OASPL 峰值丢失的情况,峰值一般能很好地预测。另外在峰值上游,OASPL 存在很大差异。值得注意的是飞行数据受到高频波动的影响,可能是由于局部阵风和湍流。虽然麦克风位置处的风速小不会产生大的差异(图 18.17),但突风会影响声音的传播特征,导致声压的突然变化,这些变化可以达到 ±10dB 的量级。

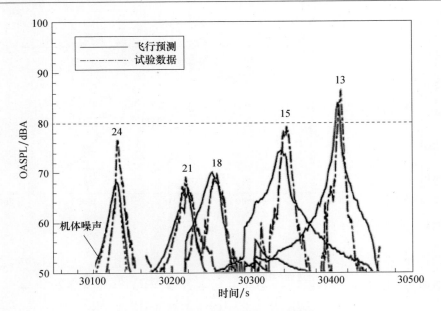

图 18.20 进近/着陆轨迹预测和实验数据的对比
（麦克风数目与图 18.19 相同；麦克风在地上）

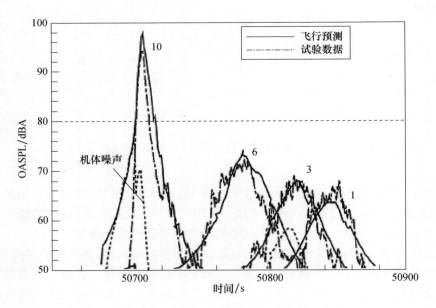

图 18.21 起飞/离港轨迹预测和实验数据的对比
（麦克风数目与图 18.19 相同；麦克风在地上）

噪声预测精度问题

噪声信号的复杂性指向一个重要的问题:通过低阶飞机噪声模型,可以获得什么？答案在于我们希望检查的指标类型。因为噪声审定、航迹优化和机场土地规划的关键指标是积分类型,那么可以将精度要求限制在能准确预测这些指标的特征上。关于 EPNL,我们至少需要能够预测以下量:(1)峰值噪声级;(2)对应于峰值声级的飞行时间;(3)10dB 下降时间的噪声级。另外,需要在噪声的频谱内容方面有一定的准确性,这更难建立,因为它取决于各种贡献量的组合。

敏感性分析强调了降噪需要解决的内容。因此,这里列出的参数肯定会用于那些内容。

18.10 噪声足迹

一旦定义了噪声相关指标,机场周围就定义了几个区域,用于土地利用和噪声管理,包括区域 A,在跑道附近,受到最具破坏性的噪声;和区域 B,暴露于更温和的噪声;其他区域(如 C 和 D)有时被定义。这些地区可以是机场周围几平方公里,尽管多年来其范围一直在缩小。第一代喷气机 90dB 级的噪声足迹约为 30km^2,而现代区域喷气机 90dB 级的噪声足迹约为 5km^2。

噪声轨迹分析的简单外延是地面上噪声足迹(单个飞机运动)和叠加模式(若干架飞机在同一机场进出的运动)。首先,噪声足迹被定义为以机场为中心的网格上 EPNL 或 SEL 值。叠加模式是从对若干单一事件的足迹求和来获得。这种类型的分析可以用飞机的真实 GPS 坐标和地面上的接收机来完成。可通过测地学[20]的反向求解,将 GPS 坐标转换为实际的源到接收器距离。

图 18.22 显示了 Airbus A320-200 起飞时计算的噪声足迹。飞机从左到右飞行。制动释放点为(0,0),轨迹是直的。90dB 等值区域面积为 7.12km^2。该轮廓的最大横向延伸超过 1km。边线噪声可以从这个足迹的分析获得。事实上,考虑平行于跑道中心线(点划线)放置的线,侧向距离 450m。这条线上的最大噪声水平是约 97EPNL。

相同情况下的着陆噪声足迹如图 18.23 所示,飞机从左到右飞行。注意,90dB 的轮廓向着陆点上游延伸约 3km,但它非常狭窄,侧面约 0.1km。这个结果非常重要,因为它显示了飞行路径下方的接收器受到高水平噪声的影响,而远离飞行路径的接收器相对不受影响。如果考虑风,飞行路径上游的接收器将受到较低噪声的影响,而下游将受到更高的噪声。

螺旋桨飞机(如 ATR72-500)的噪声足迹与迄今为止讨论的涡扇发动机有明显差异。图 18.24 显示了着陆时的计算足迹。等噪声曲线包络区域小得多。为了公平起见,需要考虑重量的影响。

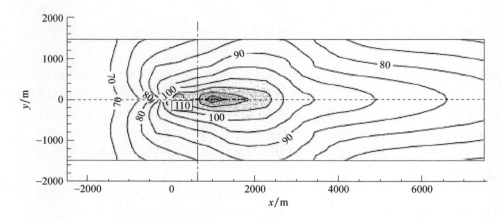

图 18.22 带 CFM 涡扇发动机 Airbus A320-200 起飞的计算噪声足迹
(标准天,无风,$\mathcal{H}=70\%$,任务:2000km(1080n mile),100% pax。
指示等级为 EPNL(dB)。飞机从左向右飞行)

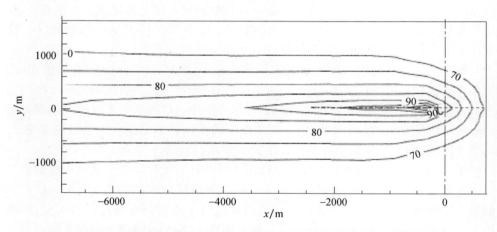

图 18.23 带 CFM 涡扇发动机 Airbus A320-200 着陆的计算噪声足迹
(标准天,无风,$\mathcal{H}=70\%$,任务:2000km(1080n mile),100% pax。
指示等级为 EPNL(dB)。飞机从左向右飞行)

1. 实时指标

之前的噪声足迹例子说明了飞机的"稳态"噪声性能,因为我们使用的是 EPNL。然而,如果想看看一架通过飞机的实时效果(接近或起飞),EPNL 不能使用。于是我们考虑用 OASPL 描述瞬时噪声。图 18.25 中显示了一个这样的例子。噪声地毯广泛传播,特别是在起飞后。在地上,噪声受到地面反射的强烈影响。

第 18 章 飞机噪声:飞行轨迹 533

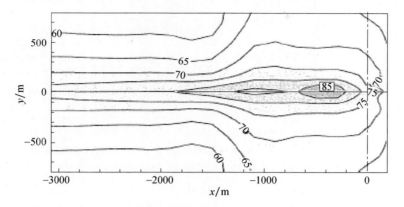

图 18.24 带 PW12 涡桨发动机 ATR72-500 着陆的计算噪声足迹
(标准天,无风,$\mathcal{H}=70\%$,任务:1000km(540n mile),100% pax。
指示等级为 EPNL(dB)。飞机从左向右飞行)

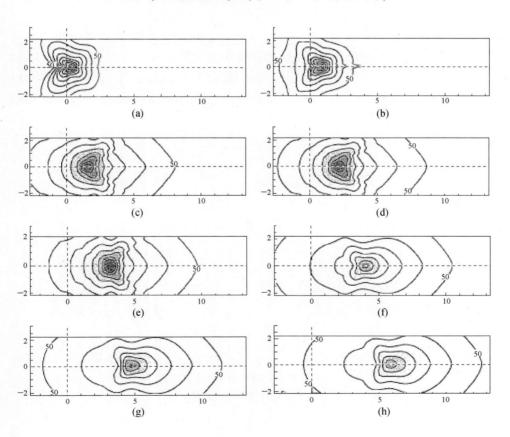

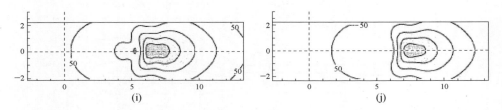

图 18.25　Airbus A320-200 起飞的模拟噪声地毯曲线
（图形显示在所选时间步的同等级 OASPL 单位[dB]；长度单位[km]；
标准天；无风；OASPL 等级以 10dB 为间隔）

18.10.1　噪声图精细化

要获得可接受分辨率的噪声图，必须使用足够数量的麦克风，很可能要几百个。即使从计算的角度来看，使用数百个麦克风可能需要数个小时的计算。因此，在计算噪声足迹之后，通过增加网格的分辨率来改进噪声图。

如果网格由数组 $x = x(1,\cdots,n_x)$ 和 $y = y(1,\cdots,n_y)$ 定义，将这些数组大小加倍，网格的分辨率就变精细。变换后的网格定义为数组 $x_2 = x_2(1,\cdots,2n_x - 1)$ 和 $y_2 = y_2(1,\cdots,2n_y - 1)$。网格精细化后，我们在两个方向上应用三次样条插值，以计算新网格点的函数值[24]，这个操作的典型结果如图 18.26 所示。精细化的地图给出了受噪声影响区域的更准确估计。

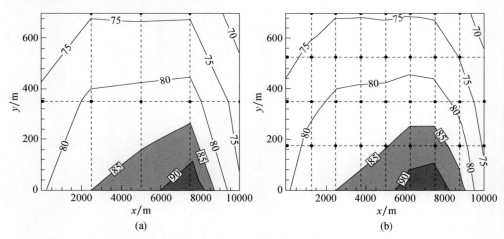

图 18.26　网格精细化对一般 EPNL 地图的影响
(a)松散网格；(b)精细化网格。

18.11 多架飞机运动噪声

讨论了一架飞机从一个机场的运行导致的噪声地毯计算(噪声叠加)。这是一个简化了的例子,现实中,商业机场将运行若干种类型的飞机。有两种噪声地毯:进近/着陆和起飞/爬升。采用两个地毯图的原因是受影响区域相对较大。

1. 着陆和起飞网格重叠

数组 $x_L(..),y_L(..)$ 表示着陆地毯网格坐标;数组 $x_T(..),y_T(..)$ 表示起飞/爬升噪声地毯。这些地毯部分重叠,如图 18.27 所示。黑点是落在起飞地毯内的着陆网格点。在这些点,需要噪声级 L_L 和 L_T 的求和。由于噪声 L_T 在这种黑网格点处不可用,通过插值来确定其值。在顶部单元格(虚线内)使用双线性插值。白点表示与着陆地毯曲线重叠的起飞地毯曲线中的网格点。再次,在相关网格单元内使用双线性插值来计算这一点上的噪声级 L_L。

对于重叠网格点,噪声级为

$$L = 10\lg(10^{L_T/10} + 10^{L_L/10}) \qquad (18.16)$$

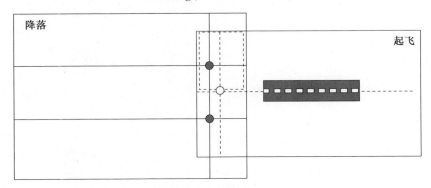

图 18.27　计算噪声叠加的着陆和起飞噪声地毯曲线

2. 飞行时间同步

在进行这一插值之前,我们需要建立飞行时间之间的关系。

让我们首先考虑同一类别的所有运行(进近或起飞)。在给定的时间,可以存在任意数量的飞机,取决于分隔和地毯尺寸。如果飞行轨迹有个时间步,其通过时间步长来相互分隔,那么飞行运动及其时间步之间的相关性可以从以下关系中找到:

$$t(i,j) = n, n = i_1, \cdots, i_2, i_1 = 1 + n_s(j-1), i_2 = i_1 + n - 1 \qquad (18.17)$$

换句话说,式(18.17)为一个矩阵,其子向量 $\{1,2,\cdots,n\}$ 移动了 n_s 步;矩阵中的所有其他项都为零。地毯曲线内的飞机数量由 i、n_s 和 n 之间的关系决定;如果 $n_s >$

n,那么此时只有一架飞机。

使用世界时间(UT)。进近飞行 i_L 的原始轨迹时间为 t_{i_L},起始时 $t_{i_L}=0$。同样,起飞飞行轨迹 i_T 的时间为 t_{i_T},起始时 $t_{i_T}=0$(制动释放点)。着陆航班之间有一个指定的分隔。要同步这些航班,时间序列被转换到世界时间。

接下来,考虑进近/着陆地毯图作为一个参考;如果 t_{i_L} 为当前时间步,起飞地毯曲线必须在这个时刻精确计算。时间步序列 t_{i_T} 通常与序列 t_{i_L} 不一致,但应该能找到一个索引 i_T,使得 $t_{i_T}<t_{i_L}<t_{i_T+1}$。如果是这样,在时间上进行 SPL 的插值,在 i_T 和 i_{T+1} 之间。

图 18.28 显示了通过程序 FLIGHT 预测的噪声信号,由一系列空中客车 A320-200s 在一个机场的着陆和起飞组成,沿着一个传统的直线轨迹。飞机运动分隔 75s。

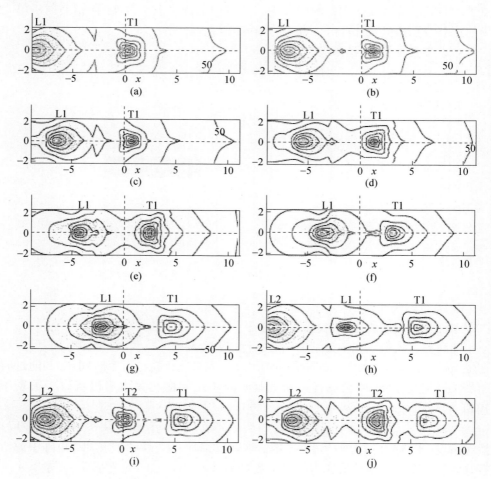

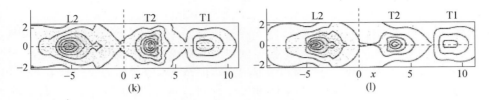

图 18.28　Airbus A320 – 200 多个着陆和起飞的模拟噪声叠加；Δt_s = 75s。图形显示了在任意时间步的同等级 OASPL[dB]；OASPL 间隔为 5dB；地毯曲线长度单位为 km

触地点为 $x = 0$；飞机从页面的左侧向右飞行。对于图 18.28 所示情况，计算的累积指标(18.3.1 节)是平直的，因为对于所有航班噪声水平都是相同的。符号 L1、L2 分别表示进近/着陆航班号 1 和 2；T1、T2 分别表示起飞航班号 1 和 2。在框架 18.28(h)有两个进近航班，而在框架 18.28(i)有两个起飞航班。地面噪声模式很大程度上取决于分隔时间。

最小分隔时间取决于若干因素，包括机场和本地 ATC。起飞时，必须使用表 4.2 中的指导原则。着陆时，由于后方飞机高于前方飞机的事实，不受任何下洗的影响，因此分隔可以更短。但是，随着分隔时间的改变，地面上的噪声信号变化很大，存在更复杂的算法来更详细地分析这些事件。

18.11.1　降噪及其限制

由于对数刻度，过去几十年的噪声降低比图 18.4 显示的要好。进一步减少噪声仍然是可能的。多少费用？一些专家认为技术进步最终会导致发展一架安静的飞机 - 可以看到但不会听到的飞机[25]。然而，这需要完全创新的构造，如后置发动机的翼体融合体飞机。这种构形将利用飞机的散射和反射特性，以最大限度减少地面接收器处的发动机噪声。

机体噪声略有不同，取决于升力面边界层的散射。在近年来，最低理论噪声水平这一问题受到重视，在 20 世纪 70 年代对鸟类飞行的重新研究后，特别是对猫头鹰(Kroeger 等[26])。这个问题由 Lilley[27] 在题为"安静飞行的猫头鹰"论文中进行了评论。

猫头鹰(Strixvaria)是唯一已知的在频率 2kHz 以上安静飞行的鸟类。在一些实验中，猫头鹰被放在一个封闭的房间里，从一个 3m 高的栖息地向地上的一堆食物飞行。对飞行进行观察并测量了噪声。平均速度评估为 8m/s，$CL \simeq 1$，总重 0.6kg。已证明机翼的上表面失速，或近乎如此，并且机翼气流几乎是湍流。后缘边缘和前缘梳齿的去除使噪声增加至其他鸟类的水平。因此，进化创造了有效的物理机制，通过流动分离、不稳定性和湍流转捩的自然控制，将感知噪声截止至 2kHz。

小结

在本章中,对噪声性能代码进行了若干应用,包括进行飞行力学集成和噪声矩阵处理。解释了飞机噪声审定的基础和可以在官方认证点降低噪声的各种程序。通过敏感性分析,我们证明并非所有的噪声源同样重要。通过检查 EPNL(dB)积分指标,我们对起飞和降落时噪声水平的贡献进行了细节分析。后者的情况被证明更复杂,因为若干个噪声源对于整体 EPNL 的贡献有相似的水平。起飞时,最重要的噪声部件是发动机风扇和射流/喷嘴。对于螺旋桨飞机,证明了主要的声学影响是来自螺旋桨自身。风的影响总是重要的。在短距离,可能会导致 EPNL 变化大约为 1.5dB 量级。在长距离,它们可以影响声级几个 dB。与飞行噪声数据的比较显示了需要模拟的声学信号的复杂性。

对噪声轨迹的分析,特别是接近和着陆,证明最高的噪声级集中在飞行路径下方。在没有大气风的情况下,在横向距离飞行路径约 1.5km 外,可以断言噪声级相对较低(相对于其他噪声源)。在存在大气风的情况下,最好处于相对飞行路径的上游位置。如果要在飞行路径下方/下游的豪宅或一个普通住宅之间进行选择,应该选择后者。

参考文献

[1] Franssen EAM, van Wiechen CMAG, Nagelkerke NJD, and Lebret E. Aircraft noise around a large international airport and its impact on general health and medication use. *Occup. Environ. Med.* ,61(5):405 – 413,2004.

[2] Alexandre A, Barde J – Ph, and Pearce DW. The practical determination of a charge for noise pollution. *J. Transport Econ. & Policy* ,14(2):205 – 220,May 1980.

[3] Gebhardt GT. Acoustical design features of Boeing Model 727. *J. Aircraft* ,2(4):272 – 277,1965.

[4] Crighton DG. Model equations of nonlinear acoustics. *Ann. Rev. Fluid Mech.* ,11:11 – 33,1979.

[5] Smith MTJ. *Aircraft Noise*. Cambridge University Press,2004.

[6] Shahadi PA. Military aircraft noise. *J. Aircraft* ,12(8):653 – 657,1975.

[7] ECAC. Report on standard method of computing noise contours around civil airports. Vol. 1: Applications guide. Technical Report Doc. 29, European Civil Aviation Conference, Dec. 2005.

[8] ECAC. Report on standard method of computing noise contours around civil airports. Vol. 2: Technical guide. Technical Report Doc. 29, European Civil Aviation Conference, Dec. 2005.

[9] Waitz I, Kukachko S, and Lee J. Military aviation and the environment: Historical trends and comparison to civil aviation. *J. Aircraft* ,42(2):329 – 339,2005.

[10] Filippone A. Steep – descent manoeuvre of transport aircraft. *J. Aircraft* ,44(5):1727 – 1739, sept. 2007.

[11] Fink MR. Noise component method for airframe noise. *J. Aircraft* ,16(10):659 – 665,1979.

[12] Fink MR and Schlinke RH. Airframe noise component interaction studies. *J. Aircraft* ,17(2):99 – 105,1980.

[13] Zorumski WE. Aircraft noise prediction program theoretical manual, Part 1. Technical Report TM – 83199, NASA, Feb. 1982.

[14] Kontos K, Janardan B, and Gliebe P. Improved NASA – ANOPP noise prediction computer code for advanced subsonic propulsion systems—Volume 1. Technical Report CR – 195480, NASA, Aug. 1996.

[15] Lopes LV and Burley CL. Design of the next generation aircraft noise prediction program: ANOPP2. In *17th AIAA/CEAS Aeroacoustics Conference*, AIAA 2011 – 2854, Portland, June 2011.

[16] Clark BJ. Computer program to predict aircraft noise levels. Technical Report TP – 1913, NASA, 1981.

[17] Boeker ER, Dinges E, He B, Fleming G, Roof CJ, Gerbi PJ, Rapoza AS, and Hemann J. Integrated noise model (INM) Version 7.0. Technical Report FAA – AEE – 08 – 01, Federal Aviation Administration, Jan. 2008.

[18] Ollerhead JB, Rhodes DP, Viinikainen MS, Monkman DJ, and Woodley AC. The UK civil aircraft noise contour model ANCON: Improvements in Version 2. Technical Report R&D 9842, Environmental Research and Consultancy Dept., Civil Aviation Authority(CAA), June 1999.

[19] Bertsch L, Dobrzynski W, and Guerin S. Tool development for low – noise aircraft design. *J. Aircraft*, 47(2): 694 – 699, Mar. 2010.

[20] Vincenty M. Direct and inverse solutions of geodesics on the ellipsoid with application of nested equations. Technical Report XXIII, No. 176, Survey Review, 1975.

[21] Pott – Pollenske M, Dobrzynski W, Buchholz H, and Guerin S. Airframe noise characteristics from flyover measurements and predictions. In *12th AIAA/CEAS Aeroacoustics Conference*, AIAA 2006 – 2567, Cambridge, May 2006.

[22] Guerin S and Michel U. Prediction of aero – engine noise: comparison with A319 flyover measurements. In *Tech. Rep.*, *DLR*, DLR 1B 92517 – 04/B3, 2007.

[23] Bertsch L, Guérin A, Looye G, and Pott – Pollenske M. The parametric air craft noise analysis module—status overview and recent applications. In *17th AIAA/CEAS Aeroacoustics Conference*, AIAA – 2011 – 2855, Portland, Oregon, USA, 5 – 8 June 2011.

[24] Press WH, Teukolsky SA, Vetterfing WT, and Flannery BP. *Numerical Recipes*. Cambridge University Press, 2nd edition, 1992.

[25] Crichton D, de la Rosa Blanco E, Law T, and Hileman J. Design and operation for ultra low noise take – off. In *45th AIAA Aerospace Sciences Meeting*, AIAA 2007 – 0456, Reno, NV, Jan. 2007.

[26] Kroeger RA, Gruska HD, and Helvey TC. Low speed aerodynamics for ultra quiet flight. Technical Report TR – 971 – 75, US Air Force Flight Directorate Laboratory, 1971.

[27] Lilley GM. A study of the silent flight of the owl. AIAA Paper 1998 – 2340, 1998.

第 19 章　环境性能

19.1　概述

前几章已经介绍了环境性能影响的几个方面,包括飞机噪声和碳排放。本章进一步阐述航空的影响。讨论商业航空对形成冷凝尾迹的影响(19.2 节)和可能的缓解方法,包括巡航高度可变性。简要讨论各种污染形式的辐射强迫的争议问题(19.3 节),以及计算着陆和起飞排放的一个方法(19.4 节),用一个运输机的例子来说明影响二氧化碳排放的关键参数(19.5 节),19.6 节给出了一个不受空中交通规则限制的"完美飞行"的例子,19.7 节简要回顾了一个占主导地位的排放方面的关键因素。

本章涉及环境性能与气候变化关系的辩论,因为牵涉许多利益攸关方和关联方。另外,这些更深层的问题与大气物理学、生物化学和政策制定[1]等相互重叠,这超出了本章的范围。

关键概念:飞机凝结尾迹,凝结因子,辐射强迫,高度可变性,碳排放,LTO 排放,排放交易,完美飞行。

19.2　飞机凝结尾迹

蓝天出现会带来少有的乐趣。一个寒冷的下午,云的消失带来了一片清澈的天空。云上方的空中飞行轨迹是不可见,但是图 19.1 揭示了飞机飞行轨迹活动影响。图中显示至少有 14 条不同的蒸汽尾迹,从不到 1min 至 30min 之前,最早的尾迹转变成卷云。

尾迹覆盖是商业航班众所周知的副作用。因此,自然要问:我们可以做些什么来防止它们出现? 必须考虑几个方面。首先是理解导致大量尾迹形成的大气条件;其次是了解燃气轮机的工作方式以及其废气如何贡献了这些人造云。存在的问题是,改变飞机的飞行参数(飞行高度、速度和路径),是否可以达到影响的最小化;最后,要认真对待的是,消除这些尾迹是否能解决重要的环境影响。关于后者的关注,有学术研究突出了其大量影响,不仅仅是蓝天污染。例如,Travis 等人[2-3]的研究表明,"9・11"事件之后在美国北部上空的商业飞行中前所未有的 4 天停顿

图 19.1　2011 年 1 月 22 日 16:00GMT(日落)的尾迹覆盖
(地理坐标 53°37′N;2°36′W(大约),看西南方向)

中,尾迹的消失导致日常温度变化增加超过 1℃。这个结果归因于持续存在的尾迹减少了地面和高层大气之间辐射换热,从而在晚上较低的海拔高度捕获热量,并减少了白天来自太阳的辐射热。这样的实验可能在 2010 年春季的北欧地区重复出现,那时由于前所未有的(再一次)来自冰岛火山喷发的灰云沉降,大部分空中交通被关闭。

并不是所有的尾迹都能用肉眼清晰可见。对于给定的视角,可视性取决于在观察者方向上的光学散射。如果散射产生高于临界值的亮度对比度,尾迹用肉眼就可见。临界值由光学厚度决定(或光学深度),定义为[4]

$$\tau = \frac{3}{2} \frac{D}{d} \left(\frac{\rho}{\rho_p}\right) m_l Q_{\text{ext}} \tag{19.1}$$

式中:D 为观察者方向尾迹的几何厚度,d 为尾迹中粒子的平均直径,ρ_p 为平均粒子密度,m_l 为液态或冰水的质量分数,Q_{ext} 为消光效率参数,取决于可见光谱中的光波长。式(19.1)的一个细节分析表明,当粒子直径 $d \sim 6\mu m$ 时光学深度取决于冰颗粒的发射指数从 0 到大约 3.84 变化。技术文献的数据回顾表明,如果尾迹由水滴组成,d 约 $2\mu m$,含水量约 $10^2 kg/m^3$,物理深度为 50m,这个尾迹就是可见的。就关注的视角而言,最有利的条件是当尾迹相对于太阳处于小角度时。

尾迹影响气候的思考并不新鲜。1943 年 3 月在杂志 *Popular Mechanics* 上出现了关于尾迹的一篇短文。那时候由于飞行高度和速度的限制,影响有限;而且飞机是由内燃机驱动的。

1970 年[5]发表的一项研究表明,尾迹中的冰晶导致了云的不经意播种,从而导致云量增加和降水条件的改变。尾迹形成的研究现在已经成熟且广泛,但缓解方法的研究仍然落后。Fichter 等[6]发表的工作解决了飞行高度影响和改变飞行高度的可能性。这篇文章证明2000ft的阶梯下降(约610m)减少了尾迹形成的可能性,下降6000ft(约1830m)将减少45%的尾迹范围。Strom和Gierens[7]对液氢动力飞机进行了模拟,发现了尽管排气中的水蒸气含量比常规飞机排气羽流的含量大得多,气溶胶粒子(烟灰)的消失降低了冰晶的形成。因此,尾迹在视觉上更稀薄。

考虑替代燃料(如氢)是重要的,但它没有考虑到航空工业的实际限制。唯一可用的动力装置是以航空煤油运行的燃气轮机,这不会很快改变。当代的商用飞机仍然将服役25年,其中一些飞机运行多达40年。现在新推出的飞机(Airbus A380、Boeing 787、Airbus A350)将会运行至2050年以后。尽管在争论一个新的、更环保的飞机正在到来,没有人会废弃这些飞机。虽然动力装置重新构造不是罕见的(如第1章所讨论的),问题是一个革命性的动力装置(目前还不存在)在什么程度上可以集成到现有的机体和地面基础设施中去。

19.2.1 卷云

除了形成后尾迹的视觉影响,还有几个更严重的方面必须考虑。需要特别关注尾迹转变成卷云及其对低层大气辐射平衡[8-9]的影响。

卷云层形成在相对高的海拔,在高的对流层和低层大气之间。它们都是由冰颗粒组成。这些类型的卷云在过饱和空气中存在时间很长。在高空风的帮助下,卷云在几分钟到几个小时的时间内发展,最终它们变成了几乎是自然的卷云,尽管其起源不是。在一个新的尾迹(左)附近,可以看到几分钟前(右上)的一个卷云,如图19.2所示。

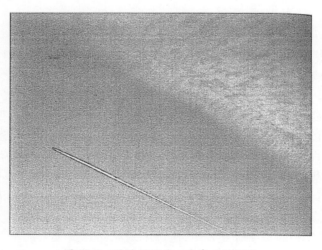

图19.2 尾迹退化为一个卷云的例子

尾迹的起源发生在排放起几分之一秒内。在某些情况下,由于冰晶的蒸发,它会形成不稳定的环并最终分解和消失,如图 19.3 所示。

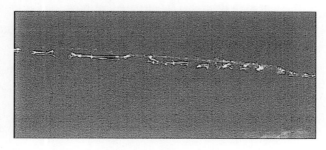

图 19.3　不稳定尾迹例子(环的分解、消失和蒸发)

技术文献还报告了飞机耗散尾迹的案例,称为 Distrails[10]。这些事件不太常见,也不太明显,且持续时间很短。当飞机通过一个过冷的高积云时,才会发生。因为这些云的高度低于正常巡航高度(低于20000ft),飞机在改变高度时很可能会遇到这种情况。

19.2.2　巡航高度可变性

当前技术水平下,调查了会减少尾迹影响的运行条件变化。当考虑这些选项时,很快就发现它们必须被放弃。例如,飞行高度的权衡不能以牺牲燃油消耗为代价。正如在第 12 章证明的,商业飞机在限制高度范围内运行在最大 SAR 处。对于给定总重量的最佳巡航条件,是通过马赫数 - 高度参数的独特组合建立的。克服这个限制的一种方法,是增加高度可变性,使得最佳巡航条件变得独立于海拔高度。已经证明[11],由于飞行力学的限制,在一般情况下这是不可能的。然而,通过权衡巡航马赫数,可以获得一个 ±2000ft 的高度可变性。

1. 海拔高度与 SAR 关系

图 19.4 为带有 GP - 7270 发动机的 Airbus A380 - 861 的模拟高度性能。存在两个曲线,显示了 $M = 0.85$ 和 $M = 0.83$ 时的 SAR。假设飞机是巡航在 $M = 0.85$,接近远程马赫数(LRM)。最好的飞行高度层为 FL - 420(A 点),除非飞机由于 ATC 被迫下降至一个更低高度。下降2000ft 至 FL - 400(B 点)将导致 SAR 损失约 -1.5%,这是相当高的。或者,飞机可以在 FL - 400(C 点)以较低的马赫数 $M = 0.83$(接近最大航程马赫数)飞行。该程序具有实际增加 SAR 的优势,虽然飞机必须牺牲一些速度。在 $M = 0.83$ 下降到 FL - 380(D 点),甚至可以做得更好。此选项需要再次损失约 1.5% 的 SAR。另外一个选择,是在 $M = 0.85$ 或 $M = 0.83$ 处,移动到 FL - 430。这可以避免一些高空天气条件,而不用牺牲速度或空中航程。总之,可获得约 5000ft 的可变性,只要航线运营商接受 SAR 约 1.5% 的损失。对于像

A380 这样的飞机,空中航程 1% 的损失意味着每英里额外消耗 0.22kg 的燃料(按图表所示重量),或每 1000n mile 消耗 220kg,很容易达到每天消耗 2000kg 燃料。总之,在一天结束后,这个程序将花费大量的资本,在避免一个环境问题的同时耦合了另一个来自燃料燃烧的二氧化碳排放的增加。

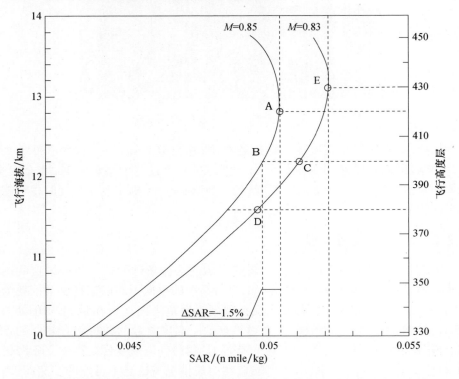

图 19.4　Airbus A380-861 的高度可变性分析($W=323.70t$;标准天气,无风)

如果通过使用马赫数-高度组合的飞行管理来接受这种 2000ft 的可变性,仍然需要与 ATC 谈判,打算从先前分配的飞行高度下降。一种替代方案是绕行,即,通过绕行而非选择改变高度来避免尾迹。在商业或实际中通过绕行扩展巡航是不可行的。无论如何,为了使这些选项成为可能,需要一个全新的 ATC 系统,可以处理来自各个方向的飞行高度的计划外改变。

节约 1% 的燃料? 截至 2007 年[①],全球范围内使用航空燃料约 51.5 万吨/天 (1.88 亿吨/年)。如果假设只有 80% 的燃料在巡航时被燃烧(平均),那么 1% 的节约就可以节省约 4100t/天的航空燃料,或约 1300 万 kg CO_2/天。

---

① ICAO 环境报告,2010。

2. 设计问题

假设一架飞机在恒定的 TAS 下运行,超过适合巡航的高度范围。为了使 SAR 对高度不敏感,需要使阻力对高度不敏感。TSFC 是发动机性能指标,暂时被排除在分析之外。4.2.12 节的阻力分析显示,主要影响是诱导阻力,其随高度快速增长;这种效应最终归因于空气密度。设 $dD/dh = 0$。这个条件决定了单独考虑空气动力构造[11]时的最佳高度。执行代数分析后,有

$$\frac{d\rho}{dh} + c\frac{d}{dh}\left(\frac{1}{\rho}\right) = 0 \tag{19.2}$$

式中:因子 c 定义为

$$c = \frac{k}{C_{D0}}\left(\frac{2W}{AV}\right)^2 \frac{1}{V^2} < 1 \tag{19.3}$$

式(19.2)的快速分析表明,当因子增加,最佳巡航高度降低。这样的效果可以通过多种选项来实现,其中大部分是不合理的。一个合理的选项,尽管是挑战性的,是减少型阻。

如果仔细检查 TSFC,会发现它不是常数;事实上,在巡航高度,由于燃料流量的增加或减少(增加或减小推力或阻力),它会受到较大变化。如果阻力增加,TSFC 也是如此。换句话说,随着海拔高度增加或减少,TSFC 和阻力的同向移动。因此,最优设计问题涉及空气动力学和推进。

许多研究[12-13]提出了巡航高度偏移。这一偏移依赖于纬度和每年的时间。这些论文也指出,许多研究解决了在高于或低于当前高度时巡航高度偏移的后果。特别是 Mannstein 等[13],通过广泛的测量,主张 ±2000ft 的高度偏移就足以避免 50% 的尾迹。Sussmann[14]显示的 Boeing B747 后面的测量表明,涡流尾迹的垂直散布决定了尾迹的垂直散布。增加的扩散将限制在任何巡航高度偏移的效果。

19.2.3 尾迹因子

排除了巡航高度的变化、巡航马赫数的减少、飞机航线的变化和空中交通管制的主要升级,就剩下发动机技术。可以做什么?首先,检查尾迹形成的可能性。有一个相对简单的规则可以使用:即 Appleman – Schmidt 准则,通常写为

$$G = \frac{\Delta e}{\Delta \mathcal{T}} = p\frac{\Delta q}{\Delta h_j}\frac{C_p}{\epsilon} \tag{19.4}$$

式中:G 为在混合过程中,水蒸气压力变化(e)和相应温度变化之间的比率;p 为飞行高度的大气压;C_p 为空气的比热容;Δq 为羽流含水量的变化;Δh_j 为相应的焓变化。尾迹参数为

$$C = \frac{\Delta q}{\Delta h_j}\frac{C_p}{\epsilon} \tag{19.5}$$

尾迹参数与尾迹因子有：$G = pC$ 成比例。函数 $e(T)$ 称为混合线；因此，式(19.4)给出了混合线的斜率 G。

对于 $\mathcal{H} = e/e_{sat} = 100\%$（饱和），阈值温度 $\mathcal{T}_M$ 可以通过以下方程[4]拟合：

$$\mathcal{T}_M = -46.46 + 9.43\ln(G - 0.053) + 0.720[\ln(G - 0.053)]^2 \quad (19.6)$$

$\mathcal{T}_M$ 的单位为℃，G 的单位为 Pa/K。对应于相对湿度 $\mathcal{H} < 100\%$ 的阈值温度为

$$\mathcal{T}_C = \mathcal{T}_M - \frac{1}{G}[e_{sat}(\mathcal{T}_M) - \mathcal{H}e_{sat}(\mathcal{T}_C)] \quad (19.7)$$

式(19.4)可以被写为包含发动机推进效率的形式。方程的这种形式被进一步证明是非常重要的，因为它将尾迹形成的概率与发动机性能联系起来。

1. APPLEMAN – SCHMIDT 准则

该准则的一个重要结果是飞行高度层、湿度水平和尾迹存在之间的联系。图19.5(a)显示了一个例子，该图表示在温度－高度空间中常值相对湿度的水平。还特别显示了对应于干空气（$\mathcal{H} = 0\%$）和饱和空气（$\mathcal{H} = 100\%$）的水平。假设一架飞机在 ISA 条件下 FL–340 飞行，其运行点由图19.5(a)的点 B 表示，在这一点，大气是干燥的。因此，产生持续尾迹的概率很高。为了避免这种情况，飞机应该下降到 FL–290 至点 A。在这一点，事实上，空气充满水蒸气，飞机将不会产生尾迹。下降到中间高度不能保证一定能避免尾迹。因此，所需的下降为 50 个飞行高度，即 5000ft 或更多。在标准的大气中，尾迹将在海拔 8.2km 以上形成。

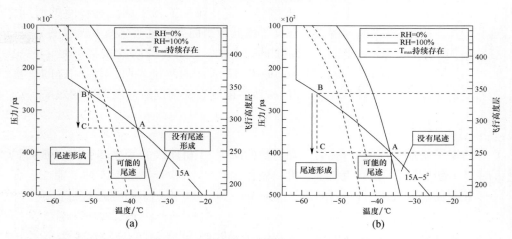

图 19.5 应用 Appleman – Schmidt 准则来预测尾迹（阈值温度对应选择的相对湿度等级）
(a)标准天气；(b)冷天。

如果大气较冷，如 ISA –5℃，那么情况如图19.5(b)所示。再次假设飞机正在 FL–340 高度飞行，它的运行点为 B，这一点处于干燥空气区域。因此，一定会有尾迹形成。为了避免尾迹，飞机将不得不下降到 FL–250。

19.2.4 推进效率的影响

从喷气发动机的推进效率开始,即

$$\eta = \frac{F_N V}{\dot{m}_f Q} \tag{19.8}$$

式中:F_N 为净推力,V 为真空速,$\dot{m}_f$ 为燃料流量,Q 为航空燃料的燃烧热(Q 约 43.5MJ/kg;见 14.2 节)。巡游条件下,这个效率在 0.27~0.33 之间;随着飞机燃烧燃料,它略有下降。羽流①的焓为

$$h_p = h + \frac{1}{2}(V_j - V)^2 \tag{19.9}$$

式中:$V_j - V$ 为羽流相对于真实飞行速度 V 的相对速度。现在把能量平衡写在与飞机一起移动的参照系中。总能量(动能和热能)的变化等于来自燃料燃烧引起的燃烧能量的流动。如果燃料以速率 $\dot{m}_f$ 燃烧,则输入能量速率为 $\dot{m}_f Q$。羽流总能量的变化,是总质量流量和焓变的乘积

$$\dot{m}_f Q = \dot{m}_j \left[h_j - h_e + \frac{1}{2}(V_j^2 - V^2) \right] \tag{19.10}$$

其中 h_e 表示外部气体的焓。同样的能源预算方程,在固定于地面的参考系中写为

$$\dot{m}_f Q - F_N V = \dot{m}_j \left[h_j - h_e + \frac{1}{2}(V_j^2 - V^2) \right] \tag{19.11}$$

净推力与真空速 V 之间的乘积 $F_N V$ 是作用在飞机上的有用功,通过反作用力而使飞机移动。因此,必须从来流的能量中减去这个量。将推进效率的定义(式(19.8))插入式(19.11)中,可以发现

$$(1 - \eta)\dot{m}_f Q = \dot{m}_j \left[h_j - h_e + \frac{1}{2}(V_j^2 - V^2) \right] \tag{19.12}$$

$$(1 - \eta)Q = \frac{\dot{m}_j}{\dot{m}_f} \Delta h_p \tag{19.13}$$

式中

$$\Delta h_p = \left[h_j - h_e + \frac{1}{2}(V_j^2 - V^2) \right] \tag{19.14}$$

式(19.14)表示羽流焓的变化。水蒸气的质量预算为

$$\Delta q = q_j - q_e = EI_{H_2O} \frac{\dot{m}_f}{\dot{m}_j} \tag{19.15}$$

---

① 射流和羽流之间存在区别:湍流射流是由通过一个喷管的压力下降产生的。湍流羽流主要能量和动量的来源是源自密度变化的物体之间的力。

式中：EI_{H_2O} 为水的排放指数，也就是单位质量燃料燃烧的喷气产生的 H_2O 量；$\dot{m}_f$ 为燃料流量，$\dot{m}_j$ 为喷气质量流量。如果将式（19.15）和式（19.13）插入尾迹参数（式（19.5）），得到以下表达式：

$$G = EI_{H_2O} \frac{pC_p}{\epsilon Q(1-\eta)} \tag{19.16}$$

对于选定的相对湿度值，尾迹阈值温度与总推进效率之间的关系如图 19.6 所示。阴影区域表示商用飞机推进效率的范围，η 的最高值对应于最现代化发动机。事实上，随着发动机变得更加高效，它们更可能为轨迹形成创造条件。Schumann 等人[15]在 Airbus A340 和 Boeing B707 并排飞行的飞行试验基础上证实了这一结果：在类似的条件下（相同的高度，相同的空气速度），A340 产生轨迹，而 B707 没有产生轨迹。

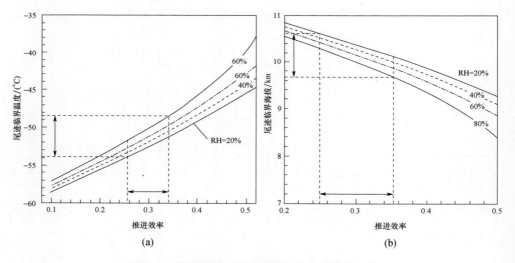

图 19.6　作为推进效率函数的阈值尾迹因子和高度

图 19.6（b）显示了尾迹形成的垂直通道随着效率的提高而增加。这一结果将指向飞行更高而不是更低。

飞行高度可变性概念的进一步应用如图 19.7 所示，阴影区域表示尾迹的垂直位移，应当被解释为具有高尾迹因子的区域，飞机从图的左边向右边飞行。正常的过程表明，在某个点飞机将在 FL-330 遭遇尾迹条件。如果提前获得足够的信息，可以编程飞行控制系统以避免灰色区域。这可以通过从最初 FL-310 的两个梯级下降和一个梯级爬升来完成，直到高度稳定在 FL-290。除了 ATC 问题，还存在获取飞机前方足够的大气信息问题。图 19.7 所示的场景无法一般化。

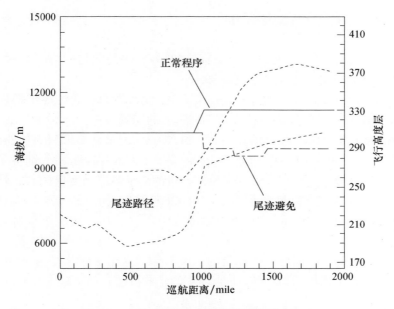

图 19.7 移动巡航高度的尾迹避免策略例子

然而,有一些软件模型能够联合天气预报、大气参数和飞机特性[16]模拟出一个大区域的尾迹频率。Irvine 等[17]的工作给出了对天气模式影响的分析,包括风和尾迹因子,对于跨大西洋飞行的最佳高度:天气最佳航迹通常超出可接受的飞行高度层(FL-290 至 FL-410)。

19.2.5 高空大气的热量释放

考虑到常规巡航时在高层大气释放的燃烧热问题,释放的热量计算如下:

$$Qc \sim (1 - \eta) Q \dot{m}_f t_c n_e \tag{19.17}$$

式中:η 为平均推进效率,Q 为航空燃料的单位燃烧热,t_c 为总巡航时间,n_e 为发动机数量。已经证实在巡航期间推进效率变化很小。因此,近似值是可以接受的。这意味着与 Airbus A320-200 相同类别的商用飞机,在 2000km(1089n mile)的巡航段飞行释放约 140GJ 的热量。这相当于在飞行高度露天燃烧约 3200kg 的航空燃油,对应于平均推进效率 $\eta \approx 0.28$。如果从这个结果展开并将其应用于整个商业航空的计算,得出结论:上层大气的加热,不仅是温室气体和尾迹持续存在的结果,也是大气直接加热的结果。已证明排气羽流的扩散具有复杂的特性[18-19],这有几个含义,如羽流的稀释和羽流的垂直尺寸。

19.3 废气排放的辐射强迫

废气排放有若干贡献,其中一些是直接的,另一些是间接的,即污染物与大气的副产品。除了如前所述的尾迹和卷云,还有:

(1) 二氧化碳,CO_2。这是迄今为止最大的贡献,因为它大约等于燃烧的燃料重量的 3.1 倍,CO_2 长期以来被认为是环境污染的罪魁祸首。

(2) 氮氧化物,NO_x。此贡献包括 NO 和 NO_2;它们是航空燃料燃烧的副产品,并影响臭氧 O_3 和甲烷 CH_4 的生成。Gardner 等[20]和 Stevenson 等[21]研究了它们的辐射强迫。这个问题是由现代燃气涡轮发动机的高燃烧器温度造成的。

(3) 臭氧,O_3。飞行高度低于 13km(约 42650ft)时,NO_x 的排放导致 O_3 增加,而在更高的高度(16~20km),则导致 O_3 被破坏[22]。飞机造成的臭氧对大气温度有长期贡献。

(4) 甲烷,CH_4。甲烷是一种强大的温室气体。这个贡献不是自身相关的,因为它不是燃气轮机燃烧的副产品,而是 NO_x 的排放可能有助于减少 CH_4,这将产生冷却效果。

(5) 水蒸气,H_2O。与对流层中的天气影响相比,燃气轮机发动机排放的水蒸气相对较小,并且通过降水去除。然而,在大气干燥的高海拔地区(图 8.2),水分含量的增加起到温室效应的作用。由于平流层高度的空气循环有限,含水量有很长的停留时间。平流层蒸气的副作用是产生平流层云,这可能对臭氧有直接和间接的影响。

(6) 烟灰和硫酸盐。烟灰由极小的颗粒制成,直径小于 $30\mu m$,甚至更小的未燃烧的液体颗粒从废气羽流中被除去;这些颗粒与大气成分结合产生硫酸、碳氢化合物和水蒸气,以及带电的分子。

整个污染问题的一个重要方面是各种污染物的长期影响。这一影响通过一个称为辐射强迫的参数来测量。简单来说,辐射强迫是一种评估手段,评估由于污染物大气温度升高了多少,这里假定污染物的作用类似于温室。辐射强迫常给出的数学表达为

$$RF = \frac{\Delta T_s}{\lambda} \qquad (19.18)$$

式中:ΔT_s 为平均全球表面温度的变化,λ 为敏感性参数。辐射强迫以[W/m^2](或更实际上[mW/m^2])测量。因此,敏感性参数 λ 以[Km^2/W]中给出。式(19.18)的问题是敏感性参数依赖于污染物变化很大。尽管有这些注意事项,式(19.18)被用来比较不同的排放物。

辐射强迫的价值仍然是一个科学争论的问题。基于 Sausen 等人[23]的研究报

告数据,给出了各种影响及其不确定性水平的指示。请读者注意这个事实,由二氧化碳(CO_2)、臭氧(O_3)和尾迹引起的变暖影响有类似量级(RF 为 $20mW/m^2$)。烟尘和水蒸气也是一样的量级,但相当小(RF 为 $2mW/m^2$)。卷云的辐射因子目前是不确定的。各种评估表明这一贡献高于任何其他贡献,其值约 $25mW/m^2$,参见 Minnis 文献[8]。不确定度的上限相当高,达到 $80mW/m^2$。最后,甲烷(CH_4)的辐射因子为负(RF 为 $-14mW/m^2$),这有助于冷却而不是变暖。

19.4 着陆和起飞排放

着陆和起飞(LTO)排放用于估算商用飞机在海拔 3000ft(约 915m)以下的环境影响。这个高度大致对应于混合层,排放在这个平均高度以下的污染物会对低海拔地区的空气质量产生影响。地面上的排放将比在高海拔地区的排放具有更短期的影响。

图 19.8 显示了大型机场商业航班的典型飞行模式。飞机处于最后进场(A),继续着陆(B),然后地面滑行到登机口(C),最终因为其他交通而停止,转向几个点,最后到达登机口(D)。当它准备离港时,它会滑出(E)到达跑道起始至刹车释放点(F),然后等待放行信号,执行地面滑行(G)、起飞(H)、初始爬坡(I)和减推力(J)。只要飞机低于 3000ft,这些阶段都包括在 LTO 排放中。

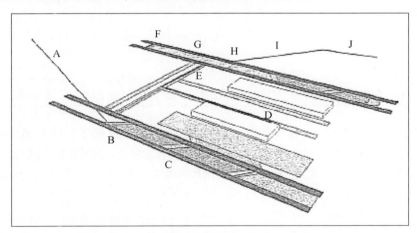

图 19.8 一个商业航班的着陆和起飞操作

ICAO 定义了用于审定和扩散计算的 5 个不同模式。这些工作状态是①最终进近。②滑入至停机位和地面慢车。③滑出至跑道和地面慢车。④起飞。⑤爬升。滑入至停机位和滑出至跑道本质上是一样的工作状态。ICAO 接着提出了每种工作状态下的平均时间和每种工作状态下的平均推力设置,如表 19.1 所列。在实际飞行中,时间和推力设置都会与表 19.1 中的不同。分析中考虑的污染物为 NO_x(氮氧化物)、HC(碳氢化合物)、CO(一氧化碳)、SO_x(硫酸盐氧化物)、颗粒物(或烟尘),再加上与燃烧的燃料成比例的二氧化碳 CO_2。除了后一种成分,其他污染物非线性地依赖于推力额定值。为了避免涉及燃烧模拟的复杂分析,这些排放指标可以从 ICAO[①] 公布的数据库中推断出来。排放指标一般以每千克燃料燃烧的污染物克数给出。图 19.9 显示了 CO、NO_x 和 HC 的一个例子。因此,污染物 j 的排放 E_j 为

$$E_j = \sum_i EI_i m_{f_i} \tag{19.19}$$

其中,燃料在模式 i 中由 $\dot{m}_f = \dot{m}_f t$ 计算;该方程需要知道工作状态的燃油流量和时间,燃料流量与工作状态的推力成正比。但是,这里存在一个问题,因为这个假设意味着 TSFC 为一个常数。这个假设仅仅在高推力设置时(起飞和爬升)近似成立,如第 5 章所述。

表 19.1　ICAO 飞行模式、时间和以最大推力%表示的推力等级

飞行模式	时间/min	推力/%
最终进场	4.0	30
滑进与地面慢车	7.0	7
滑出与地面慢车	19.0	7
起飞	0.7	100
爬升	2.2	85
总计	32.9	—

对于低于 3000ft 的所有飞行模式,LTO 排放的更精确估计依赖于实际的燃油燃烧。排放指标依赖于推力等级,如图 19.9 所示。因此,还需要通过插值函数来近似 ICAO 排放指标。在时间步长 dt 内排放种类 j 计算为

$$dm_j = [\dot{m}_f(N_1) dt] EI_j(N_1) \tag{19.20}$$

该式表达了这样一个事实,种类 j 的排放 dm_j 与燃料流量 $\dot{m}_f$ 和排放指数 EI_j 成正比。燃料流量和排放指标都是实际发动机转速 N_1(或 N1%)的函数。实际排放指标是从 ICAO 数据库中的参考值进行插值。LTO 排放量通过式(19.20)积分计算。即飞机低于 3000ft 时,燃料流量的积分为

[①] ICAO 发动机排放数据库。定期更新。可从 ICAO 和其他航空组织获得。该数据库不包含涡轮螺桨发动机和 APU 的信息。

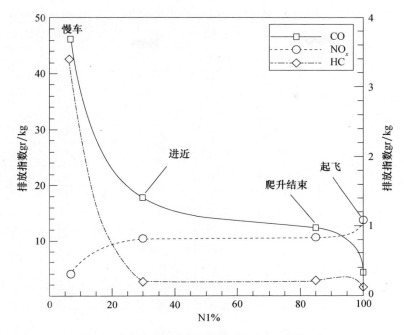

图 19.9 作为发动机 rpm 函数的 CFM56 – 5C4 排放指标
（详细数据来自 ICAO 数据库）

$$E_j = n_e \int_a^b \mathrm{d}m_j = n_e \int_a^b \dot{m}_f(N_1) EI_j(N_1) \mathrm{d}t \quad (19.21)$$

式中：n_e 为运行的发动机数量。在式(19.21)中，"a"表示飞机离开登机口的时刻；"b"表示飞机抵达终端登机口的时刻。总之，计算程序如下：

(1) 在当前飞行条件下，求解发动机问题：Wf6，N1%。

(2) 通过插值 ICAO 数据（图 19.9），计算对应于 N1% 的排放指数。

(3) 从式(19.20)，计算时间步长 $\mathrm{d}t$ 内的排放量 $\mathrm{d}m_i$。

(4) 只要 $h < 3000\mathrm{ft}$，前移飞行时间为 $\mathrm{d}t$，从点 1 开始。

表 19.2 给出了计算 LTO 排放的一个例子，针对使用 CFM56 – 5C4 涡扇发动机的 Airbus A320 – 200。飞行计划是标准天气、无风、满载乘客和 300kg 散装货物的情况下，完成一个 2000km（1079n mile）的任务。飞行情景涉及一个 10min 的滑出至跑道和一个 8min 的滑入至停机位。发动机暖机不包括在表中。由 ICAO 数据库引用的该发动机的 LTO 排放量可以与计算值相差很大。事实上，不同类型的航班之间可以检测到相当大的差异，在取平均值时必须谨慎。实际数据可能有 2 倍的差异。注意，LTO 时间为 23.9min，而不是表 19.1 表中所列的 32.9min，主要差异来自平均的滑出至跑道的滑行。

表 19.2 带 CFM56 发动机 Airbus A320－200 的 LTO 排放总结
（标准天气,无风,2000km(1079n mile)任务;所有数据为[kg];计算值）

	分段	CO	NO_x	HC	t/min	说明
1	滑出,滚行	0.942	0.358	0.065	6.7	—
2	滑出,慢车	1.885	0.716	0.131	3.3	—
3	起飞	4.288	1.727	0.195	0.4	—
4	爬升	5.022	2.929	0.057	1.5	至 3000ft
5	进近	1.337	2.391	0.026	3.1	从 3000ft
6	着陆	0.150	0.149	0.008	0.8	从 35ft
7	滑进,滚行	0.410	0.109	0.029	6.7	—
8	滑进,慢车	2.049	0.546	0.146	1.3	—
9	APU	0.018	0.025	0.001	23.9	总的
	总的 LTO	16.084	8.925	0.658	23.9	—

LTO 排放的一个子案例是地面操作阶段。在拥挤的机场,一些飞机在从登机口向后退出和起飞(图 19.8 中的段 D~F)之间花费长达一个小时;在大部分时间内,发动机以慢车模式运行,消耗大量燃料,同时排放有害废气。减少这些排放超出了单个飞机的范畴,必须从机场运行、排队策略和航班分布的背景下进行诊察。

19.5 案例研究:二氧化碳排放

现在着手研究商用飞机碳排放的任务,使用航程长度和乘客负载作为参数。后一个参数表达为满座席的百分比;100% 表示全飞机坐满。这些飞机一般也携带某种形式的货物。但是,排除了这种情况,为了突出排放仅作为乘客负载的函数。

图 19.10 显示了航程长度范围内计算出的二氧化碳排放量,数据以每乘客每英里的排放量来表示。结果表明,每位旅客的排放量在中间段长度几乎呈线性增长。在超长距离上,由于飞机重量的很大一部分由燃料组成,所以增加的量是超线性的。燃料使用效率用 CO_2/pax/海里更好地表示。

Airbus A320－200 也进行类似分析,如图 19.11 所示。同样,当飞机只以满载的 3/4 运行时,每位乘客的排放量似乎要高得多,附加分析见文献[24]。

最后一个案例是对典型运输任务的参数分析。我们已经包括了九个不同参数的影响,如图 19.12 所示。灵敏度分析包括改变标称值上列出的参数,标称值对应于指定的任务。这个任务是伦敦－纽约航班(5570km;3078n mile),乘客载荷

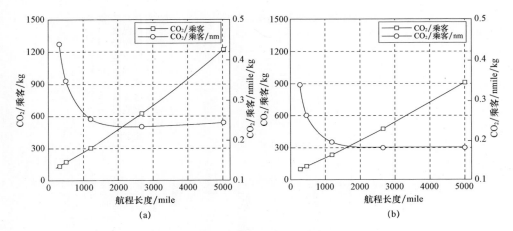

图 19.10 Boeing B777-300-GE 计算的 CO_2 排放(标准天气,9kt 迎风)

(a)75% 乘客载荷;(b)100% 乘客载荷。

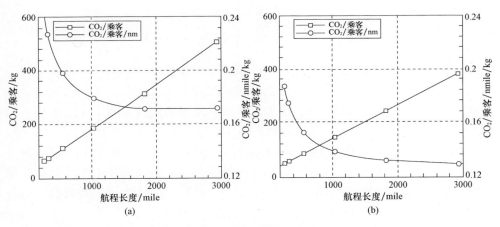

图 19.11 Airbus A320-200-CFM 计算的 CO_2 排放(标准天气,9kt 迎风)

(a)75% 乘客载荷;(b)100% 乘客载荷。

80%、散货 15t、在伦敦 18min 的滑出时间、在纽约 8min 的滑入时间、允许 20kg/pax 的行李、标准天气、平均巡航风速等于 18kt、迎风。

标称参数的变化如下:散装货物 ±5t(商业有效载荷的影响),乘客载荷 ±10% (乘客收入的影响),飞行路线 -25n mile 和 +75n mile(航线影响),额外的燃料载荷 +1 或 +2t(燃料添加误差),滑行时间 ±6min(机场拥挤影响),室外温度 ±20℃ (天气影响),风速为 9kt 或 36 迎风(天气效应)。最终参数是在最终目的地连续下降接近(CDA),此参数可以为正确或错误;它表示精确的飞行轨迹,尽管它是受认

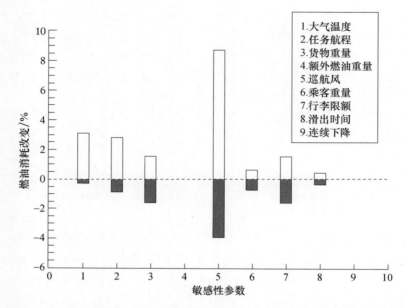

图 19.12 Boeing B777 – 300 – GE 对关键任务参数的燃料燃烧敏感性(模拟)

证的。图 19.12 中的数据显示了对单个参数改变的响应。到目前为止最重要的参数是风,它可以增加或减少几个百分点的燃油燃烧和废气排放。大气温度也是一个重要的贡献者。有趣的是,燃油添加过多的误差对总燃料消耗不会产生很多贡献,而行李限额和滑行时间是可以控制的操作项目。CDA 有一些好处,见 11.3 节。

本节强调的问题是应用于单一飞机航行。可以将调查范围扩大到包括一种类型飞机、一条航路、和一个机场。因此,可以外插至一个更大的甚至全球航空运输系统,包括所有类型的排放,然后可以根据地区、季节、飞机运行和其他参数进行分类。一个这样的框架可通过 SAGE 倡议[25]获得。

19.6　完美飞行

前几章已经解释了商业航班如何在 ATC 和许多约束条件下运行,如图 19.13 所示。爬升至初始巡航高度通过几个分段实现,包括至少一个水平加速;巡航是分段完成,在每次爬升之后的若干个等高度段,需要飞机在识别的飞行高度之间飞行。降落和最终进近也是分段完成的,当不受地形限制,飞机被设置在标准飞行高度上,并最终被设置在保持模式上。从出发地到目的地飞行路线不是一个直线。空中交通条件、天气模式和外部因素造成的临时限制,可能导致飞机绕行路线到最终目的地。

第 19 章　环境性能　557

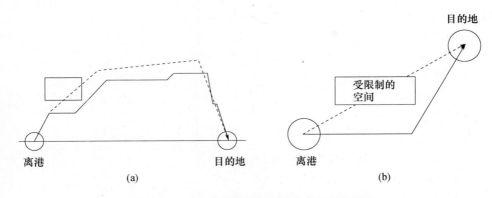

图 19.13　一个典型商业航班的垂直和水平剖面
(a)垂直；(b)水平。

这些明显复杂的程序简化了飞机的跟踪，允许当前 ATC 管理空中商业运输。但是，所有这些程序强迫飞机按照次优飞行路线，在终端区域浪费更多的时间和燃油。飞机空中排队可能是主要的浪费来源，来自伦敦 Heathrow 机场（2011）的数据表明，飞机每天累积花费约 55 个小时在排队上，对应于约 190t 燃油和 600t 的二氧化碳排放量。完美的飞行不应该被迫符合任何飞行高度，飞机应该能够自由地飞行到最佳高度。公平地说，这个想法并不是全新的。飞行路径优化早在 20 世纪 70 年代就被应用于 DC-10 和 Boeing B727 型号[26-28]；据证明可以节省高达 10% 的燃料。

如果不考虑飞机的滑行时间、起飞时间（实质上不受完美飞行要求影响），有以下几个飞行段：

(1)连续爬升。最经济的爬升将以成本指数为基础，是考虑燃料成本以及时间成本的加权参数（12.10 节）。

(2)巡航爬升。已经证明，最佳巡航剖面是一个连续爬升（12.5.3 节）。这个策略对应于给定初始重量的最小燃料消耗。以评估的初始巡航重量，从最佳 ICA-Mach建立巡航条件。

(3)连续下降。假设飞机可以从巡航结束点（下降时最高点）执行连续下降到机场（11.4 节）。下降的大部分可以用几乎慢车的发动机完成。

(4)最佳轨迹。按照先前的讨论，设定有标准国际预备机场（15.6 节），飞机不会空中排队而直接着陆。到考虑一个"几乎"完美的飞行，以满足真实情况下的实际限制：飞机正常飞行，除了巡航（将是一个连续爬升）和下降，将连续下降到 3000ft，接着一个短的平飞，再以 3°坡度下降。爬升受 2 个恒定的 CAS 段限制，两者之间有一个水平加速。

对有两台 CFM56-5C4 涡扇发动机的 Airbus A320-211 飞行性能模型进行模

拟。飞行条件概述如下：

(1) 标准天气；无风。
(2) 所需航程:2500km；1349n mile。
(3) 乘客装载:100%。
(4) 货物装载:300kg。
(5) 滑出时间:10min。
(6) 滑进时间:8min。
(7) 出发/目的地机场位于海平面。
(8) 平均乘客质量:75kg；平均行李质量:15kg。
(9) 爬升计划:常规。
(10) 改航飞行:FCA 以下 2000ft。
(11) APU 燃料:包括在分析中(ECS 模式)。
(12) 燃油储备:20min 额外飞行和 200n mile 转场之间的最小值。
(13) 待命:1500ft、30min。
(14) U 形转弯:5000ft。
(15) 发动机状态:新。
(16) 空气动力:干净。

注意，这些情况下的燃料储备是为 20min 额外巡航飞行的，因为 200n mile 的转场和空中等待需要更多的燃料。

模拟的总结见表 19.3 所列，这里也显示了爬升至 ICA、巡航和下降的贡献。Δm_f 是与常规飞行相比，燃料燃烧变化的百分比。

表 19.3　Airbus A320-200 模型的完美飞行分析；航程 2500km(1349n mile)

	限制	总的燃料	爬升燃料	爬升燃料	下降燃料	Δm_f%
	通常	8804	951	5917	657	0.8
场景 I	巡航-爬升	8697	951	5875	598	-1.2
场景 II	&ICA 没有约束	8351	1062	5350	655	-5.14

图 19.14 显示了几乎完美飞行的轨迹。注意，存在两个飞行段，爬升和下降，是水平飞行(分别为 A 和 B)。在这样的高度飞行可能会产生很强的副作用：空中增加的排放对环境的影响，包括产生更多尾迹的风险和对大气臭氧的影响。

在场景 I，飞机初始巡航高度被设定为识别的飞行高度(FL-350)，但随后可以进行连续爬升，之后从爬升的顶部连续下降。这些巡航和下降条件在场景 II 中保持。

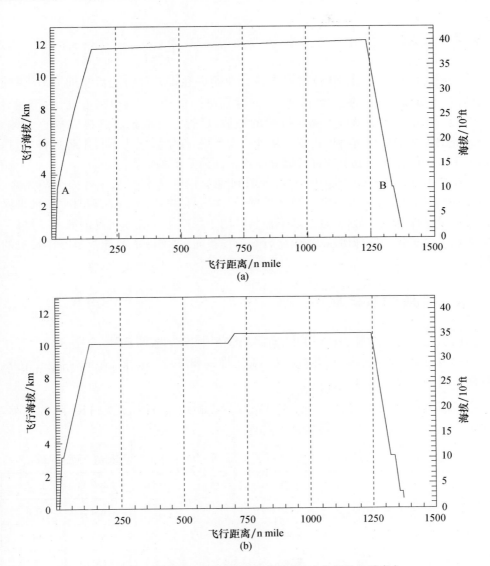

图 19.14 商业飞行的"接近"完美轨迹(a)和传统轨迹(b)
(a)完美飞行;(b)传统飞行。

在场景Ⅱ,飞机不受飞行高度的限制,并且在开始巡航之前爬升至高得多的高度(11820m;38870ft)。因此,飞机消耗更多的燃料来爬升和下降。但是,在更高的高度(高达 40000ft)减少的巡航燃料多于补偿这些分段燃料。燃料节约估计约为 430kg,或按常规航迹燃烧的燃料的 5%;"完美"轨迹可以节省约 1300kg 二氧化碳。

19.7 排放交易

欧洲排放交易计划(ETS)将要求该行业购买允许排放特定数量的 CO_2（以吨为单位）的证书。由于航空燃料和证书（像商品一样交易）的价格波动，不可能对航空公司将产生的额外成本做出准确的评估，尽管它可能超过燃料成本的10%。超过证书规定的排放量将被罚款。从这一点上说，航空公司将不得不降低排放量。与证书有关的任何排放节约都可以商业价格在公开市场出售。

ETS本身不会有助于减少排放，并且可能有助于将利润从工业中分离出来。但是，因为价格标签是与这些排放相关联[29]，根据自由市场，应该有财政激励来保持排放量尽可能低。最初，这些证书被设计用于所有飞往欧洲机场的航班。然而，除非有这项实施的全球协议，否则将看到市场扭曲，这实际上会导致航空排放量的增加。

19.8 排放的其他影响

商用飞机的环境影响可以归结为图19.15中流程图的标题。在运营方面，在本书中讨论以下影响：噪声、燃料燃烧、废气排放和尾迹（和对气候的短期、中期和长期贡献）和ATC作用。

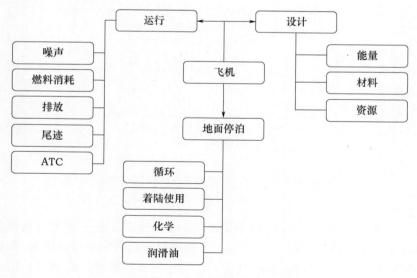

图 19.15　商业航空的环境挑战

后一项不应被低估。事实上,随着空中交通量的增加,ATC 的作用在增加。现在 ATC 提供的服务包括天气预报、监视、通信、导航、任务支持、所有的流量和拥堵管理。该系统已经超出自身,显示在次优航线、转场航线、叠加模式等。主要的努力是对这一系统进行现代化改造,这样即使没有改进飞机技术,也能改善飞机的环境性能。至少,改进的 ATC 应将航班延误从空中转移到地面[30]。

在分析中未考虑的飞机排放包括以下项:
(1)紧急情况下放油。
(2)燃料处理。
(3)飞机发动机维护。
(4)飞机油漆。
(5)服务车辆(餐饮、技术服务、客运班车)。
(6)飞机除冰。

在设计方面(超出了我们的范围)包括能源使用、原材料和一般资源(包括土地使用和机场扩建)。最后,地面上存在着使用寿命末期回收和化学品与润滑剂(收购和处置)使用的问题。对于每年退役 300 的架飞机我们该怎么办?

小结

在飞机飞行性能中引入了许多环境问题。从飞机尾迹和卷云的问题开始,其正在迅速扩张,并可能比燃气轮机燃烧排放的二氧化碳造成更进一步的损害。分析了高度可变性的问题,并确定了潜在的改进源,即通过适当的运行操作。在废气排放的主要贡献中,在着陆和起飞排放的背景下,已经讨论了 NO_x、CO 和碳氢化合物 HC。引入了一种计算方法,它必须依靠可靠的数据库。如果机身和发动机维护不良,数据库的使用受限。需要抵消与 CO_2 有关的部分排放,说明了"完美飞行"的问题,即沿着不受高度飞行或爬升和下降程序约束的最短轨迹的飞行。倘若空中交通管制能够应付所需挑战,这个程序可能节约大量燃料。最后,简要回顾了飞机相关的一些环境污染因素。

参考文献

[1] Penney J, Lister D, Griggs D, Dokken D, and McFarland M, editors. *Aviation and the Global Atmosphere*. Cambridge University Press, 1999.

[2] Travis DJ, Carleton AM, and Lauritsen RG. Contrails reduce daily temperature range. *Nature*, 418:601, 8 August 2002.

[3] Travis DJ, Carleton AM, and Lauritsen RG. Regional variations in U. S. diurnal temperature range for the 11 – 14

September 2001 aircraft groundings: Evidence on jet contrail influence on climate. *J. Climate*, 17:1123 – 1134, 2004.

[4] Schumann U. On conditions for contrail formation from aircraft exhausts. *Meteorologische Zeitschrift*, 5(1):4 – 23, Jan. 1996.

[5] Murcray WB. On the possibility of weather modification by aircraft contrails. *Monthly Weather Review*, 98(10): 746 – 748, Oct. 1970.

[6] Fichter C, Marquat S, Sausen R, and Lee DS. The impact of cruise altitude on contrails and relative radiative forcing. *Meteorologische Zeitschrift*, 14(4):563 – 572, Aug. 2005.

[7] Ström L and Gierens K. First simulation of cryoplane contrails. *J. Geophys. Res.*, 107(D18):4346, Sept. 2002.

[8] Minnis P, Ayers PK, Palikonda R, and Phan D. Contrails, cirrus trends, and climate. *J. Climate*, 17(8):1671 – 1685, April 2004.

[9] Spichtinger P and Gierens KM. Modelling of cirrus clouds – Part 1: Model description and validation. *Atm. Chem & Physics*, 9(2):685 – 706, 2009.

[10] Duda DP and Minnis P. Observations of aircraft dissipation trails from GOES. *Monthly Weather Review*, 130: 398 – 406, Feb. 2002.

[11] Filippone A. Cruise altitude flexibility of jet transport aircraft. *Aero. Science & Technology*, 14:283 – 294, 2010.

[12] Gierens K, Lim L, and Eleftheratos K. A review of various strategies for contrail avoidance. *Open Atm. Science J.*, 2:1 – 7, Jan. 2008.

[13] Mannstein H, Spichtinger P, and Gierens K. A note on how to avoid contrail cirrus. *Transp. Res. D*, 10:421 – 426, Sept. 2005.

[14] Sussmann R. Vertical dispersion of an aircraft wake: Aerosol lidar analysis of entrainment and detrainment in the vortex regime. *J. Geophys. Res.*, 104(D2), 1999.

[15] Schumann U, Busen R, and Plohr M. Experimental test of the influence of propulsion efficiency on contrail formation. *J. Aircraft*, 37(6):1083 – 1087, Nov. 2000.

[16] Schumann U. A contrail cirrus prediction tool. In *Int. Conf on Transport, Atmosphere and Climate*, Maastricht, the Netherlands, June 2009.

[17] Irvine E, Hoskins B, Shine K, Lunnon 'R, and Froemming C. Characterizing North Atlantic weather patterns for climate – optimal aircraft routing. *Meteoro – logical Applications*, 2012.

[18] Schumann U, Konopka P, Baumann R, Busen R, Gerz T, Schlager H, Schulte P, and Volkert H. Estimate of diffusion parameters of aircraft exhaust plumes near the tropopause from nitric oxide and turbulence measurements. *J. Geophysical Res.*, 100(D7):147 – 162, , July 1995.

[19] Schumann U, Schlager H, Arnold F, Baumann R, Haschberger P, and Klemm O. Dilution of aircraft exhaust plumes at cruise altitudes. *Atmospheric Environment*, 32(18):3097 – 3103, 1998.

[20] Gardner R, Adams K, Cook T, Deidewig F, Ernedal D, Falk E, Fleuti E, Herms E, Johnson C, Lecht M, Lee D, Leech M, Lister D, Mass B, Metcalfe M, Newton P, Schmitt A, Vandenbergh C, and van Drimmelen R. The ancat/ec global inventory of NOx emissions from aircraft. *Atmospheric Environment*, 31(12):1751 – 1766, 1997.

[21] Stevenson D, Dohery R, Sanderson M, Collins W, Johnson W, and Derwent R. Radiative forcing from aircraft NO_x emissions: Mechanisms and seasonal dependence. *J. Geophysical Res.*, 109:D17307, 2004.

[22] Wuebbles DJ and Kinnison DE. Sensitivity of stratospheric ozone and possible to present and future aircraft emissions. Technical Report JCRL – JC – 104730, Lawrence Livermore National Labs, Aug. 1990 (presented at DLR Seminar on Air Traffic and Environment, Bonn, Nov. 1990).

[23] Sausen R, Isaksen I, Grewe V, Hauglustaine D, Lee D, Myhre G, Kohler M, Pitari G, Schumann U, Frode S, and

Zeferos C. Aviation radiative forcing in 2000: An update on IPCC(1999). *Meteorologische Zeitschrift*, 14(4): 555 – 561, Aug. 2005.

[24] Filippone A. Analysis of carbon – dioxide emissions from transport aircraft. *J. Aircraft*, 45(1): 183 – 195, Jan. 2008.

[25] Kim B, Fleming G, Balasubramanian S, Malwitz A, Kee J, Ruggiero J, Waitz I, Klima K, Stouffer V, Long D, Kostiuk P, Locke M, Holcslaw C, Morales A, McQueen E, and Gillette W. *SAGE: System for Assessing Global Aviation Enzissions*, Sept. 2005. FAA – EE – 2005 – 01.

[26] Lee HQ and Erzberger H. Algorithm for fixed – range optimal trajectories. Technical Report TP – 1565, NASA, July 1980.

[27] Erzberger H and Lee HQ. Constraiyed optimum trajectories with specified range. *J. Guidance, Navigation & Control*, 3(1): 78 – 85, Jan. – Feb. 1980.

[28] Ashley H. On making things the best—Aeronautical uses of optimization. *J. Aircraft*, 19(1): 5 – 28, 1982.

[29] Scheelhaase JD and Grimme WG. Emissions trading for international aviation An estimation of the economic impact on selected European airlines. *J. Air Transport Management*, 13: 253 – 263, 2007.

[30] Vranas DJ, Bertsimas PB, and Odoni AR. The multi – airport ground – holding problem in air traffic control. *Operations Research*, 42: 249 – 261, Mar. 1994.

第 20 章　结束语

　　自引进燃气轮机技术以来,商用航空业务迅速发展。研制新飞机所需的投资呈指数级增长。这些投资包括资金、人力和时间。在这个框架下,运营飞机的性能是至关重要的,因为现有的技术将在飞行数十年的飞机上留下烙印。因此,在商业和军事世界,好多案例研究都证明,飞机的演变是不可避免的。本书所阐述的问题将继续影响着讨论;预计将来,从 ATC 到航空发动机技术、飞机设计、运营和需求管理等几个方面都会有很大的变化。

　　每章都阐明了一些主要的飞机飞行性能问题;在每个单独的实例中,总结出一些结论,提到一些更广泛关注的关键问题。

1. 飞机性能综合分析的作用

　　卖飞机就是卖性能;能够预测和验证性能参数是整个航空工业的关键。正如飞行手册和某些型号合格证资料中所报告的那样,综合分析还不完善(不像旋翼航空工程),参考数据相对匮乏。这些数据往往不足以支持准确的工程分析。在本书中,试图在这一方面取得进展,并提出了几种数值方法、验证策略和灵敏度分析,以改善飞机性能的预测。

2. 知识库

　　随着技术的进步,关于飞机工程的知识一定会增加(至少在理论上)。知识库被解释为书面交流和个人经验的集成。书面交流包括论文、技术报告、技术规范、图纸、图表、数据库、实验数据、航班数据、法规以及工程标准等。所有这些书面的沟通都必须进行研究和解释,答案越来越多地由计算机或因特网给出。理所当然的认为是利用计算机软件系统进行计算,并产生通常不被严格评估的结果。但是,在涉及人为因素、安全性、遵守法规和大型采购合同时,不能将决策委托给计算机。考虑到这一点,工业和专业知识是至关重要的。随着时间的推移,保持专业技术日益成为挑战。

3. 航空影响

　　关于航空运输的商业方面,在机场容量、空中交通管制、机场安全、本地中断的后果、地面运输一体化等方面都受到了各种限制。在本书中,专注于飞机本身,是基础设施的核心。与国际机场或天空相比,飞机可能很小,但它越来越纠结于一个跑道之外的复杂的地面服务网络;在天空中,有许多飞机经常可能发生碰撞。因此,他们不能自己导航。交通拥堵不再是用来表示地面车辆的词语。

4. 航空排放预测

本书简要地提到了航空对大气物理学影响的大量研究。许多技术工作可用于航空总量排放这个领域①。

商用航空的排放量确实很高。不过,他们的贡献必须从其他来源的排放量来看待,特别是森林砍伐的影响、自然栖息地的丧失、世界人口的增加和其他各种各样的威胁。现在,世界人口已经达到了 70 亿,肯定会继续上涨。人口增长的影响(自 1965 年以来每年最低约 1.2%)导致每年增加约 8400 万人②。世界上这些新的公民都将需要使用能源。如果每年仅排放 1t 二氧化碳(约占英国的 1/10,美国和加拿大的 1/20),全球其他排放量将达到 84000000t/年。这样的影响将在次年再加上 85000000t 等。为此,需要增加自然环境的损失来为更多的城市基础设施腾出空间。航空二氧化碳直接排放量估计每年约为 5 亿 t;因此,按照假定的保守增长率,一年内人口增长的影响相当于这些排放量的 1/6。按目前的增长速度,人口增长抵消了航空排放量的实际削减。

如果继续飞行,那么有些地方提出的"低碳社会"是不可能实现的。也无法想象没有航空运输的现代社会。此外,如果停止一天的森林砍伐,可以减少 CO_2 排放,来实现约 400 万乘客从伦敦到纽约的运送。这个估计是基于每年 8100 亿 t 的平均 CO_2 排放量(基于 2000—2005 年的速度)③,以及在 31100n-mile 的长度的 550kg CO_2/乘客,394 座位的波音 B777-300。

---

① 例如,参见 EMEP/CorinAir 排放清单指南;可在互联网上获得,定期更新。
② 来源:联合国;世界银行。
③ Harris NL、Brown S、Hagen SC、Saatchi SS、Petrova S、Salas W、Hansen MC、Potapov PV 和 Lotsch A. 热带地区森林砍伐碳排放基线图. 336(6088):1573-1576,2012.

附录 A

湾流 G-550

湾流 G-550 是一款由 2 台 Rolls-Royce BR710 涡扇发动机提供动力的远程商务/行政用途喷气式飞机。它的驾驶舱配备先进的航空电子设备(图 1.1)和各种座椅配置。G-550 是运输类飞机,通过昼夜飞行认证,并可跨越海洋和极地航行。本书中给出了一些计算算例(参见 12.3.1 节中的 SAR 分析和 15.3 节中的有效载荷范围)。

表 A.1 给出了 G-550 重量与装载量的限制。表 A.2 总结给出 G550 的几何参数。机翼的 1/4 弦线后掠角为 27°,上反角为 3°,并在翼稍带有翼稍小翼。机翼没有前缘缝翼。主要的飞行控制面是福勒襟翼、副翼和调整片。每侧有 3 片扰流板,并配有减阻装置。例如,在翼稍小翼连接处环形配置的涡流发生器,在机翼上表面和钝后缘处配置的涡流发生器。此外,在方向舵、升降舵和推力反向器周围安装有密封件,并在天线周围安装整流罩。表 A.3 给出了 G-550 的使用限制条件。

表 A.1 湾流 G-550 重量与装载量

参数 重量 & 装载量	数值	单位
最大起飞重量	41277	kg
最大停机重量	41458	kg
使用空重	20960	kg
最大零燃油重量	27721	kg
最大着陆重量	34155	kg
最大有效载荷	2812	kg
最大燃油容量(1 左,1 右油箱)	18734	kg
最大允许燃油不对称量(起飞)	454	kg
最大允许燃油不对称量(飞行)	908	kg
载客量	14~18	—

表 A.2　湾流 G-550 几何参数

参数 飞机	数值	单位	参数 水平尾翼	数值	单位
总长度	29.38	m	水平尾翼展长	10.72	m
总高度	7.90	m	L.E.处后掠角	33.0	(°)
机身长度	26.16	m	水平尾翼面积	23.24	m^2
客舱长度	15.27	m	展弦比	4.96	
尾部上翘角	13.8	(°)	根弦长	3.084	m
机身高度	2.44	m	尖削比	0.456	
机身宽度	1.88	m	上反角	0.3	(°)
主翼	数值	单位	垂直尾翼	数值	单位
翼展(参考)	28.48	m	垂尾高度	3.58	m
尖弦长	1.620	m	L.E.处后掠角	无	
根弦长	6.130	ra	垂尾面积	15.1	m^2
尖削比	0.265		展弦比	0.85	
L.E.处机翼后掠角	27.0	(°)	根弦长	无	m
Q.C.处机翼后掠角	30.5	(°)	尖削比	无	
机翼面积(参考)	90.89	m^2			
平均气动弦长	3.795	m			
上反角	3.0	(°)			

表 A.3　湾流 G-550 使用限制条件

参数 速度	数值	单位
远航马赫数	0.80	
最大使用马赫数	0.885	
最小操纵速度,着陆,S/L	110	KCAS
最小操纵速度,起飞,S/L	107	KCAS
最小操纵速度,空中	112	KCAS
顺风风速限制,起飞	10	kt

续表

参数 速度	数值	单位
顺风风速限制,着陆	10	kt
气动控制	数值	单位
副翼最大上偏/下偏角度	11	(°)
副翼调整片最大上偏/下偏角度	15	(°)
升降舵最大上偏/下偏角度	无	(°)
扰流板最大偏转角度		
干净机翼	+30	(°)
副翼满偏	+55	(°)
左/右方向舵最大偏转角度	22	(°)
最大襟翼偏转角度	39	(°)
使用限制条件	数值	单位
最大巡航高度(level)	FL-510	
AEO 使用升限	13015	m
OEI 使用升限	7870	m
最大起飞高度	3048	m
跑道最大坡度	±2	(°)
最大有效载荷	5700	n mile
3000lb(1300kg)有效载荷	6450	n mile
1600lb(0.725kg)有效载荷	6700	n mile
转场航程	6900	n mile
平衡跑道长度 BFL,最大起飞重量 MTOW,ISA,海平面	1800	m
最终进场速度,最大着陆重量 MLW,海平面	105	kt
最高燃油温度	54	℃
最低燃油温度(紧急警戒)	-37	℃
最小转弯半径	34.14	m

1. 动力装置

该发动机是双轴高涵道比的 Rolls – Royce BR710 C4 – 11 涡扇发动机,带有一级低压压气机、十级高压压气机、两级高压涡轮和两级低压涡轮。发动机配备全权限数字发动机控制器 FADEC。发动机基本数据参见表 A.4。发动机通过水平挂架安装在后机身的高处。

表 A.4　Rolls – Royce BR710 C4 – 11 涡扇发动机基本参数

参数	数值	单位
干重	1818	kg
总长度	4.660	m
风扇叶片直径	1.785	m
风扇叶片数量	24	
最大连续推力(S/L, ISA)	64.3	kN
最大起飞推力(S/L, ISA)	68.4	kN
涡轮燃气温度	860	
最大连续推力	860	℃
起飞(5min)	900	℃
涵道比	4.2	
压缩比	24	
最低燃油温度	-40	℃
最高燃油温度	+160	℃

2. 飞机几何参数

表 A.2 给出了飞机的主要几何参数。图表中表示为 n.a.,这意味着它们不能按常规确定。例如,垂直尾翼有几个侧面,虽然可以定义根弦,但是很难确定前缘后掠角。

飞行控制面包括副翼、福勒襟翼(每侧1个)和扰流板(每侧2个飞行扰流板和每侧1个地面扰流板)。尾部配置有固定几何形状的垂直尾翼(带有方向舵)和配平水平尾翼(带有左/右升降舵)。升降舵配有可调节的调整片。

表 A.5 总结了起落架的特性。前起具有转向系统,主起具有防滑系统。主起落架具包含带有减震器的主支柱、后支柱、轴装配组件和侧支撑作动器。前起落架包含带有减震器的主支柱、斜撑杆、下锁作动器和2个前照灯。

表 A.5　湾流 G-550 起落架

参数 几何参数	数值	单位
机轮数量	6	
起落架组数	3	
主轮机轮	2x2	
前轮机轮	6x1	
前后轮距	13.72	m
主轮距	4.37	m
主轮轮胎	H35 x11.0-18	
前轮轮胎	21x7.25-10	
主轮轮胎压力	12.8	bar
前轮轮胎压力	15.2	bar
前起距机头的距离	2.1	m
主起距机头的距离	15.8	m
主支柱总长	2.70	m
主支柱平均直径	0.16	in
轮胎速度限制	195	kt
每个机轮的保险丝插头	4	
刹车报警温度	650	℃

3. 性能

图 A.1 给出了飞机的飞行包线，如 FCOM 所述。飞行包线在本书 8.6.2 节中已讨论。

A.0.1　几何模型

该飞机的控制点模型见下表。详细内容请参见第 2 章。

附录 A

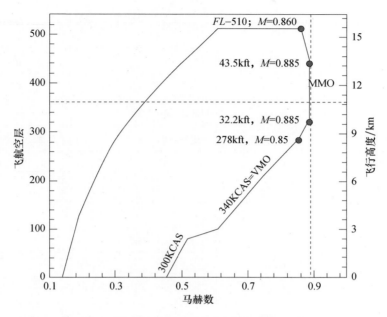

图 A.1 湾流 G-550 飞行包线（标准日，无风）

湾流 G-550		飞机名称
"1.0.0"		飞机模型版本（可更新）
0.5d0		数据的精确度（百分比，变量，＊＊估计＊＊）
"俯视图"		视图
		注释
"机翼"	5	
10.9137	1.1867	机翼连接点（前缘），参考机头位置
18.1895	13.4489	翼尖（前缘）
19.8107	13.4489	翼尖（后缘）
16.9241	2.2151	机翼转折点（后缘），靠近机身
17.0428	1.1867	机翼连接点（后缘）
"襟翼"	4	组件，控制点数量
16.9241	2.2547	一般控制点

续表

16.3706	2.4524	
18.5058	9.7306	
18.8617	9.7306	
"副翼"	4	组件,控制点数量
18.8617	9.7700	一般控制点
18.1895	9.7700	
18.9803	12.1435	
19.4549	12.1435	
"水平尾翼"	5	组件,控制点数量
24.5558	0.1582	前缘内侧点
27.8378	5.1027	
28.2728	5.3600	
29.3405	5.3600	
27.6401	0.0800	后缘内侧点

附录 B

1. 飞机噪声数据认证

表 B.1 和表 B.2 总结了所选飞机的各类噪声水平认证。完整的认证数据库由联邦航空管理局公布,并定期更新。FAA 数据库提供数百种飞机构型的噪声水平,其中包括不同发动机安装的影响。军用飞机不包括在内。这些表格中包括了起飞(TO)和进场/着陆(AP)时的 MTOW,发动机涵道比和襟翼位置。噪声数据包括起飞噪声、边线噪声(SL)和进场噪声。

表 B.1 商用飞机的噪声水平认证

飞机	MTOW	发动机	BPR	襟翼(TO)	襟翼(AP)	TO	SL	AP
ATR72-500	22.50	2xPW-127M		15	25	79.0	80.7	92.3
A-300B4-622R	149.70	2xPW-4158	4.85	0	40	88.0	98.3	101.3
A-310-324	150.00	2xPW-4152	4.85	15	40	90.6	97.2	100.2
A-320-211	68.00	2xCFM56-5A1	6.00	10	35	85.3	94.4	96.4
A-330-301	180.00	2xCF6-80E1A2	5.05	14	32	87.0	97.9	98.5
A-330-321	230.00	2xPW4164	4.85	8	32	95.6	97.5	98.0
A-340-312	220.00	4xCFM56-5C3	6.60	17	32	88.0	95.8	97.3
A-340-312	270.00	4xCFM56-5C3	6.60	17	32	96.2	95.3	97.2
A-380-842	391.00	4xTrent972				94.6	94.5	98.0
A-380-861	391.00	4xGP7270	8.30			94.8	94.5	97.1
BAE 146-RJ100	46.00	4xLF 507-1F	5.10	18	33	86.1	88.1	97.6
B-717-200	64.58	2xBR700-715A1	4.66	5	40	84.0	89.0	91.6
B-737-300	56.47	2xCFM56-3	5.00	1	40	82.4	89.7	98.5
B-737-300	63.28	2xCFM56-3	5.00	1	40	83.9	90.9	97.6

表 B.2　商用飞机的噪声水平认证(第二部分)

飞机	MTOW	发动机	BPR	襟翼(TO)	襟翼(AP)	TO	SL	AP
B-737-500	49.00	2xCFM56-3	5.00	5	40	81.0	89.3	98.4
B-737-500	63.05	2xCFM56-3-B1	5.00	5	40	87.3	90.0	100.0
B-737-700	60.33	2xCFM56-7B22	5.40	1	40	82.6	92.5	95.8
B-737-700	70.08	2xCFM56-7B26	5.10	1	40	84.6	94.7	95.9
B-737-700/IGW	72.12	2xCFM56-7B24	5.30	1	40	86.6	92.9	96.1
B-737-700/IGW	77.57	2xCFM56-7B27	5.10	1	40	86.6	95.2	96.1
B-737-800	79.01	2xCFM56-7B27	5.10	1	40	87.0	94.7	96.5
B-737-900	74.39	2xCFM56-7B24	5.30	1	40	86.6	92.0	96.4
B-737-900	79.01	2xCFM56-7B27	5.10	1	40	86.7	94.2	96.4
B-747-100	322.06	4xJT9D-3A44x	5.10	10	30	105.4	102.1	104.6
B-747-100	332.94	JT9D-3A(*)	5.10	10	30	109.4	99.6	107.2
B-747-400	394.60	4xCF6-80C2B1F4	5.20	—	25	99.7	98.3	101.4
B-747-400	394.60	xPW 4056 4.x	4.80	10	30	101.5	99.7	104.7
B-747-400	396.90	RB211-524G 2x	4.30	10	30	99.2	98.0	103.8
B-757-300	124.74	RB211-535E4B 2x	4.10	5	30	88.4	94.8	95.4
B-757-300	107.05	RB211-535-E4 2x	4.10	5	30	84.8	93.9	95.2
B-767-200	160.06	CF6-80C2-B2 2x	5.00	1	30	89.5	93.7	96.4
B-767-200	175.54	CF6-80C2-B4 2x	5.00	1	30	90.6	95.0	96.4
B-767-200/ER	136.08	CF6-80C2B2F 2x	5.00	1	30	85.1	93.8	95.8
B-767-300	184.61	PW 4056	4.80	5	30	94.2	95.7	100.2

附录 C

1. FLIGHT 程序选项

这里给出了 FLIGHT 程序的关键性能选项。在加载飞机后,就可以使用以下用户菜单:

1)性能图表
(a)空气动力学(第 4 章)
(b)比航程(第 12 章)
(c)发动机图表(第 5 章)
(d)飞行包线(第 8 章第 13 章)
(e)螺旋桨(第 6 章)
(f)WAT(AEO 起飞)(第 9 章)
(g)平衡场长(第 9 章)
(h)有效载荷 – 航程(第 15 章)
(i)经济马赫数(第 12 章)
(j)重心影响(第 12 章)
(k)抖振边界(第 4 章)
(l)单位剩余功率(第 13 章)
(m)热喷流图(第 14 章)
(n)高度 – 速度 图表(第 8 章)
(o)等待速度(第 15 章)
(p)V – n 图(第 13 章)

2)任务分析(第 15 章)
(a)燃油规划
(b)飞机航程
(c)燃油矩阵规划
(d)等时点

3)飞机噪声(第 16 – 18 章)
(a)FAR/ICAO 规定的起飞噪声
(b)FAR/ICAO 规定的着陆噪声
(c)FAR/ICAO 规定的边线噪声

(d)航迹

(e)噪声足迹

(f)叠加模式

4)废气排放

(a)废气排放与航程(第 15 章)

(b)凝结尾迹分析(第 19 章)

5)飞行优化

(a)最小爬升－油耗(第 10 章)

(b)不同飞行高度之间的有利爬升(第 12 章)

(c)燃油分析(第 15 章)

6)机动性分析(第 13 章)

(a)下击暴流着陆

(b)下击暴流起飞

7)配平分析

(a)地面最小控制速度,VMCG(第 9 章)

(b)空中最小控制速度,VMCA(第 7 章)

8)直接运营成本(第 15 章)

每个子选项都需要输入一组使用数据。所有几何参数、质量和惯量特性(第 2 章和第 3 章)都是在输出时自动给出的。

螺旋桨的选项在另一个程序中,用户在此处输入。加载螺旋桨模型后,可以使用以下子菜单:

(1)螺旋桨几何参数。

(2)设计点性能。

(3)倾斜飞行性能。

(4)性能图表。

(5)螺旋桨配平。

(6)螺旋桨噪声。

(7)涵道螺旋桨性能。